U0891320

普通高等教育“十一五”国家级规划教材

理论物理学导论 第三卷

量子力学

（第三版）

汪德新 编著

科学出版社

北京

内 容 简 介

本书用浅显的方法介绍了希尔伯特空间，用狄拉克符号处理了大量实际问题，旨在排除量子力学的数学障碍，使读者能全力以赴研究量子力学的实验背景，深入思考量子力学规律的物理意义，关注量子力学结果的实际应用，有助于读者领悟量子力学的物理概念、物理思想、物理图像和物理思维方式.

本书共五篇十三章，除了前四篇的基本内容外，反映近代科学发展的第五篇“量子力学的新进展”和习题提示部分可扫描二维码阅读.

本书可作为普通高校物理、应用物理、天体物理、光电子专业本科生及部分工科院校研究生的教材，也可供相关领域的读者参考.

图书在版编目(CIP)数据

量子力学/汪德新编著. —3 版. —北京：科学出版社，2008
(理论物理学导论；第三卷)
普通高等教育“十一五”国家级规划教材
ISBN 978-7-03-022462-0

Ⅰ.量… Ⅱ.汪… Ⅲ.量子力学-高等学校-教材 Ⅳ.O413.1

中国版本图书馆 CIP 数据核字(2008)第 100509 号

责任编辑：贾 杨 / 责任校对：刘亚琦
责任印制：张克忠 / 封面设计：耕者设计工作室

科 学 出 版 社 出版
北京东黄城根北街 16 号
邮政编码：100717
http://www.sciencep.com
北京凌奇印刷有限责任公司印刷
科学出版社发行 各地新华书店经销
*
2000 年 3 月第 一 版 开本：720×1000 1/16
2003 年 8 月第 二 版 印张：23 3/4
2008 年 8 月第 三 版 字数：452 000
2025 年 5 月第十七次印刷

定价：79.00 元

(如有印装质量问题，我社负责调换)

前　言

量子力学是将物质的波动性与粒子性统一起来的动力学理论. 它是在 20 世纪初研究微观粒子运动规律时建立起来的. 近几十年来，在不同领域相继发现了宏观量子效应(如超导、超流现象)，表明宏观世界的物质运动也遵守量子力学规律，人们所熟识的经典力学规律只是量子力学规律在特定条件下的一个近似.

本书的宗旨是希望为初学者提供一本深入浅出、学以致用的入门书. 为此，我们作了如下几个方面的努力.

(1) 内容与体系.

第一篇“态与力学量”. 从描述客体的方式与经典力学的根本差异出发，通过“量子体系的状态”、“量子体系的力学量”及“量子力学的表述形式”这三章，介绍量子力学如何引入态矢和算符描述量子体系的状态和力学量，以及它们遵循的种种规律和表述方式.

第二篇“定态问题”和第四篇“跃迁问题和散射问题”，主要讨论量子力学要处理的三类实际问题.

第三篇“对称性与不变性”. 分别讨论与转动对称性、粒子交换对称性、时空对称性有关的“自旋与角动量”、“全同粒子体系”、“对称性与守恒定律”等问题.

第五篇“量子力学的新进展”. 用非常浅显的语言介绍“21 世纪理论物理学三个主旋律”(杨振宁语)之一的“量子力学的相位因子”，介绍量子力学诞生以来爱因斯坦、薛定谔、玻尔关于量子力学基本问题的大论战，以及近 20 多年来依靠实验进行的实证研究，最后介绍由此提出的量子计算机与量子远程通信的基本原理.

(2) 数学与物理. 本书对希尔伯特空间和狄拉克符号作了详尽的介绍，熟练掌握这些数学工具是学好量子力学的重要基础. 本书特别关注形成量子力学基本假设的一系列重要实验，关注新物理思想形成的探索过程，进而阐明量子力学整个理论是怎样建立起来的，它能解决什么问题，以及怎样解决问题.

(3) 理论与习题. 正如众多著名物理学家所指出的那样，理论物理的正确概念只有通过大量计算才能真正学到手，学习的过程是无数次“概念—计算—概念”的交互深化过程. 本书配备了丰富的习题，相信这对学生独立工作能力的培养和严谨科学作风的形成有所帮助.

(4) 基础与前沿. 量子力学作为理论物理的基础课，以介绍它的基本概念、基本规律和基本方法为主. 在本书中，我们还将迈纳斯效应、磁通量子化、磁共振、阿哈罗诺夫-博姆效应、贝里相位、EPR 佯谬、贝尔不等式、量子纠缠态、量子非定域性、量子退相干、量子计算机、量子远程通信等内容引入教材. 这对于理解量子力学的基本概念、基本规律和基本方法，对于后续课程的学习，对提高学生的求知欲望，关心自然科学的发展，都是非常有益的.

(5) 本书没有代替读者作"章节小结"的训练. 对于刚接触量子力学的读者来说，自己动手作小结也许是非常重要的一环.

著名数学家华罗庚先生曾说过：

> "应该怎样学会读书呢？……在对书中每一个问题都经过细嚼慢咽，真正懂得之后，就需要进一步把全书各部分内容串连起来理解，加以融会贯通，从而弄清楚什么是书中的主要问题，以及各个问题之间的关联. 这样我们就能抓住统帅全书的基本线索，贯串全书的精神实质. 我常常把这种读书过程，叫做'从厚到薄'的过程. ……愈是懂得透彻，就愈有薄的感觉. 这是每个科学家都要经历的过程."
>
> ——华罗庚《学·思·锲而不舍》

(6) 为控制本书的篇幅，第五篇及习题提示可扫描二维码阅读.

(7) 华中师范大学许明梅博士使用本教材多年，制作了本教材的课件，并对教材提出许多宝贵的意见. 我们准备在第四版时注入许明梅副教授的教学心得和对量子力学某些前沿课题的研究，今后本书将成为我们两位作者的共同作品.

(8) 作者编写的"理论物理学导论"丛书包括：第一卷《数学物理方法》，第二卷《电动力学》，第三卷《量子力学》，第四卷《统计物理学》，将于 2011 年出齐.

本书的顺利出版，得到科学出版社的大力支持，在此表示衷心的感谢. 同时还得到华中师范大学教务处、物理科学与技术学院和老教授协会的关心和资助，在此表示深切的谢意. 本书初稿完成后，华中师范大学物理系历届基地班郑华、徐悦、叶枫、毛施君、李润泽、雷洁梅、陶仕银、左文文、阮瞩、杜婵、柯谱、王敏、李忻忆、张文娟等同学在繁忙学习之余，对全书的初稿进行了认真细致的校正，并提出了建设性的意见，在此表示衷心的感谢.

在本书初稿的使用过程中，得到华中师范大学和兄弟院校量子力学课的各位任课老师的热情支持，在此表示诚挚感谢！

在本书即将出版之际，我要特别感谢兰州大学物理系汪志诚教授，南京大学天文系汪珍如教授和中国科学院院士、南京大学天文系曲钦岳教授多年来对我的关心和鼓励.

由于作者水平所限，加之时间仓促，谬误之处在所难免，恳请读者批评指正.

汪德新

2008 年 1 月 28 日于武昌桂子山

目　录

第三篇 对称性与不变性

第四篇 跃迁问题与散射问题

二维码内容目录

第五篇　量子力学的新进展

第一篇　态与力学量

本书主要研究由单个或多个微观粒子组成的量子体系的运动规律. 我们在证实微观粒子具有波粒二重性的实验基础上,讨论如何描述量子体系的状态和力学量. 正是由于微观粒子的波粒二重性,对它的描述必然区别于经典力学.

在经典力学中,一个粒子的状态是由它的坐标和动量来描述的. 如果知道它在初始时刻的坐标和动量,通过求解牛顿(Newton)方程就可以知道以后任一时刻粒子的坐标和动量,从而知道粒子的运动轨道和其他一切力学量(如动能、动量、角动量……)的取值. 在经典力学中,态和力学量是不可分的,态直接由力学量表示,态随时间的演化也是用力学量数值随时间的演化来表示的.

在量子力学中,态和力学量被分开,态由波函数描述,力学量用算符来表示. 如果知道粒子在初始时刻的波函数,通过求解薛定谔(Schrödinger)方程就可以知道以后任一时刻粒子的波函数,进而利用算符从波函数中提取粒子的各种信息,例如粒子力学量(如动能、动量、角动量……)的可能取值,以及力学量取值的概率分布,等等.

第 1 章讨论量子体系的状态.

在观察和实验的基础上提出关于体系状态(波函数)的假设和关于运动方程(薛定谔方程)的假设,并给出求解定态薛定谔方程最基本的方法.

第 2 章讨论量子体系的力学量.

通过计算力学量的平均值引入算符表示力学量,进而提出关于力学量的基本假设. 它给出了利用算符从量子体系的波函数获取量子体系各种信息的方法.

第 3 章讨论量子力学的表述形式.

前两章在量子力学的三个基本假设的基础上,建立了一个用来研究微观物理问题的理论方案. 第 3 章介绍这一理论在不同表象和不同绘景中的表述形式.

第 1 章　量子体系的状态

量子力学本质上是在科学实验的基础上建立起来的. 一百多年前的微观物理现象显示微观粒子的基本特征是它的波粒二重性. 本章在介绍这些著名实验的基础上,讨论怎样用波函数描述量子体系的状态,并通过对实验事实的分析提出态叠加原理,接着提出波函数随时间变化的规律——薛定谔(Schrödinger)方程,最后通过一维无限深势阱和线性谐振子两个实例介绍定态薛定谔方程的解法.

1.1　微观物理现象　物理观念的飞跃

19 世纪末叶,物理学的各个分支已经建立起系统的理论:经典力学从牛顿三大定律发展为分析力学;电磁学和光学发展成为麦克斯韦(Maxwell)理论;热学在建立了以热力学定律为基础的宏观理论的同时,玻尔兹曼(Boltzmann)和吉布斯(Gibbs)又建立了称为统计物理学的微观理论. 在经典物理学的辉煌成就面前,有的科学家认为物理学已大功告成了,正如绝对温标的创始人开尔文(Kelvin)在 1889 年新年贺词中所说的“19 世纪已将物理大厦全部建成,今后物理学家的任务就是修饰、完美这所大厦了.”

但是,经典物理学却一直无法解释 19 世纪末到 20 世纪初的若干物理实验. 当时遇到的困难主要是黑体辐射、光电效应、原子光谱的线状结构等等这样一些后来被称为“微观物理现象”的问题.

本节介绍经典物理学遇到的困难,以及如何解决这些困难并导致物理观念的飞跃.

1.1.1　黑体辐射　普朗克的能量子假设

1859 年,基尔霍夫(Kirchhoff)发现了热辐射定律. 该定律指出:在给定温度下,物体的能谱发射率 $\varepsilon_\nu(T)$与它的吸收系数 $a_\nu(T)$之比是与物体的物理性质无关的普适函数

$$\varepsilon_\nu(T)/a_\nu(T) = f(\nu,T)$$

式中能谱发射率 $\varepsilon_\nu(T)$表示物体在给定温度下,单位时间内从单位面积辐射出单位频率间隔的电磁波能量. 上式表明,一旦求得 $f(\nu,T)$,便可由物体的吸收系数 $a_\nu(T)$求得该物体的能谱发射率 $\varepsilon_\nu(T)$. 因此,寻找 $f(\nu,T)$的函数形式具有重要

意义.

由于照射到黑体上的辐射能被黑体完全吸收,即黑体的吸收系数 $a_\nu(T)=1$. 这样,普适函数 $f(\nu,T)$就是黑体的能谱发射率 $\varepsilon_\nu(T)$,而能谱发射率又与该温度下平衡辐射的能量密度(单位体积内,单位频率间隔的辐射能量)ρ_ν 成正比. 因此,寻找普适函数 $f(\nu,T)$的问题就转化为寻找黑体辐射在 $\nu\rightarrow\nu+\mathrm{d}\nu$ 范围内的辐射能量密度 $\rho_\nu\mathrm{d}\nu$ 了.

1. 黑体辐射的实验定律

自然界没有绝对黑体. 煤烟的吸收系数也只有 95%. 但是,一个比较深的空腔壁上的小孔可以作为黑体的近似. 当光线通过小孔射入空腔以后,光线将在空腔的内表面多次来回反射而被吸收,几乎不可能通过小孔射出. 这样,小孔的吸收系数就可以看作 1,从小孔发出的辐射就可以看作黑体辐射了.

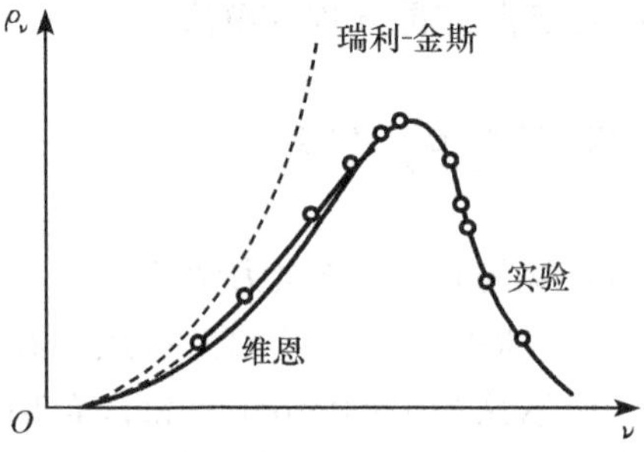

图 1.1

在实验室温度下,任何物体都会发出热辐射. 实验表明:在频率 $\nu\rightarrow\nu+\mathrm{d}\nu$ 之间的辐射能量密度 $\rho_\nu\mathrm{d}\nu$ 只与空腔的温度 T 有关,而与空腔的形状及其组成物质无关,在 $T=1\,500\mathrm{K}$ 时,实验曲线如图 1.1.

2. 维恩公式与瑞利-金斯公式

为了解释这个实验结果,维恩(Wien)在 1894 年利用电动力学和热力学推出了一个公式(称为维恩公式)

$$\rho_\nu\mathrm{d}\nu=c_1\nu^3\mathrm{e}^{-c_2\nu/T}\mathrm{d}\nu \tag{1.1.1}$$

式中 c_1、c_2 为常数. 除低频部分外,维恩公式与实验曲线符合得很好,见图 1.1.

1900 年,瑞利(Rayleigh)和金斯(Jeans)利用统计物理学和电动力学推出另一个公式(称为瑞利-金斯公式)

$$\rho_\nu\mathrm{d}\nu=(8\pi\nu^2/c^3)k_\mathrm{B}T\mathrm{d}\nu \tag{1.1.2}$$

式中 k_B 为玻尔兹曼常量,c 为真空中的光速.

导出瑞利-金斯公式只有两个步骤:

(1) 电动力学的谐振腔理论已证明:在 $\nu\rightarrow\nu+\mathrm{d}\nu$ 之间,谐振腔单位体积内可以存在的振动模式数为

$$(8\pi\nu^2/c^3)\mathrm{d}\nu \tag{1.1.3}$$

例如,在三边边长分别为 L_1、L_2、L_3 的理想导体谐振腔中,电磁场的边界条件要求波矢的各分量满足

$$k_x=m\pi/L_1,\quad k_y=n\pi/L_2,\quad k_z=p\pi/L_3,\quad m,n,p=0,1,\cdots$$

这样的一组$\{m,n,p\}$数，对应着一个可能的波矢 $\boldsymbol{k}$，对应着两个可能的振动模式(因为有两个独立的偏振方向)，据此可以证明(1.1.3)式，见习题 1.1.1.

(2) 利用玻尔兹曼能量分布律计算振子(相当于一个振动模式)的平均能量.

玻尔兹曼能量分布律指出，振子的能量处于 $\varepsilon\to\varepsilon+\mathrm{d}\varepsilon$ 之间的概率是

$$P(\varepsilon)=\frac{\mathrm{e}^{-\varepsilon/k_{\mathrm{B}}T}}{k_{\mathrm{B}}T} \tag{1.1.4}$$

由此得振子的平均能量为

$$\bar{\varepsilon}=\frac{\int_0^\infty \varepsilon P(\varepsilon)\mathrm{d}\varepsilon}{\int_0^\infty P(\varepsilon)\mathrm{d}\varepsilon}=\frac{\int_0^\infty \varepsilon \mathrm{e}^{-\varepsilon/k_{\mathrm{B}}T}\mathrm{d}\varepsilon}{\int_0^\infty \mathrm{e}^{-\varepsilon/k_{\mathrm{B}}T}\mathrm{d}\varepsilon}=k_{\mathrm{B}}T \tag{1.1.5}$$

这就是能量均分定理(在热平衡状态下，原子的每个振动自由度占有相同的平均能量 $k_{\mathrm{B}}T$).

综合这两点，在 $\nu\to\nu+\mathrm{d}\nu$ 之间的辐射能量密度 $\rho_\nu\mathrm{d}\nu$ 等于 $\nu\to\nu+\mathrm{d}\nu$ 之间单位体积内的振动模式数乘以每一振动模式的平均能量 $\bar{\varepsilon}$，即

$$\rho_\nu\mathrm{d}\nu=(8\pi\nu^2/c^3)\mathrm{d}\nu\cdot\bar{\varepsilon}=(8\pi\nu^2/c^3)k_{\mathrm{B}}T\mathrm{d}\nu$$

这就是瑞利-金斯公式. 遗憾的是，瑞利-金斯公式在低频部分与实验曲线符合得较好，而高频部分不符合，见图 1.1. 实际上，利用这个公式计算总辐射能密度导致

$$\int_0^\infty \rho_\nu\mathrm{d}\nu=\int_0^\infty (8\pi\nu^2/c^3)k_{\mathrm{B}}T\mathrm{d}\nu\to\infty \tag{1.1.6}$$

这与事实不符，当时称之为“紫外光的灾难”. 上式之所以发散，源于积分上限，与紫外光相对应.

3. 普朗克公式 能量子假设

为了解释黑体辐射现象，1900 年普朗克(Planck)提出另一个公式(称为普朗克公式)

$$\rho_\nu\mathrm{d}\nu=\frac{8\pi}{c^3}\frac{h\nu^3}{\mathrm{e}^{h\nu/k_{\mathrm{B}}T}-1}\mathrm{d}\nu \tag{1.1.7}$$

式中 c 为真空中的光速，h 为普适常量. 根据(1.1.7)式得到的理论计算结果与实验曲线惊人地一致. 普朗克公式的建立仍然可以采取上述的两个步骤(在历史上，推导方法比较复杂)，差异仅在于每一振子的平均能量的取值. 如果假定振子的平均能量为

$$\bar{\varepsilon}=\begin{cases}k_{\mathrm{B}}T, & \text{当 } \nu \text{ 比较小}\\ 0, & \text{当 } \nu\to\infty\end{cases} \tag{1.1.8}$$

则“紫外光的灾难”即可避免. 这意味着，振子的平均能量必然与频率有关.

那么，$\bar{\varepsilon}(\nu)$应该具有怎样的函数形式呢？如果不把能量作为连续变量，而只取离散值 $\varepsilon_n = n\varepsilon(n=0,1,\cdots)$；同时考虑到 $\bar{\varepsilon}(\nu)$依赖于频率，只要假设 $\varepsilon = h\nu$，并将(1.1.5)式的积分改为叠加，则频率为 ν 的振子的平均能量应为

$$\bar{\varepsilon} = \frac{\sum_{n=0}^{\infty}\varepsilon_n P(\varepsilon_n)}{\sum_{n=0}^{\infty}P(\varepsilon_n)} = \frac{\sum_{n=0}^{\infty}nh\nu e^{-nh\nu/k_B T}}{\sum_{n=0}^{\infty}e^{-nh\nu/k_B T}} = \frac{h\nu}{e^{h\nu/k_B T}-1} \tag{1.1.9}$$

最后一个等式的证明见习题 1.1.2. 在 ν 很小时应用指数函数展开式的头两项，在 $\nu\to\infty$时利用洛必达法则，即可证明(1.1.9)式与(1.1.8)式一致.

这样，在 $\nu\to\nu+d\nu$ 之间的辐射能量密度为

$$\rho_\nu d\nu = \frac{8\pi\nu^2}{c^3}d\nu\cdot\bar{\varepsilon} = \frac{8\pi}{c^3}\frac{h\nu^3}{e^{h\nu/k_B T}-1}d\nu \tag{1.1.10}$$

这就是普朗克公式. 至于常数 h，当时通过理论与实验数据相符而确定为 $h=6.385\times 10^{-34}\,J\cdot s$，称为普朗克常量(目前的测量值见附录 H).

普朗克成功的关键是认识到振子的能量应取离散值. 他把黑体看作一组连续振动的谐振子，振子的能量值只能取最小能量单位 ε 的整数倍. 于是，黑体与辐射场交换能量也只能以 ε 为单位进行. 由此可见，黑体吸收或发射电磁辐射能量的方式是不连续的，只能"量子"式地进行. 每个"能量子"的能量为

$$\varepsilon = h\nu = \hbar\omega \quad (\hbar = h/2\pi) \tag{1.1.11}$$

普朗克的"能量子假设"是与经典物理的基本观念根本对立的. 因为经典振子的能量正比于振幅的平方，而振幅可以连续变化，所以振子的能量也就可以连续变化. 利用(1.1.5)式的积分，导致能量均分定理. 普朗克抛弃了能量均分定理而代之以能量子假设，这是对经典物理学的革命性突破，导致量子论的创立.

遗憾的是，普朗克在推出这个公式以后的十多年里，还一直想把量子概念纳入经典理论的框架内. 尽管他采用了许多新的技巧，但是都没有成功. 后来，由于他的量子假设在其他问题上取得了巨大的成功，他才确信这个假设是正确的.

1.1.2 光电效应 爱因斯坦的光量子假设

1. 实验事实与经典理论的困难

1888 年，赫兹(Hertz)在实验中发现，用紫外线照射火花隙的阴极时，放电现象较易发生. 直到 1897 年汤姆孙(Thomson)发现电子后，1899 年勒纳德(Lenard)用实验证明：这是由于紫外光照射金属表面时有电子逸出所造成的，这种现象称为光电效应，逸出的电子称为光电子.

(1) 当入射光的频率 $\nu\geqslant\nu_0$ 时，才有光电子产生(ν_0 称为截止频率，与金属的性

质有关)；即使光强较弱，光电子也能在 10^{-9}s 内逸出.

(2) 光电子的最大动能与入射光的频率 ν 有关，而与入射光强无关.

(3) 光电子的密度与入射光强成正比.

经典理论无法解释上述结果. 按照经典电动力学，在入射光(电磁场)的作用下，电子作强迫振动，不断积聚能量. 只要光照的时间足够长，电子必能从金属表面逸出，不应受 $\nu \geqslant \nu_0$ 的限制. 而且，当入射光强较弱时，积聚能量需要较长的时间，电子不可能在 10^{-9}s 内逸出. 其次，光电子的最大动能应决定于入射光的振幅而不是频率.

2. 光量子概念的提出与普朗克-爱因斯坦关系式

1905 年，爱因斯坦(Einstein)为了解释光电效应，在普朗克能量子假设的基础上，提出了光量子的概念. 他认为，不仅黑体与辐射场的能量交换是量子化的，而且辐射场本身就是由光量子(即光子)组成的，每个光子均以光速 c 运动. 频率为 ν 的光波，其光子的能量和动量分别为

$$E = h\nu = \hbar\omega \tag{1.1.12}$$

$$p = E/c = \hbar\omega/c = \hbar k \tag{1.1.13}$$

式中 $E = pc$ 来自相对论的质能关系式 $E^2 = \mu_0^2 c^4 + p^2 c^2$(光子的静质量 $\mu_0 = 0$). 设 $\boldsymbol{n}$ 为光子运动方向上的单位矢量，引入波矢 $\boldsymbol{k} = k\boldsymbol{n}$，则(1.1.13)式可写成矢量形式

$$\boldsymbol{p} = p\boldsymbol{n} = \hbar k\boldsymbol{n} = \hbar\boldsymbol{k} \tag{1.1.14}$$

公式(1.1.12)和(1.1.14)称为普朗克-爱因斯坦关系式.

3. 爱因斯坦方程及其对光电效应的解释

现在，利用普朗克-爱因斯坦关系式计算光电子逸出金属后的最大动能. 当金属受到频率为 ν 的光照射时，金属中的束缚电子即可吸收光子而获得能量 $h\nu$(两个或多个光子同时被一个电子吸收的概率极小). 若光子的能量 $h\nu$ 大于电子挣脱金属束缚所需要的能量 W_0(称为脱出功)时，则光电子逸出金属后的最大动能为

$$\frac{1}{2}\mu_e v^2 = h\nu - W_0 = h(\nu - \nu_0) \tag{1.1.15}$$

式中 μ_e 是光电子质量，$\nu_0 = W_0/h$ 就是截止频率，上式称为爱因斯坦方程.

利用爱因斯坦方程很容易解释光电效应的实验结果：

(1) 当 $\nu < \nu_0$ 时，无论光强有多强，电子都不能逸出金属表面；而当 $\nu > \nu_0$ 时，无论光强多微弱，光电效应也能出现.

(2) 爱因斯坦方程表明，光电子的最大动能与入射光的频率 ν 有关，而与入射光强无关.

(3) 光电子的密度应正比于入射光子的密度，即正比于入射光强.

爱因斯坦的光量子假设成功地解释了光电效应. 但是开始并没有得到所有科

学家的赞同. 密立根(Millikan)为了否定爱因斯坦方程,整整花了九年时间设计了更加精密的装置,竟于 1914 年用实验完全证实了这个方程. 密立根由这个实验测得的 h 值 6.57×10^{-34} J · s,与普朗克的 h 值(6.385×10^{-34} J · s)非常接近,测量值来自不同实验,这为当时确立量子论的地位具有十分重要的意义.

1.1.3 康普顿效应 光的波粒二重性

1. 实验事实

1923 年,康普顿(Compten)用 X 射线入射到碳或石墨的靶上,发现散射后 X 射线的波长随散射角的增加而增大,这个现象称为康普顿效应.

按照经典电动力学,电磁波被散射后仅改变其传播方向而不改变频率,故经典理论无法解释康普顿效应.

2. 光量子说的解释

康普顿按照光量子假设,把散射过程看作光子与自由电子的碰撞过程,利用能量守恒和动量守恒定律,得到与实验一致的结果,从而进一步证实了光具有粒子性.

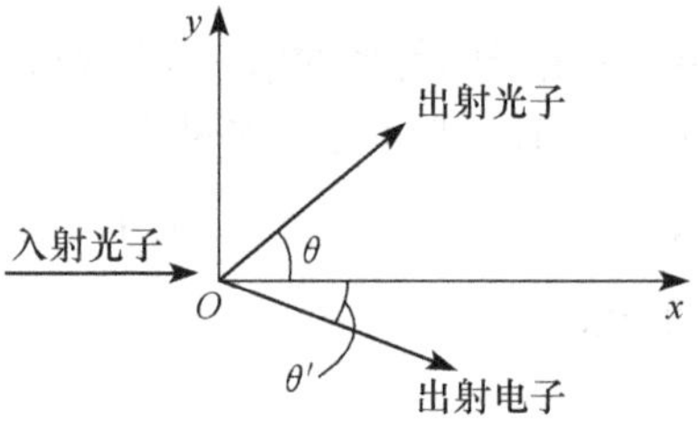

图 1.2

设碰撞前电子静止,取 x 轴沿光子入射的方向;碰撞后,光子沿 θ 方向射出,电子的速度为 $\boldsymbol{v}$,反冲角为 θ',见图 1.2.

由能量守恒定律,可得

$$\hbar\omega+\mu_0c^2=\hbar\omega'+\frac{\mu_0c^2}{\sqrt{1-(v/c)^2}} \tag{1.1.16}$$

动量守恒定律沿 x 方向和 y 方向的投影分别为

$$\frac{\hbar\omega}{c}+0=\frac{\hbar\omega'}{c}\cos\theta+\frac{\mu_0v}{\sqrt{1-(v/c)^2}}\cos\theta' \tag{1.1.17}$$

$$0=\frac{\hbar\omega'}{c}\sin\theta-\frac{\mu_0v}{\sqrt{1-(v/c)^2}}\sin\theta' \tag{1.1.18}$$

由这三个方程消去 v 及 θ',可得(详见习题 1.1.3)

$$\omega-\omega'=\frac{\hbar\omega\omega'}{\mu_0c^2}(1-\cos\theta)=\frac{2\hbar\omega\omega'}{\mu_0c^2}\sin^2\frac{\theta}{2}$$

$$\Delta\lambda=\lambda'-\lambda=\frac{2\pi c}{\omega\omega'}(\omega-\omega')=\frac{4\pi\hbar}{\mu_0c}\sin^2\frac{\theta}{2} \tag{1.1.19}$$

由(1.1.19)式可见,散射波的波长 λ' 随 θ 的增加而增大,与实验结果完全符合. 此外,当 $\theta=\pi$ 时,$\Delta\lambda$ 取最大值 $\Delta\lambda=4\pi\hbar/\mu_0c=4.86\times10^{-10}$ cm,它与入射光的波长无关. 对于实际测量来说,$\Delta\lambda/\lambda$ 越大越容易测量,所以康普顿效应均采用波长比可见

光短得多的 X 射线.

在高能物理和天体物理学中常常还会遇到所谓反康普顿效应，它是指低能光子与高能电子碰撞后得到高能光子，即光子的频率变高而波长变短的效应，它是宇宙 X 射线的重要来源.

1927 年，康普顿因发现 X 射线被带电粒子散射而获得诺贝尔物理学奖.

3. 光的波粒二重性

人们在 19 世纪已从光的干涉、衍射和偏振现象中认识到光的波动性，在 20 世纪初又从光电效应和康普顿效应中认识到光的粒子性. 也就是说，光子具有确定的能量 $\hbar\omega$ 和确定的动量 $\hbar\boldsymbol{k}$，它像实物粒子一样作为一个整体运动，与物质相互作用时遵守粒子间相互作用的基本定律(能量守恒定律和动量守恒定律). 人们通常把光具有波动和粒子的双重性质称为光的波粒二重性，这显示人们对光的本质的认识已进入一个崭新的阶段.

从数学形式来看，普朗克-爱因斯坦关系式指出光子的能量和动量分别为

$$E = \hbar\omega, \quad \boldsymbol{p} = \hbar\boldsymbol{k} \tag{1.1.20}$$

公式的左侧是反映粒子性的量 E、$\boldsymbol{p}$，公式的右侧是反映波动性的量 ω、$\boldsymbol{k}$，深刻地反映出光的波动性和粒子性的有机联系. 此外，从普朗克-爱因斯坦关系式还可看出，物质吸收一个光子就得到能量 $\hbar\omega$，吸收两个光子就得到能量 $2\hbar\omega$，能量的变化是不连续的. 由此可见，能量和动量的量子化是通过 $\hbar$ 表现出来的. 换句话说，当 $\hbar\to 0$(指在该问题中 $\hbar$ 可以忽略不计，见 2.6 节)时，能量的变化就由不连续过渡到连续，物理过程的量子效应也随之消失而过渡到它的经典极限.

1.1.4 原子的线状光谱 玻尔的量子论

1. 原子光谱的经验公式

1885 年，巴尔末(Balmer)总结了大量实验事实，发现氢原子可见光的光谱线具有如下规律

$$\nu = cR_H\left(\frac{1}{2^2} - \frac{1}{n^2}\right), \quad n = 3,4,5,\cdots \tag{1.1.21}$$

1889 年，里德伯(Rydberg)在此基础上把氢原子的所有谱线归结为方程

$$\nu = cR_H\left(\frac{1}{n^2} - \frac{1}{n'^2}\right) \quad n = 1,2,\cdots, \quad n' = n+1, \quad n+2,\cdots \tag{1.1.22}$$

式中 $R_H = 109\ 677.58\mathrm{cm}^{-1}$，称为里德伯常量，公式(1.1.22)称为里德伯方程. 对于每一个给定的 n 值，n' 可取一切大于 n 的整数值，由此得到一组谱线，构成一个谱线系.

1908 年，里兹(Ritz)提出的组合规则指出，每一种原子都有它特有的光谱项

$T(n)$，原子发出的光谱线的频率为光速 c 乘两光谱项之差

$$\nu = c[T(n) - T(n')] \quad n = 1,2,\cdots, \quad n' = n+1, n+2,\cdots \tag{1.1.23}$$

2. 经典物理学面临的两个困难

(1) 经典物理学认为原子光谱应为连续谱. 根据卢瑟福(Rutherford)的原子有核模型，原子中的电子环绕原子核的运动是一种加速运动，而作加速运动的电子因不断辐射能量而使其轨道半径 r 越来越小，电子绕核运动的频率 $\nu = v/2\pi r$ 也随之连续变化. 按照经典电动力学，电子辐射的电磁波频率等于电子运动的频率. 因此，电子辐射的电磁波频率也是连续变化的，原子光谱就不可能是线光谱.

(2) 经典物理学无法解释原子的稳定性. 根据上面的讨论，随着电子不断将自己的能量辐射出去，它的动能不断减少，最后必将落到原子核中，导致原子坍缩. 如果原子的初始半径为 $a \sim 10^{-10}$ m，电子经过 10^{-12} s 必将落到原子核上，但事实上原子是稳定的.

3. 玻尔提出的量子论

1912 年，年仅 27 岁的丹麦物理学家玻尔来到卢瑟福实验室，开始研究这个问题. 他将卢瑟福原子模型与普朗克-爱因斯坦的光量子理论结合起来，扬弃了经典电动力学的若干基本概念，于 1913 年提出了原子的量子论. 这个理论包含了两个重要概念：

(1) 定态. 原子只能稳定地处于一系列能量具有离散值的状态，称为定态. 在定态中，电子沿特定的轨道运动，电子既不辐射也不吸收能量.

玻尔当时只考虑了圆形轨道，为了确定这些特定的轨道，他提出了量子化条件，即电子的轨道角动量只能是 $\hbar$ 的整数倍

$$L = \mu_e R v = n\hbar, \quad n = 1,2,3,\cdots \tag{1.1.24}$$

式中的 μ_e 为电子的质量，R 为圆轨道的半径，v 为电子的速度，n 称为量子数.

1916 年，索末菲(Sommerfeld)将玻尔的量子化条件推广为玻尔-索末菲量子化条件

$$\oint p\,\mathrm{d}q = nh, \quad n = 1,2,3,\cdots \tag{1.1.25}$$

式中 q 是广义坐标，p 是相应的广义动量，积分号表示对一个运动周期的积分.

(2) 量子跃迁. 电子从一个可能的轨道过渡到另一可能的轨道是以跃迁的方式突然完成的. 当电子从能量为 E_n 的定态跃迁到能量为 E'_n 的定态时，发射或吸收的光子的频率由频率条件给出

$$h\nu = E'_n - E_n \tag{1.1.26}$$

玻尔频率条件并不是凭空提出来的. 它继承了普朗克-爱因斯坦的光量子论，并建立在以实验为依据的里兹组合规则的基础上. 如果用 h 乘以组合规则(1.1.23)式

的两边，则有

$$h\nu = hc[T(n) - T(n')]$$

上式的左边是原子辐射出来的光子能量，根据能量守恒定律，右边就应该是原子辐射前后能量之差 $E'_n - E_n$. 由此可见，每一个光谱项 $T(n)$ 乘以 $-hc$ 正好等于原子某一个定态能量 E_n.

4. 由玻尔理论求得氢原子的能级

设电子沿半径为 a 的圆轨道运动，由(1.1.24)式可得

$$v = n\hbar/\mu_e a \tag{1.1.27}$$

又因核对电子的库仑力就是电子作圆周运动的向心力，即

$$\mu_e v^2/a = e_s^2/a^2 \tag{1.1.28}$$

式中 $e_s^2 = e^2/4\pi\varepsilon_0$. 将上两式联立，消去 v，即有

$$a = n^2\hbar^2/\mu_e e_s^2 \tag{1.1.29}$$

取 $n=1$，得第一玻尔半径

$$a_0 = \hbar^2/\mu_e e_s^2 \tag{1.1.30}$$

当电子处于第 n 个圆形轨道时，电子的能量为

$$E = T + U = \frac{1}{2}\mu_e v^2 - \frac{e_s^2}{a} = \frac{e_s^2}{2a} - \frac{e_s^2}{a} = -\frac{\mu_e e_s^4}{2n^2\hbar^2} \tag{1.1.31}$$

由频率条件即得电子发射或吸收的光子频率为

$$\nu = \frac{E'_n - E_n}{h} = \frac{\mu_e e_s^4}{4\pi\hbar^3}\left(\frac{1}{n^2} - \frac{1}{n'^2}\right) \tag{1.1.32}$$

这就是里德伯方程. 与(1.1.22)式相比较得里德伯常量

$$R_H = \mu_e e_s^4/4\pi c\hbar^3 \tag{1.1.33}$$

考虑到氢原子的运动是二体问题，用折合质量 $\mu = \mu_e\mu_p/(\mu_e + \mu_p)$ 代替上式中的 μ_e，与实验值符合得很好.

5. 玻尔理论的历史地位

玻尔理论取得了巨大的成功. 玻尔提出的定态概念和量子化条件，不仅解决了原子的稳定性问题，而且可以求出氢原子中电子的轨道半径和能级. 1914 年，弗兰克(Franck)-赫兹(Hertz)实验证实了原子具有离散的能级. 玻尔提出的量子跃迁概念和频率条件，解决了原子光谱的线状结构问题. 它不仅从理论上给出了氢原子可见光谱中的巴耳末(Balmer)线系公式($n=2$)和红外光谱的帕邢(Paschen)线系公式($n=3$)，而且预言了紫外光谱的莱曼(Lyman)线系的存在. 这个预言在 1914 年即被莱曼的观测所证实.

玻尔理论还成功地解决了经典比热理论的困难.例如,经典理论不能解释为什么原子中的束缚电子对比热的贡献为零.玻尔理论指出原子的能级是离散的,束缚电子的基态距离第一激发态能级远大于常温下电子作无规则运动的能量.这样,电子只能处于基态,处于基态的电子的平均能量就是基态能量(与温度无关),因而对比热没有贡献.

玻尔理论不仅在量子物理学的发展过程中起过重要的作用,而且它以基本假设形式提出的若干物理思想已成为量子物理学的基石.

当然,玻尔理论也遇到了无法克服的困难.它只能解释氢原子及碱金属原子的光谱,而不能解释含有两个或两个以上价电子的原子的光谱;它只能给出氢原子光谱线的频率,而不能计算谱线的强度及这种跃迁发生的速率,更不能指出哪些跃迁能观察到以及哪些跃迁不能观察到;它只能讨论束缚态而不能讨论散射态,等等.究其原因,玻尔理论是经典力学加上与之不相容的量子化条件的产物,它并没有成为一个完整的理论体系.

玻尔理论的困难,推动着人们去寻找新的理论.

1.1.5　实物粒子的波动性　德布罗意假设

通过对光电效应和康普顿效应的研究,人们认识到光具有波粒二重性.那么,实物粒子是否也具有波动性呢?

1. 对物理学方法论的反思

1924年,当时还是研究生的青年物理学家德布罗意(De Broglie)在向巴黎大学理学院提交的博士论文中提出:“在光学上,比起波动的研究方法来,是否过于忽略了粒子的方法;在物质理论上,是否发生了相反的错误呢?是不是我们把粒子的图像想得太多,而过于忽略了波的图像?”接着,他进一步提出如下的假设:光的波粒二重性同样适用于实物粒子,正像光子有一个与它相关联的光波描述它的运动一样,实物粒子(如电子)也有一个与它相关联的物质波描述它的运动.对于具有一定能量和动量的粒子,其运动可以用一定频率和波长的物质波来描述,它们之间的联系为

$$E = \hbar\omega, \quad \boldsymbol{p} = \hbar\boldsymbol{k} \tag{1.1.34}$$

这两式与光子的普朗克-爱因斯坦关系式在形式上完全相同,称为德布罗意关系式.描述实物粒子运动的物质波称为德布罗意波,相应的波长 $\lambda = 2\pi/k = h/p$ 称为德布罗意波长.

德布罗意假设实质上指出自然界存在着一种总体的对称性:光子与实物粒子都具有波粒二重性,德布罗意关系式适用于一切微观粒子.唯一的区别是,实物粒子的静止质量不为零,实物粒子的能量 $E = \sqrt{p^2c^2 + \mu_0^2c^4} \neq pc$,因而(1.1.34)式中

的两个式子是相互独立的，不能像光子那样，由前式直接推出后式.

历史上，德布罗意提出的(1.1.34)式还受到狭义相对论的启发：在相对论中，四维动量 $p_\mu=\left(\boldsymbol{p},\frac{\mathrm{i}}{c}E\right)$ 与四维波矢 $k_\mu=\left(\boldsymbol{k},\frac{\mathrm{i}}{c}\omega\right)$ 的数学形式相同，自然会考虑 $\boldsymbol{p}$ 与 $\boldsymbol{k}$，以及 E 与 ω 应该成比例，如果假设比例系数为 $\hbar$，则 $\hbar\boldsymbol{k}$ 与 $\hbar\omega$ 分别有动量和能量的量纲.

特别是，相位 φ 是洛伦兹不变量，德布罗意关系式 $E=\hbar\omega$ 和 $\boldsymbol{p}=\hbar\boldsymbol{k}$ 保证了

$$\varphi=\boldsymbol{k}\cdot\boldsymbol{x}-\omega t=\frac{1}{\hbar}(\boldsymbol{p}\cdot\boldsymbol{x}-Et)=\frac{1}{\hbar}p_\mu x_\mu \tag{1.1.35}$$

没有自由指标，是洛伦兹不变量.

2. 戴维逊(Davission)-革末(Germer)实验

当然，德布罗意假设的正确性，必须得到实验事实的证实. 这个实验是戴维逊和革末在1925年偶然做出来的，当时他们并不知道德布罗意假设. 那时他们正在贝尔(Bell)电话实验室研究电子在镍表面的散射，使用的是镍多晶体. 在实验过程中由于真空系统不慎漏气，镍表面发生了氧化，为了使氧化镍还原为镍. 他们先将镍置于氢中加热，之后又在真空中加热，无意中使镍变成单晶结构，结果使散射的特征发生强烈的改变：原来预料随着散射角的增加，散射电子束的强度会单调下降. 但实验表明，在某些角度产生了很强的电子束. 后来，他们改进了实验装置，进一步发现，电子束强度的极大值满足X射线在晶格上反射的布拉格(Bragg)关系式(反射波相长干涉条件)

$$2d\sin\theta=n\lambda,\quad n=1,2,\cdots \tag{1.1.36}$$

式中 d 为晶格间距(见图1.3)，用X光测得 $d=0.91\text{Å}$，当布拉格角 $\theta=65°$ 时得到第一级极大($n=1$). 由(1.1.36)式算得

$$\lambda=2d\sin\theta=2\times0.91\cdot\sin65°=1.65\text{Å}$$

实验中使用54V的电势差加速电子，在 $v\ll c$ 的情况下，电子的能量 $E=p^2/2\mu$，再将 $E=eV$ 代入，求得电子的德布罗意波长为

$$\lambda=\frac{h}{p}=\frac{h}{\sqrt{2\mu E}}=\frac{h}{\sqrt{2\mu eV}}=1.67\text{Å}$$

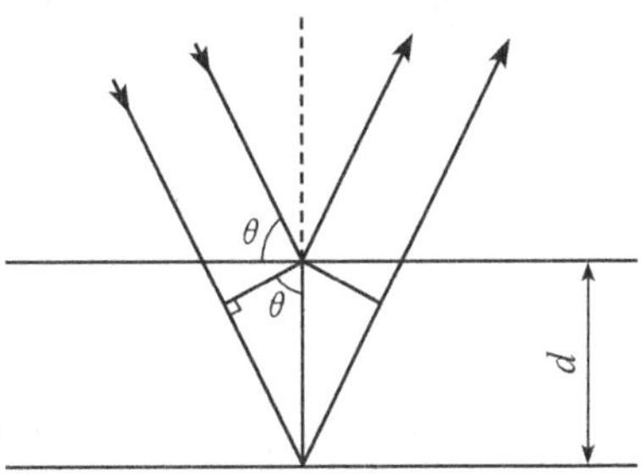

图1.3

与实验结果基本一致，这就证实了德布罗意假设.

计算表明，电子的波长非常短，这是实物粒子的波动性长期没有被发现的原因. 光的波动性最初是从光的干涉现象发现的，因为干涉条纹的间距与光波的波长成正比，干涉条纹的间距太小就很难发现.

3. 汤姆孙(Thomson)实验

1927 年,G. P. 汤姆孙利用穿透能力很强的高能电子束通过金属薄膜,观察到轮廓分明的衍射现象——明暗相间的同心圆环,再次证实了德布罗意关系式. 其后几十年来的大量实验事实无一例外地证明:波动性是一切微观粒子都具有的性质.

【例 1.1.1】 试证明,粒子德布罗意波的相速 v_{p} 与粒子运动速度 v 满足

$$v_{\mathrm{p}}v = c^2$$

解 利用德布罗意关系式 $E=\hbar\omega$,$p=\hbar k$(取 $\boldsymbol{p}=\hbar\boldsymbol{k}$ 的模),粒子的总能 $E=\mu c^2$,动量 $p=\mu v$(取 $\boldsymbol{p}=\mu\boldsymbol{v}$ 的模),可得相速

$$v_{\mathrm{p}} = \frac{\lambda}{T} = \frac{\omega}{k} = \frac{E}{p} = \frac{\mu c^2}{\mu v} = \frac{c^2}{v}$$

即

$$v_{\mathrm{p}}v = c^2 \tag{1.1.37}$$

【例 1.1.2】 试证明,粒子德布罗意波包的群速度① $v_{\mathrm{g}}=\dfrac{\mathrm{d}x_c}{\mathrm{d}t}=\dfrac{\mathrm{d}\omega(k)}{\mathrm{d}k}\Big|_{k=k_0}$(波包中心 x_{c} 的运动速度)等于粒子运动速度 v.

证 波包是由中心频率为 ω_0(对应的中心波数为 k_0),频移为 $\pm\Delta\omega$ 的许多单色波叠加而成. 由于波数 k 的分布有一定的范围,严格地说,粒子没有确定的动量和速度. 通常以中心波数 k_0 对应的动量 $\hbar k_0$ 来表示粒子的动量 $p=\mu v$. 即

$$\mu v = \hbar k_0 \tag{1.1.38}$$

将 $\hbar\omega=\dfrac{p^2}{2\mu}=\dfrac{\hbar^2k^2}{2\mu}$代入 $v_{\mathrm{g}}=\dfrac{\mathrm{d}\omega(k)}{\mathrm{d}k}\Big|_{k=k_0}$,并利用(1.1.38)式,便有

$$v_{\mathrm{g}} = \frac{\mathrm{d}}{\mathrm{d}k}\frac{\hbar k^2}{2\mu}\Big|_{k=k_0} = \frac{\hbar k_0}{\mu} = v \tag{1.1.39}$$

习　题　1.1

1.1.1　试证明:在 $\nu\to\nu+\mathrm{d}\nu$ 之间,谐振腔单位体积内可以存在的振动模式数为$(8\pi\nu^2/c^3)\mathrm{d}\nu$.

1.1.2　完成(1.1.5)式和(1.1.9)式的证明,并证明(1.1.9)式与(1.1.8)式的要求一致.

1.1.3　试证明(1.1.19)式.

1.1.4　试由普朗克公式出发

(1) 证明在高频近似下普朗克公式可转化为维恩公式;

(2) 证明在低频近似下普朗克公式可转化为瑞利-金斯公式;

---

① 汪德新. 理论物理学导论. 第二卷:电动力学. 北京:科学出版社,2005. 128.

(3) 导出维恩位移定律：能量密度极大值所对应的波长 λ_m 与温度 T 成反比，即

$$\lambda_m T = b(\text{常数}),$$

并近似计算 b 的数值(准确到三位有效数字).

(4) 导出斯特藩(Stefan)定律：辐射的总能量和绝对温度的四次方成正比

$$\int_0^\infty \rho_\nu \mathrm{d}\nu = \sigma T^4$$

并近似计算 σ 的数值(准确到三位有效数字).

1.1.5 对于热平衡状态下绝对温度为 T 的黑体辐射，试导出

(1) 单位体积内光子数的频率分布为

$$n(\omega)\mathrm{d}\omega = \frac{\omega^2}{\pi^2 c^3}\frac{1}{\mathrm{e}^{\hbar\omega/k_B T}-1}\mathrm{d}\omega$$

(2) 单位体积内的光子数为 $n=2.029\times10^7 T^3\mathrm{m}^{-3}$；

(3) 每个光子的平均能量 $\bar{\varepsilon}=3.73\times10^{-23}T\mathrm{J}$.

1.1.6 用波长为 5×10^{-7}m 的光照射钾金属时，其发射的光电子的最大能量为 0.5eV，要使电子从钾中释放出来，照射光的波长不能超过多少？

1.1.7 试证明自由电子不能吸收光子.

1.1.8 试用光子的概念来解释多普勒(Doppler)效应：设原子静止时由于内部能级变化 ΔE 而发射出一个频率为 ν 的光子，若原子发光前以 $\boldsymbol{v}$ 运动，则原子发射出的光子的频率为

$$\nu' = \nu/(1-\frac{\boldsymbol{v}}{c}\cos\theta)$$

式中 θ 为光子动量与 $\boldsymbol{v}$ 的夹角.

1.1.9 按照近代天体物理理论，在宇宙形成的早期，温度非常高，两个光子碰撞可能转变成质子、反质子对. 试估算当时温度的数量级.

1.1.10 利用玻尔-索末菲量子化条件求一维谐振子的能量.

1.1.11 对于氢原子的第 n 个玻尔圆轨道，求电子运行的速率.

1.1.12 求描述下列各粒子的德布罗意波的波长：

(1) 能量为 100eV 的自由电子；

(2) 能量为 0.1eV，质量为 1g 的质点；

(3) 温度 $T=1$K 时，具有动能 $E=\frac{3}{2}k_B T$(k_B 为玻耳兹曼常量)的氢原子；

(4) 质量为 60kg(相当于人的质量)以 0.5m/s 速度运动的粒子.

1.1.13 求静质量为 μ_0、能量为 E 并作高速运动的粒子的德布罗意波长.

1.2 波函数的统计解释

波函数统计解释的提出可以看成是人们的认识从“初等量子论”步入“量子力学”的开端. 通常教材对量子力学的介绍有两种形式：一种是基本上按照量子力学

发展过程来叙述，这种叙述自然表现出从经典物理概念到量子力学概念过渡的痕迹；另一种是采用公理化体系，完全采用现代的量子力学语言. 通常的“高等量子力学”教程都采用后者，本书作为量子力学的初等教材还是采用前者. 这样的叙述，一是有利于读者观念的转化，二是便于显示前人探索和创新的历程，特别是在当时的知识背景下，他们提出这些基本假设的想法和方式是怎样的.

本节首先引入自由粒子的波函数，随后通过对电子双缝衍射实验的讨论提出波函数的统计解释，最后给出波函数的归一化条件.

1.2.1　自由粒子的波函数

德布罗意指出，实物粒子的运动由一个与之相关联的物质波描述，物质波的角频率与波矢由德布罗意关系给出

$$\omega = E/\hbar, \quad \boldsymbol{k} = \boldsymbol{p}/\hbar \tag{1.2.1}$$

对于具有确定的能量和动量的自由粒子，描述粒子的波就是有确定的角频率和波矢的平面波

$$\psi(\boldsymbol{x},t) = A\mathrm{e}^{\mathrm{i}(\boldsymbol{k}\cdot\boldsymbol{x}-\omega t)} = A\mathrm{e}^{\frac{\mathrm{i}}{\hbar}(\boldsymbol{p}\cdot\boldsymbol{x}-Et)} \tag{1.2.2}$$

式中的 A 与坐标无关，$\psi(\boldsymbol{x},t)$称为自由粒子的波函数①.

那么，波函数到底具有什么物理意义呢？

1.2.2　波函数的统计解释

历史上，人们对“物质波”是有一个认识过程的. 开始的时候，有人认为描述电子的波就是大量电子在空间形成像声波一样的疏密波；也有人认为粒子是波长不同的无限多平面波叠加而成的“波包”. 但是，这两种看法都与实验事实相矛盾. 其中一个很生动的例子就是电子双缝衍射实验，它的实验装置如图 1.4 所示. 实验步骤如下：

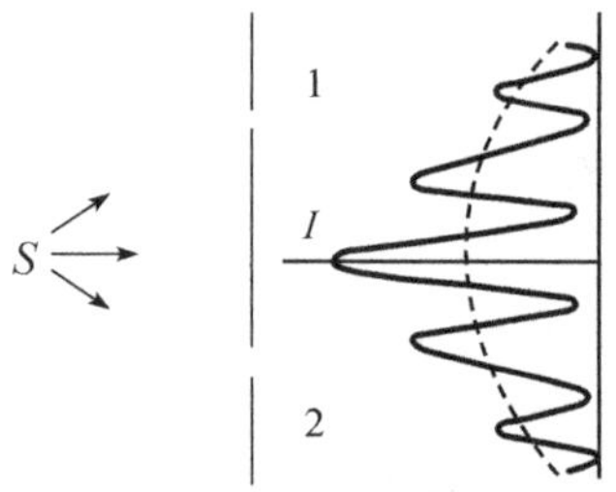

图 1.4

(1) 电子枪发射强电子束. 这时荧光屏马上显示出双缝衍射花样，这是电子的波动性的表现. 这花样是不是由于每个电子打到荧光屏上弥散成带而形成的呢？不是的，再看实验的第二个步骤.

(2) 电子枪发射弱电子束. 电子束微弱到几乎是一个一个电子射向双缝，这时发现荧光屏出现一点点的闪光. 这表明电子是作为完整的颗粒一个一个地到达荧

① 当微观粒子处于场$\boldsymbol{U}(\boldsymbol{x},t)$中，它的能量和动量就不会具有确定值，这时粒子的波函数自然比较复杂了(见 1.5 节).

光屏的，这是电子的粒子性的表现.

在微弱电子束的情况下，电子似乎是杂乱无章地落在荧光屏上的：当一个电子落在荧光屏某处之后，下一个电子将落在什么地方是无法预言的. 那么，当电子表现出粒子性的时候，是否就不表现出波动性呢？电子的运动是否没有规律可循呢？不是的，再看实验的第三个步骤.

(3) 将荧光屏换成照相底板，对微弱电子束的衍射作长时间的曝光. 实验发现，得到的衍射花样与强电子束的衍射花样完全相同.

这说明在两种情况下，在出现亮条纹的地方，即波强度（振幅的模方）大的地方，到达的电子数目比较多；而在比较暗的地方，即波强度较小的地方，到达的电子数目比较少. 在使用弱电子束的时候，一个电子到达亮条纹处的概率比较大，而到达比较暗的地方的概率比较小.

据此，玻恩(Born)在 1924 年提出了波函数的统计解释：在 t 时刻在 $\boldsymbol{x}$ 处体积元 $d\tau$ 内找到微观粒子的概率与 $|\psi(\boldsymbol{x},t)|^2 d\tau$ 成正比.

这表示，描写粒子的波是概率波，波的强弱反映在空间某处发现粒子的概率的大小. 由此可见，在 t 时刻在 $\boldsymbol{x}$ 点发现粒子的概率密度为

$$w(\boldsymbol{x},t) = |\psi(\boldsymbol{x},t)|^2 \tag{1.2.3}$$

因此，波函数又称为概率幅.

玻恩对波函数的统计解释，深化了人们对微观粒子波粒二重性的认识：

(1) 在电子双缝衍射的实验中，电子总是作为一个整体落在荧光屏上并呈现一点闪光，显示了电子的粒子性. 但是，它又没有经典粒子那样完全确切的轨道，我们不知道它到底穿过哪个缝以及怎样到达荧光屏的，可见微观粒子的粒子性有别于经典的观念.

(2) 电子衍射花样显示了电子的波动性，它反映了电子运动的统计规律性. 所谓“电子的波动性”是体现在每一个电子上的，正因为每一个电子都以相同的概率分布到达荧光屏，因此整个电子束的衍射花样也按这一概率分布呈现在荧光屏上. 但是，微观粒子的波函数不是可观察的物理量. 因此，电子的波动性不像水波或声波那样反映某个物理量（如位移、压强）在空间各点随时间作周期性的变化，可见微观粒子的波动性也有别于经典的观念.

总之，波函数的统计解释把微观粒子的粒子性和波动性有机地统一起来. 其后的无数实验事实证明，统计性是微观物理现象的本质特征.

1.2.3 波函数的归一化条件

波函数的统计解释显示，$\psi(\boldsymbol{x},t)$存在着不确定性. 若用常数 C 乘以 $\psi(\boldsymbol{x},t)$得到的相对概率分布$|C\psi(\boldsymbol{x},t)|^2$ 与$|\psi(\boldsymbol{x},t)|^2$是相同的，即 $C\psi(\boldsymbol{x},t)$与 $\psi(\boldsymbol{x},t)$描述粒

子的同一状态. 为消除波函数的这种不确定性，就要提出波函数的归一化条件.

考虑到非相对论量子力学只研究低能范围的问题，实物粒子不会产生或湮灭. 这样，对于一个粒子而言，在整个空间发现它的概率为1，即

$$\int_{V_\infty} |\psi(\boldsymbol{x},t)|^2 d\tau = 1 \tag{1.2.4}$$

这称为波函数的归一化条件.

如果某个波函数 $\varphi(\boldsymbol{x},t)$ 不满足归一化条件，如

$$\int_{V_\infty} |\varphi(\boldsymbol{x},t)|^2 d\tau = C^2$$

则可令 $\psi(\boldsymbol{x},t)=\frac{1}{C}\varphi(\boldsymbol{x},t)$，由于 $\psi(\boldsymbol{x},t)$ 与 $\varphi(\boldsymbol{x},t)$ 只差一个常数因子，它们描述粒子的同一状态，故可采用 $\psi(\boldsymbol{x},t)$ 描述该粒子. 这个数学手续称为波函数的归一化，常数 $\frac{1}{C}$ 称为归一化常数.

但是，即使波函数 $\psi(\boldsymbol{x},t)$ 满足归一化条件，波函数还是不唯一的. 当 α 为实数，$|e^{i\alpha}|^2=1$，波函数 $e^{i\alpha}\psi(\boldsymbol{x},t)$ 也满足归一化条件，即波函数只能准确到一个相位因子.

还有些波函数不是平方可积函数，如平面波 $\psi(\boldsymbol{x},t)=Ae^{\frac{i}{\hbar}(px-Et)}$，它的模方对全空间的积分

$$\int_{V_\infty} |Ae^{\frac{i}{\hbar}(px-Et)}|^2 d\tau = |A|^2\int_{V_\infty} d\tau \to \infty$$

因此不能采用上面的方法进行归一化，而应采用箱归一化或归一化为 δ 函数的方法(见2.4节).

【例1.2.1】 已知电子的波函数为 $\psi(\boldsymbol{x})=Ne^{-R/a_0}$，试求：

(1) 归一化常数 N；

(2) 在球壳 $R\to R+dR$ 内找到电子的概率 $w(R)dR$；

(3) 电子的位置径向概率密度于何处取最大值.

解 (1) 由波函数归一化条件及 $\int_0^\infty x^n e^{-ax}dx=\frac{n!}{a^{n+1}}(a>0)$，可得

$$1=\int_{-\infty}^{\infty} |\psi(\boldsymbol{x})|^2 d\tau = N^2 4\pi\int_0^\infty e^{-\frac{2R}{a_0}}R^2 dR = N^2 4\pi \frac{2!}{(2/a_0)^3} = N^2\pi a_0^3$$

由此得归一化常数 $N=(\pi a_0^3)^{-1/2}$

(2) 在球壳 $R\to R+dR$ 内找到电子的概率为

$$w(R)dR=\left(\int_0^\pi\int_0^{2\pi} |\psi(\boldsymbol{x})|^2 d\Omega\right)R^2 dR = \left(\int_0^\pi\int_0^{2\pi} \frac{1}{\pi a_0^3}e^{-\frac{2R}{a_0}}\sin\theta d\theta d\phi\right)\cdot R^2 dR$$

$$=\frac{4}{a_0^3}e^{-\frac{2R}{a_0}}R^2 dR$$

(3) 由 $w(R)$取极大值条件

$$0=\frac{\mathrm{d}w(R)}{\mathrm{d}R}=\frac{4}{a_0^3}\frac{\mathrm{d}}{\mathrm{d}R}(R^2\mathrm{e}^{-\frac{2R}{a_0}})=\frac{4}{a_0^3}\left(-\frac{2}{a_0}R^2+2R\right)\mathrm{e}^{-\frac{2R}{a_0}}$$

可得 $R=a_0$.

上面的讨论表明,由微观粒子的波函数可以获得关于粒子位置概率的信息;后面的讨论表明,由它还可以获得关于粒子的其他所有信息(如关于粒子其他力学量取值的概率,等等). 这就是说,微观粒子的状态可以用波函数 $\psi(\boldsymbol{x},t)$完全描述. 因此,波函数又常称为状态函数,简称态函数.

此外,还可以将波函数的统计解释推广到多粒子体系. 设由 N 个粒子组成的体系的波函数为$\psi(\boldsymbol{x}_1,\boldsymbol{x}_2,\cdots,\boldsymbol{x}_N,t)$,则$|\psi(\boldsymbol{x}_1,\boldsymbol{x}_2,\cdots,\boldsymbol{x}_N,t)|^2\mathrm{d}\tau_1\mathrm{d}\tau_2\cdots\mathrm{d}\tau_N$ 表示在 t 时刻发现第 1 个粒子在 $\boldsymbol{x}_1$ 处的 $\mathrm{d}\tau_1$ 中,并且发现第 2 个粒子在 $\boldsymbol{x}_2$ 处的 $\mathrm{d}\tau_2$ 中,…,发现第 N 个粒子在 $\boldsymbol{x}_N$ 处的 $\mathrm{d}\tau_N$ 中的概率.

显然,多粒子体系波函数的归一化条件为

$$\int_{V_\infty}|\psi(\boldsymbol{x}_1,\boldsymbol{x}_2,\cdots,\boldsymbol{x}_N,t)|^2\mathrm{d}\tau_1\mathrm{d}\tau_2\cdots\mathrm{d}\tau_N=1 \tag{1.2.5}$$

这是在 $3N$ 维空间的积分.

习 题 1.2

1.2.1 波包可以看作是各种波长(因而也是各种波数)的平面波的叠加

$$\psi(x,t)=\frac{1}{\sqrt{2\pi}}\int_{-\infty}^{\infty}\varphi(k)\mathrm{e}^{\mathrm{i}(kx-\omega t)}\mathrm{d}k \tag{1.2.6}$$

换句话说,波包所在的位置就是波函数不为零的区域,可以在该区域内任一点找到粒子,在 t 时刻在 $\boldsymbol{x}$ 点发现粒子的概率密度为$|\psi(\boldsymbol{x},t)|^2$. 设 $t=0$,波包中心位于 $x_c=0$.

(1) 对于真空中的电磁波,求波数为 k 的平面波 $\psi_k(x,t)=\mathrm{e}^{\mathrm{i}(kx-\omega t)}$ 的相速度 v_p(等相面移动的速度)和波包的群速度 v_g(波包中心 x_c 的运动速度);

(2) 对于在色散介质中传播的电磁波,求 t 时刻波包的中心位置 x_c 及波包的群速度 v_g;

(3) 设波包中所含波数为 k 的平面波的波幅为 $\varphi(k)=\frac{1}{\alpha}\mathrm{e}^{-k^2/2\alpha^2}$ (高斯波包),且其波数集中在 0 附近的一个小范围内,试证明波包的强度分布为

$$|\psi(x,t)|^2=\frac{\alpha^2}{\sqrt{1+\beta^2\alpha^4t^2}}\mathrm{e}^{-\frac{\alpha^2(x-v_gt)^2}{1+\beta^2\alpha^4t^2}}$$

式中 $\beta=\omega^{(2)}(0)=\mathrm{d}^2\omega/\mathrm{d}k^2|_{k=0}$;

(4) 当$|\psi(x,t)|^2$ 减少到它的最大值的 1/e 时,可将它看作为零,试估算波包的宽度 $\Delta x\approx$? 当 $t\to\infty$时,波包的形状将如何变化?

1.2.2 已知一维粒子波函数为

$$\psi(x,t)=A\mathrm{e}^{-\frac{1}{2}a^2x^2-\frac{\mathrm{i}}{2}\omega t}$$

a、ω 为已知常数，A 为任意常数，求：(1)归一化的波函数；(2)粒子的概率分布；(3)在何处发现粒子的概率最大？

1.3　态叠加原理

本节从电子双缝衍射实验出发提出态叠加原理，接着利用态叠加原理讨论电子在晶体表面的衍射现象，从而引入动量表象(即以粒子动量为自变量)的波函数.

1.3.1　电子双缝衍射实验

在介绍波函数的统计解释时，已经介绍过电子双缝衍射实验. 不同的是，本节将通过比较“只打开缝 1”，“只打开缝 2”，“同时打开两缝”这三种情况下的衍射花样，看看遵守叠加规则的到底是强度还是态函数？

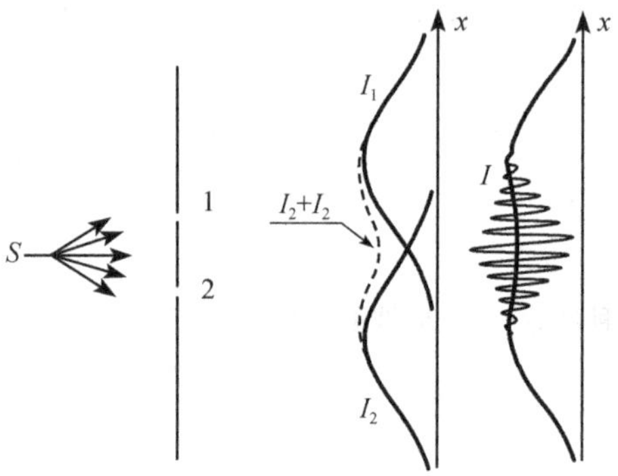

图 1.5

(1) 打开缝 1，关闭缝 2. 电子只能通过缝 1 到达屏，用 ψ_1 描述电子通过缝 1 后的状态. 屏上出现的衍射花样由 $I_1\sim|\psi_1|^2$ 决定，如图 1.5 中曲线 I_1 所示.

(2) 打开缝 2，关闭缝 1. 电子只能通过缝 2 到达屏，用 ψ_2 描述电子通过缝 2 后的状态. 屏上出现的衍射花样由 $I_2\sim|\psi_2|^2$ 决定，如图 1.5 中曲线 I_2 所示.

(3) 同时打开缝 1 和缝 2. 用 ψ 描述电子通过双缝后的状态. 这时屏上出现的花样由 $I\sim|\psi|^2$ 决定.

但到底是 $|\psi|^2=|\psi_1|^2+|\psi_2|^2$，还是 $|\psi|^2=|\psi_1+\psi_2|^2$ 呢？实验证明是后者，即

$$|\psi|^2=|\psi_1+\psi_2|^2=|\psi_1|^2+|\psi_2|^2+\psi_1^*\psi_2+\psi_1\psi_2^* \tag{1.3.1}$$

干涉项 $\psi_1\psi_2^*+\psi_1^*\psi_2$ 使 I_1 与 I_2 均不为零的地方出现暗纹($I=0$)，而在另一些地方出现 $I>I_1+I_2$ 的亮纹. 由 $|\psi|^2=|\psi_1+\psi_2|^2$ 可推断

$$\psi=\psi_1+\psi_2 \tag{1.3.2}$$

电子双缝衍射实验表明，概率不遵守叠加的规则，而概率幅(态函数)遵守叠加的规则.

公式(1.3.2)的物理意义是明显的. 因为两个缝都打开时(因而电子处于 ψ 态)，电子既可能处于 ψ_1 态，也可能处于 ψ_2 态；或者反过来说，若 ψ_1 和 ψ_2 是电子的可能状态，则 ψ_1 和 ψ_2 的线性叠加态 $\psi=\psi_1+\psi_2$ 也是电子的可能状态.

由于相干叠加,使叠加态出现了原来两个态没有的新性质:例如,在原先 I_1 与 I_2 均单调变化的位置出现了 I 的极大值(亮纹),而在原先 I_1 与 I_2 均不为零的位置出现了 I 的极小值(暗纹).

可以预料,当两个缝的几何参数或者两缝相对电子枪的位置不完全对称的情况下,电子通过双缝后的状态 ψ 可写成

$$\psi = c_1\psi_1 + c_2\psi_2 \tag{1.3.3}$$

式中的 c_1 和 c_2 是复常数.这时屏上的强度分布为

$$I \sim |\psi|^2 = |c_1|^2|\psi_1|^2 + |c_2|^2|\psi_2|^2 + c_1^* c_2\psi_1^*\psi_2 + c_1c_2^*\psi_1\psi_2^* \tag{1.3.4}$$

式中 $c_1^* c_2\psi_1^*\psi + c_1c_2^*\psi_1\psi_2^*$ 是 ψ_1 与 ψ_2 之间的干涉项,这里说的“干涉”(相干性叠加)是同一个电子的两个态 ψ_1 与 ψ_2 之间的干涉,而不是两个电子之间的干涉.微弱电子束(微弱到一个一个电子入射)的双缝衍射实验结果就是一个很好的证明由于实验技术的限制,这个实验在 20 世纪 20 年代只能进行所谓的“假想实验”.直到 1989 年由殿村(Tononmura)等人使用配置了电子双棱镜的电子显微镜和灵敏电子探测系统才得以实现,这套仪器保证总有一个电子处于狭缝与屏幕之间,并能观察到干涉条纹的累积过程.人们在这些实验的启发下,提出了态叠加原理.

1.3.2 态叠加原理

若 $\psi_1,\psi_2,\cdots,\psi_n$ 是体系的可能状态,则它们的线性叠加态

$$\psi = c_1\psi_1 + c_2\psi_2 + \cdots + c_n\psi_n \tag{1.3.5}$$

也是体系的可能状态.当体系处于 ψ 态时,发现体系处于 ψ_k 态的概率是 $|c_k|^2$,式中 $k=1,2,\cdots,n$,并且

$$\sum_{k=1}^{n} |c_k|^2 = 1 \tag{1.3.6}$$

态叠加原理是量子力学的一个基本假设,它的正确性也应通过实验来证实.

1.3.3 电子在晶体表面的衍射 动量表象的波函数 $c(\boldsymbol{p},t)$

电子在晶体表面的衍射实验如图 1.6 所示.设电子沿垂直方向射到单晶表面,出射后将以各种不同的动量 $\boldsymbol{p}$ 运动.由于电子离开晶体后就不再受晶体的作用,可以把电子看作自由粒子,并用波函数

$$\psi_{\boldsymbol{p}}(\boldsymbol{x},t) = \frac{1}{(2\pi\hbar)^{3/2}}\mathrm{e}^{\frac{\mathrm{i}}{\hbar}(\boldsymbol{p}\cdot\boldsymbol{x}-Et)} \tag{1.3.7}$$

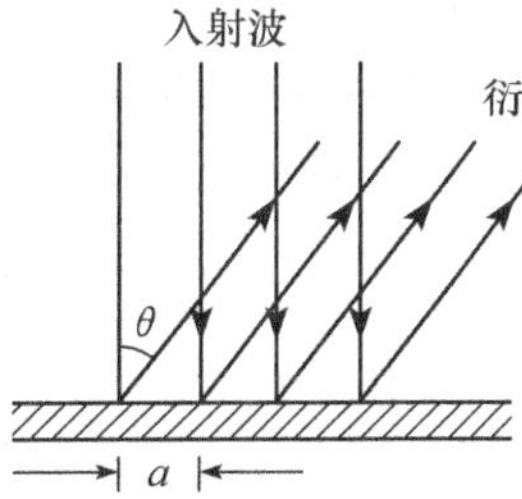

图 1.6

描述动量为 $\boldsymbol{p}$ 的电子的运动.取 $A=(2\pi\hbar)^{-3/2}$ 的理由

见 2.4 节.

电子从晶体表面出射后，既可能处于态 $\psi_{p'}(\boldsymbol{x},t)$，也可能处于态 $\psi_{p''}(\boldsymbol{x},t)$，$\psi_{p'''}(\boldsymbol{x},t)$，…. 按照态叠加原理，电子将处于这些态的线性叠加态

$$\psi(\boldsymbol{x},t)=\sum_{p}c(\boldsymbol{p})\psi_{p}(\boldsymbol{x},t) \tag{1.3.8}$$

考虑到电子的动量 $\boldsymbol{p}$ 可以连续变化，求和应改为积分

$$\psi(\boldsymbol{x},t)=\int_{-\infty}^{\infty}c(\boldsymbol{p})\psi_{p}(\boldsymbol{x},t)\mathrm{d}^{3}\boldsymbol{p}=\frac{1}{(2\pi\hbar)^{3/2}}\int_{-\infty}^{\infty}c(\boldsymbol{p})\mathrm{e}^{-\frac{\mathrm{i}}{\hbar}Et}\mathrm{e}^{\frac{\mathrm{i}}{\hbar}\boldsymbol{p}\cdot\boldsymbol{x}}\mathrm{d}^{3}\boldsymbol{p}$$

$$=\frac{1}{(2\pi\hbar)^{3/2}}\int_{-\infty}^{\infty}c(\boldsymbol{p},t)\mathrm{e}^{\frac{\mathrm{i}}{\hbar}\boldsymbol{p}\cdot\boldsymbol{x}}\mathrm{d}^{3}\boldsymbol{p} \tag{1.3.9}$$

上式已采用了记号

$$c(\boldsymbol{p},t)=c(\boldsymbol{p})\mathrm{e}^{-\frac{\mathrm{i}}{\hbar}Et} \tag{1.3.10}$$

(1.3.9)式表明，$\psi(\boldsymbol{x},t)$是 $c(\boldsymbol{p},t)$的傅里叶(Fourier)逆变换.

$\psi(\boldsymbol{x},t)$的傅里叶变换为(见附录 A).

$$c(\boldsymbol{p},t)=\frac{1}{(2\pi\hbar)^{3/2}}\int_{-\infty}^{\infty}\psi(\boldsymbol{x},t)\mathrm{e}^{-\frac{\mathrm{i}}{\hbar}\boldsymbol{p}\cdot\boldsymbol{x}}\mathrm{d}^{3}\boldsymbol{x} \tag{1.3.11}$$

由此可见，$\psi(\boldsymbol{x},t)$与 $c(\boldsymbol{p},t)$是一一对应的，既然 $\psi(\boldsymbol{x},t)$是完全地描述粒子状态的波函数，因此 $c(\boldsymbol{p},t)$也可以用来完全地描写粒子的状态. 两者的区别仅在于：$\psi(\boldsymbol{x},t)$是以坐标为自变量，称为坐标表象的波函数；$c(\boldsymbol{p},t)$是以动量为自变量，称为动量表象的波函数.

既然 $|\psi(\boldsymbol{x},t)|^{2}\mathrm{d}^{3}\boldsymbol{x}=|\psi(x,y,z,t)|^{2}\mathrm{d}x\mathrm{d}y\mathrm{d}z$ 是时刻 t 粒子的坐标在 $x\rightarrow x+\mathrm{d}x,y\rightarrow y+\mathrm{d}y,z\rightarrow z+\mathrm{d}z$ 范围内取值的概率；类似地，$|c(\boldsymbol{p},t)|^{2}\mathrm{d}^{3}\boldsymbol{p}=|c(p_{x},p_{y},p_{z},t)|^{2}\mathrm{d}p_{x}\mathrm{d}p_{y}\mathrm{d}p_{z}$ 就是时刻 t 粒子的动量在 $p_{x}\rightarrow p_{x}+\mathrm{d}p_{x}$，$p_{y}\rightarrow p_{y}+\mathrm{d}p_{y}$，$p_{z}\rightarrow p_{z}+\mathrm{d}p_{z}$ 范围内取值的概率.

在一维的情形下，$\psi(x,t)$与 $c(p,t)$的关系为

$$\psi(x,t)=\frac{1}{(2\pi\hbar)^{1/2}}\int_{-\infty}^{\infty}c(p,t)\mathrm{e}^{\frac{\mathrm{i}}{\hbar}px}\mathrm{d}p \tag{1.3.12}$$

$$c(p,t)=\frac{1}{(2\pi\hbar)^{1/2}}\int_{-\infty}^{\infty}\psi(x,t)\mathrm{e}^{-\frac{\mathrm{i}}{\hbar}px}\mathrm{d}x \tag{1.3.13}$$

容易发现，如果在上两式中将 x 与 p，ψ 与 c 互换的同时把 i 换为$-$i，则两式互换.

如果仅考虑两表象间某一时刻粒子波函数的关系，在(1.3.9)式和(1.3.11)式中取 $t=0$，便有

$$\psi(\boldsymbol{x})=\frac{1}{(2\pi\hbar)^{3/2}}\int_{-\infty}^{\infty}c(\boldsymbol{p})\mathrm{e}^{\frac{\mathrm{i}}{\hbar}\boldsymbol{p}\cdot\boldsymbol{x}}\mathrm{d}^{3}\boldsymbol{p} \tag{1.3.14}$$

$$c(\boldsymbol{p})=\frac{1}{(2\pi\hbar)^{3/2}}\int_{-\infty}^{\infty}\psi(\boldsymbol{x})\mathrm{e}^{-\frac{\mathrm{i}}{\hbar}\boldsymbol{p}\cdot\boldsymbol{x}}\mathrm{d}^{3}\boldsymbol{x} \tag{1.3.15}$$

在一维的情形下，$\psi(x)$与 $c(p)$的关系为(在这种情况下，已将 p_{x} 简写为 p)

$$\psi(x)=\frac{1}{(2\pi\hbar)^{1/2}}\int_{-\infty}^{\infty}c(p)\mathrm{e}^{\frac{\mathrm{i}}{\hbar}px}\mathrm{d}p \tag{1.3.16}$$

$$c(p)=\frac{1}{(2\pi\hbar)^{1/2}}\int_{-\infty}^{\infty}\psi(x)\mathrm{e}^{-\frac{\mathrm{i}}{\hbar}px}\mathrm{d}x \tag{1.3.17}$$

【例 1.3.1】 已知 $t=0$ 时粒子的状态为

$$\psi(x)=\begin{cases}\sqrt{\dfrac{2}{a}}\sin\dfrac{\pi x}{a}, & 0\leqslant x\leqslant a\\ 0, & x<0,x>a\end{cases}$$

试求粒子动量的概率密度 $|c(p)|^2$.

解 动量表象的波函数为 $c(p)=\frac{1}{(2\pi\hbar)^{1/2}}\int_{-\infty}^{\infty}\psi(x)\mathrm{e}^{-\frac{\mathrm{i}}{\hbar}px}\mathrm{d}x$，据此可求得粒子动量的概率幅 $c(p)$

$$c(p)=\frac{1}{(2\pi\hbar)^{1/2}}\int_0^a\sqrt{\frac{2}{a}}\sin\frac{\pi x}{a}\mathrm{e}^{-\frac{\mathrm{i}}{\hbar}px}\mathrm{d}x=\frac{1}{(\pi\hbar a)^{1/2}}\frac{-\hbar^2\pi a}{(a^2p^2-\hbar^2\pi^2)}(\mathrm{e}^{-\frac{\mathrm{i}}{\hbar}pa}+1)$$

处于 $\psi(x)$ 态的粒子，其动量取值在 p 到 $p+\mathrm{d}p$ 范围内的概率为

$$|c(p)|^2=\left[\frac{-\hbar^{3/2}(\pi a)^{1/2}}{a^2p^2-\hbar^2\pi^2}\right]^2(\mathrm{e}^{-\frac{\mathrm{i}}{\hbar}pa}+1)(\mathrm{e}^{\frac{\mathrm{i}}{\hbar}pa}+1)=\frac{2\hbar^3\pi a}{(a^2p^2-\hbar^2\pi^2)^2}\left(1+\cos\frac{pa}{\hbar}\right)$$

习 题 1.3

1.3.1 已知 $t=0$ 时粒子的状态由下述波函数描述：

(1) $\psi(x)=(2\pi\hbar)^{-\frac{1}{2}}\mathrm{e}^{\frac{\mathrm{i}}{\hbar}p_0x}$.

(2) $\psi(x)=\delta(x-x_0)$.

试求动量的概率密度 $|c(p)|^2=$？并说明结果的物理意义.

1.3.2 一维运动的粒子处在

$$\psi(x)=\begin{cases}2\lambda^{3/2}x\mathrm{e}^{-\lambda x}, & 当\ x\geqslant 0\\ 0, & 当\ x<0\end{cases}$$

的状态，其中 $\lambda>0$，求粒子在动量表象的波函数.

1.3.3 粒子作一维自由运动，设 $t=0$ 时刻粒子的状态波函数为高斯波包

$$\psi(x)=(\pi a^2)^{-1/4}\mathrm{e}^{-x^2/2a^2}$$

试求在 $t>0$ 时刻：

(1) 粒子的波函数 $\psi(x,t)$； (2) 粒子的位置概率密度； (3) 粒子的动量概率密度

1.4 薛定谔方程 概率守恒定律

本节研究量子力学的动力学问题，即要寻找量子体系的状态随时间变化的规律. 这个规律就是著名的薛定谔方程. 薛定谔方程不是从基本原理推导出来的，而

是作为一个基本假设提出来的. 读者将会发现,本节寻找薛定谔方程的叙述是从猜测到假设,而不是推导.

本节首先研究在非相对论条件下方程应满足哪些条件,随后考察自由粒子的波函数遵守怎样的方程,进而假设这个方程能推广到普遍的情形,这样便得到薛定谔方程. 无数实验事实证明,由薛定谔方程得出的结果与实验事实相符,因此上述假设成立. 接着利用分离变量法求解势场与时间无关情况下的薛定谔方程,得到定态薛定谔方程及定态解的形式. 最后,由波函数的统计解释和薛定谔方程出发,导出概率守恒定律.

1.4.1　波函数随时间变化的规律——薛定谔方程

在经典力学中,力学体系运动状态随时间变化的规律是牛顿方程,如果知道力学体系的初始条件,利用牛顿方程即可求出体系在任一时刻的运动状态.

在量子力学中,量子体系的运动状态由波函数 $\psi(\boldsymbol{x},t)$ 描述. 那么,波函数随时间变化的规律是怎样的呢?

1. 在非相对论条件下,薛定谔方程应满足哪些条件

(1) 当粒子的速度 $v \ll c$ 时,质量为 μ 的粒子的总能为 $E=\dfrac{\boldsymbol{p}^2}{2\mu}+U$.

(2) 波函数在任何时刻都遵守态叠加原理,因此方程应为线性齐次方程,以保证方程特解的线性组合仍然是方程的解.

(3) 方程既然要反映 $\psi(\boldsymbol{x},t)$ 随时间变化的规律,就必然包含 $\dfrac{\partial\psi(\boldsymbol{x},t)}{\partial t}$;但方程不应包含 $\dfrac{\partial^2\psi(\boldsymbol{x},t)}{\partial t^2}$,否则需要利用两个初始条件 $\psi(\boldsymbol{x},0)$ 及 $\left.\dfrac{\partial\psi(\boldsymbol{x},t)}{\partial t}\right|_{t=0}$ 才能确定 $\psi(\boldsymbol{x},t)$,这就意味着体系的初始状态不能由波函数 $\psi(\boldsymbol{x},0)$ 完全描述,违反了波函数完全地描述体系运动状态的基本假设.

2. 寻找最简单的自由粒子的波函数 $\psi(\boldsymbol{x},t)=A\mathrm{e}^{\frac{\mathrm{i}}{\hbar}(\boldsymbol{p}\cdot\boldsymbol{x}-Et)}$ 遵守的方程

由于条件(3)的要求,我们来计算 $\psi(\boldsymbol{x},t)$ 对时间和空间坐标的偏导数(留给读者作为练习),易得

$$\mathrm{i}\hbar\frac{\partial\psi(\boldsymbol{x},t)}{\partial t}=E\psi(\boldsymbol{x},t) \tag{1.4.1}$$

$$-\hbar^2\nabla^2\psi(\boldsymbol{x},t)=\boldsymbol{p}^2\psi(\boldsymbol{x},t) \tag{1.4.2}$$

式中 $\nabla^2=\dfrac{\partial^2}{\partial x^2}+\dfrac{\partial^2}{\partial y^2}+\dfrac{\partial^2}{\partial z^2}$ 是拉普拉斯算符.

当 $v \ll c$,自由粒子的总能就是它的动能,即 $E=\dfrac{\boldsymbol{p}^2}{2\mu}$,乘以 $\psi(x,t)$ 便有

$$E\psi(\boldsymbol{x},t)=\frac{\boldsymbol{p}^2}{2\mu}\psi(\boldsymbol{x},t)$$

用 2μ 除(1.4.2)式后，将(1.4.1)、(1.4.2)两式代入上式，即得

$$\mathrm{i}\hbar\frac{\partial\psi(\boldsymbol{x},t)}{\partial t}=-\frac{\hbar^2}{2\mu}\nabla^2\psi(\boldsymbol{x},t) \tag{1.4.3}$$

这就是自由粒子的波函数随时间变化的规律，即自由粒子的薛定谔方程.

通过把经典物理量替换为算符

$$E\to\mathrm{i}\hbar\frac{\partial}{\partial t},\quad \boldsymbol{p}\to-\mathrm{i}\hbar\nabla$$

从而将经典物理量与体系波函数 $\psi(\boldsymbol{x},t)$的乘积

$$E\psi(\boldsymbol{x},t)=\frac{\boldsymbol{p}^2}{2\mu}\psi(\boldsymbol{x},t)$$

替换为量子算符对体系波函数 $\psi(\boldsymbol{x},t)$的作用

$$\mathrm{i}\hbar\frac{\partial\psi(\boldsymbol{x},t)}{\partial t}=-\frac{\hbar^2}{2\mu}\nabla^2\psi(\boldsymbol{x},t)$$

这种建立自由粒子的薛定谔方程的方法称为“一次量子化”方法①.

3. 在势场中运动的粒子，它的波函数遵守同样的方程吗

对于在势场中运动的粒子，它的总能为

$$E=\frac{\boldsymbol{p}^2}{2\mu}+U(\boldsymbol{x}) \tag{1.4.4}$$

同理可得

$$E\psi(\boldsymbol{x},t)=\frac{\boldsymbol{p}^2}{2\mu}\psi(\boldsymbol{x},t)+U(\boldsymbol{x})\psi(\boldsymbol{x},t) \tag{1.4.5a}$$

但是，在势场 $U(\boldsymbol{x})$中运动的粒子的波函数是否仍满足(1.4.1)式和(1.4.2)式呢？$U(\boldsymbol{x})$是否需要像 E 和$\frac{\boldsymbol{p}^2}{2\mu}$那样换成另一个运算符号呢？其实是不知道的. 如果进一步假设可以这样做，即得

$$\mathrm{i}\hbar\frac{\partial}{\partial t}\psi(\boldsymbol{x},t)=\left[-\frac{\hbar^2}{2\mu}\nabla^2+U(\boldsymbol{x})\right]\psi(\boldsymbol{x},t) \tag{1.4.5b}$$

这就是薛定谔方程，它完全符合上面提出的三个条件. 这个方程是薛定谔在 1926 年提出来的.

---

① “二次量子化”的问题，请参看：苏汝铿. 量子力学. 第二版. 北京：高等教育出版社，2002. 361～367.

运算符号$\left[-\frac{\hbar^2}{2\mu}\nabla^2+U(\boldsymbol{x})\right]$是经典力学的哈密顿函数 $H=\frac{p^2}{2\mu}+U(\boldsymbol{x})$按照(1.4.3)式的替换得来的，所以将上述运算符号称为哈密顿算符，并用 $\hat{H}$ 标记，即

$$\hat{H}=-\frac{\hbar^2}{2\mu}\nabla^2+U(\boldsymbol{x}) \tag{1.4.6}$$

4. 多粒子体系的薛定谔方程

现在，进一步将薛定谔方程推广到由 N 个粒子组成的多粒子体系. 设体系的波函数为$\psi(\boldsymbol{x}_1,\boldsymbol{x}_2,\cdots,\boldsymbol{x}_N,t)$，体系的哈密顿量为

$$H=\sum_{i=1}^{N}\frac{p_i^2}{2\mu_i}+U(\boldsymbol{x}_1,\boldsymbol{x}_2,\cdots,\boldsymbol{x}_N) \tag{1.4.7}$$

式中 μ_i 及 p_i 为第 i 个粒子的质量和动量，$U(\boldsymbol{x}_1,\boldsymbol{x}_2,\cdots,\boldsymbol{x}_N)$是 N 个粒子在外场的势能及粒子间的相互作用能之和. 按照(1.4.3)式给出的规则，体系的哈密顿算符为

$$\hat{H}=-\sum_{i=1}^{N}\frac{\hbar^2}{2\mu_i}\nabla_i^2+U(\boldsymbol{x}_1,\boldsymbol{x}_2,\cdots,\boldsymbol{x}_N) \tag{1.4.8}$$

由此得多粒子体系的薛定谔方程为

$$\mathrm{i}\hbar\frac{\partial\psi(\boldsymbol{x}_1,\boldsymbol{x}_2,\cdots,\boldsymbol{x}_N,t)}{\partial t}=\hat{H}\psi(\boldsymbol{x}_1,\boldsymbol{x}_2,\cdots,\boldsymbol{x}_N,t) \tag{1.4.9}$$

5. 关于薛定谔方程的讨论

(1) 薛定谔方程是作为一个基本假设提出来的，它的正确性已被非相对论量子力学在各方面的实验所证实. 当然，所谓“正确性”是相对的，在 $v\sim c$ 的情况下，它已被克莱因-戈尔登方程和狄拉克方程所代替.

(2) 薛定谔方程在非相对论量子力学中的地位与牛顿方程在经典力学中的地位相仿. 只要给出粒子在初始时刻的波函数，由方程即可求得粒子在以后任一时刻的波函数.

(3) 薛定谔方程只含对时间的一阶导数，为何可以描述波动过程？在经典物理中，波动方程 $u_{tt}-a^2u_{xx}=0$ 有周期性的解，而热传导方程 $u_t-a^2u_{xx}=0$ 则描述不可逆过程，没有周期性的解. 实际上，$u=\cos(kx-\omega t)$或 $u=\sin(kx-\omega t)$均不满足热传导方程，因为它们的一阶导数使相位增加 $\pi/2$

$$(\cos\theta)'=-\sin\theta=\cos(\theta+\pi/2),\quad (\sin\theta)'=\cos\theta=\sin(\theta+\pi/2) \tag{1.4.10}$$

这样 u_t 使相位增加 $\pi/2$，u_{xx} 使相位增加 π，可见周期函数不可能满足热传导方程. 薛定谔方程虽然只含对时间的一阶导数，但在$\frac{\partial\psi}{\partial t}$前面出现 $\mathrm{i}=\mathrm{e}^{\mathrm{i}\frac{\pi}{2}}$，正好使两者相位

一致，因而有周期性的解. 而且，薛定谔方程中 i 因子的出现，使得波函数一般是 $\boldsymbol{x}$ 和 t 的复函数.

1.4.2 定态 定态薛定谔方程

本节讨论势场 $U(\boldsymbol{x})$ 不显含 t 的情况下薛定谔方程的解，势场显含 t 的情况在第四篇讨论.

1. 用分离变量法求解薛定谔方程

令

$$\psi(\boldsymbol{x},t) = \psi(\boldsymbol{x})f(t) \tag{1.4.11}$$

代入(1.4.5)式，并用 $\psi(\boldsymbol{x})f(t)$ 去除，可得

$$\frac{\mathrm{i}\hbar}{f(t)}\frac{\mathrm{d}f(t)}{\mathrm{d}t} = \frac{1}{\psi(\boldsymbol{x})}\left[-\frac{\hbar^2}{2\mu}\nabla^2+U(\boldsymbol{x})\right]\psi(\boldsymbol{x}) \tag{1.4.12}$$

上式只包含 $\boldsymbol{x}$ 与 t 这两个独立变量，但等式的左边与 $\boldsymbol{x}$ 无关，等式的右边与 t 无关，可见上式两边只能等于同一常数，并记作 E(它的物理意义暂时不清楚). 由此分离出两个方程

$$\mathrm{i}\hbar\frac{\mathrm{d}f(t)}{\mathrm{d}t} = Ef(t) \tag{1.4.13}$$

$$\left[-\frac{\hbar^2}{2\mu}\nabla^2+U(\boldsymbol{x})\right]\psi(\boldsymbol{x}) = E\psi(\boldsymbol{x}) \tag{1.4.14}$$

第一个方程可改写为 $\frac{\mathrm{d}f(t)}{f(t)}=-\frac{\mathrm{i}}{\hbar}E\mathrm{d}t$，积分后可得($C$ 为积分常数)

$$f(t) = C\mathrm{e}^{-\frac{\mathrm{i}}{\hbar}Et} \tag{1.4.15}$$

第二个方程要给出 $U(\boldsymbol{x})$ 才能解出，解法见下节. 将(1.4.15)式代入(1.4.11)式，并将 C 归入 $\psi(\boldsymbol{x})$，即得薛定谔方程的特解

$$\psi(\boldsymbol{x},t) = \psi(\boldsymbol{x})\mathrm{e}^{-\frac{\mathrm{i}}{\hbar}Et} \tag{1.4.16}$$

当指数函数 $\mathrm{e}^{-\frac{\mathrm{i}}{\hbar}Et}$ 的指数为虚数时，它描述一个简谐振动，将它与 $\mathrm{e}^{-\mathrm{i}\omega t}$ 相比较，即得 $E=\hbar\omega$. 由德布罗意关系式可知上述常数 E 正是量子体系的能量.

既然 E 为常数，可见 $\psi(\boldsymbol{x},t)=\psi(\boldsymbol{x})\mathrm{e}^{-\frac{\mathrm{i}}{\hbar}Et}$ 是描述体系能量具有确定值的状态波函数. 我们把能量具有确定值的状态称为定态，描述定态的波函数(1.4.16)称为定态波函数，定态波函数遵守的方程(1.4.14)称为定态薛定谔方程.

2. 哈密顿算符的本征值方程

若体系的能量可以取 $E_1, E_2, \cdots, E_n, \cdots$ 等值时，将 $\hat{H}=-\frac{\hbar^2}{2\mu}\nabla^2+U(x)$ 代入

(1.4.14)式,则定态薛定谔方程可以写成下述形式.

$$\hat{H}\psi_n(\boldsymbol{x}) = E_n\psi_n(\boldsymbol{x}), \quad n = 1,2,\cdots \tag{1.4.17}$$

一个算符 $\hat{F}$ 作用于函数 u 得到常数乘该函数的方程称为算符 $\hat{F}$ 的本征值方程

$$\hat{F}u = fu \tag{1.4.18}$$

式中 f 称为算符 $\hat{F}$ 的本征值,u 称为算符 $\hat{F}$ 的本征值为 f 的本征函数.

显然,定态薛定谔方程就是算符 $\hat{H}$ 的本征值方程,E_n 就是算符 $\hat{H}$ 的本征值,波函数 $\psi_n(\boldsymbol{x})$称为 $\hat{H}$ 的本征值为 E_n 的本征函数,$\psi_n(\boldsymbol{x})$所描述的状态称为能量本征态.也就是说,当体系处于能量本征态 $\psi_n(\boldsymbol{x})$时,体系的能量具有确定值 E_n.

3. 薛定谔方程的特解和通解

将 $E=E_n$,$\psi(\boldsymbol{x})=\psi_n(\boldsymbol{x})$代入(1.4.16)式,即得薛定谔方程的特解

$$\psi_n(\boldsymbol{x},t) = \psi_n(\boldsymbol{x})e^{-\frac{i}{\hbar}E_n t}, \quad n = 1,2,\cdots \tag{1.4.19}$$

由于薛定谔方程是线性齐次方程,它的通解就是这些特解的线性组合,即

$$\psi(\boldsymbol{x},t) = \sum_n c_n\psi_n(\boldsymbol{x},t) = \sum_n c_n\psi_n(\boldsymbol{x})e^{-\frac{i}{\hbar}E_n t} \tag{1.4.20}$$

4. 叠加系数模方 $|c_n|^2$ 的物理意义

由态叠加原理可知,处于 $\psi(\boldsymbol{x},t)$态的体系,其能量取 E_n 值的概率,即发现体系处于$\psi_n(\boldsymbol{x},t)$态的概率为$|c_n|^2$ (假设$\sum\limits_n |c_n|^2 = 1$).

既然体系处于 $\psi(\boldsymbol{x},t)$态时,体系的能量可以取各种不同的数值,故波函数(1.4.20)不是定态波函数.

【例 1.4.1】 设粒子的两本征函数分别为

$$\psi_1(x) = c_1e^{-\frac{1}{2}ax^2}, \quad \psi_2(x) = c_2(x^2+b)e^{-\frac{1}{2}ax^2}$$

求粒子这两状态的能级间隔.

解 由于 ψ_1与 ψ_2 均满足定态薛定谔方程,故有

$$\psi_1'' + \frac{2\mu}{\hbar^2}(E_1 - U)\psi_1 = 0, \quad \psi_2'' + \frac{2\mu}{\hbar^2}(E_2 - U)\psi_2 = 0$$

以 ψ_2 乘前式减去 ψ_1乘后式,即有

$$(E_2 - E_1)\psi_1\psi_2 = \frac{\hbar^2}{2\mu}(\psi_2\psi_1'' - \psi_1\psi_2'')$$

上式对任意 x 值均成立.为方便起见,取 $x=0$ 的值进行计算,易见

$$\psi_1(0) = c_1, \quad \psi_1''(0) = -c_1a, \quad \psi_2(0) = c_2b, \quad \psi_2''(0) = 2c_2 - c_2ab$$

代入

$$(E_2 - E_1)\psi_1(0)\psi_2(0) = \frac{\hbar^2}{2\mu}[\psi_2(0)\psi_1''(0) - \psi_1(0)\psi_2''(0)]$$

即得粒子这两状态的能级间隔

$$E_2 - E_1 = \frac{1}{c_1 c_2 b}\frac{\hbar^2}{2\mu}[-c_2 bc_1 a - (2c_1 c_2 - c_1 c_2 ab)] = -\frac{\hbar^2}{\mu b}$$

1.4.3 概率守恒定律

现在讨论当一个粒子在势场 $U(\boldsymbol{x})$ 中运动时，在空间各点发现它的概率密度如何随时间变化.

1. 概率守恒定律的微分形式

设粒子的波函数为 $\psi(\boldsymbol{x},t)$，t 时刻在 $\boldsymbol{x}$ 处发现粒子的概率密度为

$$w(\boldsymbol{x},t) = \psi^*(\boldsymbol{x},t)\psi(\boldsymbol{x},t) \tag{1.4.21}$$

概率密度随时间的变化率为

$$\frac{\partial w}{\partial t} = \frac{\partial}{\partial t}(\psi^*\psi) = \psi^*\frac{\partial \psi}{\partial t} + \frac{\partial \psi^*}{\partial t}\psi \tag{1.4.22}$$

为了计算它，用 $\mathrm{i}\hbar$ 除薛定谔方程两边，并取其复共轭，可得

$$\frac{\partial \psi}{\partial t} = \frac{\mathrm{i}\hbar}{2\mu}\nabla^2\psi + \frac{1}{\mathrm{i}\hbar}U(\boldsymbol{x})\psi, \quad \frac{\partial \psi^*}{\partial t} = -\frac{\mathrm{i}\hbar}{2\mu}\nabla^2\psi^* - \frac{1}{\mathrm{i}\hbar}U(\boldsymbol{x})\psi^* \tag{1.4.23}$$

代入(1.4.21)式，随后分别加减 $\nabla\psi\cdot\nabla\psi^*$，再利用 $\nabla\cdot(\varphi\boldsymbol{f}) = \varphi\nabla\cdot\boldsymbol{f} + \nabla\varphi\cdot\boldsymbol{f}$，即有

$$\begin{aligned}\frac{\partial w}{\partial t} &= \frac{\mathrm{i}\hbar}{2\mu}(\psi^*\nabla^2\psi - \psi\nabla^2\psi^*) \\ &= \frac{\mathrm{i}\hbar}{2\mu}(\psi^*\nabla^2\psi + \nabla\psi\cdot\nabla\psi^* - \psi\nabla^2\psi^* - \nabla\psi\cdot\nabla\psi^*) \\ &= \frac{\mathrm{i}\hbar}{2\mu}\nabla\cdot(\psi^*\nabla\psi - \psi\nabla\psi^*) = -\nabla\cdot\boldsymbol{J}\end{aligned} \tag{1.4.24}$$

式中

$$\boldsymbol{J} = \frac{\mathrm{i}\hbar}{2\mu}(\psi\nabla\psi^* - \psi^*\nabla\psi) \tag{1.4.25}$$

不难发现，(1.4.24)式与经典电动力学中的电荷守恒定律

$$\frac{\partial \rho_f}{\partial t} + \nabla\cdot\boldsymbol{J}_f = 0 \tag{1.4.26}$$

具有相同的形式，(1.4.26)式的 ρ_f 是电荷密度，$\boldsymbol{J}_f$ 为电流密度矢量. 既然(1.4.24)式中的 w 是概率密度，通过与(1.4.26)式对比可知 $\boldsymbol{J}$ 即为概率流密度矢量.

概率为什么会流动呢? 在外场的作用下，在 $\boldsymbol{x}$ 处发现粒子的概率密度

$w(\boldsymbol{x},t)=|\psi(\boldsymbol{x},t)|^2$ 就有可能随时间变化，有些地方的概率密度增加了，有些地方的概率密度减小了，这表明概率在流动.

$\boldsymbol{J}$ 的物理意义也可以通过与 ρ_f 的类比得到：它的大小是单位时间内流过垂直于 $\boldsymbol{J}$ 的单位面积的概率，它的方向就是该点概率流动的方向.(1.4.24)式给出了概率守恒定律的微分形式.

2. 概率守恒定律的积分形式

将(1.4.24)式对空间 V 作体积分，可得

$$\int_V \frac{\partial w}{\partial t}\mathrm{d}\tau+\int_V \nabla\cdot \boldsymbol{J}\mathrm{d}\tau=0$$

第一项交换微分和积分的次序，第二项利用高斯定理把体积分变成面积分，即有

$$\frac{\mathrm{d}}{\mathrm{d}t}\int_V w\,\mathrm{d}\tau=-\int_V \nabla\cdot \boldsymbol{J}\mathrm{d}\tau=-\oint_S \boldsymbol{J}\cdot \mathrm{d}\boldsymbol{\sigma}=-\oint_S J_n\mathrm{d}\sigma \tag{1.4.27}$$

上式指出，单位时间内，在 V 内发现粒子的概率的增量等于单位时间内流入 V 内的概率(负号表示流入)，(1.4.27)式是概率守恒定律的积分形式.

在(1.4.27)式中令 $V\to\infty$，由于任何可实现的波函数应满足平方可积的条件 $\left(\int_{V_\infty}|\psi|^2\mathrm{d}\tau\text{ 有限}\right)$，因此当 $R\to\infty$时，$\psi\to 0$ 应比 $R^{-\frac{3}{2}}$ 快，使得 J_n 沿无限大封闭面的积分为零①，即

$$\frac{\mathrm{d}}{\mathrm{d}t}\int_{V_\infty}|\psi|^2\mathrm{d}\tau=\frac{\mathrm{d}}{\mathrm{d}t}\int_{V_\infty}w\,\mathrm{d}\tau=-\oint_{S_\infty}J_n\mathrm{d}\sigma=0$$

上式说明，在整个空间发现粒子的概率(这是必然事件，概率为 1)与时间无关. 若波函数已归一化，则归一化条件 $\int_{V_\infty}|\psi|^2\mathrm{d}\tau=1$ 不会随时间变化.

【例 1.4.2】 已知自由粒子的 $\psi(\boldsymbol{x},t)=A\mathrm{e}^{\frac{\mathrm{i}}{\hbar}(\boldsymbol{p}\cdot\boldsymbol{x}-Et)}$，求它的概率密度 $w(\boldsymbol{x},t)$ 和概率流密度矢量 $\boldsymbol{J}(\boldsymbol{x},t)$.

解 $w(\boldsymbol{x},t)=|\psi(\boldsymbol{x},t)|^2=|A\mathrm{e}^{\frac{\mathrm{i}}{\hbar}(\boldsymbol{p}\cdot\boldsymbol{x}-Et)}|^2=|A|^2$，这说明在空间各处发现自由粒子的概率相同.

$$\boldsymbol{J}(\boldsymbol{x},t)=\frac{\mathrm{i}\hbar}{2\mu}(\psi\nabla\psi^*-\psi^*\nabla\psi)=\frac{\mathrm{i}\hbar}{2\mu}\psi\nabla\psi^*+\mathrm{c.c.}$$

式中 c.c. 是表示前面式子的复共轭. 利用

$$\nabla\psi^*=\sum_{k=1}^{3}\boldsymbol{e}_k\frac{\partial}{\partial x_k}A\mathrm{e}^{-\frac{\mathrm{i}}{\hbar}(\boldsymbol{p}\cdot\boldsymbol{x}-Et)}=\sum_{k=1}^{3}\boldsymbol{e}_k\left(-\frac{\mathrm{i}}{\hbar}p_k\right)\psi^*=-\frac{\mathrm{i}}{\hbar}\boldsymbol{p}\psi^*$$

---

① 取 S_∞ 为球面，当 $R\to\infty$时，$\psi\to 0$ 应比 $R^{-\frac{3}{2}}$ 快，故 $J_n=\boldsymbol{J}\cdot\boldsymbol{e}_R=\frac{\mathrm{i}\hbar}{2\mu}\left(\psi\frac{\partial\psi^*}{\partial R}-\psi^*\frac{\partial\psi}{\partial R}\right)$ 趋于零应比 $R^{-\frac{3}{2}}R^{-\frac{5}{2}}=R^{-4}$ 快，而 S_∞ 仅与 R^2 成正比，易见 $\oint_{S_\infty}J_n\mathrm{d}\sigma=0$.

代回前式，并利用 $w=|A|^2$ 及 $\boldsymbol{p}=\mu\boldsymbol{v}$，可得

$$\boldsymbol{J}(\boldsymbol{x},t)=\frac{\mathrm{i}\hbar}{2\mu}\psi\left(-\frac{\mathrm{i}}{\hbar}\boldsymbol{p}\psi^*\right)+\mathrm{c.\,c.}=w\frac{\boldsymbol{p}}{2\mu}+\mathrm{c.\,c.}=w\boldsymbol{v}$$

上式在数学形式上也与经典电动力学中电流密度矢量 $\boldsymbol{J}_f$、电荷密度 ρ_f 及电荷速度 v 的关系 $\boldsymbol{J}_f=\rho_f\boldsymbol{v}$ 相似.

3. 量子力学中的电荷守恒定律

设粒子的电荷为 e，定义时刻 t 在 $\boldsymbol{x}$ 处的电荷密度为

$$w_e(\boldsymbol{x},t)=ew(\boldsymbol{x},t)=e\mid\psi(\boldsymbol{x},t)\mid^2 \tag{1.4.28}$$

也就是说，尽管带电粒子是一个小颗粒，但在 t 时刻它在整个空间范围内都可能有电荷密度，因为在 t 时刻在整个空间都有可能发现它，只是在不同位置发现它的概率大小不同而已.

类似地，定义 t 时刻在 $\boldsymbol{x}$ 处的电流密度矢量为

$$\boldsymbol{J}_e(\boldsymbol{x},t)=e\boldsymbol{J}(\boldsymbol{x},t)=\frac{\mathrm{i}e\hbar}{2\mu}(\psi\nabla\psi^*-\psi^*\nabla\psi) \tag{1.4.29}$$

用 e 乘概率守恒定律，即有

$$\frac{\partial w_e}{\partial t}+\nabla\cdot\boldsymbol{J}_e=0 \tag{1.4.30}$$

及

$$\frac{\mathrm{d}}{\mathrm{d}t}\int_V w_e\mathrm{d}\tau=-\oint_S\boldsymbol{J}_e\cdot\mathrm{d}\boldsymbol{\sigma} \tag{1.4.31}$$

两者分别是量子力学中电荷守恒定律的微分形式与积分形式.

习　题　1.4

1.4.1　试证明公式(1.4.1)和(1.4.2).

1.4.2　试将 $\psi(x,t)=\cos(kx-\omega t)+\gamma\sin(kx-\omega t)$ 代入方程

$$\alpha\frac{\partial\psi(x,t)}{\partial t}=\beta\frac{\partial^2\psi(x,t)}{\partial x^2}+U_0\psi(x,t)$$

并与 $E=\dfrac{p^2}{2\mu}+U_0$ 比较，求出 α,β,γ.

1.4.3　试计算下列两定态波函数相应的概率流密度，并由计算结果说明这两个波函数描述的是怎样传播的波：(1) $\psi_1=\dfrac{1}{R}\mathrm{e}^{\mathrm{i}kR}$；　(2) $\psi_2=\dfrac{1}{R}\mathrm{e}^{-\mathrm{i}kR}$.

1.4.4　一维薛定谔方程为

$$\mathrm{i}\hbar\frac{\partial\psi(x,t)}{\partial t}=\left[-\frac{\hbar^2}{2\mu}\frac{\mathrm{d}^2}{\mathrm{d}x^2}+U(x,t)\right]\psi(x,t)$$

若粒子所处的外场均匀但与时间有关，即 $U(x,t)=U(t)$，试用分离变量法求解薛定谔方程，说

明方程的解 $\psi(x,t)$具有怎样的形式.

1.4.5　设粒子在虚势场 $U(x)=-\mathrm{i}U_0$ 且($U_0 \ll E$)中运动,试求粒子的波函数 $\psi(x,t)$及概率流密度矢量 $\boldsymbol{J}(x,t)$,证明虚势代表粒子的吸收,并计算吸收系数 $\mu=\left|-\frac{1}{J}\frac{\mathrm{d}J}{\mathrm{d}x}\right|$(概率波前进单位距离时,概率流密度的相对减小率).

1.5　定态薛定谔方程的解法　一维无限深势阱与线性谐振子

本节介绍定态薛定谔方程的解法.首先讨论波函数的标准条件,然后利用(1)定态薛定谔方程、(2)波函数的归一化条件、(3)波函数的标准条件,求解在一维无限深势阱中运动的粒子与线性谐振子的能级和波函数.通过这两个实例得到的物理图像,将有助于对其后两章的理解.

最后,介绍反映一维定态普遍性质的"一维束缚定态的无简并定理".

1.5.1　波函数的标准条件

波函数的统计解释已经指出,归一化的波函数是概率波的振幅.那么,在数学上 $\psi(x,t)$应满足哪些条件呢?

1. 单值性

这是指$|\psi(\boldsymbol{x},t)|$应是 $\boldsymbol{x},t$ 的单值函数.因为$|\psi(\boldsymbol{x},t)|^2$是 t 时刻在 $\boldsymbol{x}$ 处发现粒子的概率密度,物理上要求它是唯一的,即要求$|\psi(\boldsymbol{x},t)|$为单值函数,但不要求 $\psi(\boldsymbol{x},t)$是单值函数.

2. 有限性

指在有限的空间范围内发现粒子的概率有限

$$\int_{V_0} |\psi(\boldsymbol{x},t)|^2 \mathrm{d}\tau = 有限值$$

注意,它允许 $\psi(\boldsymbol{x},t)$存在孤立奇点 $\boldsymbol{b}$,若取 V_ε 表示以 $\boldsymbol{b}$ 为心,$\varepsilon=|\boldsymbol{R}-\boldsymbol{b}|$为半径的小球的体积,则要求当 $\varepsilon\to 0$ 时,$|\psi(\boldsymbol{x},t)|^2 V_\varepsilon \sim |\psi(\boldsymbol{x},t)|^2\varepsilon^3 \to 0$.这相当于要求当 $\boldsymbol{R}\to\boldsymbol{b}$ 时,只要$|\psi(\boldsymbol{x},t)|\to\infty$比 $\varepsilon^{-\frac{3}{2}}\to\infty$慢就可以了,并不要求$|\psi(\boldsymbol{x},t)|$在空间任一点有限.这就是 $\psi(\boldsymbol{x},t)$有限性的含义.

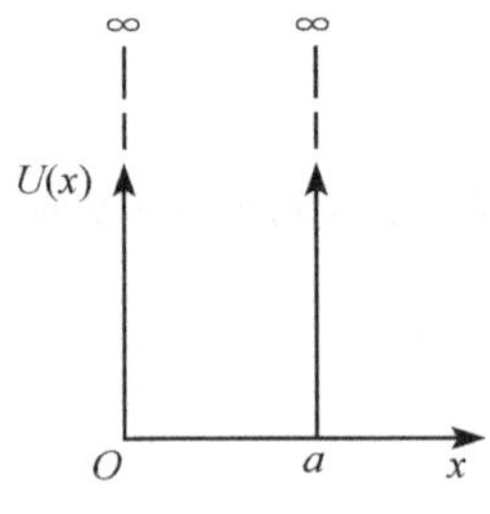

图 1.7

3. 连续性

定态薛定谔方程包含 $\psi(\boldsymbol{x},t)$对坐标的二阶导数,故要求 $\psi(\boldsymbol{x},t)$及其对坐标的一阶导数连续.当势能曲线的跃度有限(见习题1.5.1),上述性质仍然成立;但在跃度为∞处(见图1.7),则 $\psi'(x)$不连续.

1.5.2 一维无限深势阱

设质量为 μ 的粒子在下述势场中运动(见图 1.8)

$$U(x)=\begin{cases}0, & 0<x<a\\ \infty, & x\leqslant 0,\quad x\geqslant a\end{cases} \tag{1.5.1}$$

无限深势阱是一个理想情况.我们先研究电子在装有两对板极和栅极的真空管中的运动,见图 1.8(a).两个栅极接地,两个板极的电势低于栅极.电子在$(0,a)$区域运动时不受电场的作用,当电子越过栅极进入$(-\varepsilon,0)$区域或$(a,a+\varepsilon)$区域时,则受到让它返回$(0,a)$区域的斥力.实验表明,当电子的能量 E 小于势能 U_0 时[见图 1.8(b)],还有可能在$(-\varepsilon,0)$及$(a,a+\varepsilon)$区域发现电子;而当板极与栅极之间的电势差不断增加时,在上述两区域发现电子的可能性越来越小.如果让 $U_0\to\infty$,则过渡到图 1.7 这样的理想情况.

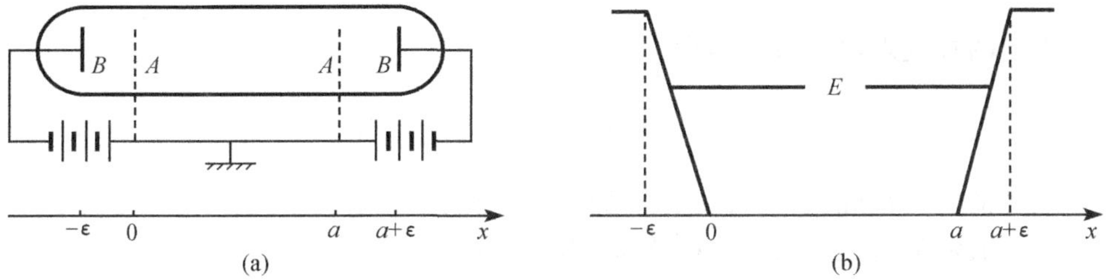

图 1.8

现在利用波函数标准条件与归一化条件求解在上述势场的定态薛定谔方程.这类问题的求解步骤可归纳如下.

1. 写出分区的定态薛定谔方程 $\hat{H}\psi=E\psi$

$$-\frac{\hbar^2}{2\mu}\frac{\mathrm{d}^2\psi}{\mathrm{d}x^2}=E\psi,\quad 0<x<a \tag{1.5.2}$$

$$-\frac{\hbar^2}{2\mu}\frac{\mathrm{d}^2\psi}{\mathrm{d}x^2}+U_0\psi=E\psi,\quad x\leqslant 0,\quad x\geqslant a \tag{1.5.3}$$

在(1.5.3)式中,由于 $U_0\to\infty$,只有 $\psi=0$ 才能满足.它的物理意义是,当势壁无限高时,不可能在势阱之外发现能量有限的粒子,故阱外波函数为零

$$\psi(x)=0,\quad x\leqslant 0,\quad x\geqslant a \tag{1.5.4}$$

2. 引入参数简化方程,得到含待定系数的解

令

$$k=\frac{\sqrt{2\mu E}}{\hbar} \tag{1.5.5}$$

由于 k 与 E 有关,只要求得 k,便可由 k 得 E.

阱内定态薛定谔方程为

$$\psi''(x) + k^2\psi(x) = 0 \tag{1.5.6}$$

由此得 $0<x<a$ 区域的解

$$\psi(x) = A\sin(kx + \delta) \tag{1.5.7}$$

式中 A 和 δ 为待定常数.

3. 由波函数标准条件确定参数 k

阱外的波函数 $\psi(x)=0$,由波函数的连续性条件可得 $0=\psi(0)=A\sin\delta$,即

$$\delta = 0 \tag{1.5.8}$$

类似地,由 $0=\psi(a)=A\sin ka$ 得 $ka=n\pi, n=1,2,\cdots$,即

$$k = \frac{n\pi}{a}, \quad n = 1,2,\cdots \tag{1.5.9}$$

将上两式代入(1.5.7)式,得

$$\psi_n(x) = A\sin\frac{n\pi x}{a}, \quad n = 1,2,\cdots \tag{1.5.10}$$

当 n 取负值时,得到的解与 n 取正值的解线性相关,故应舍去.

当 k 取零值时,方程(1.5.6)变为 $\psi''(x)=0$,其解为

$$\psi_0(x) = Bx + C$$

由 $0=\psi_0(0)=C$ 得 $\psi(x)=Bx$;再由 $0=\psi_0(a)=Ba$ 得 $B=0$. 将 B 和 C 代入上式得 $\psi_0(x)=0$,是平庸解,也应舍去.

4. 由波函数的归一化条件确定归一化常数 A

由

$$1 = \int_{-\infty}^{\infty} |\psi_n(x)|^2 \mathrm{d}x = \int_0^a |A|^2 \sin^2\frac{n\pi x}{a}\mathrm{d}x = \frac{a}{2}|A|^2$$

取 A 为实数,即得 $A=\sqrt{2/a}$,由此得

$$\psi_n(x) = \begin{cases} \sqrt{\dfrac{2}{a}}\sin\dfrac{n\pi x}{a}, & 0<x<a \\ 0, & x\leqslant 0, \quad x\geqslant a \end{cases} \tag{1.5.11}$$

5. 由参数 k 得粒子的能量 E

将(1.5.9)式代入(1.5.5)式即得

$$E = E_n = \frac{\hbar^2\pi^2 n^2}{2\mu a^2}, \quad n = 1,2,\cdots \tag{1.5.12}$$

6. 解的物理意义

(1) 束缚态与离散能级.

由(1.5.11)式可见,粒子被束缚在$(0,a)$的区域内,不可能到达无穷远处.

粒子被束缚在有限的空间区域(即 $\psi(\infty)=0$)的状态称为束缚态;反之,粒子可到达无限远处的状态称为非束缚态.

由 E_n 可见,只有当粒子的能量取式中的离散值时,波函数才满足连续性条件 $\psi(a)=0$;也就是说,在无限深势阱中粒子的能量是量子化的.

为什么束缚态的能谱必然为离散谱呢?从上面的推导可看出,存在三个待定常数和参数(A、δ 和 k)及三个确定它们的方程(两个连续性条件和一个归一化条件).因此,必然对参数 k 产生限制,也就是对 $E=\hbar^2k^2/2\mu$ 取值的限制,使得 E 只能取离散值,即能谱是离散谱.但对于非束缚态(见 4.2 节),待定的常数和参数比确定它们的方程要多,这样对 k(因而对 E)不构成限制,使得 E 具有连续谱.

(2) 基态的能级 $E_1=\dfrac{\hbar^2\pi^2}{2\mu a^2}\neq 0$,这是与经典粒子的一个本质区别,是微观粒子波动性的表现(没有"能量为零"的波).在经典物理中,粒子的能量可以等于零,这意味着粒子静止,即坐标有确定值和动量为零.而粒子的坐标和动量同时有确定值正是量子力学中的不确定性关系所不允许的(2.6 节).

(3) 激发态的能级 E_n 与 n^2 成正比,能级分布不均匀.能级间隔 $\Delta E_n=E_{n+1}-E_n=\dfrac{\hbar^2\pi^2}{2\mu a^2}(2n+1)$;当 $n\to\infty$时,能级的相对间隔$\dfrac{\Delta E_n}{E_n}=\dfrac{2n+1}{n^2}$趋于零.这说明,当量子数 n 很大时,能级可以看作是连续的,量子效应消失而过渡到经典情况.

(4) 在区间$(0,a)$中 $\psi_n(x)=\sqrt{\dfrac{2}{a}}\sin\dfrac{n\pi x}{a}$.这表明,阱内有$(n-1)$个点的 $\psi_n(x)=0$,称为 $\psi_n(x)$的节点,如图1.9 所示.

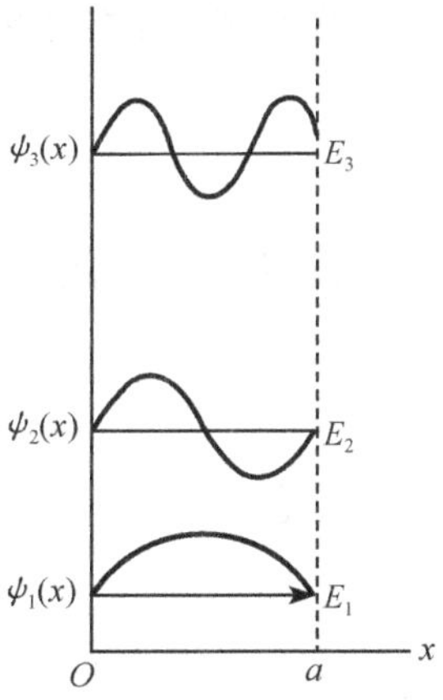

图 1.9

(5) 由于薛定谔方程是线性齐次方程,它的解的线性组合

$$\psi(x,t)=\sum_{n=1}^{\infty}c_n\psi_n(x)\mathrm{e}^{-\frac{\mathrm{i}}{\hbar}E_nt} \qquad (1.5.13)$$

仍然是薛定谔方程的解.因此,在一维无限深势阱中粒子的态不一定是定态$\psi_n(x)\mathrm{e}^{-\frac{\mathrm{i}}{\hbar}E_nt}$,也可以是它们的线性叠加态(1.5.13).

由叠加原理可知,当粒子处于 $\psi(x,t)$时,测量它处于 $\psi_n(x)\mathrm{e}^{-\frac{\mathrm{i}}{\hbar}E_nt}$态的概率是$|c_n|^2$.

1.5.3　线性谐振子

设质量为 μ 的粒子在势场

$$U(x)=\frac{1}{2}kx^2=\frac{1}{2}\mu\omega^2x^2 \tag{1.5.14}$$

中运动,求定态薛定谔方程的解.

在经典力学中,粒子受到弹性力 $F=-kx$ 作用时,其势能为

$$U(x)=-\int_0^x F(x')\mathrm{d}x'=\frac{1}{2}kx^2$$

粒子将作简谐振动.因此,在量子力学中,也把在势场 $U=\frac{1}{2}kx^2$ 中运动的微观粒子称为线性谐振子.由(1.5.14)式可见,其势能曲线是抛物线.

讨论线性谐振子具有非常重要的意义.

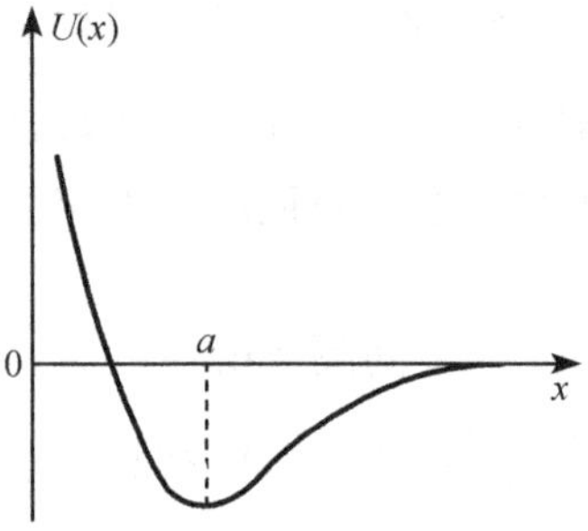

图 1.10

(1) 许多物理体系的势能曲线可以近似看作抛物线,如双原子分子的势能曲线在稳定平衡点 a 附近的势能曲线就可以看作抛物线,见图 1.10.

(2) 复杂的振动可以分解成相互独立的谐振动,如带电粒子在均匀磁场中的圆周运动可分解为在相互垂直的两个方向上的谐振动,电磁场的振动可以分解为各种频率的谐振动的叠加,等等.

(3) 处理线性谐振子的方法也很典型,本节将在坐标表象进行讨论,第 3 章将在粒子数表象进行讨论.以后还会发现,也可以用将谐振子量子化的方法用于电磁场量子化.

线性谐振子的哈密顿量是

$$H=\frac{p^2}{2\mu}+\frac{1}{2}\mu\omega^2x^2 \tag{1.5.15}$$

按照 1.4 节给出的替换 $p\rightarrow -\mathrm{i}\hbar\frac{\mathrm{d}}{\mathrm{d}x}$,即得线性谐振子的哈密顿算符

$$\hat{H}=-\frac{\hbar^2}{2\mu}\frac{\mathrm{d}^2}{\mathrm{d}x^2}+\frac{1}{2}\mu\omega^2x^2 \tag{1.5.16}$$

定态薛定谔方程为

$$\left(-\frac{\hbar^2}{2\mu}\frac{\mathrm{d}^2}{\mathrm{d}x^2}+\frac{1}{2}\mu\omega^2x^2\right)\psi(x)=E\psi(x) \tag{1.5.17}$$

现按下述步骤求解定态薛定谔方程.

1. 引入参数简化方程

作变换

$$\xi = \alpha x, \quad \alpha = \sqrt{\frac{\mu\omega}{\hbar}} \tag{1.5.18}$$

利用复合函数的微商公式

$$\frac{\mathrm{d}\psi}{\mathrm{d}x} = \frac{\mathrm{d}\psi}{\mathrm{d}\xi}\frac{\mathrm{d}\xi}{\mathrm{d}x} = \alpha\frac{\mathrm{d}\psi}{\mathrm{d}\xi}, \quad \frac{\mathrm{d}^2\psi}{\mathrm{d}x^2} = \alpha^2\frac{\mathrm{d}^2\psi}{\mathrm{d}\xi^2}$$

引入参数

$$\lambda = 2E/\hbar\omega \tag{1.5.19}$$

方程(1.5.17)即可简化为①

$$\psi''(\xi) + (\lambda - \xi^2)\psi(\xi) = 0 \tag{1.5.20}$$

方程(1.5.20)是变系数二阶常微分方程，如果直接用幂级数解法求解，将 $\psi(\xi) = \sum_k c_k\xi^k$ 代入上方程，得到

$$(k+2)(k+1)C_{k+2} + \lambda c_k - C_{k-2} = 0, \quad k \geqslant 2$$

因为三个待定系数纠缠在一起，由上式不能找到系数递推公式，所以不能直接用幂级数解法求解. 常用的方法是先求方程在 $\xi\to\pm\infty$ 时的渐近解，然后再求方程在 $(-\infty,+\infty)$ 区间的解. 这种方法具有普遍的意义，见附录 G.

2. 求方程 $\psi''(\xi)+(\lambda-\xi^2)\psi(\xi)=0$ 在 $\xi\to\pm\infty$ 的渐近解

当 $\xi\to\pm\infty$ 时，方程简化为

$$\psi''(\xi) - \xi^2\psi(\xi) = 0$$

以尝试解 $\psi(\xi)=\mathrm{e}^{q\xi^2}$ 代入上方程，并略去数量级较小的项，即可求得 $q=\pm\frac{1}{2}$. 因波函数的有限性条件要求 $\psi(\xi)$ 在 $\xi\to\pm\infty$ 时有限，故 $q=\frac{1}{2}$ 应舍去，即得渐近解

$$\psi(\xi) = \mathrm{e}^{-\frac{\xi^2}{2}} \tag{1.5.21}$$

3. 由波函数标准条件确定方程 $\psi''(\xi)+(\lambda-\xi^2)\psi(\xi)=0$ 在 $(-\infty,+\infty)$ 区间的解

(1) 将波函数看作渐近解 $\mathrm{e}^{-\frac{\xi^2}{2}}$ 与待求函数 $H(\xi)$ 之积，把求 $\psi(\xi)$ 的问题转化为求 $H(\xi)$ 的问题. 令

---

① 严格而言，应采用记号 $\psi(x)=\psi[x(\xi)]=\varphi(\xi)$，但通常为简单起见，不加区别地记作 ψ 与 $\psi(\xi)$.

$$\psi(\xi) = H(\xi)\mathrm{e}^{-\frac{\xi^2}{2}} \tag{1.5.22}$$

使 $\psi(\xi)$在无穷远处的行为符合渐近解的要求. 将上式代入 $\psi''(\xi)+(\lambda-\xi^2)\psi(\xi)=0$,即得 $H(\xi)$应遵守的方程.

利用莱布尼兹公式

$$(uv)'' = u''v + 2u'v' + uv''$$

得

$$H''(\xi) - 2\xi H'(\xi) + (\lambda - 1)H(\xi) = 0 \tag{1.5.23}$$

这个方程称为厄米方程.

(2) 用幂级数解法求解厄米方程得 $H(\xi)$.

因 $\xi=0$ 是方程的常点,方程的解可表示为泰勒级数

$$H(\xi) = \sum_{\nu=0}^{\infty} a_\nu \xi^\nu \tag{1.5.24}$$

将级数代入方程,可得

$$\sum_{\nu=0}^{\infty} a_\nu \nu(\nu-1)\xi^{\nu-2} - 2\xi\sum_{\nu=0}^{\infty} a_\nu \nu \xi^{\nu-1} + (\lambda-1)\sum_{\nu=0}^{\infty} a_\nu \xi^\nu = 0$$

由 ξ 的同次幂项系数之和为零,即得系数递推公式

$$a_{\nu+2} = \frac{2\nu+1-\lambda}{(\nu+2)(\nu+1)}a_\nu \tag{1.5.25}$$

但是,将这个级数代入 $\psi(\xi)=H(\xi)\mathrm{e}^{-\frac{\xi^2}{2}}$,当 $\xi\to\pm\infty$时,能否保证 $\psi(\xi)$有限呢?

(3) 波函数的有限性要求级数 $H(\xi)=\sum\limits_{\nu=0}^{\infty} a_\nu \xi^\nu$ 中断为多项式.

由于级数在无穷远处的行为取决于级数相邻两项系数之比在 $\nu\to\infty$时的极限. 由(1.5.25)式得

$$\lim_{\nu\to\infty}\frac{a_{\nu+2}}{a_\nu} = \lim_{\nu\to\infty}\frac{2\nu+1-\lambda}{(\nu+2)(\nu+1)} = \frac{2}{\nu}$$

它与级数 $\mathrm{e}^{\xi^2} = \sum\limits_{k=0}^{\infty}\frac{\xi^{2k}}{k!} = \sum\limits_{\nu=0}^{\infty}\frac{\xi^\nu}{(\nu/2)!}$ 的行为相同,后者相邻两项系数之比在 $\nu\to\infty$ 时的极限亦为

$$\lim_{\nu\to\infty}\frac{1\Big/\left(\frac{\nu+2}{2}\right)!}{1\Big/\left(\frac{\nu}{2}\right)!} = \lim_{\nu\to\infty}\frac{\left(\frac{\nu}{2}\right)!}{\left(\frac{\nu}{2}\right)!\left(\frac{\nu+2}{2}\right)} = \frac{2}{\nu}$$

这说明，当 ξ 很大时，$H(\xi)$ 的行为与 e^{ξ^2} 相同.

如果级数不中断为多项式，则不能保证 $\psi(\xi)=H(\xi)e^{-\frac{\xi^2}{2}}\sim e^{\xi^2}e^{-\frac{\xi^2}{2}}=e^{\frac{\xi^2}{2}}$ 在 $\xi\to\pm\infty$ 时有限.

由系数递推公式(1.5.25)可见，当取

$$\lambda=2n+1,\quad n=0,1,2,\cdots \tag{1.5.26}$$

时，系数 $a_{n+2},a_{n+4},\cdots$ 均为零，这时 $H(\xi)$ 成为 n 次多项式. 若规定最高次幂的系数 $a_n=2^n$，利用系数递推公式即可求得

$$H_n(\xi)=\sum_{s=0}^{\left[\frac{n}{2}\right]}\frac{(-1)^s n!}{s!(n-2s)!}(2\xi)^{n-2s} \tag{1.5.27}$$

式中[ ]是取整数的符号

$$\left[\frac{n}{2}\right]=\begin{cases}n/2 & \text{当 } n \text{ 为偶数}\\ (n-1)/2 & \text{当 } n \text{ 为奇数}\end{cases} \tag{1.5.28}$$

$H_n(\xi)$ 称为厄米多项式，它的两个线性无关的解可以这样得到：

① 令 $a_0\neq0, a_1=0$ 可得只含 ξ 的偶次幂的多项式；

② 令 $a_0=0, a_1\neq0$ 可得只含 ξ 的奇次幂的多项式.

(4) 厄米多项式的微分表达式为(见习题 1.5.8)

$$H_n(\xi)=(-1)^n e^{\xi^2}\frac{d^n}{d\xi^n}e^{-\xi^2} \tag{1.5.29}$$

将(1.5.29)式代入(1.5.22)式即得线性谐振子的波函数

$$\psi_n(\xi)=N_n e^{-\frac{\xi^2}{2}}H_n(\xi)=N_n(-1)^n e^{\frac{\xi^2}{2}}\frac{d^n}{d\xi^n}e^{-\xi^2} \tag{1.5.30}$$

式中 N_n 为归一化常数

$$N_n=\sqrt{\frac{\alpha}{2^n n!\sqrt{\pi}}} \tag{1.5.31}$$

(5) 线性谐振子前面的几个波函数为

$$\psi_0(x)=\sqrt{\frac{\alpha}{\sqrt{\pi}}}e^{-\frac{1}{2}\alpha^2x^2},\quad \psi_1(x)=\sqrt{\frac{2\alpha}{\sqrt{\pi}}}\alpha x e^{-\frac{1}{2}\alpha^2x^2}$$

$$\psi_2(x)=\sqrt{\frac{\alpha}{2\sqrt{\pi}}}(2\alpha^2x^2-1)e^{-\frac{1}{2}\alpha^2x^2},\quad \psi_3(x)=\sqrt{\frac{\alpha}{3\sqrt{\pi}}}(2\alpha^3x^3-3\alpha x)e^{-\frac{1}{2}\alpha^2x^2} \tag{1.5.32}$$

4. 由参数 λ 得粒子能量 E

将 $\lambda=2n+1(n=0,1,2,\cdots)$ 与 $\lambda=2E/\hbar\omega$ 联立，得

$$E_n = \left(n + \frac{1}{2}\right)\hbar\omega, \quad n = 0,1,2,\cdots \tag{1.5.33}$$

这样，我们便从量子力学的基本假设(薛定谔方程)出发，自然地导出了普朗克的能量子假设，即振子的能量取离散值 $n\hbar\omega$. 至于 $\hbar\omega/2$ 项，旧量子论更是无法得到的.

5. 解的物理意义

(1) 谐振子的能量取离散值 $E_n=\left(n+\frac{1}{2}\right)\hbar\omega$.

原因是当 $x\to\infty$ 时线性谐振子的势能有

$$\lim_{x\to\infty}U(x) = \lim_{x\to\infty}\frac{1}{2}\mu\omega^2x^2 = \infty$$

即粒子不能运动到无限远处，可见谐振子处于束缚态. 这与前面所指出的那样：束缚态的能谱必为离散谱.

(2) 谐振子相邻能级的间隔 $\Delta E=E_{n+1}-E_n=\hbar\omega$ 是均匀分布的.

(3) 谐振子的基态能量 $E_0=\frac{1}{2}\hbar\omega\neq0$，这也是一个量子的效应，得到实验证实. 当原子发生自发辐射(见 9.4 节)从高能态跃迁到低能态，实际上是电磁场的真空态(无光子的电磁场的零振动态)与电子相互作用的结果.

(4) 线性谐振子的能级是无简并的. 在本节末我们将给出一个普遍的证明.

(5) 谐振子波函数的宇称为 $(-1)^n$.

由(1.5.30)式容易证明，$\psi_n(-x)=(-1)^n\psi_n(x)$，可见波函数 $\psi_n(x)$ 的奇偶性由 n 决定，通常称谐振子波函数 $\psi_n(x)$ 的宇称为 $(-1)^n$，详见 2.7 节.

(6) 与经典谐振子的比较. 在经典力学里，粒子在 Δx 范围内出现的概率正比于粒子通过 Δx 所需要的时间 $\Delta t=\frac{\Delta x}{v}$.

若粒子的 $x=a\sin\omega t$，则 $v=\frac{\mathrm{d}x}{\mathrm{d}t}=\omega\sqrt{a^2-x^2}$，故粒子在 Δx 出现的概率

$$W \sim \frac{\Delta x}{v} = \frac{\Delta x}{\omega\sqrt{a^2-x^2}}$$

见图 1.11(b)的虚线. 粒子在原点($x=0$)的速度最大，出现的概率最小.

量子谐振子的空间位置概率分布如图 1.11(a)所示. 有三个明显的特点

① 在原点发现粒子的概率要么极大(n 为偶)，要么为零(n 为奇).

② 可以在经典禁区(粒子的总能小于势能的区域)发现粒子，这是一种势垒穿透效应. 在图 1.11(a)中，势能曲线(虚抛物线)以外的区域 $|\psi|^2\neq0$. 例如，在空间发现处于基态的谐振子的概率密度分布为

$$w_0 = |\psi_0(x)|^2 = \frac{\alpha}{\sqrt{\pi}}\mathrm{e}^{-\alpha^2x^2}$$

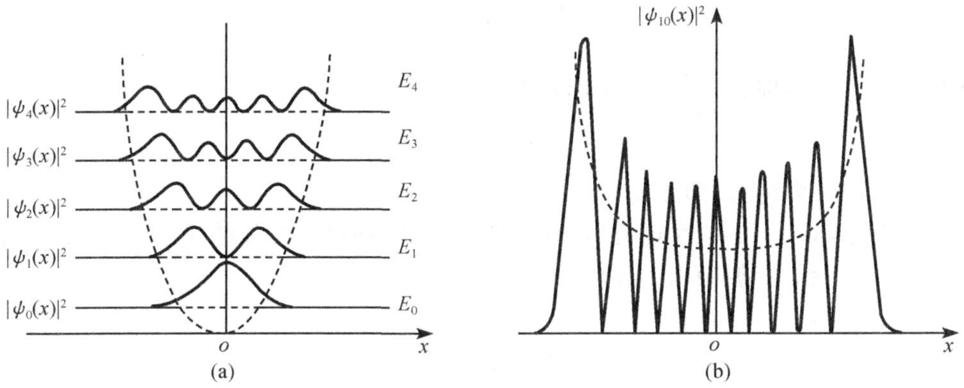

图 1.11

对基态而言，谐振子总能等于势能的条件是$\frac{1}{2}\hbar\omega=\frac{1}{2}\mu\omega^2x^2$，解之得$x=\sqrt{\frac{\hbar}{\mu\omega}}=\frac{1}{\alpha}$. 按照经典力学，粒子只能在$|x|<\frac{1}{\alpha}$(即$|\xi|=|\alpha x|<1$)的区域内运动. 图 1.11(a)表明，在$|x|>\frac{1}{\alpha}$即$|\xi|>1$的区域，发现粒子的概率不为零，且可算出

$$\int_1^\infty e^{-\xi^2}d\xi\Big/\int_0^\infty e^{-\xi^2}d\xi=15.7\%$$

③ 当量子数 n 越大时，其概率密度分布与经典概率密度分布越接近，图 1.11(b)的实线是 $n=10$ 时谐振子的位置概率密度分布，它已与经典的位置概率密度分布很接近.

1.5.4　一维束缚定态无简并定理

定理　若 $U(x)$在 x 有限处无奇点，则一维的束缚态无简并.

证　设 ψ_1，ψ_2 是任意两个能量为 E 的一维束缚态，若能证明 $\psi_1=C\psi_2$(C 为常数，ψ_1 与 ψ_2 只差一个常数因子)，这就证明 ψ_1 与 ψ_2 描述同一束缚态，即无简并.

薛定谔方程为$\frac{d^2\psi(x)}{dx^2}+\frac{2\mu}{\hbar^2}[E-U(x)]\psi(x)=0$. 既然 $U(x)$无奇点，则

$$\frac{\psi_1''(x)}{\psi_1(x)}=-\frac{2\mu}{\hbar^2}[E-U(x)]=\frac{\psi_2''(x)}{\psi_2(x)}$$

取有限值. 由上式得

$$0=\psi_1''\psi_2-\psi_1\psi_2''=(\psi_2\psi_1'-\psi_1\psi_2')'$$

积分得

$$\psi_1'\psi_2-\psi_1\psi_2'=\text{常数}$$

若 ψ_1 与 ψ_2 均为束缚态，则 $\psi_1(\infty)=0$，$\psi_2(\infty)=0$，代入上式得知常数为零. 故

$$\psi_1'\psi_2 - \psi_1\psi_2' = 0$$

易见$\frac{\psi_1'}{\psi_1} - \frac{\psi_2'}{\psi_2} = 0$，即$\left(\ln\frac{\psi_1}{\psi_2}\right)' = 0$. 积分得

$$\psi_1 = C\psi_2$$

两者描述同一束缚态，即无简并.

定理指出，一维线性谐振子的能级是无简并的. 这个结论在粒子数表象(3.5 节)和一维方势阱(4.1 节)要用到.

习　题　1.5

1.5.1　试证明，对于势场

$$U = \begin{cases} U_1, & x < a \\ U_2, & x \geqslant a \end{cases}$$

若 $U_2 - U_1$ 有限，则定态波函数 $\psi(x)$ 及其导数 $\psi'(x)$ 连续.

1.5.2　设质量为 μ 的粒子在势场

$$U(x) = \begin{cases} 0, & |x| < a \\ \infty, & |x| \geqslant a \end{cases}$$

中运动，求粒子的能级及对应的波函数.

1.5.3　设电子被关闭在具有理想反射壁的二维势阱中，求电子的能级和波函数. 势阱为

$$U = \begin{cases} 0, & -\frac{a}{2} \leqslant x \leqslant \frac{a}{2}, \quad -\frac{b}{2} \leqslant y \leqslant \frac{b}{2} \\ \infty, & |x| > \frac{a}{2}, \quad |y| > \frac{b}{2} \end{cases}$$

1.5.4　设质量为 μ 的粒子在势场 $U(x,y,z) = \begin{cases} 0, & 0 < x,y,z < a \\ \infty, & x,y,z \leqslant 0, \quad x,y,z \geqslant a \end{cases}$ 中运动，求粒子的能级及对应的波函数.

1.5.5　设电子在具有理想反射壁的球形势阱中运动，即

$$U = \begin{cases} 0, & \text{当 } R < R_0 \\ \infty, & \text{当 } R \geqslant R_0 \end{cases}$$

求电子的能级和波函数(设电子处于 s 态，其波函数与 θ,φ 无关).

1.5.6　设质量为 μ，电荷为 q 的粒子，在弹性力 $F = -kx$ 和均匀电场 $\mathscr{E} = \mathscr{E}\mathbf{e}_x$ 的共同作用，其势场为 $U(x) = \frac{1}{2}kx^2 - q\mathscr{E}x$，求粒子的能级和波函数.

1.5.7　质量为 μ 的两个线性谐振子，偏离平衡位置的位移分别为 x_1 和 x_2，构成一耦合振子，其势场为 $U(x_1, x_2) = \frac{1}{2}\mu\omega^2(x_1^2 + x_2^2) + kx_1x_2$，求耦合谐振子的能级和波函数.

1.5.8　试证明 $H_n(\xi) = (-1)^n \mathrm{e}^{\xi^2} \frac{\mathrm{d}^n}{\mathrm{d}\xi^n} \mathrm{e}^{-\xi^2}$.

第 2 章　量子体系的力学量

本章首先在坐标表象通过计算力学量平均值引入算符，接着介绍算符的运算规则，尤其是算符对易关系的计算. 在介绍厄米算符的本征值、本征函数的性质之后，讨论力学量的可能取值与取值的概率分布. 随后证明：当两个力学量算符对易时，它们所表示的两力学量可以同时测量；而当两力学量算符不对易时，它们所表示的两力学量的不确定度遵守不确定性关系. 最后介绍力学量随时间变化的规律，以及量子力学的守恒量的性质.

在本章的 2.8 节，将归纳第 1、2 章先后提出的量子力学的三个基本假设.

2.1　力学量平均值的计算　力学量用算符表示

“一维无限深势阱”与“线性谐振子”的讨论表明，当微观粒子处于某些特定的状态（如 ψ_n）时，粒子的某些力学量（如 E_n）有确定值；而当微观粒子处于任意的状态 $\left(\text{如}\ \psi=\sum\limits_n\psi_n\right)$ 时，它有的力学量（如 E）就不具有确定的数值，而按一定的概率分布取一系列的可能值. 这样，人们就遇到计算力学量（如坐标、动量、角动量、能量，等等）的平均值问题，本节将系统地讨论这一问题.

如果知道微观粒子在坐标表象的波函数 $\psi(\boldsymbol{x},t)$，利用统计平均的方法，可以求得粒子坐标 x,y,z 或 $\boldsymbol{x}$ 的平均值；若知道粒子在动量表象的波函数 $c(\boldsymbol{p},t)$，同理可求得粒子动量 p_x,p_y,p_z 或 $\boldsymbol{p}$ 的平均值. 但是，能不能直接利用坐标表象的波函数$\psi(\boldsymbol{x},t)$求得动量、角动量、能量等力学量的平均值呢？这是本节首先要讨论的问题.

2.1.1　坐标的平均值

根据坐标表象波函数的统计解释（设波函数已归一化），粒子的坐标在 t 时刻，在坐标空间 $\boldsymbol{x}$ 处的体积元 $\mathrm{d}^3\boldsymbol{x}$ 内取值的概率为 $\mathrm{d}W(\boldsymbol{x},t)=|\psi(\boldsymbol{x},t)|^2\mathrm{d}^3\boldsymbol{x}$. 对粒子坐标的一切可能取值求平均，可得粒子坐标 $\boldsymbol{x}$ 在 t 时刻的平均值

$$\bar{\boldsymbol{x}}=\int_{-\infty}^{\infty}\boldsymbol{x}\mid\psi(x,t)\mid^2\mathrm{d}^3\boldsymbol{x}=\int_{-\infty}^{\infty}\psi^*(\boldsymbol{x},t)\boldsymbol{x}\psi(\boldsymbol{x},t)\mathrm{d}^3\boldsymbol{x}\tag{2.1.1}$$

显然，用 $x_n(n=1,2,3)$代替 $\boldsymbol{x}$，即得各分量的平均值，即

$$\bar{x}_n=\int_{-\infty}^{\infty}\psi^*(\boldsymbol{x},t)x_n\psi(\boldsymbol{x},t)\mathrm{d}^3\boldsymbol{x},\quad x_n=x,y,z\tag{2.1.2}$$

2.1.2　动量的平均值

根据动量表象波函数的统计解释(设波函数已归一化)，粒子的动量在 t 时刻，在动量空间 $\boldsymbol{p}$ 处的体积元 $\mathrm{d}^3\boldsymbol{p}$ 内取值的概率为 $\mathrm{d}W(\boldsymbol{p},t)=|c(\boldsymbol{p},t)|^2\mathrm{d}^3\boldsymbol{p}$. 同理，对粒子动量的一切可能取值求平均，粒子的动量及其各分量在 t 时刻的平均值分别为

$$\overline{\boldsymbol{p}}=\int_{-\infty}^{\infty}\boldsymbol{p}\,|\,c(\boldsymbol{p},t)\,|^2\mathrm{d}^3\boldsymbol{p}=\int_{-\infty}^{\infty}c^*(\boldsymbol{p},t)\boldsymbol{p}c(\boldsymbol{p},t)\mathrm{d}^3\boldsymbol{p} \tag{2.1.3}$$

$$\overline{p}_n=\int_{-\infty}^{\infty}c^*(\boldsymbol{p},t)p_nc(\boldsymbol{p},t)\mathrm{d}^3\boldsymbol{p},\quad p_n=p_x,p_y,p_z \tag{2.1.4}$$

通常我们知道的是坐标表象的波函数 $\psi(\boldsymbol{x},t)$，为了用(2.1.3)、(2.1.4)式进行计算，还要由 $\psi(\boldsymbol{x},t)$通过傅里叶变换求出 $c(\boldsymbol{p},t)$才行，即

$$c(\boldsymbol{p},t)=\frac{1}{(2\pi\hbar)^{3/2}}\int_{-\infty}^{\infty}\psi(\boldsymbol{x},t)\mathrm{e}^{-\frac{\mathrm{i}}{\hbar}\boldsymbol{p}\cdot\boldsymbol{x}}\mathrm{d}^3\boldsymbol{x} \tag{2.1.5}$$

这样的计算要经过两道手续，比较麻烦，自然希望直接由 $\psi(\boldsymbol{x},t)$计算 $\overline{\boldsymbol{p}}$.

现在以计算 $\overline{p}_x$ 为例. 由(2.1.4)式出发，将(2.1.5)式代入，可得

$$\begin{aligned}\overline{p}_x&=\int c^*(\boldsymbol{p},t)p_xc(\boldsymbol{p},t)\mathrm{d}^3\boldsymbol{p}\\&=\int\left[\frac{1}{(2\pi\hbar)^{3/2}}\int\psi^*(\boldsymbol{x},t)\mathrm{e}^{\frac{\mathrm{i}}{\hbar}\boldsymbol{p}\cdot\boldsymbol{x}}\mathrm{d}^3\boldsymbol{x}\right]p_x\left[\frac{1}{(2\pi\hbar)^{3/2}}\int\psi(\boldsymbol{x}',t)\mathrm{e}^{-\frac{\mathrm{i}}{\hbar}\boldsymbol{p}\cdot\boldsymbol{x}'}\mathrm{d}^3\boldsymbol{x}'\right]\mathrm{d}^3\boldsymbol{p}\\&=\int\mathrm{d}^3\boldsymbol{x}\psi^*(\boldsymbol{x},t)\int\mathrm{d}^3\boldsymbol{x}'\psi(\boldsymbol{x}',t)\left[\frac{1}{(2\pi\hbar)^3}\int p_x\mathrm{e}^{\frac{\mathrm{i}}{\hbar}\boldsymbol{p}\cdot(\boldsymbol{x}-\boldsymbol{x}')}\mathrm{d}^3\boldsymbol{p}\right]\end{aligned} \tag{2.1.6}$$

在上式最后的方括号中，将 $p_x\mathrm{e}^{\frac{\mathrm{i}}{\hbar}\boldsymbol{p}\cdot(\boldsymbol{x}-\boldsymbol{x}')}=(-\mathrm{i}\hbar)\dfrac{\partial}{\partial x}\mathrm{e}^{\frac{\mathrm{i}}{\hbar}\boldsymbol{p}\cdot(\boldsymbol{x}-\boldsymbol{x}')}$ 代入，随后交换微分与积分的次序，再利用 δ 函数的傅里叶积分(见附录 D)，便有

$$\frac{1}{(2\pi\hbar)^3}\int_{-\infty}^{\infty}p_x\mathrm{e}^{\frac{\mathrm{i}}{\hbar}\boldsymbol{p}\cdot(\boldsymbol{x}-\boldsymbol{x}')}\mathrm{d}^3\boldsymbol{p}=\frac{1}{(2\pi\hbar)^3}(-\mathrm{i}\hbar)\frac{\partial}{\partial x}\int_{-\infty}^{\infty}\mathrm{e}^{\frac{\mathrm{i}}{\hbar}\boldsymbol{p}\cdot(\boldsymbol{x}-\boldsymbol{x}')}\mathrm{d}^3\boldsymbol{p}=-\mathrm{i}\hbar\frac{\partial}{\partial x}\delta^3(\boldsymbol{x}-\boldsymbol{x}') \tag{2.1.7}$$

将(2.1.7)式代入(2.1.6)式，再把$\left(-\mathrm{i}\hbar\dfrac{\partial}{\partial x}\right)$提到后面的积分号前，可得

$$\begin{aligned}\overline{p}_x&=\int\mathrm{d}^3\boldsymbol{x}\psi^*(\boldsymbol{x},t)\left(-\mathrm{i}\hbar\frac{\partial}{\partial x}\right)\left[\int\mathrm{d}^3\boldsymbol{x}'\psi(\boldsymbol{x}',t)\delta^3(\boldsymbol{x}-\boldsymbol{x}')\right]\\&=\int\psi^*(\boldsymbol{x},t)\left(-\mathrm{i}\hbar\frac{\partial}{\partial x}\right)\psi(\boldsymbol{x},t)\mathrm{d}^3\boldsymbol{x}\end{aligned} \tag{2.1.8}$$

同理可得

$$\overline{p}_y = \int \psi^*(\boldsymbol{x},t)\left(-\mathrm{i}\hbar\frac{\partial}{\partial y}\right)\psi(\boldsymbol{x},t)\mathrm{d}^3\boldsymbol{x} \tag{2.1.9}$$

$$\overline{p}_z = \int \psi^*(\boldsymbol{x},t)\left(-\mathrm{i}\hbar\frac{\partial}{\partial z}\right)\psi(\boldsymbol{x},t)\mathrm{d}^3\boldsymbol{x} \tag{2.1.10}$$

由(2.1.8)～(2.1.10)式及微分算子的定义，即可导出直接用 $\psi(\boldsymbol{x},t)$ 计算 $\overline{\boldsymbol{p}}$ 的公式

$$\begin{aligned}\overline{\boldsymbol{p}} &= \sum_{n=1}^{3}\boldsymbol{e}_n\overline{p}_n = \int \psi^*(\boldsymbol{x},t)\sum_{n=1}^{3}\boldsymbol{e}_n\left(-\mathrm{i}\hbar\frac{\partial}{\partial x_n}\right)\psi(\boldsymbol{x},t)\mathrm{d}^3\boldsymbol{x} \\ &= \int \psi^*(\boldsymbol{x},t)(-\mathrm{i}\hbar\nabla)\psi(\boldsymbol{x},t)\mathrm{d}^3\boldsymbol{x}\end{aligned} \tag{2.1.11}$$

(2.1.8)～(2.1.10)式与(2.1.2)式不同的是，在 $\psi^*(\boldsymbol{x},t)$ 与 $\psi(\boldsymbol{x},t)$ 之间的不是力学量的值 x,y,z，而是运算符号 $\left(-\mathrm{i}\hbar\frac{\partial}{\partial x}\right)$，$\left(-\mathrm{i}\hbar\frac{\partial}{\partial y}\right)$，$\left(-\mathrm{i}\hbar\frac{\partial}{\partial z}\right)$. 既然它们是计算动量平均值 $\overline{p}_x,\overline{p}_y,\overline{p}_z$ 使用的运算符号(算符)，故称为动量算符.

2.1.3 动量算符与坐标算符

引入动量算符

$$\hat{p}_n = -\mathrm{i}\hbar\frac{\partial}{\partial x_n},\quad n=1,2,3 \tag{2.1.12}$$

$$\hat{\boldsymbol{p}} = -\mathrm{i}\hbar\nabla \tag{2.1.13}$$

则(2.1.8)～(2.1.10)和(2.1.11)式可写成

$$\overline{p}_n = \int \psi^*(\boldsymbol{x},t)\hat{p}_n\psi(\boldsymbol{x},t)\mathrm{d}^3\boldsymbol{x} \tag{2.1.14}$$

$$\overline{\boldsymbol{p}} = \int \psi^*(\boldsymbol{x},t)\hat{\boldsymbol{p}}\psi(\boldsymbol{x},t)\mathrm{d}^3\boldsymbol{x} \tag{2.1.15}$$

类似地，若引入坐标算符(规定下两式仅当算符作用到函数时才成立)

$$\hat{x}_n = x_n,\quad n=1,2,3 \tag{2.1.16}$$

$$\hat{\boldsymbol{x}} = \boldsymbol{x} \tag{2.1.17}$$

则坐标平均值公式可表示为与(2.1.14)、(2.1.15)式相同的形式

$$\overline{x}_n = \int \psi^*(\boldsymbol{x},t)\hat{x}_n\psi(\boldsymbol{x},t)\mathrm{d}^3\boldsymbol{x} \tag{2.1.18}$$

$$\overline{\boldsymbol{x}} = \int \psi^*(\boldsymbol{x},t)\hat{\boldsymbol{x}}\psi(\boldsymbol{x},t)\mathrm{d}^3\boldsymbol{x} \tag{2.1.19}$$

这表明，利用波函数 $\psi(\boldsymbol{x},t)$ 按上两式计算坐标平均值时，坐标算符就是坐标自身.

2.1.4　力学量用算符表示

上面利用 $\psi(\boldsymbol{x},t)$ 直接计算坐标和动量的平均值时，引进了坐标算符和动量算符，得到形式完全相同的平均值公式.

显然，坐标 $\boldsymbol{x}$ 的函数 $f(\boldsymbol{x})$ 的平均值是

$$\overline{f(\boldsymbol{x})} = \int_{-\infty}^{\infty} \psi^*(\boldsymbol{x},t) f(\boldsymbol{x}) \psi(\boldsymbol{x},t) \mathrm{d}^3 \boldsymbol{x} \tag{2.1.20}$$

同理，当力学量为动量 $\boldsymbol{p}$ 的函数 $f(\boldsymbol{p})$ 时，其平均值为(见习题 2.1.1)

$$\overline{f(\boldsymbol{p})} = \int_{-\infty}^{\infty} \psi^*(\boldsymbol{x},t) f(\hat{\boldsymbol{p}}) \psi(\boldsymbol{x},t) \mathrm{d}^3 \boldsymbol{x} \tag{2.1.21}$$

特别是，动能 $T=\dfrac{\boldsymbol{p}^2}{2\mu}$ 的平均值是

$$\overline{T} = \int_{-\infty}^{\infty} \psi^*(\boldsymbol{x},t) \frac{\hat{\boldsymbol{p}}^2}{2\mu} \psi(\boldsymbol{x},t) \mathrm{d}^3 \boldsymbol{x} = \int_{-\infty}^{\infty} \psi^*(\boldsymbol{x},t) \left(-\frac{\hbar^2}{2\mu}\nabla^2\right) \psi(\boldsymbol{x},t) \mathrm{d}^3 \boldsymbol{x} \tag{2.1.22}$$

在经典力学中，势能、动能、角动量、哈密顿量等力学量都是坐标和动量的函数. 现在作为假设，将(2.1.20)式和(2.1.21)式推广到其他有经典对应的力学量.

如果 F 是经典力学的一个力学量，它与坐标和动量的函数关系为

$$F = F(\boldsymbol{x},\boldsymbol{p}) \tag{2.1.23}$$

只要在经典表达式中将 $\boldsymbol{p}$ 换为算符 $\hat{\boldsymbol{p}} = -\mathrm{i}\hbar\nabla$，即得量子力学中这个力学量的算符

$$\hat{F} = F(\hat{\boldsymbol{x}},\hat{\boldsymbol{p}}) = F(\boldsymbol{x}, -\mathrm{i}\hbar\nabla) \tag{2.1.24}$$

这样，势能算符 $\hat{U}$、动能算符 $\hat{T}$、哈密顿算符 $\hat{H}$ 和角动量算符 $\hat{\boldsymbol{L}}$ 分别为

$$\hat{U} = U(\hat{\boldsymbol{x}}) = U(\boldsymbol{x}) \tag{2.1.25}$$

$$\hat{T} = \frac{\hat{\boldsymbol{p}}^2}{2\mu} = -\frac{\hbar^2}{2\mu}\nabla^2 \tag{2.1.26}$$

$$\hat{H} = \hat{T} + \hat{U} = -\frac{\hbar^2}{2\mu}\nabla^2 + U(\boldsymbol{x}) \tag{2.1.27}$$

$$\hat{\boldsymbol{L}} = \hat{\boldsymbol{x}} \times \hat{\boldsymbol{p}} = \boldsymbol{x} \times (-\mathrm{i}\hbar\nabla) = -\mathrm{i}\hbar\boldsymbol{x} \times \nabla \tag{2.1.28}$$

此外，还有角动量直角坐标分量算符和角动量平方算符

$$\hat{L}_x = \hat{y}\hat{p}_z - \hat{z}\hat{p}_y = -\mathrm{i}\hbar\left(y\frac{\partial}{\partial z} - z\frac{\partial}{\partial y}\right) \tag{2.1.29}$$

$$\hat{L}_y = \hat{z}\hat{p}_x - \hat{x}\hat{p}_z = -\mathrm{i}\hbar\left(z\frac{\partial}{\partial x} - x\frac{\partial}{\partial z}\right) \tag{2.1.30}$$

$$\hat{L}_z = \hat{x}\hat{p}_y - \hat{y}\hat{p}_x = -\mathrm{i}\hbar\left(x\frac{\partial}{\partial y} - y\frac{\partial}{\partial x}\right) \tag{2.1.31}$$

$$\hat{L}^2 = \hat{L}_x^2 + \hat{L}_y^2 + \hat{L}_z^2 \tag{2.1.32}$$

力学量 F 的平均值公式为

$$\overline{F} = \int_{-\infty}^{\infty} \psi^*(\boldsymbol{x},t) F(\boldsymbol{x}, -\mathrm{i}\hbar\nabla)\psi(\boldsymbol{x},t)\mathrm{d}^3\boldsymbol{x} \tag{2.1.33}$$

总之,从力学量的经典表达式得到量子力学算符的规则是量子力学的一个基本假设(见 2.8 节),按照(2.1.24)式及(2.1.33)式便可算出有关力学量的平均值.这个基本假设的正确性需要根据与实验的观测值进行比较来确定.迄今为止,得到一切实验事实的证实.

还应注意,尽管算符是在计算力学量的平均值时引入的,但其作用远非局限于此.后面各章的讨论将表明,利用算符可以从体系的波函数提取体系的各种信息.

【例 2.1.1】 试证明,当粒子处于定态 $\psi(\boldsymbol{x},t)=\psi(\boldsymbol{x})\mathrm{e}^{-\frac{\mathrm{i}}{\hbar}Et}$ 时,任何力学量(不显含 t)的平均值不随时间变化.

解　设 $\hat{F}$ 不显含 t,将 $\psi(\boldsymbol{x},t)$ 代入(2.1.33)式,易见 $\overline{F}$ 与 t 无关

$$\overline{F} = \int \psi^*(\boldsymbol{x})\mathrm{e}^{\frac{\mathrm{i}}{\hbar}Et}\hat{F}\psi(\boldsymbol{x})\mathrm{e}^{-\frac{\mathrm{i}}{\hbar}Et}\mathrm{d}^3\boldsymbol{x} = \int \psi^*(\boldsymbol{x})\hat{F}\psi(\boldsymbol{x})\mathrm{d}^3\boldsymbol{x}$$

习　题　2.1

2.1.1　试证明:

(1) 当 n 为整数时,$\overline{p_x^n} = \int \psi^*(\boldsymbol{x},t)\left(-\mathrm{i}\hbar\frac{\partial}{\partial x}\right)^n \psi(\boldsymbol{x},t)\mathrm{d}^3\boldsymbol{x}$;

(2) 若力学量 $f(\boldsymbol{p}) = \sum\limits_{n=0}^{\infty} a_n \boldsymbol{p}^n$,则$\overline{f(\boldsymbol{p})} = \int \psi^*(\boldsymbol{x},t) f(\hat{\boldsymbol{p}})\psi(\boldsymbol{x},t)\mathrm{d}^3\boldsymbol{x}$.

2.1.2　氢原子处于基态 $\psi(R,\theta,\varphi) = \dfrac{1}{\sqrt{\pi a_0^3}}\mathrm{e}^{-\frac{R}{a_0}}$,求:

(1) R 的平均值;　(2) 势能 $-e_s^2/R$ 的平均值;　(3) 最可几的半径;　(4) 动能的平均值;　(5) 动量表象的波函数 $c(\boldsymbol{p})$

2.1.3　一维谐振子处于基态 $\psi(x) = \sqrt{\dfrac{\alpha}{\sqrt{\pi}}}\mathrm{e}^{-\frac{1}{2}\alpha^2x^2 - \frac{\mathrm{i}}{2}\omega t}$,求

(1) 势能的平均值 $\overline{U} = \dfrac{1}{2}\mu\omega^2\,\overline{x^2}$;(2) 动量表象的波函数 $c(p,t)$;(3) 动能的平均值 $\overline{T} = \dfrac{\overline{p^2}}{2\mu}$.

2.1.4　已知一维运动粒子的状态是

$$\psi(x) = \begin{cases} Ax\mathrm{e}^{-\lambda x}, & x \geqslant 0 \\ 0, & x < 0 \end{cases}$$

试求：(1) 动量表象的波函数 $c(p)$；　(2) 粒子的平均动量 $\bar{p}$.

2.2　算符的运算规则

上节已引入量子力学常用的坐标算符、动量算符、角动量算符和哈密顿算符.本节将系统地介绍算符的运算规则、算符的对易关系以及线性算符、厄米算符、幺正算符的定义和性质,为以后的讨论打下必要的基础.

2.2.1　算符的基本运算

量子力学的算符,是表示对波函数的一种运算

$$\varphi = \hat{F}\psi \tag{2.2.1}$$

在介绍算符的多种运算之前,先介绍几个基本概念.

1. 相等

对任意波函数 ψ,若

$$\hat{A}\psi = \hat{B}\psi \tag{2.2.2}$$

则称 $\hat{A}$ 与 $\hat{B}$ 相等,即 $\hat{A}=\hat{B}$.

2. 单位算符 $\hat{I}$

对任意波函数 ψ,若

$$\hat{I}\psi = \psi \tag{2.2.3}$$

则称 $\hat{I}$ 为单位算符.

3. 零算符

对任意波函数 ψ,若

$$\hat{0}\psi = 0 \tag{2.2.4}$$

则称$\hat{0}$为零算符.

4. 算符的和

对任意波函数 ψ,若

$$\hat{C}\psi = \hat{A}\psi + \hat{B}\psi \tag{2.2.5}$$

则称 $\hat{C}$ 为 $\hat{A}$ 与 $\hat{B}$ 的和,即 $\hat{C}=\hat{A}+\hat{B}$.

算符的和满足交换律与结合律

$$\hat{A}+\hat{B} = \hat{B}+\hat{A} \tag{2.2.6}$$

$$\hat{A}+(\hat{B}+\hat{C}) = (\hat{A}+\hat{B})+\hat{C} \tag{2.2.7}$$

5. 算符的积

对任意波函数 ψ,若

$$\hat{C}\psi = \hat{A}(\hat{B}\psi) \tag{2.2.8}$$

则称 $\hat{C}$ 为 $\hat{A}$ 与 $\hat{B}$ 的积，即 $\hat{C}=\hat{A}\hat{B}$.

算符的积一般不满足交换律，即

$$\hat{A}\hat{B} \neq \hat{B}\hat{A} \tag{2.2.9}$$

6. 对易子

算符 $\hat{A}$ 和 $\hat{B}$ 是否对易可以利用对易子

$$[\hat{A},\hat{B}] = \hat{A}\hat{B} - \hat{B}\hat{A} \tag{2.2.10}$$

来反映：若$[\hat{A},\hat{B}]=0$，即 $\hat{A}\hat{B}=\hat{B}\hat{A}$，称 $\hat{A}$ 与 $\hat{B}$ 对易；若$[\hat{A},\hat{B}]\neq 0$，即 $\hat{A}\hat{B}\neq\hat{B}\hat{A}$，称 $\hat{A}$ 与 $\hat{B}$ 不对易. 通常把不可对易的数(算符)称为 q 数，而可对易的数称为 c 数.

7. 反对易子

反对易子的定义是

$$\{\hat{A},\hat{B}\} \equiv [\hat{A},\hat{B}]_+ = \hat{A}\hat{B} + \hat{B}\hat{A} \tag{2.2.11}$$

反对易子在"测不准关系"及"自旋与角动量"等章节中会用到.

8. 算符的乘幂

算符 $\hat{A}$ 的 n 次乘幂定义为 n 个 $\hat{A}$ 的乘积

$$\hat{A}^n = \hat{A}\cdot\hat{A}\cdot\cdots\cdot\hat{A} \tag{2.2.12}$$

9. 算符的函数

如果 $F(z)$是 z 的解析函数，则算符 $\hat{A}$ 的函数 $F(\hat{A})$定义为

$$F(\hat{A}) = \sum_{n=0}^{\infty}\frac{F^{(n)}(0)}{n!}\hat{A}^n,\quad 如\quad \mathrm{e}^{\hat{A}} = \sum_{n=0}^{\infty}\frac{\hat{A}^n}{n!} \tag{2.2.13}$$

2.2.2 算符的对易关系

1. 坐标算符与动量算符的对易关系(基本对易子)

$$[\hat{x}_\alpha,\hat{x}_\beta] = 0,\quad [\hat{p}_\alpha,\hat{p}_\beta] = 0,\quad [\hat{x}_\alpha,\hat{p}_\beta] = \mathrm{i}\hbar\delta_{\alpha\beta}\quad \alpha,\beta = 1,2,3 \tag{2.2.14}$$

证 以对易子作用于任意波函数 ψ，根据算符相等的定义来证明.

第一、二式是显然的，这里仅证明第三式. 先考虑 $\alpha=\beta$ 的情形. 令 $\alpha=\beta=1$，则

$$[\hat{x},\hat{p}_x]\psi = \hat{x}(\hat{p}_x\psi) - \hat{p}_x(\hat{x}\psi) = x\left(-\mathrm{i}\hbar\frac{\partial\psi}{\partial x}\right) + \mathrm{i}\hbar\frac{\partial(x\psi)}{\partial x} = \mathrm{i}\hbar\psi$$

由 ψ 的任意性，得

$$[\hat{x},\hat{p}_x] = \mathrm{i}\hbar \tag{2.2.15}$$

同理

$$[\hat{y},\hat{p}_y] = [\hat{z},\hat{p}_z] = \mathrm{i}\hbar \tag{2.2.16}$$

其次，考虑 $\alpha\neq\beta$ 的情形，如令 $\alpha=1$ 及 $\beta=2$，则有

$$[\hat{x},\hat{p}_y]\psi = \hat{x}(\hat{p}_y\psi) - \hat{p}_y(\hat{x}\psi) = x\left(-\mathrm{i}\hbar\frac{\partial\psi}{\partial y}\right) + \mathrm{i}\hbar\frac{\partial(x\psi)}{\partial y} = 0$$

由 ψ 的任意性,得

$$[\hat{x},\hat{p}_y] = 0 \tag{2.2.17}$$

同理

$$[\hat{x},\hat{p}_z] = [\hat{y},\hat{p}_x] = [\hat{y},\hat{p}_z] = [\hat{z},\hat{p}_x] = [\hat{z},\hat{p}_y] = 0 \tag{2.2.18}$$

综合(2.2.15)～(2.2.18)式,即得(2.2.14)式.

2. 对易子恒等式

由对易子的定义式(2.2.10)出发,可以证明如下恒等式

① $[\hat{A},\hat{A}]=0$　　(2.2.19)

② $[\hat{A},\hat{B}]=-[\hat{B},\hat{A}]$　　(2.2.20)

③ $[\hat{A},\hat{B}+\hat{C}]=[\hat{A},\hat{B}]+[\hat{A},\hat{C}]$　　(2.2.21)

④ $[\hat{A}+\hat{B},\hat{C}]=[\hat{A},\hat{C}]+[\hat{B},\hat{C}]$　　(2.2.22)

⑤ $[\hat{A},\hat{B}\hat{C}]=[\hat{A},\hat{B}]\hat{C}+\hat{B}[\hat{A},\hat{C}]$　　(2.2.23)

⑥ $[\hat{A}\hat{B},\hat{C}]=[\hat{A},\hat{C}]\hat{B}+\hat{A}[\hat{B},\hat{C}]$　　(2.2.24)

⑦ $[\hat{A},[\hat{B},\hat{C}]]+[\hat{B},[\hat{C},\hat{A}]]+[\hat{C},[\hat{A},\hat{B}]]=0$　　(2.2.25)

证　今以(2.2.23)式为例. 由对易子的定义出发,并加减 $\hat{B}\hat{A}\hat{C}$ 项可得

$$\begin{aligned}[\hat{A},\hat{B}\hat{C}] &= \hat{A}\hat{B}\hat{C} - \hat{B}\hat{C}\hat{A} = \hat{A}\hat{B}\hat{C} - \hat{B}\hat{A}\hat{C} + \hat{B}\hat{A}\hat{C} - \hat{B}\hat{C}\hat{A} \\ &= (\hat{A}\hat{B} - \hat{B}\hat{A})\hat{C} + \hat{B}(\hat{A}\hat{C} - \hat{C}\hat{A}) \\ &= [\hat{A},\hat{B}]\hat{C} + \hat{B}[\hat{A},\hat{C}]\end{aligned}$$

注意在证明过程中(包括提出公因子时),都不能改变算符的次序.

设在经典力学中,两力学量是坐标与动量的函数. 由基本对易子出发,利用对易子恒等式,或者直接利用 $\varepsilon_{\alpha\beta\gamma}$(见附录 E),即可求得两力学量算符的对易关系.

3. 角动量算符与坐标算符的对易关系

$$\begin{aligned} &[\hat{L}_x,\hat{x}] = 0, &&[\hat{L}_x,\hat{y}] = \mathrm{i}\hbar\hat{z}, &&[\hat{L}_x,\hat{z}] = -\mathrm{i}\hbar\hat{y}, \\ &[\hat{L}_y,\hat{x}] = -\mathrm{i}\hbar\hat{z}, &&[\hat{L}_y,\hat{y}] = 0, &&[\hat{L}_y,\hat{z}] = \mathrm{i}\hbar\hat{x}, \\ &[\hat{L}_z,\hat{x}] = \mathrm{i}\hbar\hat{y}, &&[\hat{L}_z,\hat{y}] = -\mathrm{i}\hbar\hat{x}, &&[\hat{L}_z,\hat{z}] = 0 \end{aligned} \tag{2.2.26}$$

上面九个式子可以用 $\varepsilon_{\alpha\beta\gamma}$ 符号归纳为一个公式

$$[\hat{L}_\alpha,\hat{x}_\beta] = \varepsilon_{\alpha\beta\gamma}\mathrm{i}\hbar\hat{x}_\gamma, \quad \alpha,\beta = 1,2,3 \tag{2.2.27}$$

本节所有涉及 $\varepsilon_{\alpha\beta\gamma}$ 的公式都采用爱因斯坦惯例,即要对重复的指标求和(省略求和号).

证　方法一. 利用对易子恒等式,以(2.2.26)式的第七式为例,易见

$$[\hat{L}_z,\hat{x}] = [\hat{x}\hat{p}_y - \hat{y}\hat{p}_x,\hat{x}] = [\hat{x}\hat{p}_y,\hat{x}] - [\hat{y}\hat{p}_x,\hat{x}] = -\hat{y}[\hat{p}_x,\hat{x}] = \mathrm{i}\hbar\hat{y}$$

这里利用了恒等式(2.2.2)～(2.2.23)和(2.2.20)式. 考虑到 $\hat{x},\hat{p}_y,\hat{y},\hat{p}_x$ 这四个算符中,只有 $\hat{p}_x$ 算符与后面的 $\hat{x}$ 算符不对易,故仅保留不为零的$[\hat{p}_x,\hat{x}]$.

方法二. 利用 $\varepsilon_{\alpha\beta\gamma}$ 符号计算. 由

$$\hat{\boldsymbol{L}} = \hat{\boldsymbol{x}} \times \hat{\boldsymbol{p}} = \begin{vmatrix} \boldsymbol{e}_1 & \boldsymbol{e}_2 & \boldsymbol{e}_3 \\ \hat{x}_1 & \hat{x}_2 & \hat{x}_3 \\ \hat{p}_1 & \hat{p}_2 & \hat{p}_3 \end{vmatrix} = \varepsilon_{\alpha\beta\gamma}\boldsymbol{e}_\alpha\hat{x}_\beta\hat{p}_\gamma \tag{2.2.28}$$

与 $\hat{\boldsymbol{L}}=\hat{L}_\alpha\boldsymbol{e}_\alpha$(采用爱因斯坦惯例)相比较便有

$$\hat{L}_\alpha = \varepsilon_{\alpha\beta\gamma}\hat{x}_\beta\hat{p}_\gamma \tag{2.2.29}$$

$$[\hat{L}_\alpha,\hat{x}_\sigma] = [\varepsilon_{\alpha\beta\gamma}\hat{x}_\beta\hat{p}_\gamma,\hat{x}_\sigma] = \varepsilon_{\alpha\beta\gamma}\hat{x}_\beta[\hat{p}_\gamma,\hat{x}_\sigma] = \varepsilon_{\alpha\beta\gamma}\hat{x}_\beta(-\mathrm{i}\hbar\delta_{\gamma\sigma}) = -\varepsilon_{\alpha\beta\sigma}\mathrm{i}\hbar\hat{x}_\beta = \varepsilon_{\alpha\sigma\beta}\mathrm{i}\hbar\hat{x}_\beta$$

这就是(2.2.27)式. 上式利用了 $\varepsilon_{\alpha\beta\gamma}\delta_{\gamma\sigma}=\varepsilon_{\alpha\beta\sigma}$,以及$-\varepsilon_{\alpha\beta\sigma}=\varepsilon_{\alpha\sigma\beta}$.

取 $\alpha=3,\sigma=1$ 可得$[\hat{L}_z,\hat{x}]=\varepsilon_{31\beta}\mathrm{i}\hbar\hat{x}_\beta=\varepsilon_{312}\mathrm{i}\hbar\hat{x}_2=\mathrm{i}\hbar\hat{y}$,即(2.2.26)式的第七式.

4. 角动量算符与动量算符的对易关系

$$[\hat{L}_\alpha,\hat{p}_\beta] = \varepsilon_{\alpha\beta\gamma}\mathrm{i}\hbar\hat{p}_\gamma, \quad \alpha,\beta=1,2,3 \tag{2.2.30}$$

这个公式形式上只要将(2.2.27)式的 $\hat{x}$ 改为 $\hat{p}$ 即可,它的证明留作练习.

5. 角动量算符各分量间的对易关系

$$[\hat{L}_\alpha,\hat{L}_\beta] = \varepsilon_{\alpha\beta\gamma}\mathrm{i}\hbar\hat{L}_\gamma, \quad \alpha,\beta=1,2,3 \tag{2.2.31}$$

这个公式形式上也只要将(2.2.27)式的 $\hat{x}$ 改为 $\hat{L}$ 即可. 但要应用等式(见附录 E)

$$\varepsilon_{\alpha\beta\gamma}\varepsilon_{\gamma\sigma\lambda} = \delta_{\alpha\sigma}\delta_{\beta\lambda} - \delta_{\alpha\lambda}\delta_{\beta\sigma} \tag{2.2.32}$$

特别是,(2.2.31)式中 $\alpha\neq\beta$ 的六个不为零的式子可以归纳为一个公式

$$\hat{\boldsymbol{L}} \times \hat{\boldsymbol{L}} = \mathrm{i}\hbar\hat{\boldsymbol{L}} \tag{2.2.33}$$

同一算符的矢积不为零也是由于算符不对易之故.

6. 角动量平方算符 $\hat{L}^2=\hat{L}_x^2+\hat{L}_y^2+\hat{L}_z^2$ 与各分量的对易关系

$$[\hat{L}^2,\hat{L}_x] = [\hat{L}^2,\hat{L}_y] = [\hat{L}^2,\hat{L}_z] = 0 \tag{2.2.34}$$

证 以第一式为例,利用对易子恒等式(2.2.22)、(2.2.24)式以及角动量算符间的对易关系(2.2.31)式来证明.

$$\begin{aligned}[\hat{L}^2,\hat{L}_x] &= [\hat{L}_x^2+\hat{L}_y^2+\hat{L}_z^2,\hat{L}_x] = [\hat{L}_y^2,\hat{L}_x]+[\hat{L}_z^2,\hat{L}_x] \\ &= \hat{L}_y[\hat{L}_y,\hat{L}_x]+[\hat{L}_y,\hat{L}_x]\hat{L}_y+\hat{L}_z[\hat{L}_z,\hat{L}_x]+[\hat{L}_z,\hat{L}_x]\hat{L}_z \\ &= -\mathrm{i}\hbar\hat{L}_y\hat{L}_z-\mathrm{i}\hbar\hat{L}_z\hat{L}_y+\mathrm{i}\hbar\hat{L}_z\hat{L}_y+\mathrm{i}\hbar\hat{L}_y\hat{L}_z = 0.\end{aligned}$$

算符的对易关系在研究"不同力学量可以同时测量的条件"和"不确定性关系"中起着至关重要的作用. 第 3 章在粒子数表象讨论线性谐振子时,将要利用算符的对易关系确定能量的本征值谱. 在第三篇的第 6 章,更要利用算符的对易

关系确定没有经典对应的自旋算符. 它的重要性读者将随着讨论的逐步深入而自然体会到.

2.2.3　线性算符、厄米算符与幺正算符

因为有的算符的定义要利用波函数的标积,为此先定义波函数 ψ 与 φ 的标积(内积)

$$(\psi,\varphi)=\int\psi^{*}\varphi\,\mathrm{d}\tau \tag{2.2.35}$$

式中 $\mathrm{d}\tau$ 是坐标空间的体积元,积分区域是变量变化的整个空间.

1. 线性算符

遵守下式的算符 $\hat{A}$ 称为线性算符

$$\hat{A}(c_1\psi_1+c_2\psi_2)=c_1\hat{A}\psi_1+c_2\hat{A}\psi_2 \tag{2.2.36}$$

式中 ψ_1 与 ψ_2 是任意的波函数(表示可以实现的状态),c_1 与 c_2 是任意复常数.

【例 2.2.1】 动量算符 $\hat{\boldsymbol{p}}=-\mathrm{i}\hbar\,\nabla$是线性算符.

证　现在从定义出发考察 $\hat{\boldsymbol{p}}$ 是不是线性算符,由

$$\hat{\boldsymbol{p}}(c_1\psi_1+c_2\psi_2)=-\mathrm{i}\hbar\,\nabla(c_1\psi_1+c_2\psi_2)=-c_1\mathrm{i}\hbar\,\nabla\psi_1-c_2\mathrm{i}\hbar\,\nabla\psi_2=c_1\hat{\boldsymbol{p}}\psi_1+c_2\hat{\boldsymbol{p}}\psi_2$$

得证.

【例 2.2.2】 算符 ln 及算符$\sqrt{\quad}$不是线性算符.

证　现在从定义出发考察 ln 及$\sqrt{\quad}$是不是线性算符,由

$$\ln(c_1\psi_1+c_2\psi_2)\neq c_1\ln\psi_1+c_2\ln\psi_2$$

$$\sqrt{c_1\psi_1+c_2\psi_2}\neq c_1\sqrt{\psi_1}+c_2\sqrt{\psi_2}$$

得证.

2. 逆算符

对于算符 $\hat{A}$,如果存在算符 $\hat{B}$,使得

$$\hat{A}\hat{B}=\hat{B}\hat{A}=\hat{I} \tag{2.2.37}$$

则称算符 $\hat{A}$ 和 $\hat{B}$ 互为逆算符,并记作

$$\hat{B}=\hat{A}^{-1},\quad \hat{A}=\hat{B}^{-1} \tag{2.2.38}$$

注意:若算符有等于零的本征值,则它的逆算符不存在①.

---

① 3.2 节将证明,算符 $\hat{F}$ 可以用矩阵表示,在其自身表象中为对角矩阵,并且对角元为算符 $\hat{F}$ 的本征值 $f_n(n=1,2,\cdots)$,见(3.2.23)式. 由于 $\hat{F}^{-1}$ 的矩阵元为 $F_{kl}^{-1}=\frac{F_{lk}\text{的代数余子式}}{|F|}$. 当 $\hat{F}$ 有等于零的本征值时,$|F|=0$,$\hat{F}$ 的逆算符不存在.

3. 转置算符

(1) 算符 $\hat{A}$ 的转置算符 $\tilde{\hat{A}}$ 定义为

$$\int \psi^* \tilde{\hat{A}} \varphi \,\mathrm{d}\tau = \int \varphi \hat{A} \psi^* \,\mathrm{d}\tau \tag{2.2.39}$$

式中 ψ 与 φ 为描述可实现状态的任意波函数.

【例 2.2.3】 试求算符$\dfrac{\partial}{\partial x}$的转置算符.

解 由(2.2.39)式出发,作分部积分

$$\int_{-\infty}^{\infty} \psi^* \widetilde{\frac{\partial}{\partial x}} \varphi \,\mathrm{d}x = \int_{-\infty}^{\infty} \varphi \frac{\partial}{\partial x} \psi^* \,\mathrm{d}x = \varphi\psi^* \Big|_{-\infty}^{\infty} - \int_{-\infty}^{\infty} \psi^* \frac{\partial}{\partial x} \varphi \,\mathrm{d}x = \int_{-\infty}^{\infty} \psi^* \left(-\frac{\partial}{\partial x}\right) \varphi \,\mathrm{d}x \tag{2.2.40}$$

因为可以实现的状态必有 $\lim\limits_{|x|\to\infty} \varphi = 0$, $\lim\limits_{|x|\to\infty} \psi = 0$. 比较(2.2.40)式两端,由 ψ 与 φ 的任意性,便有

$$\widetilde{\frac{\partial}{\partial x}} = -\frac{\partial}{\partial x} \tag{2.2.41}$$

(2) 转置算符的性质

$$\widetilde{\hat{A}\hat{B}} = \tilde{\hat{B}} \tilde{\hat{A}} \tag{2.2.42}$$

证 由转置算符的定义出发,便有

$$\int \psi^* \widetilde{\hat{A}\hat{B}} \varphi \,\mathrm{d}\tau = \int \varphi \hat{A}\hat{B} \psi^* \,\mathrm{d}\tau = \int (\hat{B}\psi^*) \tilde{\hat{A}} \varphi \,\mathrm{d}\tau = \int (\tilde{\hat{A}}\varphi) \hat{B} \psi^* \,\mathrm{d}\tau = \int \psi^* \tilde{\hat{B}} \tilde{\hat{A}} \varphi \,\mathrm{d}\tau$$

比较上式两端,由 ψ 与 φ 的任意性即可得证.

4. 复共轭算符

算符 $\hat{A}$ 的复共轭算符 $\hat{A}^*$ 是将 $\hat{A}$ 中的所有复数换成它的共轭复数.

【例 2.2.4】 试求 $\hat{\boldsymbol{p}}$ 的复共轭算符.

解 由定义出发易得

$$\hat{\boldsymbol{p}}^* = (-\mathrm{i}\hbar \nabla)^* = \mathrm{i}\hbar \nabla$$

5. 厄米共轭算符

(1) 算符 $\hat{A}$ 的厄米共轭算符 $\hat{A}^\dagger$ 定义为 $\hat{A}$ 的转置复共轭算符,即

$$\hat{A}^\dagger = \tilde{\hat{A}}^* \tag{2.2.43}$$

$\hat{A}^\dagger$ 读作"$\hat{A}$ 剑". 利用转置算符的定义式(2.2.39),可以得到厄米共轭算符的另一等价定义

$$\int \psi^* \hat{A}^\dagger \varphi \,\mathrm{d}\tau = \int \psi^* \tilde{\hat{A}}^* \varphi \,\mathrm{d}\tau = \int \varphi \hat{A}^* \psi^* \,\mathrm{d}\tau = \int (\hat{A}\psi)^* \varphi \,\mathrm{d}\tau \tag{2.2.44}$$

(2) 厄米共轭算符的性质

$$(\hat{A}\hat{B})^\dagger = \hat{B}^\dagger\hat{A}^\dagger \tag{2.2.45}$$

证　利用厄米共轭算符的定义及转置算符的性质,即有

$$(\hat{A}\hat{B})^\dagger = \widetilde{(\hat{A}\hat{B})^*} = \widetilde{(\hat{A}^*\hat{B}^*)} = \widetilde{B}^*\ \widetilde{A}^* = \hat{B}^\dagger\hat{A}^\dagger$$

6. 厄米算符

(1) 定义.若算符 $\hat{A}$ 满足条件

$$\hat{A}^\dagger = \hat{A} \tag{2.2.46}$$

则称算符 $\hat{A}$ 为厄米算符.也就是说,若 $\hat{A}$ 的厄米共轭算符等于 $\hat{A}$ 的自身,则称 $\hat{A}$ 为厄米算符.

将厄米算符与厄米共轭算符的定义式联立,即将(2.2.46)式代入(2.2.44)式即得厄米算符的另一等价的定义

$$\int\psi^*\hat{A}\varphi\,\mathrm{d}\tau = \int\psi^*\hat{A}^\dagger\varphi\,\mathrm{d}\tau = \int(\hat{A}\psi)^*\varphi\,\mathrm{d}\tau = \int\varphi\hat{A}^*\psi^*\,\mathrm{d}\tau \tag{2.2.47}$$

(2) 厄米算符的性质:当两厄米算符 $\hat{A}$、$\hat{B}$ 对易时,它们的积 $\hat{A}\hat{B}$ 才为厄米算符.

证　利用厄米共轭算符的性质、厄米算符的定义,以及两算符对易的定义,便有

$$(\hat{A}\hat{B})^\dagger = \hat{B}^\dagger\hat{A}^\dagger = \hat{B}\hat{A} = \hat{A}\hat{B} \tag{2.2.48}$$

【例 2.2.5】　设 $\hat{A}$、$\hat{B}$ 为厄米算符,试证明:

(1) $\overline{[\hat{A},\hat{B}]}$为纯虚数;　(2) $\overline{\{\hat{A},\hat{B}\}}$为实数.

解　由

$$I = \int\psi^*\hat{B}\hat{A}\psi\mathrm{d}\tau = \int(\hat{A}\psi)(\hat{B}\psi)^*\,\mathrm{d}\tau = \int(\hat{B}\psi)^*\hat{A}\psi\mathrm{d}\tau = \int\psi\hat{A}^*(\hat{B}\psi)^*\,\mathrm{d}\tau$$
$$= \left(\int\psi^*\hat{A}\hat{B}\psi\mathrm{d}\tau\right)^* \tag{2.2.49}$$

以及两共轭复数之差为纯虚数,以及两共轭复数之和为实数,可得

$$(1)\ \int\psi^*[\hat{A},\hat{B}]\psi\mathrm{d}\tau = \int\psi^*\hat{A}\hat{B}\psi\mathrm{d}\tau - \int\psi^*\hat{B}\hat{A}\psi\mathrm{d}\tau = I^* - I = \text{纯虚数} \tag{2.2.50}$$

$$(2)\ \int\psi^*\{\hat{A},\hat{B}\}\psi\mathrm{d}\tau = \int\psi^*\hat{A}\hat{B}\psi\mathrm{d}\tau + \int\psi^*\hat{B}\hat{A}\psi\mathrm{d}\tau = I^* + I = \text{实数} \tag{2.2.51}$$

7. 幺正算符

(1) 定义.若算符 $\hat{U}$ 满足条件

$$\hat{U}\hat{U}^\dagger = \hat{U}^\dagger\hat{U} = \hat{I},\quad \text{即}\quad \hat{U}^\dagger = \hat{U}^{-1} \tag{2.2.52}$$

即 $\hat{U}$ 的厄米共轭算符等于 $\hat{U}$ 的逆算符，则称算符 $\hat{U}$ 为幺正算符.

(2) 幺正算符的性质：幺正算符对任意两个波函数作用的结果，不改变这两个波函数的内积，即

$$\int(\hat{U}\psi_1)^*(\hat{U}\psi_2)\mathrm{d}\tau=\int\psi_1^*\psi_2\mathrm{d}\tau \tag{2.2.53}$$

证 利用转置算符、厄米共轭算符和幺正算符的定义，便有

$$\begin{aligned}\int(\hat{U}\psi_1)^*(\hat{U}\psi_2)\mathrm{d}\tau&=\int(\hat{U}\psi_2)\hat{U}^*\psi_1^*\mathrm{d}\tau=\int\psi_1^*\widetilde{\hat{U}^*}(\hat{U}\psi_2)\mathrm{d}\tau\\&=\int\psi_1^*\hat{U}^\dagger\hat{U}\psi_2\mathrm{d}\tau=\int\psi_1^*\psi_2\mathrm{d}\tau\end{aligned} \tag{2.2.54}$$

关于幺正算符的进一步讨论可参看 3.4.4 节：量子力学在幺正变换下的不变性.

习 题 2.2

2.2.1 试由对易子的定义出发，证明

$$[\hat{A},\hat{B}+\hat{C}]=[\hat{A},\hat{B}]+[\hat{A},\hat{C}],\quad[\hat{A}\hat{B},\hat{C}]=\hat{A}[\hat{B},\hat{C}]+[\hat{A},\hat{C}]\hat{B}$$

2.2.2 试用对易子的恒等式，证明 $[\hat{L}_x,\hat{z}]=-\mathrm{i}\hbar\hat{y}$ 及 $[\hat{L}^2,\hat{L}_y]=0$.

2.2.3 试用 $\varepsilon_{\alpha\beta\gamma}$ 符号证明(2.2.30)式和(2.2.31)式.

2.2.4 试证明坐标算符 $\hat{\boldsymbol{x}}$、动量算符 $\hat{\boldsymbol{p}}$、角动量算符 $\hat{\boldsymbol{L}}=-\mathrm{i}\hbar\boldsymbol{x}\times\nabla$、哈密顿算符 $\hat{H}=-\frac{\hbar^2}{2\mu}\nabla^2+U$ 都是厄米算符.

2.2.5 若 $\hat{A}$、$\hat{B}$ 为厄米算符，问 $\frac{1}{2}(\hat{A}\hat{B}+\hat{B}\hat{A})$ 及 $\frac{1}{2\mathrm{i}}(\hat{A}\hat{B}-\hat{B}\hat{A})$ 是不是厄米算符?

2.2.6 若 $\hat{A}$ 不是厄米算符，试证明 $\hat{A}$ 可表示为

$$\hat{A}=\hat{A}_++\mathrm{i}\hat{A}_-$$

式中 $\hat{A}_+=\frac{1}{2}(\hat{A}+\hat{A}^\dagger)$ 和 $\hat{A}_-=\frac{1}{2\mathrm{i}}(\hat{A}-\hat{A}^\dagger)$，问 $\hat{A}_+$ 和 $\hat{A}_-$ 是不是厄米算符?

2.2.7 设 $F(x,p)$ 可展开为 $F(x,p)=\sum\limits_{m=0}^{\infty}\sum\limits_{n=0}^{\infty}C_{mn}x^mp^n$，试证明：

$$[\hat{p},\hat{F}]=-\mathrm{i}\hbar\frac{\partial}{\partial x}\hat{F},\quad[\hat{x},\hat{F}]=\mathrm{i}\hbar\frac{\partial}{\partial\hat{p}}\hat{F} \tag{2.2.55}$$

2.2.8 试证明

$$\mathrm{e}^{\xi\hat{A}}\hat{B}^n\mathrm{e}^{-\xi\hat{A}}=(\mathrm{e}^{\xi\hat{A}}\hat{B}\mathrm{e}^{-\xi\hat{A}})^n \tag{2.2.56}$$

2.2.9 试证明

$$\mathrm{e}^{\xi\hat{A}}\hat{B}\mathrm{e}^{-\xi\hat{A}}=\hat{B}+\xi[\hat{A},\hat{B}]+\frac{\xi^2}{2!}[\hat{A},[\hat{A},\hat{B}]]+\frac{\xi^3}{3!}[\hat{A},[\hat{A},[\hat{A},\hat{B}]]]+\cdots \tag{2.2.57}$$

2.2.10　若$[\hat{A},[\hat{A},\hat{B}]]=[\hat{B},[\hat{A},\hat{B}]]=0$，试证明

$$e^{\hat{A}+\hat{B}} = e^{\hat{A}} e^{\hat{B}} e^{-\frac{1}{2}[\hat{A},\hat{B}]} = e^{\hat{B}} e^{\hat{A}} e^{\frac{1}{2}[\hat{A},\hat{B}]} \tag{2.2.58}$$

2.3　厄米算符的本征值与本征函数　力学量的测量值

力学量算符的本征值方程为

$$\hat{F}\psi = f\psi \tag{2.3.1}$$

式中 f 称为算符 $\hat{F}$ 的本征值，ψ 称为算符 $\hat{F}$ 的本征值为 f 的本征函数. 若 F 取离散值，则全部本征值构成离散谱；若 F 连续地取值，则构成连续谱；F 的本征值谱也可能部分是离散谱、部分是连续谱. 如果一个本征值 f 对应 d 个线性无关的本征函数，则称该本征值简并，其简并度为 d.

本节首先考察厄米算符的本征值与本征函数的性质(实数性，正交性，完备性，封闭性)，接着讨论量子体系力学量的测量值，从而得到量子体系力学量的可能取值及取值的概率分布.

2.3.1　厄米算符的本征值与本征函数的性质

1. 实数性

厄米算符的本征值为实数.

设 $\hat{F}$ 的本征值谱为离散谱，其本征值方程为

$$\hat{F}\psi_n = f_n\psi_n \tag{2.3.2}$$

在厄米算符的定义式中，令 $\psi=\varphi=\psi_n$，便有

$$\int \psi_n^* \hat{F}\psi_n \mathrm{d}\tau = \int (\hat{F}\psi_n)^* \psi_n \mathrm{d}\tau \tag{2.3.3}$$

将 $\hat{F}$ 的本征方程代入上式，并将常数提出积分号外，即得

$$f_n\int \psi_n^* \psi_n \mathrm{d}\tau = f_n^* \int \psi_n^* \psi_n \mathrm{d}\tau$$

由于 $\int |\psi_n|^2 \mathrm{d}\tau \neq 0$，故有 $f_n = f_n^*$，即厄米算符的本征值为实数.

2. 正交性

厄米算符属于不同本征值的本征函数正交

$$\int \psi_k^* \psi_l \mathrm{d}\tau = 0,\quad k \neq l \tag{2.3.4}$$

证　现在分别讨论非简并和简并的情形.

(1) 非简并的情形. 设 $\hat{F}$ 的本征值方程为

$$\hat{F}\psi_k = f_k\psi_k, \quad \hat{F}\psi_l = f_l\psi_l \tag{2.3.5}$$

其中 $f_k \neq f_l$,用 ψ_k^* 乘(2.3.5)右式后,对变量变化的整个区域积分,得

$$\int \psi_k^* \hat{F}\psi_l \mathrm{d}\tau = f_l \int \psi_k^* \psi_l \mathrm{d}\tau \tag{2.3.6}$$

用 ψ_l 乘(2.3.5)左式的复共轭式后,对变量变化的整个区域积分,得

$$\int \psi_l \hat{F}^* \psi_k^* \mathrm{d}\tau = f_k \int \psi_l \psi_k^* \mathrm{d}\tau \tag{2.3.7}$$

将上两式相减,便有

$$\int \psi_k^* \hat{F}\psi_l \mathrm{d}\tau - \int \psi_l \hat{F}^* \psi_k^* \mathrm{d}\tau = (f_l - f_k)\int \psi_l \psi_k^* \mathrm{d}\tau \tag{2.3.8}$$

由厄米算符的定义可知,上式的左边为零,由 $f_l - f_k \neq 0$,故 $\int \psi_k^* \psi_l \mathrm{d}\tau = 0$(当 $k \neq l$).

如果本征函数已归一化,则有

$$\int \psi_k^* \psi_l \mathrm{d}\tau = \delta_{kl} = \begin{cases} 1, & k = l \\ 0, & k \neq l \end{cases} \tag{2.3.9}$$

上式表示,厄米算符属于不同本征值的本征函数正交归一.

在 2.4 节将证明,若厄米算符 $\hat{F}$ 的本征值谱为连续谱,则 $\hat{F}$ 的本征函数的正交归一条件为

$$\int \psi_f^* \psi_{f'} \mathrm{d}\tau = \delta(f - f') \tag{2.3.10}$$

两者的区别与联系是,离散谱用 δ 符号,连续谱用 δ 函数.

(2) 简并的情形. 厄米算符简并的本征函数可以通过线性组合使之正交归一.

设算符 $\hat{F}$ 的本征值 f_n 是 d 度简并的,则简并的本征函数 φ_{n_i}(其中 $i=1,2,\cdots,d$)遵守本征值方程

$$\hat{F}\varphi_{n_i} = f_n \varphi_{n_i}, \quad i = 1,2,\cdots,d \tag{2.3.11}$$

但$\{\varphi_{n_i}\}$不一定正交. 如果仿照上面作出证明,只能得到

$$(f_n - f_n)\int \varphi_{n_l}^* \varphi_{n_k} \mathrm{d}\tau = 0, \quad k,l = 1,2,\cdots,d \tag{2.3.12}$$

不能得到 $\int \varphi_{n_l}^* \varphi_{n_k} \mathrm{d}\tau = 0$,不能证明两者正交.

但如果将 d 个简并的本征函数重新组合为 d 个新的函数

$$\psi_{n_j} = \sum_{i=1}^{d} a_{ji} \varphi_{n_i}, \quad j = 1,2,\cdots,d \tag{2.3.13}$$

则$\{\psi_{n_j}\}$仍为 $\hat{F}$ 的本征值为 f_n 的本征函数(代入本征值方程可证). 适当选择 d^2 个

系数 a_{ji}（其中$i,j=1,2,\cdots,d$），可使它们正交归一

$$\delta_{jj'}=\int\psi_{n_j}^*\psi_{n_{j'}}\,\mathrm{d}\tau=\sum_{i=1}^{d}\sum_{i'=1}^{d}a_{ji}^*a_{j'i'}\int\varphi_{n_i}^*\varphi_{n_{i'}}\,\mathrm{d}\tau,\quad j,j'=1,2,\cdots,d \tag{2.3.14}$$

上式包括正交条件$\frac{1}{2}d(d-1)$个方程. 这是因为每一个函数都要与余下的$(d-1)$个函数正交，便有 $d(d-1)$个方程. 但甲与乙正交跟乙与甲正交的方程是相同的，故独立的方程数为此数之半. 归一化条件共有 d 个方程. 两者之和即为$\frac{1}{2}d(d+1)$个方程. 考虑到 $d>1$ 时，$d^2>\frac{1}{2}d(d+1)$，即待定系数 a_{ji} 的数目大于它应满足的方程数. 这表明，不止一组系数$\{a_{ji}\}$可以使简并的本征函数正交归一.

【例 2.3.1】 设算符 $\hat{F}$ 的本征值 f_n 为 2 度简并

$$\hat{F}\varphi_{n_1}=f_n\varphi_{n_1},\quad \hat{F}\varphi_{n_2}=f_n\varphi_{n_2} \tag{2.3.15}$$

试将 φ_{n_1}、φ_{n_2} 重新组合使之正交归一.

解　本题只有一个正交条件，两个归一化条件，只要三个待定系数即可. 令

$$\psi_{n_1}=A_1\varphi_{n_1},\quad \psi_{n_2}=A_2(a\varphi_{n_1}+\varphi_{n_2}) \tag{2.3.16}$$

由正交条件，得

$$0=\int\psi_{n_1}^*\psi_{n_2}\,\mathrm{d}\tau=A_1^*A_2\int\varphi_{n_1}^*(a\varphi_{n_1}+\varphi_{n_2})\mathrm{d}\tau=A_1^*A_2\left[a\int\varphi_{n_1}^*\varphi_{n_1}\,\mathrm{d}\tau+\int\varphi_{n_1}^*\varphi_{n_2}\,\mathrm{d}\tau\right] \tag{2.3.17}$$

因为 A_1 与 A_2 不为零，上式要求方括号内式子为零，由此得系数

$$a=-\frac{\int\varphi_{n_1}^*\varphi_{n_2}\,\mathrm{d}\tau}{\int|\varphi_{n_1}|^2\mathrm{d}\tau} \tag{2.3.18}$$

再由归一化条件

$$1=\int|\psi_{n_1}|^2\mathrm{d}\tau=|A_1|^2\int|\varphi_{n_1}|^2\mathrm{d}\tau \tag{2.3.19a}$$

$$1=\int|\psi_{n_2}|^2\mathrm{d}\tau=|A_2|^2\int|a\varphi_{n_1}+\varphi_{n_2}|^2\mathrm{d}\tau \tag{2.3.19b}$$

可求得系数 A_1 和 A_2（取实数）

$$A_1=\frac{1}{\sqrt{\int|\varphi_{n_1}|^2\mathrm{d}\tau}},\quad A_2=\frac{1}{\sqrt{\int|a\varphi_{n_1}+\varphi_{n_2}|^2\mathrm{d}\tau}} \tag{2.3.20}$$

实际上，这样重新组合而成的本征值为 f_n 的 d 个本征函数$\{\psi_{n_j}\}$往往是另一

厄米算符属于不同本征值的本征函数. 以后在氢原子等问题的讨论中将会看到.

3. 完备性

任何与厄米算符本征函数系$\{\psi_n(\boldsymbol{x})\}$的定义域和边界条件相同的波函数$\psi(\boldsymbol{x})$，均可按$\{\psi_n(\boldsymbol{x})\}$展开为

$$\psi(\boldsymbol{x}) = \sum_n c_n \psi_n(\boldsymbol{x}) \tag{2.3.21}$$

关于厄米算符本征函数系完备性的证明见有关文献①.

利用正交归一条件可以求得上式中的展开系数 c_n. 以 $\psi_m^*(\boldsymbol{x})$乘(2.3.21)式两端，再对自变量变化的整个空间积分，可得

$$\int \psi_m^*(\boldsymbol{x})\psi(\boldsymbol{x})\mathrm{d}\tau = \sum_n c_n \int \psi_m^*(\boldsymbol{x})\psi_n(\boldsymbol{x})\mathrm{d}\tau = \sum_n c_n \delta_{mn} = c_m \tag{2.3.22}$$

再将上式两端的 m 改为 n(因为 m 与 n 均表示正整数)，即有

$$c_n = \int \psi_n^*(\boldsymbol{x})\psi(\boldsymbol{x})\mathrm{d}\tau, \quad n = 1,2,\cdots \tag{2.3.23}$$

当本征值谱为连续谱时，应把叠加改为积分

$$\psi(\boldsymbol{x}) = \int c(f)\psi_f(\boldsymbol{x})\mathrm{d}f \tag{2.3.24}$$

若本征值谱部分为离散谱，部分为连续谱时，$\psi(\boldsymbol{x})$可表示为(2.3.21)及(2.3.24)式右端的叠加.

4. 封闭性

厄米算符的本征函数遵守封闭性关系(完备性条件)

离散谱
$$\sum_n \psi_n^*(\boldsymbol{x}')\psi_n(\boldsymbol{x}) = \delta^3(\boldsymbol{x} - \boldsymbol{x}') \tag{2.3.25}$$

连续谱
$$\int \psi_f^*(\boldsymbol{x}')\psi_f(\boldsymbol{x})\mathrm{d}f = \delta^3(\boldsymbol{x} - \boldsymbol{x}') \tag{2.3.26}$$

现在，从厄米算符本征函数的完备性出发②导出封闭性关系.

(1) 对于离散谱，首先将展开系数

$$c_n = \int \psi_n^*(\boldsymbol{x}')\psi(\boldsymbol{x}')\mathrm{d}\tau' \tag{2.3.27}$$

代入 $\psi(\boldsymbol{x})$的展开式，随后交换叠加与积分的次序，即有

---

① 喀兴林. 高等量子力学. 第二版. 北京：高等教育出版社，2001. 34～35.

② 封闭性的定义：若不存在与正交归一函数系$\{\psi_n(\boldsymbol{x})\}$中每一个函数都正交的非零函数，则称该函数系$\{\psi_n(\boldsymbol{x})\}$为封闭的. 可以证明，封闭性与完备性两者等价，封闭性关系又称为完备性条件. 见 F. W. 拜仑，R. W. 富勒. 物理学中的数学方法. 第一卷. 北京：科学出版社，1982. 246～258.

$$\psi(\boldsymbol{x}) = \sum_n c_n \psi_n(\boldsymbol{x}) = \sum_n \left[\int \psi_n^*(\boldsymbol{x}')\psi(\boldsymbol{x}')\mathrm{d}\tau'\right]\psi_n(\boldsymbol{x})$$

$$= \int \psi(\boldsymbol{x}')\left[\sum_n \psi_n^*(\boldsymbol{x}')\psi_n(\boldsymbol{x})\right]\mathrm{d}\tau' \tag{2.3.28}$$

与 δ 函数的性质 $\psi(\boldsymbol{x}) = \int \psi(\boldsymbol{x}')\delta^3(\boldsymbol{x}-\boldsymbol{x}')\mathrm{d}\tau'$ 相比较，由 $\psi(\boldsymbol{x}')$ 的任意性，即得

$$\sum_n \psi_n^*(\boldsymbol{x}')\psi_n(\boldsymbol{x}) = \delta^3(\boldsymbol{x}-\boldsymbol{x}')$$

(2) 对于连续谱，将上式的叠加改为积分即可

$$\int \psi_f^*(\boldsymbol{x}')\psi_f(\boldsymbol{x})\mathrm{d}f = \delta^3(\boldsymbol{x}-\boldsymbol{x}')$$

(3) 当本征值谱部分为离散谱，部分为连续谱时，厄米算符本征函数系的封闭性关系为

$$\sum_n \psi_n^*(\boldsymbol{x}')\psi_n(\boldsymbol{x}) + \int \psi_f^*(\boldsymbol{x}')\psi_f(\boldsymbol{x})\mathrm{d}f = \delta^3(\boldsymbol{x}-\boldsymbol{x}') \tag{2.3.29}$$

下节在计算每个量子态在相空间占有的体积时要用到厄米算符本征函数系的封闭性关系.

态叠加原理要求表示力学量的算符是线性算符，力学量的测量值是实数要求表示力学量的算符是厄米算符(见习题 2.3.4). 因此，在量子力学中，表示力学量的算符是线性厄米算符.

利用厄米算符的性质，可以判断对量子体系的力学量进行测量时，力学量将如何取值.

2.3.2　力学量的测量值　测量与量子态的坍缩

设体系处于 ψ 态，当对体系的力学量 F 进行测量时，F 的取值是不是确定的? 对体系进行测量之后，体系的状态又将是怎样的? 力学量平均值的理论值如何与实验值进行比较?

1. 体系处于什么状态时，它的力学量 F 才有确定值

设在 $\psi_n(\boldsymbol{x})$ 态中，力学量 F 取确定值 f_n. 现在考察，$\psi_n(\boldsymbol{x})$ 应是什么状态?

显然，在给定的 $\psi_n(\boldsymbol{x})$ 态中，力学量 F 的平均值 $\overline{F}$ 也就是 f_n，因此力学量 F 的均方偏差应为

$$\overline{(\Delta F)^2} = \overline{(f-\overline{F})^2} = 0 \tag{2.3.30}$$

偏差的平方是 $(\Delta F)^2 = (f-\overline{F})^2$，故 $\Delta F = f-\overline{F}$ 对应的算符为 $\Delta\hat{F} = \hat{F}-\overline{F}$.

由平均值的定义及在 $\psi_n(\boldsymbol{x})$ 态中 $\overline{F} = f_n$ 可得

$$0=\overline{(\Delta F)^2}=\int\psi_n^*(\hat{F}-\overline{F})^2\psi_n\mathrm{d}\tau=\int\psi_n^*(\hat{F}-f_n)^2\psi_n\mathrm{d}\tau$$

既然表示力学量的算符 $\hat{F}$ 是厄米算符，平均值 $\overline{F}=f_n$ 是实数，因此 $(\hat{F}-f_n)$ 也是厄米算符. 根据厄米算符的定义，上式可改写为

$$\begin{aligned}0&=\int\psi_n^*(\hat{F}-f_n)[(\hat{F}-f_n)\psi_n]\mathrm{d}\tau\\&=\int[(\hat{F}-f_n)\psi_n]^*[(\hat{F}-f_n)\psi_n]\mathrm{d}\tau=\int|(\hat{F}-f_n)\psi_n|^2\mathrm{d}\tau\end{aligned}$$

由于被积函数是非负的，上式成立的充要条件为

$$(\hat{F}-f_n)\psi_n=0$$

移项即得

$$\hat{F}\psi_n=f_n\psi_n,\quad n=1,2,\cdots \tag{2.3.31}$$

这就是 $\hat{F}$ 的本征值方程.

这表明，当体系处于 $\hat{F}$ 的本征态 ψ_n 时，力学量 F 取确定值，即 $\hat{F}$ 的本征值 f_n.

如果体系不处于 $\hat{F}$ 的本征态，当对体系的力学量 F 进行测量时，由态叠加原理可知，体系所处的状态只可能是 $\hat{F}$ 的本征函数集 $\{\psi_n\}$ 中的一个：体系既可能处于 ψ_1 态，也可能处于 ψ_2 态，……. 因此，第一次测量可能得这个值，在同样条件下的第二次测量可能得那个值……，力学量 F 不可能有确定值. 当然，力学量 F 的测量值只可能取 $\hat{F}$ 的本征值 $f_1,f_2,\cdots$ 中的一个. 这意味着，F 的取值有一个概率分布.

2. 力学量取值的概率分布，测量与量子态的坍缩

(1) 力学量取值的概率分布. 若体系的状态由归一化的波函数 ψ 描述，现在求体系力学量 F 取值的概率分布.

为简单起见，设 $\hat{F}$ 的本征值谱为离散谱 $f_n(n=1,2,\cdots)$，$\hat{F}$ 的正交归一完备的本征函数系为 $\{\psi_n(\boldsymbol{x})\}$，则 ψ 可按其展开为

$$\psi=\sum_n c_n\psi_n(\boldsymbol{x}) \tag{2.3.32}$$

由态叠加原理可知，处于 ψ 态的体系出现在 $\psi_n(\boldsymbol{x})$ 态的概率为 $|c_n|^2$，而在 $\psi_n(\boldsymbol{x})$ 态中力学量 F 有确定值 f_n. 由此可见，在 ψ 态中测量 F 的结果为 f_n 的概率是

$$W_n=|c_n|^2 \tag{2.3.33}$$

上式就是力学量取值的概率分布. 既然 $|c_n|^2$ 是力学量 F 取 f_n 值的概率，展开系数 c_n 也就称为概率幅.

【例 2.3.2】 若体系处于 $\psi=\psi_k$ 态时，力学量取值的概率分布如何表示？

解　ψ 的展开式为 $\psi=\sum\limits_{n}\delta_{nk}\psi_{n}(\boldsymbol{x})$，力学量取值的概率分布为

$$W_n=|c_n|^2=\delta_{nk}^2=\begin{cases}1, & n=k\\ 0, & n\neq k\end{cases}\tag{2.3.34}$$

(2) 力学量的测量与量子态的坍缩. 由上述讨论可见，如果对处于 ψ 态的体系进行力学量 F 的测量，在测得体系的 $F=f_k$ 时，体系的状态就由 ψ 态突变为 $\hat{F}$ 的本征态 ψ_k，这是测量仪器对体系作用的结果.

诺依曼(Von Neŭmann)称之为“波包的坍缩”，或“量子态的坍缩”.

3. 理论值与实验值的比较，“态的制备”

为了比较理论值 $\overline{F}$ 与实验值，就要对体系(例如粒子)的力学量 F 进行很多很多次的测量，每一次测量的结果都是 $\hat{F}$ 的本征值 $f_n(n=1,2,\cdots)$之一，然后对测量结果求平均.

测量前的准备工作就是“态的制备”，使粒子在测量之前都处于 ψ 态.

态的制备通常有两种方法：一是利用很多套位于空间不同位置的相同仪器制备出 ψ 态的粒子，实现同时重复的测量(这不是好办法)；二是反复使用位于空间同一位置的同一仪器，在相同的条件下，在不同的时间制备出一个又一个 ψ 态的粒子，进行重复的测量. 将测量结果进行算术平均之后，便可与理论值进行比较.

容易导出力学量平均值的另一公式(见习题 2.3.5)

$$\overline{F}=\sum_{n}|c_n|^2 f_n\tag{2.3.35}$$

【例 2.3.3】　设粒子在宽度为 a 的一维无限深势阱中运动，已知粒子波函数

$$\psi(x)=\frac{4}{\sqrt{a}}\sin\frac{\pi x}{a}\cos^2\frac{\pi x}{a}$$

求粒子能量取值的概率分布与平均值.

解　在一维无限深势阱中运动的粒子，其能量本征值与相应的能量本征函数为

$$E_n=\frac{\hbar^2\pi^2n^2}{2\mu a^2},\quad \psi_n(x)=\sqrt{\frac{2}{a}}\sin\frac{n\pi x}{a},\quad n=1,2,\cdots$$

(1) 求粒子能量取值的概率分布.

将 $\psi(x)$按 $\hat{H}$ 的本征函数系$\{\psi_n(x)\}$展开，展开系数 c_n 就是出现 ψ_n 态(即能量取 E_n 值)的概率幅. 通常可按(2.3.23)式计算 c_n，但本题利用三角函数的半角公式及积化和差公式会更简单.

$$\begin{aligned}\psi(x)&=\frac{4}{\sqrt{a}}\sin\frac{\pi x}{a}\cos^2\frac{\pi x}{a}=\frac{1}{\sqrt{a}}\left(\sin\frac{3\pi x}{a}-\sin\frac{\pi x}{a}+2\sin\frac{\pi x}{a}\right)\\&=\frac{1}{\sqrt{2}}[\psi_1(x)+\psi_3(x)]\end{aligned}\tag{2.3.36}$$

由此得 $c_1=c_3=\frac{1}{\sqrt{2}}$,$c_n=0(n\neq1,3)$,即粒子处于 $\psi_1(x)$态及 $\psi_3(x)$态的概率均为 $\frac{1}{2}$,能量取 E_1 值及 E_3 值的概率均为$\frac{1}{2}$.

(2) 粒子能量的平均值的计算.在能量本征值谱为离散谱的情形下,既可以按 $\bar{E}=\int\psi^*(x)\hat{H}\psi(x)\mathrm{d}x$ 计算,也可以按 $\bar{E}=\sum\limits_n|c_n|^2E_n$ 计算.本题利用后者较方便

$$\bar{E}=\sum_n|c_n|^2E_n=\frac{1}{2}(E_1+E_3)=\frac{1}{2}\left(\frac{\pi^2\hbar^2}{2\mu a^2}+\frac{9\pi^2\hbar^2}{2\mu a^2}\right)=\frac{5\pi^2\hbar^2}{2\mu a^2} \qquad (2.3.37)$$

2.3.3 离散谱与连续谱的比较

上面的讨论大多数只局限在本征值谱为离散谱的情形.可以证明,只要把叠加改为积分,把 δ 符号改为 δ 函数,即可推广到本征值谱为连续谱的情形,见表 2.1.

表 2.1 离散谱与连续谱的比较

	$\hat{F}$ 的本征值谱为离散谱	$\hat{\boldsymbol{p}}$ 的本征值谱为连续谱	
1. 本征值方程	$\hat{F}\psi_n(\boldsymbol{x})=f_n\psi_n(\boldsymbol{x})$	$\hat{\boldsymbol{p}}\psi_{\boldsymbol{p}}(\boldsymbol{x})=\boldsymbol{p}\psi_{\boldsymbol{p}}(\boldsymbol{x})$	(2.3.38)
2. 正交归一条件	$\int\psi_n^*(\boldsymbol{x})\psi_m(\boldsymbol{x})\mathrm{d}\tau=\delta_{mn}$	$\int\psi_{\boldsymbol{p}}^*(\boldsymbol{x})\psi_{\boldsymbol{p}'}(\boldsymbol{x})\mathrm{d}\tau=\delta^3(\boldsymbol{p}-\boldsymbol{p}')$	(2.3.39)
3. 完备性	$\psi(\boldsymbol{x})=\sum\limits_n c_n\psi_n(\boldsymbol{x})$	$\psi(\boldsymbol{x})=\int c(\boldsymbol{p})\psi_{\boldsymbol{p}}(\boldsymbol{x})\mathrm{d}^3\boldsymbol{p}$	(2.3.40)
4. 展开系数(概率幅)	$c_n=\int\psi_n^*(\boldsymbol{x})\psi(\boldsymbol{x})\mathrm{d}\tau$	$c(\boldsymbol{p})=\int\psi_{\boldsymbol{p}}^*(\boldsymbol{x})\psi(\boldsymbol{x})\mathrm{d}\tau$	(2.3.41)
5. 封闭性关系(完备性条件)	$\sum\limits_n\psi_n^*(\boldsymbol{x}')\psi_n(\boldsymbol{x})=\delta^3(\boldsymbol{x}-\boldsymbol{x}')$	$\int\psi_{\boldsymbol{p}}^*(\boldsymbol{x}')\psi_{\boldsymbol{p}}(\boldsymbol{x})\mathrm{d}^3\boldsymbol{p}=\delta^3(\boldsymbol{x}-\boldsymbol{x}')$	(2.3.42)
6. 力学量的可能取值	$f_1,f_2,\cdots$	$\cdots\boldsymbol{p}\cdots\boldsymbol{p}'\cdots\boldsymbol{p}''\cdots$	
7. 力学量取值的概率分布	力学量取 f_n 值的概率为 $\vert c_n\vert^2$	动量取 $\boldsymbol{p}$ 值的概率密度为 $\vert c(\boldsymbol{p})\vert^2$	
8. 平均值公式	$\bar{F}=\int\psi^*(\boldsymbol{x})\hat{F}\psi(\boldsymbol{x})\mathrm{d}\tau$ $=\sum\limits_n\vert c_n\vert^2f_n$	$\bar{\boldsymbol{p}}=\int\psi^*(\boldsymbol{x})\hat{\boldsymbol{p}}\psi(\boldsymbol{x})\mathrm{d}\tau$ $=\int\boldsymbol{p}\vert c(\boldsymbol{p})\vert^2\mathrm{d}^3\boldsymbol{p}$	(2.3.43)
9. 概率幅的归一化条件	$\sum\limits_n\vert c_n\vert^2=1$	$\int\vert c(\boldsymbol{p})\vert^2\mathrm{d}^3\boldsymbol{p}=1$	(2.3.44)

综合上述,利用力学量算符可以从量子体系的波函数提取三个重要的信息:

① 力学量的平均值;

② 力学量的可能取值;

③ 力学量取值的概率分布.

显然,为了找到处于 ψ 态的粒子某一力学量取值的概率分布,就要将 ψ 按该力

学量算符的本征函数系展开. 因此，首先就要知道该力学量算符的本征函数系，这正是下一节要讨论的内容.

习　题　2.3

2.3.1　对于一维运动，求算符$(\hat{p}+\hat{x})$的本征值与本征函数.

2.3.2　设属于能级 E 有三个简并态 φ_1、φ_2、φ_3，彼此线性独立，但不正交，试利用它们构成一组彼此正交且归一的波函数. 已知 φ_1、φ_2、φ_3 是归一化的波函数.

2.3.3　试证明：若一线性算符 $\hat{F}$ 的本征值为实数，本征函数是正交完备的，则 $\hat{F}$ 是厄米算符.

2.3.4　为什么在量子力学中表示力学量的算符是线性厄米算符?

2.3.5　试导出力学量平均值的另一公式 $\overline{F}=\sum\limits_{n}|c_n|^2 f_n$.

2.3.6　设 $t=0$ 时，粒子的状态为 $\psi(x)=A\left(\sin^2 kx+\dfrac{1}{2}\cos kx\right)$，求此时粒子的平均动量和平均动能.

2.3.7　在一维无限深势阱中运动的粒子，势阱的宽度为 a，如果粒子的状态由波函数 $\psi(x)=Ax(a-x)$描写，A 为归一化常数，求粒子能量的概率分布和能量的平均值.

2.4　基本力学量算符的本征函数系

本节介绍一些基本力学量算符的本征函数系. 一方面，这是获得量子体系力学量取值的概率分布所必须的；另一方面，这些本征函数系具有正交、归一、完备等性质，可以用它们作为希尔伯特空间的基(见第 3 章)，因而是学习后面几章的重要基础.

本节介绍坐标算符、动量算符、能量算符及角动量算符的本征函数系，以及它们的正交归一表示式.

2.4.1　坐标算符的本征函数系

1. 一维空间

坐标算符的本征值方程为

$$\hat{x}\psi_{x'}(x)=x'\psi_{x'}(x) \tag{2.4.1}$$

式中 x'是算符 $\hat{x}$ 的本征值，坐标表象中的 $\hat{x}=x$，易见本征值 x'可取任意实数值；$\psi_{x'}(x)$是算符 $\hat{x}$ 的本征值为 x'的本征函数. 不难证明，

$$\psi_{x'}(x)=\delta(x-x') \tag{2.4.2}$$

证　将(2.4.2)式代入(2.4.1)式，可得

$$x\delta(x-x') = x'\delta(x-x') \tag{2.4.3}$$

因为当 $x=x'$时，上式两边均为∞；而当 $x\neq x'$时，上式两边均为零. 所以，$\psi_{x'}(x)=\delta(x-x')$满足 $\hat{x}$ 的本征值方程.

算符 $\hat{x}$ 的本征函数系的正交归一条件为

$$\int_{-\infty}^{\infty}\psi_{x'}^{*}(x)\psi_{x''}(x)\mathrm{d}x = \int_{-\infty}^{\infty}\delta(x-x')\delta(x-x'')\mathrm{d}x = \delta(x''-x') \tag{2.4.4}$$

后面的等式利用了 δ 函数的重要性质

$$\int_{-\infty}^{\infty}f(x)\delta(x-x_0)\mathrm{d}x = f(x_0) \tag{2.4.5}$$

将(2.4.4)式积分号内第一个 δ 函数取作 $f(x)$，而把 x_0 取作 x''即得.

算符 $\hat{x}$ 的本征值谱是连续谱，它的本征函数的模不是平方可积的. 实际上

$$\int_{-\infty}^{\infty}\delta(x-x')\delta(x-x')\mathrm{d}x = \delta(x-x')\big|_{x=x'} = \delta(0)\to\infty$$

因而只能归一化为 δ 函数，如(2.4.4)式所示.

2. 三维空间

算符 $\hat{\boldsymbol{x}}$ 的本征值方程为

$$\hat{\boldsymbol{x}}\psi_{\boldsymbol{x}'}(\boldsymbol{x}) = \boldsymbol{x}'\psi_{\boldsymbol{x}'}(\boldsymbol{x}) \tag{2.4.6}$$

同理可证，$\hat{\boldsymbol{x}}$ 的本征值可取任意实矢量，而本征函数为

$$\psi_{\boldsymbol{x}'}(\boldsymbol{x}) = \delta^3(\boldsymbol{x}-\boldsymbol{x}') = \delta(x-x')\delta(y-y')\delta(z-z') \tag{2.4.7}$$

2.4.2 动量算符的本征函数系

1. 一维空间

动量算符的本征值方程为

$$\hat{p}_x\psi_{p_x}(x) = p_x\psi_{p_x}(x) \tag{2.4.8}$$

将坐标表象的动量算符 $\hat{p}_x=-\mathrm{i}\hbar\dfrac{\partial}{\partial x}$代入(2.4.8)式，得

$$-\mathrm{i}\hbar\frac{\mathrm{d}}{\mathrm{d}x}\psi_{p_x}(x) = p_x\psi_{p_x}(x) \tag{2.4.9}$$

在无界空间中求解一阶常微分方程可得到满足波函数标准条件的本征函数

$$\psi_{p_x}(x) = A\mathrm{e}^{\frac{\mathrm{i}}{\hbar}p_x x} \tag{2.4.10}$$

对于本征值谱为连续谱的动量本征函数，有两种归一化的方式.

(1) 归一化为 δ 函数. 在 δ 函数的傅里叶积分 $\delta(x-x')=\dfrac{1}{2\pi}\displaystyle\int_{-\infty}^{\infty}\mathrm{e}^{\mathrm{i}k(x-x')}\mathrm{d}k$

中，交换 k 与 x 符号，可得 $\delta(k-k')=\frac{1}{2\pi}\int_{-\infty}^{\infty}\mathrm{e}^{\mathrm{i}(k-k')x}\mathrm{d}x$，再将 $k=\frac{p}{\hbar}$ 及 $\delta\left(\frac{p}{\hbar}\right)=\hbar\delta(p)$ 代入，便有

$$\delta(p_x-p_x')=\frac{1}{2\pi\hbar}\int_{-\infty}^{\infty}\mathrm{e}^{\frac{\mathrm{i}}{\hbar}(p_x-p_x')x}\mathrm{d}x \tag{2.4.11}$$

现在，将 $\{\psi_{p_x}(x)\}$ 归一化为 δ 函数

$$\int_{-\infty}^{\infty}\psi_{p_x'}^*(x)\psi_{p_x}(x)\mathrm{d}x=|A|^2\int_{-\infty}^{\infty}\mathrm{e}^{\frac{\mathrm{i}}{\hbar}(p_x-p_x')x}\mathrm{d}x=\delta(p_x-p_x') \tag{2.4.12}$$

将上两式联立，得归一化常数 $A=\frac{1}{(2\pi\hbar)^{1/2}}$. 归一化的本征函数为

$$\psi_{p_x}(x)=\frac{1}{(2\pi\hbar)^{1/2}}\mathrm{e}^{\frac{\mathrm{i}}{\hbar}p_x x} \tag{2.4.13}$$

(2) 箱归一化. 先假设粒子被限制在 $\left[-\frac{L}{2},\frac{L}{2}\right]$ 中运动，最后再令 $L\to\infty$，便可回到无界空间归一化的情况. 为保持动量算符 $\hat{p}_x$ 的厄米性，要求自由粒子的任一状态的波函数满足周期性边界条件(见习题 2.4.1)

$$\psi\left(-\frac{L}{2}\right)=\psi\left(\frac{L}{2}\right) \tag{2.4.14}$$

将动量本征函数 $\psi_{p_x}(x)=A\mathrm{e}^{\frac{\mathrm{i}}{\hbar}p_x x}$ 代入上式便有 $\mathrm{e}^{\mathrm{i}\frac{p_x L}{2\hbar}}=\mathrm{e}^{-\mathrm{i}\frac{p_x L}{2\hbar}}$，即 $\mathrm{e}^{\frac{\mathrm{i}}{\hbar}p_x L}=1$，由此得

$$\frac{p_x L}{\hbar}=2n\pi,\quad n=0,\pm1,\cdots$$

于是动量的本征值谱为离散谱

$$p_x=n\frac{2\pi\hbar}{L},\quad n=0,\pm1,\cdots \tag{2.4.15}$$

由归一化条件

$$1=\int_{-\frac{L}{2}}^{\frac{L}{2}}|\psi_{p_x}(x)|^2\mathrm{d}x=|A|^2L$$

取 $A=\frac{1}{\sqrt{L}}$，即得归一化的本征函数

$$\psi_{p_x}(x)=\frac{1}{L^{1/2}}\mathrm{e}^{\frac{\mathrm{i}}{\hbar}p_x x} \tag{2.4.16}$$

最后，令 $L\to\infty$，相邻两动量本征值之差为

$$\lim_{L\to\infty}\left[(n+1)\frac{2\pi\hbar}{L}-n\frac{2\pi\hbar}{L}\right]=\lim_{L\to\infty}\frac{2\pi\hbar}{L}=0$$

可见本征值谱又变回连续谱,即无界空间归一化的情形.

2. 三维空间

动量算符的本征值方程为

$$\hat{\boldsymbol{p}}\psi_{\boldsymbol{p}}(\boldsymbol{x})=\boldsymbol{p}\psi_{\boldsymbol{p}}(\boldsymbol{x}) \tag{2.4.17}$$

(1) 归一化为 δ 函数. 动量本征值取连续谱,本征函数为

$$\psi_{\boldsymbol{p}}(\boldsymbol{x})=\frac{1}{(2\pi\hbar)^{3/2}}\mathrm{e}^{\frac{\mathrm{i}}{\hbar}\boldsymbol{p}\cdot\boldsymbol{x}} \tag{2.4.18}$$

正交归一化条件为

$$\int_{-\infty}^{\infty}\psi_{\boldsymbol{p}'}^{*}(\boldsymbol{x})\psi_{\boldsymbol{p}}(\boldsymbol{x})\mathrm{d}^3\boldsymbol{x}=\delta^3(\boldsymbol{p}-\boldsymbol{p}') \tag{2.4.19}$$

(2) 箱归一化. 动量本征值取离散谱

$$\boldsymbol{p}=\sum_{\alpha=1}^{3}\boldsymbol{e}_\alpha n_\alpha\frac{2\pi\hbar}{L},\quad n_\alpha=0,\pm1,\cdots \tag{2.4.20}$$

相应的本征函数为

$$\psi_{\boldsymbol{p}}(\boldsymbol{x})=\frac{1}{L^{3/2}}\mathrm{e}^{\frac{\mathrm{i}}{\hbar}\boldsymbol{p}\cdot\boldsymbol{x}} \tag{2.4.21}$$

正交归一化条件为

$$\int_{-\frac{L}{2}}^{\frac{L}{2}}\mathrm{d}z\int_{-\frac{L}{2}}^{\frac{L}{2}}\mathrm{d}y\int_{-\frac{L}{2}}^{\frac{L}{2}}\mathrm{d}x\psi_{\boldsymbol{p}'}^{*}(\boldsymbol{x})\psi_{\boldsymbol{p}}(\boldsymbol{x})=\delta_{p_xp_x'}\delta_{p_yp_y'}\delta_{p_zp_z'} \tag{2.4.22}$$

与一维的情形相似,最后令 $L\to\infty$,则由离散谱过渡到连续谱.

3. 由封闭性关系式计算每个量子态在相空间占有的体积

现在,将连续谱与离散谱的本征函数分别代入连续谱与离散谱的封闭性公式.

(1) 将 $\psi_{\boldsymbol{p}}(\boldsymbol{x})=\frac{1}{(2\pi\hbar)^{3/2}}\mathrm{e}^{\frac{\mathrm{i}}{\hbar}\boldsymbol{p}\cdot\boldsymbol{x}}$代入$\int\psi_{\boldsymbol{p}}^{*}(\boldsymbol{x}')\psi_{\boldsymbol{p}}(\boldsymbol{x})\mathrm{d}^3\boldsymbol{p}=\delta^3(\boldsymbol{x}-\boldsymbol{x}')$可得

$$\delta^3(\boldsymbol{x}-\boldsymbol{x}')=\frac{1}{(2\pi\hbar)^3}\int_{-\infty}^{\infty}\mathrm{e}^{\frac{\mathrm{i}}{\hbar}\boldsymbol{p}\cdot(\boldsymbol{x}-\boldsymbol{x}')}\mathrm{d}^3\boldsymbol{p} \tag{2.4.23}$$

(2) 将 $\psi_{\boldsymbol{p}}(\boldsymbol{x})=\frac{1}{L^{3/2}}\mathrm{e}^{\frac{\mathrm{i}}{\hbar}\boldsymbol{p}\cdot\boldsymbol{x}}$代入$\sum_n\psi_n^{*}(\boldsymbol{x}')\psi_n(\boldsymbol{x})=\delta^3(\boldsymbol{x}-\boldsymbol{x}')$得

$$\delta^3(\boldsymbol{x}-\boldsymbol{x}')=\frac{1}{L^3}\sum_{n_1=-\infty}^{\infty}\sum_{n_2=-\infty}^{\infty}\sum_{n_3=-\infty}^{\infty}\mathrm{e}^{\frac{\mathrm{i}}{\hbar}\boldsymbol{p}\cdot(\boldsymbol{x}-\boldsymbol{x}')} \tag{2.4.24}$$

式中 $\boldsymbol{p}$ 由 $\boldsymbol{p}=\sum_{\alpha=1}^{3}\boldsymbol{e}_\alpha n_\alpha\frac{2\pi\hbar}{L}$给出.

(3) 联立. 比较(2.4.23)～(2.4.24)两式,并将 $2\pi\hbar=h$ 代入,即得

$$h^3\sum_{n_1=-\infty}^{\infty}\sum_{n_2=-\infty}^{\infty}\sum_{n_3=-\infty}^{\infty}e^{\frac{i}{\hbar}\boldsymbol{p}\cdot(\boldsymbol{x}-\boldsymbol{x}')}=L^3\int_{-\infty}^{\infty}e^{\frac{i}{\hbar}\boldsymbol{p}\cdot(\boldsymbol{x}-\boldsymbol{x}')}d^3\boldsymbol{p}$$

等式两边分别是对函数 $e^{\frac{i}{\hbar}\boldsymbol{p}\cdot(\boldsymbol{x}-\boldsymbol{x}')}$ 进行的运算,两者的对应关系可改写为

$$h^3\sum_{n_1=-\infty}^{\infty}\sum_{n_2=-\infty}^{\infty}\sum_{n_3=-\infty}^{\infty}\rightarrow L^3\int_{-\infty}^{\infty}d^3\boldsymbol{p}=\int_{-L/2}^{L/2}dx\int_{-L/2}^{L/2}dy\int_{-L/2}^{L/2}dz\int_{-\infty}^{\infty}d^3\boldsymbol{p}\qquad(2.4.25)$$

上式右边是以粒子的坐标和动量为基的整个相空间的体积;左边是总量子态数(对所有的量子态求和)乘以 h^3. 这表明,每个量子态在相空间占有 h^3 的体积.

【例 2.4.1】 已知氢原子基态的波函数为

$$\psi_{100}=\frac{1}{\sqrt{\pi a_0^3}}e^{-\frac{R}{a_0}}$$

求氢原子处于基态时,电子动量的概率分布.

解 为了求电子的动量概率分布,应按如下步骤进行:

(1) 将基态波函数按动量本征函数系 $\{\psi_{\boldsymbol{p}}(\boldsymbol{x})\}$ 展开

$$\psi_{100}(\boldsymbol{x})=\int c(\boldsymbol{p})\psi_{\boldsymbol{p}}(\boldsymbol{x})d^3\boldsymbol{p}$$

式中的 $\psi_{\boldsymbol{p}}(\boldsymbol{x})=\frac{1}{(2\pi\hbar)^{3/2}}e^{\frac{i}{\hbar}\boldsymbol{p}\cdot\boldsymbol{x}}$ 是动量本征函数,展开系数的模方 $|c(\boldsymbol{p})|^2$ 即为动量的概率密度.

(2) 求展开系数 $c(\boldsymbol{p})$. 由表 2.1 的(2.3.41)式给出(见习题 2.4.2)

$$c(\boldsymbol{p})=\int\psi_{\boldsymbol{p}}^*(\boldsymbol{x})\psi_{100}(\boldsymbol{x})d^3\boldsymbol{x}=\int\frac{1}{(2\pi\hbar)^{3/2}}e^{-\frac{i}{\hbar}\boldsymbol{p}\cdot\boldsymbol{x}}\frac{1}{\sqrt{\pi a_0^3}}e^{-\frac{R}{a_0}}d^3\boldsymbol{x}$$

现在对任意给定的一个 $\boldsymbol{p}$ 进行计算. 为方便起见,选择 z 轴沿 $\boldsymbol{p}$ 的方向,于是 $\boldsymbol{x}$ 与 $\boldsymbol{p}$ 的夹角即为 θ,上式可化为

$$c(\boldsymbol{p})=\frac{1}{\pi^2(2a_0\hbar)^{3/2}}\int_0^{\infty}e^{-\frac{R}{a_0}}R^2dR\int_{\pi}^{0}e^{-\frac{i}{\hbar}pR\cos\theta}d\cos\theta\int_0^{2\pi}d\varphi=\frac{(2a_0\hbar)^{3/2}\hbar}{\pi(\hbar^2+a_0^2p^2)^2}$$

(3) 求动量的概率密度.

$$|c(\boldsymbol{p})|^2=\frac{8a_0^3\hbar^5}{\pi^2(\hbar^2+a_0^2p^2)^4}$$

(4) 求电子动量的大小在 $p\rightarrow p+dp$ 范围内的概率. 这个概率等于在动量空间中对 θ,φ 积分

$$w(p)dp=\int_0^{\pi}\sin\theta d\theta\int_0^{2\pi}d\varphi\,|c(p)|^2p^2dp=\frac{32}{\pi}\left(\frac{\hbar}{a_0}\right)^5\frac{p^2dp}{[(\hbar^2/a_0^2)+p^2]^4}$$

2.4.3 能量算符的本征函数系

当粒子在势场 $U(\boldsymbol{x})$ 中运动时，由于粒子的哈密顿算符不显含时间，这时的哈密顿算符就是能量算符[①]

$$\hat{H}=\frac{\hat{\boldsymbol{p}}^2}{2\mu}+U(\boldsymbol{x})=-\frac{\hbar^2}{2\mu}\nabla^2+U(\boldsymbol{x}) \tag{2.4.26}$$

能量算符的本征值方程，即定态薛定谔方程为

$$\hat{H}\psi_E(\boldsymbol{x})=E\psi_E(\boldsymbol{x}) \tag{2.4.27}$$

显然，能量的本征值 E 与本征函数 $\psi_E(\boldsymbol{x})$ 均与 $U(\boldsymbol{x})$ 有关. 我们在 1.5 节已给出两个最常见的例子，在第二篇将介绍其他实例.

2.4.4 角动量算符的本征函数系

由于角动量表示转动，原子中的大量问题在球坐标系讨论比较方便，因此要将角动量算符变换到球坐标系.

笛卡儿直角坐标与球坐标的关系是

$$x=R\sin\theta\cos\varphi,\quad y=R\sin\theta\sin\varphi,\quad z=R\cos\theta \tag{2.4.28}$$

$$R=\sqrt{x^2+y^2+z^2},\quad \theta=\cos^{-1}\frac{z}{\sqrt{x^2+y^2+z^2}},\quad \varphi=\tan^{-1}\frac{y}{x} \tag{2.4.29}$$

利用复合函数的微商法则可得

$$\frac{\partial}{\partial x}=\frac{\partial R}{\partial x}\frac{\partial}{\partial R}+\frac{\partial\theta}{\partial x}\frac{\partial}{\partial\theta}+\frac{\partial\varphi}{\partial x}\frac{\partial}{\partial\varphi}=\sin\theta\cos\varphi\frac{\partial}{\partial R}+\frac{1}{R}\cos\theta\cos\varphi\frac{\partial}{\partial\theta}-\frac{1}{R}\frac{\sin\varphi}{\sin\theta}\frac{\partial}{\partial\varphi} \tag{2.4.30}$$

$$\frac{\partial}{\partial y}=\frac{\partial R}{\partial y}\frac{\partial}{\partial R}+\frac{\partial\theta}{\partial y}\frac{\partial}{\partial\theta}+\frac{\partial\varphi}{\partial y}\frac{\partial}{\partial\varphi}=\sin\theta\sin\varphi\frac{\partial}{\partial R}+\frac{1}{R}\cos\theta\sin\varphi\frac{\partial}{\partial\theta}+\frac{1}{R}\frac{\cos\varphi}{\sin\theta}\frac{\partial}{\partial\varphi} \tag{2.4.31}$$

$$\frac{\partial}{\partial z}=\frac{\partial R}{\partial z}\frac{\partial}{\partial R}+\frac{\partial\theta}{\partial z}\frac{\partial}{\partial\theta}+\frac{\partial\varphi}{\partial z}\frac{\partial}{\partial\varphi}=\cos\theta\frac{\partial}{\partial R}-\frac{1}{R}\sin\theta\frac{\partial}{\partial\theta} \tag{2.4.32}$$

推导上述公式时，例如在计算 $\frac{\partial R}{\partial x}$ 的时候，应由(2.4.29)式 $R=\sqrt{x^2+y^2+z^2}$ 出发，而不应由(2.4.28)式 $x=R\sin\theta\cos\varphi$ 出发. 因为 y、z 与 x 无关而 θ、φ 与 x 有关.

① H. 戈德斯坦. 经典力学. 汤家镛，陈为恂译. 北京：科学出版社，1981. 65～67.

将(2.4.30)～(2.4.32)式代入(2.1.29)～(2.1.32)式，即得角动量算符在球坐标系的表示式

$$\hat{L}_x = \mathrm{i}\hbar\left(\sin\varphi\frac{\partial}{\partial\theta} + \mathrm{ctg}\theta\cos\varphi\frac{\partial}{\partial\varphi}\right) \tag{2.4.33}$$

$$\hat{L}_y = -\mathrm{i}\hbar\left(\cos\varphi\frac{\partial}{\partial\theta} - \mathrm{ctg}\theta\sin\varphi\frac{\partial}{\partial\varphi}\right) \tag{2.4.34}$$

$$\hat{L}_z = -\mathrm{i}\hbar\frac{\partial}{\partial\varphi} \tag{2.4.35}$$

$$\hat{L}^2 = -\hbar^2\left[\frac{1}{\sin\theta}\frac{\partial}{\partial\theta}\left(\sin\theta\frac{\partial}{\partial\theta}\right) + \frac{1}{\sin^2\theta}\frac{\partial^2}{\partial\varphi^2}\right] \tag{2.4.36}$$

1. 算符 $\hat{L}^2$ 的本征函数系

$\hat{L}^2$ 的本征值方程为

$$\hat{L}^2 Y(\theta,\varphi) = L^2 Y(\theta,\varphi) \tag{2.4.37}$$

将(2.4.36)式代入，设 $\hat{L}^2$ 的本征值 $L^2=\lambda\hbar^2$，得

$$-\hbar^2\left[\frac{1}{\sin\theta}\frac{\partial}{\partial\theta}\left(\sin\theta\frac{\partial}{\partial\theta}\right) + \frac{1}{\sin^2\theta}\frac{\partial^2}{\partial\varphi^2}\right]Y(\theta,\varphi) = \lambda\hbar^2 Y(\theta,\varphi) \tag{2.4.38}$$

在上式两边除 $-\hbar^2$，得到的方程就是球函数方程. 由波函数标准条件，波函数的有限性(在 $\theta=0,\pi$ 处有限，又称为自然边界条件)要求参数 λ 取如下数值

$$\lambda = l(l+1),\quad l=0,1,2,\cdots \tag{2.4.39}$$

即得角动量平方算符的本征值为

$$L^2 = l(l+1)\hbar^2,\quad l=0,1,2,\cdots \tag{2.4.40}$$

l 称为角量子数，$\hat{L}^2$ 的本征函数就是球函数

$$Y_{lm}(\theta,\varphi) = C_{lm}P_l^{|m|}(\cos\theta)\mathrm{e}^{\mathrm{i}m\varphi},\quad l=0,1,2,\cdots,\quad m=0,\pm1,\cdots\pm l \tag{2.4.41}$$

式中 $P_l^{|m|}(\cos\theta)$ 为关联勒让德函数

$$P_l^{|m|}(x) = \frac{(1-x^2)^{\frac{|m|}{2}}}{2^l l!}\frac{\mathrm{d}^{l+|m|}}{\mathrm{d}x^{l+|m|}}(x^2-1)^l \tag{2.4.42}$$

C_{lm} 是归一化常数

$$C_{lm} = \sqrt{\frac{(l-|m|)!(2l+1)}{(l+|m|)!\,4\pi}} \tag{2.4.43}$$

球函数的正交归一关系式为

$$\int_0^{2\pi}\mathrm{d}\varphi\int_0^{\pi}Y_{l'm'}^*(\theta,\varphi)Y_{lm}(\theta,\varphi)\sin\theta\,\mathrm{d}\theta = \delta_{ll'}\delta_{mm'} \tag{2.4.44}$$

将 $\hat{L}^2$ 的本征值和本征函数代入(2.4.37)式，便有

$$\hat{L}^2 Y_{lm}(\theta,\varphi) = l(l+1)\hbar^2 Y_{lm}(\theta,\varphi) \quad l=0,1,2,\cdots, \quad m=0,\pm 1,\cdots \pm l \tag{2.4.45}$$

2. 算符 $\hat{L}_z$ 的本征函数系

当原子处于外磁场中时，往往要计算角动量在磁场方向的投影，由于坐标轴的方向是可以任取的，考虑到算符 $\hat{L}_z$ 的表达式比 $\hat{L}_x$ 和 $\hat{L}_y$ 简单，通常就把 z 轴取在磁场的方向. 这样，就要求解 $\hat{L}_z$ 的本征值问题. 算符 $\hat{L}_z$ 的本征值方程为

$$\hat{L}_z \Phi(\varphi) = L_z \Phi(\varphi) \tag{2.4.46}$$

将算符 $\hat{L}_z$ 的表达式代入，得

$$-\mathrm{i}\hbar \frac{\mathrm{d}}{\mathrm{d}\varphi}\Phi(\varphi) = L_z \Phi(\varphi) \tag{2.4.47}$$

解之得

$$\Phi(\varphi) = A\mathrm{e}^{\frac{\mathrm{i}}{\hbar}L_z\varphi} \tag{2.4.48}$$

(2.4.47)式表明，$\Phi(\varphi)$在空间各点可微，故 $\Phi(\varphi)$为连续函数. 考虑到$(R,\theta,\varphi+2\pi)$与(R,θ,φ)是空间中同一点，由函数 $\Phi(\varphi)$的周期性得

$$\Phi(\varphi+2\pi) = \Phi(\varphi) \tag{2.4.49}$$

将(2.4.48)式代入上式得 $A\mathrm{e}^{\frac{\mathrm{i}}{\hbar}L_z(\varphi+2\pi)} = A\mathrm{e}^{\frac{\mathrm{i}}{\hbar}L_z\varphi}$，即 $\mathrm{e}^{\frac{\mathrm{i}}{\hbar}L_z 2\pi}=1$，由此得 $\hat{L}_z$ 的本征值为

$$L_z = m\hbar, \quad m = 0,\pm 1,\cdots,\pm l \tag{2.4.50}$$

m 称为磁量子数. 将(2.4.50)代入(2.4.48)式，并由$\int_0^{2\pi} |\Phi(\varphi)|^2 \mathrm{d}\varphi = 1$ 确定 A，即得 $\hat{L}_z$ 的本征值为 $L_z=m\hbar$ 的本征函数

$$\Phi_m(\varphi) = \frac{1}{\sqrt{2\pi}}\mathrm{e}^{\mathrm{i}m\varphi}, \quad m = 0,\pm 1,\cdots,\pm l \tag{2.4.51}$$

这里要求$|m|\leqslant l$. 从数学上来说，当$|m|>l$ 时，$P_l^{|m|}(x)=0$，波函数为零说明这样的态不存在. 从物理上来说，角动量某一分量的大小不可能超过角动量的大小，由 $L_z^2<L^2$ 即得 $m^2\hbar^2<l(l+1)\hbar^2$，故$|m|\leqslant l$①.

将 $\hat{L}_z$ 的本征值和本征函数代入(2.4.46)式，得

$$\hat{L}_z \frac{1}{\sqrt{2\pi}}\mathrm{e}^{\mathrm{i}m\varphi} = m\hbar \frac{1}{\sqrt{2\pi}}\mathrm{e}^{\mathrm{i}m\varphi} \tag{2.4.52}$$

由于 $\hat{L}_z$ 仅含对 φ 的导数，用与 φ 无关的 $\sqrt{2\pi}C_{lm}P_l^{|m|}(\cos\theta)$乘上式两边，可将此式

① 为什么 L_z^2 不等于 L^2 呢？因为角动量算符的三个分量是不对易的，因而不能同时有确定值(见下节)，致使角动量没有确定的方向. 否则，将 z 轴取在角动量的方向，则必有 $L_z^2=L^2$.

移到算符 $\hat{L}_z$ 的后面，利用(2.4.41)式即有

$$\hat{L}_z \mathrm{Y}_{lm}(\theta,\varphi) = m\hbar \mathrm{Y}_{lm}(\theta,\varphi), \quad l=0,1,\cdots, \quad m=0,\pm1,\cdots\pm l \tag{2.4.53}$$

这说明 $\hat{L}^2$ 与 $\hat{L}_z$ 有共同的正交归一完备的本征函数系 $\{\mathrm{Y}_{lm}(\theta,\varphi)\}$. 由算符 $\hat{L}_x$，$\hat{L}_y$，$\hat{L}_z$ 在直角坐标系表达式的对称性可见，三者的本征值谱应完全相同. 但由于 $[\hat{L}_x,\hat{L}_z]\neq 0$，$[\hat{L}_y,\hat{L}_z]\neq 0$，故 $\mathrm{Y}_{lm}(\theta,\varphi)$ 不是算符 $\hat{L}_x$ 与 $\hat{L}_y$ 的本征函数(见下节).

【例 2.4.2】 设体系处于

$$\psi = c_1 \mathrm{Y}_{11} + c_2 \mathrm{Y}_{20} \tag{2.4.54}$$

状态，且 $|c_1|^2+|c_2|^2=1$，求

(1) L_z 的可能取值，取值的概率分布与平均值；

(2) L^2 的可能取值，取值的概率分布与平均值；

(3) L_x 的可能取值，取值的概率分布与平均值.

解 (1) $\hat{L}_z$ 的本征值方程为

$$\hat{L}_z \mathrm{Y}_{lm} = m\hbar \mathrm{Y}_{lm}$$

由题设可知，粒子处于 Y_{11} 态($m=1$)，即 $L_z=\hbar$ 的概率为 $|c_1|^2$；粒子处于 Y_{20} 态($m=0$)，即 $L_z=0$ 的概率为 $|c_2|^2$. 故 L_z 的平均值为

$$\overline{L}_z = |c_1|^2\hbar + |c_2|^2 0 = |c_1|^2\hbar$$

(2) $\hat{L}^2$ 的本征值方程为

$$\hat{L}^2 \mathrm{Y}_{lm} = l(l+1)\hbar^2 \mathrm{Y}_{lm}$$

由题设可知，粒子处于 Y_{11} 态($l=1$)，即 $L^2=1(1+1)\hbar^2=2\hbar^2$ 的概率为 $|c_1|^2$；粒子处于 Y_{20} 态($l=2$)，即 $L^2=2(2+1)\hbar^2=6\hbar^2$ 的概率为 $|c_2|^2$. 因此，L^2 的平均值为

$$\overline{L^2} = |c_1|^2 2\hbar^2 + |c_2|^2 6\hbar^2$$

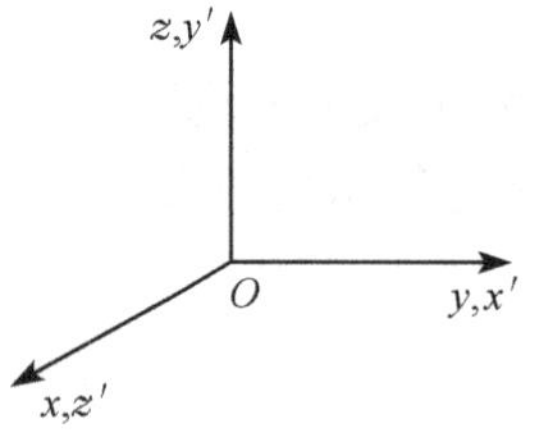

图 2.1

(3) 由于算符 $\hat{L}_x$ 的本征值方程是偏微分方程，直接求解比较困难，通常采用坐标变换的方法. 通过坐标系的旋转，使新坐标系的 z' 轴与旧坐标系的 x 轴重合，见图 2.1. 随后用 $\{\mathrm{Y}_{lm}(\theta',\varphi')\}$ 表示 $\psi=c_1\mathrm{Y}_{11}+c_2\mathrm{Y}_{20}$，则 $L_{z'}$ 与 L_x 的可能取值，取值的概率分布与平均值就完全相同. 因为 $\{\mathrm{Y}_{lm}(\theta',\varphi')\}$ 是 $\hat{L}_{z'}$ 的本征函数系(即 $\hat{L}_x$ 的本征函数系)，故可用与前面相同的方法在新坐标系求得 $L_{z'}$ 即 L_x 的有关问题.

① 分别对 ψ 中的 $\mathrm{Y}_{11}(\theta,\varphi)$ 和 $\mathrm{Y}_{20}(\theta,\varphi)$ 进行变换. 利用欧拉公式及球坐标与直角坐标的变换式，将 $R=R'$，$x=z'$，$y=x'$，$z=y'$(见图 2.1)代入，得

$$\mathrm{Y}_{11}(\theta,\varphi) = \sqrt{\frac{3}{8\pi}}\sin\theta\,\mathrm{e}^{\mathrm{i}\varphi} = \sqrt{\frac{3}{8\pi}}\frac{x+\mathrm{i}y}{R} = \sqrt{\frac{3}{8\pi}}\frac{z'+\mathrm{i}x'}{R'}$$

$$=\sqrt{\frac{3}{8\pi}}(\cos\theta'+\mathrm{i}\sin\theta'\cos\varphi')=\sqrt{\frac{3}{8\pi}}\left(\cos\theta'+\frac{\mathrm{i}}{2}\sin\theta'\mathrm{e}^{\mathrm{i}\varphi'}+\frac{\mathrm{i}}{2}\sin\theta'\mathrm{e}^{-\mathrm{i}\varphi'}\right)$$

$$\mathrm{Y}_{20}(\theta,\varphi)=\sqrt{\frac{5}{16\pi}}(3\cos^2\theta-1)=\sqrt{\frac{5}{16\pi}}\left[3\left(\frac{z}{R}\right)^2-1\right]=\sqrt{\frac{5}{16\pi}}\left[3\left(\frac{y'}{R'}\right)^2-1\right]$$

$$=\sqrt{\frac{5}{16\pi}}(3\sin^2\theta'\sin^2\varphi'-1)$$

$$=\sqrt{\frac{5}{16\pi}}\left(-\frac{3}{4}\sin^2\theta'\mathrm{e}^{\mathrm{i}2\varphi'}+\frac{3}{2}\sin^2\theta'-\frac{3}{4}\sin^2\theta'\mathrm{e}^{-\mathrm{i}2\varphi'}-1\right)$$

$$=-\frac{\sqrt{6}}{4}\left[\sqrt{\frac{15}{32\pi}}\sin^2\theta'\mathrm{e}^{\mathrm{i}2\varphi'}+\sqrt{\frac{15}{32\pi}}\sin^2\theta'\mathrm{e}^{-\mathrm{i}2\varphi'}\right]-\frac{1}{2}\sqrt{\frac{5}{16\pi}}(2-3\sin^2\theta')$$

② 利用球函数公式,并将 $\hat{L}_x$ 即 $\hat{L}'_z$的本征函数系$\{\mathrm{Y}_{lm}(\theta',\varphi')\}$简记为$\{\phi_{lm}\}$,则

$$\phi_{10}=\mathrm{Y}_{10}(\theta',\varphi')=\sqrt{\frac{3}{4\pi}}\cos\theta',\quad \phi_{1,\pm1}=\mathrm{Y}_{1,\pm1}(\theta',\varphi')=\sqrt{\frac{3}{8\pi}}\sin\theta'\mathrm{e}^{\pm\mathrm{i}\varphi'}$$

$$\phi_{20}=\mathrm{Y}_{20}(\theta',\varphi')=\sqrt{\frac{5}{16\pi}}(3\cos^2\theta'-1),\quad \phi_{2,\pm2}=\mathrm{Y}_{2,\pm2}(\theta',\varphi')=\sqrt{\frac{15}{32\pi}}\sin^2\theta'\mathrm{e}^{\pm\mathrm{i}2\varphi'}$$

则有

$$\mathrm{Y}_{11}(\theta,\varphi)=\frac{1}{\sqrt{2}}\mathrm{Y}_{10}(\theta',\varphi')+\frac{\mathrm{i}}{2}[\mathrm{Y}_{11}(\theta',\varphi')+\mathrm{Y}_{1,-1}(\theta',\varphi')]$$

$$=\frac{1}{\sqrt{2}}\phi_{10}+\frac{\mathrm{i}}{2}[\phi_{11}+\phi_{1,-1}] \tag{2.4.55}$$

$$\mathrm{Y}_{20}(\theta,\varphi)=-\frac{\sqrt{6}}{4}[\mathrm{Y}_{22}(\theta',\varphi')+\mathrm{Y}_{2,-2}(\theta',\varphi')]-\frac{1}{2}\mathrm{Y}_{20}(\theta',\varphi')$$

$$=-\frac{\sqrt{6}}{4}[\phi_{22}+\phi_{2,-2}]-\frac{1}{2}\phi_{20} \tag{2.4.56}$$

③ 将上两式代入 $\psi=c_1\mathrm{Y}_{11}(\theta,\varphi)+c_2\mathrm{Y}_{20}(\theta,\varphi)$,即得

$$\psi=c_1\frac{1}{\sqrt{2}}\phi_{10}+c_1\frac{\mathrm{i}}{2}[\phi_{11}+\phi_{1,-1}]-c_2\frac{\sqrt{6}}{4}[\phi_{22}+\phi_{2,-2}]-c_2\frac{1}{2}\phi_{20} \tag{2.4.57}$$

因为 ϕ_{lm}的第 2 个脚标 m 反映$L_x=L_{z'}=m\hbar$ 的取值. 由此得 L_x 取不同值的概率:

由第一、四项 $c_1\frac{1}{\sqrt{2}}\phi_{10}$ 及 $-c_2\frac{1}{2}\phi_{20}$ 可见, $L_x=L_{z'}$ 取零值的概率为 $\frac{1}{2}|c_1|^2+\frac{1}{4}|c_2|^2$.

由第二项 $c_1\dfrac{\mathrm{i}}{2}[\phi_{11}+\phi_{1,-1}]$可见，$L_x=L_{z'}$取$\pm\hbar$值的概率均为$\dfrac{1}{4}|c_1|^2$；

由第三项$-c_2\dfrac{\sqrt{6}}{4}[\phi_{22}+\phi_{2,-2}]$可见，$L_x=L_{z'}$取$\pm2\hbar$值的概率均为$\dfrac{3}{8}|c_2|^2$；

既然 L_x 取$\pm\hbar$ 值的概率相同，取$\pm2\hbar$ 值的概率也相同，故$\overline{L_x}=0$.

习　题　2.4

2.4.1　试证明，为保持 $\hat{p}_x$ 的厄米性，在$\left[-\dfrac{L}{2},\dfrac{L}{2}\right]$区间运动的自由粒子的波函数必须满足周期性边界条件(2.4.14).

2.4.2　试由 $\psi(\boldsymbol{x})=\int c(\boldsymbol{p})\psi_{\boldsymbol{p}}(\boldsymbol{x})\mathrm{d}^3\boldsymbol{p}$ 及连续谱本征函数的正交归一条件证明

$$c(\boldsymbol{p})=\int\psi_{\boldsymbol{p}}^*(\boldsymbol{x})\psi(\boldsymbol{x})\mathrm{d}\tau.$$

2.4.3　设粒子处在 $\psi(x,t)=A\cos kx\mathrm{e}^{-\frac{\mathrm{i}}{\hbar}Et}$　$(-\infty<x<\infty)$所描写的状态，求归一化常数，动量的概率分布函数及动量的平均值.

2.4.4　粒子在宽度为 a 的一维无限深势阱中运动，求：

(1) 基态的动量概率分布函数；(2) 基态动量的平均值；(3) 基态动能的平均值.

2.4.5　设粒子的状态由波函数 $\psi(x)=\begin{cases}1, & |x|\leqslant a\\ 0, & |x|>a\end{cases}$ 描写，求粒子的动量在 $p_x\to p_x+\mathrm{d}p_x$ 间取值的概率.

2.4.6　设氢原子处于状态 $\psi(x,\theta,\varphi)=\dfrac{1}{2}R_{21}(x)\mathrm{Y}_{10}(\theta,\varphi)-\dfrac{\sqrt{3}}{2}R_{21}(x)\mathrm{Y}_{1,-1}(\theta,\varphi)$，求氢原子角动量平方及角动量 z 分量的可能取值，取值的概率分布和这些力学量的平均值.

2.4.7　粒子处于状态 $\psi(\boldsymbol{x})=A(x+y+2z)\mathrm{e}^{-aR}$，$a>0$，$A$ 为归一化常数. 求：

(1) L^2 的可能取值；

(2) L_z 的可能取值，取值的概率分布与平均值；

(3) L_x 的可能取值，取值的概率分布与平均值.

2.4.8　在宽度为 a 的一维无限深势阱中粒子处于基态，其能量为 $E_1^{(0)}=\dfrac{\pi^2\hbar^2}{2\mu a^2}$，波函数为

$$\psi_1^{(0)}=\begin{cases}\sqrt{\dfrac{2}{a}}\sin\dfrac{\pi x}{a}, & 0<x<a\\ 0, & x<0,\quad x>a\end{cases}$$

当 $t=0$ 时，$x=a$ 处的阱壁突然移到 $x=2a$，试求：

(1) $t>0$ 时，粒子能量 $E=E_1^{(0)}$ 的概率；(2) $t>0$ 时，粒子能量 $E<E_1^{(0)}$ 的概率.

2.4.9　一刚性转子转动惯量为 I，它的能量的经典表达式为 $H=\dfrac{L^2}{2I}$，L 为角动量，求与此量子体系在下列情况下的定态能量及波函数：

(1) 转子绕一固定轴转动； (2) 转子绕一固定点转动.

2.5 共同的本征函数系 力学量的完全集

量子体系的力学量只有在它的本征态中才有确定值.例如,粒子的坐标在其本征态 $\psi_{x'}(\boldsymbol{x})=\delta^3(\boldsymbol{x}-\boldsymbol{x}')$中有确定值 $\boldsymbol{x}'$;粒子的动量在其本征态 $\psi_{\boldsymbol{p}}(\boldsymbol{x})=\frac{1}{(2\pi\hbar)^{3/2}}\mathrm{e}^{\frac{\mathrm{i}}{\hbar}\boldsymbol{p}\cdot\boldsymbol{x}}$ 中有确定值 $\boldsymbol{p}$.但是,在坐标有确定值的状态中,动量是不确定的;在动量有确定值的状态中,坐标也是不确定的(见习题 2.5.1).坐标与动量之所以不能同时测量,是因为坐标与动量没有共同的本征态.反之,如果两个力学量有共同的本征态,在这个态中它们必然可以同时测量,即它们各自在这个态中的本征值.

本节将证明,不同力学量可以同时测量的条件是它们相应的算符有共同本征函数系;进而证明,不同力学量算符有共同本征函数系的充要条件是它们互相对易.最后指出,为了完全确定体系的状态,需要引入力学量的完全集.

2.5.1 不同力学量可以同时测量的条件是它们相应的算符有共同本征函数系

为了同时测量两个力学量,就要准备一台测量仪器(测量的两个力学量不同,要采用不同的仪器).当我们同时测量这两个可以同时测量的力学量时,粒子的波函数必坍缩到这两个力学量的共同本征态.这样就能同时读出这两个力学量的读数.具体来说:

(1) 若 $\hat{F},\hat{G}$ 有共同的本征函数系$\{\psi_{nm}\}$.设

$$\hat{F}\psi_{nm}=f_n\psi_{nm} \tag{2.5.1}$$

$$\hat{G}\psi_{nm}=g_m\psi_{nm} \tag{2.5.2}$$

由于 $\hat{F},\hat{G}$ 是力学量算符,$\{\psi_{nm}\}$是完备的.因此,任意态 ψ 可展开为

$$\psi=\sum_{n,m}c_{nm}\psi_{nm} \tag{2.5.3}$$

这样,在任意态 ψ 中同时测量这两个力学量时,粒子的状态便坍缩到这两个力学量的某一共同本征态 ψ_{nm} 中,仪器将显示这两个力学量的一组读数(f_n,g_m).

不难验证,$\hat{x}$ 与 $\hat{y}$ 有共同的完备的本征函数系$\{\psi_{x',y'}(x,y)\}$,其中

$$\psi_{x',y'}(x,y)=\delta(x-x')\delta(y-y') \tag{2.5.4}$$

任意态 ψ 可展开为①

① 对离散谱采用叠加 $\sum\limits_{n,m}$,对连续谱采用积分$\int\mathrm{d}x\mathrm{d}y$.(2.5.5)式的展开系数也应采用 $\psi(x',y')$表示,以满足 δ 函数的性质.

$$\psi(x,y)=\int\psi(x',y')\delta(x-x')\delta(y-y')\mathrm{d}x\mathrm{d}y \tag{2.5.5}$$

对处于任意态的粒子进行测量(存在同时测量 x,y 的仪器),可使粒子波函数坍缩到 x,y 的某一个共同本征态 $\psi_{x',y'}=\delta(x-x')\delta(y-y')$,给出一组读数$(x',y')$.

(2) 反之,如果两个力学量没有共同的本征态,就不可能存在将任意态按(2.5.3)式进行谱分解的仪器.因此,就不可能同时对这两个力学量进行测量,就不可能得到一组读数(f_n,g_m).

类似地,可以验证 $\hat{x}$ 与 $\hat{p}_x$ 没有共同的本征函数系$\{\psi_{x,p_x}\}$.因此,就不可能存在同时测量 x,p_x 的仪器,也就不可能同时给出一组读数(x,p_x)[①].

2.5.2　力学量算符 $\hat{F}$ 与 $\hat{G}$ 有共同本征函数系的充要条件是它们互相对易

1. 必要性

若两力学量算符 $\hat{F}$ 与 $\hat{G}$ 有共同本征函数系,则

$$[\hat{F},\hat{G}]=0 \tag{2.5.6}$$

证　设 $\hat{F}$ 与 $\hat{G}$ 有共同的本征函数系$\{\psi_{nm}\}$,它满足(2.5.1)式和(2.5.2)式.将对易子$[\hat{F},\hat{G}]$作用于任意波函数 $\psi=\sum\limits_{n,m}c_{nm}\psi_{nm}$,则有

$$\begin{aligned}[\hat{F},\hat{G}]\psi&=\sum_{n,m}c_{nm}[\hat{F},\hat{G}]\psi_{nm}=\sum_{n,m}c_{nm}(\hat{F}\hat{G}-\hat{G}\hat{F})\psi_{nm}\\&=\sum_{n,m}c_{nm}(f_ng_m-g_mf_n)\psi_{nm}=0\end{aligned} \tag{2.5.7}$$

由 ψ 的任意性,$[\hat{F},\hat{G}]\psi=0$ 意味着$[\hat{F},\hat{G}]=0$.

2. 充分性

若$[\hat{F},\hat{G}]=0$,则力学量算符 $\hat{F}$ 与 $\hat{G}$ 有共同本征函数系.

证　设 $\hat{F}$ 有完备的本征函数系$\{\psi_n\}$.满足本征值方程

$$\hat{F}\psi_n=f_n\psi_n \tag{2.5.8}$$

(1) 若 f_n 不简并.由$[\hat{F},\hat{G}]=0$,便有

$$\hat{F}(\hat{G}\psi_n)=\hat{F}\hat{G}\psi_n=\hat{G}\hat{F}\psi_n=f_n(\hat{G}\psi_n) \tag{2.5.9}$$

这表明,$(\hat{G}\psi_n)$是算符 $\hat{F}$ 的本征值为 f_n 的本征函数.由于 f_n 没有简并,$\hat{G}\psi_n$ 与 ψ_n 描述粒子的同一状态,两者只能相差一个常数因子,将这因子记作 g_n,得

---

① 注意,对于极个别的状态,尽管两力学量相应的算符不对易,但两力学量可以同时测量.例如,尽管$[\hat{L}_x,\hat{L}_z]\neq0$,但 $Y_{00}=1/\sqrt{4\pi}$是 $\hat{L}_x$ 与 $\hat{L}_z$ 的共同本征态,在 Y_{00}态中 $L_x=0,L_z=0$,两力学量可以同时测量.

$$\hat{G}\psi_n = g_n\psi_n \tag{2.5.10}$$

这说明，ψ_n 也是 $\hat{G}$ 的(本征值为 g_n)的本征函数. 由于上述证明可以遍及 $\hat{F}$ 的构成完备系的每一个本征函数，故 $\hat{F}$ 与 $\hat{G}$ 有完备的、共同的本征函数系.

(2) 若 f_n 有 d 度简并. 存在 d 个线性独立的本征函数 ψ_{n_i} 满足 $\hat{F}$ 的本征值方程

$$\hat{F}\psi_{n_i} = f_n\psi_{n_i}, \quad i = 1,2,\cdots,d \tag{2.5.11}$$

这里假设$\{\psi_{n_i}\}$已正交归一化：$\int \psi^*_{n_{i'}}\psi_{n_i}\mathrm{d}\tau=\delta_{i'i}\quad (i,i'=1,2,\cdots,d)$.

在简并的情形下，仍然有

$$\hat{F}(\hat{G}\psi_{n_i}) = \hat{G}\hat{F}\psi_{n_i} = f_n(\hat{G}\psi_{n_i}) \tag{2.5.12}$$

即 $\hat{G}\psi_{n_i}$ 是 $\hat{F}$ 的本征值为 f_n 的本征函数. 但 $\hat{F}$ 的本征值 f_n 对应 d 个不同的本征函数 $\psi_{n_i}(i=1,2,\cdots,d)$，故 $\hat{G}\psi_{n_i}$ 与 ψ_{n_i} 不一定是同一个态，不能得出 $\hat{G}\psi_{n_i}=g_n\psi_{n_i}$ 的结论.

但是，它应是 $\hat{F}$ 的本征值为 f_n 的本征函数 $\psi_{n_i}(i=1,2,\cdots,d)$的线性组合. 现在，将 d 个 ψ_{n_i} 线性叠加成 d 个新的线性独立的波函数①

$$\varphi_{nm}^{(j)} = \sum_{i=1}^{d} C_{ij}^{(m)}\psi_{n_i}, \quad j = 1,2,\cdots,d \tag{2.5.13}$$

它们仍然是算符 $\hat{F}$ 的本征值为 f_n 的本征函数

$$\hat{F}\varphi_{nm}^{(j)} = \hat{F}\sum_{i=1}^{d} C_{ij}^{(m)}\psi_{n_i} = f_n\sum_{i=1}^{d} C_{ij}^{(m)}\psi_{n_i} = f_n\varphi_{nm}^{(j)}, \quad j = 1,2,\cdots,d \tag{2.5.14}$$

现在考察，能否通过选择 d^2 个待定系数 $C_{ij}^{(m)}(i,j=1,2,\cdots,d)$，使 $\varphi_{nm}^{(j)}$ 也成为算符 $\hat{G}$ 的本征函数？以 $\hat{G}$ 作用于(2.5.13)式的两边

$$\hat{G}\varphi_{nm}^{(j)} = \hat{G}\sum_{i=1}^{d} C_{ij}^{(m)}\psi_{n_i} \xlongequal{\text{能否通过选择 } C_{ij}^{(m)} \text{ 得到}} g_m\sum_{i=1}^{d} C_{ij}^{(m)}\psi_{n_i} = g_m\varphi_{nm}^{(j)}, \quad j = 1,2,\cdots,d \tag{2.5.15}$$

式中 g_m 为常数.

为此，用 $\psi^*_{n_{i'}}$ 乘(2.5.15)式中间两个要求相等的式子，得

① $\varphi_{nm}^{(j)}$和 $C_{ij}^{(m)}$ 中的指标 n 将标记 $\hat{F}$ 的第 n 个本征值，见(2.5.14)式；指标 m 将标记 $\hat{G}$ 的第 m 个本征值，见后面的(2.5.15)或(2.5.21)式；指标 j 标记第 j 个新的线性独立的波函数，见(2.5.13)式.

$$\psi_{n_{i'}}^* \hat{G} \sum_{i=1}^{d} C_{ij}^{(m)} \psi_{n_i} = \psi_{n_{i'}}^* g_m \sum_{i=1}^{d} C_{ij}^{(m)} \psi_{n_i} \tag{2.5.16}$$

看看 $C_{ij}^{(m)}(i,j=1,2,\cdots,d)$ 要满足什么方程，能否使上式成立？积分(2.5.16)式，交换积分与叠加的次序，得

$$\sum_{i=1}^{d} C_{ij}^{(m)} \int \psi_{n_{i'}}^* \hat{G} \psi_{n_i} \mathrm{d}\tau = g_m \sum_{i=1}^{d} C_{ij}^{(m)} \int \psi_{n_{i'}}^* \psi_{n_i} \mathrm{d}\tau = \sum_{i=1}^{d} g_m C_{ij}^{(m)} \delta_{i'i} \tag{2.5.17}$$

这里已利用了正交归一条件 $\int \psi_{n_{i'}}^* \psi_{n_i} \mathrm{d}\tau = \delta_{i'i}$. 再将上式左方的积分

$$\int \psi_{n_{i'}}^* \hat{G} \psi_{n_i} \mathrm{d}\tau \xlongequal{\text{记作}} G_{i'i} \tag{2.5.18}$$

则(2.5.17)式可改写为

$$\sum_{i=1}^{d} (G_{i'i} - g_m \delta_{i'i}) C_{ij}^{(m)} = 0, \quad i' = 1,2,\cdots,d \tag{2.5.19}$$

这是关于待定系数 $C_{ij}^{(m)}$ 的线性齐次方程组. 这个方程组有不全为零的解的充要条件是方程的系数行列式为零，即

$$\det | G_{i'i} - g_m \delta_{i'i} | = 0 \tag{2.5.20}$$

上式左边是 d 阶行列式，每个对角元都含有 g_m 的一次幂，因而行列式是关于 g_m 的 d 次幂代数方程，方程有 d 个实根.

若方程没有重根，并将这 d 个实根分别记作 $g_m^{(j)}(j=1,2,\cdots,d)$，再逐个将 $g_m^{(j)}$ 代入(2.5.19)式，每次都可求出一组解 $C_{ij}^{(m)}(i=1,2,\cdots,d)$. 再由(2.5.13)式便可构造出一个满足(2.5.15)式的波函数 $\varphi_{nm}^{(j)}$，将 $g_m = g_m^{(j)}$ 代入(2.5.15)式，可得

$$\hat{G} \varphi_{nm}^{(j)} = g_m^{(j)} \varphi_{nm}^{(j)}, \quad j = 1,2,\cdots,d \tag{2.5.21}$$

可见这 d 个实根 $g_m^{(j)}$ 就是 $\hat{G}$ 的本征值，相应的 d 个波函数 $\varphi_{nm}^{(j)}$ 就是 $\hat{G}$ 的本征值分别为 $g_m^{(j)}$ 的本征函数，它们同时满足 $\hat{F}$ 和 $\hat{G}$ 的本征值方程.

总之，在本征值 f_n 有 d 度简并的情况下，$\hat{F}$ 与 $\hat{G}$ 有 d 个共同的、线性独立的本征函数 $\varphi_{nm}^{(j)}$，$j=1,2,\cdots\cdots$，它们与本征值 f_n 和 $g_m^{(j)}(j=1,2,\cdots,d)$ 相对应①.

由于上述证明可以遍及 $\hat{F}$ 的构成完备系的每一个本征函数，故 $\hat{F}$ 与 $\hat{G}$ 有完备的、共同的本征函数系. 上述结果可推广到多个算符的情形.

---

① 若方程有重根，这意味着简并还没有完全消除. 这时可以寻找与 $\hat{F}$ 和 $\hat{G}$ 都对易的算符 $\hat{M}$，找出它们的共同的本征态：

(1) 如果这些态对应 $\hat{M}$ 不同的本征值 m_k，$k=1,2,\cdots$，这表明简并完全消除了；

(2) 如果简并还没完全消除，可以继续做下去，寻找与 $\hat{F}$，$\hat{G}$ 和 $\hat{M}$ 都对易的另一个(或一些)算符 $\hat{Q}$，……，一直到完全消除简并为止.

2.5.3 完全确定体系的状态需要力学量的完全集

量子体系的状态是用波函数来描述的，但波函数不可能直接测量，它只能通过力学量的本征值方程(或方程组)来确定. 现在分别讨论单粒子在一维及三维空间的运动，考察怎样应用力学量的本征函数描述粒子的状态?

1. 单粒子在一维空间的运动

设力学量的某一本征值不简并，如果粒子的力学量取 f' 值，则粒子的状态便可由 $\hat{F}$ 的本征值为 f' 的本征函数来描述. 例如，

(1) 粒子的坐标取 x' 值，由于本征值 x' 不简并，粒子状态由 $\psi_{x'}(x)=\delta(x-x')$ 来描述；

(2) 粒子的动量取 p'_x 值，由于本征值 p'_x 不简并，这样粒子的状态就由 $\psi_{p'_x}(x)=\dfrac{1}{(2\pi\hbar)^{1/2}}\mathrm{e}^{\frac{\mathrm{i}}{\hbar}p'_x x}$ 来描述；

(3) 线性谐振子的能量取 $\left(n+\dfrac{1}{2}\right)\hbar\omega$ 值，粒子状态由 $\psi_n(x)=N_n\mathrm{e}^{-\frac{1}{2}\alpha^2x^2}H_n(\alpha x)$ 来描述.

这说明，对于只有一个自由度的体系来说，一个力学量的取值就可以完全确定体系的状态，这个状态就是该力学量的本征态.

如果体系不处于某一力学量的本征态，则体系的状态波函数可以按某一力学量的本征函数系的展开系数来描述. 例如，

(1) 若选取 x 这个力学量，单粒子不处于坐标本征态 $\psi_{x'}(x)=\delta(x-x')$，则粒子的状态可按粒子坐标的本征函数系 $\{\delta(x-x')\}$ 的展开

$$\psi(x)=\int\psi(x')\delta(x-x')\mathrm{d}x' \tag{2.5.22}$$

展开系数的模方 $|\psi(x')|^2$ 给出粒子在该状态中按 x' 取值的概率分布.

(2) 若选取 p_x 这个力学量，单粒子不处于动量本征态 $\psi_{p_x}(x)=\dfrac{1}{(2\pi\hbar)^{1/2}}\mathrm{e}^{\frac{\mathrm{i}}{\hbar}p_x x}$，则粒子的状态也可按本征函数系 $\left\{\dfrac{1}{(2\pi\hbar)^{1/2}}\mathrm{e}^{\frac{\mathrm{i}}{\hbar}p_x x}\right\}$ 的展开

$$\psi(x)=\int c(p_x)\frac{1}{(2\pi\hbar)^{1/2}}\mathrm{e}^{\frac{\mathrm{i}}{\hbar}p_x x}\mathrm{d}p_x \tag{2.5.23}$$

展开系数的模方 $|c(p_x)|^2$ 给出粒子在该状态中按 p_x 取值的概率分布.

2. 单粒子在二维或三维空间运动时，一个力学量的本征值是简并的

这时，单粒子一个力学量的本征值对应若干个线性独立的本征函数，因而知道粒子某一力学量的本征值，还不能把粒子的波函数定下来，这时就要选择几个力学量，用本征值方程组来确定粒子的波函数.

例如，对于在三维空间运动的粒子，$\hat{x}$ 的本征值 $x=x'$ 是简并的，$\hat{x}$ 的本征函数乘 y,z 的任意函数 $f(y,z)$ 都满足 $\hat{x}$ 的本征值方程

$$\hat{x}\delta(x-x')f(y,z)=x'\delta(x-x')f(y,z) \tag{2.5.24}$$

因而不能仅用 $\hat{x}$ 的本征函数确定粒子的状态. 既然粒子有三个自由度，就要选择三个力学量. 例如，

(1) 若选取 x、y、z 这三个力学量，粒子的状态可利用它们的共同本征函数系

$$\psi_{x',y',z'}(x,y,z)=\delta(x-x')\delta(y-y')\delta(z-z'),\quad -\infty<x,y,z<\infty \tag{2.5.25}$$

描述. 如果粒子的坐标有确定值 x',y',z'，粒子的状态就是 x,y,z 这三个力学量的共同本征态；如果粒子的坐标没有确定值，粒子的状态波函数可按这个本征函数系 $\{\delta(x-x')\delta(y-y')\delta(z-z')\}$ 的展开

$$\psi(x,y,z)=\iiint\psi(x',y',z')\delta(x-x')\delta(y-y')\delta(z-z')\mathrm{d}x'\mathrm{d}y'\mathrm{d}z' \tag{2.5.26}$$

展开系数的模方 $|\psi(x',y',z')|^2$ 给出粒子在该状态中按 x',y',z' 这三个力学量取值的概率分布.

(2) 若选取 p_x,p_y,p_z 这三个力学量，粒子的状态也可利用它们的共同的本征函数系

$$\psi_{p_x,p_y,p_z}(x,y,z)=\frac{1}{(2\pi\hbar)^{3/2}}\mathrm{e}^{\frac{\mathrm{i}}{\hbar}(p_xx+p_yy+p_zz)},\quad -\infty<p_x,p_y,p_z<\infty \tag{2.5.27}$$

描述. 如果粒子的动量有确定值 p_x,p_y,p_z，粒子的状态就是 p_x,p_y,p_z 这三个力学量的共同本征态；如果粒子的动量没有确定值，粒子的状态波函数可以按这个本征函数系 $\left\{\frac{1}{(2\pi\hbar)^{3/2}}\mathrm{e}^{\frac{\mathrm{i}}{\hbar}(p_xx+p_yy+p_zz)}\right\}$ 的展开

$$\psi(x,y,z)=\iiint c(p_x,p_y,p_z)\frac{1}{(2\pi\hbar)^{3/2}}\mathrm{e}^{\frac{\mathrm{i}}{\hbar}(p_xx+p_yy+p_zz)}\mathrm{d}p_x\mathrm{d}p_y\mathrm{d}p_z \tag{2.5.28}$$

展开系数的模方 $|c(p_x,p_y,p_z)|^2$ 给出粒子在该状态中按 p_x,p_y,p_z 这三个力学量取值的概率分布.

3. 力学量的完全集

上述讨论表明，选择这组力学量要满足三个条件：

(1) 力学量的个数应等于体系的自由度数. 如单粒子作一、二、三维运动，就要分别选一、二、三个力学量（不考虑自旋时）；对于自由度为 N 的多粒子体系，就要选 N 个力学量.

(2) 这几个力学量算符要两两互相对易，这样它们才可能有完备的、共同的本征函数系，才可能同时测量.

(3) 这几个力学量要互相独立. 否则，独立的力学量的个数少于体系的自由度数，也不能完全确定体系的状态. 例如，对一绕固定点转动的刚性转子(见习题 2.4.9)，它具有 2 个自由度，这时不能选择 L^2 与 $H=\frac{L^2}{2I}$ 这组力学量. 因为它们不是独立的，它们的本征值是简并的，这两个力学量不能完全确定体系的状态. 但可以选择 L^2 和 L_z 这组力学量，它们既是互相独立的，它们的算符也是互相对易的. 确定这个体系的状态需要同时测量 L^2 与 L_z.

总之，对于 N 个自由度的体系，需要有 N 个互相独立，其算符两两对易的力学量来完全确定体系的状态，这组力学量就称为力学量的完全集.

在实用上，应注意选择由体系的守恒量组成的力学量完全集，见 2.7 节.

习 题 2.5

2.5.1 求处于 $\psi_{x'}(x)=\delta(x-x')$ 态中粒子的动量概率分布函数 $|c_{x'}(p_x)|^2$，以及处于 $\psi_{p_x}(x)=\frac{1}{(2\pi\hbar)^{1/2}}e^{\frac{i}{\hbar}p_x x}$ 态中粒子的坐标概率分布函数 $|\psi_{p_x}(x)|^2$.

2.5.2 若 $\hat{F}$ 与 $\hat{G}$ 对易，问 $\hat{F}$ 的本征函数是不是一定是 $\hat{G}$ 的本征函数？如果不，$\hat{F}$ 与 $\hat{G}$ 的共同本征函数系是完备的吗？

2.6 不确定性关系

上节讨论表明，若 $[\hat{F},\hat{G}]=0$，在 $\hat{F}$ 与 $\hat{G}$ 的共同本征态，力学量 F 与 G 同时有确定值；而当 $[\hat{F},\hat{G}]\neq 0$ 时，$\hat{F}$ 与 $\hat{G}$ 没有共同的本征态，力学量 F 和 G 将如何取值呢？

本节在粒子束单缝衍射现象的启发下，导出力学量 F 和 G 的方均根偏差的乘积 $\Delta F\Delta G$ 遵守的不确定性关系. 在此基础上，讨论微观粒子是否存在轨道，在什么条件下才能用经典力学描述粒子行为，粒子的总能是否可以小于势能，以及角动量有没有确定的方向等问题. 最后介绍用不确定性关系估算体系最小能量的方法.

2.6.1 从粒子束的单缝衍射谈起

设动量为 p 的粒子束射向缝宽为 Δx 的单缝，通过狭缝时，粒子坐标的不确定度为 Δx. 通过狭缝后，粒子发生衍射，绝大部分粒子散落在衍射条纹的中央极大的范围内. 可见通过狭缝时，粒子的动量也存在不确定度 Δp_x. 实验表明，若缝宽 Δx 越小，衍射条纹的中央极大的范围越大，即 Δp_x 越大；而缝宽 Δx 越大，衍射条纹的中央极大的范围越小，即 Δp_x 越小. 那么，$\Delta x\Delta p_x$ 的大小是否受到一定的限制呢？

对于任意两个不互相对易的算符 $\hat{F}$ 与 $\hat{G}$，ΔF 与 ΔG 乘积的大小是否也受到限制呢?

2.6.2　不确定性关系的普遍证明

设力学量算符 $\hat{F}$ 与 $\hat{G}$ 不对易，且其对易子为

$$[\hat{F},\hat{G}] = \mathrm{i}\hat{k} \tag{2.6.1}$$

式中 $\hat{k}$ 是一个线性厄米算符(普通的数是 $\hat{k}$ 的一个特例).

1. 引入 F,G 的方均根偏差反映它们的取值的涨落

由于 $\hat{F}$ 与 $\hat{G}$ 没有完备的、共同的本征函数系，这两个力学量就不可能同时有确定值. 通过分别对处于 ψ 态粒子的力学量 F 与 G 的大量测量，便可获得它们在 ψ 态中的平均值 $\overline{F}$ 与 $\overline{G}$，以及力学量 F 与 G 的取值在 $\overline{F}$ 与 $\overline{G}$ 的附近涨落. 引入算符

$$\Delta\hat{F} = \hat{F} - \overline{F}, \quad \Delta\hat{G} = \hat{G} - \overline{G} \tag{2.6.2}$$

F,G 的不确定度分别由它们的方均根偏差表示，记作

$$\Delta F = \sqrt{\overline{(\Delta\hat{F})^2}} = \sqrt{\overline{(\hat{F}-\overline{F})^2}} = \sqrt{\overline{F^2 - 2\hat{F}\overline{F} + (\overline{F})^2}} = \sqrt{\overline{F^2} - (\overline{F})^2} \tag{2.6.3}$$

$$\Delta G = \sqrt{\overline{(\Delta\hat{G})^2}} = \sqrt{\overline{(\hat{G}-\overline{G})^2}} = \sqrt{\overline{G^2 - 2\hat{G}\overline{G} + (\overline{G})^2}} = \sqrt{\overline{G^2} - (\overline{G})^2} \tag{2.6.4}$$

2. 寻找 $\Delta F\Delta G$ 的最小值

这需要采用一些数学技巧. 考察定积分

$$I(\xi) = \int |(\xi\Delta\hat{F} - \mathrm{i}\Delta\hat{G})\psi|^2 \mathrm{d}\tau \geqslant 0 \tag{2.6.5}$$

式中 ξ 是实参数，积分遍及自变量变化的整个区域. 由于被积函数是非负的，故积分必大于或等于零.

既然 $\hat{F}$ 和 $\hat{G}$ 是线性厄米算符，平均值 $\overline{F}$ 与 $\overline{G}$ 是实数. 由(2.6.2)式可见，$\Delta\hat{F}$ 与 $\Delta\hat{G}$ 也是线性厄米算符. 因此

$$\begin{aligned}
I(\xi) &= \int (\xi\Delta\hat{F}\psi - \mathrm{i}\Delta\hat{G}\psi)(\xi\Delta\hat{F}^*\psi^* + \mathrm{i}\Delta\hat{G}^*\psi^*)\mathrm{d}\tau \\
&= \xi^2\int(\Delta\hat{F}\psi)\Delta\hat{F}^*\psi^*\mathrm{d}\tau - \mathrm{i}\xi\int(\Delta\hat{G}\psi)\Delta\hat{F}^*\psi^*\mathrm{d}\tau \\
&\quad + \mathrm{i}\xi\int(\Delta\hat{F}\psi)\Delta\hat{G}^*\psi^*\mathrm{d}\tau + \int(\Delta\hat{G}\psi)\Delta\hat{G}^*\psi^*\mathrm{d}\tau \\
&= \xi^2\int\psi^*\Delta\hat{F}(\Delta\hat{F}\psi)\mathrm{d}\tau - \mathrm{i}\xi\int\psi^*\Delta\hat{F}(\Delta\hat{G}\psi)\mathrm{d}\tau
\end{aligned}$$

$$+\mathrm{i}\xi\int\psi^*\Delta\hat{G}(\Delta\hat{F}\psi)\mathrm{d}\tau+\int\psi^*\Delta\hat{G}(\Delta\hat{G}\psi)\mathrm{d}\tau$$

$$=\xi^2\int\psi^*(\Delta\hat{F})^2\psi\mathrm{d}\tau-\mathrm{i}\xi\int\psi^*(\Delta\hat{F}\Delta\hat{G}-\Delta\hat{G}\Delta\hat{F})\psi\mathrm{d}\tau+\int\psi^*(\Delta\hat{G})^2\psi\mathrm{d}\tau$$

利用

$$\begin{aligned}\Delta\hat{F}\Delta\hat{G}-\Delta\hat{G}\Delta\hat{F}&=(\hat{F}-\overline{F})(\hat{G}-\overline{G})-(\hat{G}-\overline{G})(\hat{F}-\overline{F})\\&=\hat{F}\hat{G}-\hat{G}\hat{F}=[\hat{F},\hat{G}]=\mathrm{i}\hat{k}\end{aligned}\tag{2.6.6}$$

则

$$I(\xi)=\overline{(\Delta\hat{F})^2}\xi^2+\overline{k}\xi+\overline{(\Delta\hat{G})^2}=\overline{(\Delta\hat{F})^2}\left(\xi+\frac{\overline{k}}{2\,\overline{(\Delta\hat{F})^2}}\right)^2-\frac{\overline{k}^2}{4\,\overline{(\Delta\hat{F})^2}}+\overline{(\Delta\hat{G})^2}\geqslant 0\tag{2.6.7}$$

上式对任意实数 ξ 成立,则对 $I(\xi)$ 的最小值,亦即 $\xi=-\dfrac{\overline{k}}{2\,\overline{(\Delta\hat{F})^2}}$ 时亦成立,故

$$-\frac{\overline{k}^2}{4\,\overline{(\Delta\hat{F})^2}}+\overline{(\Delta\hat{G})^2}\geqslant 0\qquad\text{即}\qquad\overline{(\Delta\hat{F})^2}\quad\overline{(\Delta\hat{G})^2}\geqslant\frac{\overline{k}^2}{4}$$

两边开方,并利用(2.6.3)、(2.6.4)式,即得不确定性关系

$$\Delta F\Delta G\geqslant\frac{|\overline{k}|}{2}\tag{2.6.8}$$

这表明,若力学量算符 $\hat{F}$ 与 $\hat{G}$ 不对易,且 $[\hat{F},\hat{G}]=\mathrm{i}\hat{k}$,则力学量 F 与 G 的不确定度的乘积必大于或等于 $|\overline{k}|/2$.

3. 坐标与动量之间的不确定性关系

利用 $[\hat{x},\hat{p}_x]=\mathrm{i}\hbar$ 与 $[\hat{F},\hat{G}]=\mathrm{i}\hat{k}$ 对比得 $\hat{k}=\hbar$,由(2.6.8)式得坐标与动量之间的不确定性关系

$$\Delta x\Delta p_x\geqslant\frac{\hbar}{2}\tag{2.6.9}$$

不确定性关系是波粒二重性和波函数统计解释的必然结果. 由于 $\hat{x}$ 与 $\hat{p}_x$ 不对易,$\hat{x}$ 与 $\hat{p}_x$ 就没有共同的本征态,粒子客观上不可能同时具有确定的坐标和确定的动量. 不管是否对坐标和动量进行测量,$\Delta x\Delta p$ 总不会同时为零:若 $\Delta x=0$,势必 $\Delta p_x\to\infty$;若 $\Delta p_x=0$,势必 $\Delta x\to\infty$(见习题 2.5.1). 总之,这是一个量子效应,是由力学量的统计分布所决定的,决不是测量技术或仪器精度的问题,而是原则上根本不可能同时准确地确定它们. 如果分别对处于 ψ 态的粒子的力学量 F 和 G 进行大量的测量,不确定性关系指:不可能实现比不确定性关系更精确的测量.

2.6.3 粒子的轨道问题,经典理论是量子理论 $\hbar\to 0$ 的极限

既然粒子的坐标与动量不可能同时有确定值,即粒子不可能位于空间确定的

一点时有确定的动量，因此粒子不可能有运动的轨道. 但是，当 $\hbar$ 在讨论的问题中可以忽略不计时，$[\hat{x},\hat{p}_x]=\mathrm{i}\hbar$ 可以看作为零，这就意味着 $\hat{x}$ 和 $\hat{p}_x$ 可以看作是对易的，坐标和动量就认为可以同时有确定值，就可以用经典力学描述粒子的行为. 正像 $v/c\to 0$ 时可以从相对论力学过渡到经典力学一样，当 $\hbar\to 0$（指 $\hbar$ 可以忽略不计）时，就可以从量子力学过渡到经典力学. 现在我们考察如下几个典型的例子：

（1）常温下作布朗运动的微粒的平均速率为 $\bar{v}\sim 4\times 10^{-3}\,\mathrm{m/s}$，设微粒的质量 $\mu\sim 10^{-15}\,\mathrm{kg}$. 若它的位置被确定在可见光的波长范围内，如 $\Delta x\sim 10^{-7}\,\mathrm{m}$. 按不确定性关系，粒子的速度的不确定度为

$$\Delta v=\frac{\Delta p}{\mu}\sim\frac{\hbar}{2\mu\Delta x}\sim 10^{-13}\,\mathrm{m/s} \tag{2.6.10}$$

这样，$\Delta v/\bar{v}\sim 10^{-10}$. 以 $\hbar$ 为单位衡量的量子效应所引起的速度不确定度仅为微粒平均速度的一亿分之一. 因此，微粒的布朗运动完全不必要考虑不确定性关系，完全可以用经典力学去描述.

（2）按玻尔理论估算，氢原子中的电子速度的数量级为$10^6\,\mathrm{m/s}$，取电子坐标的不确定度为原子的线度，即 $\Delta x\sim 10^{-10}\,\mathrm{m}$，则电子速度的不确定度为

$$\Delta v=\frac{\Delta p}{\mu}\sim\frac{\hbar}{2\mu\Delta x}\sim 10^{6}\,\mathrm{m/s} \tag{2.6.11}$$

这样，$\Delta v/v\sim 1$，即电子速度的不确定度与电子的速度同数量级，表明 $\hbar$ 不可以忽略，应该考虑不确定性关系. 也就是说，对氢原子中电子的运动必须用量子力学来处理.

那么，是不是凡是电子就一定要用量子力学来描述它的运动呢？那也不一定.

（3）显像管中的电子受到数千伏电压加速后，其速度可达 $10^5\,\mathrm{m/s}$. 设电子经聚焦后成为横向线度不超过 $10^{-4}\,\mathrm{m}$ 的电子束. 取 $\Delta x\sim 10^{-4}\,\mathrm{m}$，按不确定性关系，电子速度的不确定度为

$$\Delta v=\frac{\Delta p}{\mu}\sim\frac{\hbar}{2\mu\Delta x}\sim 1\,\mathrm{m/s} \tag{2.6.12}$$

这样，$\Delta v/v\sim 10^{-5}$，即电子速度的不确定度仅为电子速度的十万分之一，可见显像管中电子的运动仍可用经典力学处理. 实际上，电子光学和加速器理论中都是应用经典力学理论，电子轨道的概念仍然存在，经典力学仍然是相当精确的近似.

综合上述，当 $\hbar$ 可以忽略不计时可用经典力学处理体系的运动. 实际上，也可以从另一个角度来看：当 $\hbar\to 0$ 时，波粒二重性不复存在. 一方面，这时光子的能量 $\hbar\omega\to 0$，表明光与物质的能量交换不再是量子化的，光不再表现出粒子性；另一方面，描述电子的德布罗意波长也趋于零$\left(\lambda=\frac{2\pi}{k}=\frac{2\pi\hbar}{p}\to 0\right)$，而 $\lambda\to 0$ 正是波动光学

过渡到几何光学的条件,电子在运动过程中也不会显示出波动性.

2.6.4 粒子的总能可以小于势能

线性谐振子的位置概率分布曲线表明,可以在其总能小于势能的区域发现粒子(见1.5节的图1.11),这是经典力学无法解释的.

在经典力学中,谐振子的总能等于动能与势能之和

$$E = T + U \tag{2.6.13}$$

由于动能 $T \geqslant 0$,故 $E \geqslant U$.

那么,在量子力学中,表示这三个力学量的算符之间,平均值之间,以及测量值之间有什么关系呢?

(1) 算符之间的关系. 根据量子力学的基本假设[见(2.1.24)式],有

$$\hat{H} = \hat{T} + \hat{U} \tag{2.6.14}$$

(2) 平均值之间的关系. 将(2.6.14)式对 ψ 态求平均,得

$$\int \psi^* \hat{H} \psi \, \mathrm{d}x = \int \psi^* \hat{T} \psi \, \mathrm{d}x + \int \psi^* \hat{U} \psi \, \mathrm{d}x \quad 即 \quad \overline{E} = \overline{T} + \overline{U} \tag{2.6.15}$$

(3) 测量值之间的关系. 因为 T 是 p_x 的函数,U 是 x 的函数,而 $\hat{p}_x$ 与 $\hat{x}$ 不对易,因此 $\hat{T}$ 与 $\hat{U}$ 也不对易. 动能与势能不可能同时有确定值,$E = T + U$ 是没有意义的.

回到线性谐振子的例子,在经典禁区($E < U$ 的区域)发现微观粒子是完全允许的,这并不意味着 $T < 0$. 第二篇在讨论一维方势阱时也会遇到类似的情况.

2.6.5 角动量没有确定的方向

在(2.6.8)式中取 $\hat{F} = \hat{L}_x, \hat{G} = \hat{L}_y$,利用 $[\hat{L}_x, \hat{L}_y] = \mathrm{i}\hbar \hat{L}_z$ 与(2.6.1)式比较得 $\hat{k} = \hbar \hat{L}_z$,由不确定性关系得

$$\Delta L_x \Delta L_y \geqslant \frac{\hbar}{2} \mid \overline{L}_z \mid \tag{2.6.16}$$

式中 $\overline{L}_z = \int \psi^* \hat{L}_z \psi \, \mathrm{d}\tau$ 是 L_z 在 ψ 态的平均值,可见 ΔL_x 与 ΔL_y 的乘积跟粒子所处的状态 ψ 有关. 同理可得

$$\Delta L_y \Delta L_z \geqslant \frac{\hbar}{2} \mid \overline{L}_x \mid, \quad \Delta L_z \Delta L_x \geqslant \frac{\hbar}{2} \mid \overline{L}_y \mid \tag{2.6.17}$$

(1) 在经典力学中,角动量,角动量平方与角动量的各分量的关系分别为

$$\boldsymbol{L} = L_x \boldsymbol{e}_x + L_y \boldsymbol{e}_y + L_z \boldsymbol{e}_z, \quad L^2 = L_x^2 + L_y^2 + L_z^2 \tag{2.6.18}$$

(2) 在量子力学中,它们的算符,平均值,测量值之间的关系分别为

① 算符之间的关系

$$\hat{\boldsymbol{L}} = \hat{L}_x \boldsymbol{e}_x + \hat{L}_y \boldsymbol{e}_y + \hat{L}_z \boldsymbol{e}_z, \quad \hat{L}^2 = \hat{L}_x^2 + \hat{L}_y^2 + \hat{L}_z^2 \tag{2.6.19}$$

② 平均值之间的关系. 仿照上面的证明,平均值也有

$$\overline{\boldsymbol{L}} = \overline{L}_x \boldsymbol{e}_x + \overline{L}_y \boldsymbol{e}_y + \overline{L}_z \boldsymbol{e}_z, \quad \overline{L^2} = \overline{L_x^2} + \overline{L_y^2} + \overline{L_z^2} \tag{2.6.20}$$

③ 测量值之间的关系. 因为 $\hat{L}_x, \hat{L}_y, \hat{L}_z$ 互相不对易,这三个力学量不可能同时有确定值(除 Y_{00} 态外). 对测量值来说,$\boldsymbol{L} = L_x \boldsymbol{e}_x + L_y \boldsymbol{e}_y + L_z \boldsymbol{e}_z$ 及 $L^2 = L_x^2 + L_y^2 + L_z^2$ 都没有意义,故角动量没有确定的方向.

【例 2.6.1】 试证明,在角动量 $\hat{L}^2$ 和 $\hat{L}_z$ 的共同本征态中

(1) L_x 与 L_y 的平均值为零;

(2) L_x^2 与 L_y^2 的平均值相等;

(3) 算出 ΔL_x 及 ΔL_y,验证不确定性关系 $\Delta L_x \Delta L_y \geqslant \frac{1}{2}|m|\hbar^2$ 成立.

证 (1)证明 $\overline{L}_x = \overline{L}_y = 0$. 由对易关系 $[\hat{L}_y, \hat{L}_z] = \mathrm{i}\hbar \hat{L}_x$ 出发计算 $\overline{L}_x$,根据平均值的定义,$\hat{L}_z$ 的本征值方程以及厄米算符的定义可得

$$\begin{aligned}
\overline{L}_x &= \frac{1}{\mathrm{i}\hbar} \overline{[\hat{L}_y, \hat{L}_z]} = \frac{1}{\mathrm{i}\hbar} \int Y_{lm}^* (\hat{L}_y \hat{L}_z - \hat{L}_z \hat{L}_y) Y_{lm} \mathrm{d}\Omega \\
&= \frac{1}{\mathrm{i}\hbar} \int Y_{lm}^* \hat{L}_y m\hbar Y_{lm} \mathrm{d}\Omega - \frac{1}{\mathrm{i}\hbar} \int (\hat{L}_z Y_{lm})^* (\hat{L}_y Y_{lm}) \mathrm{d}\Omega \\
&= \frac{m}{\mathrm{i}} \left(\int Y_{lm}^* \hat{L}_y Y_{lm} \mathrm{d}\Omega - \int Y_{lm}^* \hat{L}_y Y_{lm} \mathrm{d}\Omega \right) = 0
\end{aligned}$$

同理可证 $\overline{L}_y = 0$.

(2) 证明 $\overline{L_x^2} = \overline{L_y^2}$. 对于 $\hat{L}^2$ 与 $\hat{L}_z$ 的共同本征态来说,x 方向与 y 方向是等价的,由对称性考虑,两者应相等.

当然,也可以通过具体计算来证明. 从对易关系 $\mathrm{i}\hbar \hat{L}_x = [\hat{L}_y, \hat{L}_z]$ 出发,得

$$\begin{aligned}
\hat{L}_x^2 &= \hat{L}_x \hat{L}_x = \hat{L}_x \frac{1}{\mathrm{i}\hbar} [\hat{L}_y, \hat{L}_z] = \frac{1}{\mathrm{i}\hbar} (\hat{L}_x \hat{L}_y \hat{L}_z - \hat{L}_x \hat{L}_z \hat{L}_y) \\
&= \frac{1}{\mathrm{i}\hbar} \{ \hat{L}_x \hat{L}_y \hat{L}_z - (\hat{L}_z \hat{L}_x - \mathrm{i}\hbar \hat{L}_y) \hat{L}_y \} = \frac{1}{\mathrm{i}\hbar} (\hat{L}_x \hat{L}_y \hat{L}_z - \hat{L}_z \hat{L}_x \hat{L}_y) + \hat{L}_y^2
\end{aligned}$$

移项可得

$$\hat{L}_x^2 - \hat{L}_y^2 = \frac{1}{\mathrm{i}\hbar} (\hat{L}_x \hat{L}_y \hat{L}_z - \hat{L}_z \hat{L}_x \hat{L}_y) \tag{2.6.21}$$

对上式取平均,若能证明右边为零,即得证. 仿上,利用 $\hat{L}_z$ 的本征值方程可得

$$\overline{L_x^2}-\overline{L_y^2}=\frac{1}{\mathrm{i}\hbar}\overline{(\hat{L}_x\hat{L}_y\hat{L}_z-\hat{L}_z\hat{L}_x\hat{L}_y)}$$
$$=\frac{1}{\mathrm{i}\hbar}\left(\int \mathrm{Y}_{lm}^*\hat{L}_x\hat{L}_y\hat{L}_z\mathrm{Y}_{lm}\mathrm{d}\Omega-\int \mathrm{Y}_{lm}^*\hat{L}_z\hat{L}_x\hat{L}_y\mathrm{Y}_{lm}\mathrm{d}\Omega\right)$$
$$=\frac{m}{\mathrm{i}}\int \mathrm{Y}_{lm}^*\hat{L}_x\hat{L}_y\mathrm{Y}_{lm}\mathrm{d}\Omega-\frac{1}{\mathrm{i}\hbar}\int(\hat{L}_z\mathrm{Y}_{lm})^*(\hat{L}_x\hat{L}_y\mathrm{Y}_{lm})\mathrm{d}\Omega$$
$$=\frac{m}{\mathrm{i}}\left(\int \mathrm{Y}_{lm}^*\hat{L}_x\hat{L}_y\mathrm{Y}_{lm}\mathrm{d}\Omega-\int \mathrm{Y}_{lm}^*\hat{L}_x\hat{L}_y\mathrm{Y}_{lm}\mathrm{d}\Omega\right)=0 \qquad (2.6.22)$$

故

$$\overline{L_x^2}=\overline{L_y^2} \qquad (2.6.23)$$

(3) 验证不确定性关系 $\Delta L_x\Delta L_y\geqslant\frac{\hbar}{2}|\overline{L}_z|=\frac{1}{2}|m|\hbar^2$.

由 $\hat{L}^2=\hat{L}_x^2+\hat{L}_y^2+\hat{L}_z^2$ 两边取平均可得

$$\overline{L^2}=\overline{L_x^2}+\overline{L_y^2}+\overline{L_z^2}$$

利用$\overline{L_x^2}=\overline{L_y^2}$及在 Y_{lm} 态中 $L^2=l(l+1)\hbar^2$,$L_z=m\hbar$,即有

$$\overline{L_x^2}=\overline{L_y^2}=\frac{1}{2}(\overline{L^2}-\overline{L_z^2})=\frac{1}{2}[l(l+1)\hbar^2-m^2\hbar^2]$$

由 $\overline{L}_x=\overline{L}_y=0$ 可得

$$\overline{(\Delta L_x)^2}=\overline{L_x^2}-\overline{L}_x^2=\overline{L_x^2},\quad \overline{(\Delta L_y)^2}=\overline{L_y^2}-\overline{L}_y^2=\overline{L_y^2}$$

由定义 $\Delta L_x=\sqrt{\overline{(\Delta\hat{L}_x)^2}}=\sqrt{\overline{L_x^2}}$ 及 $\Delta L_y=\sqrt{\overline{(\Delta\hat{L}_y)^2}}=\sqrt{\overline{L_y^2}}$ 出发,将上两式代入前式后开方,可得

$$\Delta L_x=\Delta L_y=\sqrt{\frac{\hbar^2}{2}[l(l+1)-m^2]}\quad 即\quad \Delta L_x\Delta L_y=\frac{\hbar^2}{2}[l(l+1)-m^2]$$

由于 $m=0,\pm1,\cdots,\pm l$,故 $l\geqslant|m|$,用$|m|$代替上式右边的 l,则等号应改为大于或等于符号,得

$$\Delta L_x\Delta L_y\geqslant\frac{\hbar^2}{2}[|m|(|m|+1)-m^2]=\frac{1}{2}|m|\hbar^2 \qquad (2.6.24)$$

L_x 与 L_y 之间的不确定性关系式得到验证.

2.6.6 用不确定性关系估算体系基态的能量

通过下面的例题说明估算的方法.

【例 2.6.2】 试利用不确定性关系估算线性谐振子的最小能量.

解 线性谐振子的平均能量为

$$\overline{E}=\frac{\overline{p_x^2}}{2\mu}+\frac{1}{2}\mu\omega^2\,\overline{x^2} \tag{2.6.25}$$

(1) 为估算 $\overline{E}$ 的最小值,用 Δx 表示$\overline{x^2}$,并通过不确定性关系用 Δx 表示$\overline{p_x^2}$.坐标的平均值为($\mathrm{e}^{-\alpha x^2}H_n^2(\alpha x)$是 x 的偶函数,故被积函数是 x 的奇函数)

$$\overline{x}=N_n^2\int_{-\infty}^{\infty}\mathrm{e}^{-\alpha^2x^2}H_n^2(\alpha x)x\mathrm{d}x=0 \tag{2.6.26}$$

动量的平均值为($\mathrm{e}^{-\frac{\alpha^2x^2}{2}}H_n(\alpha x)$与 $\mathrm{e}^{-\frac{\alpha^2x^2}{2}}H_n(\alpha x)$的一阶导数的奇偶性相反)

$$\overline{p_x}=-\mathrm{i}\hbar N_n^2\int_{-\infty}^{\infty}\mathrm{e}^{-\frac{\alpha^2x^2}{2}}H_n(\alpha x)\frac{\mathrm{d}}{\mathrm{d}x}\left[\mathrm{e}^{-\frac{\alpha^2x^2}{2}}H_n(\alpha x)\right]\mathrm{d}x=0 \tag{2.6.27}$$

由(2.6.3)、(2.6.4)式可见

$$(\Delta x)^2=\overline{x^2}-(\overline{x})^2=\overline{x^2},\quad (\Delta p_x)^2=\overline{p_x^2}-(\overline{p_x})^2=\overline{p_x^2} \tag{2.6.28}$$

由不确定性关系可得

$$(\Delta p_x)^2\sim\frac{\hbar^2}{4\,(\Delta x)^2} \tag{2.6.29}$$

(2) 用 Δx 表示线性谐振子的平均能量.

将(2.6.28)式和(2.6.29)式代入(2.6.25)式,便有

$$\overline{E}=\frac{(\Delta p_x)^2}{2\mu}+\frac{1}{2}\mu\omega^2\,(\Delta x)^2=\frac{\hbar^2}{8\mu\,(\Delta x)^2}+\frac{1}{2}\mu\omega^2\,(\Delta x)^2 \tag{2.6.30}$$

(3) 利用极小值条件求线性谐振子的最小能量.

为书写方便,记$(\Delta x)^2=u$,由极小值条件

$$\frac{\mathrm{d}\overline{E}}{\mathrm{d}u}=\frac{\mathrm{d}}{\mathrm{d}u}\left(\frac{\hbar^2}{8\mu u}+\frac{1}{2}\mu\omega^2u\right)=-\frac{\hbar^2}{8\mu u^2}+\frac{1}{2}\mu\omega^2=0 \tag{2.6.31}$$

得

$$u=\frac{\hbar}{2\mu\omega}\quad 即\quad (\Delta x)^2=\frac{\hbar}{2\mu\omega} \tag{2.6.32}$$

将$(\Delta x)^2$ 代入(2.6.30)式即得最小能量

$$\overline{E}_{\min}=\frac{\hbar^2}{8\mu}\frac{2\mu\omega}{\hbar}+\frac{1}{2}\mu\omega^2\frac{\hbar}{2\mu\omega}=\frac{1}{2}\hbar\omega \tag{2.6.33}$$

这就是线性谐振子的零点能.

至此,我们已认识到量子体系力学量取值的三个基本特征:

① 量子化(力学量往往取分立值,当然并不排斥有的力学量可连续取值);

② 概率化(力学量往往以一定的概率分布取其本征值);

③ 不确定性关系(两个力学量的方均根偏差之积必须遵守的关系).

习 题 2.6

2.6.1 完成(2.6.10)、(2.6.11)和(2.6.12)式的数字计算.

2.6.2 粒子在宽度为 a 的一维无限深势阱中运动,求基态的 $\Delta x\Delta p_x=?$

2.6.3 一维谐振子处在基态 $\psi(x)=\sqrt{\frac{\alpha}{\sqrt{\pi}}}\mathrm{e}^{-\frac{1}{2}\alpha^2x^2}$,其中 $\alpha=\sqrt{\frac{\mu\omega}{\hbar}}$,求 $\Delta x\Delta p_x=?$

2.6.4 一维运动粒子处在状态 $\psi(x)=\begin{cases}Ax\mathrm{e}^{-\lambda x}\ (\lambda>0), & \text{当 } x\geqslant 0\\ 0, & \text{当 } x<0\end{cases}$. 求 $\Delta x\Delta p_x=?$

2.6.5 平面转子的波函数为 $\Phi(\varphi)=\frac{1}{\sqrt{2\pi}}\mathrm{e}^{\mathrm{i}m\varphi}$,求其位置和动量的不确定性关系 $\Delta x\Delta p_x=?$

2.6.6 粒子处于状态 $\psi(x)=\sqrt{\frac{1}{b\sqrt{2\pi}}}\mathrm{e}^{\frac{\mathrm{i}}{\hbar}p_0x-\frac{x^2}{4b^2}}$,式中 b 为常量,计算 $\Delta x\Delta p_x=?$

2.6.7 利用不确定性关系估算氢原子基态的能量.

2.6.8 电子在原子大小的范围(数量级为 10^{-8} cm)内运动,求电子所能有的最小能量.

2.7 力学量随时间的演化与守恒量 宇称算符

在经典力学中,力学量在每一时刻都有确定值,力学量 F 随时间的演化就由 $\mathrm{d}F/\mathrm{d}t$ 来反映. 在量子力学中,处于 ψ 态的量子体系,力学量在每一时刻一般没有确定值(除非 ψ 是该力学量的本征态),每一时刻只有确定的平均值,力学量随时间的演化是用力学量的平均值(或算符)随时间的演化来反映的.

本节从计算力学量平均值对时间的微商出发,引入力学量对时间微商的算符,并在此基础上给出守恒量的定义,力学量守恒的条件,以及守恒量的性质,最后介绍宇称算符及奇、偶宇称态等问题.

2.7.1 力学量随时间的演化

力学量 F 在任意态 ψ 中的平均值为

$$\overline{F}=\int\psi^*(\boldsymbol{x},t)\hat{F}\psi(\boldsymbol{x},t)\mathrm{d}\tau \tag{2.7.1}$$

上式对时间的微商为

$$\frac{\mathrm{d}\overline{F}}{\mathrm{d}t}=\int\psi^*\frac{\partial\hat{F}}{\partial t}\psi\,\mathrm{d}\tau+\int\frac{\partial\psi^*}{\partial t}\hat{F}\psi\,\mathrm{d}\tau+\int\psi^*\hat{F}\frac{\partial\psi}{\partial t}\mathrm{d}\tau$$

将薛定谔方程 $\frac{\partial\psi}{\partial t}=\frac{1}{\mathrm{i}\hbar}\hat{H}\psi$ 及其复共轭方程 $\frac{\partial\psi^*}{\partial t}=-\frac{1}{\mathrm{i}\hbar}(\hat{H}\psi)^*$ 代入,便有

$$\frac{\mathrm{d}\overline{F}}{\mathrm{d}t}=\int\psi^{*}\frac{\partial\hat{F}}{\partial t}\psi\,\mathrm{d}\tau-\frac{1}{\mathrm{i}\hbar}\int(\hat{H}\psi)^{*}\hat{F}\psi\,\mathrm{d}\tau+\frac{1}{\mathrm{i}\hbar}\int\psi^{*}\hat{F}\hat{H}\psi\,\mathrm{d}\tau \tag{2.7.2}$$

等式右边第二项的积分可利用 $\hat{H}$ 的厄米性化为

$$\int(\hat{H}\psi)^{*}\hat{F}\psi\,\mathrm{d}\tau=\int\psi^{*}\hat{H}\hat{F}\psi\,\mathrm{d}\tau$$

代入(2.7.2)式，并利用 $\hat{F}\hat{H}-\hat{H}\hat{F}=[\hat{F},\hat{H}]$，得

$$\frac{\mathrm{d}\overline{F}}{\mathrm{d}t}=\int\psi^{*}\left\{\frac{\partial\hat{F}}{\partial t}+\frac{1}{\mathrm{i}\hbar}[\hat{F},\hat{H}]\right\}\psi\,\mathrm{d}\tau \tag{2.7.3a}$$

即①

$$\frac{\mathrm{d}\overline{F}}{\mathrm{d}t}=\overline{\frac{\partial\hat{F}}{\partial t}}+\frac{1}{\mathrm{i}\hbar}\overline{[\hat{F},\hat{H}]} \tag{2.7.3b}$$

一般力学量算符(如 $\hat{\boldsymbol{x}}$、$\hat{\boldsymbol{p}}$、$\hat{T}$、$\hat{\boldsymbol{L}}$ 等)都不显含时间，故$\partial\hat{F}/\partial t=0$. 它们的平均值之所以随时间演化，是由于体系的状态随时间演化，(2.7.4)式正反映了体系状态随时间的演化怎样决定力学量平均值随时间的演化.

定义力学量对时间微商的算符 $\mathrm{d}\hat{F}/\mathrm{d}t$ 为

$$\int\psi^{*}\frac{\mathrm{d}\hat{F}}{\mathrm{d}t}\psi\,\mathrm{d}\tau=\frac{\mathrm{d}}{\mathrm{d}t}\int\psi^{*}\hat{F}\psi\,\mathrm{d}\tau=\frac{\mathrm{d}\overline{F}}{\mathrm{d}t} \tag{2.7.4}$$

即在任意态中，$\mathrm{d}\hat{F}/\mathrm{d}t$ 的平均值等于力学量 F 在该状态中平均值对时间的微商.

比较(2.7.3a)式与(2.7.4)式，由 ψ 的任意性，可得

$$\frac{\mathrm{d}\hat{F}}{\mathrm{d}t}=\frac{\partial\hat{F}}{\partial t}+\frac{1}{\mathrm{i}\hbar}[\hat{F},\hat{H}] \tag{2.7.5}$$

(2.7.5)式给出了算符随时间演化的规律，即算符运动方程.

注意力学量算符对时间的偏微商$\partial\hat{F}/\partial t$ 与力学量对时间微商的算符 $\mathrm{d}\hat{F}/\mathrm{d}t$ 的区别. 例如，坐标算符 $\hat{\boldsymbol{x}}$ 不显含时间，便有$\partial\hat{\boldsymbol{x}}/\partial t=0$；但坐标算符 $\hat{\boldsymbol{x}}$ 对时间微商 $\mathrm{d}\hat{\boldsymbol{x}}/\mathrm{d}t$ 则是另一个力学量算符(见例 2.7.1).

【例 2.7.1】 粒子在势场 $U(\boldsymbol{x})$ 中运动，求坐标算符和动量算符对时间微商.

解 粒子的 $\hat{H}=\dfrac{\hat{\boldsymbol{p}}^{2}}{2\mu}+U(\boldsymbol{x})$，将$\dfrac{\partial\hat{\boldsymbol{x}}}{\partial t}=0$ 代入(2.7.5)式，利用$[\hat{x}_n,\hat{p}_k]=\mathrm{i}\hbar\delta_{nk}$，可得

① 符号$\overline{F}$与 $\bar{F}$ 通用. $\overline{F}=\bar{F}$. 例如，为了书写方便，人们已习惯于使用如下两式：

$$\overline{(\hat{F}-\overline{F})^{2}}=\overline{\hat{F}^{2}-2\hat{F}\overline{F}+\overline{F}^{2}}=\overline{F^{2}}-2\overline{F}\,\overline{F}+\overline{F}^{2}=\overline{F^{2}}-2\,\overline{F}^{2}+\overline{F}^{2}=\overline{F^{2}}-\overline{F}^{2}$$

$$\overline{[\hat{F},\hat{H}]}=\overline{(\hat{F}\hat{H})}-\overline{(\hat{H}\hat{F})}=\int\psi^{*}\hat{F}\hat{H}\psi\,\mathrm{d}\tau-\int\psi^{*}\hat{H}\hat{F}\psi\,\mathrm{d}\tau$$

$$\frac{\mathrm{d}\hat{\boldsymbol{x}}}{\mathrm{d}t}=\frac{1}{\mathrm{i}\hbar}[\hat{\boldsymbol{x}},\hat{H}]=\frac{1}{\mathrm{i}\hbar}\left[\hat{\boldsymbol{x}},\frac{\hat{\boldsymbol{p}}^2}{2\mu}+\hat{U}(\boldsymbol{x})\right]=\frac{1}{2\mathrm{i}\hbar\mu}[\hat{\boldsymbol{x}},\hat{\boldsymbol{p}}^2]=\frac{1}{2\mathrm{i}\hbar\mu}\left[\sum_{n=1}^{3}\boldsymbol{e}_n\hat{x}_n,\sum_{k=1}^{3}\hat{p}_k^2\right]$$

$$=\frac{1}{2\mathrm{i}\hbar\mu}\sum_{n=1}^{3}\sum_{k=1}^{3}\boldsymbol{e}_n[\hat{x}_n,\hat{p}_k^2]=\frac{1}{2\mathrm{i}\hbar\mu}\sum_{n=1}^{3}\sum_{k=1}^{3}\boldsymbol{e}_n\{\hat{p}_k[\hat{x}_n,\hat{p}_k]+[\hat{x}_n,\hat{p}_k]\hat{p}_k\}$$

$$=\frac{1}{2\mathrm{i}\hbar\mu}\sum_{n=1}^{3}\sum_{k=1}^{3}\boldsymbol{e}_n 2\hat{p}_k\mathrm{i}\hbar\delta_{nk}=\frac{\hat{\boldsymbol{p}}}{\mu} \tag{2.7.6}$$

以 μ 乘上式两边，即有

$$\hat{\boldsymbol{p}}=\mu\frac{\mathrm{d}\hat{\boldsymbol{x}}}{\mathrm{d}t}=\mu\hat{\boldsymbol{v}} \tag{2.7.7}$$

这表明，经典力学的动量表达式在量子力学中以算符的形式出现，坐标算符对时间的微商就是速度算符 $\hat{\boldsymbol{v}}$.

同理，将$\frac{\partial\hat{\boldsymbol{p}}}{\partial t}=0$ 代入(2.7.5)式，并利用$[\hat{\boldsymbol{p}},\hat{U}(\boldsymbol{x})]=-\mathrm{i}\hbar\nabla U(\boldsymbol{x})$(见习题 2.2.7)，即有

$$\frac{\mathrm{d}\hat{\boldsymbol{p}}}{\mathrm{d}t}=\frac{1}{\mathrm{i}\hbar}[\hat{\boldsymbol{p}},\hat{H}]=\frac{1}{\mathrm{i}\hbar}\left[\hat{\boldsymbol{p}},\frac{\hat{\boldsymbol{p}}^2}{2\mu}+\hat{U}(\boldsymbol{x})\right]=\frac{1}{\mathrm{i}\hbar}[\hat{\boldsymbol{p}},\hat{U}(\boldsymbol{x})]=-\nabla U(\boldsymbol{x})=\hat{\boldsymbol{F}} \tag{2.7.8}$$

式中 $\hat{\boldsymbol{F}}$ 是作用力算符. 这表明，经典力学的运动方程在量子力学中将以算符的形式出现，动量算符对时间的微商正好等于力算符.

将(2.7.7)式和(2.7.8)式对 $\psi(\boldsymbol{x})$态求平均，即得坐标平均值 $\bar{\boldsymbol{x}}$ 与动量平均值 $\bar{\boldsymbol{p}}$ 的运动方程式

$$\frac{\mathrm{d}\bar{\boldsymbol{x}}}{\mathrm{d}t}=\frac{\bar{\boldsymbol{p}}}{\mu},\quad \frac{\mathrm{d}\bar{\boldsymbol{p}}}{\mathrm{d}t}=-\overline{\nabla U(\boldsymbol{x})}=\bar{\boldsymbol{F}} \tag{2.7.9}$$

将(2.7.9)式与(2.7.10)式联立可得

$$\mu\frac{\mathrm{d}^2\bar{\boldsymbol{x}}}{\mathrm{d}t^2}=-\overline{\nabla U(\boldsymbol{x})}=\bar{\boldsymbol{F}} \tag{2.7.10}$$

(2.7.11)式称为厄任费斯特(Ehrenfest)方程，由于与牛顿方程相似又称为“量子力学中的牛顿方程”，但它与经典力学的牛顿方程存在本质的区别：

(1) 在经典力学中，$\frac{\mathrm{d}^2\boldsymbol{x}}{\mathrm{d}t^2}$给出的是坐标 $\boldsymbol{x}$ 的加速度；在量子力学中，由于每一时刻 $\boldsymbol{x}$ 一般没有确定值，$\frac{\mathrm{d}^2\bar{\boldsymbol{x}}}{\mathrm{d}t^2}$给出的是坐标平均值的加速度.

(2) 在经典力学中，位于 $\boldsymbol{x}$ 的粒子所受的力$-\nabla U(\boldsymbol{x})$仅决定于该点的势场，而且受力的大小与粒子的运动状态无关；在量子力学中，起作用的是力的平均值

$$\bar{\boldsymbol{F}}=-\int\psi^*(\boldsymbol{x},t)\,\nabla U(\boldsymbol{x})\psi(\boldsymbol{x},t)\mathrm{d}\tau \tag{2.7.11}$$

它要涉及整个势场的作用，而且与粒子所处的状态 $\psi(\boldsymbol{x},t)$ 有关.

总之，经典力学中有关力学量之间的关系式，在量子力学中将以平均值或算符的形式出现.

2.7.2　守恒量及其性质

1. 守恒量的定义

在任意态中，如果体系某一力学量的平均值 $\overline{F}$ 对时间的微商为零，即

$$\frac{\mathrm{d}\overline{F}}{\mathrm{d}t}=0 \tag{2.7.12}$$

则 $\overline{F}$ 在体系运动的过程中保持不变，力学量 F 称为守恒量. 应注意，(2.7.12)式要在任意状态中成立时 F 才是守恒量. 因为在定态中一切力学量(不显含 t)的平均值都不随时间而变(见例 2.1.1)，但这些力学量不一定是守恒量.

将(2.7.3b)式代入(2.7.12)式，可得

$$\frac{\mathrm{d}\overline{F}}{\mathrm{d}t}=\overline{\frac{\partial\hat{F}}{\partial t}}+\frac{1}{\mathrm{i}\hbar}\overline{[\hat{F},\hat{H}]}=0 \tag{2.7.13}$$

它给出了力学量守恒的条件：如果 $\hat{F}$ 不显含时间，且与 $\hat{H}$ 对易，则 F 为守恒量.

大多数力学量算符(如 $\hat{\boldsymbol{x}}$、$\hat{\boldsymbol{p}}$、$\hat{\boldsymbol{L}}$ 等)都不显含时间，只要它们与 $\hat{H}$ 对易，该力学量就是守恒量. 哈密顿算符与自身总是对易的，只要它不显含时间，则该体系的能量是守恒量. 对于自由粒子，其动量与哈密顿算符对易，故其动量是守恒量；在中心场运动的粒子 $\hat{L}^2$、$\hat{L}_x$、$\hat{L}_y$、$\hat{L}_z$ 均与 $\hat{H}=\dfrac{\hat{\boldsymbol{p}}^2}{2\mu}+U(R)$ 对易，故角动量守恒(见习题 2.7.1).

2. 量子力学守恒量的性质

(1) 性质一：在任何状态中，守恒量取值的概率分布不随时间而变.

证　设 F 为守恒量，由 $[\hat{F},\hat{H}]=0$ 可知 $\hat{F}$ 与 $\hat{H}$ 有完备的、共同的本征函数系 $\{\psi_n(\boldsymbol{x})\}$. 以离散谱为例，设

$$\hat{F}\psi_n(\boldsymbol{x})=f_n\psi_n(\boldsymbol{x}),\quad \hat{H}\psi_n(\boldsymbol{x})=E_n\psi_n(\boldsymbol{x}) \tag{2.7.14}$$

体系的任何状态 $\psi(\boldsymbol{x},t)$ 可展开为

$$\psi(\boldsymbol{x},t)=\sum_n c_n(t)\psi_n(\boldsymbol{x}) \tag{2.7.15}$$

展开系数为

$$c_n(t)=\int\psi_n^*(\boldsymbol{x})\psi(\boldsymbol{x},t)\mathrm{d}\tau \tag{2.7.16}$$

在 $\psi(\boldsymbol{x},t)$ 态中，力学量 F 取值的概率分布为 $|c_n(t)|^2$. 利用薛定谔方程，$\hat{H}$ 的厄米性，以及纯虚数与其复共轭之和为零($\mathrm{i}b+\mathrm{c.\,c.}=0$)，可得

$$
\begin{aligned}
\frac{\mathrm{d}|c_n(t)|^2}{\mathrm{d}t} &= C_n^*(t)\frac{\mathrm{d}}{\mathrm{d}t}\int\psi_n^*(\boldsymbol{x})\psi(\boldsymbol{x},t)\mathrm{d}\tau + \mathrm{c.\,c.} \\
&= C_n^*(t)\int\psi_n^*(\boldsymbol{x})\frac{\partial\psi(\boldsymbol{x},t)}{\partial t}\mathrm{d}\tau + \mathrm{c.\,c.} \\
&= C_n^*(t)\frac{1}{\mathrm{i}\hbar}\int\psi_n^*(\boldsymbol{x})\hat{H}\psi(\boldsymbol{x},t)\mathrm{d}\tau + \mathrm{c.\,c.} \\
&= C_n^*(t)\frac{E_n}{\mathrm{i}\hbar}\int\psi_n^*(\boldsymbol{x})\psi(\boldsymbol{x},t)\mathrm{d}\tau + \mathrm{c.\,c.} \\
&= \frac{E_n}{\mathrm{i}\hbar}|c_n(t)|^2 + \mathrm{c.\,c.} = 0
\end{aligned} \tag{2.7.17}
$$

这表明,守恒量 F 取值的概率分布为 $|c_n(t)|^2$ 不随时间而变.

(2) 性质二:若初始时刻体系不处于守恒量 F 的本征态,则此后任何时刻体系也不会处于 F 本征态,即守恒量不取确定值,否则便会违背性质一;若初始时刻体系处于守恒量 F 的本征态,则此后任何时刻它都处于 $\hat{F}$ 的同一本征值的本征态中,否则也违背性质一.

例如,在一维无限深势阱中运动的粒子,由于 $\hat{H}$ 不显含 t,能量是守恒量.若粒子的初始状态不是能量的本征态,而是各种能量本征态的线性叠加态,则此后任何时刻也如此.又如自由粒子的动量是守恒量,若自由粒子的初始状态不是动量的本征态(平面波),而是各种波数的平面波的线性叠加态(波包),则此后任何时刻也如此.

与守恒量对应的量子数,称为好量子数,可以用它作为描述体系状态的特征参数.当体系处于守恒量 F 的本征态时,便可用好量子数来标记这个态.在处理实际问题时,总是从所有的守恒量中选出一组力学量构成完全集.由于表示守恒量的算符必与 $\hat{H}$ 对易,因此这个共同本征态也是能量的本征态(定态).例如,对于氢原子(见 4.2 节)通常选择 $\hat{H}$、$\hat{L}^2$ 和 $\hat{L}_z$ 作为力学量的完全集,定态 $\psi_{nlm}(\boldsymbol{x})$ 就是 E、L^2 和 L_z 同时有确定值的状态,描述它们的主量子数 n,角量子数 l 和磁量子数 m 都是好量子数.换句话说,好量子数就是与能量同时有确定值的力学量的量子数.

(3) 性质三:若体系有互相不对易的守恒量 F 和 G,则体系的能级一般是简并的.

证 由 F 为守恒量,有 $[\hat{F},\hat{H}]=0$,故 $\hat{F}$ 与 $\hat{H}$ 有共同的本征态 ψ,它们的本征值方程为

$$
\hat{H}\psi = E\psi \tag{2.7.18}
$$

$$
\hat{F}\psi = f\psi \tag{2.7.19}
$$

又由 G 为守恒量,有 $[\hat{G},\hat{H}]=0$,则

$$\hat{H}\hat{G}\psi = \hat{G}\hat{H}\psi = E\hat{G}\psi \tag{2.7.20}$$

可见 ψ 与 $\hat{G}\psi$ 均为 $\hat{H}$ 的本征值为 E 的本征态.

另一方面，$[\hat{F},\hat{G}]\neq 0$，故有(除个别例外)

$$\hat{F}\hat{G}\psi \neq \hat{G}\hat{F}\psi = f\hat{G}\psi \tag{2.7.21}$$

即 $\hat{G}\psi$ 不是 $\hat{F}$ 的本征态. 由此式可见，ψ 与 $\hat{G}\psi$ 是两个不同的态.

既然两个不同的态具有相同的能级 E，可见能级 E 是简并的. 例如，对于氢原子，$\hat{L}_x$ 与 $\hat{L}_z$ 都是守恒量，但$[\hat{L}_x,\hat{L}_z]\neq 0$，故氢原子的能级是简并的.

当然，氢原子的基态是一个例外. 尽管$[\hat{L}_x,\hat{L}_z]\neq 0$，但 $\hat{L}_x\hat{L}_z Y_{00}=\hat{L}_z\hat{L}_x Y_{00}=0$ 使氢原子的基态能级并不简并. 因为 Y_{00} 为常数，任何微分算符作用于 Y_{00} 均为零，这是一个非常特殊的例子.

2.7.3　宇称算符及奇、偶宇称态

1. 宇称算符的定义

宇称是没有经典对应的力学量，宇称算符用 $\hat{P}$ 标记，表示将波函数的坐标变量对原点作空间反演，即

$$\hat{P}\psi(\boldsymbol{x}) = \psi(-\boldsymbol{x}) \tag{2.7.22}$$

2. 宇称算符的性质

(1) 宇称算符是厄米算符：$\hat{P}=\hat{P}^{\dagger}$.

证　由宇称算符的定义出发

$$\int\psi^*(\boldsymbol{x})\hat{P}\varphi(\boldsymbol{x})\mathrm{d}\tau = \int\psi^*(\boldsymbol{x})\varphi(-\boldsymbol{x})\mathrm{d}\tau \tag{2.7.23}$$

在上式右边的积分中，用$-\boldsymbol{x}$ 替换 $\boldsymbol{x}$，得

$$\int\psi^*(\boldsymbol{x})\hat{P}\varphi(\boldsymbol{x})\mathrm{d}\tau = \int\psi^*(-\boldsymbol{x})\varphi(\boldsymbol{x})\mathrm{d}\tau \tag{2.7.24}$$

将(2.7.22)式的复共轭代入上式右边，即得

$$\int\psi^*(\boldsymbol{x})\hat{P}\varphi(\boldsymbol{x})\mathrm{d}\tau = \int[\hat{P}\psi(\boldsymbol{x})]^*\varphi(\boldsymbol{x})\mathrm{d}\tau \tag{2.7.25}$$

这正是厄米算符的定义，得证.

(2) 宇称算符是幺正算符：$\hat{P}^{-1}=\hat{P}^{\dagger}$.

证　用 $\hat{P}$ 作用于(2.7.22)式，得

$$\hat{P}^2\psi(\boldsymbol{x}) = \hat{P}\psi(-\boldsymbol{x}) = \psi(\boldsymbol{x}) \tag{2.7.26}$$

故 $\hat{P}^2=\hat{I}$ 即 $\hat{P}=\hat{P}^{-1}$，与 $\hat{P}=\hat{P}^{\dagger}$ 联立，便有 $\hat{P}^{-1}=\hat{P}^{\dagger}$，即 $\hat{P}$ 为幺正算符.

3. 宇称算符的本征值方程

$$\hat{P}\psi_\lambda(\boldsymbol{x}) = \lambda\psi_\lambda(\boldsymbol{x}) \tag{2.7.27}$$

用 $\hat{P}$ 作用于上式两边，易见

$$\psi_\lambda(\boldsymbol{x}) = \hat{P}^2\psi_\lambda(\boldsymbol{x}) = \lambda\hat{P}\psi_\lambda(\boldsymbol{x}) = \lambda^2\psi_\lambda(\boldsymbol{x})$$

由上式两端相等，便有 $\lambda^2=1$，即得宇称算符的本征值为

$$\lambda = \pm 1 \tag{2.7.28}$$

将本征值 $\lambda=\pm1$ 分别代入(2.7.27)式，得到的本征值方程分别为

$$\hat{P}\psi_+(\boldsymbol{x}) = \psi_+(\boldsymbol{x}) \tag{2.7.29}$$

$$\hat{P}\psi_-(\boldsymbol{x}) = -\psi_-(\boldsymbol{x}) \tag{2.7.30}$$

波函数 $\psi_+(\boldsymbol{x})$经 $\hat{P}$ 作用后保持不变，称 $\psi_+(\boldsymbol{x})$具有偶宇称；波函数 $\psi_-(\boldsymbol{x})$经 $\hat{P}$ 作用后变号，称 $\psi_-(\boldsymbol{x})$具有奇宇称.

将上两式分别与宇称算符的定义式 $\hat{P}\psi(\boldsymbol{x})=\psi(-\boldsymbol{x})$联立，还可将它们写成另一形式

$$\psi_+(-\boldsymbol{x}) = \psi_+(\boldsymbol{x}) \tag{2.7.31}$$

$$\psi_-(-\boldsymbol{x}) = -\psi_-(\boldsymbol{x}) \tag{2.7.32}$$

自由粒子的波函数 $\psi_+(x,t)=A\cos kx\mathrm{e}^{-\frac{\mathrm{i}}{\hbar}Et}$ 具有偶宇称，$\psi_-(x,t)=B\sin kx\mathrm{e}^{-\frac{\mathrm{i}}{\hbar}Et}$具有奇宇称，它们都是具有确定宇称的波函数.

4. 奇宇称算符和偶宇称算符

(1) 定义：在空间反演 $\boldsymbol{x}\to-\boldsymbol{x}$ 下，若算符 $\hat{F}\to-\hat{F}$，则 $\hat{F}$ 称为奇宇称算符；在空间反演 $\boldsymbol{x}\to-\boldsymbol{x}$ 下，若算符 $\hat{F}\to\hat{F}$，则 $\hat{F}$ 称为偶宇称算符.

动量算符 $\hat{\boldsymbol{p}}=-\mathrm{i}\hbar\nabla=-\mathrm{i}\hbar\sum_{n=1}^{3}\boldsymbol{e}_n\dfrac{\partial}{\partial x_n}$在空间反演 $x_n\to-x_n$ 下，有 $\hat{\boldsymbol{p}}\to-\hat{\boldsymbol{p}}$，称 $\hat{\boldsymbol{p}}$ 为奇宇称算符(也称 $\hat{\boldsymbol{p}}$ 具有奇宇称).

动能算符 $\hat{T}=-\dfrac{\hbar^2}{2\mu}\nabla^2=-\dfrac{\hbar^2}{2\mu}\sum_{n=1}^{3}\dfrac{\partial^2}{\partial x_n^2}$在空间反演 $x_n\to-x_n$ 下，有 $\hat{T}\to\hat{T}$，称 $\hat{T}$ 为偶宇称算符(也称 $\hat{T}$ 具有偶宇称).

(2) 哈密顿算符具有确定宇称的条件.

动能算符 $\hat{T}$ 具有偶宇称，如果势能算符也具有偶宇称，即 $\hat{U}(\boldsymbol{x})=\hat{U}(-\boldsymbol{x})$，则哈密顿算符 $\hat{H}=\hat{T}+\hat{U}(\boldsymbol{x})$具有偶宇称.

反之，如果势能算符具有奇宇称，则哈密顿算符 $\hat{H}=\hat{T}+\hat{U}(\boldsymbol{x})$没有确定的宇称.

(3) 体系宇称守恒的条件.

若体系的哈密顿算符 $\hat{H}$ 具有偶宇称(即空间反演不变性)，即

$$\hat{H}(\boldsymbol{x},\boldsymbol{p}) = \hat{H}(-\boldsymbol{x},-\boldsymbol{p}) \tag{2.7.33}$$

则体系的宇称守恒.

证　设 $\psi(\boldsymbol{x},t)$为任意波函数,利用(2.7.33)式,可得

$$\hat{P}\hat{H}(\boldsymbol{x},\boldsymbol{p})\psi(\boldsymbol{x},t)=\hat{H}(-\boldsymbol{x},-\boldsymbol{p})\hat{P}\psi(\boldsymbol{x},t)=\hat{H}(\boldsymbol{x},\boldsymbol{p})\hat{P}\psi(\boldsymbol{x},t)$$

由 $\psi(\boldsymbol{x},t)$的任意性,便有 $\hat{P}\hat{H}=\hat{H}\hat{P}$,即$[\hat{P},\hat{H}]=0$;同时 $\hat{P}$ 不显含 t,故宇称守恒.

正如守恒量的性质二所指出的:若初始时刻体系处于宇称的本征态(即有确定的宇称),则此后任何时刻体系的状态将具有与初态相同的宇称;若初始时刻体系不处于宇称的本征态(即没有确定的宇称),则此后任何时刻体系的状态也没有确定的宇称.总之,宇称守恒使得初态的宇称性质不随时间而变.

5. 能量本征态具有确定宇称的条件

当 $\hat{H}$ 是偶宇称算符,且能量本征值无简并,则相应的能量本征态具有确定的宇称.

证　由于 $\hat{H}$ 具有偶宇称的体系宇称守恒,故$[\hat{P},\hat{H}]=0$.对于能量本征态 ψ,有

$$\hat{H}\psi=E\psi \tag{2.7.34}$$

$$\hat{H}\hat{P}\psi=\hat{P}\hat{H}\psi=E\hat{P}\psi \tag{2.7.35}$$

即 $\hat{P}\psi$ 与 ψ 都是 $\hat{H}$ 的属于 E 的本征态.在能量无简并的情况下,$\hat{P}\psi$ 与 ψ 只能相差一个常数因子

$$\hat{P}\psi=\lambda\psi \tag{2.7.36}$$

故能量本征态 ψ 也是宇称的本征态,因而能量本征态具有确定的宇称.

若能量本征值有简并,尽管 $\hat{P}\psi$ 与 ψ 是 $\hat{H}$ 的属于 E 的本征态,但 $\hat{P}\psi$ 与 ψ 不是同一个态,$\hat{P}\psi\neq\lambda\psi$.因此,$\psi$ 不是 $\hat{P}$ 的本征态,ψ 也就没有确定的宇称了(见例 2.7.2).

【例 2.7.2】　一维自由粒子的 $\hat{H}=\dfrac{\hat{p}_x^2}{2\mu}$,问:

(1) 动量是不是守恒量?

(2) 宇称是不是守恒量?

(3) $\hat{P}$ 与 $\hat{p}_x$ 是不是对易的?体系的能级是不是简并的?

(4) 能量的本征态有没有确定的宇称?为什么?

解　(1)因为 $\hat{p}_x$ 不显含时间,且$[\hat{p}_x,\hat{H}]=\left[\hat{p}_x,\dfrac{\hat{p}_x^2}{2\mu}\right]=0$,故动量为守恒量.

(2) 因为 $\hat{H}=\dfrac{\hat{p}_x^2}{2\mu}$具有偶宇称,故宇称守恒.

(3) 设 $\psi(x)$为任意波函数,由于

$$\hat{P}\hat{p}_x\psi(x)=-\mathrm{i}\hbar\frac{\partial}{\partial(-x)}\psi(-x)=\mathrm{i}\hbar\frac{\partial\psi(-x)}{\partial x}=\mathrm{i}\hbar\frac{\partial}{\partial x}\hat{P}\psi(x)=-\hat{p}_x\hat{P}\psi(x)\tag{2.7.37}$$

这表明,$\hat{P}$ 与 $\hat{p}_x$ 不对易.

守恒量的性质三指出,体系有互相不对易的守恒量时,体系的能级是简并的.

(4) 能量的本征态 $\psi_{p_x}(x)=\frac{1}{\sqrt{2\pi\hbar}}\mathrm{e}^{\frac{\mathrm{i}}{\hbar}p_x x}$ 及 $\psi_{-p_x}(x)=\frac{1}{\sqrt{2\pi\hbar}}\mathrm{e}^{-\frac{\mathrm{i}}{\hbar}p_x x}$,均不具有确定的宇称.实际上

$$\hat{P}\psi_{p_x}(x)=\psi_{p_x}(-x)=\frac{1}{\sqrt{2\pi\hbar}}\mathrm{e}^{-\frac{\mathrm{i}}{\hbar}p_x x}=\psi_{-p_x}(x)\tag{2.7.38}$$

$$\hat{P}\psi_{-p_x}(x)=\psi_{-p_x}(-x)=\frac{1}{\sqrt{2\pi\hbar}}\mathrm{e}^{\frac{\mathrm{i}}{\hbar}p_x x}=\psi_{p_x}(x)\tag{2.7.39}$$

即 $\psi_{\pm p_x}(x)$不是宇称算符的本征态.

此时尽管 $\hat{H}$ 是偶宇称算符,因为体系的能级是简并的,所以 $\psi_{\pm p_x}(x)$没有确定的宇称.

【例 2.7.3】 求角动量本征函数(球函数)的宇称.

解 球函数为 $\mathrm{Y}_{lm}(\theta,\varphi)=N_{lm}P_l^{|m|}(\cos\theta)\mathrm{e}^{\mathrm{i}m\varphi}$.在球坐标系中,对波函数的坐标变量 $\boldsymbol{x}$ 相对原点作空间反演 $\boldsymbol{x}\to-\boldsymbol{x}$,相当于$(R,\theta,\varphi)\to(R,\pi-\theta,\pi+\varphi)$.采用 $x=\cos\theta$ 的记号时,$\theta\to\pi-\theta$ 相当于 $x\to-x$.考虑到①

$$\mathrm{e}^{\mathrm{i}m(\pi+\varphi)}=(-1)^m\mathrm{e}^{\mathrm{i}m\varphi}$$

$$P_l^{|m|}(-x)=\frac{1}{2^l l!}(1-x^2)^{\frac{|m|}{2}}\frac{\mathrm{d}^{l+|m|}}{\mathrm{d}(-x)^{l+|m|}}(x^2-1)^l=(-1)^{l+|m|}P_l^{|m|}(x)$$

将上面两结果代入 $\hat{P}\mathrm{Y}_{lm}(\theta,\varphi)$,便有

$$\begin{aligned}\hat{P}\mathrm{Y}_{lm}(\theta,\varphi)&=\mathrm{Y}_{lm}(\pi-\theta,\pi+\varphi)=N_{lm}P_l^{|m|}(-\cos\theta)\mathrm{e}^{\mathrm{i}m(\pi+\varphi)}\\&=N_{lm}(-1)^{l+|m|}P_l^{|m|}(\cos\theta)(-1)^m\mathrm{e}^{\mathrm{i}m\varphi}=(-1)^l\mathrm{Y}_{l,m}(\theta,\varphi)\end{aligned}\tag{2.7.40}$$

可见 $\mathrm{Y}_{lm}(\theta,\varphi)$的宇称为$(-1)^l$.

当 l 为偶数,$\mathrm{Y}_{lm}(\theta,\varphi)$具有偶宇称;当 l 为奇数,$\mathrm{Y}_{lm}(\theta,\varphi)$具有奇宇称

① 下面的推导利用了关联勒让德函数的表达式 $P_l^{|m|}(x)=(1-x^2)^{\frac{|m|}{2}}\frac{\mathrm{d}^{|m|}}{\mathrm{d}x^{|m|}}P_l(x)$.

6. 弱相互作用①中宇称不守恒

宇称的概念是 1927 年维格纳解释原子光谱的选择定则时提出来的，后来被用于光谱分析、核物理和基本粒子等领域. 在 1956 年以前，人们把宇称守恒看作是自然界各种基本相互作用过程中的普遍规律. 1947 年英国实验物理学家罗契斯特和马特勒在观察宇宙射线的云雾室中看到了 θ 介子和 τ 介子，它们的质量、电荷、寿命都相同，但当 τ 衰变为三个 π 介子时，这三个 π 介子的总动量为零，宇称为负；而当 θ 衰变为两个 π 介子时，这两个 π 介子的总动量为零，宇称为正. 当时不知道 θ 介子与 τ 介子是不是相同的粒子，称之为"$\theta\sim\tau$ 之谜". 1956 年杨振宁、李政道发现，只有强相互作用和电磁相互作用中的宇称守恒已得到实验证实，而弱相互作用中的宇称守恒并没有实验证实. 他们认为 θ 介子与 τ 介子实际上是同一种粒子(现在称为 K 介子)，从而提出了弱相互作用中宇称不守恒的设想，后被吴健雄等用 CO^{60} 的 β 衰变实验所证实. 为此，李政道、杨振宁获得 1957 年度的诺贝尔物理学奖.

习　题　2.7

2.7.1　试证明，在中心场运动的粒子，$\hat{L}^2$、$\hat{L}_x$、$\hat{L}_y$、$\hat{L}_z$ 与 $\hat{H}=\dfrac{\hat{P}^2}{2\mu}+U(R)$ 对易.

2.7.2　体系的哈密顿算符不显含 t，试证明：在具有离散能谱的定态中，

(1) 动量的平均值为零；

(2) 任一力学量 $\hat{F}$，如果不显含时间，则 $\dfrac{\mathrm{d}\overline{F}}{\mathrm{d}t}=0$.

2.7.3　对于作一维运动的粒子，其 $\hat{H}=\dfrac{\hat{p}_x^2}{2\mu}+U(x)$，试用 $\hat{x}$ 及 $\hat{p}_x$ 表示 $\dfrac{\mathrm{d}\hat{x}^2}{\mathrm{d}t}$.

2.7.4　粒子在势场 $U(\boldsymbol{x})$ 中运动并处于具有离散能谱的任一个定态 $\psi_n(\boldsymbol{x})$ 中，试证明：作用在粒子上的力的平均值为零.

2.7.5　设粒子在势场 $U(\boldsymbol{x})$ 中运动，其哈密顿量为 $\hat{H}=\dfrac{\hat{p}^2}{2\mu}+U(\boldsymbol{x})$，试证明：

(1) $\dfrac{\mathrm{d}}{\mathrm{d}t}\overline{(\boldsymbol{x}\cdot\boldsymbol{p})}=\dfrac{\overline{p^2}}{\mu}-\overline{\boldsymbol{x}\cdot\nabla U}$；

(2) 对于束缚定态，$2\overline{T}=\overline{\boldsymbol{x}\cdot\nabla U}$，这就是维里定理.

2.7.6　若 U 是 x、y、z 的 n 次齐次函数，即 $U(\lambda x,\lambda y,\lambda z)=\lambda^n U(x,y,z)$，或者 $U(R)=CR^n$，试证明：

---

① 自然界中存在四种相互作用：引力、电磁相互作用、弱相互作用和强相互作用. 引力和电磁相互作用都是长程力，弱相互作用和强相互作用是短程力(弱相互作用的有效作用范围仅为 10^{-18}m，强相互作用的有效作用范围为 10^{-15}m). 这四种力的强度相差很大，设距源 10^{-15}m 处强相互作用的力强度为 1，则其他力的相对强度分别为：电磁力是 10^{-2}，弱相互作用力是 10^{-13}，万有引力仅是 10^{-38}.

(1) $\boldsymbol{x}\cdot\nabla U=nU$;

(2)对束缚定态,$2\overline{T}=\overline{nU}$;

(3) 对线性谐振子,$\overline{U}$ 与 $\overline{T}$ 有何关系?

(4)对库仑场 $\overline{U}$ 与 $\overline{T}$ 有何关系?

(5)对于势场 $U(R)=-\frac{\alpha}{R^s}$,$\overline{U}$ 与 $\overline{T}$ 有何关系?.

2.7.7 粒子处于下列外场中,问动量、角动量、能量、宇称等力学量哪些是守恒量?

(1) 自由粒子,$U(\boldsymbol{x})=0$;

(2)无限、均匀柱对称场,$U(\boldsymbol{x})=U(\rho)$;

(3) 无限、均匀平面场,$U(\boldsymbol{x})=U(z)$;

(4)中心场,$U(\boldsymbol{x})=U(x)$.

2.7.8 一粒子被限制在一无限深势阱中,计算粒子作用在阱壁一侧的平均力.

2.8 量子力学的基本假设与量子力学的建立

2.8.1 量子力学的基本假设

在前面这两章里我们已讨论了量子力学关于体系状态的假设,关于运动方程的假设和关于力学量的假设.这样,我们已完成量子力学整个理论框架的说明.这里对量子力学的三个基本假设作一简要的回顾.

(Ⅰ) 量子体系的运动状态由波函数 $\psi(\boldsymbol{x},t)$完全描述,波函数具有单值性,有限性和连续性,归一化的波函数是概率幅.

(Ⅱ) 波函数 $\psi(\boldsymbol{x},t)$遵守薛定谔方程

$$\mathrm{i}\hbar\frac{\partial}{\partial t}\psi(\boldsymbol{x},t)=\hat{H}\psi(\boldsymbol{x},t)$$

式中 $\hat{H}$ 是体系的哈密顿算符.

(Ⅲ) 力学量用线性厄米算符表示,如果在经典力学中它的经典表达式为

$$F=F(\boldsymbol{x},\boldsymbol{p})$$

则在量子力学中表示这个力学量的算符为

$$\hat{F}=F(\boldsymbol{x},-\mathrm{i}\hbar\,\nabla)$$

确定体系的状态需要选取力学量的完全集,将体系的状态波函数按某力学量算符 $\hat{F}$ 的本征函数系展开为

$$\psi=\sum_n c_n\psi_n+\int c(f)\psi_f\mathrm{d}f$$

则测量力学量 F 得到结果为 f_n 的概率为 $|c_n|^2$,得到结果在 $f\to f+\mathrm{d}f$ 范围内的概率为 $|c(f)|^2\mathrm{d}f$.

测量是测量仪器对量子体系的一种作用，在测得体系的力学量 $F=f_k$ 后，体系的状态将由 ψ 态突变为 $\hat{F}$ 的某一本征态 ψ_k，称为量子态的坍缩.

两点说明：

一是态叠加原理没有作为基本假设单独列出，因为既然波函数遵守薛定谔方程(线性齐次方程)，故薛定谔方程的特解的线性叠加必然仍为方程的解. 这样，态叠加原理的前半部分已隐含在基本假设(Ⅱ)中了，而它的后半部分则包含在基本假设(Ⅲ)中.

态叠加原理的重要地位还将在第五篇中看到，它将导致复合量子体系的量子纠缠现象(第 12 章)，等等.

二是把全同性原理看作是全同粒子体系的一种对称性(交换对称性)，而不把它作为一个基本假设，见第 7 章.

2.8.2　量子力学的建立

量子力学是怎样建立起来的呢？量子力学是从研究微观物理现象的基础上，提出若干基本假设，然后通过逻辑推理和数学运算，建立量子力学的理论. 如果理论计算与实验结果不一致，我们就进行修改，直到与实验结果一致为止. 也许，在几千年之后，随着宇宙范围内新的现象不断的发现，旧的理论不断地修正，不断形成更接近客观实在的“新量子力学”. 人的认识过程是无止境的，这个不断更新的过程也必然是无止境的.

也许开始我们对量子力学建立的方式，以及它对问题的回答感到不习惯. 就让我们听听费恩曼是怎样说的吧！

费恩曼说，“我想我可以挺有把握地说，没有谁理解量子力学. ……如果你能简单地接受自然界的行为可能就像这个样子，那你就会发现她多么令人愉悦和可爱. 如果可能的话，你千万不要总问自己：‘事情怎么会变成这个样子呢？’因为这样一来，你就会陷进一个谁也逃不出来的死胡同里去了，谁也不知道它怎么会像这个样子. ”

希望本书的读者也会发现：她多么令人愉悦和可爱！

第 3 章　量子力学的表述形式

前两章介绍了量子力学的基本原理，基本上是在坐标表象表述的，本章介绍量子力学的其他表述形式.

首先将希尔伯特空间引入量子力学，通过在该空间选取不同力学量的本征矢完备系为基，得到不同的表象. 进而给出态矢、算符和量子力学公式的表象表示，以及它们在不同表象之间的变换关系，这为人们运用量子力学解决实际问题提供了选择.

在此基础上，我们在粒子数表象重新讨论了线性谐振子问题，这个方法具有非常重要的典型意义，在其后的理论发展中获得富有成效的应用.

最后介绍表述量子力学的三种绘景，它们的态矢与算符对时间的依赖关系不同，绘景的引入又为人们运用量子力学处理不同问题提供了另一个选择.

3.1　希尔伯特空间　狄拉克符号

前两章的讨论表明，描述量子体系的态和力学量所使用的数学工具与线性代数非常相似. 例如，量子体系的态遵守叠加原理，与矢量的加法相似；量子体系的任意态可以按力学量算符的本征态来展开，与矢量空间中任一矢量可以按该空间的基展开相似；量子体系的态可以在不同表象描述，这与一个矢量可以在不同坐标系描述相似；算符的作用是把一个态变成另一个态，又与线性变换是把一个矢量变成另一个矢量相似. 人们自然会问，量子力学的理论是否可以建立在矢量空间的基础上？回答是肯定的，这个空间就是希尔伯特空间.

与此同时，我们将采用狄拉克符号表示希尔伯特空间中的矢量. 对于右矢空间的矢量，用符号$|\rangle$表示，称为右矢；对于左矢空间的矢量，用符号$\langle|$表示，称为左矢. 至于右矢与左矢的关系，由后面的(3.1.7)式给出. 对于不同的矢量，在符号$|\rangle$或$\langle|$内附加参量表示，如$|a\rangle$、$|b\rangle$、$|c\rangle$等.

3.1.1　希尔伯特空间的矢量

“希尔伯特空间”是定义在复数域上的完备的线性内积空间，并且一般是无限维的.

首先解释定义中关于“线性空间”、“完备性”、“线性内积空间”的含义.

1. 线性空间

线性空间是矢量的集合，它对线性运算(相加与数乘)是封闭的. 即要求

(1) 空间的矢量可以相加,任意两矢量之和 $|a\rangle+|b\rangle=|c\rangle$ 仍然是空间中的一个矢量,即空间对加法运算是封闭的. 特别是,若 $|b\rangle$ 为零矢量,则 $|c\rangle=|a\rangle$.

加法遵守交换律和结合律,即

$$|a\rangle+|b\rangle=|b\rangle+|a\rangle \tag{3.1.1}$$

$$|a\rangle+(|b\rangle+|c\rangle)=(|a\rangle+|b\rangle)+|c\rangle \tag{3.1.2}$$

(2) 任何复数 λ 乘任何矢量 $|a\rangle$ 得到的矢量 $|b\rangle=\lambda|a\rangle$ 仍是空间中的一个矢量,即空间对数乘运算是封闭的. 特别是,若 $\lambda=0$,则 $|b\rangle=0$;若 $\lambda=1$,则 $|b\rangle=|a\rangle$.

数乘遵守第一分配律,第二分配律和结合律,即

$$(\lambda+\sigma)|a\rangle=\lambda|a\rangle+\sigma|a\rangle \tag{3.1.3}$$

$$\lambda(|a\rangle+|b\rangle)=\lambda|a\rangle+\lambda|b\rangle \tag{3.1.4}$$

$$\lambda(\sigma|a\rangle)=(\lambda\sigma)|a\rangle \tag{3.1.5}$$

2. 完备性

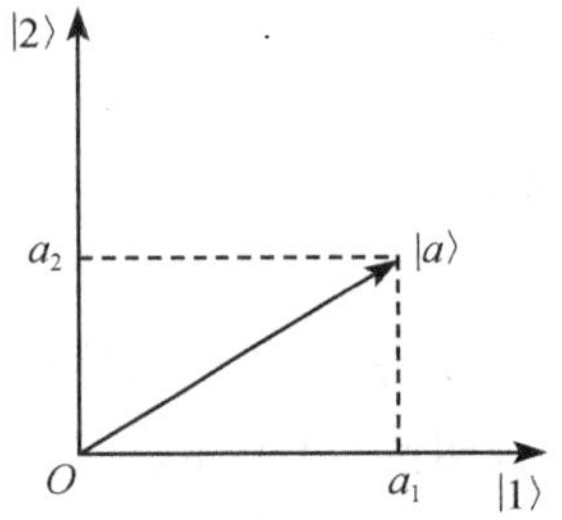

图 3.1

空间中任意矢量 $|a\rangle$ 均能表示为基矢(一组线性无关的非零矢量①)的线性组合,即

$$|a\rangle=\sum_n a_n|n\rangle \tag{3.1.6}$$

式中 a_n 称为 $|a\rangle$ 沿基矢 $|n\rangle$ 的分量(或投影),a_n 一般为复数,图 3.1 给出二维空间的示意图. 这组基矢 $\{|n\rangle\}$ 构成完备系,希尔伯特空间可以选取不同的完备系作基.

3. 线性内积空间

定义了内积的线性空间称为线性内积空间. 为了定义矢量的内积,引入一个与右矢空间互相共轭的左矢空间. 两空间中的矢量一一对应,并且互相共轭,其相应的分量互为共轭复数(若右矢的分量为 a_n,则左矢的分量为 a_n^*),即

$$(|a\rangle)^\dagger=\langle a|,\quad \langle a|=\sum_n a_n^*\langle n| \tag{3.1.7}$$

左矢与右矢的内积(标量积)$\langle a|b\rangle$ 是复数,且满足

$$\langle a|b\rangle=\langle b|a\rangle^*,\quad \langle a|a\rangle\geqslant 0 \tag{3.1.8}$$

矢量的内积遵守乘法分配律

$$\langle a|(|b\rangle+|c\rangle)=\langle a|b\rangle+\langle a|c\rangle \tag{3.1.9}$$

---

① 已知 n 个非零矢量 $|1\rangle,|2\rangle,\cdots,|n\rangle$ 存在关系 $\sum_{k=1}^{n}a_k|k\rangle=0$,若 $a_k(k=1,2,\cdots,n)$ 不全为零,则称这 n 个矢量线性相关;否则,称这 n 个矢量线性无关.

以及矢量内积与数乘矢量之间的结合律

$$(\lambda\langle a\mid)\mid b\rangle=\lambda\langle a\mid b\rangle \tag{3.1.10}$$

由于规定了$\langle a|a\rangle\geqslant 0$,可令非零矢量$|a\rangle$的内积为1,并称之为归一化

$$\langle a\mid a\rangle=1 \tag{3.1.11}$$

若矢量$|a\rangle$与$|b\rangle$的内积为零,则称它们互相正交

$$\langle a\mid b\rangle=0 \tag{3.1.12}$$

若一组矢量$\{|n\rangle\}$(其中$n=1,2,\cdots$)满足

$$\langle m\mid n\rangle=\delta_{mn},\quad m,n=1,2,\cdots \tag{3.1.13}$$

则称$\{|n\rangle\}$是正交归一的(归一化为1).

若一组矢量$\{|x\rangle\}$(其中x连续地取值)满足

$$\langle x\mid x'\rangle=\delta(x-x') \tag{3.1.14}$$

也称$\{|x\rangle\}$是正交归一的(归一化为δ函数).

【例3.1.1】 试证明,对任意的$\langle a|$,若有$\langle a|b\rangle=\langle a|c\rangle$,则$|b\rangle=|c\rangle$.

证 令$|d\rangle=|b\rangle-|c\rangle$,由题设可知

$$\langle a\mid d\rangle=\langle a\mid b\rangle-\langle a\mid c\rangle=0 \tag{3.1.15}$$

将$|d\rangle$按基$\{|n\rangle\}$展开为

$$\mid d\rangle=\sum_n d_n\mid n\rangle \tag{3.1.16}$$

由$|a\rangle$任意性,令$|a\rangle=|k\rangle$,$k=1,2,\cdots$.利用(3.1.15-16)式可得

$$0=\langle a\mid d\rangle=\langle k\mid d\rangle=\sum_n d_n\langle k\mid n\rangle=\sum_n d_n\delta_{nk}=d_k\quad k=1,2,\cdots \tag{3.1.17}$$

即$|d\rangle$的所有分量d_k均为零,由(3.1.16)式可知$|d\rangle=0$,代入$|d\rangle=|b\rangle-|c\rangle$,得证.

4."子空间"的含义

矢量空间H中的一个矢量集合H_1(在原空间的运算定义下)所构成的矢量空间,称为空间H的子空间,子空间的维数小于或等于原空间的维数.在5.2节"简并态微扰论"要用到这个概念.

3.1.2 量子体系的态用希尔伯特空间的矢量表示,称为态矢

之所以能这样做,是因为态矢满足希尔伯特空间对矢量的三个要求.

(1)态矢满足线性空间的要求,即对线性运算(相加与数乘)是封闭的

① 相加. 态叠加原理要求量子体系的任意两个状态$|\psi_1\rangle$与$|\psi_2\rangle$的叠加态$|\psi\rangle=|\psi_1\rangle+|\psi_2\rangle$仍是体系的一个可能状态. 这表明,态矢$|\psi\rangle$仍属于该空间.

② 数乘. 设λ是任意复常数,则$\lambda|\psi\rangle$与$|\psi\rangle$表示体系的同一个态,可见态矢$\lambda|\psi\rangle$仍属于该空间.

(2) 态矢满足完备性的要求,即体系的任意态矢$|\psi\rangle$可以按一组完备的基矢展开. 设体系的任意状态用态矢$|\psi\rangle$描述,具有离散谱的力学量算符$\hat{F}$的本征态用态矢$|f_n\rangle$描述,$n=1,2,\cdots$. 选$\{|f_n\rangle\}$为基,则

$$|\psi\rangle=\sum_n c_n|f_n\rangle \tag{3.1.18}$$

用$\langle f_m|$乘(3.1.18)式的两边,再利用基矢的正交归一条件

$$\langle f_m|f_n\rangle=\delta_{mn},\quad m,n=1,2,\cdots \tag{3.1.19}$$

求和后将公式两端的m改为n,即可求得展开系数(见习题 3.1.1)

$$c_n=\langle f_n|\psi\rangle \tag{3.1.20}$$

c_n称为态矢$|\psi\rangle$沿基矢$|f_n\rangle$的分量(或投影).

设具有连续谱的力学量算符$\hat{F}$的本征态用态矢$|f\rangle$描述,f可以连续地取值,选$\{|f\rangle\}$为基,则

$$|\psi\rangle=\int c(f)|f\rangle\mathrm{d}f \tag{3.1.21}$$

用$\langle f'|$乘(3.1.21)式的两边,再利用基矢的正交归一条件

$$\langle f'|f\rangle=\delta(f-f') \tag{3.1.22}$$

积分后将公式两端的f'改为f,即可得展开系数(见习题 3.1.1)

$$c(f)=\langle f|\psi\rangle \tag{3.1.23}$$

$c(f)$称为态矢$|\psi\rangle$沿基矢$|f\rangle$的分量(或投影).

(3) 态矢满足线性内积空间的要求,对任意态矢$|\psi\rangle$与$|\varphi\rangle$的内积有定义.

若选$\{|x\rangle\}$为基,可将$|\psi\rangle$,$|\varphi\rangle$分别展开为

$$|\psi\rangle=\int\psi(x)|x\rangle\mathrm{d}x,\quad |\varphi\rangle=\int\varphi(x)|x\rangle\mathrm{d}x \tag{3.1.24}$$

展开系数分别为(见习题 3.1.1)

$$\psi(x)=\langle x|\psi\rangle,\quad \varphi(x)=\langle x|\varphi\rangle \tag{3.1.25}$$

根据(3.1.7)式,$|\psi\rangle$与$\langle\psi|$相应的分量互为共轭复数,故

$$\langle\psi|=\int\mathrm{d}x\psi^*(x)\langle x| \tag{3.1.26}$$

以$|\varphi\rangle$右乘上式,并利用$\langle x|\varphi\rangle=\varphi(x)$便可得到态矢$|\psi\rangle$与$|\varphi\rangle$的内积

$$\langle\psi \mid \varphi\rangle = \left[\int \mathrm{d}x\psi^*(x)\langle x \mid\right] \mid \varphi\rangle = \int \mathrm{d}x\psi^*(x)\varphi(x) \tag{3.1.27}$$

综合上述，态矢满足希尔伯特空间对矢量的要求，因此可用希尔伯特空间的矢量表示量子体系的状态，量子力学的理论便可建立在希尔伯特空间的基础上.

3.1.3 希尔伯特空间的算符

若任意矢量$|\psi\rangle$经过希尔伯特空间的一个变换成为另一个矢量$|\varphi\rangle$，并且$|\varphi\rangle$仍然属于这个空间，则可将$|\varphi\rangle$和$|\psi\rangle$的对应关系写成

$$|\varphi\rangle = \hat{F} \mid \psi\rangle \tag{3.1.28}$$

$\hat{F}$ 称为算符，它作用于$|\psi\rangle$并将$|\psi\rangle$变成$|\varphi\rangle$.

希尔伯特空间对各种算符的定义，以及算符的运算规则与 2.2 节完全一致，没有必要在此重述一遍，这里仅说明几个与狄拉克符号有关的问题.

1. 算符对左矢的作用

设$|a\rangle$、$|b\rangle$为非零矢量，利用两对矢量的内积相等来定义$\langle b|\hat{F}$，即由

$$(\langle b \mid \hat{F}) \mid a\rangle = \langle b \mid \hat{F} \mid a\rangle = \langle b \mid (\hat{F} \mid a\rangle)$$

可得$\langle b|\hat{F}$ 的定义：它与$|a\rangle$的乘积等于$\langle b|$与 $\hat{F}|a\rangle$的乘积.

2. 厄米共轭算符

算符 $\hat{A}$ 的厄米共轭算符 $\hat{A}^\dagger$ 也可以用狄拉克符号来定义：对于任意态矢$|\psi\rangle$，若 $\hat{A}|\psi\rangle$与$\langle\psi|\hat{B}$ 互为共轭矢量，即

$$(\hat{A} \mid \psi\rangle)^\dagger = \langle\psi \mid \hat{B} \tag{3.1.29}$$

则称 $\hat{B}$ 与 $\hat{A}$ 互为厄米共轭算符，即

$$\hat{B} = \hat{A}^\dagger, \quad \hat{B}^\dagger = \hat{A} \tag{3.1.30}$$

代回(3.1.29)式，即有

$$(\hat{A} \mid \psi\rangle)^\dagger = \langle\psi \mid \hat{A}^\dagger \tag{3.1.31}$$

【例 3.1.2】 试用狄拉克符号证明$(\hat{A}\hat{B})^\dagger = \hat{B}^\dagger\hat{A}^\dagger$.

解 取$|\varphi\rangle = \hat{B}|\psi\rangle$，由(3.1.31)式得

$$\langle\varphi| = (|\varphi\rangle)^\dagger = (\hat{B} \mid \psi\rangle)^\dagger = \langle\psi \mid \hat{B}^\dagger \tag{3.1.32}$$

先后按厄米共轭算符的定义计算$\langle\psi|(\hat{A}\hat{B})^\dagger$ 及$(\hat{A}|\varphi\rangle)^\dagger$，再将$\langle\varphi| = \langle\psi|\hat{B}^\dagger$ 代入，得

$$\langle\psi \mid (\hat{A}\hat{B})^\dagger = (\hat{A}\hat{B} \mid \psi\rangle)^\dagger = (\hat{A} \mid \varphi\rangle)^\dagger = \langle\varphi \mid \hat{A}^\dagger = \langle\psi \mid \hat{B}^\dagger\hat{A}^\dagger$$

由$\langle\psi|$的任意性，即有

$$(\hat{A}\hat{B})^\dagger = \hat{B}^\dagger\hat{A}^\dagger \tag{3.1.33}$$

3. 矢量的外积$|a\rangle\langle b|$

它是一个算符，$|a\rangle\langle b|$作用于任意矢量$|c\rangle$，得到

$$(|a\rangle\langle b|)|c\rangle = |a\rangle\langle b|c\rangle = \langle b|c\rangle|a\rangle \tag{3.1.34}$$

式中$\langle b|c\rangle$是复数，可以移到矢量$|a\rangle$的前面. (3.1.34)式表明，$|a\rangle\langle b|$作用在$|c\rangle$上的结果，是将$|c\rangle$变成$|a\rangle$的$\langle b|c\rangle$倍，可见矢量的外积是算符. 还可以证明，矢量的外积是线性算符(见习题 3.1.2).

总之，矢量$|a\rangle$与矢量$|b\rangle$有两种乘积，得到完全不同的结果. 外形“两头尖”的$\langle a|b\rangle$是矢量的内积，是复数；外形“两头平”的$|a\rangle\langle b|$是矢量的外积，是算符.

4. 取乘积的厄米共轭的普遍规则

多个算符或矢量乘积的厄米共轭，等于它们各自厄米共轭的反序乘积.

取包含复数、右矢、左矢和算符乘积的式子的厄米共轭时，要颠倒各因子的顺序(除复数因子外)，并将复数换成其共轭复数，将右(左)矢换成其对应的左(右)矢，将算符换成其厄米共轭算符，如

$$\langle a|b\rangle^* = \langle a|b\rangle^\dagger = |b\rangle^\dagger\langle a|^\dagger = \langle b|a\rangle \tag{3.1.35}$$

$$(\hat{A}|\psi\rangle)^\dagger = (|\psi\rangle)^\dagger\hat{A}^\dagger = \langle\psi|\hat{A}^\dagger \tag{3.1.36}$$

$$(\hat{A}\hat{B})^\dagger = \hat{B}^\dagger\hat{A}^\dagger \tag{3.1.37}$$

据此得出的(3.1.35)式即(3.1.8)式，(3.1.36)式即(3.1.31)式，(3.1.37)式即(3.1.33)式.

【例 3.1.3】 试计算$(|a\rangle\langle b|)^\dagger=?$

解 $(|a\rangle\langle b|)^\dagger=(\langle b|)^\dagger(|a\rangle)^\dagger=|b\rangle\langle a|$.

【例 3.1.4】 设$|a\rangle$，$|b\rangle$为任意非零矢量，试计算$\langle a|\hat{F}|b\rangle^*$

解 由于$\langle a|\hat{F}|b\rangle$是复数，复数的厄米共轭就是复数的复共轭，故

$$\langle a|\hat{F}|b\rangle^* = \langle a|\hat{F}|b\rangle^\dagger = (|b\rangle)^\dagger\hat{F}^\dagger(\langle a|)^\dagger = \langle b|\hat{F}^\dagger|a\rangle \tag{3.1.38}$$

这就是厄米共轭算符定义的狄拉克表示.

将厄米算符的定义 $\hat{F}^\dagger=\hat{F}$ 代入上式

$$\langle a|\hat{F}|b\rangle^* = \langle b|\hat{F}|a\rangle \tag{3.1.39}$$

这就是厄米算符定义的狄拉克表示.

5. 投影算符 $\hat{P}_n=|f_n\rangle\langle f_n|$

当 $\hat{P}_n$ 作用于任意矢量$|\psi\rangle$，可得矢量$|\psi\rangle$在基矢$|f_n\rangle$方向上的分矢量，即

$$\hat{P}_n|\psi\rangle = |f_n\rangle\langle f_n|\psi\rangle = c_n|f_n\rangle \tag{3.1.40}$$

6. 基矢组的封闭性关系，单位算符

(1) 若 $\hat{F}$ 的本征值 $f_n(n=1,2,\cdots)$为离散谱，基矢组为$\{|f_n\rangle\}$，则任意矢量

$|\psi\rangle$的展开式为$|\psi\rangle=\sum_n c_n|f_n\rangle$. 将展开系数$c_n=\langle f_n|\psi\rangle$代入,即有

$$|\psi\rangle=\sum_n |f_n\rangle\langle f_n|\psi\rangle \tag{3.1.41}$$

由单位算符的定义$\hat{I}|\psi\rangle=|\psi\rangle$,以及$|\psi\rangle$的任意性,可得离散谱基矢组$\{|f_n\rangle\}$的封闭性关系

$$\sum_n |f_n\rangle\langle f_n|=\hat{I} \tag{3.1.42}$$

它表明,由每个基矢所构成的投影算符$|f_n\rangle\langle f_n|$之和(总投影算符)等于单位算符.

总投影算符$\sum_n\hat{P}_n=\sum_n|f_n\rangle\langle f_n|$将空间中任一矢量$|\psi\rangle$投影为该矢量自身

$$\sum_n\hat{P}_n|\psi\rangle=\sum_n|f_n\rangle\langle f_n|\psi\rangle=\sum_n c_n|f_n\rangle=|\psi\rangle$$

由于这个基矢组所张开的空间与它所在的空间重合,故这个基矢组是完备的.

例如,在三维矢量空间中,由$|1\rangle$,$|2\rangle$,$|3\rangle$构成的矢量组是完备的,而由$|1\rangle$与$|2\rangle$构成的矢量组就不是完备的. 若用矢量组$(|1\rangle\langle 1|+|2\rangle\langle 2|)$将三维空间中任一矢量$|A\rangle=\sum_{n=1}^{3}A_n|n\rangle$进行投影,其结果就不等于$|A\rangle$自身

$$(|1\rangle\langle 1|+|2\rangle\langle 2|)|A\rangle=A_1|1\rangle+A_2|2\rangle\neq|A\rangle$$

实际上,由$|1\rangle$与$|2\rangle$构成的矢量组所张开的空间是二维空间,不与它所在的三维空间重合.

(2) 若$\hat{F}$的本征值f为连续谱,基矢组为$\{|f\rangle\}$,则任意矢量$|\psi\rangle$的展开式为$|\psi\rangle=\int c(f)|f\rangle\mathrm{d}f$,将展开系数$c(f)=\langle f|\psi\rangle$代入,得

$$|\psi\rangle=\int\mathrm{d}f|f\rangle\langle f|\psi\rangle \tag{3.1.43}$$

同理,由$|\psi\rangle$的任意性,可得连续谱基矢组为$\{|f\rangle\}$的封闭性关系

$$\int\mathrm{d}f|f\rangle\langle f|=\hat{I} \tag{3.1.44}$$

因为单位算符$\hat{I}$对任意矢量$|\psi\rangle$作用的结果仍为$|\psi\rangle$,因此可以将$\hat{I}$随意插入等式中的任何位置,也可以将$\hat{I}$从等式中的任何位置随意抽出,这在今后的实际计算中具有重要作用.

7. 算符的本征值方程

算符$\hat{F}$作用在它的本征矢上等于相应的本征值乘该本征矢

$$\hat{F}|f_n\rangle=f_n|f_n\rangle \quad 或 \quad \hat{F}|f\rangle=f|f\rangle \tag{3.1.45}$$

式中f_n(或f)是$\hat{F}$的本征值,$|f_n\rangle$(或$|f\rangle$)是$\hat{F}$的本征值为f_n(或f)的本征矢.

8. 算符的自然展开式

设$\{|f_n\rangle\}$是力学量算符$\hat{F}$的正交归一的本征矢完备系，$|\psi\rangle$为任意态矢. 现将单位算符插入$\hat{F}|\psi\rangle$中间，并利用$\hat{F}$的本征值方程，即可将$\hat{F}$展开为

$$\hat{F}|\psi\rangle = \hat{F}\hat{I}|\psi\rangle = \hat{F}\sum_n |f_n\rangle\langle f_n|\psi\rangle = \sum_n f_n |f_n\rangle\langle f_n|\psi\rangle \tag{3.1.46}$$

由$|\psi\rangle$的任意性，即有

$$\hat{F} = \sum_n f_n |f_n\rangle\langle f_n| \tag{3.1.47}$$

这称为算符$\hat{F}$的自然展开式. 上式表明，力学量算符由它的本征值谱$\{f_n\}$和本征矢完备系$\{|f_n\rangle\}$完全确定，包含了它所表示的力学量的全部信息.

设$\{|f\rangle\}$是力学量算符$\hat{F}$(具有连续谱)的正交归一的本征矢完备系，同理可得

$$\hat{F} = \int f|f\rangle\langle f|\,\mathrm{d}f \tag{3.1.48}$$

【例3.1.5】 试根据力学量算符$\hat{F}$的本征值为实数，证明$\hat{F}$是厄米算符.

证 利用$f_n^* = f_n$并两次利用算符的自然展开式可得

$$\begin{aligned}\langle a|\hat{F}|b\rangle^* &= \{\langle a|\sum_n f_n|f_n\rangle\langle f_n|b\rangle\}^* = \sum_n f_n^*\langle a|f_n\rangle^*\langle f_n|b\rangle^* \\ &= \sum_n f_n\langle f_n|a\rangle\langle b|f_n\rangle = \sum_n f_n\langle b|f_n\rangle\langle f_n|a\rangle \\ &= \langle b|\sum_n f_n|f_n\rangle\langle f_n|a\rangle = \langle b|\hat{F}|a\rangle\end{aligned}$$

这正是厄米算符的定义，见(3.1.39)式. 这比习题2.3.3的证明简单多了.

3.1.4 直积空间

设矢量空间H_1中的矢量为$|\alpha\rangle,|\beta\rangle,\cdots$，算符为$\hat{A},\hat{B},\cdots$；矢量空间$H_2$中的矢量为$|\mu\rangle,|\nu\rangle,\cdots$，算符为$\hat{V},\hat{W},\cdots$. 两个空间各取一个矢量放在一起(不计次序)构成直积$|\alpha\rangle\otimes|\mu\rangle$，直积符号$\otimes$通常可以省去，即

$$|\alpha\rangle\otimes|\mu\rangle = |\alpha\rangle|\mu\rangle = |\alpha\mu\rangle \tag{3.1.49}$$

直积空间的运算规则为

(1) 加法

$$|\alpha\rangle|\mu\rangle + |\beta\rangle|\nu\rangle$$

除非$|\alpha\rangle = a|\beta\rangle$及$|\mu\rangle = b|\nu\rangle$，才可以写成双矢量的乘积. 例如

$$|\alpha\rangle|\mu\rangle + |\beta\rangle|\nu\rangle = (ab+1)|\beta\rangle|\nu\rangle \tag{3.1.50}$$

(2) 数乘

$$c(|\alpha\rangle|\mu\rangle)=(c|\alpha\rangle)|\mu\rangle=|\alpha\rangle(c|\mu\rangle) \tag{3.1.51}$$

(3) 内积

$$(\langle\alpha|\langle\mu|)(|\beta\rangle|\nu\rangle)=\langle\alpha|\beta\rangle\langle\mu|\nu\rangle \tag{3.1.52}$$

(4) 分配律

$$(|\alpha\rangle+|\beta\rangle)|\mu\rangle=|\alpha\rangle|\mu\rangle+|\beta\rangle|\mu\rangle \tag{3.1.53}$$

直积空间算符 $\hat{A}\otimes\hat{V}$ 的定义为

$$(\hat{A}\otimes\hat{V})(|\alpha\rangle\otimes|\mu\rangle)=\hat{A}|\alpha\rangle\otimes\hat{V}|\mu\rangle \tag{3.1.54}$$

式中的直积符号也可以略去. 关键是:H_1 空间的算符只对 H_1 空间的矢量有作用,对 H_2 空间的矢量没有作用,反之亦然. 例如,由粒子 1 和粒子 2 组成的量子体系. 在粒子 1 的希尔伯特空间 H_1 中的态矢为 $|n_1\rangle$,算符为 $\hat{x}_1$;在粒子 2 的希尔伯特空间 H_2 中的态矢为 $|n_2\rangle$,算符为 $\hat{x}_2$. 这样,在 H_1 与 H_2 的直积空间中,态矢为 $|n_1\rangle\otimes|n_2\rangle=|n_1\rangle|n_2\rangle=|n_1n_2\rangle$,算符为 $\hat{x}_1\otimes\hat{x}_1=\hat{x}_1\hat{x}_2$,并且

$$\langle n_1n_2|\hat{x}_1\hat{x}_2|n_1n_2\rangle=\langle n_1|\hat{x}_1|n_1\rangle\langle n_2|\hat{x}_2|n_2\rangle \tag{3.1.55}$$

这些规则在第 7 章,第 12 章,第 13 章都会用到.

习 题 3.1

3.1.1 试证明(3.1.20)式和(3.1.23)式.

3.1.2 试证明 $|a\rangle\langle b|$ 是线性算符.

3.1.3 试证明(3.1.48)式.

3.1.4 试用狄拉克符号证明:(1) 厄米算符的本征值是实数; (2) 厄米算符不同本征值的本征矢互相正交.

3.1.5 试用狄拉克符号证明:算符 $\hat{F}$ 是厄米算符的充要条件是对其定义域中任一态矢 $|\psi\rangle$,有

$$\langle\psi|\hat{F}|\psi\rangle=\text{实数}$$

3.1.6 试给出两个封闭性关系的联系:

(1) 试由离散谱基矢组 $\{|f_n\rangle\}$ 的封闭性关系 $\sum_n|f_n\rangle\langle f_n|=\hat{I}$ 导出(2.3.25)式 $\sum_n\psi_n(\boldsymbol{x})\psi_n^*(\boldsymbol{x}')=\delta^3(\boldsymbol{x}-\boldsymbol{x}')$;

(2) 试由连续谱基矢组 $\{|f\rangle\}$ 的封闭性关系 $\int\mathrm{d}f|f\rangle\langle f|=\hat{I}$ 导出(2.3.26)式 $\int\psi_f^*(\boldsymbol{x}')\psi_f(\boldsymbol{x})\mathrm{d}f=\delta^3(\boldsymbol{x}-\boldsymbol{x}')$.

3.1.7 试证明施瓦茨(Schwarz)不等式:设 $|\xi\rangle$,$|\eta\rangle$ 为任意态矢有

$$\langle \xi \mid \xi \rangle \langle \eta \mid \eta \rangle \geqslant \mid \langle \xi \mid \eta \rangle \mid^2$$

3.1.8　试由(2.6.3)式和(2.6.4)式出发，利用施瓦茨不等式证明不确定性关系.

3.2　态与力学量的表象表示

上节利用希尔伯特空间中抽象的矢量和抽象的算符表述了量子力学的一些公式(如算符的本征值方程). 但是，在进行具体计算时，就要选定希尔伯特空间的"坐标系"——表象，即在该空间选定一组正交归一完备的矢量作为基.

选择不同的力学量的本征矢系为基，就对应不同的"坐标系"，也就对应不同的表象. 例如，为了描述作一维运动的单粒子的状态，常选用坐标算符、动量算符或能量算符的本征矢系为基，就分别对应坐标表象、动量表象和能量表象. 当体系的自由度 $N>1$ 时，就要选择一个力学量的完全集. 为简单起见，用 $\hat{Q}$ 代表这 N 个力学量算符，用 $\hat{Q}$ 的正交归一的本征矢完备系作为希尔伯特空间的基，这个"坐标系"就简称为 Q 表象. 为叙述方便，若 $\hat{Q}$ 具有离散谱，相应的表象称为离散谱表象；若 $\hat{Q}$ 具有连续谱，相应的表象称为连续谱表象.

3.2.1　态的表象表示

在离散谱表象，态用列矩阵表示；在连续谱表象，态用波函数表示. 现分述如下.

1. 离散谱表象

设 $\hat{Q}$ 的本征值谱为 $\{q_n\}$，相应的正交归一的本征矢完备系为 $\{|q_n\rangle\}$，则有

$$\langle q_m \mid q_n \rangle = \delta_{mn} \tag{3.2.1}$$

$$\sum_n \mid q_n \rangle \langle q_n \mid = \hat{I} \tag{3.2.2}$$

(1) 任意态矢的矩阵表示.

设 $|\psi(t)\rangle$ 是体系的任意归一化态矢，插入单位矩阵 $\hat{I}$ 得 $|\psi(t)\rangle$ 的展开式

$$\mid \psi(t) \rangle = \sum_n \mid q_n \rangle \langle q_n \mid \psi \rangle = \sum_n c_n(t) \mid q_n \rangle \tag{3.2.3}$$

展开系数

$$c_n(t) = \langle q_n \mid \psi(t) \rangle \tag{3.2.4}$$

由(3.2.3)式可见，选定基后，$\{c_n(t)\}$ 唯一地确定态 $|\psi\rangle$.

$c_n(t)$ 的物理意义是：处于态 $|\psi\rangle$ 的体系，其力学量 Q 取 q_n 值的概率为 $|c_n(t)|^2$，即 $c_n(t)$ 为概率幅. 因此，可以利用 $\{c_n(t)\}$ 代替 $|\psi(t)\rangle$ 描述体系的状态，并将它写成一个列矩阵

$$\psi = \begin{pmatrix} c_1(t) \\ c_2(t) \\ \vdots \\ c_n(t) \\ \vdots \end{pmatrix} = \begin{pmatrix} \langle q_1 \mid \psi(t) \rangle \\ \langle q_2 \mid \psi(t) \rangle \\ \vdots \\ \langle q_n \mid \psi(t) \rangle \\ \vdots \end{pmatrix} \tag{3.2.5}$$

称之为态$|\psi(t)\rangle$在 Q 表象的表示. 它的共轭矩阵是

$$\psi^{\dagger} = (c_1^*(t),\quad c_2^*(t),\quad \cdots,\quad c_n^*(t),\quad \cdots) \tag{3.2.6}$$

归一化条件为

$$\psi^{\dagger}\psi = \sum_n |c_n(t)|^2 = 1 \tag{3.2.7}$$

(2) 基矢在自身表象的矩阵表示. 若体系正好处于 $\hat{Q}$ 的本征态,即

$$|\psi(t)\rangle = |q_m\rangle,\quad m = 1,2,\cdots \tag{3.2.8}$$

则态$|\psi(t)\rangle$按 Q 表象基的展开系数为

$$c_n(t) = \langle q_n \mid \psi(t)\rangle = \langle q_n \mid q_m\rangle = \delta_{mn},\quad n = 1,2,\cdots \tag{3.2.9}$$

即除 $c_m(t)=1$ 外,其余为零. 由此可写出 Q 表象基矢在自身表象的矩阵表示

$$\psi_{q_1}^{(Q)} = \begin{pmatrix} 1 \\ 0 \\ 0 \\ 0 \\ \vdots \end{pmatrix},\quad \psi_{q_2}^{(Q)} = \begin{pmatrix} 0 \\ 1 \\ 0 \\ 0 \\ \vdots \end{pmatrix},\quad \psi_{q_3}^{(Q)} = \begin{pmatrix} 0 \\ 0 \\ 1 \\ 0 \\ \vdots \end{pmatrix},\quad \cdots \tag{3.2.10}$$

2. 连续谱表象

设 $\hat{Q}$ 的本征值谱为连续谱$\{q\}$,相应的正交归一的本征矢完备系为$\{|q\rangle\}$,则有

$$\langle q \mid q'\rangle = \delta(q - q') \tag{3.2.11}$$

$$\int |q\rangle\langle q|\,\mathrm{d}q = \hat{I} \tag{3.2.12}$$

体系的任一态矢$|\psi(t)\rangle$的展开式为

$$|\psi(t)\rangle = \int \mathrm{d}q\,|q\rangle\langle q \mid \psi(t)\rangle = \int \psi(q,t)\,|q\rangle\,\mathrm{d}q \tag{3.2.13}$$

展开系数为

$$\psi(q,t) = \langle q \mid \psi(t)\rangle \tag{3.2.14}$$

(3.2.13)式表明,选定基后,$\psi(q,t)$唯一地确定态$|\psi(t)\rangle$.

$\psi(q,t)$的物理意义是:处于态$|\psi\rangle$的体系,其力学量 Q 取 $q\to q+\mathrm{d}q$ 值的概率是

$|\psi(q,t)|^2\mathrm{d}q$，即 $\psi(q,t)$ 为概率幅. 因此，可用 $\psi(q,t)$ 代替 $|\psi(t)\rangle$ 描述体系的状态，并称 $\psi(q,t)$ 为 $|\psi(t)\rangle$ 在 Q 表象的表示，也称它为态 $|\psi(t)\rangle$ 在 Q 表象的波函数. 由于 $\hat{Q}$ 的本征值 q 连续地取值，因此也只能把它排列成连续的列矩阵.

当 Q 表象就是 x 表象时，态 $|\psi(t)\rangle$ 在 x 表象的表示就是波函数 $\psi(x,t)$. 当体系某一状态在坐标表象的波函数和在动量表象的波函数同时出现时，要避免同时使用"ψ"这个符号. 若使用 $\psi(x,t)$ 和 $\psi(p_x,t)$，容易误认两者的函数形式是相同的. 本书和前面一样，使用 $\psi(x,t)$ 表示态 $|\psi(t)\rangle$ 在 x 表象的波函数，使用 $c(p_x,t)$ 表示态 $|\psi(t)\rangle$ 在 p_x 表象的波函数.

下面给出两个表格，作为前述内容的小结.

表 3.1 是三维矢量空间与希尔伯特空间的对比，两者的数学形式非常相似.

前者与后者(指离散谱表象)有两点差别：前者是三维的，后者一般是无穷维；

表 3.1　三维矢量空间与

	三维矢量空间	
坐标系(或表象)	直角坐标系	球坐标系
基底	$\{\boldsymbol{e}_n\},\quad n=x,y,z$	$\{\boldsymbol{e}_\alpha\},\quad \alpha=R,\theta,\varphi$
正交归一条件	$\boldsymbol{e}_m\cdot\boldsymbol{e}_n=\delta_{mn}$	$\boldsymbol{e}_\alpha\cdot\boldsymbol{e}_\beta=\delta_{\alpha\beta}$
封闭性关系	$\sum\limits_n \boldsymbol{e}_n\boldsymbol{e}_n=\overleftrightarrow{I}$	$\sum\limits_\alpha \boldsymbol{e}_\alpha\boldsymbol{e}_\alpha=\overleftrightarrow{I}$
任意矢量的展开	$\boldsymbol{A}=\sum\limits_n A_n\boldsymbol{e}_n$	$\boldsymbol{A}=\sum\limits_\alpha A_\alpha\boldsymbol{e}_\alpha$
展开系数	$A_n=\boldsymbol{e}_n\cdot\boldsymbol{A}$	$A_\alpha=\boldsymbol{e}_\alpha\cdot\boldsymbol{A}$
矢量在坐标系(或表象)的表示	$\boldsymbol{A}=\begin{pmatrix}\boldsymbol{e}_x\cdot\boldsymbol{A}\\ \boldsymbol{e}_y\cdot\boldsymbol{A}\\ \boldsymbol{e}_z\cdot\boldsymbol{A}\end{pmatrix}=\begin{pmatrix}A_x\\ A_y\\ A_z\end{pmatrix}$	$\boldsymbol{A}=\begin{pmatrix}\boldsymbol{e}_R\cdot\boldsymbol{A}\\ \boldsymbol{e}_\theta\cdot\boldsymbol{A}\\ \boldsymbol{e}_\varphi\cdot\boldsymbol{A}\end{pmatrix}=\begin{pmatrix}A_R\\ A_\theta\\ A_\varphi\end{pmatrix}$

表 3.2　用态矢的内积表

	坐标表象，基为 $\{\vert x\rangle\}$
一维无限深势阱中属于 E_m 的能量本征态	$\psi_{E_m}(x)=\langle x\vert E_m\rangle=\sqrt{\dfrac{2}{a}}\sin\dfrac{m\pi x}{a}$
属于 p_x' 的动量本征态	$\psi_{p_x'}(x)=\langle x\vert p_x'\rangle=\dfrac{1}{\sqrt{2\pi\hbar}}\mathrm{e}^{\frac{\mathrm{i}}{\hbar}p_x'x}$
属于 x' 的坐标本征态	$\psi_{x'}(x)=\langle x\vert x'\rangle=\delta(x-x')$
任意态 $\vert\psi(t)\rangle$	$\psi(x,t)=\langle x\vert\psi(t)\rangle=\int\mathrm{d}p_x\langle x\vert p_x\rangle\langle p_x\vert\psi(t)\rangle=\int\psi_{p_x}(x)c(p_x,t)\mathrm{d}p_x$

前者是实矢量,后者是复矢量.在封闭性关系中,尽管前者为单位张量,后者的为单位算符,但它们的矩阵表示都是单位矩阵,表示恒等变换.

表 3.2 是说明在不同表象中,怎样利用态矢的内积表示体系的各种状态.

(1) 在态矢的内积中,表象的基矢在左,要写出其表象表示的态矢在右.例如

左矢:第一列的为$\langle x\vert$,第二列的为$\langle p\vert$,第三列的为$\langle E_n\vert$.

右矢:第一行的为$\vert E_m\rangle$,第二行的为$\vert p_{x'}\rangle$,第三行为$\vert x'\rangle$,第四行为$\vert \psi(t)\rangle$.

(2) 力学量的本征矢在自身表象的表示.例如

在连续谱表象,波函数全是 δ 函数(见坐标表象和动量表象).

在离散谱表象,列矩阵元为 δ 符号,即只有一个矩阵元不为零(见能量表象).

(3) 利用$\langle a\vert b\rangle=\langle b\vert a\rangle^*$可以找到它们之间的相互关系.例如

由$\langle x\vert E_m\rangle=\psi_{E_m}(x)$可求$\langle E_n\vert x'\rangle=\psi^*_{E_n}(x')$.

希尔伯特空间的比较

希尔伯特空间		
Q 表象(离散谱)	x 表象(连续谱)	p_x 表象(连续谱)
$\vert q_n\rangle, n=1,2,\cdots$	$\vert x\rangle$,x 连续取值	$\vert p_x\rangle$,p_x 连续取值
$\langle q_m\vert q_n\rangle=\delta_{mn}$	$\langle x\vert x'\rangle=\delta(x-x')$	$\langle p_x\vert p'_x\rangle=\delta(p_x-p'_x)$
$\sum\limits_n \vert q_n\rangle\langle q_n\vert=\hat{I}$	$\int \mathrm{d}x\vert x\rangle\langle x\vert=\hat{I}$	$\int \mathrm{d}p_x\vert p_x\rangle\langle p_x\vert=\hat{I}$
$\vert\psi(t)\rangle=\sum\limits_n c_n(t)\vert q_n\rangle$	$\vert\psi(t)\rangle=\int\psi(x,t)\vert x\rangle\mathrm{d}x$	$\vert\psi(t)\rangle=\int c(p_x,t)\vert p_x\rangle\mathrm{d}p_x$
$c_n(t)=\langle q_n\vert\psi(t)\rangle$	$\psi(x,t)=\langle x\vert\psi(t)\rangle$	$c(p_x,t)=\langle p_x\vert\psi(t)\rangle$
$\psi=\begin{pmatrix}\langle q_1\vert\psi(t)\rangle\\ \langle q_2\vert\psi(t)\rangle\\ \vdots\end{pmatrix}=\begin{pmatrix}c_1(t)\\ c_2(t)\\ \vdots\end{pmatrix}$	$\psi(x,t)$	$c(p_x,t)$

示体系的各种状态

动量表象,基为$\{\vert p_x\rangle\}$	能量表象,基为$\{\vert E_n\rangle\}$
$c_{E_m}(p_x)=\langle p_x\vert E_m\rangle=\int\mathrm{d}x\langle p_x\vert x\rangle\langle x\vert E_m\rangle=\int\psi_{E_m}(x)\psi^*_{p_x}(x)\mathrm{d}x$	$\psi^{(E)}_{E_m}=\begin{pmatrix}\langle E_1\vert E_m\rangle\\ \vdots\\ \langle E_m\vert E_m\rangle\\ \vdots\end{pmatrix}=\begin{pmatrix}0\\ \vdots\\ 1\\ 0\\ \vdots\end{pmatrix}$
$c_{p'_x}(p_x)=\langle p_x\vert p'_x\rangle=\delta(p_x-p'_x)$	$\psi^{(E)}_{p'_x}=\begin{pmatrix}\langle E_1\vert p'_x\rangle\\ \langle E_2\vert p'_x\rangle\\ \vdots\end{pmatrix}$
$c_{x'}(p_x)=\langle p_x\vert x'\rangle=\langle x'\vert p_x\rangle^*=\psi^*_{p_x}(x')=\frac{1}{\sqrt{2\pi\hbar}}\mathrm{e}^{-\frac{\mathrm{i}}{\hbar}p_x x'}$	$\psi^{(E)}_{x'}=\begin{pmatrix}\langle E_1\vert x'\rangle\\ \langle E_2\vert x'\rangle\\ \vdots\end{pmatrix}$
$c(p_x,t)=\langle p_x\vert\psi(t)\rangle=\int\mathrm{d}x\langle p_x\vert x\rangle\langle x\vert\psi(t)\rangle=\int\mathrm{d}x\psi^*_{p_x}(x)\psi(x,t)$	$\psi^{(E)}=\begin{pmatrix}\langle E_1\vert\psi(t)\rangle\\ \langle E_2\vert\psi(t)\rangle\\ \vdots\end{pmatrix}=\begin{pmatrix}c_1(t)\\ c_2(t)\\ \vdots\end{pmatrix}$

由$\langle x|p'_x\rangle=\psi_{p'_x}(x)=\dfrac{1}{\sqrt{2\pi\hbar}}\mathrm{e}^{\frac{\mathrm{i}}{\hbar}p'_x x}$可求$c_{x'}(p_x)=\langle p_x|x'\rangle=\langle x'|p_x\rangle^*=\dfrac{1}{\sqrt{2\pi\hbar}}\mathrm{e}^{-\frac{\mathrm{i}}{\hbar}p_x x'}$.

(4) $\psi(x,t)$与$c(p_x,t)$的关系可在态矢的内积中插入另一表象的单位算符求得.

$$\psi(x,t)=\langle x\mid\psi(t)\rangle=\langle x\mid\int\mathrm{d}p_x\mid p_x\rangle\langle p_x\mid\psi(t)\rangle=\int\psi_{p_x}(x)c(p_x,t)\mathrm{d}p_x$$

$$c(p_x,t)=\langle p\mid\psi(t)\rangle=\langle p\mid\int\mathrm{d}x\mid x\rangle\langle x\mid\psi(t)\rangle=\int\psi^*_{p_x}(x)\psi(x,t)\mathrm{d}x$$

(5) 注意记号$\psi^{(E)}_{E_m}$, $\psi_{E_m}(x)$与$a_{E_m}(t)$的区别.

① $\psi^{(E)}_{E_m}$是本征值为E_m的能量本征态$|E_m\rangle$在E表象的矩阵表示(矩阵$\psi^{(E)}_{E_m}$见表3.2);

② $\psi_{E_m}(x)=\langle x|E_m\rangle$是本征值为$E_m$的能量本征态$|E_m\rangle$在$x$表象的波函数;

③ $a_{E_m}(t)=\langle E_m|\psi(t)\rangle$是任意态矢$|\psi(t)\rangle$在能量表象基矢$|E_m\rangle$上的投影,是态矢$|\psi(t)\rangle$在能量表象的矩阵表示$\psi^{(E)}$中第$m$行的矩阵元(矩阵$\psi^{(E)}$见表3.1、表3.2).

3.2.2　算符的表象表示

在离散谱表象,用方阵表示算符;在连续谱表象,用连续方阵表示算符. 由于本书用到的算符都是定域算符,均可利用连续方阵的矩阵元得到微分算符①.

1. 离散谱表象

选择$\{|q_n\rangle\}$为希尔伯特空间的基,便进入了Q表象.

(1) $\hat{F}$在Q表象的表示. 用$\langle q_m|$左乘$|\varphi\rangle=\hat{F}|\psi\rangle$,插入$Q$表象的单位算符$\hat{I}$,得

$$\langle q_m\mid\varphi\rangle=\langle q_m\mid\hat{F}\hat{I}\mid\psi\rangle=\sum_n\langle q_m\mid\hat{F}\mid q_n\rangle\langle q_n\mid\psi\rangle\qquad(3.2.15)$$

上式可简写为

$$b_m=\sum_n F_{mn}c_n\qquad(3.2.16)$$

式中$b_m=\langle q_m|\varphi\rangle$为$|\varphi\rangle$在$Q$表象基矢$|q_m\rangle$上的投影,也就是列矩阵$\varphi$的矩阵元;$c_n=\langle q_n|\psi\rangle$为$|\psi\rangle$在$Q$表象基矢$|q_n\rangle$上的投影,也就是列矩阵$\psi$的矩阵元. 还可将

$$F_{mn}=\langle q_m\mid\hat{F}\mid q_n\rangle\qquad(3.2.17)$$

排列成方阵

---

① 定域算符的作用可由$\varphi(x)=\hat{F}\psi(x)$表示,$\varphi$在$x$点的值只与$\psi$在$x$点的值有关,这类算符可化为微分算符;对于非定域算符,φ在x点的值与ψ在空间各点的值有关,这类算符不能化为微分算符.

$$F \equiv [F_{mn}] = \begin{pmatrix} F_{11} & F_{12} & \cdots & F_{1n} & \cdots \\ F_{21} & F_{22} & \cdots & F_{2n} & \cdots \\ \vdots & \vdots & \vdots & \vdots & \vdots \\ F_{m1} & F_{m2} & \cdots & F_{mn} & \cdots \\ \vdots & \vdots & \vdots & \vdots & \vdots \end{pmatrix} \tag{3.2.18}$$

$F \equiv [F_{mn}]$称为算符 $\hat{F}$ 在 Q 表象的表示，F_{mn}称为 $\hat{F}$ 在 Q 表象的矩阵元.

这样，(3.2.16)式可以写成矩阵的形式

$$\begin{pmatrix} b_1 \\ b_2 \\ \vdots \\ b_m \\ \vdots \end{pmatrix} = \begin{pmatrix} F_{11} & F_{12} & \cdots & F_{1n} & \cdots \\ F_{21} & F_{22} & \cdots & F_{2n} & \cdots \\ \vdots & \vdots & \vdots & \vdots & \vdots \\ F_{m1} & F_{m2} & \cdots & F_{mn} & \cdots \\ \vdots & \vdots & \vdots & \vdots & \vdots \end{pmatrix} \begin{pmatrix} c_1 \\ c_2 \\ \vdots \\ c_m \\ \vdots \end{pmatrix} \tag{3.2.19}$$

也可简写为

$$\varphi = F\psi \tag{3.2.20}$$

也可加右上标 $\varphi^{(Q)} = F^{(Q)}\psi^{(Q)}$ 指出是 Q 表象的矩阵表示，在不致引起误会时略去.

(2) $\hat{F}$ 在自身表象的表示. F 表象的基为$\{|f_n\rangle\}$，$\hat{F}$ 在自身表象的矩阵元为

$$F_{mn}^{(F)} = \langle f_m \mid \hat{F} \mid f_n \rangle = f_n \langle f_m \mid f_n \rangle = f_n \delta_{mn} \tag{3.2.21}$$

这表明，矩阵 $F^{(F)}$ 的非对角元为零，对角元为算符 $\hat{F}$ 本征值

$$F_{nn}^{(F)} = f_n \tag{3.2.22}$$

算符 $\hat{F}$ 在自身表象的矩阵表示是一个对角矩阵，即

$$F^{(F)} = \begin{pmatrix} f_1 & & & & \\ & f_2 & & & \\ & & \ddots & & \\ & & & f_n & \\ & & & & \ddots \end{pmatrix} \tag{3.2.23}$$

因此，可以通过把算符的矩阵表示对角化求得该算符的本征值，这是一种非常有用的方法(见 4.5 节).

总之，进入表象后，态矢和算符分别用列矩阵和方阵来表示，并且它们之间的运算均与其矩阵运算一一对应. 因此，在离散谱表象中，量子力学的所有公式均可写成矩阵形式，见 3.3 节.

2. 连续谱表象

选择$\{|q\rangle\}$为希尔伯特空间的基，便进入了 Q 表象.

用$\langle q|$左乘$|\varphi\rangle=\hat{F}|\psi\rangle$，插入 Q 表象的单位算符 $\hat{I}=\int|q'\rangle\langle q'|\mathrm{d}q'$，即有

$$\langle q\mid\varphi\rangle=\langle q\mid\hat{F}\mid\hat{I}\mid\psi\rangle=\int\langle q\mid\hat{F}\mid q'\rangle\langle q'\mid\psi\rangle\mathrm{d}q' \tag{3.2.24}$$

上式可简写为

$$\varphi(q)=\int F_{qq'}\psi(q')\mathrm{d}q' \tag{3.2.25}$$

式中 $\varphi(q)=\langle q|\varphi\rangle$为$|\varphi\rangle$在 Q 表象基矢$|q\rangle$上的投影，即$|\varphi\rangle$在 Q 表象的波函数；$\psi(q')=\langle q'|\psi\rangle$为$|\psi\rangle$在 Q 表象基矢$|q'\rangle$上的投影，即$|\psi\rangle$在 Q 表象的波函数；而

$$F_{qq'}=\langle q\mid\hat{F}\mid q'\rangle \tag{3.2.26}$$

称为 $\hat{F}$ 在 Q 表象的矩阵元，但由于 $\hat{Q}$ 的本征值 q 连续变化，它实际上是两个变量 q 与 q' 的函数.

(3.2.25)式表明，连续谱表象中算符的作用体现为积分作用，$F_{qq'}=\langle q|\hat{F}|q'\rangle$ 是积分的核. 由于使用微分算符更方便，只要把 $F_{qq'}$ 化为 $\hat{F}_q\delta(q-q')$的形式，即可求得在 Q 表象的微分算符 $\hat{F}_q$.

在 Q 表象中，微分算符 $\hat{F}_q$ 的作用是将 $\psi(q)$变为 $\varphi(q)$，即

$$\varphi(q)=\hat{F}_q\psi(q) \tag{3.2.27}$$

利用 δ 函数的性质，上式可改写为

$$\varphi(q)=\int\hat{F}_q\delta(q-q')\psi(q')\mathrm{d}q' \tag{3.2.28}$$

将(3.2.25)式与(3.2.28)式联立，可得

$$\int F_{qq'}\psi(q')\mathrm{d}q'=\int\hat{F}_q\delta(q-q')\psi(q')\mathrm{d}q' \tag{3.2.29}$$

由 $\psi(q')$的任意性，便有

$$F_{qq'}=\langle q\mid\hat{F}\mid q'\rangle=\hat{F}_q\delta(q-q') \tag{3.2.30}$$

当然，上式是在“作用于 $\psi(q')$后积分”的意义上成立. 利用上式即可求出 Q 表象的微分算符 $\hat{F}_q$.

【例 3.2.1】 在一维的情况下，求 p 表象中的坐标算符 $\hat{x}_p$ 和动量算符 $\hat{p}_p$(已将 p_x 简写为 p).

解 在 p 表象中，算符 $\hat{F}$ 的矩阵元 $F_{pp'}=\langle p|\hat{F}|p'\rangle$与微分算符 $\hat{F}_p$ 的关系为

$$\langle p\mid\hat{F}\mid p'\rangle=\hat{F}_p\delta(p-p') \tag{3.2.31}$$

(1) 求 $\hat{x}_p=$？现在将上式的 $\hat{F}$ 换成 $\hat{x}$，同时插入两个 x 表象的单位算符 $\hat{I}=\int\mathrm{d}x\mid x\rangle\langle x\mid$ 及 $\int\mathrm{d}x'\mid x'\rangle\langle x'\mid$，可得

$$\begin{aligned}\hat{x}_p\delta(p-p') &= \langle p \mid \hat{x} \mid p'\rangle = \int dx\int dx'\langle p \mid x\rangle\langle x \mid \hat{x} \mid x'\rangle\langle x' \mid p'\rangle \\ &= \int dx\int dx'\psi_p^*(x)x'\delta(x-x')\psi_{p'}(x') \\ &= \frac{1}{2\pi\hbar}\int dx\int dx' e^{-\frac{i}{\hbar}px}x'\delta(x-x')e^{\frac{i}{\hbar}p'x'} = \frac{1}{2\pi\hbar}\int xe^{\frac{i}{\hbar}(p'-p)x}dx \\ &= \frac{1}{2\pi\hbar}\int i\hbar\frac{\partial}{\partial p}e^{\frac{i}{\hbar}(p'-p)x}dx = i\hbar\frac{\partial}{\partial p}\left[\frac{1}{2\pi\hbar}\int e^{\frac{i}{\hbar}(p'-p)x}dx\right] \\ &= i\hbar\frac{\partial}{\partial p}\delta(p-p') \end{aligned} \tag{3.2.32}$$

比较上式两端,即有

$$\hat{x}_p = i\hbar\frac{\partial}{\partial p} \tag{3.2.33}$$

(2) 求 $\hat{p}_p=$? 由

$$\hat{p}_p\delta(p-p') = \langle p \mid \hat{p} \mid p'\rangle = p\langle p \mid p'\rangle = p\delta(p-p') \tag{3.2.34}$$

同理,可得

$$\hat{p}_p = p \tag{3.2.35}$$

在(3.2.34)式中,若 $\hat{p}$ 作用于右矢,得 $p'\delta(p-p')$;若 $\hat{p}$ 作用于左矢,得 $p\delta(p-p')$. 但两式是相等的,因为若 $p\neq p'$,两者均为零;若 $p=p'$,两者均为∞.

正如在坐标表象中 $\hat{x}=x$ 一样,在动量表象中 $\hat{p}=p$,这是一个普遍规律. 因为

$$\hat{F}_f\delta(f-f') = \langle f \mid \hat{F} \mid f'\rangle = f\langle f \mid f'\rangle = f\delta(f-f')$$

必有

$$\hat{F}_f = f \tag{3.2.36}$$

这表明,在连续谱表象中,算符在自身表象的微分算符为该算符的本征值.

结合本题的计算,不妨比较一下坐标表象与动量表象中的坐标算符,动量算符和它们相应的本征函数,见表 3.3. 表中 $\hat{p}_x$ 和 $\hat{x}_x$ 的脚标 x,表示它们为 x 表象的算符,在不致引起误会的地方均略去.

表 3.3 坐标表象与动量表象的比较

表 象	算符 $\hat{p}$	算符 $\hat{x}$	$\hat{p}$ 的本征函数(本征值为 p')	$\hat{x}$ 的本征函数(本征值为 x')
x 表象	$\hat{p}_x=-i\hbar\frac{\partial}{\partial x}$	$\hat{x}_x=x$	$\psi_{p'}(x)=\frac{1}{\sqrt{2\pi\hbar}}e^{\frac{i}{\hbar}p'x}$	$\psi_{x'}(x)=\delta(x-x')$
p 表象	$\hat{p}_p=p$	$\hat{x}_p=i\hbar\frac{\partial}{\partial p}$	$c_{p'}(p)=\delta(p-p')$	$c_{x'}(p)=\frac{1}{\sqrt{2\pi\hbar}}e^{-\frac{i}{\hbar}px'}$

容易发现,只要将 x 与 p,ψ 与 c 互换的同时把 i 换为 −i,即可将 x 表象的算符及本征函数换为 p 表象的算符及本征函数,反之亦然. 这与 $\psi(x,t)$ 与 $c(p,t)$ 在傅里叶变换中的情况一样,两者互为镜像

$$\psi(x,t)=\frac{1}{(2\pi\hbar)^{1/2}}\int_{-\infty}^{\infty}c(p,t)\mathrm{e}^{\frac{\mathrm{i}}{\hbar}px}\mathrm{d}p$$

$$c(p,t)=\frac{1}{(2\pi\hbar)^{1/2}}\int_{-\infty}^{\infty}\psi(x,t)\mathrm{e}^{-\frac{\mathrm{i}}{\hbar}px}\mathrm{d}x$$

【例 3.2.2】 试在 x 表象计算 $\hat{F}$ 在 Q 表象的矩阵元 F_{mn}.

解 为了在 x 表象计算 $F_{mn}=\langle q_m|\hat{F}|q_n\rangle$，就要在上式中插入两个 x 表象的单位算符，即

$$\begin{aligned}F_{mn}&=\langle q_m\mid\hat{F}\mid q_n\rangle=\langle q_m\mid\hat{I}\hat{F}\hat{I}\mid q_n\rangle=\int\mathrm{d}x\int\mathrm{d}x'\langle q_m\mid x\rangle\langle x\mid\hat{F}\mid x'\rangle\langle x'\mid q_n\rangle\\&=\int\mathrm{d}x\int\mathrm{d}x'\psi_m^*(x)\hat{F}_x\delta(x-x')\psi_n(x')=\int\psi_m^*(x)F\left(x,-\mathrm{i}\hbar\frac{\partial}{\partial x}\right)\psi_n(x)\mathrm{d}x\end{aligned}\tag{3.2.37}$$

式中 $\psi_m(x)$ 和 $\psi_n(x)$ 是 $\hat{Q}$ 在 x 表象的本征函数，$\hat{F}_x=F\left(x,-\mathrm{i}\hbar\dfrac{\partial}{\partial x}\right)$ 是算符 $\hat{F}$ 在 x 表象的表示，在不致引起误会时脚标 x 也略去.

【例 3.2.3】 求一维无限深势阱中粒子的坐标算符在能量表象中的矩阵元.

解 为了计算 $\hat{x}$ 在能量表象的矩阵元 x_{mn}，只要在(3.2.37)式中将 $\hat{F}$ 换为 $\hat{x}$，并将 $\hat{Q}$ 的本征函数 $\psi_m^*(x)$，$\psi_n(x)$ 分别换为能量本征函数 $\psi_{E_m}^*(x)$，$\psi_{E_n}(x)$，得

$$x_{mn}=\int\mathrm{d}x\psi_{E_m}^*(x)x\psi_{E_n}(x)$$

式中 $\psi_{E_n}(x)=\sqrt{\dfrac{2}{a}}\sin\dfrac{n\pi x}{a}$ 为一维无限深势阱中能量为 E_n 的能量本征函数.

现分两种情形计算：

(1) 当 $n\neq m$ 时，

$$\begin{aligned}x_{mn}&=\frac{2}{a}\int_0^a x\sin\frac{m\pi x}{a}\sin\frac{n\pi x}{a}\mathrm{d}x=\frac{1}{a}\int_0^a x\cos\frac{(m-n)\pi x}{a}\mathrm{d}x-\frac{1}{a}\int_0^a x\cos\frac{(m+n)\pi x}{a}\mathrm{d}x\\&=\frac{4mna}{\pi^2(m^2-n^2)^2}[(-1)^{m+n}-1]\end{aligned}$$

(2) 当 $n=m$ 时，$x_{mm}=\dfrac{2}{a}\displaystyle\int_0^a x\sin^2\frac{m\pi x}{a}\mathrm{d}x=\frac{1}{a}\int_0^a x\left(1-\cos\frac{2m\pi x}{a}\right)\mathrm{d}x=\frac{a}{2}$.

习　题　3.2

3.2.1　试写出一维无限深势阱中处于基态的粒子在坐标表象、动量表象中的波函数，以及在能量表象中的矩阵表示.

3.2.2　由坐标算符的归一化本征矢 $|x\rangle$ 构造成算符 $\hat{w}=|x\rangle\langle x|$，试给出：

(1) $\overline{w}=\langle\psi|\hat{w}|\psi\rangle=?$ (2) $\hat{w}$ 的物理意义.

3.2.3 试写出 $\hat{L}_x$ 在 L^2、L_z 的共同表象中,在 $l=1$ 的子空间中的矩阵表示,已知 $\hat{L}^2$ 与 $\hat{L}_z$ 的共同本征函数 $\psi_1=Y_{11}$,$\psi_2=Y_{10}$,$\psi_3=Y_{1,-1}$.

3.2.4 求一维无限深势阱中粒子的动量算符在能量表象中的矩阵元.

3.2.5 求在动量表象中角动量 $\hat{L}_x$ 的矩阵元和 $\hat{L}_x^2$ 的矩阵元.

3.2.6 求线性谐振子哈密顿算符在动量表象的矩阵元.

3.2.7 试证明,力学量算符 $\hat{F}$ 可表示为 $\hat{F}=\sum\limits_{mn}F_{mn}|m\rangle\langle n|$,其中$\{|n\rangle\}$是正交归一完备系,$F_{mn}=\langle m|\hat{F}|n\rangle$.

3.2.8 若体系的 $\hat{H}$ 不显含时间,用矩阵方法证明在能量表象中有

$$\sum_n(E_n-E_m)\mid x_{nm}\mid^2=\frac{\hbar^2}{2\mu}$$

3.3 量子力学公式的表象表示

本节将 Q 表象的单位算符插入用狄拉克符号表示的量子力学公式,即可求得量子力学公式在 Q 表象的矩阵表示.

3.3.1 归一化条件

设体系的状态由$|\psi(t)\rangle$描述,归一化条件的狄拉克表示为

$$\langle\psi(t)\mid\psi(t)\rangle=1 \tag{3.3.1}$$

1. 离散谱表象

插入单位算符

$$\hat{I}=\sum_n\mid q_n\rangle\langle q_n\mid$$

即有

$$1=\langle\psi(t)\mid\psi(t)\rangle=\langle\psi(t)\Big|\sum_n\mid q_n\rangle\langle q_n\Big|\psi(t)\rangle=\sum_n\langle\psi(t)\mid q_n\rangle\langle q_n\mid\psi(t)\rangle$$

$$=\sum_n c_n^*(t)c_n(t)=(c_1^*(t),c_2^*(t),\cdots)\begin{pmatrix}c_1(t)\\c_2(t)\\\vdots\end{pmatrix}=\psi^\dagger\psi \tag{3.3.2}$$

2. 连续谱表象

插入单位算符 $\hat{I}=\int\mathrm{d}q|q\rangle\langle q|$,可得

$$1=\langle\psi(t)\mid\psi(t)\rangle=\langle\psi(t)\Big|\int\mathrm{d}q\Big|q\rangle\langle q\mid\psi(t)\rangle=\int\mathrm{d}q\langle\psi(t)\mid q\rangle\langle q\mid\psi(t)\rangle$$

$$= \int \psi^*(q,t)\psi(q,t)\mathrm{d}q \tag{3.3.3}$$

对于 x 表象，用 x 代替 q，即得熟知的公式

$$\int \psi^*(x,t)\psi(x,t)\mathrm{d}x = 1 \tag{3.3.4}$$

3.3.2　平均值

设体系的状态由 $|\psi(t)\rangle$ 描述，体系力学量 F 的平均值 $\overline{F}$ 的狄拉克表示为

$$\overline{F} = \langle\psi(t) \mid \hat{F} \mid \psi(t)\rangle \tag{3.3.5}$$

1. 离散谱表象

插入两个单位算符，便有

$$\overline{F} = \langle\psi(t) \mid \hat{F} \mid \psi(t)\rangle = \sum_{mn} \langle\psi(t) \mid q_m\rangle\langle q_m \mid \hat{F} \mid q_n\rangle\langle q_n \mid \psi(t)\rangle$$

$$= \sum_{mn} c_m^*(t)F_{mn}c_n(t) = (c_1^*(t),\quad c_2^*(t),\quad \cdots)\begin{pmatrix} F_{11} & F_{12} & \cdots \\ F_{21} & F_{22} & \cdots \\ \vdots & \vdots & \vdots \end{pmatrix}\begin{pmatrix} c_1(t) \\ c_2(t) \\ \vdots \end{pmatrix} = \psi^\dagger F\psi \tag{3.3.6}$$

2. 连续谱表象

同样插入两个单位算符，利用 $\langle q|\hat{F}|q'\rangle = \hat{F}_q\delta(q-q')$，可得

$$\overline{F} = \langle\psi(t) \mid \hat{F} \mid \psi(t)\rangle = \int \mathrm{d}q \int \mathrm{d}q' \langle\psi(t) \mid q\rangle\langle q \mid \hat{F} \mid q'\rangle\langle q' \mid \psi(t)\rangle$$

$$= \int \mathrm{d}q \int \mathrm{d}q' \psi^*(q,t)\hat{F}_q\delta(q-q')\psi(q',t) = \int \psi^*(q,t)\hat{F}_q\psi(q,t)\mathrm{d}q \tag{3.3.7}$$

对于 x 表象，用 x 代替 q，略去 $\hat{F}_x$ 的脚标，即为熟知的平均值公式

$$\overline{F} = \int \psi^*(x,t)\hat{F}\psi(x,t)\mathrm{d}x \tag{3.3.8}$$

3.3.3　本征值方程　矩阵形式下本征值方程的求解

当 $\hat{F}$ 具有离散谱时，$\hat{F}$ 的本征值方程的狄拉克表示为

$$\hat{F} \mid f_k\rangle = f_k \mid f_k\rangle,\quad k = 1,2,\cdots \tag{3.3.9}$$

1. 离散谱表象（Q 表象）

用 $\langle q_m|$ 左乘上式，在 $\hat{F}|f_k\rangle$ 之间插入单位算符，即有

$$\sum_n \langle q_m \mid \hat{F} \mid q_n\rangle\langle q_n \mid f_k\rangle = f_k\langle q_m \mid f_k\rangle \tag{3.3.10}$$

将$|f_k\rangle$按 Q 表象的基矢展开为

$$|f_k\rangle = \sum_n |q_n\rangle\langle q_n|f_k\rangle = \sum_n c_n^{(k)}|q_n\rangle \tag{3.3.11}$$

式中 $c_n^{(k)}$ 是 $\hat{F}$ 的第 k 个本征矢$|f_k\rangle$在 Q 表象第 n 个基矢$|q_n\rangle$上的投影

$$c_n^{(k)} = \langle q_n|f_k\rangle \tag{3.3.12}$$

则(3.3.10)式可简化为

$$\sum_n F_{mn}c_n^{(k)} = f_k c_m^{(k)} \tag{3.3.13}$$

利用 δ 符号的性质，上式右边可改写为

$$\sum_n F_{mn}c_n^{(k)} = \sum_n f_k\delta_{mn}c_n^{(k)} \tag{3.3.14}$$

移项之后，提出公因子 $c_n^{(k)}$，得

$$\sum_n (F_{mn} - f_k\delta_{mn})c_n^{(k)} = 0,\quad k = 1,2,\cdots \tag{3.3.15}$$

上式的矩阵表示为

$$\begin{pmatrix} F_{11}-f_k & F_{12} & \cdots & F_{1n} & \cdots \\ F_{21} & F_{22}-f_k & \cdots & F_{2n} & \cdots \\ \vdots & \vdots & \vdots & \vdots & \vdots \\ F_{n1} & F_{n2} & \cdots & F_{nn}-f_k & \cdots \\ \vdots & \vdots & \vdots & \vdots & \vdots \end{pmatrix}\begin{pmatrix} c_1^{(k)} \\ c_2^{(k)} \\ \vdots \\ c_n^{(k)} \\ \vdots \end{pmatrix} = 0,\quad k = 1,2,\cdots \tag{3.3.16}$$

方程(3.3.16)是一个齐次线性方程组，这个方程组具有非零解的条件是它的系数行列式为零，即

$$\det|F_{mn} - f_k\delta_{mn}| = \begin{vmatrix} F_{11}-f_k & F_{12} & \cdots & F_{1n} & \cdots \\ F_{21} & F_{22}-f_k & \cdots & F_{2n} & \cdots \\ \vdots & \vdots & \vdots & \vdots & \vdots \\ F_{n1} & F_{n2} & \cdots & F_{nn}-f_k & \cdots \\ \vdots & \vdots & \vdots & \vdots & \vdots \end{vmatrix} = 0 \tag{3.3.17}$$

这个方程称为久期方程. 求解这个方程即可求得 $\hat{F}$ 的本征值谱 $f_k(k=1,2,\cdots)$. 将本征值 f_k 逐个代回方程(3.3.16)即可得出$|f_k\rangle$的展开系数$\{c_1^{(k)},c_2^{(k)},\cdots\}$，将展开系数代入(3.3.11)式便可得到 $\hat{F}$ 的第 k 个本征矢$|f_k\rangle = \sum\limits_n c_n^{(k)}|q_n\rangle$.

【例 3.3.1】 在 L^2 与 L_z 的共同表象中,$\hat{L}_x$ 的矩阵表示为

$$L_x = \frac{\hbar}{\sqrt{2}}\begin{pmatrix} 0 & 1 & 0 \\ 1 & 0 & 1 \\ 0 & 1 & 0 \end{pmatrix}$$

求它们的本征值与归一化的本征矢.

解 设 $\hat{L}_x$ 的本征值为 λ,相应本征矢的矩阵的表示为 $\begin{pmatrix} c_1 \\ c_2 \\ c_3 \end{pmatrix}$,代入 $\hat{L}_x$ 的本征值方程即有

$$\frac{\hbar}{\sqrt{2}}\begin{pmatrix} 0 & 1 & 0 \\ 1 & 0 & 1 \\ 0 & 1 & 0 \end{pmatrix}\begin{pmatrix} c_1 \\ c_2 \\ c_3 \end{pmatrix} = \lambda\begin{pmatrix} c_1 \\ c_2 \\ c_3 \end{pmatrix} \tag{3.3.18}$$

由此得齐次线性方程组

$$-\lambda c_1 + \frac{1}{\sqrt{2}}\hbar c_2 = 0, \quad \frac{1}{\sqrt{2}}\hbar c_1 - \lambda c_2 + \frac{1}{\sqrt{2}}\hbar c_3 = 0, \quad \frac{1}{\sqrt{2}}\hbar c_2 - \lambda c_3 = 0 \tag{3.3.19}$$

有非零解的条件是它的系数行列式为零,即

$$\begin{vmatrix} -\lambda & \hbar/\sqrt{2} & 0 \\ \hbar/\sqrt{2} & -\lambda & \hbar/\sqrt{2} \\ 0 & \hbar/\sqrt{2} & -\lambda \end{vmatrix} = 0 \tag{3.3.20}$$

解之得 L_x 的本征值分别为 $\lambda_1=\hbar, \lambda_2=0, \lambda_3=-\hbar$.

(1) 将 $\hat{L}_x$ 的本征值 $\lambda_1=\hbar$ 代入(3.3.19)式得 $c_1=c_3, c_2=\sqrt{2}c_3$,$\hat{L}_x$ 的本征矢的矩阵表示为 $\psi_+=c_3\begin{pmatrix} 1 \\ \sqrt{2} \\ 1 \end{pmatrix}$,利用归一化条件 $c_3^*(1,\sqrt{2},1)c_3\begin{pmatrix} 1 \\ \sqrt{2} \\ 1 \end{pmatrix}=1$,得 $c_3=\frac{1}{2}$,即 $\psi_+=\frac{1}{2}\begin{pmatrix} 1 \\ \sqrt{2} \\ 1 \end{pmatrix}$.

(2) 将 $\hat{L}_x$ 的本征值 $\lambda_2=0$ 代入(3.3.19)式可得 $c_2=0, c_1=-c_3$,$\hat{L}_x$ 的本征矢的矩阵表示为 $\psi_0=c_1\begin{pmatrix} 1 \\ 0 \\ -1 \end{pmatrix}$,利用归一化条件 $c_1^*(1,0,-1)c_1\begin{pmatrix} 1 \\ 0 \\ -1 \end{pmatrix}=1$,可得 $c_1=$

$\frac{1}{\sqrt{2}}$，即 $\psi_0=\frac{1}{2}\begin{pmatrix}\sqrt{2}\\0\\-\sqrt{2}\end{pmatrix}$.

(3) 同理，与 $\lambda_3=-\hbar$ 对应的 $\psi_-=\frac{1}{2}\begin{pmatrix}1\\-\sqrt{2}\\1\end{pmatrix}$.

2. 连续谱表象(Q 表象)

用$\langle q|$左乘(3.3.9)式，在 $\hat{F}$ 与$|f_k\rangle$之间插入单位算符 $\hat{I}=\int \mathrm{d}q'|q'\rangle\langle q'|$，可得

$$\int\langle q\mid\hat{F}\mid q'\rangle\langle q'\mid f_k\rangle\mathrm{d}q'=f_k\langle q\mid f_k\rangle \tag{3.3.21}$$

式中

$$\langle q\mid f_k\rangle=\psi_{f_k}(q) \tag{3.3.22}$$

是 $\hat{F}$ 在 Q 表象的本征值为 f_k 的本征函数.

将连续方阵的$\langle q|\hat{F}|q'\rangle=F_{qq'}$代入(3.3.21)式，得 $\hat{F}$ 在 Q 表象的本征值方程

$$\int F_{qq'}\psi_{f_k}(q')\mathrm{d}q'=f_k\psi_{f_k}(q) \tag{3.3.23}$$

这是一个微分积分方程(通常 $F_{qq'}$ 含有微分算符).

若 $\hat{F}$ 是定域算符，将 $F_{qq'}=\langle q|\hat{F}|q'\rangle=\hat{F}_q\delta(q-q')$代入(3.3.23)式，便有

$$\int\hat{F}_q\delta(q-q')\psi_{f_k}(q')\mathrm{d}q'=f_k\psi_{f_k}(q)$$

积分，即得 $\hat{F}$ 在 Q 表象的本征值方程

$$\hat{F}_q\psi_{f_k}(q)=f_k\psi_{f_k}(q) \tag{3.3.24}$$

对于 x 表象，用 x 代替 q，略去 $\hat{F}_x$ 的脚标，即得 $\hat{F}$ 在 x 表象的本征值方程

$$\hat{F}\psi_{f_k}(x)=f_k\psi_{f_k}(x) \tag{3.3.25}$$

3.3.4 薛定谔方程

设体系的状态由$|\psi(t)\rangle$描述，薛定谔方程的狄拉克表示为

$$\mathrm{i}\hbar\frac{\partial}{\partial t}\mid\psi(t)\rangle=\hat{H}\mid\psi(t)\rangle \tag{3.3.26}$$

1. 离散谱表象(Q 表象)

用$\langle q_m|$左乘上式，并在 $\hat{H}$ 与$|\psi(t)\rangle$之间插入单位算符，得

$$i\hbar\frac{\partial}{\partial t}\langle q_m \mid \psi(t)\rangle = \sum_n \langle q_m \mid \hat{H} \mid q_n\rangle\langle q_n \mid \psi(t)\rangle$$

即

$$i\hbar\frac{\partial}{\partial t}c_m(t) = \sum_n H_{mn}c_n(t) \tag{3.3.27}$$

上式也可用矩阵表示为

$$i\hbar\frac{\partial}{\partial t}\begin{pmatrix} c_1(t) \\ c_2(t) \\ \vdots \end{pmatrix} = \begin{pmatrix} H_{11} & H_{12} & \cdots \\ H_{21} & H_{22} & \cdots \\ \cdots & \cdots & \cdots \end{pmatrix}\begin{pmatrix} c_1(t) \\ c_2(t) \\ \vdots \end{pmatrix} \tag{3.3.28}$$

薛定谔方程在 Q 表象的矩阵表示

$$i\hbar\frac{\partial}{\partial t}\psi = H\psi \tag{3.3.29}$$

如果 Q 表象就是能量表象，则能量算符的矩阵元为

$$H_{mn} = \langle E_m \mid \hat{H} \mid E_n\rangle = E_n\langle E_m \mid E_n\rangle = E_n\delta_{mn} \tag{3.3.30}$$

即能量算符在自身表象的矩阵表示为对角矩阵，其对角元为能量本征值. 这样，求能量本征值的问题可以转化为将 $\hat{H}$ 的矩阵表示对角化的问题.

总而言之，对于保守系统，求解体系的能级有三种方法：一是求解定态薛定谔方程，见 1.5 节；二是求解久期方程；三是将 $\hat{H}$ 的矩阵表示对角化.

将(3.3.30)式代入(3.3.27)式，便有

$$i\hbar\frac{\partial}{\partial t}c_m(t) = \sum_n E_n\delta_{mn}c_n(t) = E_m c_m(t) \tag{3.3.31}$$

故

$$c_m(t) = c_m(0)e^{-\frac{i}{\hbar}E_m t} \tag{3.3.32}$$

为了求得任意态矢 $|\psi(t)\rangle$ 随时间演化的规律，可将上式代入 $|\psi(t)\rangle$ 按能量本征矢的展开式

$$|\psi(t)\rangle = \sum_n c_n(t) \mid E_n\rangle = \sum_n c_n(0)e^{-\frac{i}{\hbar}E_n t} \mid E_n\rangle \tag{3.3.33}$$

用 $\langle \boldsymbol{x}|$ 左乘上式两端，便可得到(1.4.20)式

$$\psi(\boldsymbol{x},t) = \langle \boldsymbol{x} \mid \psi(t)\rangle = \sum_n c_n(0)e^{-\frac{i}{\hbar}E_n t}\langle \boldsymbol{x} \mid E_n\rangle = \sum_n c_n(0)\psi_n(\boldsymbol{x})e^{-\frac{i}{\hbar}E_n t} \tag{3.3.34}$$

如果已知体系的初始状态 $|\psi(0)\rangle$，则可在(3.3.33)式中令 $t=0$，得到

$$|\psi(0)\rangle = \sum_n c_n(0) \mid E_n\rangle$$

求出$\{c_n(0)\}$代回(3.3.33)式即得$|\psi(t)\rangle$，见习题 3.3.3.

2. 连续谱表象(Q 表象)

用$\langle q|$左乘(3.3.26)式两端，在 $\hat{H}$ 与$|\psi(t)\rangle$之间插入 $\hat{I}=\int \mathrm{d}q'|q'\rangle\langle q'|$可得

$$\mathrm{i}\hbar\frac{\partial}{\partial t}\langle q\mid\psi(t)\rangle=\int\mathrm{d}q'\langle q\mid\hat{H}\mid q'\rangle\langle q'\mid\psi(t)\rangle$$

即

$$\mathrm{i}\hbar\frac{\partial}{\partial t}\psi(q,t)=\int H_{qq'}\psi(q',t)\mathrm{d}q'$$

这就是 Q 表象的薛定谔方程，它是一个微分积分方程.

将 $H_{qq'}=\hat{H}_q\delta(q-q')$代入，即有

$$\mathrm{i}\hbar\frac{\partial}{\partial t}\psi(q,t)=\int\hat{H}_q\delta(q-q')\psi(q',t)\mathrm{d}q'=\hat{H}_q\psi(q,t)\tag{3.3.35}$$

这样，连续谱表象(Q 表象)的薛定谔方程就化为偏微分方程.

【例 3.3.2】 质量为 μ 的粒子在势场 $U(x)$中运动，薛定谔方程为

$$\mathrm{i}\hbar\frac{\partial}{\partial t}\mid\psi(t)\rangle=\left(\frac{\hat{p}^2}{2\mu}+\hat{U}\right)\mid\psi(t)\rangle\tag{3.3.36}$$

试写出动量表象中的薛定谔方程.

解 以$\langle p|$左乘(3.3.36)式，并插入单位算符 $\hat{I}=\int\mathrm{d}p'|p'\rangle\langle p'|$，则有

$$\mathrm{i}\hbar\frac{\partial}{\partial t}\langle p\mid\psi(t)\rangle=\int\mathrm{d}p'\langle p\mid\left(\frac{\hat{p}^2}{2\mu}+\hat{U}\right)\mid p'\rangle\langle p'\mid\psi(t)\rangle\tag{3.3.37}$$

记$|\psi(t)\rangle$在动量表象的波函数为 $c(p,t)=\langle p|\psi(t)\rangle$，将$\langle p|\hat{F}|p'\rangle=\hat{F}_p\delta(p-p')$代入，利用的(3.2.33)、(3.2.35)式即得动量表象中的薛定谔方程

$$\mathrm{i}\hbar\frac{\partial}{\partial t}c(p,t)=\int\mathrm{d}p'\left[\frac{p^2}{2\mu}+U\left(\mathrm{i}\hbar\frac{\partial}{\partial p}\right)\right]\delta(p-p')c(p',t)=\left[\frac{p^2}{2\mu}+U\left(\mathrm{i}\hbar\frac{\partial}{\partial p}\right)\right]c(p,t)\tag{3.3.38}$$

习 题 3.3

3.3.1 在 L^2 与 L_z 的共同表象中，$\hat{L}_y$ 的矩阵表示为

$$L_y=\frac{\hbar}{\sqrt{2}}\begin{pmatrix}0&-\mathrm{i}&0\\\mathrm{i}&0&-\mathrm{i}\\0&\mathrm{i}&0\end{pmatrix}$$

求它的本征值与归一化本征矢.

3.3.2 在由正交归一基矢系$\{|u_n\rangle\}$所张的三维态矢空间中考虑一物理体系,算符$\hat{H}$和$\hat{B}$的定义分别为

$$H=\hbar\omega_0\begin{pmatrix}1&0&0\\0&-1&0\\0&0&-1\end{pmatrix},\quad B=b\begin{pmatrix}1&0&0\\0&0&1\\0&1&0\end{pmatrix}$$

其中ω_0和b是实常数.

(1) 问$\hat{H}$与$\hat{B}$是否厄米的? (2) 证明$\hat{H}$和$\hat{B}$对易. (3) 求$\hat{H}$与$\hat{B}$的共同本征矢.

3.3.3 有一物理体系,其态空间是三维的,基矢为$|u_1\rangle,|u_2\rangle,|u_3\rangle$. 已知能量算符$\hat{H}$与另一力学量算符$\hat{F}$的矩阵表示分别为

$$H=\hbar\omega_0\begin{pmatrix}2&0&0\\0&0&1\\0&1&0\end{pmatrix},\quad F=a\begin{pmatrix}1&0&0\\0&2&0\\0&0&2\end{pmatrix}$$

其中ω_0和a为实数.

(1) 求$\hat{H}$的本征值与相应的本征矢;

(2) 若$t=0$时,粒子处于$\frac{1}{\sqrt{2}}\begin{pmatrix}1\\0\\1\end{pmatrix}$所描述的状态,求$t>0$时粒子的态矢,它是否定态.

(3) 求$t=0$时力学量的平均值$\overline{F}$,问F是不是守恒量?

3.3.4 试在动量表象求解谐振子的能级和波函数.

3.3.5 已知$U(x)=-kx$,试在动量表象求解粒子在常力作用下的定态波函数$c_E(p)$.

3.4 表象变换

表象就是希尔伯特空间的"坐标系",坐标系的基就是力学量(完全集)的本征矢完备系,表象变换就是希尔伯特空间中的"坐标变换".

之所以要进行表象变换,就是为了简化计算(好比研究与带电球有关的电势分布问题时,就不使用直角坐标系而要采用球坐标系). 前面已讨论过从坐标表象到动量表象的变换,本节讨论更一般的情况,即态矢和力学量算符从任意的A表象到B表象的变换. 结果表明,态矢在不同表象之间存在幺正变换关系;而力学量算符则存在相似变换关系. 在此基础上,将考察量子力学在幺正变换下的不变性,并通过将算符的矩阵表示对角化求得算符的本征值.

3.4.1 表象变换是幺正变换

设算符$\hat{A}$和$\hat{B}$的本征矢完备系分别为$\{|a_n\rangle\}$和$\{|b_n\rangle\}$,它们所张开的空间分

别称为 A 表象和 B 表象. 我们从考察两表象基矢之间的变换关系开始.

1. 两表象基矢间的变换

设两表象基矢间的变换算符为 $\hat{U}$,即

$$|b_k\rangle = \hat{U}|a_k\rangle, \quad k = 1,2,\cdots \tag{3.4.1}$$

那么,变换算符 $\hat{U}$ 应具有怎样的形式?

由基矢的正交归一性

$$\langle a_n | a_k\rangle = \delta_{nk} \tag{3.4.2}$$

可知,变换算符应为

$$\hat{U} = \sum_n |b_n\rangle\langle a_n| \tag{3.4.3}$$

实际上,用 $\hat{U}$ 作用于$|a_k\rangle$,即得(3.4.1)式

$$\hat{U}|a_k\rangle = \sum_n |b_n\rangle\langle a_n | a_k\rangle = \sum_n |b_n\rangle\delta_{nk} = |b_k\rangle$$

2. 变换算符为幺正算符

$$\hat{U}^\dagger\hat{U} = \hat{U}\hat{U}^\dagger = \hat{I} \tag{3.4.4}$$

证 利用$\{|b_k\rangle\}$的正交归一性及$\{\langle a_k|\}$的完备性,即有

$$\begin{aligned}\hat{U}^\dagger\hat{U} &= \Big(\sum_n |b_n\rangle\langle a_n|\Big)^\dagger\sum_k |b_k\rangle\langle a_k| = \sum_{n,k} |a_n\rangle\langle b_n | b_k\rangle\langle a_k| \\ &= \sum_{n,k} |a_n\rangle\langle a_k|\delta_{nk} = \sum_n |a_n\rangle\langle a_n| = \hat{I}\end{aligned} \tag{3.4.5}$$

同理可得

$$\begin{aligned}\hat{U}\hat{U}^\dagger &= \sum_n |b_n\rangle\langle a_n|\Big(\sum_k |b_k\rangle\langle a_k|\Big)^\dagger = \sum_{n,k} |b_n\rangle\langle a_n | a_k\rangle\langle b_k| \\ &= \sum_{n,k} |b_n\rangle\langle b_k|\delta_{nk} = \sum_n |b_n\rangle\langle b_n| = \hat{I}\end{aligned} \tag{3.4.6}$$

3. 变换算符 $\hat{U}$ 在 A 表象的矩阵表示

利用(3.4.1)式,$\hat{U}$ 的矩阵元 U_{mk} 可化为

$$U_{mk} = \langle a_m|\hat{U}|a_k\rangle = \langle a_m | b_k\rangle \tag{3.4.7}$$

写成矩阵形式即为

$$U = \begin{pmatrix} \langle a_1|b_1\rangle & \langle a_1|b_2\rangle & \cdots & \langle a_1|b_k\rangle & \cdots \\ \langle a_2|b_1\rangle & \langle a_2|b_2\rangle & \cdots & \langle a_2|b_k\rangle & \cdots \\ \vdots & \vdots & \vdots & \vdots & \vdots \\ \langle a_m|b_1\rangle & \langle a_m|b_2\rangle & \cdots & \langle a_m|b_k\rangle & \cdots \\ \vdots & \vdots & \vdots & \vdots & \vdots \end{pmatrix} \tag{3.4.8}$$

它称为由 A 表象到 B 表象的变换矩阵，其矩阵元为 A 与 B 两表象基矢的内积，并且它的第 k 列元素 $\langle a_1|b_k\rangle, \langle a_2|b_k\rangle, \cdots, \langle a_m|b_k\rangle, \cdots$ 是 B 表象的第 k 个基矢分别在 A 表象的各个基矢上的投影. 这个结论对今后寻找变换矩阵是很重要的.

3.4.2　态矢的表象变换

现将态矢 $|\psi\rangle$ 分别按 A、B 表象的基展开为

$$|\psi\rangle = \sum_k |a_k\rangle\langle a_k|\psi\rangle, \quad |\psi\rangle = \sum_k |b_k\rangle\langle b_k|\psi\rangle \tag{3.4.9}$$

将展开系数 $\langle a_k|\psi\rangle$，$\langle b_k|\psi\rangle$ 分别排列成矩阵即得 $|\psi\rangle$ 在 A、B 表象的矩阵表示

$$\psi^{(A)} = \begin{pmatrix} \langle a_1|\psi\rangle \\ \langle a_2|\psi\rangle \\ \vdots \end{pmatrix}, \quad \psi^{(B)} = \begin{pmatrix} \langle b_1|\psi\rangle \\ \langle b_2|\psi\rangle \\ \vdots \end{pmatrix} \tag{3.4.10}$$

为了寻找 $\psi^{(A)}$ 与 $\psi^{(B)}$ 之间的关系，将 A 表象的单位算符 $\hat{I} = \sum\limits_n |a_n\rangle\langle a_n|$ 插入 $\psi^{(B)}$ 的第 k 个元素 $\langle b_k|\psi\rangle$，即有

$$\langle b_k|\psi\rangle = \sum_n \langle b_k|a_n\rangle\langle a_n|\psi\rangle \tag{3.4.11}$$

取(3.4.1)式的厄米共轭 $\langle b_k| = \langle a_k|\hat{U}^\dagger$ 代入 $\langle b_k|a_n\rangle$，可得

$$\langle b_k|a_n\rangle = \langle a_k|\hat{U}^\dagger|a_n\rangle = U^\dagger_{kn}$$

即①

$$U^\dagger_{kn} = \langle b_k|a_n\rangle \tag{3.4.12}$$

将 $\langle b_k|a_n\rangle = \langle a_k|\hat{U}^\dagger|a_n\rangle$ 代入(3.4.11)式可得

$$\langle b_k|\psi\rangle = \sum_n \langle a_k|\hat{U}^\dagger|a_n\rangle\langle a_n|\psi\rangle \tag{3.4.13}$$

态矢从 A 表象到 B 表象的变换式为

$$\psi^{(B)} = U^\dagger\psi^{(A)} \tag{3.4.14a}$$

显然，用 U 左乘(3.4.14a)式，利用 $UU^\dagger = 1$，可得

$$\psi^{(A)} = U\psi^{(B)} \tag{3.4.14b}$$

---

① 应注意，$U^\dagger_{km}$ 是 $U^\dagger_{km} = (\hat{U}^\dagger)_{km} = \langle b_k|a_m\rangle$，不是 $(U_{km})^\dagger = \langle b_m|a_k\rangle$. 实际上，

(a)由(3.4.12)式得　$U^\dagger_{km} = \langle a_k|\hat{U}^\dagger|a_m\rangle = \langle b_k|a_m\rangle$；

由(3.4.7)式得　$U^\dagger_{km} = \widetilde{U^*_{km}} = U^*_{mk} = \langle a_m|b_k\rangle^* = \langle b_k|a_m\rangle$.

(b)复数 $U_{km} = \langle a_k|b_m\rangle$ 的共轭是复数的复共轭　$(U_{km})^\dagger = \langle a_k|\hat{U}|a_m\rangle^\dagger = \langle a_k|b_m\rangle^* = \langle b_m|a_k\rangle$.

3.4.3 力学量算符的表象变换

力学量算符 $\hat{F}$ 在 A,B 表象的矩阵元分别为

$$F_{kl}^{(A)}=\langle a_k \mid \hat{F} \mid a_l\rangle,\quad F_{kl}^{(B)}=\langle b_k \mid \hat{F} \mid b_l\rangle \tag{3.4.15}$$

将 A 表象的两个单位算符插入 $F_{kl}^{(B)}=\langle b_k|\hat{F}|b_l\rangle$,并利用 $U_{nl}=\langle a_n|b_l\rangle$ 及 $U_{km}^{\dagger}=\langle b_k|a_m\rangle$,便有

$$F_{kl}^{(B)}=\langle b_k \mid \hat{F} \mid b_l\rangle=\sum_{m,n}\langle b_k \mid a_m\rangle\langle a_m \mid \hat{F} \mid a_n\rangle\langle a_n \mid b_l\rangle=\sum_{m,n}U_{km}^{\dagger}F_{mn}U_{nl} \tag{3.4.16}$$

力学量算符从 A 表象到 B 表象的变换式为

$$F^{(B)}=U^{\dagger}F^{(A)}U \tag{3.4.17a}$$

对 $F^{(A)}$ 进行 $U^{\dagger}F^{(A)}U$ 的运算称为相似变换.

同样,用 U 左乘、用 $U^{\dagger}$ 右乘(3.4.17a)式,由 $UU^{\dagger}=U^{\dagger}U=1$ 可得

$$F^{(A)}=UF^{(B)}U^{\dagger} \tag{3.4.17b}$$

3.4.4 量子力学在幺正变换下的不变性

现在设态矢 $|\psi\rangle$ 和 $|\varphi\rangle$ 在 A、B 表象的矩阵表示分别为 $\psi^{(A)}$,$\varphi^{(A)}$ 和 $\psi^{(B)}$,$\varphi^{(B)}$;算符 $\hat{F}$,$\hat{G}$ 和 $\hat{k}$ 在 A、B 表象的矩阵表示分别为 $F^{(A)}$,$G^{(A)}$,$k^{(A)}$ 和 $F^{(B)}$,$G^{(B)}$,$k^{(B)}$;由 A 表象到 B 表象的变换矩阵为 U.

首先证明幺正变换的五个常用性质,随后再讨论这些性质更深层的意义.

(1) 在幺正变换下,两个态矢的内积不变.

证 利用 $\langle\varphi|\psi\rangle=\varphi^{\dagger}\psi$ 及 $\varphi^{(B)}=U^{\dagger}\psi^{(A)}$ 及幺正变换的性质 $UU^{\dagger}=1$,可得

$$\varphi^{(B)\dagger}\psi^{(B)}=(U^{\dagger}\varphi^{(A)})^{\dagger}U^{\dagger}\psi^{(A)}=\varphi^{(A)\dagger}UU^{\dagger}\psi^{(A)}=\varphi^{(A)\dagger}\psi^{(A)} \tag{3.4.18}$$

这表明,任何态矢的模方在幺正变换下不变,因而态矢的归一性在幺正变换下不变.

(2) 在幺正变换下,算符方程的形式不变.

证 以对易关系为例来证明,对易关系 $[\hat{F},\hat{G}]=\mathrm{i}\hat{k}$ 在 A 表象的矩阵表示为

$$F^{(A)}G^{(A)}-G^{(A)}F^{(A)}=\mathrm{i}k^{(A)} \tag{3.4.19}$$

用 $U^{\dagger}$ 左乘上式,U 右乘上式,并在上式两矩阵的乘积之间插入 $UU^{\dagger}=1$,即有

$$U^{\dagger}F^{(A)}UU^{\dagger}G^{(A)}U-U^{\dagger}G^{(A)}UU^{\dagger}F^{(A)}U=U^{\dagger}\mathrm{i}k^{(A)}U$$

由(3.4.17)式可得 $[\hat{F},\hat{G}]=\mathrm{i}\hat{k}$ 在 B 表象的矩阵表示

$$F^{(B)}G^{(B)}-G^{(B)}F^{(B)}=\mathrm{i}k^{(B)} \tag{3.4.20}$$

可见在 A、B 表象算符方程的形式相同.

(3) 在幺正变换下任何力学量平均值保持不变.

证 平均值 $\bar{F}=\langle\psi|\hat{F}|\psi\rangle$ 在 A 表象的矩阵表示为 $\psi^{(A)+}F^{(A)}\psi^{(A)}$(见 3.3 节),在两矩阵之间插入 $UU^\dagger=1$,即有

$$\begin{aligned}\psi^{(A)+}F^{(A)}\psi^{(A)} &= \psi^{(A)+}UU^\dagger F^{(A)}UU^\dagger\psi^{(A)}\\ &= (U^\dagger\psi^{(A)})^\dagger(U^\dagger F^{(A)}U)(U^\dagger\psi^{(A)}) = \psi^{(B)+}F^{(B)}\psi^{(B)}\end{aligned} \tag{3.4.21}$$

(4) 在幺正变换下,算符的本征值保持不变.

证 $\hat{F}$ 的本征值方程在 A 表象的矩阵表示为

$$F^{(A)}\psi^{(A)} = \lambda\psi^{(A)}$$

左乘 $U^\dagger$,并在 $F^{(A)}$ 与 $\psi^{(A)}$ 之间插入 $UU^\dagger=1$,即有

$$U^\dagger F^{(A)}UU^\dagger\psi^{(A)} = \lambda U^\dagger\psi^{(A)}, \quad 即 \quad F^{(B)}\psi^{(B)} = \lambda\psi^{(B)} \tag{3.4.22}$$

这就是 $\hat{F}$ 的本征值方程在 B 表象的矩阵表示,可见 $\hat{F}$ 的本征值仍为 λ.

(5) 在幺正变换下,任何算符的迹保持不变.

证 矩阵的迹定义为矩阵对角元之和

$$\mathrm{tr}F = \sum_n F_{nn} \tag{3.4.23}$$

首先证明,矩阵乘积的迹在这些矩阵的循环置换下是不变的,即

$$\mathrm{tr}(ABC) = \mathrm{tr}(BCA) = \mathrm{tr}(CAB) \tag{3.4.24}$$

第一个等式可证明如下

$$\begin{aligned}\mathrm{tr}(ABC) &= \sum_n (ABC)_{nn} = \sum_{nkl} A_{nk}B_{kl}C_{ln} = \sum_{nkl} B_{kl}C_{ln}A_{nk}\\ &= \sum_k (BCA)_{kk} = \mathrm{tr}(BCA)\end{aligned}$$

这样,利用 $F^{(B)}=U^\dagger F^{(A)}U$ 及 $UU^\dagger=1$,便有

$$\mathrm{tr}F^{(B)} = \mathrm{tr}(U^\dagger F^{(A)}U) = \mathrm{tr}(UU^\dagger F^{(A)}) = \mathrm{tr}F^{(A)}$$

总之,态矢间的关系(如性质 1),算符与态矢间的关系(如性质 3,4),以及算符间的关系(如性质 2,5)在幺正变换下是不变的. 而量子力学的全部物理内容是通过上述三类关系来表达的,可见量子力学的全部物理内容在幺正变换下是不变的.

3.4.5 通过幺正变换求算符的本征值

既然表象变换不改变算符的本征值,因此,只要将 $\hat{B}$ 在任意表象(如 A 表象)的矩阵表示变换到它自身表象,则 $B^{(B)}$ 必为对角矩阵,对角元为 $\hat{B}$ 的本征值. 为了

求得变换矩阵 U,先证明:由 A 表象到 B 表象的变换矩阵 U,就是 $\hat{B}$ 的本征矢 $|b_k\rangle$ 在 A 表象的矩阵表示 $\psi_{b_k}^{(A)}$ 按列排成的矩阵.

证 设算符 $\hat{B}$ 的本征值方程为

$$\hat{B}\mid b_k\rangle = b_k\mid b_k\rangle$$

左乘 $\langle a_m|$,插入 A 表象的单位算符 $\hat{I}=\sum\limits_n|a_n\rangle\langle a_n|$,即有

$$\sum_n\langle a_m\mid\hat{B}\mid a_n\rangle\langle a_n\mid b_k\rangle = b_k\langle a_m\mid b_k\rangle$$

写成矩阵形式

$$\begin{pmatrix}\langle a_1\mid\hat{B}\mid a_1\rangle & \langle a_1\mid\hat{B}\mid a_2\rangle & \cdots\\ \langle a_2\mid\hat{B}\mid a_1\rangle & \langle a_2\mid\hat{B}\mid a_2\rangle & \cdots\\ \vdots & \vdots & \vdots\end{pmatrix}\begin{pmatrix}\langle a_1\mid b_k\rangle\\ \langle a_2\mid b_k\rangle\\ \vdots\end{pmatrix} = b_k\begin{pmatrix}\langle a_1\mid b_k\rangle\\ \langle a_2\mid b_k\rangle\\ \vdots\end{pmatrix} \tag{3.4.25}$$

可简写为

$$B^{(A)}\psi_{b_k}^{(A)} = b_k\psi_{b_k}^{(A)} \tag{3.4.26}$$

比较(3.4.25)、(3.4.26)和(3.4.8)式可见,算符 $\hat{B}$ 的本征矢在 A 表象的矩阵表示 $\psi_{b_k}^{(A)}$,正好是由 A 表象到 B 表象变换矩阵的第 k 列元素 $U_{mk}=\langle a_m|b_k\rangle$ 排成的列矩阵.这说明,由 A 表象到 B 表象的变换矩阵 U,就是 $\hat{B}$ 的本征矢 $|b_k\rangle$ 在 A 表象的矩阵表示 $\psi_{b_k}^{(A)}$ 按列排成的矩阵.求得后,算符的本征值便迎刃而解了(见习题 3.4.6).

习 题 3.4

3.4.1 设算符 $\hat{F}$ 在 A 表象的矩阵表示为

$$F=\begin{pmatrix}0 & e^{i\theta}\\ e^{-i\theta} & 0\end{pmatrix}$$

θ 为实常数,求(1)$\hat{F}$ 的本征值及正交归一的本征矢在 A 表象的矩阵表示;(2)使矩阵 F 对角化的幺正变换矩阵 U.

3.4.2 设已知在 L^2 和 L_z 的共同表象中,算符 $\hat{L}_y$ 的矩阵表示为

$$L_y=\frac{\hbar}{\sqrt{2}}\begin{pmatrix}0 & -i & 0\\ i & 0 & -i\\ 0 & i & 0\end{pmatrix}$$

试求由 L^2,L_z 表象到 L_y 表象的变换矩阵,并将矩阵 L_y 对角化.

3.4.3 设厄米算符 $\hat{A}$、$\hat{B}$ 满足 $\hat{A}^2=\hat{B}^2=1$,且 $\hat{A}\hat{B}+\hat{B}\hat{A}=0$.求

(1) 算符 $\hat{A}$ 和 $\hat{B}$ 的本征值;

(2) 在 $\hat{A}$ 表象中，算符 $\hat{A}$、$\hat{B}$ 及它们的本征矢的矩阵表示；

(3) 在 $\hat{B}$ 表象中，算符 $\hat{A}$，$\hat{B}$ 及它们的本征矢的矩阵表示；

(4) 由 A 表象到 B 表象的幺正变换矩阵 U.

3.4.4　已知二阶矩阵 A，B 满足下列关系：

$$A^2=0, \quad AA^\dagger+A^\dagger A=1, \quad B=A^\dagger A$$

试证明 $B^2=B$，并在 B 表象中求出矩阵 A，B.

3.4.5　设 $|u\rangle$，$|v\rangle$ 为态矢量，$\langle u|u\rangle$ 及 $\langle v|v\rangle$ 有限，试证明

$$\mathrm{tr}\mid u\rangle\langle v\mid=\langle v\mid u\rangle, \quad \mathrm{tr}\mid u\rangle\langle u\mid=\langle u\mid u\rangle$$

3.4.6　在 L^2 和 L_z 的共同表象中，算符 $\hat{L}_x$ 的矩阵表示为

$$L_x=\frac{\hbar}{\sqrt{2}}\begin{pmatrix}0&1&0\\1&0&1\\0&1&0\end{pmatrix}$$

试求由 L^2，L_z 表象到 L_x 表象的变换矩阵，并将矩阵 L_x 对角化.

3.4.7　求 $\hat{L}_x$ 在 L^2、L_z 的共同表象中，在 $l=1$ 的子空间中的矩阵表示(重解习题 3.2.3).

3.5　线性谐振子　粒子数表象

我们曾在坐标表象(1.5 节)讨论过线性谐振子问题，通过求解定态薛定谔方程得到线性谐振子的能级和定态波函数.

本节是在能量表象(即粒子数表象)处理线性谐振子问题. 首先引入新算符 $\hat{a}$，$\hat{a}^\dagger$ 代替算符 $\hat{x}$，$\hat{p}$ 表示线性谐振子的哈密顿算符，接着引入粒子数算符 $\hat{N}=\hat{a}^\dagger\hat{a}$ 将 $\hat{H}$ 表示为 $\hat{H}=\left(\hat{N}+\frac{1}{2}\right)\hbar\omega$，然后通过 $\hat{a}$ 与 $\hat{a}^\dagger$ 的对易关系找到 $\hat{N}$ 的本征值谱，从而得到 $\hat{H}$ 的本征值谱，即线性谐振子的能级. 在此基础上阐明算符 $\hat{a}$，$\hat{a}^\dagger$ 和 $\hat{N}$ 的意义. 最后，利用算符 $\hat{a}^\dagger$ 建立线性谐振子的激发态 $|n\rangle$ 与基态 $|0\rangle$ 的关系，进而建立激发态波函数 $\psi_n(x)=\langle x|n\rangle$ 与基态波函数 $\psi_0(x)=\langle x|0\rangle$ 的关系. 这个方法充分体现了矩阵力学的特点，并在玻色场的量子化与全同粒子体系的理论中，有着广泛的应用.

3.5.1　线性谐振子的哈密顿算符

线性谐振子的哈密顿算符已在 1.5 节给出

$$\hat{H}=\frac{1}{2\mu}\hat{p}^2+\frac{1}{2}\mu\omega^2\hat{x}^2=-\frac{\hbar^2}{2\mu}\frac{\partial^2}{\partial x^2}+\frac{1}{2}\mu\omega^2x^2 \tag{3.5.1}$$

我们知道，如果把 $\hat{H}$ 的矩阵表示对角化，则矩阵的对角元就是 $\hat{H}$ 的本征值，即谐振子的能级. 在(3.5.1)式中 $\hat{H}$ 是由 $\hat{x}$ 与 $\hat{p}$ 表示的，怎样才能将 $\hat{H}$ 的矩阵表

示对角化呢？我们将依次引入变量 ξ,算符 $\hat{a}$ 与 $\hat{a}^{\dagger}$,以及算符 $\hat{N}$ 表示 $\hat{H}$ 来实现这个目的.

(1) 引入新变量 ξ 表示 $\hat{H}$. 现在将 $\hat{H}$ 改写为

$$\hat{H}=\frac{\hbar\omega}{2}\left(\frac{\mu\omega}{\hbar}x^2-\frac{1}{\mu\omega/\hbar}\frac{\partial^2}{\partial x^2}\right) \tag{3.5.2}$$

引入新变量

$$\xi=\sqrt{\mu\omega/\hbar}\,x \tag{3.5.3}$$

哈密顿算符可用 ξ 表示为

$$\hat{H}=\frac{\hbar\omega}{2}\left(\xi^2-\frac{\partial^2}{\partial\xi^2}\right) \tag{3.5.4}$$

(2) 用算符 $\hat{x}$、$\hat{p}$ 表示 $\hat{H}$. 利用 $\frac{\partial}{\partial\xi}(\xi\psi)=\xi\frac{\partial\psi}{\partial\xi}+\psi$,可以证明

$$\begin{aligned}\frac{\hbar\omega}{2}\left[\left(\xi-\frac{\partial}{\partial\xi}\right)\left(\xi+\frac{\partial}{\partial\xi}\right)+1\right]\psi&=\frac{\hbar\omega}{2}\left[\xi^2\psi-\frac{\partial}{\partial\xi}(\xi\psi)+\xi\frac{\partial\psi}{\partial\xi}-\frac{\partial^2\psi}{\partial\xi^2}+\psi\right]\\&=\frac{\hbar\omega}{2}\left(\xi^2-\frac{\partial^2}{\partial\xi^2}\right)\psi\end{aligned} \tag{3.5.5}$$

由 ψ 的任意性,将(3.5.5)式代入(3.5.4)式,并将 $\xi=\sqrt{\mu\omega/\hbar}\,x$ 代入,即有

$$\begin{aligned}\hat{H}&=\frac{\hbar\omega}{2}\left[\left(\xi-\frac{\partial}{\partial\xi}\right)\left(\xi+\frac{\partial}{\partial\xi}\right)+1\right]\\&=\frac{\hbar\omega}{2}\left\{\left[\sqrt{\frac{\mu\omega}{\hbar}}\,x-\sqrt{\frac{\hbar}{\mu\omega}}\frac{\partial}{\partial x}\right]\left[\sqrt{\frac{\mu\omega}{\hbar}}\,x+\sqrt{\frac{\hbar}{\mu\omega}}\frac{\partial}{\partial x}\right]+1\right\}\\&=\frac{\hbar\omega}{2}\left\{\sqrt{\frac{\mu\omega}{\hbar}}\left[x-\frac{\mathrm{i}}{\mu\omega}\left(-\mathrm{i}\hbar\frac{\partial}{\partial x}\right)\right]\sqrt{\frac{\mu\omega}{\hbar}}\left[x+\frac{\mathrm{i}}{\mu\omega}\left(-\mathrm{i}\hbar\frac{\partial}{\partial x}\right)\right]+1\right\}\\&=\hbar\omega\left[\sqrt{\frac{\mu\omega}{2\hbar}}\left(\hat{x}-\frac{\mathrm{i}}{\mu\omega}\hat{p}\right)\sqrt{\frac{\mu\omega}{2\hbar}}\left(\hat{x}+\frac{\mathrm{i}}{\mu\omega}\hat{p}\right)+\frac{1}{2}\right]\end{aligned} \tag{3.5.6}$$

(3) 引入算符 $\hat{a}$、$\hat{a}^{\dagger}$ 表示 $\hat{H}$. 为了简化上式,进一步引入互相厄米共轭的算符

$$\hat{a}=\sqrt{\frac{\mu\omega}{2\hbar}}\left(\hat{x}+\frac{\mathrm{i}}{\mu\omega}\hat{p}\right),\quad \hat{a}^{\dagger}=\sqrt{\frac{\mu\omega}{2\hbar}}\left(\hat{x}-\frac{\mathrm{i}}{\mu\omega}\hat{p}\right) \tag{3.5.7}$$

但 $\hat{a}$ 不是厄米算符($\hat{a}^{\dagger}\neq\hat{a}$). 现将(3.5.7)式代入(3.5.6)式,即得

$$\hat{H}=\hbar\omega\left(\hat{a}^{\dagger}\hat{a}+\frac{1}{2}\right) \tag{3.5.8}$$

(4) 引入新算符 $\hat{N}$ 表示 $\hat{H}$. 最后,引入算符

$$\hat{N} = \hat{a}^{\dagger}\hat{a} \tag{3.5.9}$$

哈密顿算符可用 $\hat{N}$ 表示为

$$\hat{H} = \hbar\omega\left(\hat{N} + \frac{1}{2}\right) \tag{3.5.10}$$

这表明，$[\hat{N},\hat{H}]=0$，即 $\hat{N}$ 与 $\hat{H}$ 有共同的本征矢完备系，记作 $\{|E_n\rangle\}$ 或 $\{|n\rangle\}$，即

$$\hat{N}\mid n\rangle = n\mid n\rangle \tag{3.5.11}$$

$$\hat{H}\mid n\rangle = \hbar\omega\left(\hat{N} + \frac{1}{2}\right)\mid n\rangle = \hbar\omega\left(n + \frac{1}{2}\right)\mid n\rangle \tag{3.5.12}$$

由此可见，只要求出 $\hat{N}$ 的本征值 n，则 $\hat{H}$ 的本征值谱，也就是谐振子的能级即为

$$E_n = \hbar\omega\left(n + \frac{1}{2}\right) \tag{3.5.13}$$

怎样才能求出 $\hat{N}$ 的本征值 n 呢？显然，应从 $\hat{N}$ 的定义式 $\hat{N}=\hat{a}^{\dagger}\hat{a}$ 出发. 我们发现，关键是要求出 $\hat{a}$ 与 $\hat{a}^{\dagger}$ 的对易关系.

3.5.2　算符 $\hat{a}$，$\hat{a}^{\dagger}$ 的对易关系

由算符 $\hat{a}$ 及 $\hat{a}^{\dagger}$ 的定义式(3.5.7)式以及基本对易关系

$$[\hat{x},\hat{p}] = \mathrm{i}\hbar \tag{3.5.14}$$

出发，即可求得 $\hat{a}$ 与 $\hat{a}^{\dagger}$ 的对易关系

$$[\hat{a},\hat{a}^{\dagger}] = \frac{\mu\omega}{2\hbar}\left[\hat{x} + \frac{\mathrm{i}}{\mu\omega}\hat{p}, \hat{x} - \frac{\mathrm{i}}{\mu\omega}\hat{p}\right] = \frac{\mu\omega}{2\hbar}\frac{\mathrm{i}}{\mu\omega}(-[\hat{x},\hat{p}] + [\hat{p},\hat{x}]) = 1 \tag{3.5.15}$$

由此得

$$[\hat{N},\hat{a}^{\dagger}] = [\hat{a}^{\dagger}\hat{a},\hat{a}^{\dagger}] = \hat{a}^{\dagger}[\hat{a},\hat{a}^{\dagger}] = \hat{a}^{\dagger} \tag{3.5.16}$$

$$[\hat{N},\hat{a}] = [\hat{a}^{\dagger}\hat{a},\hat{a}] = [\hat{a}^{\dagger},\hat{a}]\hat{a} = -\hat{a} \tag{3.5.17}$$

利用这些对易关系可求得 $\hat{N}$ 的本征值 n，上述问题即可迎刃而解.

3.5.3　线性谐振子的能级

若能确定 n 的取值范围，$\hat{N}$ 的相邻两个本征值的间隔 Δn，以及 n 的最小值，则 n 便可完全确定.

(1) $\hat{N}$ 的本征值 $n\geqslant 0$.

证　在希尔伯特空间中，任何矢量的模方均为非负数.

现在计算态矢 $\hat{a}|n\rangle$ 的模方，利用 $(\hat{a}|n\rangle)^\dagger=\langle n|\hat{a}^\dagger$，即得两者的内积

$$0\leqslant\langle n|\hat{a}^\dagger\hat{a}|n\rangle=\langle n|\hat{N}|n\rangle=n\langle n|n\rangle=n \tag{3.5.18}$$

(2) $\hat{N}$ 的两相邻本征值的间隔.

首先计算 $\hat{N}\hat{a}|n\rangle=?$ 由 $[\hat{N},\hat{a}]=-\hat{a}$ 可得

$$\hat{N}\hat{a}=\hat{a}\hat{N}-\hat{a} \tag{3.5.19}$$

因而

$$\hat{N}\hat{a}|n\rangle=(\hat{a}\hat{N}-\hat{a})|n\rangle=(n-1)\hat{a}|n\rangle \tag{3.5.20}$$

由此可见，$\hat{a}|n\rangle$ 是 $\hat{N}$ 的本征值为 $(n-1)$ 的本征矢.

其次计算 $\hat{N}\hat{a}^2|n\rangle=?$ 利用(3.5.19)、(3.5.20)式同理可得

$$\begin{aligned}\hat{N}\hat{a}^2|n\rangle&=(\hat{a}\hat{N}-\hat{a})\hat{a}|n\rangle=\hat{a}\hat{N}\hat{a}|n\rangle-\hat{a}^2|n\rangle\\&=\hat{a}(n-1)\hat{a}|n\rangle-\hat{a}^2|n\rangle=(n-2)\hat{a}^2|n\rangle\end{aligned} \tag{3.5.21}$$

由此可见，$\hat{a}^2|n\rangle$ 是 $\hat{N}$ 的本征值为 $(n-2)$ 的本征矢.

继续作下去，不难证明：$|n\rangle$，$\hat{a}|n\rangle$，$\hat{a}^2|n\rangle$，…，$\hat{a}^k|n\rangle$，…分别是 $\hat{N}$ 本征值为 $n,n-1,n-2,\cdots,n-k,\cdots$ 的本征矢(未归一化). 这表明，$\hat{N}$ 的两相邻本征值的间隔为 1.

(3) n 的最小值.

设 $\hat{N}$ 最小的本征值为 n_0，并将本征值为 n_0 的本征矢记作 $|n_0\rangle$，则

$$\hat{a}|n_0\rangle=0 \tag{3.5.22}$$

若 $\hat{a}|n_0\rangle\neq0$，由(3.5.20)式可得 $\hat{a}|n_0\rangle$ 是属于 $\hat{N}$ 的本征值为 n_0-1 的本征矢，这就与假设矛盾.

以 $\hat{N}$ 作用于 $|n_0\rangle$，利用(3.5.22)式可得

$$\hat{N}|n_0\rangle=\hat{a}^\dagger\hat{a}|n_0\rangle=0 \tag{3.5.23}$$

与 $\hat{N}|n_0\rangle=n_0|n_0\rangle$ 相较[参看(3.5.11)式]，即得

$$n_0=0 \tag{3.5.24}$$

由此可见，属于 $n_0=0$ 的本征矢即为 $|0\rangle$. 由(3.5.12)式可知，它是线性谐振子的最低能态(基态)，称为真空态(这样称呼的原因见后述). 其能量本征值由(3.5.13)式可得

$$E_0=\frac{1}{2}\hbar\omega \tag{3.5.25}$$

(4) $\hat{N}$ 的本征值有没有上限呢?

再计算 $\hat{N}\hat{a}^\dagger|n\rangle=?$ 由对易关系 $[\hat{N},\hat{a}^\dagger]=\hat{a}^\dagger$ 可得

$$\hat{N}\hat{a}^\dagger=\hat{a}^\dagger\hat{N}+\hat{a}^\dagger \tag{3.5.26}$$

因而

$$\hat{N}\hat{a}^{\dagger}\mid n\rangle=(\hat{a}^{\dagger}\hat{N}+\hat{a}^{\dagger})\mid n\rangle=(n+1)\hat{a}^{\dagger}\mid n\rangle \tag{3.5.27}$$

这表明,$\hat{a}^{\dagger}|n\rangle$是 $\hat{N}$ 的本征值为$(n+1)$的本征矢.

同理,$|n\rangle,\hat{a}^{\dagger}|n\rangle,\cdots,\hat{a}^{\dagger k}|n\rangle,\cdots$分别是 $\hat{N}$ 的本征值为 $n,n+1,\cdots,n+k,\cdots$的本征矢(未归一化).如果令 $n=0$,则$|0\rangle,\hat{a}^{\dagger}|0\rangle,\cdots,\hat{a}^{\dagger k}|0\rangle,\cdots$分别是 $\hat{N}$ 的本征值为 $0,1,\cdots,k,\cdots$的本征矢,并没有任何上限的限制.

综合上述,即得线性谐振子的能级为

$$E_n=\left(n+\frac{1}{2}\right)\hbar\omega\quad n=0,1,2,\cdots. \tag{3.5.28}$$

3.5.4 粒子数表象

如果取 $\hat{H}$ 与 $\hat{N}$ 的共同的本征矢完备系$\{|n\rangle\}$作为希尔伯特空间的基,则得到能量表象或粒子数表象.这样称呼的原因来自 n 的物理意义.为此,先讨论真空态$|0\rangle$与$|n\rangle$的关系.

1. 用真空态$|0\rangle$表示$|n\rangle$

现在,考察算符 $\hat{a},\hat{a}^{\dagger}$ 对能量表象基矢$|n\rangle$的作用,从

$$\hat{N}\hat{a}\mid n\rangle=(n-1)\hat{a}\mid n\rangle \tag{3.5.29}$$

已得知,$\hat{a}|n\rangle$是 $\hat{N}$ 的本征值为$(n-1)$的本征矢(未归一化).在(3.5.11)式中用$(n-1)$代替 n,可得

$$\hat{N}\mid n-1\rangle=(n-1)\mid n-1\rangle \tag{3.5.30}$$

即$|n-1\rangle$也是 $\hat{N}$ 的本征值为$(n-1)$的本征矢.由于线性谐振子的能级是无简并的,因此 $\hat{a}|n\rangle$与$|n-1\rangle$是线性谐振子的同一状态,只能相差一个常数因子,设

$$\hat{a}\mid n\rangle=C\mid n-1\rangle \tag{3.5.31}$$

取共轭,得

$$\langle n\mid\hat{a}^{\dagger}=\langle n-1\mid C^{*} \tag{3.5.32}$$

以(3.5.32)式的两边分别左乘(3.5.31)式的两边,便有

$$|C|^2=\langle n-1\mid C^{*}C\mid n-1\rangle=\langle n\mid\hat{a}^{\dagger}\hat{a}\mid n\rangle=\langle n\mid\hat{N}\mid n\rangle=n\langle n\mid n\rangle=n$$

为简单起见,取 C 为实数,得 $C=\sqrt{n}$,代入(3.5.31)式,即有

$$\hat{a}\mid n\rangle=\sqrt{n}\mid n-1\rangle \tag{3.5.33}$$

同理可证(见习题 3.5.1)

$$\hat{a}^{\dagger}\mid n\rangle=\sqrt{n+1}\mid n+1\rangle \tag{3.5.34}$$

利用(3.5.34)式,便可用真空态$|0\rangle$表示$|n\rangle$,即

$$|n\rangle = \frac{\hat{a}^\dagger}{\sqrt{n}}|n-1\rangle = \frac{\hat{a}^\dagger}{\sqrt{n}}\frac{\hat{a}^\dagger}{\sqrt{n-1}}|n-2\rangle = \cdots = \frac{\hat{a}^{\dagger n}}{\sqrt{n!}}|0\rangle \tag{3.5.35}$$

这个公式在讨论能量本征态在坐标表象的波函数时马上要用到,见(3.5.46)式.

2. n 的物理意义

前面已给出线性谐振子的能量为

$$E_n = \hbar\omega\left(n+\frac{1}{2}\right),\quad n=0,1,2,\cdots$$

若以基态能量 $E_0=\frac{1}{2}\hbar\omega$ 为计算能量的起点,则谐振子定态的能量刚好为 $\hbar\omega$ 的整数倍.它与外界交换能量的最小单位为 $\hbar\omega$,可以看作每一个基元粒子所具有的能量(对于电磁场的谐振动,基元粒子就是光子;对于固体中离子场的谐振动,基元粒子就是声子).当谐振子处于$|n\rangle$态时,可看作有 n 个基元粒子处于 $\hbar\omega$ 的能级;当谐振子处于$|0\rangle$态时,就是没有基元粒子的状态,故称之为真空态.这样,就可以用 n 来标志处于 $\hbar\omega$ 能级上的基元粒子的数目,与 n 相对应的算符 $\hat{N}$ 就称为粒子数算符,以$\{|n\rangle\}$为基的表象也就称为粒子数表象.(3.5.33)~(3.5.34)式表明,$\hat{a}$ 与 $\hat{a}^\dagger$ 分别使 $\hat{N}$ 的本征值减少 1 或增加 1,即从 n 粒子态分别变为$(n-1)$粒子态或$(n+1)$粒子态,所以 $\hat{a}$ 与 $\hat{a}^\dagger$ 分别称为湮灭算符和产生算符.

3. 在粒子数表象中 $\hat{a}$ 与 $\hat{a}^\dagger$ 的矩阵元

利用(3.5.33)式,(3.5.34)式和$\{|n\rangle\}$的正交归一表示式,可得 $\hat{a}$ 与 $\hat{a}^\dagger$ 的矩阵元

$$\langle n'|\hat{a}|n\rangle = \sqrt{n}\langle n'|n-1\rangle = \sqrt{n}\,\delta_{n',n-1} \tag{3.5.36}$$

$$\langle n'|\hat{a}^\dagger|n\rangle = \sqrt{n+1}\langle n'|n+1\rangle = \sqrt{n+1}\,\delta_{n',n+1} \tag{3.5.37}$$

4. 在粒子数表象中 $\hat{x}$ 与 $\hat{p}$ 的矩阵元

利用 $\hat{a}$ 和 $\hat{a}^\dagger$ 的定义式可得

$$\hat{x} = \sqrt{\frac{\hbar}{2\mu\omega}}(\hat{a}^\dagger+\hat{a}),\quad \hat{p} = \mathrm{i}\sqrt{\frac{\mu\hbar\omega}{2}}(\hat{a}^\dagger-\hat{a}) \tag{3.5.38}$$

由此得 $\hat{x}$ 与 $\hat{p}$ 的矩阵元为

$$\langle n'|\hat{x}|n\rangle = \sqrt{\frac{\hbar}{2\mu\omega}}(\sqrt{n+1}\,\delta_{n',n+1}+\sqrt{n}\,\delta_{n',n-1}) \tag{3.5.39}$$

$$\langle n'|\hat{p}|n\rangle = i\sqrt{\frac{\mu\hbar\omega}{2}}(\sqrt{n+1}\,\delta_{n',n+1}-\sqrt{n}\,\delta_{n',n-1}) \tag{3.5.40}$$

在此基础上,便可在粒子数表象将 $\hat{N}$、$\hat{H}$、$\hat{a}$、$\hat{a}^\dagger$、$\hat{x}$、$\hat{p}$ 的矩阵表示写出来(留作练

习).

通过上面的讨论可发现,算符 $\hat{N}=\hat{a}^\dagger\hat{a}$ 的本征值谱 n,以及 $\hat{N}$、$\hat{a}^\dagger$、$\hat{a}$ 的物理意义都是通过对易关系$[\hat{a},\hat{a}^\dagger]=1$,$[\hat{N},\hat{a}]=-\hat{a}$,$[\hat{N},\hat{a}^\dagger]=\hat{a}^\dagger$ 得到的. 这表明,算符的性质是由算符所遵守的对易关系来决定的. 在 6.2 节,我们将再次看到这一事实.

习　题　3.5

3.5.1　试证明(3.5.34)式.

3.5.2　对于谐振子的能量本征态$|n\rangle$,试计算 $\overline{x}$、$\overline{p}$、$\overline{x^2}$、$\overline{p^2}$ 及 $\Delta x\Delta p$.

3.5.3　在粒子数表象中,试写出算符 $\hat{x}$、$\hat{p}$ 的矩阵表示 $x^{(N)}$ 及 $p^{(N)}$.

3.5.4　试用归纳法证明

$$\mathrm{e}^{\frac{1}{2}\xi^2}\left(\xi-\frac{\mathrm{d}}{\mathrm{d}\xi}\right)^n\mathrm{e}^{-\frac{1}{2}\xi^2}=(-1)^n\mathrm{e}^{\xi^2}\frac{\mathrm{d}^n}{\mathrm{d}\xi^n}\mathrm{e}^{-\xi^2}=H_n(\xi)$$

3.5.5　试利用 a 和 $a^\dagger$ 导出线性谐振子能量本征态在坐标表象的波函数.

3.6　薛定谔绘景　海森伯绘景　相互作用绘景

在介绍这三种绘景之前,不妨与经典力学作一对比. 在描述刚体上点的运动时,通常可以采用三种参考系:第一种参考系是实验室参考系,它的基矢相对实验室静止不动;第二种参考系是与刚体一起转动的参考系;第三种参考系是部分随刚体运动的参考系. 在后两种参考系中,它们的基矢相对实验室是运动的. 当然,在同一种参考系中,还可以选择不同的坐标系,如直角坐标系、球坐标系和柱坐标系等等.

量子力学在描写体系的运动时也有三种绘景:薛定谔绘景(S 绘景)、海森伯绘景(H 绘景)和相互作用绘景(I 绘景). 薛定谔绘景的基矢是静止不动的,而后两种绘景的基矢则随时间变化;而且在同一绘景中,还可以选择不同的表象,如坐标表象、动量表象、能量表象等.

之所以要选择不同的绘景和不同的表象,是为了计算方便;之所以能够选择不同的绘景,是因为波函数和算符都是不能测量的. 这样,波函数或算符是否随时间而变以及怎样变就可以由我们来定义. 人们最终感兴趣的,并且能与实验事实作比较的就是力学量取值的概率分布和由此确定的力学量的平均值. 一般来说,力学量的平均值 $\overline{F}=\langle\psi|\hat{F}|\psi\rangle$是会随时间变化的(体系处于定态是例外,守恒量是另一个例外). 但是 $\overline{F}$ 随时间变化是因为态矢$|\psi\rangle$随时间变化呢? 还是算符 $\hat{F}$ 随时间变化呢?

在前面几章，我们都认为 $\overline{F}$ 随时间的变化是由于 $|\psi\rangle$ 随时间的变化造成的（$\partial|\psi\rangle/\partial t\neq 0$），$\hat{F}$ 是不随时间变化的（$\partial\hat{F}/\partial t=0$，除个别显含时间的力学量算符外）. 量子力学的这种表述方式，称为薛定谔绘景. 但是，量子力学具有幺正变换下的不变性. 如果采用一个随时间变化的幺正算符进行变换，则量子力学的全部物理内容不变，但我们描绘态矢与力学量算符如何随时间变化的景象就改变了，这就导致海森伯绘景和相互作用绘景.

本节正是从力学量平均值不变（它反映体系的客观性质）出发，建立三种绘景之间的变换关系，进而建立三种绘景的基本方程，即态矢及算符的运动方程.

在容易引起混淆的地方，将用脚标（或肩标）S、H、I 标记不同绘景的态矢、力学量算符及其矩阵元，如 $|\psi_S(t)\rangle$、$|q_n^{(S)}\rangle$、$\hat{F}_S$、$\hat{F}_{mn}^{(S)}$ 等.

3.6.1 薛定谔绘景（S 绘景）

1. 薛定谔绘景的态矢

设力学量算符 $\hat{Q}$ 的本征值方程为

$$\hat{Q}_S \mid q_n^{(S)}\rangle = q_n \mid q_n^{(S)}\rangle \tag{3.6.1}$$

式中 $|q_n^{(S)}\rangle$ 与时间无关，以算符 $\hat{Q}_S$ 的本征矢系 $\{|q_n^{(S)}\rangle\}$ 为基就构成了薛定谔绘景中的 Q 表象.

(1) 态矢的运动方程. 在薛定谔绘景中，态矢遵守薛定谔方程

$$\mathrm{i}\hbar\frac{\partial}{\partial t}\mid\psi_S(t)\rangle = \hat{H}_S\mid\psi_S(t)\rangle \tag{3.6.2}$$

式中哈密顿算符往往可以分解为两部分

$$\hat{H}_S = \hat{H}_{0S} + \hat{H}'_S \tag{3.6.3}$$

式中 $\hat{H}_{0S}$ 不显含时间，是体系与外界无相互作用时的哈密顿算符；$\hat{H}'_S$ 是体系与外界相互作用哈密顿算符. 如果后者比前者“小”得多（其确切含义见 5.1 节），则把这种相互作用看作微扰，称 $\hat{H}'_S$ 为微扰哈密顿算符，而把 $\hat{H}_{0S}$ 称为无微扰哈密顿算符.

(2) 时间演化算符. 可以证明，当体系的哈密顿算符 $\hat{H}_S$ 不显含时间，$|\psi_S(t)\rangle$ 与 $|\psi(0)\rangle$ 有如下关系：

$$\mid\psi_S(t)\rangle = \hat{U}(t,0)\mid\psi(0)\rangle = \mathrm{e}^{-\frac{\mathrm{i}}{\hbar}\hat{H}_S t}\mid\psi(0)\rangle \tag{3.6.4}$$

式中的 $\hat{U}(t,0)=\mathrm{e}^{-\frac{\mathrm{i}}{\hbar}\hat{H}_S t}$ 称为时间演化算符. 它是幺正算符，并且满足初始条件

$$\hat{U}(0,0) = 1$$

证 为此，只要证明，以(3.6.4)式表示的 $|\psi_S(t)\rangle$ 遵守薛定谔方程.

用 $\mathrm{i}\hbar\frac{\partial}{\partial t}$ 作用于(3.6.4)式的两边，并利用算符函数 $\mathrm{e}^{-\frac{\mathrm{i}}{\hbar}\hat{H}_S t}$ 的定义式，即有

$$
\begin{aligned}
\mathrm{i}\hbar\frac{\partial}{\partial t}\mid\psi_{\mathrm{S}}(t)\rangle &= \mathrm{i}\hbar\frac{\partial}{\partial t}\mathrm{e}^{-\frac{\mathrm{i}}{\hbar}\hat{H}_{\mathrm{S}}t}\mid\psi(0)\rangle=\mathrm{i}\hbar\frac{\partial}{\partial t}\sum_{n=0}^{\infty}\frac{1}{n!}\Big(-\frac{\mathrm{i}}{\hbar}\hat{H}_{\mathrm{S}}t\Big)^{n}\mid\psi(0)\rangle \\
&= \mathrm{i}\hbar\sum_{n=1}^{\infty}\frac{1}{n!}\Big(-\frac{\mathrm{i}}{\hbar}\hat{H}_{\mathrm{S}}\Big)^{n}nt^{n-1}\mid\psi(0)\rangle \\
&= \hat{H}_{\mathrm{S}}\sum_{n=1}^{\infty}\frac{1}{(n-1)!}\Big(-\frac{\mathrm{i}}{\hbar}\hat{H}_{\mathrm{S}}t\Big)^{n-1}\mid\psi(0)\rangle \\
&= \hat{H}_{\mathrm{S}}\sum_{k=0}^{\infty}\frac{1}{k!}\Big(-\frac{\mathrm{i}}{\hbar}\hat{H}_{\mathrm{S}}t\Big)^{k}\mid\psi(0)\rangle=\hat{H}_{\mathrm{S}}\mathrm{e}^{-\frac{\mathrm{i}}{\hbar}\hat{H}_{\mathrm{S}}t}\mid\psi(0)\rangle=\hat{H}_{\mathrm{S}}\mid\psi_{\mathrm{S}}(t)\rangle
\end{aligned}
$$

这个公式在 3.6.2 节要用到. 若 $\hat{H}_{\mathrm{S}}$ 显含时间，可用迭代法求时间演化算符 $\hat{U}(t,0)$，在后续课程将会介绍.

2. 薛定谔绘景的算符

(1) 算符的运动方程. 在薛定谔绘景中的算符，除了定义中显含时间者(例如，在微扰 $\hat{H}'_{\mathrm{S}}$中含有随时间变化的电磁场)外，算符不随时间变化，即

$$
\mathrm{i}\hbar\frac{\partial}{\partial t}\hat{F}_{\mathrm{S}}=0 \tag{3.6.5}
$$

(2) 力学量的平均值. (3.3.5)式已给出

$$
\overline{F}=\langle\psi_{\mathrm{S}}(t)\mid\hat{F}_{\mathrm{S}}\mid\psi_{\mathrm{S}}(t)\rangle \tag{3.6.6}
$$

3. 薛定谔绘景的特点

薛定谔绘景的基本方程由 $\mathrm{i}\hbar\frac{\partial}{\partial t}|\psi_{\mathrm{S}}(t)\rangle=\hat{H}_{\mathrm{S}}|\psi_{\mathrm{S}}(t)\rangle$和 $\mathrm{i}\hbar\frac{\partial}{\partial t}\hat{F}_{\mathrm{S}}=0$ 表示，其特点是态矢随时间变化，算符和表象的基矢不随时间变化.

采用薛定谔绘景的优点是计算比较方便，求解薛定谔方程往往可以归结为求解较简单的微分方程；当体系与外界存在相互作用时，如果 $\hat{H}'_{\mathrm{S}}$比较简单时，可以用微扰论处理(见 5.1 节). 缺点是，对于微扰论不易处理的问题(如 $\hat{H}'_{\mathrm{S}}$比较复杂，或者 $\hat{H}'_{\mathrm{S}}$不比 $\hat{H}_{0\mathrm{S}}$“小”得多)，它就无能为力.

3.6.2　海森伯绘景(H 绘景)

1. 海森伯绘景的态矢和算符

(1) 定义. 从力学量平均值在不同绘景应保持不变为出发点，即利用

$$
\overline{F}=\langle\psi_{\mathrm{S}}(t)\mid\hat{F}_{\mathrm{S}}\mid\psi_{\mathrm{S}}(t)\rangle=\langle\psi_{\mathrm{H}}\mid\hat{F}_{\mathrm{H}}(t)\mid\psi_{\mathrm{H}}\rangle \tag{3.6.7}
$$

来定义 H 绘景的态矢和力学量.

将$|\psi_{\mathrm{S}}(t)\rangle=\mathrm{e}^{-\frac{\mathrm{i}}{\hbar}\hat{H}_{\mathrm{S}}t}|\psi(0)\rangle$代入(3.6.7)式的第一个等式，得

$$
\overline{F}=\langle\psi_{\mathrm{S}}(t)\mid\hat{F}_{\mathrm{S}}\mid\psi_{\mathrm{S}}(t)\rangle=\langle\psi(0)\mid\mathrm{e}^{\frac{\mathrm{i}}{\hbar}\hat{H}_{\mathrm{S}}t}\hat{F}_{\mathrm{S}}\mathrm{e}^{-\frac{\mathrm{i}}{\hbar}\hat{H}_{\mathrm{S}}t}\mid\psi(0)\rangle \tag{3.6.8}
$$

比较(3.6.7)式和(3.6.8)式，便可给出海森伯绘景中态矢和力学量算符的定义

$$|\psi_{\mathrm{H}}\rangle=|\psi(0)\rangle=\mathrm{e}^{\frac{\mathrm{i}}{\hbar}\hat{H}_{\mathrm{S}}t}|\psi_{\mathrm{S}}(t)\rangle \tag{3.6.9}$$

$$\hat{F}_{\mathrm{H}}(t)=\mathrm{e}^{\frac{\mathrm{i}}{\hbar}\hat{H}_{\mathrm{S}}t}\hat{F}_{\mathrm{S}}\mathrm{e}^{-\frac{\mathrm{i}}{\hbar}\hat{H}_{\mathrm{S}}t} \tag{3.6.10}$$

由(3.6.10)式可见，若 $\hat{F}_{\mathrm{S}}$ 与 $\hat{H}_{\mathrm{S}}$ 不对易，因而也与 $\mathrm{e}^{-\frac{\mathrm{i}}{\hbar}\hat{H}_{\mathrm{S}}t}$ 不对易，则有

$$\hat{F}_{\mathrm{H}}(t)\neq\hat{F}_{\mathrm{S}} \tag{3.6.11}$$

若取 $\hat{F}_{\mathrm{S}}$ 为 $\hat{H}_{\mathrm{S}}$，由于 $\hat{H}_{\mathrm{S}}$ 与 $\mathrm{e}^{-\frac{\mathrm{i}}{\hbar}\hat{H}_{\mathrm{S}}t}$ 对易，因此

$$\hat{H}_{\mathrm{H}}=\mathrm{e}^{\frac{\mathrm{i}}{\hbar}\hat{H}_{\mathrm{S}}t}\hat{H}_{\mathrm{S}}\mathrm{e}^{-\frac{\mathrm{i}}{\hbar}\hat{H}_{\mathrm{S}}t}=\hat{H}_{\mathrm{S}} \tag{3.6.12}$$

(2) 态矢的运动方程. 由于 $|\psi_{\mathrm{H}}\rangle=|\psi(0)\rangle$ 与时间无关，故在海森伯绘景中，态矢运动方程为

$$\mathrm{i}\hbar\frac{\partial}{\partial t}|\psi_{\mathrm{H}}\rangle=0 \tag{3.6.13}$$

(3) 算符的运动方程. 利用 $\mathrm{i}\hbar\frac{\partial}{\partial t}$ 作用于(3.6.10)式两边，并将(3.6.12)式代入，可得

$$\begin{aligned}\mathrm{i}\hbar\frac{\partial\hat{F}_{\mathrm{H}}}{\partial t}&=\mathrm{i}\hbar\frac{\partial}{\partial t}(\mathrm{e}^{\frac{\mathrm{i}}{\hbar}\hat{H}_{\mathrm{S}}t}\hat{F}_{\mathrm{S}}\mathrm{e}^{-\frac{\mathrm{i}}{\hbar}\hat{H}_{\mathrm{S}}t})=\mathrm{i}\hbar\frac{\partial}{\partial t}(\mathrm{e}^{\frac{\mathrm{i}}{\hbar}\hat{H}_{\mathrm{S}}t})\hat{F}_{\mathrm{S}}\mathrm{e}^{-\frac{\mathrm{i}}{\hbar}\hat{H}_{\mathrm{S}}t}+\mathrm{i}\hbar\mathrm{e}^{\frac{\mathrm{i}}{\hbar}\hat{H}_{\mathrm{S}}t}\hat{F}_{\mathrm{S}}\frac{\partial}{\partial t}(\mathrm{e}^{-\frac{\mathrm{i}}{\hbar}\hat{H}_{\mathrm{S}}t})\\&=-\hat{H}_{\mathrm{S}}\mathrm{e}^{\frac{\mathrm{i}}{\hbar}\hat{H}_{\mathrm{S}}t}\hat{F}_{\mathrm{S}}\mathrm{e}^{-\frac{\mathrm{i}}{\hbar}\hat{H}_{\mathrm{S}}t}+\mathrm{e}^{\frac{\mathrm{i}}{\hbar}\hat{H}_{\mathrm{S}}t}\hat{F}_{\mathrm{S}}\mathrm{e}^{-\frac{\mathrm{i}}{\hbar}\hat{H}_{\mathrm{S}}t}\hat{H}_{\mathrm{S}}=-\hat{H}_{\mathrm{H}}\hat{F}_{\mathrm{H}}(t)+\hat{F}_{\mathrm{H}}(t)\hat{H}_{\mathrm{H}}\\&=[\hat{F}_{\mathrm{H}}(t),\hat{H}_{\mathrm{H}}]\end{aligned} \tag{3.6.14}$$

上式称海森伯方程，它给出算符随时间变化的规律，决定了体系随时间演化的性质. 海森伯绘景中的海森伯方程起着与薛定谔绘景中薛定谔方程相似的作用.

2. 两绘景态矢之间的关系

在海森伯绘景中，力学量算符 $\hat{Q}_{\mathrm{H}}(t)$ 的本征值方程为

$$\hat{Q}_{\mathrm{H}}(t)|q_n^{(\mathrm{H})}(t)\rangle=q_n|q_n^{(\mathrm{H})}(t)\rangle \tag{3.6.15}$$

在不同绘景中，力学量取 q_n 值的概率相同(即 ψ 态的体系处于 $q=q_n$ 的本征态的概率相同)，因而

$$\langle q_n^{(\mathrm{H})}(t)|\psi_{\mathrm{H}}\rangle=\langle q_n^{(\mathrm{S})}|\psi_{\mathrm{S}}(t)\rangle \tag{3.6.16}$$

由(3.6.9)式 $|\psi_{\mathrm{H}}\rangle=\mathrm{e}^{\frac{\mathrm{i}}{\hbar}\hat{H}_{\mathrm{S}}t}|\psi_{\mathrm{S}}(t)\rangle$ 可得

$$|\psi_{\mathrm{S}}(t)\rangle=\mathrm{e}^{-\frac{\mathrm{i}}{\hbar}\hat{H}_{\mathrm{S}}t}|\psi_{\mathrm{H}}\rangle \tag{3.6.17}$$

将(3.6.17)式代入(3.6.16)式即有

$$\langle q_n^{(\mathrm{H})}(t)|\psi_{\mathrm{H}}\rangle=\langle q_n^{(\mathrm{S})}|\mathrm{e}^{-\frac{\mathrm{i}}{\hbar}\hat{H}_{\mathrm{S}}t}|\psi_{\mathrm{H}}\rangle \tag{3.6.18}$$

由$|\psi_{\rm H}\rangle$的任意性,便有

$$\langle q_n^{(\rm H)}(t)| = \langle q_n^{(\rm S)}| \, {\rm e}^{-\frac{\rm i}{\hbar}\hat{H}_{\rm S}t} \qquad (3.6.19)$$

取共轭,得

$$|q_n^{(\rm H)}(t)\rangle = {\rm e}^{\frac{\rm i}{\hbar}\hat{H}_{\rm S}t}|q_n^{(\rm S)}\rangle \qquad (3.6.20)$$

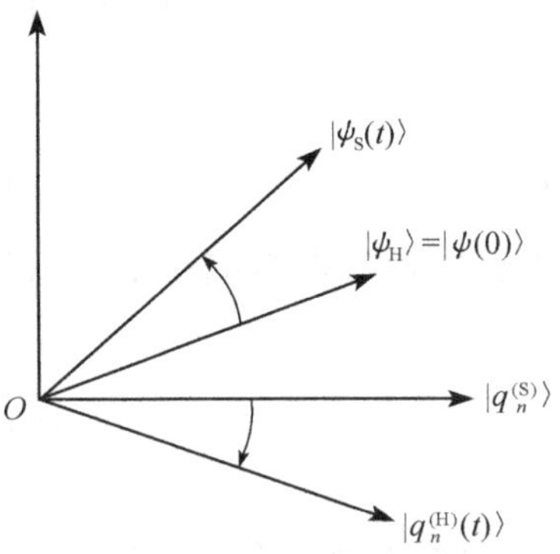

图 3.2

(3.6.20)式说明,海森伯绘景的基矢$|q_n^{(\rm H)}(t)\rangle$要随时间而变,比较(3.6.17)式和(3.6.20)式不难发现(见图 3.2):当$|\psi_{\rm S}(t)\rangle$相对$|\psi_{\rm H}\rangle=|\psi_{\rm S}(0)\rangle$转动多少角度,则$|q_n^{(\rm H)}(t)\rangle$相对$|q_n^{(\rm S)}\rangle$逆转多少角度,保证$|\psi_{\rm S}(t)\rangle$与$|q_n^{(\rm S)}\rangle$的夹角始终等于$|\psi_{\rm H}\rangle$与$|q_n^{(\rm H)}(t)\rangle$的夹角.

3. 海森伯绘景的特点

海森伯绘景的基本方程由 ${\rm i}\hbar\dfrac{\partial}{\partial t}|\psi_{\rm H}\rangle=0$ 和 ${\rm i}\hbar\dfrac{\partial \hat{F}_{\rm H}}{\partial t}=[\hat{F}_{\rm H}(t),\hat{H}_{\rm H}]$表示,其特点是态矢不随时间而变,但力学量算符及基矢随时间而变.

还应注意到,在进入海森伯绘景的 Q 表象时,希尔伯特空间的基不是算符 $\hat{Q}_{\rm H}(t)$的本征矢系$\{|q_n^{(\rm H)}(t)\rangle\}$,而是算符 $\hat{Q}_{\rm H}(0)$的本征矢系$\{|q_n^{(\rm H)}(0)\rangle\}$. 在海森伯绘景的 Q 表象中,与态矢$|\psi_{\rm H}\rangle$对应的正好是不含时的列矩阵 $\psi^{\rm H}$;与算符 $\hat{G}_{\rm H}(t)$对应的是含时厄米方阵 $G^{(\rm H)}(t)$.

海森伯绘景与薛定谔绘景之间的变换是通过时间演化算符 $\hat{U}(t,0)={\rm e}^{-\frac{\rm i}{\hbar}\hat{H}_{\rm S}t}$来实现的

$$|\psi_{\rm S}(t)\rangle = {\rm e}^{-\frac{\rm i}{\hbar}\hat{H}_{\rm S}t}|\psi_{\rm S}(0)\rangle = {\rm e}^{-\frac{\rm i}{\hbar}\hat{H}_{\rm S}t}|\psi_{\rm H}\rangle$$

它是一个幺正变换.

但是,它与表象变换中的幺正变换是不同的:表象变换是选用希尔伯特空间不同的“坐标系”表示体系同一时刻的态,相当于在同一时刻转动了“坐标系”;而绘景变换是在 $t=0$ 到 t 的时间进程中,表现为态矢从$|\psi_{\rm H}\rangle=|\psi_{\rm S}(0)\rangle$到$|\psi_{\rm S}(t)\rangle$的转动.

3.6.3　相互作用绘景(I 绘景)

1. 相互作用绘景的态矢和算符

(1) 定义. 我们仍然从力学量平均值保持不变为出发点,即利用

$$\overline{F} = \langle\psi_{\rm S}(t)|\hat{F}_{\rm S}|\psi_{\rm S}(t)\rangle = \langle\psi_{\rm I}(t)|\hat{F}_{\rm I}(t)|\psi_{\rm I}(t)\rangle \qquad (3.6.21)$$

来定义相互作用绘景的态矢和力学量.

在相互作用绘景中，态矢$|\psi_{\mathrm{I}}(t)\rangle$对时间的依赖关系是

$$|\psi_{\mathrm{S}}(t)\rangle = \mathrm{e}^{-\frac{\mathrm{i}}{\hbar}\hat{H}_{0\mathrm{S}}t}|\psi_{\mathrm{I}}(t)\rangle \tag{3.6.22}$$

式中$\hat{H}_{0\mathrm{S}}$是无微扰哈密顿算符，见(3.6.3)式.

将(3.6.22)式代入(3.6.21)式，得

$$\overline{F} = \langle\psi_{\mathrm{S}}(t)|\hat{F}_{\mathrm{S}}|\psi_{\mathrm{S}}(t)\rangle = \langle\psi_{\mathrm{I}}(t)|\mathrm{e}^{\frac{\mathrm{i}}{\hbar}\hat{H}_{0\mathrm{S}}t}\hat{F}_{\mathrm{S}}\mathrm{e}^{-\frac{\mathrm{i}}{\hbar}\hat{H}_{0\mathrm{S}}t}|\psi_{\mathrm{I}}(t)\rangle \tag{3.6.23}$$

比较(3.6.20)式和(3.6.23)式，即得

$$\hat{F}_{\mathrm{I}}(t) = \mathrm{e}^{\frac{\mathrm{i}}{\hbar}\hat{H}_{0\mathrm{S}}t}\hat{F}_{\mathrm{S}}\mathrm{e}^{-\frac{\mathrm{i}}{\hbar}\hat{H}_{0\mathrm{S}}t} \tag{3.6.24}$$

由(3.6.24)式可见，若$\hat{F}_{\mathrm{S}}$与$\hat{H}_{0\mathrm{S}}$不对易，则$\hat{F}_{\mathrm{S}}$与$\mathrm{e}^{-\frac{\mathrm{i}}{\hbar}\hat{H}_{0\mathrm{S}}t}$也不对易，即$F_{\mathrm{I}}(t)\neq\hat{F}_{\mathrm{S}}$. 但若取$\hat{F}_{\mathrm{S}}$为$\hat{H}_{0\mathrm{S}}$，则有

$$\hat{H}_{0\mathrm{I}} = \mathrm{e}^{\frac{\mathrm{i}}{\hbar}\hat{H}_{0\mathrm{S}}t}\hat{H}_{0\mathrm{S}}\mathrm{e}^{-\frac{\mathrm{i}}{\hbar}\hat{H}_{0\mathrm{S}}t} = \hat{H}_{0\mathrm{S}} \tag{3.6.25}$$

(2) 态矢运动方程. 将(3.6.3)式和(3.6.22)式代入薛定谔方程，即

$$\mathrm{i}\hbar\frac{\partial}{\partial t}[\mathrm{e}^{-\frac{\mathrm{i}}{\hbar}\hat{H}_{0\mathrm{S}}t}|\psi_{\mathrm{I}}(t)\rangle] = (\hat{H}_{0\mathrm{S}}+\hat{H}'_{\mathrm{S}})\mathrm{e}^{-\frac{\mathrm{i}}{\hbar}\hat{H}_{0\mathrm{S}}t}|\psi_{\mathrm{I}}(t)\rangle \tag{3.6.26}$$

用$\mathrm{e}^{\frac{\mathrm{i}}{\hbar}\hat{H}_{0\mathrm{S}}t}$左乘上式两边后，再将(3.6.25)式及(3.6.24)式代入，约去$\hat{H}_{0\mathrm{I}}|\psi_{\mathrm{I}}(t)\rangle$，得

$$\mathrm{i}\hbar\frac{\partial}{\partial t}|\psi_{\mathrm{I}}(t)\rangle = \hat{H}'_{\mathrm{I}}|\psi_{\mathrm{I}}(t)\rangle \tag{3.6.27}$$

式中$\hat{H}'_{\mathrm{I}}$是相互作用绘景的微扰哈密顿算符.

(3) 算符的运动方程. 用$\mathrm{i}\hbar\frac{\partial}{\partial t}$作用于(3.6.24)式，并将(3.6.25)式代入得

$$\begin{aligned}\mathrm{i}\hbar\frac{\partial}{\partial t}\hat{F}_{\mathrm{I}}(t) &= \mathrm{i}\hbar\frac{\partial}{\partial t}[\mathrm{e}^{\frac{\mathrm{i}}{\hbar}\hat{H}_{0\mathrm{S}}t}\hat{F}_{\mathrm{S}}\mathrm{e}^{-\frac{\mathrm{i}}{\hbar}\hat{H}_{0\mathrm{S}}t}]\\ &= \mathrm{i}\hbar\left[\left(\frac{\mathrm{i}}{\hbar}\hat{H}_{0\mathrm{S}}\right)\mathrm{e}^{\frac{\mathrm{i}}{\hbar}\hat{H}_{0\mathrm{S}}t}\hat{F}_{\mathrm{S}}\mathrm{e}^{-\frac{\mathrm{i}}{\hbar}\hat{H}_{0\mathrm{S}}t}+\mathrm{e}^{\frac{\mathrm{i}}{\hbar}\hat{H}_{0\mathrm{S}}t}\hat{F}_{\mathrm{S}}\mathrm{e}^{-\frac{\mathrm{i}}{\hbar}\hat{H}_{0\mathrm{S}}t}\left(-\frac{\mathrm{i}}{\hbar}\hat{H}_{0\mathrm{S}}\right)\right]\\ &= -\hat{H}_{0\mathrm{I}}\hat{F}_{\mathrm{I}}+\hat{F}_{\mathrm{I}}\hat{H}_{0\mathrm{I}} = [\hat{F}_{\mathrm{I}},\hat{H}_{0\mathrm{I}}]\end{aligned} \tag{3.6.28}$$

式中$\hat{H}_{0\mathrm{I}}$是相互作用绘景中的无微扰哈密顿算符.

2. 相互作用绘景的特点

相互作用绘景的基本方程是$\mathrm{i}\hbar\frac{\partial}{\partial t}|\psi_{\mathrm{I}}(t)\rangle = \hat{H}'_{\mathrm{I}}|\psi_{\mathrm{I}}(t)\rangle$和$\mathrm{i}\hbar\frac{\partial}{\partial t}\hat{F}_{\mathrm{I}}(t) = [\hat{F}_{\mathrm{I}},\hat{H}_{0\mathrm{I}}]$，其特点是力学量算符的运动方程决定于$\hat{H}_{0\mathrm{I}}$，态矢的运动方程只决定于$\hat{H}'_{\mathrm{I}}$. 不难发现，其态矢、力学量算符和基矢均随时间而变(见习题3.6.1).

相互作用绘景的优点是，当无微扰体系的本征态已知道，微扰$\hat{H}'_{\mathrm{I}}$加入后只影响态矢而不影响力学量算符[见方程(3.6.28)]；而态矢$|\psi_{\mathrm{I}}(t)\rangle$的运动方程只含一个影响较小的微扰算符，可以近似求解，这使相互作用绘景特别适用于微扰论.

最后,将各绘景的态矢与算符变换关系,以及态矢与算符运动方程列于表 3.4.

表 3.4　三个绘景的比较

	薛定谔绘景(S 绘景)	海森伯绘景(H 绘景)	相互作用绘景(I 绘景)
Q 表象基矢	$\vert q_n^{(S)}\rangle$与时间无关	$\vert q_n^{(H)}(t)\rangle=e^{\frac{i}{\hbar}\hat{H}_S t}\vert q_n^{(S)}\rangle$	$\vert q_n^{(I)}(t)\rangle=e^{\frac{i}{\hbar}\hat{H}_{0S} t}\vert q_n^{(S)}\rangle$
态矢变换关系	$\vert\psi_S(t)\rangle=e^{-\frac{i}{\hbar}\hat{H}_S t}\vert\psi(0)\rangle$	$\vert\psi_H\rangle=e^{\frac{i}{\hbar}\hat{H}_S t}\vert\psi_S(t)\rangle$	$\vert\psi_I(t)\rangle=e^{\frac{i}{\hbar}\hat{H}_{0S} t}\vert\psi_S(t)\rangle$
算符变换关系	$\hat{F}_S=\hat{F}_S(0)$ (除个别显含时间者外)	$\hat{F}_H(t)=e^{\frac{i}{\hbar}\hat{H}_S t}\hat{F}_S e^{-\frac{i}{\hbar}\hat{H}_S t}$ 特别是 $\hat{H}_H=\hat{H}_S$	$\hat{F}_I(t)=e^{\frac{i}{\hbar}\hat{H}_{0S} t}\hat{F}_S e^{-\frac{i}{\hbar}\hat{H}_{0S} t}$ 特别是 $\hat{H}_{0I}=\hat{H}_{0S}$
态矢运动方程	$i\hbar\frac{\partial}{\partial t}\vert\psi_S(t)\rangle=\hat{H}_S\vert\psi_S(t)\rangle$	$i\hbar\frac{\partial}{\partial t}\vert\psi_H\rangle=0$	$i\hbar\frac{\partial}{\partial t}\vert\psi_I(t)\rangle=\hat{H}'_I\vert\psi_I(t)\rangle$
算符运动方程	$i\hbar\frac{\partial\hat{F}_S}{\partial t}=0$ (除个别显含时间者外)	$i\hbar\frac{\partial}{\partial t}\hat{F}_H(t)=[\hat{F}_H(t),\hat{H}_H]$ [$\hat{F}_H(t)$显含 t]	$i\hbar\frac{\partial}{\partial t}\hat{F}_I(t)=[\hat{F}_I(t),\hat{H}_{0I}]$ [$\hat{F}_I(t)$显含 t]

作为本篇的结束,让我们扼要回顾一下量子力学的建立历程.自德布罗意在 1923 年提出物质波的观念后,薛定谔从微观粒子的波动性出发,利用波函数 $\psi(\boldsymbol{x},t)$ 描述微观粒子的运动,于 1926 年建立了物质波的波动方程——薛定谔方程(1.4 节).同年,玻恩提出了波函数的统计解释(1.2 节).利用波函数的标准条件和归一化条件求解薛定谔方程,得到简谐振子和氢原子的离散能谱(1.5 节,4.2 节),与实验事实完全符合.其后,这一理论还解释了大量的量子现象,薛定谔把它称为波动力学.

与此同时,海森伯、玻恩、约丹和狄拉克等人在 1925 年建立了矩阵力学,他们关注量子体系的力学量及其测量.通过引入算符(选定表象后就用矩阵)表示力学量(2.1 节,3.2 节),进而得到算符的对易关系(2.2 节)及算符的运动方程(2.7 节).由于算符运动方程与经典力学的正则方程很相似,只要将经典力学的所有泊松括号改为量子泊松括号,便可由经典力学的正则方程过渡到算符运动方程,矩阵力学这种从经典力学过渡到量子力学的方法称为正则量子化.

1926 年,薛定谔证明了矩阵力学与波动力学的等价性.同年底,狄拉克和约丹完成了变换理论,把波动力学和矩阵力学综合成为一个量子力学体系.1930 年,狄拉克出版了他的经典名著《量子力学原理》.

从下一篇开始,我们将讨论量子力学在定态问题,跃迁问题与散射问题的应用.

习　题　3.6

3.6.1　试导出态矢在海森伯绘景的能量表象中的矩阵元 $a_n^{(H)}$ 与薛定谔绘景中相应的矩阵

元 $a_n^{(S)}$ 的关系.

3.6.2 设 $\hat{H}_S$ 与 $\hat{G}_S$ 不显含时间，试在海森伯绘景的能量表象计算 $\hat{G}_H$ 的矩阵元 $G_{mn}^{(H)}(t)$ 随时间变化的规律.

3.6.3 试求海森伯绘景中一维自由粒子的坐标算符 $\hat{x}_H$ 和动量算符 $\hat{p}_H$.

3.6.4 试求海森伯绘景中线性谐振子的坐标算符 $\hat{x}_H$ 和动量算符 $\hat{p}_H$.

3.6.5 试求相互作用绘景中 Q 表象的基矢 $|q_n^{(I)}(t)\rangle$ 随时间变化的规律.

第二篇　定态问题

第一篇我们已完成了对量子力学整个理论框架的说明，现在的任务就是在给定条件下求解薛定谔方程，预言体系状态的变化.

量子力学要处理的实际问题，可归纳为三类：定态问题、跃迁问题和散射问题.本篇讨论定态问题，跃迁问题和散射问题在第四篇讨论.

在定态问题中，体系的哈密顿算符不依赖于时间，所以问题可归结为求解定态薛定谔方程.

第 4 章讨论定态问题的严格解法.

本章分别讨论粒子在一维势场中的运动，粒子在库仑场中的运动，粒子在恒定电磁场中运动的问题.

第 5 章讨论定态问题的近似解法.

本章分别用非简并态微扰论、简并态微扰论和变分法寻找定态问题的近似解.

第 4 章　定态问题的严格解

本章严格求解定态问题，根据给定的势场，波函数的标准条件和归一化条件求解定态薛定谔方程

$$-\frac{\hbar^2}{2\mu}\nabla^2\psi(\boldsymbol{x})+U(\boldsymbol{x})\psi(\boldsymbol{x})=E\psi(\boldsymbol{x})$$

任务就是要找出体系的稳定状态：

(1) 对于束缚态问题，要求出其能级和波函数；

(2) 对于非束缚态问题，要求出入射粒子流被势场反射的概率及穿透势场的概率.

本章讨论粒子在一维势场，库仑场和恒定电磁场中运动的问题.

4.1　粒子在一维势场中的运动　隧道效应

本节求解定态问题，即根据给定的一维势场 $U(x)$ 和波函数的标准条件求解一维定态薛定谔方程

$$-\frac{\hbar^2}{2\mu}\psi''(x)+U(x)\psi(x)=E\psi(x) \tag{4.1.1}$$

本节讨论粒子在一维方势阱，一维方势垒，半无限高方势阱，阶梯势阱，δ 势阱，库仑势垒和 δ 势垒中的运动(部分安排在习题中).

最后，介绍反映一维定态普遍性质的一维束缚定态存在定理.

4.1.1　一维方势阱

现在讨论粒子在有限深对称方势阱的运动，其势场为

$$U(x)=\begin{cases}0, & |x|<a/2\\ U_0, & |x|>a/2\end{cases} \tag{4.1.2}$$

式中 a 称为阱宽，U_0 称为势阱的深度(见图 4.1).

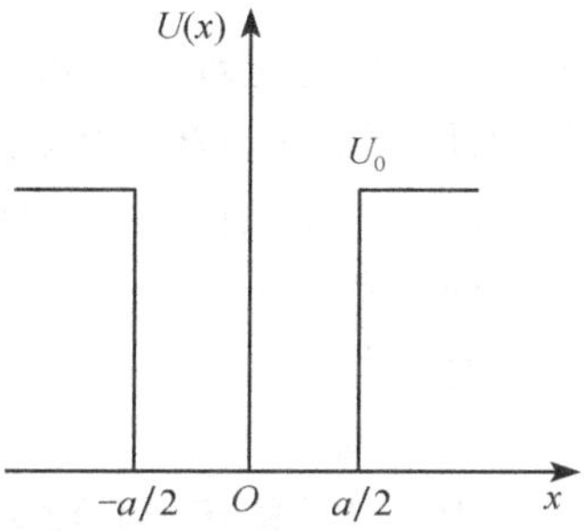

图 4.1

首先讨论束缚态的情形(粒子的能量 $E<U_0$).

我们感兴趣的是粒子的能级与相应的波函数.

1. 阱外波函数的形式

引入实参数

$$k' = \sqrt{2\mu(U_0 - E)/\hbar^2} \tag{4.1.3}$$

阱外的定态薛定谔方程可简化为

$$\psi''(x) - k'^2\psi(x) = 0, \qquad |x| > a/2 \tag{4.1.4}$$

方程有两个线性无关的特解 $e^{k'x}$ 和 $e^{-k'x}$.

由波函数的标准条件可知,$\psi(x)$的有界解为

$$\psi(x) = \begin{cases} Ae^{k'x} + A'e^{-k'x} \\ Ce^{k'x} + C'e^{-k'x} \end{cases} = \begin{cases} A'e^{-k'x}, & x > a/2 \\ Ce^{k'x}, & x < -a/2 \end{cases} \tag{4.1.5}$$

因为在$|x|\to\infty$时,只有让 $A=C'=0$ 才能保证 $\psi(x)$有界,常数 A'和 C 为待定系数.

对于无限深势阱,将 $U_0\to\infty$代入(4.1.3)式可得 $k'\to\infty$,代入(4.1.5)式即有 $\psi(x)=0$(阱外区域).但对有限深势阱,(4.1.5)式表明,粒子可进入阱外区域.

2. 阱内波函数的形式

引入参数

$$k = \sqrt{2\mu E/\hbar^2} \tag{4.1.6}$$

阱内的定态薛定谔方程可简化为

$$\psi''(x) + k^2\psi(x) = 0, \qquad |x| < a/2 \tag{4.1.7}$$

易见方程的解具有 $\cos kx$,$\sin kx$ 或 e^{ikx},e^{-ikx} 的形式.

能量本征态应具有什么形式,最简单的方法就是考察它是否具有确定的宇称?能量本征态具有确定宇称的条件是:① $\hat{H}$ 是偶宇称算符,②能量本征值无简并.

在有限深对称方势阱的情况下,$\hat{H} = -\dfrac{\hbar^2}{2\mu}\dfrac{d^2}{dx^2} + U_0$ 具有偶宇称;并且,一维束缚定态无简并定理指出,若$U(x)$在 x 有限处无奇点,则一维的束缚态无简并.因此,有限深对称方势阱中粒子的能级无简并.

既然两个条件都得到满足,阱中粒子的能量的本征函数必有确定的宇称.其中

偶宇称态为　　$\psi(x) = B\cos kx, \quad |x| < a/2$　　(4.1.8)

奇宇称态为　　$\psi(x) = B'\sin kx, \quad |x| < a/2$　　(4.1.9)

3. 能级

为了计算能级,可在势能曲线的跃变点处($x=\pm a/2$)采用$(\ln\psi)'$连续的条件,(根据 ψ'与 ψ 在 $x=\pm a/2$ 处连续,因此 $\psi'/\psi = (\ln\psi)'$在 $x=\pm a/2$ 处也连续.)采用

这个条件的好处是ψ'/ψ自动消去了待定系数A'、B、B'和C，比较方便.

现在分别讨论奇、偶宇称态的能级.

(1) 偶宇称态的能级.

由阱内波函数$\psi(x)=B\cos kx$与阱外波函数$\psi(x)=A'\mathrm{e}^{-k'x}$在$x=a/2$处$(\ln\psi)'$连续的条件，便有

$$(\ln\cos kx)'\big|_{x=a/2}=(\ln\mathrm{e}^{-k'x})'\big|_{x=a/2},\quad 即\quad k\tan\frac{ka}{2}=k' \tag{4.1.10}$$

由$(\ln\psi)'$在$x=-a/2$处的连续性条件也得到(4.1.10)式.

引入参数

$$\xi=\frac{1}{2}ka,\quad \eta=\frac{1}{2}k'a \tag{4.1.11}$$

可将(4.1.10)式简化为确定ξ与η的一个方程

$$\xi\tan\xi=\eta \tag{4.1.12}$$

利用(4.1.3)式、(4.1.6)式和(4.1.11)式可以得到确定ξ与η的另一个方程

$$\xi^2+\eta^2=\frac{a^2}{4}(k^2+k'^2)=\frac{\mu U_0a^2}{2\hbar^2} \tag{4.1.13}$$

(4.1.12)、(4.1.13)式是ξ与η满足的超越代数联立方程组，现在利用图解法求解，见图4.2(a). (4.1.12)式给出一组曲线，但(4.1.13)式仅给出唯一的一个圆.(图中画出不同半径的圆周，是说明当$\sqrt{\mu U_0a^2/2\hbar^2}$取不同值时，某一圆周与曲线族将会出现多少个交点.)将两曲线交点的横坐标ξ代入(4.1.11)式得k，再代入(4.1.6)式即可求得能级

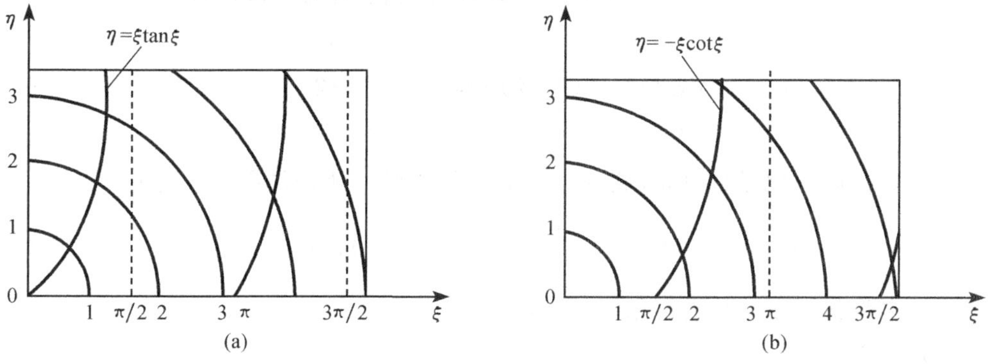

图 4.2

$$E = \frac{\hbar^2 k^2}{2\mu} = \frac{2\hbar^2 \xi^2}{\mu a^2} \tag{4.1.14}$$

由图可见，曲线族 $\eta = \xi\tan\xi$ 有一条曲线必经过坐标原点，因此圆

$$\xi^2 + \eta^2 = \mu U_0 a^2 / 2\hbar^2$$

必与之相交. 这表明，联立方程组至少有一个解，即至少有一个束缚态(偶宇称的基态). 当圆的半径 $R = \sqrt{\mu U_0 a^2 / 2\hbar^2}$ 比较大，则与曲线族有多个交点，即存在别的束缚态(偶宇称的激发态).

(2) 奇宇称态的能级.

由阱内波函数 $\psi(x) = B'\sin kx$ 与阱外波函数 $\psi(x) = A' e^{-k'x}$ 在 $x = a/2$ 处 $(\ln\psi)'$ 连续的条件，便有

$$(\ln\sin kx)'\,|_{x=a/2} = (\ln e^{-k'x})'\,|_{x=a/2} \quad 即 \quad -\xi\cot\xi = \eta \tag{4.1.15}$$

由 $(\ln\psi)'$ 在 $x = -a/2$ 处的连续性条件也得到(4.1.15)式.

(4.1.15)、(4.1.13)式是 ξ 与 η 满足的联立方程组，也可以利用图解法求解. 但由图 4.2(b)可见，仅当圆的半径 $R = \sqrt{\mu U_0 a^2 / 2\hbar^2} > \pi/2$ 时，圆才与曲线族有交点，才出现奇宇称态.

4. 利用 ψ 的连续性条件和归一化条件确定波函数的归一化常数

对于偶宇称态，利用 $\psi(x)$ 在 $x = \pm a/2$ 处的连续性条件得

$$A' e^{-k'a/2} = B\cos k(a/2) \tag{4.1.16}$$

$$C e^{k'(-a/2)} = B\cos k(-a/2) \tag{4.1.17}$$

由此即可用 C 表示 A' 和 B

$$A' = C, \quad B = C e^{-k'a/2} \sec(ka/2) \tag{4.1.18}$$

将(4.1.18)式代入(4.1.5)式和(4.1.8)式，即得偶宇称态的波函数

$$\psi(x) = \begin{cases} C e^{k'x}, & x < -a/2 \\ C e^{-k'a/2} \sec(ka/2) \cos kx, & -a/2 < x < a/2 \\ C e^{-k'x}, & x > a/2 \end{cases} \tag{4.1.19}$$

式中的 C 由归一化条件确定. 将(4.1.19)式代入归一化条件即可求得 C

$$\int_{-\infty}^{\infty} |\psi|^2 dx = \left(\int_{-\infty}^{-a/2} + \int_{-a/2}^{a/2} + \int_{a/2}^{\infty}\right) |\psi|^2 dx = 1 \tag{4.1.20}$$

奇宇称态的波函数也可用同法确定.

5. 讨论

(1) 能量取离散值是处于束缚态的粒子的特征.

由(4.1.3)、(4.1.5)、(4.1.6)、(4.1.8)、(4.1.9)式可见，待定的参数 k 与系数

A'、C、B、B'总共有五个(注意k'与k不互相独立). 而连续性条件有四个,归一化条件有一个,刚好五个方程五个未知数,因而k必受到限制而取离散值.

(2) E与$U(x)$的大小决定波函数是振荡形式还是衰减形式.(这个结论具有普遍的意义.)

① 在阱内,$E>U(x)=0$,波函数是振荡波函数见(4.1.8)~(4.1.9)式;

② 在阱外,$E<U_0$,波函数是指数衰减波函数见(4.1.5)式.

阱外$E<U_0$是经典禁区,$|\psi|^2\neq 0$的原因在"不确定性关系"中已讨论过.

(3) 无论方势阱的深度与宽度如何,至少有一个束缚定态(偶宇称态)存在.

(4) 对于$E>U_0$的情形,可在一维方势垒的结果中用$-U_0$代替U_0,即为一维方势阱$E>U_0$的结果.

4.1.2 一维方势垒 隧道效应

能量为E的粒子沿x轴正向入射到一维势垒的运动(图4.3),其势场为($U_0>0$)

$$U(x)=\begin{cases}U_0, & 0<x<a\\ 0, & x<0,\quad x>a\end{cases}\tag{4.1.21}$$

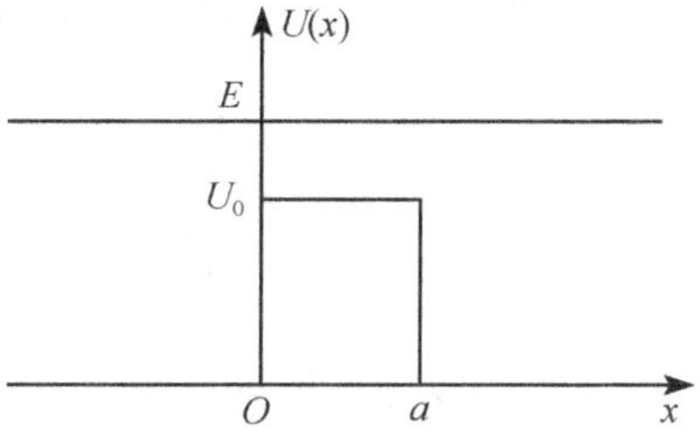

图 4.3

先讨论$E>U_0$的粒子在一维方势垒中的运动,随后讨论$E<U_0$的粒子在一维方势垒和$E>U_0$的粒子在一维方势阱的运动.

1. 能量$E>U_0$的粒子在一维方势垒中的运动

(1) 分区的薛定谔方程

$$\begin{cases}\psi_1''(x)+k_1^2\psi_1(x)=0, & k_1=\sqrt{2\mu E/\hbar^2}, & x<0\\ \psi_2''(x)+k_2^2\psi_2(x)=0, & k_2=\sqrt{2\mu(E-U_0)/\hbar^2}, & 0<x<a\\ \psi_3''(x)+k_3^2\psi_3(x)=0, & k_3=k_1, & x>a\end{cases}\tag{4.1.22}$$

(2) 定态薛定谔方程的解

$$\begin{cases}\psi_1(x)=A\mathrm{e}^{\mathrm{i}k_1x}+A'\mathrm{e}^{-\mathrm{i}k_1x}, & x<0\\ \psi_2(x)=B\mathrm{e}^{\mathrm{i}k_2x}+B'\mathrm{e}^{-\mathrm{i}k_2x}, & 0<x<a\\ \psi_3(x)=C\mathrm{e}^{\mathrm{i}k_1x}, & x>a\end{cases}\tag{4.1.23}$$

由于定态波函数为$\psi(x,t)=\psi(x)\mathrm{e}^{-\mathrm{i}\omega t}$,故指数为$\mathrm{i}kx$的波函数表示沿$x$轴正向传播的波,指数为$-\mathrm{i}kx$的波函数表示沿$x$轴反向传播的波. 特别是$A\mathrm{e}^{\mathrm{i}k_1x}$是入射波,

$A'\mathrm{e}^{-\mathrm{i}k_1x}$是反射波，$C\mathrm{e}^{\mathrm{i}k_1x}$是透射波.

由于在 $x>a$ 区域，$U(x)$恒为零，没有反射，不存在反射波 $C'\mathrm{e}^{-\mathrm{i}k_1x}$.

由此可见，在 $E>U_0$ 的情况下，方程的解全部为振荡解，粒子能运动到无限远处，即粒子处于非束缚态.

人们感兴趣的是入射粒子流被势场反射的概率及穿透势场的概率. 这决定于入射波与反射波、透射波的概率流密度. 为此，先确定波函数中的待定系数.

(3) 由波函数标准条件定系数. 由 $\psi(x)$及 $\psi'(x)$在 $x=0$ 及 $x=a$ 处连续，可得

$$\begin{cases} A+A'=B+B' \\ k_1A-k_1A'=k_2B-k_2B' \\ B\mathrm{e}^{\mathrm{i}k_2a}+B'\mathrm{e}^{-\mathrm{i}k_2a}=C\mathrm{e}^{\mathrm{i}k_1a} \\ k_2B\mathrm{e}^{\mathrm{i}k_2a}-k_2B'\mathrm{e}^{-\mathrm{i}k_2a}=Ck_1\mathrm{e}^{\mathrm{i}k_1a} \end{cases} \tag{4.1.24}$$

消去未知数 B 和 B'，即可用 A 表示 C 与 A'，由此得

$$C=\frac{4k_1k_2\mathrm{e}^{-\mathrm{i}k_1a}}{(k_1+k_2)^2\mathrm{e}^{-\mathrm{i}k_2a}-(k_1-k_2)^2\mathrm{e}^{\mathrm{i}k_2a}}A \tag{4.1.25}$$

$$A'=\frac{2\mathrm{i}(k_1^2-k_2^2)\sin k_2a}{(k_1-k_2)^2\mathrm{e}^{\mathrm{i}k_2a}-(k_1+k_2)^2\mathrm{e}^{-\mathrm{i}k_2a}}A \tag{4.1.26}$$

(4) 入射波、反射波和透射波的概率流密度.

计算的出发点是概率流密度 $\boldsymbol{J}$ 的定义式

$$\boldsymbol{J}=-\frac{\mathrm{i}\hbar}{2\mu}(\psi^*\ \nabla\psi-\psi\nabla\psi^*) \tag{4.1.27}$$

① 入射波 $\psi_{\mathrm{I}}=A\mathrm{e}^{\mathrm{i}k_1x}$的概率流密度

$$J_{\mathrm{I}}=-\frac{\mathrm{i}\hbar}{2\mu}\left(\psi_{\mathrm{I}}^*\frac{\mathrm{d}\psi_{\mathrm{I}}}{\mathrm{d}x}-\psi_{\mathrm{I}}\frac{\mathrm{d}\psi_{\mathrm{I}}^*}{\mathrm{d}x}\right)=\frac{\hbar k_1}{\mu}|A|^2 \tag{4.1.28}$$

② 反射波 $\psi_{\mathrm{R}}=A'\mathrm{e}^{-\mathrm{i}k_1x}$的概率流密度

$$J_{\mathrm{R}}=-\frac{\mathrm{i}\hbar}{2\mu}\left(\psi_{\mathrm{R}}^*\frac{\mathrm{d}\psi_{\mathrm{R}}}{\mathrm{d}x}-\psi_{\mathrm{R}}\frac{\mathrm{d}\psi_{\mathrm{R}}^*}{\mathrm{d}x}\right)=-\frac{\hbar k_1}{\mu}|A'|^2 \tag{4.1.29}$$

③ 透射波 $\psi_{\mathrm{D}}=C\mathrm{e}^{\mathrm{i}k_1x}$的概率流密度

$$J_{\mathrm{D}}=-\frac{\mathrm{i}\hbar}{2\mu}\left(\psi_{\mathrm{D}}^*\frac{\mathrm{d}\psi_{\mathrm{D}}}{\mathrm{d}x}-\psi_{\mathrm{D}}\frac{\mathrm{d}\psi_{\mathrm{D}}^*}{\mathrm{d}x}\right)=\frac{\hbar k_1}{\mu}|C|^2 \tag{4.1.30}$$

(5) 反射系数和透射系数.

① 定义反射系数(入射粒子流被势场反射的概率)

$$R=\frac{|J_{\mathrm{R}}|}{|J_{\mathrm{I}}|}=\frac{|A'|^2}{|A|^2}=\frac{(k_1^2-k_2^2)^2\sin^2k_2a}{(k_1^2-k_2^2)^2\sin^2k_2a+4k_1^2k_2^2} \tag{4.1.31}$$

② 定义透射系数(入射粒子流穿透势场的概率)

$$D=\frac{|J_D|}{|J_I|}=\frac{|C|^2}{|A|^2}=\frac{4k_1^2k_2^2}{(k_1^2-k_2^2)^2\sin^2k_2a+4k_1^2k_2^2} \tag{4.1.32}$$

(6) 能量 $E>U_0$ 的粒子在一维方势垒中运动的特征：

① 粒子在 $x<0$ 区域存在反射波 $A'e^{-ik_1x}$,在 $x>a$ 区域存在透射波 Ce^{ik_1x}.

按照经典力学,若 $E>U_0$,粒子必越过势垒而远去. 但在量子力学中,粒子存在被势场反射的概率. 并且,由(4.1.31)式和(4.1.32)式可见

$$D+R=1 \tag{4.1.33}$$

这正是概率守恒的要求.

② 能量可连续取值,这是处于非束缚态的粒子的特征.

实际上,由(4.1.23)~(4.1.24)式可见,待定的参数 k_1 与系数 A、A'、B、B'、C 共有六个(k_1 与 k_2 不互相独立);而连续性条件有四个,归一化条件一个. 既然六个未知数只要求满足五个方程,因而 $k_1=\sqrt{2\mu E/\hbar^2}$ 不受限制,即能量 E 可以连续取值.

2. 能量 $E<U_0$ 的粒子在一维方势垒中的运动

这时不必从头作起,利用上述结果作适当的变换即可求得.

(1) 反射系数和透射系数. 在粒子能量 $E>U_0$ 的情况下,(4.1.22)式中 k_2 根号内的分式为正数;但是在 $E<U_0$ 的情况下,k_2 根号内的分式为负数,因而要引入一个新的实参数 α,使

$$k_2=\sqrt{\frac{2\mu(E-U_0)}{\hbar^2}}=i\sqrt{\frac{2\mu(U_0-E)}{\hbar^2}}=i\alpha \tag{4.1.34}$$

用 $i\alpha$ 代替上面的结论中 k_2,即可求得 $E<U_0$ 情形下的反射系数和透射系数. 利用

$$\sin(k_2a)=\frac{e^{i(k_2a)}-e^{-i(k_2a)}}{2i}=i\frac{e^{\alpha a}-e^{-\alpha a}}{2}=i\,\mathrm{sh}(\alpha a)$$

代入(4.1.31)~(4.1.32)式,分子和分母约去 $i^2=-1$,即有

$$R=\frac{(k_1^2+\alpha^2)^2\mathrm{sh}^2\alpha a}{(k_1^2+\alpha^2)^2\mathrm{sh}^2\alpha a+4k_1^2\alpha^2} \tag{4.1.35}$$

$$D=\frac{4k_1^2\alpha^2}{(k_1^2+\alpha^2)^2\mathrm{sh}^2\alpha a+4k_1^2\alpha^2} \tag{4.1.36}$$

可见在 $E<U_0$ 的情形下,粒子仍存在穿透势垒的概率. 粒子能穿透比它的能量高的势垒的现象,称为隧道效应.

(2) 低能粒子入射的近似公式.

由(4.1.34)式可见,若 E 越小,则 α 越大,当 $\alpha a\gg1$ 时,则有

$$\mathrm{sh}^2\alpha a=\frac{1}{4}(e^{\alpha a}-e^{-\alpha a})^2\simeq\frac{1}{4}e^{2\alpha a} \tag{4.1.37}$$

很大;由(4.1.22)式可见,E越小时k_1越小.这样,(4.1.36)式分母的第二项远小于第一项,故可略去$4k_1^2\alpha^2$.将(4.1.37)式代入(4.1.36)式分母,再将α代入指数,得

$$D \simeq \frac{16k_1^2\alpha^2}{(k_1^2+\alpha^2)^2}\mathrm{e}^{-2\alpha a} = \left(\frac{4k_1\alpha}{k_1^2+\alpha^2}\right)^2 \mathrm{e}^{-\frac{2a}{\hbar}\sqrt{2\mu(U_0-E)}} \tag{4.1.38}$$

这表明,粒子穿透势垒的概率随势垒高度U_0和宽度a的增加而指数地衰减.

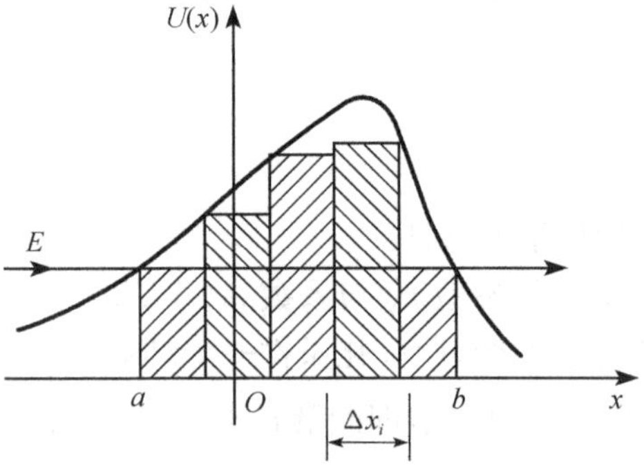

图 4.4

若势垒不是方势垒(势能曲线如图4.4所示),则可将它分成许多宽度为$\Delta x_n(n=1,2,\cdots)$的方势垒,粒子穿透第n个方势垒的概率正比于

$$\mathrm{e}^{-\frac{2\Delta x_n}{\hbar}\sqrt{2\mu(U_n-E)}}$$

如果令每一方势垒的宽度Δx_n在满足$\alpha\Delta x_n \gg 1$的条件下这是(4.1.38)式成立的前提尽可能小,则穿透所有方势垒的概率的乘积等于粒子穿透整个势垒的概率,由此得近似公式

$$D \simeq \mathrm{e}^{-\frac{2}{\hbar}\int_a^b \sqrt{2\mu[U(x)-E]}\,\mathrm{d}x} \tag{4.1.39}$$

式中$U(a)=U(b)=E$,这里略去了$x<a$及$x>b$区域势场对粒子透射概率的影响.

4.1.3 能量$E>U_0$的粒子在一维方势阱中的运动

$E>U_0$的粒子在一维方势阱中的运动同样不必从头作起,利用一维方势垒的U_0换成$-U_0$,即可过渡到一维方势阱.这个替换带来的唯一改变是要将(4.1.22)式的k_2换成下式的β

$$k_2=\sqrt{\frac{2\mu(E-U_0)}{\hbar^2}} \to \beta=\sqrt{\frac{2\mu(E+U_0)}{\hbar^2}} \tag{4.1.40}$$

在(4.1.31)～(4.1.32)式中用β取代k_2后,即得$E>U_0$的粒子在一维方势阱中的反射系数与透射系数

$$R=\frac{(k_1^2-\beta^2)\sin^2\beta a}{(k_1^2-\beta^2)^2\sin^2\beta a+4k_1^2\beta^2} \tag{4.1.41}$$

$$D=\frac{4k_1^2\beta^2}{(k_1^2-\beta^2)^2\sin^2\beta a+4k_1^2\beta^2} \tag{4.1.42}$$

【例 4.1.1】 有一种很有趣的现象，即在一定的条件下，粒子完全透射一维方势阱，试导出完全透射的条件.

解 由(4.1.41)～(4.1.42)式可见，当 $\sin\beta a=0$，即

$$\beta a = n\pi,\quad n=1,2,\cdots \tag{4.1.43}$$

时，有反射系数 $R=0$ 和透射系数 $D=1$，粒子完全透射，称为共振透射.

光学中也有类似现象，如当玻璃平板的厚度刚等于光波半波长的整数倍时，垂直入射的光不被反射而全部透射.

【例 4.1.2】 试证明，能量算符的本征值 $E_n(n=1,2,\cdots)$必大于 $U_{\min}$.

证 设势场有极小值 $U_{\min}$. 体系的平均能量为 $\overline{E}=\overline{T}+\overline{U}$. 因平均动能 $\overline{T}\geqslant 0$，平均势能 $\overline{U}>U_{\min}$，故 $\overline{E}\geqslant\overline{U}>U_{\min}$；又因能量算符的本征值就是在相应能量本征态中体系的平均能量. 若体系处于 ψ_n 态，则

$$\overline{E}=\int\psi_n^*\hat{H}\psi_n\mathrm{d}\tau=E_n\int\psi_n^*\psi_n\mathrm{d}\tau=E_n$$

由此便有 $E_n=\overline{E}>U_{\min}$.

我们已讨论了一维定态的许多实例，一维定态有哪些普遍特征呢？1.5 节介绍了“一维束缚定态无简并定理”，这里介绍“一维束缚定态存在定理”.

4.1.4 一维束缚定态存在定理

定理 在一维定态问题中，若 $U(x)$连续，$U(\pm\infty)=0$ 且 $U(x)\leqslant 0$，则该体系至少存在一个束缚定态.

证 势能曲线如图 4.5 所示. 今在该势阱范围内取一方势阱.

$$U_1(x)=\begin{cases}-U_0, & a<x<b\\ 0, & x<a,\quad x>b\end{cases} \tag{4.1.44}$$

式中 $U_1(x)\geqslant U(x)$.

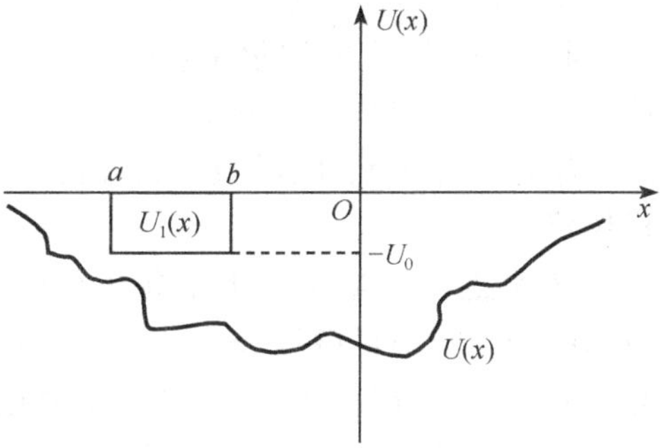

图 4.5

设粒子在方势阱的哈密顿算符为 $\hat{H}_1=\dfrac{1}{2\mu}\hat{p}^2+U_1(x)$，由一维方势阱至少有一个能级 $E_0<0$ 对应的束缚定态$|\varphi_0\rangle$存在，即

$$\langle\varphi_0\mid\hat{H}_1\mid\varphi_0\rangle=E_0<0 \tag{4.1.45}$$

易见

$$\langle\varphi_0\mid\hat{H}\mid\varphi_0\rangle=\langle\varphi_0\mid\left\{\frac{1}{2\mu}\hat{p}^2+U(x)\right\}\mid\varphi_0\rangle$$

$$\leqslant \langle \varphi_0 \mid \left\{ \frac{1}{2\mu} \hat{p}^2 + U_1(x) \right\} \mid \varphi_0 \rangle = E_0 < 0 \tag{4.1.46}$$

现在将一维方势阱的基态 $|\varphi_0\rangle$ 按 $\hat{H}$ 的本征矢完备集 $\{|\psi_k\rangle\}$ 展开为

$$|\varphi_0\rangle = \sum_k c_k \mid \psi_k \rangle \tag{4.1.47}$$

将 $|\varphi_0\rangle = \sum_k c_k \mid \psi_k\rangle$ 代入(4.1.46)式 $\langle \varphi_0 | \hat{H} | \varphi_0 \rangle < 0$,可得

$$0 > \langle \varphi_0 \mid \hat{H} \mid \varphi_0 \rangle = \sum_{k,l} c_l^* c_k \langle \psi_l \mid \hat{H} \mid \psi_k \rangle = \sum_k \mid c_k \mid^2 E_k \tag{4.1.48}$$

因此,在势场 $U(x)$ 中,粒子至少有一个能级 E_n 是负的. 这样,当 $x \to \pm\infty$ 时,必有 $\psi_k(x) \to 0$,即至少存在一个束缚态.

4.1.5　隧道效应的应用——扫描隧道显微镜

隧道效应有着广泛的应用. 1960 年,贾埃维将厚度为 3nm 的氧化物绝缘层夹在超导金属膜和常态金属膜之间(SIN 结)进行隧道效应实验,获得了它的伏安特性. 随后又成功地观察到超导体-绝缘体-超导体(SIS 结)的隧道效应,利用这些单电子隧道效应成功地测量了超导体的能隙(见 11.2 节),并利用隧道电流与温度的关系制成了低温温度计,利用隧道效应的负阻现象制成了超高频放大器、超高频振荡器、电磁波检测器等精密仪器. 1962 年约瑟夫森发现,当超导体间绝缘层厚度减少到 1.5nm 左右时,库珀电子对(见第 11 章)也能穿透势垒,称为约瑟夫森隧道效应,同时还预言了直流的约瑟夫森效应和交流约瑟夫森效应,一年之后得到证实. 约瑟夫森因此与贾埃维分享了 1973 年的诺贝尔物理学奖. 利用约瑟夫森效应又制成了超导计算机元件、灵敏电磁波检测器、超导量子干涉磁强计等众多精密电磁测量仪器.

谈到隧道效应的应用,必须提到的是 1982 年宾尼(Binnig)和尼雷尔(Rohrer)研制的扫描隧道显微镜(STM). 1978 年宾尼被尼雷尔聘请为 IBM 苏黎世研究中心的研究员. 宾尼想利用电子"真空隧道效应"研究材料的表面. 他的基本思想是,在金属表面的外侧,应有机会测量到电子. 如果用一根很尖锐的探针,移到金属的表面近处,并在探针与金属之间加以电压,则会有隧道电流通过它们的间隙. 由于电子波函数随间隙的距离衰减得很快,因此隧道电流的大小对探针与金属原子间的距离非常敏感. 这样,便可以利用隧道电流的强弱来测量金属表面的轮廓. 为了实现这个方案,宾尼和尼雷尔制造了一个顶端只有几个原子大小的探针,以及控制对探针进行定位和移动的装置. 1981 年 3 月,两位科学家终于得到第一幅清晰的,电流 I 与针尖表面距离 s 的隧道电流图. 他们在报告中指出,"距离的变化即使只有一个原子直径,也会引起隧道电流变化 1000 倍","我们的显微镜可以让我们一个原子一个原子地看物体表面. 它能够分辨物体表面大约 1%原子大小的细节."

1982 年,宾尼和尼雷尔用钨制成的非常尖锐的探针与金属样品靠得很近时(间隙 $s\sim 1\text{Å}$),加上若干毫伏的电压后,就会形成 $I\propto \mathrm{e}^{cs\sqrt{\bar{U}}}$ 的隧道电流(式中 $\bar{U}$ 为平均势垒,C 为常数). 用精确的移动和定位技术驱动探针在金属样品上方扫描,并利用测得的隧道电流控制并调整探针的高度以保持隧道电流的不变,再把反映探针高度变化的信号用于成像,即可获得原子的清晰图象. 宾尼和尼雷尔由于(STM)这一革命性的成果,获得了 1986 年的诺贝尔物理学奖.

在这之后,又陆续发展了一系列新型的扫描探针显微仪器,如原子力显微镜(AFM),磁力显微镜(MFM),扫描离子电导显微镜(SICM)等等. 这些显微镜不仅能以极高的分辨率研究样品表面的形貌和物理化学性质,而且近年来还被成功地用于操纵单个原子和分子(如已实现对氙原子、铁原子、硅原子、硫原子、一氧化碳分子、有机分子和水分子的搬运). 1959 年,诺贝尔奖获得者费恩曼(Feynman)曾说:"如果有一天能按人的意志安排一个个原子和分子将会产生什么样的奇迹呵!"今天人们已能制备包含几十个到几万个原子的纳米微粒(纳米尺度上的原子、分子集合体,比细菌小几十倍,和病毒大小相当),并且能把它们排列成一维量子线,二维量子面和三维纳米固体.

总之,量子力学,扫描隧道显微镜、微电子技术和计算机的结合所开创的纳米科学技术,必将开辟人们认识世界的新层次:新材料将被创造,新概念、新理论将相继建立,标志生产力进步的新生产方式将会出现,新科学技术时代即将到来.

习 题 4.1

4.1.1 粒子在势场

$$U(x)=\begin{cases}U_1, & x<0\\ 0, & 0<x<a\\ U_2, & x>a\end{cases}$$

势场中运动. 试证明,当粒子的能量 $E<U_1<U_2$ 时,粒子的能级由下式确定

$$ka=n\pi-\sin^{-1}\frac{\hbar k}{\sqrt{2\mu U_1}}-\sin^{-1}\frac{\hbar k}{\sqrt{2\mu U_2}},\quad 式中\ k=\sqrt{2\mu E/\hbar^2}$$

4.1.2 粒子在势场

$$U(x)=\begin{cases}\infty, & x<0\ 与\ x>2a+b\\ 0, & 0<x<a\ 与\ a+b<x<2a+b\\ U_0, & a<x<a+b\end{cases}$$

中运动. 已知 $E<U_0$,试导出确定粒子能量的关系式.

4.1.3 粒子在一维势阱中运动,其势场为

$$U(x)=\begin{cases}\infty, & x<0\\ -U_0, & 0<x<a\\ 0, & x>a\end{cases}$$

已知$-U_0<E<0$,求粒子的能量.

4.1.4　设粒子在

$$U(x)=\begin{cases}\infty, & x<0\\ \frac{1}{2}\mu\omega^2x^2 & x>0\end{cases}$$

势场中运动.求粒子的能级和波函数.

4.1.5　分子间的范德瓦耳斯力所产生的势场可近似地表示为

$$U(x)=\begin{cases}\infty, & x<0\\ U_0, & 0<x<a\\ -U_1, & a<x<b\\ 0, & b<x\end{cases}$$

求束缚态能级满足的方程.

4.1.6　质量为μ的粒子处于势场$U(x)=-U_0\delta(x)$中,求束缚能级.

4.1.7　把传导电子限制在金属内部的是称为金属内势的一种平均势,对于下列一维模型

$$U(x)=\begin{cases}-U_0, & x<0\\ 0, & x>0\end{cases}$$

试计算$E>0$及$-U_0<E<0$这两种情形下,接近金属表面的传导电子的反射和透射概率,见图 4.6.若电子的能量$E=0.1\text{eV}$,普通金属的$U_0\sim10\text{eV}$,试计算反射概率.

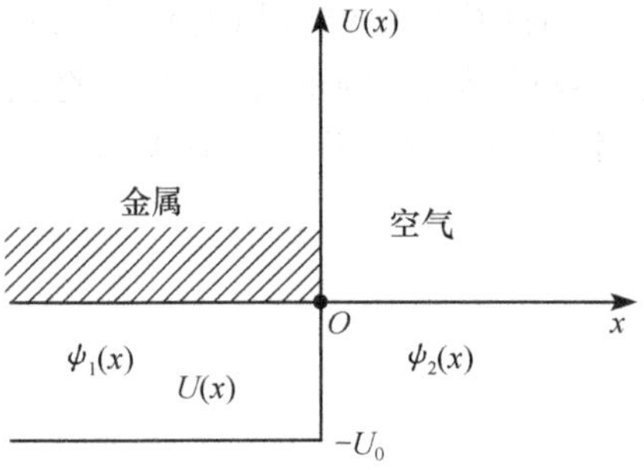

图 4.6

4.1.8　一束单一能量的电子流垂直地射到金属表面上,如果$E=0.1\text{eV}$,$U_0=8\text{eV}$,试计算这些电子的反射概率.在通常的伦琴射线管中($E=10^5\text{eV}$,$U_0=10\text{eV}$),轰击对阴极的电子反射概率为若干?

4.1.9　利用两片相同的金属片之间隔着一、两个原子层的氧化物可以形成10eV高、4Å宽的方势垒.若将3电子伏特动能的电子垂直入射,求透射系数.

4.1.10　设质量为μ的粒子($E>0$)从左方入射,遇到δ势垒$U(x)=\gamma\delta(x)$,且$\gamma>0$,求反射系数和透射系数,参看图 4.7.若δ势垒换成δ势阱$U(x)=-\gamma\delta(x)$,再求反射系数和透射系数.

4.1.11　只有几百万电子伏特能量的α粒子能够离开具有几千万电子伏特深度的势阱(相当于放射性原子核内部)这一事实可以用隧道效应加以解释.试利用一简单模型(参看图 4.8)

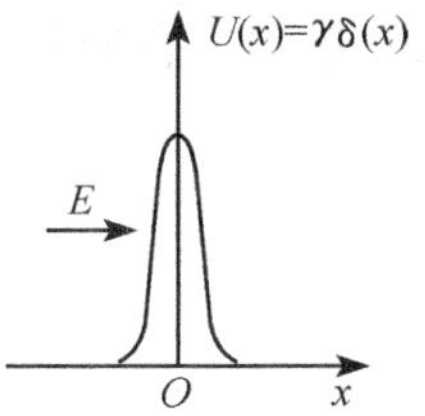

图 4.7

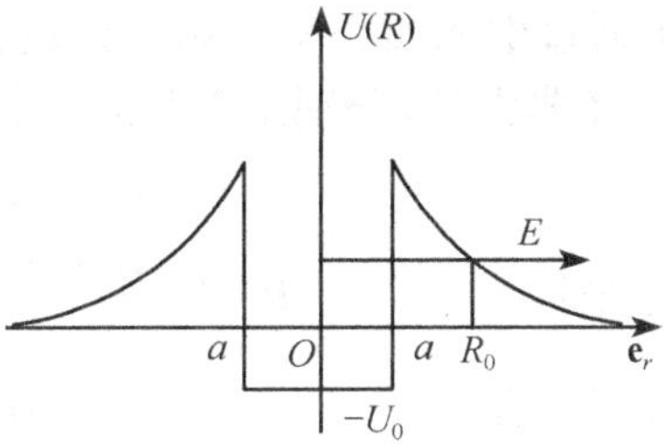

图 4.8

$$U(R)=\begin{cases}-U_0, & R<R_0\\ \dfrac{e_1e_2}{4\pi\varepsilon_0 R}=\dfrac{e_{s1}e_{s2}}{R}, & R>R_0\end{cases}$$

计算能量为 E 的 α 粒子通过这势垒的透射概率,将结果用 α 粒子的末速度,即 α 粒子在远离原子核处的速度 v 表示出来.

4.2 粒子在库仑场中的运动 氢原子与类氢离子

本节讨论粒子在库仑场中的运动(束缚态),着重讨论氢原子与类氢离子中电子的运动.

氢原子由原子核与一个核外电子构成.其他原子被电离后,如果核外只保留一个电子,那就与氢原子很相似(如 He^+,Li^{++} 等),这些离子称为"类氢离子".由于类氢离子与氢原子结构相似,处理方法也相同,因此在一起讨论.为了书写方便,以后均省去"类氢离子"的字样,只提氢原子;在有关公式中仍保留原子序数 Z,令 $Z=1$即为氢原子的公式.

本节通过求解定态薛定谔方程求得氢原子中电子的能级和波函数(常称为氢原子的能级和波函数),在此基础上给出氢原子光谱线的规律,电子的径向分布和角向分布,电子的电流密度及氢原子的磁矩等重要性质.氢原子的定态薛定谔方程是能精确求解的少数几个例子之一,也是研究复杂原子的重要基础.

4.2.1 氢原子的定态薛定谔方程 化二体问题为单体问题

设核的位矢和质量分别用 $\boldsymbol{x}_1$、μ_1 表示,电子的位矢和质量分别用 $\boldsymbol{x}_2$、μ_2 表示,原子核和电子的相互作用能用 $U(|\boldsymbol{x}_1-\boldsymbol{x}_2|)$表示,氢原子的总能量用 E_T 表示.

氢原子的定态薛定谔方程为

$$\left[-\frac{\hbar^2}{2\mu_1}\nabla_1^2-\frac{\hbar^2}{2\mu_2}\nabla_2^2+U(|\boldsymbol{x}_1-\boldsymbol{x}_2|)\right]\Phi(\boldsymbol{x}_1,\boldsymbol{x}_2)=E_T\Phi(\boldsymbol{x}_1,\boldsymbol{x}_2) \qquad (4.2.1)$$

这是一个二体问题.

(1) 通过引入质心坐标系，可以将二体问题化为单体问题.

仿照经典力学，分别定义相对坐标，质心坐标，体系总质量和折合质量：

相对坐标 $$\boldsymbol{r}=\boldsymbol{x}_1-\boldsymbol{x}_2=x\,\mathbf{e}_x+y\,\mathbf{e}_y+z\mathbf{e}_z \tag{4.2.2}$$

质心坐标 $$\boldsymbol{R}=\frac{\mu_1\boldsymbol{x}_1+\mu_2\boldsymbol{x}_2}{\mu_1+\mu_2}=X\mathbf{e}_x+Y\mathbf{e}_y+Z\mathbf{e}_z \tag{4.2.3}$$

体系总质量 $$M=\mu_1+\mu_2 \tag{4.2.4}$$

折合质量 $$\mu=\frac{\mu_1\mu_2}{\mu_1+\mu_2}=\frac{\mu_1\mu_2}{M} \tag{4.2.5}$$

这样，使用新的独立变量 $\boldsymbol{r},\boldsymbol{R}$ 代替原先的独立变量 $\boldsymbol{x}_1,\boldsymbol{x}_2$. 在此基础上，还要将拉普拉斯算符$\nabla_1^2=\frac{\partial^2}{\partial x_1^2}+\frac{\partial^2}{\partial y_1^2}+\frac{\partial^2}{\partial z_1^2}$和$\nabla_2^2=\frac{\partial^2}{\partial x_2^2}+\frac{\partial^2}{\partial y_2^2}+\frac{\partial^2}{\partial z_2^2}$化为

$$\nabla_r^2=\nabla^2=\frac{\partial^2}{\partial x^2}+\frac{\partial^2}{\partial y^2}+\frac{\partial^2}{\partial z^2},\quad \nabla_R^2=\frac{\partial^2}{\partial X^2}+\frac{\partial^2}{\partial Y^2}+\frac{\partial^2}{\partial Z^2} \tag{4.2.6}$$

利用复合函数的微商公式，得

$$\frac{\partial}{\partial x_1}=\frac{\partial}{\partial X}\frac{\partial X}{\partial x_1}+\frac{\partial}{\partial x}\frac{\partial x}{\partial x_1}=\frac{\mu_1}{M}\frac{\partial}{\partial X}+\frac{\partial}{\partial x} \tag{4.2.7}$$

$$\frac{\partial^2}{\partial x_1^2}=\left(\frac{\mu_1}{M}\frac{\partial}{\partial X}+\frac{\partial}{\partial x}\right)^2=\frac{\mu_1^2}{M^2}\frac{\partial^2}{\partial X^2}+\frac{2\mu_1}{M}\frac{\partial^2}{\partial X\partial x}+\frac{\partial^2}{\partial x^2} \tag{4.2.8}$$

同理，可得$\frac{\partial^2}{\partial y_1^2}$及$\frac{\partial^2}{\partial z_1^2}$. 代入$\nabla_1^2$，便有

$$\frac{1}{\mu_1}\nabla_1^2=\frac{\mu_1}{M^2}\nabla_R^2+\frac{2}{M}\left(\frac{\partial^2}{\partial X\partial x}+\frac{\partial^2}{\partial Y\partial y}+\frac{\partial^2}{\partial Z\partial z}\right)+\frac{1}{\mu_1}\nabla^2 \tag{4.2.9}$$

类似地，可得

$$\frac{1}{\mu_2}\nabla_2^2=\frac{\mu_2}{M^2}\nabla_R^2+\frac{2}{M}\left(\frac{\partial^2}{\partial X\partial x}+\frac{\partial^2}{\partial Y\partial y}+\frac{\partial^2}{\partial Z\partial z}\right)+\frac{1}{\mu_2}\nabla^2 \tag{4.2.10}$$

将(4.2.9)～(4.2.10)式代入(4.2.1)式，并利用$\left(\frac{\mu_1}{M^2}+\frac{\mu_2}{M^2}\right)=\frac{1}{M}$及$\left(\frac{1}{\mu_1}+\frac{1}{\mu_2}\right)=\frac{1}{\mu}$，即有

$$\left[-\frac{\hbar^2}{2M}\nabla_R^2-\frac{\hbar^2}{2\mu}\nabla^2+U(r)\right]\Psi(\boldsymbol{r},\boldsymbol{R})=E_T\Psi(\boldsymbol{r},\boldsymbol{R}) \tag{4.2.11}$$

(2) 利用分离变量法求解(4.2.11)式. 令

$$\Psi(\boldsymbol{r},\boldsymbol{R})=\varphi(\boldsymbol{R})\psi(\boldsymbol{r}) \tag{4.2.12}$$

代入方程(4.2.11)，移项后用 $\varphi(\boldsymbol{R})\psi(\boldsymbol{r})$除全式，可得

$$-\frac{\hbar^2}{2\mu}\frac{1}{\psi(\boldsymbol{r})}\nabla^2\psi(\boldsymbol{r})+U(r)=E_T+\frac{\hbar^2}{2M}\frac{1}{\varphi(\boldsymbol{R})}\nabla_R^2\varphi(\boldsymbol{R}) \tag{4.2.13}$$

上式左边仅为 $\boldsymbol{r}$ 的函数，与 $\boldsymbol{R}$ 无关；右边仅为 $\boldsymbol{R}$ 的函数，与 $\boldsymbol{r}$ 无关. 而 $\boldsymbol{r}$ 与 $\boldsymbol{R}$ 为独立变量. 故上式只能等于常数 E. 令

$$E_c = E_T - E \tag{4.2.14}$$

式中 E_c 和 E 的物理意义暂时还不清楚.

将 $E_c=E_T-E$ 代入(4.2.13)式，即可将它可分离为两个常微分方程

$$-\frac{\hbar^2}{2M}\nabla_R^2\varphi(\boldsymbol{R}) = E_c\,\varphi(\boldsymbol{R}) \tag{4.2.15}$$

$$\left[-\frac{\hbar^2}{2\mu}\nabla^2+U(r)\right]\psi(\boldsymbol{r}) = E\psi(\boldsymbol{r}) \tag{4.2.16}$$

这两个方程有明显的物理意义：

① $\boldsymbol{R}$ 是质心坐标，(4.2.15)式表明，质心的运动相当于质量为 M、能量为 E_c 的自由粒子的运动，描述氢原子质心运动状态的波函数 $\varphi(\boldsymbol{R})$ 是平面波.

② $\boldsymbol{r}$ 是相对坐标，(4.2.16)式表明，电子相对原子核的运动相当于一个质量为 $\mu=\mu_1\mu_2/M$ 的粒子在库仑场 $U(r)$ 中的运动，我们关心的正是描述氢原子内部运动状态的波函数 $\psi(\boldsymbol{r})$ 和能级 E.

4.2.2 粒子在库仑场中的运动 能级与波函数

1. 选择坐标系

库仑场 $U(r)=-Ze_s^2/r$（其中 $e_s^2=e^2/4\pi\varepsilon_0$）是球对称场，应采用球坐标系. 利用(2.4.36)式，拉普拉斯算符可表示为

$$\nabla^2 = \frac{1}{r^2}\frac{\partial}{\partial r}\left(r^2\frac{\partial}{\partial r}\right)+\frac{1}{r^2\sin\theta}\frac{\partial}{\partial\theta}\left(\sin\theta\frac{\partial}{\partial\theta}\right)+\frac{1}{r^2\sin^2\theta}\frac{\partial^2}{\partial\varphi^2} = \frac{1}{r^2}\frac{\partial}{\partial r}\left(r^2\frac{\partial}{\partial r}\right)-\frac{\hat{L}^2}{\hbar^2 r^2} \tag{4.2.17}$$

将(4.2.17)式及 $U(r)$ 代入(4.2.16)式，可得

$$\left[-\frac{\hbar^2}{2\mu r^2}\frac{\partial}{\partial r}\left(r^2\frac{\partial}{\partial r}\right)+\frac{\hat{L}^2}{2\mu r^2}-\frac{Ze_s^2}{r}\right]\psi(\boldsymbol{r}) = E\psi(\boldsymbol{r}) \tag{4.2.18}$$

2. 选择力学量的完全集

对于球对称场，$\hat{L}^2$，$\hat{L}_z$ 均与 $\hat{H}$ 对易（见习题 2.7.7）. 因此，可以选择 $\hat{H}$，$\hat{L}^2$ 和 $\hat{L}_z$ 这三个守恒量作为描述氢原子的力学量的完全集. 氢原子的能量本征函数 $\psi(\boldsymbol{r})$ 就是 $\hat{H}$，$\hat{L}^2$，$\hat{L}_z$ 的共同本征函数. 在 2.4 节已证明，$\mathrm{Y}_{lm}(\theta,\varphi)$ 是 $\hat{L}^2$ 与 $\hat{L}_z$ 的共同本征函数，因此 $\hat{H}$，$\hat{L}^2$，$\hat{L}_z$ 的共同本征函数为①

$$\psi(r,\theta,\varphi) = \mathscr{R}(r)\mathrm{Y}_{lm}(\theta,\varphi) \tag{4.2.19}$$

---

① 本书在一般情况下，点的坐标用 $\boldsymbol{x}=\boldsymbol{R}=(R,\theta,\varphi)$ 表示. 但在中心场的问题中，已分别用 $\boldsymbol{x}_1$，$\boldsymbol{x}_2$ 表示核和电子的坐标，相对坐标只好采用记号 $\boldsymbol{r}=\boldsymbol{x}_1-\boldsymbol{x}_2=(r,\theta,\varphi)$ 了.

这样，求解氢原子的束缚定态波函数的问题便归结为求径向波函数 $\mathscr{R}(r)$ 的问题.

3. 求径向波函数 $\mathscr{R}(r)$ 及氢原子的能量本征值 E_n

将(4.2.19)式代入(4.2.18)式，并利用

$$\hat{L}^2 Y_{lm}(\theta,\varphi) = l(l+1)\hbar^2 Y_{lm}(\theta,\varphi) \tag{4.2.20}$$

便有

$$\left[-\frac{\hbar^2}{2\mu r^2}\frac{\partial}{\partial r}\left(r^2\frac{\partial}{\partial r}\right)+\frac{l(l+1)\hbar^2}{2\mu r^2}-\frac{Ze_s^2}{r}\right]\mathscr{R}(r)Y_{lm}(\theta,\varphi) = E\mathscr{R}(r)Y_{lm}(\theta,\varphi) \tag{4.2.21}$$

全式除以 $\hbar^2 Y_{lm}(\theta,\varphi)/2\mu$，并利用

$$\frac{\mathrm{d}}{\mathrm{d}r}\left[r^2\frac{\mathrm{d}\mathscr{R}(r)}{\mathrm{d}r}\right]= r^2\frac{\mathrm{d}^2\mathscr{R}(r)}{\mathrm{d}r^2}+2r\frac{\mathrm{d}\mathscr{R}(r)}{\mathrm{d}r}$$

便有

$$\frac{\mathrm{d}^2\mathscr{R}(r)}{\mathrm{d}r^2}+\frac{2}{r}\frac{\mathrm{d}\mathscr{R}(r)}{\mathrm{d}r}+\left[\frac{2\mu}{\hbar^2}\left(E+\frac{Ze_s^2}{r}\right)-\frac{l(l+1)}{r^2}\right]\mathscr{R}(r) = 0 \tag{4.2.22}$$

为简化方程，作变换

$$\mathscr{R}(r) = \frac{u(r)}{r} \tag{4.2.23}$$

代入(4.2.22)式，得到 $u(r)$ 遵守的方程

$$\frac{\mathrm{d}^2u(r)}{\mathrm{d}r^2}+\left[\frac{2\mu}{\hbar^2}\left(E+\frac{Ze_s^2}{r}\right)-\frac{l(l+1)}{r^2}\right]u(r) = 0 \tag{4.2.24}$$

我们感兴趣的是氢原子的束缚态($E<0$)，令

$$\alpha = \sqrt{\frac{-8\mu E}{\hbar^2}} \tag{4.2.25}$$

并用 $\frac{1}{\alpha^2}=-\frac{\hbar^2}{8\mu E}$ 乘(4.2.24)式，得

$$\frac{1}{\alpha^2}\frac{\mathrm{d}^2u(r)}{\mathrm{d}r^2}+\left[-\frac{1}{4}+\frac{2\mu Ze_s^2}{\alpha\hbar^2\alpha r}-\frac{l(l+1)}{\alpha^2r^2}\right]u(r) = 0 \tag{4.2.26}$$

为进一步简化方程，令

$$\rho = \alpha r,\quad \beta = \frac{2\mu Ze_s^2}{\alpha\hbar^2} \tag{4.2.27}$$

代入(4.2.26)式，得到 $u(r)=u\left(\frac{\rho}{\alpha}\right)\xlongequal{\text{简记为}}u$ 遵守的方程

$$\frac{d^2 u}{d\rho^2}+\left[-\frac{1}{4}+\frac{\beta}{\rho}-\frac{l(l+1)}{\rho^2}\right]u=0 \tag{4.2.28}$$

习题 4.2.7 的提示给出方程(4.2.28)的解法，并给出氢原子的能量本征值 E_n(氢原子内电子与核相对运动的能级)及径向波函数 $\mathscr{R}_{nl}(r)$

$$E_n=-\frac{\mu Z^2 e_s^4}{2\hbar^2 n^2},\quad n=1,2,\cdots \tag{4.2.29}$$

$$\mathscr{R}_{nl}(r)=N_{nl}\,\mathrm{e}^{-\frac{r}{na_0}}\left(\frac{2r}{na_0}\right)^l L_{n+l}^{2l+1}\left(\frac{2r}{na_0}\right) \tag{4.2.30}$$

式中的归一化常数 N_{nl}，氢原子的第一玻尔半径 a_0，关联拉盖尔多项式 $L_{n+l}^{2l+1}(\rho)$分别为(n 称为主量子数)

$$N_{nl}=-\sqrt{\left(\frac{2Z}{na_0}\right)^3\frac{(n-l-1)!}{2n[(n+l)!]^3}} \tag{4.2.31}$$

$$a_0=\frac{\hbar^2}{\mu e_s^2}\simeq 5.29\times 10^{-11}\,\mathrm{m} \tag{4.2.32}$$

$$L_{n+l}^{2l+1}(\rho)=\sum_{\nu=0}^{n-l-1}(-1)^{\nu+1}\frac{[(n+l)!]^2\rho^\nu}{(n-l-1-\nu)!(2l+1+\nu)!\nu!} \tag{4.2.33}$$

径向波函数的归一化条件为

$$\int_0^\infty |\mathscr{R}_{nl}(r)|^2 r^2\,\mathrm{d}r=1 \tag{4.2.34}$$

前头几个径向波函数为(对于氢原子，$Z=1$)

$$\mathscr{R}_{10}(r)=\left(\frac{Z}{a_0}\right)^{3/2}2\mathrm{e}^{-\frac{Zr}{a_0}} \tag{4.2.35}$$

$$\mathscr{R}_{20}(r)=\left(\frac{Z}{2a_0}\right)^{3/2}\left(2-\frac{Zr}{a_0}\right)\mathrm{e}^{-\frac{Zr}{2a_0}} \tag{4.2.36}$$

$$\mathscr{R}_{21}(r)=\left(\frac{Z}{2a_0}\right)^{3/2}\frac{Zr}{a_0\sqrt{3}}\mathrm{e}^{-\frac{Zr}{2a_0}} \tag{4.2.37}$$

$$\mathscr{R}_{30}(r)=\left(\frac{Zr}{3a_0}\right)^{3/2}\left[2-\frac{4Zr}{3a_0}+\frac{4}{27}\left(\frac{Zr}{a_0}\right)^2\right]\mathrm{e}^{-\frac{Zr}{3a_0}} \tag{4.2.38}$$

$$\mathscr{R}_{31}(r)=\left(\frac{2Z}{a_0}\right)^{3/2}\left[\frac{2}{27\sqrt{3}}-\frac{Zr}{81a_0\sqrt{3}}\right]\frac{Zr}{a_0}\mathrm{e}^{-\frac{Zr}{3a_0}} \tag{4.2.39}$$

$$\mathscr{R}_{32}(r)=\left(\frac{2Z}{a_0}\right)^{3/2}\frac{1}{81\sqrt{15}}\left(\frac{Zr}{a_0}\right)^2\mathrm{e}^{-\frac{Zr}{3a_0}} \tag{4.2.40}$$

最后，将(4.2.30)式代入(4.2.19)式，即得氢原子的束缚态波函数

$$\psi_{nlm}(\boldsymbol{r})=\mathscr{R}_{nl}(r)\mathrm{Y}_{lm}(\theta,\varphi)=N_{nl}\,\mathrm{e}^{-\frac{r}{na_0}}\left(\frac{2r}{na_0}\right)^l L_{n+l}^{2l+1}\left(\frac{2r}{na_0}\right)N_{lm}P_l^{|m|}(\cos\theta)\mathrm{e}^{im\varphi}$$

$$n = 1,2,\cdots,\quad l = 0,1\cdots,n-1,\quad m = 0,\pm 1,\cdots,\pm l \tag{4.2.41}$$

显然,守恒量 E、L^2、L_z 相应的量子数 n、l、m 都是好量子数.

4.2.3　解的物理意义

1. 能级

(1) 能级 $E_n = -\dfrac{\mu Z^2 e_s^4}{2\hbar^2 n^2}$ 随 n 的增加而增大,基态能量为 $E_1 = -13.6\text{eV}$. 当 $n\to\infty$时的能量为 $E_\infty = 0$,相应于电子可脱离原子核而电离,电离能为

$$E_\infty - E_1 = -E_1 = 13.6\text{eV}$$

(2) 相邻两能级的间距随 n 的增加而减小

$$\Delta E_n = -\frac{\mu Z^2 e_s^4}{2\hbar^2}\Delta\frac{1}{n^2} \simeq -\frac{\mu Z^2 e_s^4}{2\hbar^2}\left(-\frac{2\Delta n}{n^3}\right) = \frac{\mu Z^2 e_s^4}{\hbar^2 n^3} \tag{4.2.42}$$

(3) 能级是 n^2 度简并的. 由(4.2.41)式可看出:给定一个 n,对应于 n 个 l 值;给定一个 l,对应 $2l+1$ 个 m 值. 故能级 E_n 对应波函数 ψ_{nlm} 的个数,即简并度为

$$\sum_{l=0}^{n-1}(2l+1) = \frac{1+[2(n-1)+1]}{2}n = n^2 \tag{4.2.43}$$

能级对 m 简并(即 E_n 与量子数 m 无关)的原因是势场为中心场. 中心场是球对称的,故电子能量与它的空间取向无关. 但是,当原子置于外磁场时,原子的磁矩将与磁场发生相互作用,使能级与其空间取向(由量子数 m 反映)有关,导致能级对 m 的简并性被消除,参看(4.3.32)式.

能级对 l 简并(即 E_n 与量子数 l 无关)的原因是势场为库仑场. 碱金属中价电子所处的势场也是中心场,但由于原子实中其他电子的屏蔽作用,该势场不是严格的库仑场(原子实的净电量为 e)

$$U(r) = -\frac{e_s^2}{r} - \frac{b}{r^2} \tag{4.2.44}$$

b 与具体的金属有关. 将 $U(r)$ 代入径向方程求解,可得碱金属电子能级为

$$E_{nl} = -\frac{\mu e_s^4}{2\hbar^2(n-\Delta_l)^2},\quad \Delta_l = \frac{2\mu b}{(2l+1)\hbar^2} \tag{4.2.45}$$

这说明,处于碱金属原子实中心场的价电子的能级与 l 有关,只有处于库仑场中的电子的能级才与 l 无关.

(4) 氢原子光谱的解释. 电子由能级 $E_{n'}$ 跃迁到 E_n 时辐射的光($n'>n$),频率为

$$\nu = \frac{E_{n'} - E_n}{2\pi\hbar} = \frac{\mu Z^2 e_s^4}{4\pi\hbar^3}\left(\frac{1}{n^2} - \frac{1}{n'^2}\right) = R_{\text{H}}c\left(\frac{1}{n^2} - \frac{1}{n'^2}\right) \tag{4.2.46}$$

这与(1.1.32)式完全一致,量子力学比玻尔理论更为完美.

2. 径向分布

在 $\boldsymbol{x}$ 点发现处于 $\psi_{nlm}(\boldsymbol{x})$ 态电子的概率密度为

$$w_{nlm}(\boldsymbol{x}) = |\psi_{nlm}(\boldsymbol{x})|^2 \tag{4.2.47}$$

在 $\boldsymbol{x}$ 点附近的体积元 $\mathrm{d}\tau = r^2 \sin\theta \mathrm{d}r\mathrm{d}\theta\mathrm{d}\varphi$ 发现电子的概率为

$$W_{nlm}(r,\theta,\varphi) = w_{nlm}(r,\theta,\varphi)\mathrm{d}\tau = |\psi_{nlm}(r,\theta,\varphi)|^2 r^2 \sin\theta \mathrm{d}R\mathrm{d}\theta\mathrm{d}\varphi \tag{4.2.48}$$

利用球函数的归一化条件,容易求得,在 r 到 $r+\mathrm{d}r$ 的球壳内发现电子的概率为(θ,φ 取任意值)

$$\begin{aligned} w_{nl}(r)\mathrm{d}r &= \left[\int_0^{2\pi}\mathrm{d}\varphi\int_0^{\pi} |\psi_{nlm}(r,\theta,\varphi)|^2 \sin\theta\mathrm{d}\theta\right] r^2 \mathrm{d}r \\ &= \mathscr{R}_{nl}^2(r) r^2 \mathrm{d}r \int_0^{2\pi}\mathrm{d}\varphi\int_0^{\pi} |\mathrm{Y}_{lm}(\theta,\varphi)|^2 \sin\theta\mathrm{d}\theta \\ &= \mathscr{R}_{nl}^2(r) r^2 \mathrm{d}r \end{aligned} \tag{4.2.49}$$

$w_{nl}(r) = \mathscr{R}_{nl}^2(r) r^2$ 称为径向概率分布函数.

电子的径向概率分布函数与主量子数 n 和角量子数 l 有关,图 4.9 给出 $n=1,2,3,4\cdots$ 以及 $l=0,1,2,3,\cdots$(分别用 s,p,d,f…标记其 l 值)的 $w_{nl}(r)$ 曲线图,横坐标是半径 r 与玻尔半径 a_0 之比,曲线附近标出的是 nl 值.

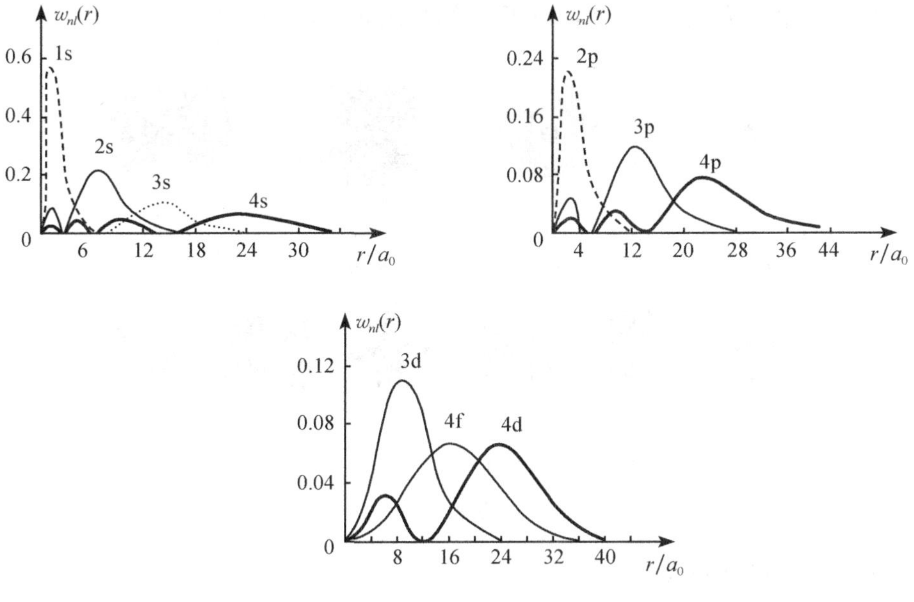

图 4.9

由图可见：

(1) 在量子数 n,l 不同的态中，E_n 越大的电子，$w_{nl}(r)$的最大值距核越远. 当氢原子处于基态时，$w_{10}(r)$的最大值位于 $r=a_0$. 也就是说，第一玻尔半径 a_0 是基态电子最可几半径，这与玻尔理论中的轨道概念存在着本质的区别.

(2) 径向概率分布函数有 $n-l-1$ 个节点(除 $r=0$ 及∞外). 关联拉盖尔多项式 $L_{n+l}^{2l+1}\left(\dfrac{2r}{na_0}\right)$是$(n+l)-(2l+1)=n-l-1$ 次多项式，故有 $n-l-1$ 个零点，有 $n-l$个极大值.

3. 角向分布

由 $\mathscr{R}_{nl}(r)$的归一化条件，$Y_{lm}(\theta,\varphi)=N_{lm}P_l^{|m|}(\cos\theta)e^{im\varphi}$，以及$|e^{im\varphi}|^2=1$，即可求得在$(\theta,\varphi)$方向附近的立体角 $d\Omega=\sin\theta d\theta d\varphi$ 内发现电子的概率(r 取任意值)

$$\begin{aligned}w_{lm}(\theta,\varphi)d\Omega &= \left[\int_0^\infty |\psi_{nlm}(r,\theta,\varphi)|^2 r^2 dr\right]d\Omega\\ &= |Y_{lm}(\theta,\varphi)|^2 d\Omega\int_0^\infty \mathscr{R}_{nl}^2(r)r^2 dr\\ &= N_{lm}^2[P_l^{|m|}(\cos\theta)]^2 d\Omega\end{aligned}$$

角向概率分布函数为

$$w_{lm}(\theta,\varphi)=[P_l^{|m|}(\cos\theta)]^2 \tag{4.2.50}$$

这表明，$w_{lm}(\theta,\varphi)$实际仅与θ有关而与φ无关. 图 4.10 给出氢原子分别处于 ψ_{100}，ψ_{200}，ψ_{210}，$\psi_{21,\pm1}$，ψ_{300}，ψ_{310}，$\psi_{3,1,\pm1}$，ψ_{320}，$\psi_{3,2,\pm1}$，$\psi_{3,2,\pm2}$态时电子概率分布的截面图，让其沿 z 轴(竖直方向)旋转即得电子概率的空间分布. 特别是

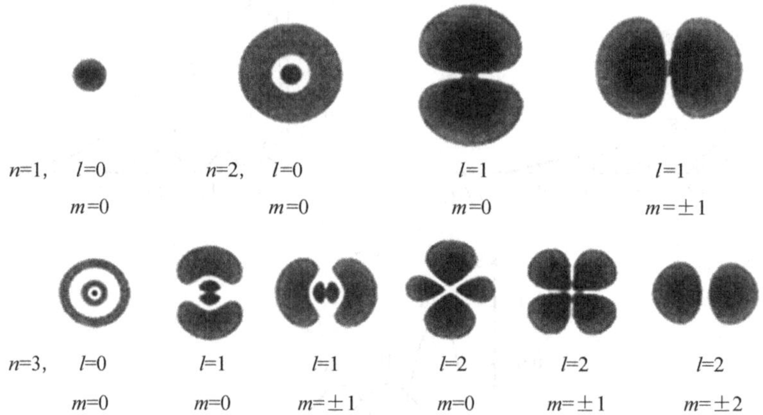

图 4.10

(1) $l=0,m=0$(s 态)

$$w_{00}(\theta,\varphi)=[P_0^{|0|}(\cos\theta)]^2=1/4\pi \tag{4.2.51}$$

$w_{00}(\theta,\varphi)$与θ,φ无关(分布具有球对称性),见图 4.10 上排第 1,2 图及下排第1 图;

(2) $l=1,m=0,\pm1$(p 态)

$$w_{10}(\theta,\varphi)=[P_1^{|0|}(\cos\theta)]^2=\frac{3}{4\pi}\cos^2\theta,\quad w_{1,\pm1}(\theta,\varphi)=[P_1^{|\pm1|}(\cos\theta)]^2=\frac{3}{8\pi}\sin^2\theta \tag{4.2.52}$$

$w_{1m}(\theta,\varphi)$与φ无关,电子的角向概率分布具有轴对称性. $w_{10}(\theta,\varphi)$在$\theta=0$取极大值,$w_{1,\pm1}(\theta,\varphi)$在$\theta=\frac{\pi}{2}$取极大值,如图 4.10 上排第 3,4 图和下排第 2,3 图所示;

(3) $l=2,m=0,\pm1,\pm2$(d 态)电子的角向概率分布$w_{2m}(\theta,\varphi)$也可具有轴对称性,如图 4.8 下排第 4,5,6 图所示.

4. 电流分布

处于$\psi_{nlm}(\boldsymbol{x})$态的电子,其电流密度可用概率流密度矢量$\boldsymbol{J}$来定义

$$\boldsymbol{J}_e=-e\boldsymbol{J}=\frac{\mathrm{i}e\hbar}{2\mu}(\psi_{nlm}^*\nabla\psi_{nlm}-\psi_{nlm}\nabla\psi_{nlm}^*) \tag{4.2.53}$$

在球坐标系中,微分算符∇的表示式为

$$\nabla=\mathrm{e}_r\frac{\partial}{\partial r}+\mathrm{e}_\theta\frac{1}{r}\frac{\partial}{\partial\theta}+\mathrm{e}_\varphi\frac{1}{r\sin\theta}\frac{\partial}{\partial\varphi}$$

在计算$\boldsymbol{J}_e$时,考虑到在$\psi_{nlm}(r,\theta,\varphi)=\mathscr{R}_{nl}(r)N_{lm}P_l^{|m|}(\cos\theta)\mathrm{e}^{\mathrm{i}m\varphi}$中,$\mathscr{R}_{nl}(r)$及$P_l^{|m|}(\cos\theta)$均为实函数,而实函数与其复共轭之差为零. 因此,$\boldsymbol{J}_e$仅存在沿$\boldsymbol{e}_\varphi$方向的分量$J_{e\varphi}e_\varphi$(含复函数$\mathrm{e}^{\mathrm{i}m\varphi}$对$\varphi$求偏导的项),即

$$\begin{aligned}\boldsymbol{J}_e&=e_\varphi J_{e\varphi}=e_\varphi\frac{\mathrm{i}e\hbar}{2\mu}\frac{1}{r\sin\theta}\left(\psi_{nlm}^*\frac{\partial\psi_{nlm}}{\partial\varphi}+c.c.\right)=e_\varphi\frac{\mathrm{i}e\hbar}{2\mu}\frac{1}{r\sin\theta}2\mathrm{i}m\,|\psi_{nlm}|^2\\&=-\frac{e\hbar m}{\mu r\sin\theta}|\psi_{nlm}|^2\boldsymbol{e}_\varphi\end{aligned} \tag{4.2.54}$$

5. 氢原子的磁矩

(4.2.54)式表明,氢原子内存在环绕极轴的电流密度,因而氢原子的磁矩沿极轴方向.

为了计算磁矩的大小,将整个空间分成许多环绕极轴的、横截面为 dS、半径为$r\sin\theta$的环形体积元(见图 4.11)

$$\mathrm{d}\tau=2\pi(r\sin\theta)\mathrm{d}S \tag{4.2.55}$$

它对磁矩的贡献是环形电流$\mathrm{d}I=J_e\mathrm{d}S$与该电流所围圆面积$A=\pi(r\sin\theta)^2$的乘积,即

$$\mathrm{d}M=A\mathrm{d}I=\pi(r\sin\theta)^2J_e\mathrm{d}S \tag{4.2.56}$$

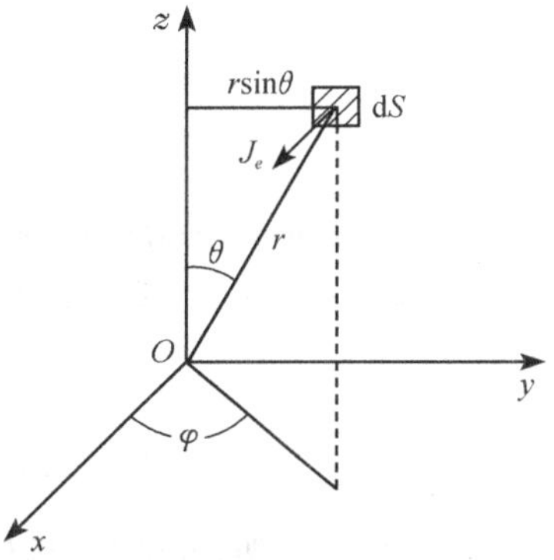

图 4.11

处于 $\psi_{nlm}(\boldsymbol{x})$态的氢原子的磁矩为

$$
\begin{aligned}
M &= \int \mathrm{d}M = -\int \pi r^2 \sin^2\theta \frac{e\hbar m}{\mu r \sin\theta} \mid \psi_{nlm}(\boldsymbol{x}) \mid^2 \mathrm{d}S \\
&= -\frac{e\hbar m}{2\mu}\int \mid \psi_{nlm}(\boldsymbol{x}) \mid^2 2\pi r \sin\theta \mathrm{d}S \\
&= -\frac{e\hbar m}{2\mu}\int \mid \psi_{nlm}(\boldsymbol{x}) \mid^2 \mathrm{d}\tau = -\frac{e\hbar}{2\mu} m \simeq - M_{\mathrm{B}} m
\end{aligned}
\tag{4.2.57}
$$

式中

$$
M_{\mathrm{B}} = \frac{e\hbar}{2\mu_2} \simeq 9.274 \times 10^{-24} \mathrm{J/T} \tag{4.2.58}
$$

称为玻尔磁子. 如果略去电子质量 μ_2 与折合质量

$$
\mu = \frac{\mu_1\mu_2}{\mu_1+\mu_2} \simeq \left(1-\frac{\mu_2}{\mu_1}\right)\mu_2 \simeq \left(1-\frac{1}{1\,836}\right)\mu_2
$$

的微小差异,则氢原子磁矩的大小刚好为玻尔磁子的整数倍,这表明氢原子的磁矩是量子化的.

6. 电子轨道运动的回转磁比率

定义为轨道磁矩 M_z 与轨道角动量 $L_z = m\hbar$ 之比

$$
\frac{M_z}{L_z} = -\frac{e}{2\mu} \tag{4.2.59}
$$

上式的负号表示轨道磁矩 M_z 与轨道角动量 L_z 的符号相反,因为电子带负电所致.

这里使用“轨道”这个词是用来反映电子在氢原子内空间的运动,“轨道”并非指经典力学或初等量子论中的“轨道”. 今后电子空间运动的状态均由 $\psi(\boldsymbol{x},t)$描述,而电子自旋运动的状态将由$\chi(S_z,t)=\begin{pmatrix} a(t) \\ b(t) \end{pmatrix}$描述(见 6.1 节).

习　题　4.2

4.2.1　试证明,若势能 $U(\boldsymbol{x})$可写成单一坐标的函数之和:$U(\boldsymbol{x}) = U_1(x_1) + U_2(x_2) + U_3(x_3)$,则定态薛定格方程通过采用 $\psi(\boldsymbol{x}) = \psi_1(x_1)\psi_2(x_2)\psi_3(x_3)$和 $E = E_1 + E_2 + E_3$ 可分解为一维方程组

$$
\psi_n''(x_n) + \frac{2\mu}{\hbar^2}[E_n - U_n(x_n)]\psi_n(x_n) = 0, \quad n = 1,2,3
$$

4.2.2　试证明,若在无穷远处势场为零,且粒子的能量 $E<0$,则其能谱必为离散谱,其能量本征态必为束缚态.

4.2.3 质量为 μ 的粒子在中心场

$$U(r)=-\frac{\alpha}{r^s},\quad \alpha>0$$

中运动，试证明存在束缚态的条件为 $0<s<2$.

4.2.4 对于氢原子的各 S 态($nlm=n00$)，计算 $\Delta x,\Delta p_x$，并讨论 $n\gg1$ 的情况. 设各 S 态的 $\overline{r^2}=\frac{n^2}{2}(1+5n^2)a_0^2$ 为已知. ①

4.2.5 单价原子中价电子(最外层电子)所受原子实(原子核及内层电子)的作用势可近似表示成

$$U(r)=-\frac{e_s^2}{r}-\frac{\lambda e_s^2 a_0}{r^2},\quad 0<\lambda\ll1$$

式中 a_0 为玻尔半径，求价电子的能级，并与氢原子比较.

4.2.6 求三维各向异性谐振子的能级，以及各向同性情况下能级的简并度.

4.2.7 试求解方程(4.2.28)，并给出氢原子的能量本征值 E_n(氢原子内电子与核相对运动的能级)及径向波函数 $\mathscr{R}_{nl}(r)$.

4.3 粒子在电磁场中的运动 简单塞曼效应

本节首先给出有电磁场情况下的薛定谔方程. 随后讨论在强磁场中碱金属原子能级与光谱的分裂(暂不考虑电子的自旋). 6.7 节将证明，自旋的引入只会使能级整个发生移动而不影响原子的光谱.

4.3.1 有电磁场情况下的薛定谔方程

1. 体系的哈密顿算符

经典电动力学已证明②，当质量为 μ，电量为 q 的粒子在电磁场中运动时，体系的哈密顿量为

$$H=\frac{1}{2\mu}(\boldsymbol{P}-q\boldsymbol{A})^2+q\varphi \tag{4.3.1}$$

式中 $\boldsymbol{P}$ 为正则动量，$\boldsymbol{A}$、φ 分别表示电磁场的矢势与标势，它们与电场强度 $\boldsymbol{E}$、磁感应强度 $\boldsymbol{B}$ 的关系是

$$\boldsymbol{E}=-\nabla\varphi-\frac{\partial\boldsymbol{A}}{\partial t} \tag{4.3.2}$$

---

① 钱伯初，曾谨言. 量子力学习题精选与剖析. 第三版. 北京：科学出版社，2008. p. 447，15. 10 题.

② 汪德新. 理论物理学导论第二卷，电动力学. 北京：科学出版社，2005. 235.

注意：本书机械动量用 $\boldsymbol{p}=\mu$ 表示，正则动量用 $\boldsymbol{P}$ 表示(《电动力学》教材大多如此)，但有的文献刚好相反(《量子力学》教材大多如此).

$$\boldsymbol{B}=\nabla\times\boldsymbol{A} \tag{4.3.3}$$

公式(4.3.1)的正确性是通过将 H 代入正则方程

$$\dot{x}_n=\frac{\partial H}{\partial P_n},\quad \dot{P}_n=-\frac{\partial H}{\partial x_n},\quad n=1,2,3 \tag{4.3.4}$$

得到牛顿方程 $\mu\ddot{\boldsymbol{R}}=q(\boldsymbol{E}+\boldsymbol{v}\times\boldsymbol{B})$来证实(见习题 4.3.1).

将(4.3.1)式代入(4.3.4)式的第一式还可得机械动量 $\boldsymbol{p}=\mu\boldsymbol{v}$ 的 n 分量

$$\begin{aligned} p_n&=\mu\dot{x}_n=\mu\frac{\partial H}{\partial P_n}=\mu\frac{\partial}{\partial P_n}\left[\frac{1}{2\mu}(\boldsymbol{P}-q\boldsymbol{A})^2+q\varphi\right]\\ &=\frac{\partial}{\partial P_n}\sum_{k=1}^{3}\frac{1}{2}(P_k{}^2-2qP_kA_k+q^2A_k{}^2)=\sum_{k=1}^{3}(P_k\delta_{nk}-qA_k\delta_{nk})\\ &=P_n-qA_n \end{aligned} \tag{4.3.5}$$

由此得机械动量 $\boldsymbol{p}=\mu\boldsymbol{v}$ 与正则动量 $\boldsymbol{P}$ 的关系

$$\boldsymbol{p}=\boldsymbol{P}-q\boldsymbol{A} \tag{4.3.6}$$

这表明,存在电磁场时,粒子的机械动量 $\boldsymbol{p}=\mu\boldsymbol{v}$ 并不等于正则动量 $\boldsymbol{P}=\boldsymbol{p}+\mu\boldsymbol{v}$.

按照量子力学的基本假设Ⅲ,由(4.3.1)式可得哈密顿算符

$$\hat{H}=\frac{1}{2\mu}(\hat{\boldsymbol{P}}-q\hat{\boldsymbol{A}})^2+q\varphi \tag{4.3.7}$$

将上式代入

$$\mathrm{i}\hbar\frac{\partial\psi}{\partial t}=\hat{H}\psi \tag{4.3.8}$$

即得有电磁场情况下的薛定谔方程.

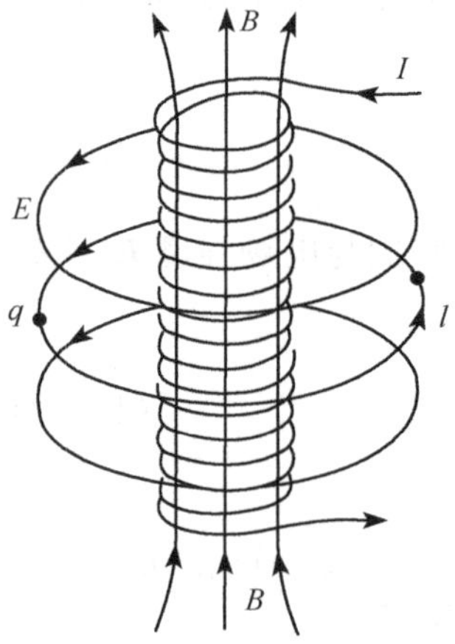

图 4.12

由 $\boldsymbol{p}=\boldsymbol{P}-q\boldsymbol{A}$ 可见,在没有电磁场($\boldsymbol{A}=0$)的情况下,正则动量 $\hat{\boldsymbol{P}}$ 与机械动量 $\hat{\boldsymbol{p}}$ 均为 $-\mathrm{i}\hbar\nabla$. 在有电磁场的情况下,究竟是 $\hat{\boldsymbol{P}}$ 还是 $\hat{\boldsymbol{p}}$ 为 $-\mathrm{i}\hbar\nabla$ 呢?

2. 用实例说明正则动量 $\boldsymbol{P}$ 是 $-\mathrm{i}\hbar\nabla$

(1) 实验与分析. 设有电量为 q 的带电粒子位于一个非常长的螺线管附近(见图 4.12). 在 $t=0$ 时突然给螺线管通以强电流,管内马上建立了强磁场,矢势 $\boldsymbol{A}$ 由零突变为某个值. 由 $\hat{H}=\frac{1}{2\mu}(\hat{\boldsymbol{P}}-q\hat{\boldsymbol{A}})^2+q\varphi$ 可知,在 $t=0$ 时矢势 $\boldsymbol{A}$ 突变必导致 $\hat{H}$ 突变. 由薛定谔方程 $\mathrm{i}\hbar\frac{\partial\psi}{\partial t}=\hat{H}\psi$ 易见,$\hat{H}$ 突变必然导致$\partial\psi/\partial t$ 突变.

但是,在 $t=0$ 时 ψ 及$\nabla\psi$ 还来不及变化,于是

$$\int \psi^* (-\mathrm{i}\hbar \nabla)\psi \mathrm{d}\tau \tag{4.3.9}$$

在 $t=0$ 时也就来不及变化.

(2) 考察的问题. 那么,(4.3.9)式中的($-\mathrm{i}\hbar \nabla$)究竟是 $\hat{\boldsymbol{P}}$ 还是 $\hat{\boldsymbol{p}}$ 呢? 这只要考察

$$\bar{\boldsymbol{p}} = \int \psi^* \hat{\boldsymbol{p}}\psi \mathrm{d}\tau \quad 与 \quad \bar{\boldsymbol{P}} = \int \psi^* \hat{\boldsymbol{P}}\psi \mathrm{d}\tau \tag{4.3.10}$$

哪一个量的平均值在 $t=0$ 时不发生突变,与它相应的算符就是 $-\mathrm{i}\hbar \nabla$.

(3) 结论. 根据(4.3.2)式计算电场. 由于不存在静电场,故

$$\boldsymbol{E} = -\nabla\varphi - \frac{\partial \boldsymbol{A}}{\partial t} = -\frac{\partial \boldsymbol{A}}{\partial t} \tag{4.3.11}$$

这个瞬时产生的感应电场将给带电粒子以冲力 $q\boldsymbol{E}$. 根据动量定理,粒子机械动量的变化($\boldsymbol{p}-0$)应等于外力在 $\mathrm{d}t$ 这瞬间给予粒子的冲量 $qE\mathrm{d}t$. 由(4.3.11)式便有

$$\boldsymbol{p} = q\boldsymbol{E}\mathrm{d}t = -q\boldsymbol{A} \tag{4.3.12a}$$

$$\boldsymbol{P} = \boldsymbol{p} + q\boldsymbol{A} = -q\boldsymbol{A} + q\boldsymbol{A} = 0 \tag{4.3.12b}$$

从经典力学过渡到量子力学,将上面的 $\boldsymbol{p}$ 和 $\boldsymbol{P}$ 换成算符. 既然 $t=0$ 时,正则动量没有发生突变,故

$$\hat{\boldsymbol{P}} = -\mathrm{i}\hbar \nabla, \quad \boldsymbol{p} = \hat{\boldsymbol{P}} - q\boldsymbol{A} = -\mathrm{i}\hbar \nabla - q\boldsymbol{A} \tag{4.3.13}$$

3. 薛定谔方程

将(4.3.7)式代入(4.3.8)式,即有

$$\mathrm{i}\hbar \frac{\partial\psi}{\partial t} = \left[\frac{1}{2\mu}(\hat{\boldsymbol{P}} - q\hat{\boldsymbol{A}})^2 + q\varphi\right]\psi \tag{4.3.14a}$$

$$\mathrm{i}\hbar \frac{\partial\psi}{\partial t} = \left[\frac{\hat{\boldsymbol{P}}^2}{2\mu} - \frac{q}{2\mu}(\hat{\boldsymbol{P}}\cdot\hat{\boldsymbol{A}} + \hat{\boldsymbol{A}}\cdot\hat{\boldsymbol{P}}) + \frac{q^2}{2\mu}\hat{\boldsymbol{A}}^2 + q\varphi\right]\psi \tag{4.3.14b}$$

为了将上式化简,将($\hat{\boldsymbol{P}}\cdot\hat{\boldsymbol{A}} - \hat{\boldsymbol{A}}\cdot\hat{\boldsymbol{P}}$)作用于任意波函数 Ψ(因 $\hat{\boldsymbol{A}}$ 为坐标函数,可省去算符记号),得

$$(\hat{\boldsymbol{P}}\cdot\boldsymbol{A} - \boldsymbol{A}\cdot\hat{\boldsymbol{P}})\Psi = -\mathrm{i}\hbar[\nabla\cdot(\boldsymbol{A}\Psi) - \boldsymbol{A}\cdot\nabla\Psi] = -\mathrm{i}\hbar\Psi\,\nabla\cdot\boldsymbol{A}$$

由 Ψ 的任意性,可得

$$\hat{\boldsymbol{P}}\cdot\boldsymbol{A} - \boldsymbol{A}\cdot\hat{\boldsymbol{P}} = -\mathrm{i}\hbar\,\nabla\cdot\boldsymbol{A}$$

若采用库仑规范($\nabla\cdot\boldsymbol{A}=0$),便有

$$\hat{\boldsymbol{P}}\cdot\boldsymbol{A} = \boldsymbol{A}\cdot\hat{\boldsymbol{P}}$$

代入(4.3.14b)式即得有电磁场情况下的薛定谔方程

$$
\mathrm{i}\hbar\frac{\partial\psi}{\partial t}=\hat{H}\psi=\left(\frac{\hat{\boldsymbol{P}}^2}{2\mu}-\frac{q}{\mu}\boldsymbol{A}\cdot\hat{\boldsymbol{P}}+\frac{q^2}{2\mu}\hat{\boldsymbol{A}}^2+q\varphi\right)\psi \tag{4.3.15}
$$

4. 概率守恒定律

由于 $\boldsymbol{A}$ 及 φ 为实函数，而 $\hat{\boldsymbol{P}}^*=\mathrm{i}\hbar\nabla=-\hat{\boldsymbol{P}}$，故(4.3.15)式的复共轭为

$$
-\mathrm{i}\hbar\frac{\partial\psi^*}{\partial t}=\left[\frac{\hat{\boldsymbol{P}}^2}{2\mu}+\frac{q}{\mu}\boldsymbol{A}\cdot\hat{\boldsymbol{P}}+\frac{q^2}{2\mu}\boldsymbol{A}^2+q\varphi\right]\psi^* \tag{4.3.16}
$$

以 $\frac{\psi^*}{\mathrm{i}\hbar}$ 乘(4.3.15)式减去 $\frac{\psi}{\mathrm{i}\hbar}$ 乘上式，得

$$
\begin{aligned}
\frac{\partial(\psi\psi^*)}{\partial t}&=\frac{1}{2\mu\mathrm{i}\hbar}(\psi^*\hat{\boldsymbol{P}}^2\psi-\psi\hat{\boldsymbol{P}}^2\psi^*)-\frac{q}{\mu\mathrm{i}\hbar}(\psi^*\boldsymbol{A}\cdot\hat{\boldsymbol{P}}\psi+\psi\boldsymbol{A}\cdot\hat{\boldsymbol{P}}\psi^*)\\
&=\frac{\mathrm{i}\hbar}{2\mu}(\psi^*\nabla^2\psi-\psi\nabla^2\psi^*)+\frac{q}{\mu}(\psi^*\boldsymbol{A}\cdot\nabla\psi+\psi\boldsymbol{A}\cdot\nabla\psi^*)\\
&=-\nabla\cdot\left[\frac{\mathrm{i}\hbar}{2\mu}(\psi\nabla\psi^*-\psi^*\nabla\psi)-\frac{q}{\mu}\boldsymbol{A}\,|\psi|^2\right]
\end{aligned} \tag{4.3.17}
$$

与概率守恒定律的形式(1.4.24)相比较，定义有电磁场情况下的概率密度 w 和概率流密度 $\boldsymbol{J}$

$$
w=|\psi|^2 \tag{4.3.18}
$$

$$
\boldsymbol{J}=\frac{\mathrm{i}\hbar}{2\mu}(\psi\nabla\psi^*-\psi^*\nabla\psi)-\frac{q}{\mu}\boldsymbol{A}\,|\psi|^2 \tag{4.3.19}
$$

代入上式即得概率守恒定律

$$
\frac{\partial w}{\partial t}+\nabla\cdot\boldsymbol{J}=0 \tag{4.3.20}
$$

后面，将利用有电磁场情况下的薛定谔方程(4.3.15)讨论简单塞曼效应.

4.3.2 简单塞曼效应(正常塞曼效应)

1. 实验事实

1896 年塞曼(Zeeman)发现，在强磁场中，原子的每条光谱线均分裂为三条的现象，称为简单塞曼效应.

2. 体系的哈密顿算符

现在讨论碱金属原子的价电子在原子实的屏蔽库仑场 $U(r)$ 及均匀外磁场 $\boldsymbol{B}$ 中运动的情形. 设外磁场 B 大于几个 T(特斯拉)，在实验室中可看作强磁场.

取坐标原点于原子核所在处，$\boldsymbol{x}$ 为电子的坐标，核与电子的距离 r 即为 $|\boldsymbol{x}|$. 取 z 轴沿 $\boldsymbol{B}$ 的方向，即

$$
\boldsymbol{B}=B\boldsymbol{e}_z \tag{4.3.21}
$$

矢势取

$$\boldsymbol{A}=-\frac{1}{2}\boldsymbol{x}\times\boldsymbol{B} \tag{4.3.22}$$

可以验证$\nabla\times\boldsymbol{A}=\boldsymbol{B}$且满足$\nabla\cdot\boldsymbol{A}=0$，见习题4.3.2. 由于$\boldsymbol{B}$与$\boldsymbol{x}$无关，故可交换$\boldsymbol{B}$与$\hat{\boldsymbol{P}}$的顺序，利用三矢量(及算符)的混合乘积式，得

$$\hat{\boldsymbol{A}}\cdot\hat{\boldsymbol{P}}=-\frac{1}{2}(\hat{\boldsymbol{x}}\times\boldsymbol{B})\cdot\hat{\boldsymbol{P}}=\frac{1}{2}(\hat{\boldsymbol{x}}\times\hat{\boldsymbol{P}})\cdot\boldsymbol{B}=\frac{1}{2}\hat{\boldsymbol{L}}\cdot\boldsymbol{B} \tag{4.3.23}$$

$$\boldsymbol{A}^2=\frac{1}{4}(\boldsymbol{x}\times\boldsymbol{B})^2=\frac{1}{4}(\boldsymbol{x}\times\boldsymbol{e}_z)^2B^2 \tag{4.3.24}$$

将上两式及$q=-e$，$q\varphi=U(r)$代入

$$\hat{H}=\frac{\hat{\boldsymbol{P}}^2}{2\mu}-\frac{q}{\mu}\boldsymbol{A}\cdot\hat{\boldsymbol{P}}+\frac{q^2}{2\mu}\hat{\boldsymbol{A}}^2+q\varphi$$

并利用$B^2=\boldsymbol{B}\cdot\boldsymbol{B}$，即有

$$\hat{H}=\frac{\hat{\boldsymbol{P}}^2}{2\mu}+\frac{e}{2\mu}\hat{\boldsymbol{L}}\cdot\boldsymbol{B}+\frac{e^2}{8\mu}(\boldsymbol{x}\times\boldsymbol{e}_z)^2\boldsymbol{B}\cdot\boldsymbol{B}+U(r) \tag{4.3.25}$$

在经典电动力学中，磁矩为$\boldsymbol{m}$的磁偶极子在外磁场的势能为

$$H_{\mathrm{B}}=-\boldsymbol{m}\cdot\boldsymbol{B}$$

与(4.3.25)式的第二、三项比较可得电子的磁矩为

$$\hat{\boldsymbol{m}}=-\frac{e\hat{\boldsymbol{L}}}{2\mu}-\frac{e^2}{8\mu}(\boldsymbol{x}\times\boldsymbol{e}_z)^2\boldsymbol{B} \tag{4.3.26}$$

式中的第一项是电子的固有磁矩，即轨道磁矩(未计及自旋磁矩)，其数量级与玻尔磁子相同；第二项为感生磁矩，与外磁场成正比，负号表示感生磁矩与磁场反向，反映原子的抗磁效应. 若取$B\sim10\mathrm{T}$(特斯拉)，$|\boldsymbol{x}\times\mathbf{e}_z|$的数量级取作玻尔半径$a_0$，则(4.3.26)式第一项比第二项大一万倍以上

$$\frac{e\hbar}{2\mu}\bigg/\frac{e^2a_0^2B}{8\mu}>10^4 \tag{4.3.27}$$

故可以略去(4.3.26)式的第二项及与之相应的(4.3.25)式的第三项. 由$\boldsymbol{B}=B\mathbf{e}_z$得

$$\hat{\boldsymbol{L}}\cdot\boldsymbol{B}=\hat{L}_zB$$

(4.3.25)式即可简化为

$$\hat{H}=-\frac{\hbar^2}{2\mu}\nabla^2+U(r)+\frac{eB}{2\mu}\hat{L}_z=\hat{H}_0+\hat{H}' \tag{4.3.28}$$

式中的$\hat{H}_0$为未加磁场时的哈密顿算符

$$\hat{H}_0 = -\frac{\hbar^2}{2\mu}\nabla^2 + U(r) \tag{4.3.29a}$$

$\hat{H}'$为加入磁场后价电子在外磁场中的势能

$$\hat{H}' = \frac{eB}{2\mu}\hat{L}_z \tag{4.3.29b}$$

定态薛定谔方程为

$$\hat{H}\psi = \left(\hat{H}_0 + \frac{eB}{2\mu}\hat{L}_z\right)\psi = E\psi \tag{4.3.30}$$

3. *求解定态薛定谔方程*

显然，$\hat{H}$、$\hat{H}_0$、$\hat{L}^2$、$\hat{L}_z$ 是互相对易的守恒量. $\psi_{nlm} = \mathscr{R}_{nl}(r)\mathrm{Y}_{lm}(\theta,\varphi)$为 $\hat{H}_0$、$\hat{L}^2$ 与 $\hat{L}_z$ 的共同本征函数. 以 $E_{nl}^{(0)}$ 表示 $\hat{H}_0 = -\frac{\hbar^2}{2\mu}\nabla^2 + U(r)$的本征值(未加磁场时电子的能级)，见(4.2.45)式；另一方面，ψ_{nlm}既是 $\hat{L}_z$ 的本征函数，也是 $\hat{H}$ 的本征函数，且

$$\hat{H}\psi_{nlm} = \left(\hat{H}_0 + \frac{eB}{2\mu}\hat{L}_z\right)\psi_{nlm} = \left(E_{nl}^{(0)} + \frac{eB}{2\mu}m\hbar\right)\psi_{nlm} \tag{4.3.31}$$

比较(4.3.30)与(4.3.31)式可见，加入磁场后的能级为

$$E_{nlm} = E_{nl}^{(0)} + \frac{eB}{2\mu}m\hbar, \quad m = 0, \pm 1, \cdots, \pm l \tag{4.3.32}$$

上式表明，加入磁场后，对 m 的简并被消除，原来的 $E_{nl}^{(0)}$ 能级分裂为$(2l+1)$个 E_{nlm} 能级. 相邻($\Delta m=1$)两能级的间隔可以写成两种形式：

$$\Delta E = \frac{eB}{2\mu}\hbar = \begin{cases} \dfrac{e\hbar}{2\mu}B = M_{\mathrm{B}}B & (4.3.33) \\ \hbar\dfrac{eB}{2\mu} = \hbar\omega_{\mathrm{L}} & (4.3.34) \end{cases}$$

式中 $M_{\mathrm{B}} = \frac{e\hbar}{2\mu}$是玻尔磁子，$\omega_{\mathrm{L}} = \frac{eB}{2\mu}$称为拉莫尔(Larmor)频率. 如 $B=2\mathrm{T}$，则 $\Delta E \sim 10^{-4}$ eV，可见能级的间隔是很小的.

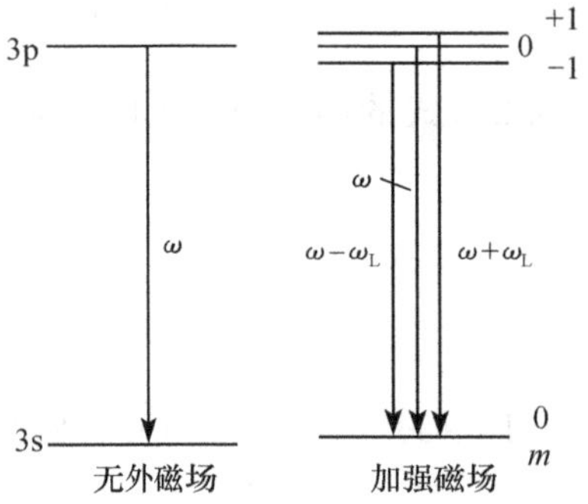

图 4.13

能级的分裂导致光谱线的分裂. 图 4.13 给出钠原子黄线在强磁场中的简单塞曼分裂，原来 $\lambda=5893\text{Å}$ 的光谱线分裂为三条(简单塞曼效应中光谱线分裂为三条是由跃迁选择定则 $\Delta m=0,\pm 1$ 所决定的，见第 9 章)，即

$$\omega = \omega_0, \quad \omega = \omega_0 \pm \omega_{\mathrm{L}} = \omega_0 \pm \frac{eB}{2\mu} \tag{4.3.35}$$

1897 年塞曼通过实验测定 $\omega_L = eB/2\mu$，从而确定电子的荷质比

$$\frac{e}{\mu} = 1.6 \times 10^{11} \frac{\mathrm{C}}{\mathrm{kg}}$$

与 J. J. 汤姆孙在 1897 年 10 月作阴极射线实验给出的结果一致，证实了阴极射线就是电子流.

习 题 4.3

4.3.1 试证明(4.3.5)式.

4.3.2 试证明(4.3.22)式满足 $\nabla \times \boldsymbol{A} = \boldsymbol{B}$ 及 $\nabla \cdot \boldsymbol{A} = 0$.

4.3.3 质量为 μ，电荷为 q 的粒子在电磁场中运动，试求 $\hat{v}$ 的各分量之间的对易关系.

4.3.4 质量为 μ，电荷为 q 的粒子在均匀磁场 $\boldsymbol{B} = B\mathbf{e}_z$ 中运动，求粒子的能量本征值.

第5章　定态问题的近似解

在量子力学中，体系的能级和定态波函数可以通过求解定态薛定谔方程得到. 前面介绍了一维无限深势阱、一维线性谐振子及氢原子等能精确求解的例子. 但由于体系的哈密顿算符通常比较复杂，大多数问题不能精确求解，必须采用近似方法. 本章除了通过实例介绍非简并态微扰论、简并态微扰论和变分法的方法和技巧之外，还集中讨论了非线性谐振子、氢原子的一级斯塔克效应和氦原子的基态等问题.

5.1　非简并态微扰论　非线性谐振子

微扰论是通过逐级近似求得近似解的一种方法.

本节首先介绍使用非简并态微扰论的条件，接着导出它的各级近似方程，然后通过求解这些方程得到能级和波函数的各级修正，最后运用非简并态微扰论讨论几个实际例子，特别是非线性谐振子.

5.1.1　非简并态微扰论适用的条件

(1) 体系的 $\hat{H}$ 不显含时间. 定态薛定谔方程为

$$\hat{H}\psi_n = E_n\psi_n \tag{5.1.1}$$

(2) 体系的哈密顿算符 $\hat{H}$ 可以分解为两部分

$$\hat{H} = \hat{H}_0 + \hat{H}' \tag{5.1.2}$$

至于 $\hat{H}$ 如何分成两个部分，有些问题是很自然的，如在斯塔克效应和塞曼效应中，就可以把外场的作用看成微扰；在另外一些问题中，还可以根据如何使计算简化来划分. 但有一个共同的要求，就是 $\hat{H}'$ 要远“小于”$\hat{H}$. “小”的确切含义见(5.1.33)式. 同时，从(5.1.33)式还可看出，$\hat{H}_0$ 的能谱必须是离散谱.

(3) $\hat{H}_0$ 的本征值方程为

$$\hat{H}_0\psi_n^{(0)} = E_n^{(0)}\psi_n^{(0)} \tag{5.1.3}$$

式中 $\hat{H}_0$ 的本征值 $E_n^{(0)}$ 与本征函数 $\psi_n^{(0)}$ 要容易求得. 在此基础上，利用 $E_n^{(0)}$ 和 $\psi_n^{(0)}$ 求出 $\hat{H}=\hat{H}_0+\hat{H}'$ 的本征值 E_n 和本征函数 ψ_n 的各级近似.

(4) 本节只讨论用微扰论修正的那个能级是无简并的情形，而不管其他能级是否简并；在5.2节将讨论用微扰论修正的那个能级是简并的情形.

5.1.2 零级近似方程与各级修正方程

引入表示微扰程度的参数λ，将$\hat{H}'$写成$\lambda\hat{H}'$，微扰加入后的定态薛定谔方程可改写为

$$(\hat{H}_0+\lambda\hat{H}')\psi_n=E_n\psi_n \tag{5.1.4}$$

为了通过逐级近似逼近上方程的解，将能级E_n和波函数ψ_n按λ展开为级数

$$E_n=E_n^{(0)}+\lambda E_n^{(1)}+\lambda^2E_n^{(2)}+\cdots \tag{5.1.5}$$

$$\psi_n=\psi_n^{(0)}+\lambda\psi_n^{(1)}+\lambda^2\psi_n^{(2)}+\cdots \tag{5.1.6}$$

式中$E_n^{(0)}, E_n^{(1)}, E_n^{(2)}, \cdots$分别称为能级$E_n$的零级近似，一级修正和二级修正，…；$\psi_n^{(0)}, \psi_n^{(1)}, \psi_n^{(2)}, \cdots$分别称为波函数的零级近似，一级修正和二级修正，……

将$E_n=E_n^{(0)}+\lambda E_n^{(1)}+\cdots$和$\psi_n=\psi_n^{(0)}+\lambda\psi_n^{(1)}+\cdots$代入$(\hat{H}_0+\lambda\hat{H}')\psi_n=E_n\psi_n$，可得

$$\begin{aligned}&(\hat{H}_0+\lambda\hat{H}')(\psi_n^{(0)}+\lambda\psi_n^{(1)}+\lambda^2\psi_n^{(2)}+\cdots)\\&=(E_n^{(0)}+\lambda E_n^{(1)}+\lambda^2E_n^{(2)}+\cdots)(\psi_n^{(0)}+\lambda\psi_n^{(1)}+\lambda^2\psi_n^{(2)}+\cdots)\end{aligned} \tag{5.1.7}$$

由等式两端λ的同次幂系数相等，即有

$$\lambda^0: \quad \hat{H}_0\psi_n^{(0)}=E_n^{(0)}\psi_n^{(0)}$$

$$\lambda^1: \quad (\hat{H}_0-E_n^{(0)})\psi_n^{(1)}=-(\hat{H}'-E_n^{(1)})\psi_n^{(0)} \tag{5.1.8}$$

$$\lambda^2: \quad (\hat{H}_0-E_n^{(0)})\psi_n^{(2)}=-(\hat{H}'-E_n^{(1)})\psi_n^{(1)}+E_n^{(2)}\psi_n^{(0)} \tag{5.1.9}$$

$$\cdots \qquad \cdots$$

这样，利用参数λ便将$\hat{H}$的本征值方程分解为零级近似方程与各级修正方程. 完成这个任务之后，λ的历史使命便完成了. 进而令$\lambda=1$，便得到微扰加入后体系的能级与波函数的m级近似

$$E_n=\sum_{k=0}^{m}E_n^{(k)}=E_n^{(0)}+E_n^{(1)}+\cdots+E_n^{(m)} \tag{5.1.10}$$

$$\psi_n=\sum_{k=0}^{m}\psi_n^{(k)}=\psi_n^{(0)}+\psi_n^{(1)}+\cdots+\psi_n^{(m)} \tag{5.1.11}$$

零级近似方程就是无微扰的定态薛定谔方程，假设能级和波函数的零级近似是已求得.

现在来求解各级修正方程，通常只要计算到E_n和ψ_n的一级或二级近似.

5.1.3 求E_n和ψ_n的各级近似

1. 一级近似

(1) 展开$\psi_n^{(1)}$，简化一级修正方程. 利用厄米算符$\hat{H}_0$的本征函数系$\{\psi_l^{(0)}\}$的完

备性，将 $\psi_n^{(1)}$ 按正交归一完备系 $\{\psi_l^{(0)}\}$ 展开

$$\psi_n^{(1)} = \sum_l a_l^{(1)} \psi_l^{(0)} \tag{5.1.12}$$

将展开式代入一级修正方程 $(\hat{H}_0 - E_n^{(0)})\psi_n^{(1)} = -(\hat{H}' - E_n^{(1)})\psi_n^{(0)}$，便有

$$(\hat{H}_0 - E_n^{(0)}) \sum_l a_l^{(1)} \psi_l^{(0)} = -(\hat{H}' - E_n^{(1)})\psi_n^{(0)} \tag{5.1.13}$$

以 $\psi_k^{(0)*}$ 左乘上式后对整个空间积分，得

$$\sum_l a_l^{(1)} \int \psi_k^{(0)*} \hat{H}_0 \psi_l^{(0)} \mathrm{d}\tau - E_n^{(0)} \sum_l a_l^{(1)} \int \psi_k^{(0)*} \psi_l^{(0)} \mathrm{d}\tau$$

$$= -\int \psi_k^{(0)*} \hat{H}' \psi_n^{(0)} \mathrm{d}\tau + E_n^{(1)} \int \psi_k^{(0)*} \psi_n^{(0)} \mathrm{d}\tau$$

利用 $\hat{H}_0 \psi_l^{(0)} = E_l^{(0)} \psi_l^{(0)}$ 及 $\{\psi_n^{(0)}\}$ 的正交归一条件，一级修正方程进一步简化为

$$E_k^{(0)} a_k^{(1)} - E_n^{(0)} a_k^{(1)} = -H'_{kn} + E_n^{(1)} \delta_{kn} \tag{5.1.14}$$

式中 H'_{kn} 是 $\hat{H}'$ 在 H_0 表象的矩阵元

$$H'_{kn} = \int \psi_k^{(0)*} \hat{H}' \psi_n^{(0)} \mathrm{d}\tau = \langle \psi_k^{(0)} \mid \hat{H}' \mid \psi_n^{(0)} \rangle \tag{5.1.15}$$

(2) 能级 E_n 的一级近似．令 $k=n$，由(5.1.14)式得能级 E_n 的一级修正

$$E_n^{(1)} = H'_{nn} \tag{5.1.16}$$

它就是 $\hat{H}'$ 在 $\psi_n^{(0)}$ 态的平均值

$$E_n^{(1)} = \int \psi_n^{(0)*} \hat{H}' \psi_n^{(0)} \mathrm{d}\tau$$

能级 E_n 的一级近似为

$$E_n = E_n^{(0)} + E_n^{(1)} = E_n^{(0)} + H'_{nn} \tag{5.1.17}$$

(3) 计算展开系数 $a_k^{(1)}(k \neq n)$．当 $k \neq n$ 时，由(5.1.14)式得

$$a_k^{(1)} = \frac{H'_{kn}}{E_n^{(0)} - E_k^{(0)}}, \quad k \neq n \tag{5.1.18}$$

(4) 计算展开系数 $a_n^{(1)}$（序数 n 指为待求能级）．将 $\psi_n^{(1)} = \sum_l a_l^{(1)} \psi_l^{(0)}$ 改写为

$$\mid \psi_n^{(1)} \rangle = \sum_l a_l^{(1)} \mid \psi_l^{(0)} \rangle \tag{5.1.19}$$

用 $\langle \psi_n^{(0)} \mid$ 左乘(5.1.19)式，便有

$$\langle \psi_n^{(0)} \mid \psi_n^{(1)} \rangle = \sum_l a_l^{(1)} \langle \psi_n^{(0)} \mid \psi_l^{(0)} \rangle = \sum_l a_l^{(1)} \delta_{nl} = a_n^{(1)} \tag{5.1.20}$$

利用 $\mid \psi_n \rangle = \mid (\psi_n^{(0)} + \lambda \psi_n^{(1)}) \rangle$ 及 $\mid \psi_n^{(0)} \rangle$ 的归一化条件，并略去 λ^2 项，即有

$$
\begin{aligned}
1 &= \langle \psi_n \mid \psi_n \rangle = \langle (\psi_n^{(0)} + \lambda\psi_n^{(1)}) \mid (\psi_n^{(0)} + \lambda\psi_n^{(1)}) \rangle \\
&= \langle \psi_n^{(0)} \mid \psi_n^{(0)} \rangle + \lambda[\langle \psi_n^{(0)} \mid \psi_n^{(1)} \rangle + \langle \psi_n^{(1)} \mid \psi_n^{(0)} \rangle] + O(\lambda^2) \\
&= 1 + \lambda(a_n^{(1)} + a_n^{(1)*})
\end{aligned}
$$

因为 $\lambda \neq 0$，故有

$$
a_n^{(1)} + a_n^{(1)*} = 0 \tag{5.1.21}
$$

易见 $a_n^{(1)}$ 为纯虚数. 令

$$
a_n^{(1)} = \mathrm{i}b \tag{5.1.22}
$$

式中 b 为实数.

(5) 体系波函数 ψ_n 的一级近似.

将 $a_n^{(1)} = \mathrm{i}b$ 代入 $\psi_n^{(1)} = \sum\limits_l a_l^{(1)} \psi_l^{(0)}$，并利用近似式 $\mathrm{e}^{\mathrm{i}\lambda b} \approx 1 + \mathrm{i}\lambda b$，即得

$$
\begin{aligned}
\psi_n &= \psi_n^{(0)} + \lambda\psi_n^{(1)} = \psi_n^{(0)} + \lambda a_n^{(1)} \psi_n^{(0)} + \lambda \sum_{l \neq n} a_l^{(1)} \psi_l^{(0)} \\
&= (\psi_n^{(0)} + \lambda \mathrm{i} b \psi_n^{(0)}) + \lambda \sum_{l \neq n} a_l^{(1)} \psi_l^{(0)} = \mathrm{e}^{\mathrm{i}\lambda b} \psi_n^{(0)} + \lambda \sum_{l \neq n} a_l^{(1)} \psi_l^{(0)}
\end{aligned} \tag{5.1.23}
$$

由此可见，$a_n^{(1)} \psi_n^{(0)}$ 项的贡献是使 $\psi_n^{(0)}$ 增加了一个在此无关紧要的相因子，故可令

$$
a_n^{(1)} = \mathrm{i}b = 0 \tag{5.1.24}
$$

将 $a_k^{(1)} = \dfrac{H'_{kn}}{E_n^{(0)} - E_k^{(0)}} (k \neq n)$ 和 $a_n^{(1)} = \mathrm{i}b = 0$ 代入 $\psi_n = \mathrm{e}^{\mathrm{i}\lambda b} \psi_n^{(0)} + \lambda \sum\limits_{l \neq n} a_l^{(1)} \psi_l^{(0)}$，即得

$$
\psi_n = \psi_n^{(0)} + \sum_{k \neq n} \frac{H'_{kn}}{E_n^{(0)} - E_k^{(0)}} \psi_k^{(0)} \tag{5.1.25}
$$

2. 二级近似

(1) 展开 $\psi_n^{(2)}$，简化二级修正方程. 类似地，将 $\psi_n^{(2)}$ 按完备系 $\{\psi_n^{(0)}\}$ 展开

$$
\psi_n^{(2)} = \sum_l a_l^{(2)} \psi_l^{(0)} \tag{5.1.26}
$$

将 $\psi_n^{(1)} = \sum\limits_l a_l^{(1)} \psi_l^{(0)}$ 和 $\psi_n^{(2)} = \sum\limits_l a_l^{(2)} \psi_l^{(0)}$ 代入二级修正方程

$$
(\hat{H}_0 - E_n^{(0)}) \psi_n^{(2)} = -(\hat{H}' - E_n^{(1)}) \psi_n^{(1)} + E_n^{(2)} \psi_n^{(0)}
$$

用 $\psi_k^{(0)*}$ 左乘方程两边后对整个空间积分，便有

$$
\begin{aligned}
&\sum_l a_l^{(2)} \int \psi_k^{(0)*} \hat{H}_0 \psi_l^{(0)} \mathrm{d}\tau - E_n^{(0)} \sum_l a_l^{(2)} \int \psi_k^{(0)*} \psi_l^{(0)} \mathrm{d}\tau \\
= &- \sum_l a_l^{(1)} \int \psi_k^{(0)*} \hat{H}' \psi_l^{(0)} \mathrm{d}\tau + E_n^{(1)} \sum_l a_l^{(1)} \int \psi_k^{(0)*} \psi_l^{(0)} \mathrm{d}\tau + E_n^{(2)} \int \psi_k^{(0)*} \psi_n^{(0)} \mathrm{d}\tau
\end{aligned}
$$

利用 $\hat{H}_0$ 的本征值方程，$\{\psi_n^{(0)}\}$ 的正交归一条件及 $\hat{H}'$ 的矩阵元表示式，可得

$$\sum_l a_l^{(2)} E_l^{(0)} \delta_{kl} - E_n^{(0)} \sum_l a_l^{(2)} \delta_{kl} = -\sum_{l\neq n} a_l^{(1)} H'_{kl} + \sum_l a_l^{(1)} E_n^{(1)} \delta_{kl} + E_n^{(2)} \delta_{kn}$$

利用 δ 符号的性质，二级修正方程进一步简化为

$$E_k^{(0)} a_k^{(2)} - E_n^{(0)} a_k^{(2)} = -\sum_{l\neq n} a_l^{(1)} H'_{kl} + E_n^{(1)} a_k^{(1)} + E_n^{(2)} \delta_{kn} \tag{5.1.27}$$

(2) 体系能级 E_n 的二级近似.

令 $k=n$，等式左边为零，右边第二项的 $a_k^{(1)}$ 变为 $a_n^{(1)}=0$，再将 $a_l^{(1)}$ 代入，得体系能量的二级修正 $E_n^{(2)}$

$$E_n^{(2)} = \sum_{l\neq n} a_l^{(1)} H'_{nl} = \sum_{l\neq n} \frac{H'_{ln} H'_{nl}}{E_n^{(0)} - E_l^{(0)}} = \sum_{l\neq n} \frac{|H'_{ln}|^2}{E_n^{(0)} - E_l^{(0)}} \tag{5.1.28}$$

体系能量的二级近似为

$$E_n = E_n^{(0)} + H'_{nn} + \sum_{l\neq n} \frac{|H'_{nl}|^2}{E_n^{(0)} - E_l^{(0)}} \tag{5.1.29}$$

(3) 计算展开系数 $a_k^{(2)}(k\neq n)$.

当 $k\neq n$ 时，将 $E_n^{(1)}=H'_{nn}$ 和 $a_k^{(1)}=\dfrac{H'_{kn}}{E_n^{(0)}-E_k^{(0)}}$，以及 $\delta_{kn}=0$ 代入(5.1.27)式，得

$$E_k^{(0)} a_k^{(2)} - E_n^{(0)} a_k^{(2)} = -\sum_{l\neq n} a_l^{(1)} H'_{kl} + E_n^{(1)} a_k^{(1)} + E_n^{(2)} \delta_{kn}$$

即有

$$\begin{aligned} a_k^{(2)} &= \frac{1}{E_n^{(0)} - E_k^{(0)}} \Big(\sum_{l\neq n} a_l^{(1)} H'_{kl} - E_n^{(1)} a_k^{(1)} \Big) \\ &= \sum_{l\neq n} \frac{H'_{kl} H'_{ln}}{(E_n^{(0)} - E_k^{(0)})(E_n^{(0)} - E_l^{(0)})} - \frac{H'_{kn} H'_{nn}}{(E_n^{(0)} - E_k^{(0)})^2} \end{aligned} \tag{5.1.30}$$

(4) 计算展开系数 $a_n^{(2)}$. 同理，利用波函数的归一化条件可得(见习题 5.1.1)

$$a_n^{(2)} = -\frac{1}{2} \sum_{m\neq n} \frac{|H'_{mn}|^2}{(E_n^{(0)} - E_m^{(0)})^2} \tag{5.1.31}$$

(5) 体系波函数 ψ_n 的二级近似.

分别将 $a_k^{(1)}(k\neq n)$，$a_n^{(1)}=0$ 代入 $\psi_n^{(1)} = \sum_l a_l^{(1)} \psi_l^{(0)}$，将 $a_k^{(2)}(k\neq n)$，$a_n^{(2)}$ 代入 $\psi_n^{(2)} = \sum_l a_l^{(2)} \psi_l^{(0)}$，即得体系波函数的二级近似

$$\begin{aligned} \psi_n = \psi_n^{(0)} &+ \sum_{k\neq n} \frac{H'_{kn}}{E_n^{(0)} - E_k^{(0)}} \psi_k^{(0)} + \sum_{k\neq n} \Big[\sum_{l\neq n} \frac{H'_{kl} H'_{ln}}{(E_n^{(0)} - E_k^{(0)})(E_n^{(0)} - E_l^{(0)})} \\ &- \frac{H'_{kn} H'_{nn}}{(E_n^{(0)} - E_k^{(0)})^2} \Big] \psi_k^{(0)} - \frac{1}{2} \sum_{m\neq n} \frac{|H'_{mn}|^2}{(E_n^{(0)} - E_m^{(0)})^2} \psi_n^{(0)} \end{aligned} \tag{5.1.32}$$

读者不难发现，计算一级修正与二级修正均有五个共同步骤（见习题 5.1.1）. 利用类似方法，可以求出体系能级与波函数的各级近似.

3. $\hat{H}'$远“小于”$\hat{H}_0$ 的含义

为了只计算一级或二级近似便可获得足够精确的近似解，这就要求微扰级数 $E_n=\sum\limits_{k=0}^{m}E_n^{(k)}$ 和 $\psi_n=\sum\limits_{k=0}^{m}\psi_n^{(k)}$ 收敛得快. 由体系能级 E_n 的二级近似式(5.1.29)及体系波函数 ψ_n 的二级近似式(5.1.32)可见，这相当要求后项与前项数量级之比

$$\left|\frac{H'_{kn}}{E_n^{(0)}-E_k^{(0)}}\right|\ll 1 \tag{5.1.33}$$

这就是 $\hat{H}'$远“小于”$\hat{H}_0$ 的确切含义. 上式的物理意义是：微扰算符 $\hat{H}'$在两个无微扰态之间的矩阵元 H'_{kn}的绝对值远小于相应的两能级间隔 $|E_n^{(0)}-E_k^{(0)}|$时，才能使用非简并态微扰论. 如果其他能级非常靠近 $E_n^{(0)}$ 能级（近简并），则应采用简并态微扰论；如果 E_n 能级为连续谱，$E_n^{(0)}$ 和它相邻能级的间隔便趋于零，就不能够符合(5.1.33)式的要求，应采用其他近似方法进行计算①.

5.1.4 应用举例

【例 5.1.1】 一维无限深势阱中的粒子受到微扰 $\hat{H}'=bx$（其中 b 为常数），求能级和波函数的一级修正.

解 在一维无限深势阱中，粒子的无微扰能级和波函数分别为

$$E_n^{(0)}=\frac{n^2\pi^2\hbar^2}{2\mu a^2},\quad \psi_n^{(0)}=\sqrt{\frac{2}{a}}\sin\frac{n\pi x}{a},\quad 0<x<a$$

微扰加入后的定态薛定谔方程为

$$-\frac{\hbar^2}{2\mu}\frac{\mathrm{d}^2\psi_n}{\mathrm{d}x^2}+bx\psi_n=E_n\psi_n$$

(1) 能量的一级修正为

$$\begin{aligned}E_n^{(1)}=H'_{nn}&=\int_0^a\psi_n^{(0)*}\hat{H}'\psi_n^{(0)}\mathrm{d}x\\&=\frac{2}{a}\int_0^a bx\sin^2\frac{n\pi x}{a}\mathrm{d}x\\&=\frac{2b}{a}\int_0^a x\,\frac{1}{2}\left(1-\cos\frac{2n\pi x}{a}\right)\mathrm{d}x\\&=\frac{bx^2}{2a}\Big|_0^a-\frac{b}{2n\pi}\left[x\sin\frac{2n\pi x}{a}\Big|_0^a-\int_0^a\sin\frac{2n\pi x}{a}\mathrm{d}x\right]\end{aligned}$$

---

① 曾谨言. 量子力学导论. 北京：北京大学出版社，1992. 256～287.

$$= \frac{ab}{2} - \frac{ab}{(2n\pi)^2}\cos\frac{2n\pi x}{a}\Big|_0^a = \frac{ab}{2}$$

(2) 波函数的一级修正为

$$\psi_n = \psi_n^{(0)} + \psi_n^{(1)} = \psi_n^{(0)} + \sum_{l\neq n}\frac{H'_{ln}}{E_n^{(0)} - E_l^{(0)}}\psi_l^{(0)}$$

利用分部积分容易求得(留给读者作为练习)

$$\begin{aligned} H'_{ln} &= \int_0^a \psi_l^{(0)*}\hat{H}'\psi_n^{(0)}\mathrm{d}x \\ &= \frac{2}{a}\int_0^a bx\sin\frac{l\pi x}{a}\sin\frac{n\pi x}{a}\mathrm{d}x \\ &= \frac{b}{a}\int_0^a x\left[\cos\frac{(l-n)\pi x}{a} - \cos\frac{(l+n)\pi x}{a}\right]\mathrm{d}x \\ &= \begin{cases} 0, & \text{当 } l\pm n = \text{偶数} \\ \dfrac{2ab}{\pi^2}\left[\dfrac{1}{(l+n)^2} + \dfrac{1}{(l-n)^2}\right], & \text{当 } l\pm n = \text{奇数} \end{cases} \end{aligned}$$

由此得

$$\psi_n = \sqrt{\frac{2}{a}}\sin\frac{n\pi x}{a} + \frac{2ab}{\pi^2}\sum_{l\neq n}\frac{1}{E_n^{(0)} - E_l^{(0)}}\left[\frac{1}{(l+n)^2} + \frac{1}{(l-n)^2}\right]\sqrt{\frac{2}{a}}\sin\frac{l\pi x}{a},$$
$$\text{当 } l\pm n = \text{奇数}$$

【例 5.1.2】 转动惯量为 I,电偶极矩(简称电矩)为 $\boldsymbol{D}$ 的空间转子处于均匀电场 $\mathscr{E}$ 中,若电场较小,用微扰法求转子基态能量的二级近似.

解 (1) 体系的哈密顿算符.

由经典电动力学可知,转动惯量为 I,电矩为 $\boldsymbol{D}$ 的空间转子在均匀电场 $\mathscr{E}$ 中的哈密顿量为其动能与势能之和,即 $H = \frac{L^2}{2I} - \boldsymbol{D}\cdot\mathscr{E}$.

过渡到量子力学,其哈密顿算符即为

$$\hat{H} = \frac{\hat{L}^2}{2I} - \boldsymbol{D}\cdot\mathscr{E} = \hat{H}_0 + \hat{H}'$$

(2) $\hat{H}_0$ 的本征值和本征函数,以及基态能量和波函数的零级近似.

$\hat{L}^2$ 的本征值方程为

$$\hat{L}^2 Y_{lm}(\theta,\varphi) = l(l+1)\hbar^2 Y_{lm}(\theta,\varphi)$$

用 $2I$ 除上式即得 $\hat{H}_0$ 的本征值方程

$$\hat{H}_0 Y_{lm}(\theta,\varphi) = \frac{\hat{L}^2}{2I}Y_{lm}(\theta,\varphi) = \frac{l(l+1)\hbar^2}{2I}Y_{lm}(\theta,\varphi)$$

$\hat{H}_0$ 的本征值与本征函数为

$$E_l^{(0)} = \frac{l(l+1)\hbar^2}{2I}, \quad \psi_{lm}^{(0)} = Y_{lm}(\theta,\varphi), \quad l = 0,1,\cdots$$

将 $l=0,m=0$ 代入上式,可得基态能量和波函数的零级近似

$$E_0^{(0)} = 0, \quad \psi_{00}^{(0)} = Y_{00}(\theta,\varphi) = \frac{1}{\sqrt{4\pi}}$$

(3) 基态能量的一级修正为

$$E_0^{(1)} = H'_{00,00} = \int \psi_{00}^{(0)*}(-D\mathscr{E}\cos\theta)\psi_{00}^{(0)}\mathrm{d}\Omega = -\frac{D\mathscr{E}}{4\pi}\int_0^{\pi}\cos\theta\sin\theta\mathrm{d}\theta\int_0^{2\pi}\mathrm{d}\varphi = 0$$

(4) 基态能量的二级修正为

$$E_0^{(2)} = \sum_{l\neq 0}\sum_m \frac{|H'_{00,lm}|^2}{E_0^{(0)} - E_l^{(0)}}$$

由 $Y_{10} = \sqrt{\dfrac{3}{4\pi}}\cos\theta$,得 $Y_{00}^*\cos\theta = \dfrac{1}{\sqrt{4\pi}}\cos\theta = \dfrac{1}{\sqrt{3}}Y_{10}^*$,利用球函数的正交归一表示式,便有

$$H'_{00,lm} = \int Y_{00}^*\hat{H}'Y_{lm}\mathrm{d}\Omega = \int Y_{00}^*(-D\mathscr{E}\cos\theta)Y_{lm}\mathrm{d}\Omega = -\frac{D\mathscr{E}}{\sqrt{3}}\int Y_{10}^*Y_{lm}\mathrm{d}\Omega = -\frac{D\mathscr{E}}{\sqrt{3}}\delta_{1l}\delta_{0m}$$

将上式代入 $E_0^{(2)}$,利用 $E_1^{(0)} = \left.\dfrac{l(l+1)\hbar^2}{2I}\right|_{l=1} = \dfrac{\hbar^2}{I}$,得

$$E_0^{(2)} = \sum_{l\neq 0}\sum_m \frac{|H'_{00,lm}|^2}{E_0^{(0)} - E_l^{(0)}} = \sum_{l\neq 0}\sum_m \frac{D^2\mathscr{E}^2}{3}\frac{\delta_{1l}^2\delta_{0m}^2}{0 - E_l^{(0)}} = -\frac{D^2\mathscr{E}^2}{3E_1^{(0)}} = -\frac{D^2\mathscr{E}^2 I}{3\hbar^2}$$

(5) 体系能量的二级近似为

$$E_0 = E_0^{(0)} + E_0^{(1)} + E_0^{(2)} = -\frac{D^2\mathscr{E}^2 I}{3\hbar^2}$$

【例 5.1.3】 设在 H_0 表象中,体系哈密顿算符的矩阵表示为

$$H = H_0 + H' = \begin{pmatrix} -2 & 0 & 0 \\ 0 & 1 & 0 \\ 0 & 0 & 3 \end{pmatrix} + \begin{pmatrix} b & 0 & 0 \\ 0 & 0 & b \\ 0 & b & 0 \end{pmatrix}$$

式中 $b \ll 1$. 试求各能量的二级近似值,并与精确解比较.

解 (1) 微扰方法. 能量的二级近似为

$$E_n = E_n^{(0)} + H'_{nn} + \sum_{l\neq n}\frac{|H'_{nl}|^2}{E_n^{(0)} - E_l^{(0)}}$$

由对角矩阵元得能量的零级近似为

$$E_1^{(0)} = -2, \quad E_2^{(0)} = 1, \quad E_3^{(0)} = 3$$

由非对角矩阵元得微扰矩阵元为

$$H'_{11}=H'_{23}=H'_{32}=b$$

能量的二级近似为

$$E_1=E_1^{(0)}+H'_{11}+\frac{|H'_{12}|^2}{E_1^{(0)}-E_2^{(0)}}+\frac{|H'_{13}|^2}{E_1^{(0)}-E_3^{(0)}}=-2+b+0+0=-2+b$$

$$E_2=E_2^{(0)}+H'_{22}+\frac{|H'_{21}|^2}{E_2^{(0)}-E_1^{(0)}}+\frac{|H'_{23}|^2}{E_2^{(0)}-E_3^{(0)}}=1+0+0+\frac{b^2}{1-3}=1-\frac{b^2}{2}$$

$$E_3=E_3^{(0)}+H'_{33}+\frac{|H'_{31}|^2}{E_3^{(0)}-E_1^{(0)}}+\frac{|H'_{32}|^2}{E_3^{(0)}-E_2^{(0)}}=3+0+0+\frac{b^2}{3-1}=3+\frac{b^2}{2}$$

(2) 精确解法.

设在 H_0 表象中,$\hat{H}$ 的本征矢的矩阵表示为 $\begin{pmatrix}u\\v\\w\end{pmatrix}$,则 $\hat{H}$ 的本征值方程为

$$\begin{pmatrix}-2+b & 0 & 0\\ 0 & 1 & b\\ 0 & b & 3\end{pmatrix}\begin{pmatrix}u\\v\\w\end{pmatrix}=E\begin{pmatrix}u\\v\\w\end{pmatrix}$$

移项,即有

$$\begin{pmatrix}-2+b-E & 0 & 0\\ 0 & 1-E & b\\ 0 & b & 3-E\end{pmatrix}\begin{pmatrix}u\\v\\w\end{pmatrix}=0$$

u、v、w 不全为零的条件为系数行列式为零(称为久期方程)

$$0=\begin{vmatrix}-2+b-E & 0 & 0\\ 0 & 1-E & b\\ 0 & b & 3-E\end{vmatrix}=(-2+b-E)(E^2-4E+3-b^2)$$

解之得

$$E_1=-2+b$$

$$E_{2,3}=2\mp\sqrt{1+b^2}=2\mp\left(1+\frac{b^2}{2}+\cdots\right)\approx\begin{cases}1-(b^2/2)\\3+(b^2/2)\end{cases}$$

与微扰方法的计算结果一致.

【例 5.1.4】 如果类氢原子的核不是点电荷,而是半径为 r_0、电荷均匀分布的小球,计算这种效应对类氢原子基态能量的一级修正.

解 (1) 微扰哈密顿算符 $\hat{H}'$.

设坐标原点置于球心. 在 $r>r_0$ 处,点电荷与均匀带电球的电势分布相同;在

$r<r_0$处，由高斯定理可求出电场. 利用

$$\mathscr{E}4\pi r^2=\frac{Q}{\varepsilon_0}=\frac{Ze}{\varepsilon_0}\left(\frac{r}{r_0}\right)^3$$

电场强度为

$$\mathscr{E}=\begin{cases}Zer/(4\pi\varepsilon_0 r_0{}^3), & 0<r<r_0\\ Ze/(4\pi\varepsilon_0 r^2), & r_0<r\end{cases}$$

电势为

$$\varphi=\int_r^\infty \mathscr{E}\,\mathrm{d}r=\int_r^{r_0}\frac{Zer}{4\pi\varepsilon_0 r_0{}^3}\mathrm{d}r+\int_{r_0}^\infty\frac{Ze}{4\pi\varepsilon_0 r^2}\mathrm{d}r=\frac{Ze}{4\pi\varepsilon_0 r_0{}^3}\frac{r^2}{2}\bigg|_r^{r_0}-\frac{Ze}{4\pi\varepsilon_0 r}\bigg|_{r_0}^\infty$$

$$=\frac{Ze}{4\pi\varepsilon_0 r_0}\left(\frac{3}{2}-\frac{r^2}{2r_0^2}\right)$$

势能为

$$-e\varphi=-\frac{Ze^2}{4\pi\varepsilon_0 r_0}\left(\frac{3}{2}-\frac{r^2}{2r_0{}^2}\right)=-\frac{Ze_s{}^2}{r_0}\left(\frac{3}{2}-\frac{r^2}{2r_0{}^2}\right)$$

微扰哈密顿算符为上式减去核看作点电荷时的势能$-\dfrac{Ze_s{}^2}{r}$，即得

$$\hat{H}'=\begin{cases}-\dfrac{Ze_s^2}{r_0}\left(\dfrac{3}{2}-\dfrac{r^2}{2r_0{}^2}\right)+\dfrac{Ze_s^2}{r}, & r<r_0\\ 0, & r>r_0\end{cases}$$

(2) 能量的一级近似.

由(4.2.41)式可知，$\psi_{100}=\sqrt{\dfrac{Z^3}{\pi a_0^3}}\mathrm{e}^{-\frac{Zr}{a_0}}$. 将$\hat{H}'$及$\psi_{100}$代入$E_1^{(1)}$，得

$$E_1^{(1)}=H'_{11}=\int\psi_{100}^*\hat{H}'\psi_{100}\mathrm{d}\tau=\int\sqrt{\frac{Z^3}{\pi a_0{}^3}}\mathrm{e}^{-\frac{Zr}{a_0}}\left[-\frac{Ze_s{}^2}{r_0}\left(\frac{3}{2}-\frac{r^2}{2r_0{}^2}\right)+\frac{Ze_s{}^2}{r}\right]\sqrt{\frac{Z^3}{\pi a_0{}^3}}\mathrm{e}^{-\frac{Zr}{a_0}}\mathrm{d}\tau$$

作近似：$r_0\approx10^{-12}\,\mathrm{cm}$，$a_0\approx0.58\times10^{-8}\,\mathrm{cm}$. $Z\leqslant100$，则$2\dfrac{Zr}{a_0}\approx2\dfrac{100\times10^{-12}}{0.58\times10^{-8}}\approx10^{-2}$，因而$\mathrm{e}^{-2\frac{Zr}{a_0}}\approx1$. 将上面数据代入$E_1^{(1)}$，便有

$$E_1^{(1)}\approx\frac{4Z^3}{a_0{}^3}\int_0^{r_0}\left[\frac{Ze_s^2}{r_0}\left(\frac{3}{2}-\frac{r^2}{2r_0^2}\right)+\frac{Ze_s^2}{r}\right]r^2\mathrm{d}r$$

$$=\frac{4Z^4}{a_0^2}\left(-\frac{e_s^2}{r_0}\frac{3}{2}\frac{r_0^3}{3}+\frac{e_s^2}{2r_0^2}\frac{r_0^5}{5}+\frac{e_s^2r_0^2}{2}\right)=\frac{2Z^4e_s^2r_0^2}{5a_0^3}$$

5.1.5 非线性谐振子

线性谐振子的哈密顿算符为

$$\hat{H}_0 = -\frac{\hbar^2}{2\mu}\frac{\mathrm{d}^2}{\mathrm{d}x^2} + \frac{1}{2}\mu\omega^2 x^2 \tag{5.1.34}$$

它的能级已在坐标表象(1.5 节)和粒子数表象(3.5 节)解出

$$E_n^{(0)} = \left(n + \frac{1}{2}\right)\hbar\omega \quad n = 0,1,\cdots \tag{5.1.35}$$

现在讨论势能算符含有 x 的高次幂的情形. 为简单起见，分别讨论 $\hat{H}'=\beta x^3$ 及 $\hat{H}'=\gamma x^4$ 的情形. 当 β 与 γ 很小的情况下，便可以采用微扰理论对能级 $E_n^{(0)}$ 作出小的修正. 相应的公式为

$$E_n^{(1)} = H'_{nn}, \quad E_n^{(2)} = \sum_{l\neq n}\frac{|H'_{nl}|^2}{E_n^{(0)} - E_l^{(0)}} \tag{5.1.36}$$

(1) 加入微扰 $\hat{H}'=\beta x^3$ 后能级的一、二级修正.

由上式可见，要计算 $E_n^{(1)}$ 和 $E_n^{(2)}$ 的关键是算出

$$H'_{nn} = \langle n \mid \beta\hat{x}^3 \mid n\rangle = \beta x^3_{nn}, \quad H'_{nl} = \beta x^3_{nl} \tag{5.1.37}$$

为此，在粒子数表象进行计算. 由公式

$$\hat{x} = \sqrt{\frac{\hbar}{2\mu\omega}}(\hat{a}^\dagger + \hat{a}), \quad \hat{a}^\dagger \mid n\rangle = \sqrt{n+1} \mid n+1\rangle, \quad \hat{a} \mid n\rangle = \sqrt{n} \mid n-1\rangle \tag{5.1.38}$$

已得出 $\hat{a}$,$\hat{a}^\dagger$ 和 $\hat{x}$ 不为零的矩阵元为

$$a_{n-1,n} = a^\dagger_{n,n-1} = \sqrt{n}, \quad x_{n-1,n} = x_{n,n-1} = \sqrt{\frac{n\hbar}{2\mu\omega}}, n = 1,2,\cdots \tag{5.1.39}$$

由上式即可算出 $\hat{x}^2$ 及 $\hat{x}^3$ 不为零的矩阵元.

① $\hat{x}^2$ 不为零的矩阵元. 在 $\hat{x}^2=\hat{x}\hat{x}$ 两算符中间插入单位算符 $\hat{I}=\sum_k |k\rangle\langle k|$，考虑到 $\hat{x}$ 不为零的矩阵元只有 $x_{n,n\pm1}$ 和 $x_{n\pm1,n}$($\hat{x}$ 不为零的矩阵元的两脚标相差 1)，故 $\hat{x}^2$ 不为零的矩阵元只有两种可能：要么 $\hat{x}^2$ 的两脚标相等；要么 $\hat{x}^2$ 的两脚标差 2，即

$$\begin{aligned} x^2_{nn} &= \langle n \mid \hat{x}^2 \mid n\rangle = \sum_k \langle n \mid \hat{x} \mid k\rangle\langle k \mid \hat{x} \mid n\rangle = x_{n,n-1}x_{n-1,n} + x_{n,n+1}x_{n+1,n} \\ &= \frac{n\hbar}{2\mu\omega} + \frac{(n+1)\hbar}{2\mu\omega} = (2n+1)\frac{\hbar}{2\mu\omega} \end{aligned} \tag{5.1.40}$$

及

$$\begin{aligned} x^2_{n,n-2} &= \langle n \mid \hat{x}^2 \mid n-2\rangle = \sum_k \langle n \mid \hat{x} \mid k\rangle\langle k \mid \hat{x} \mid n-2\rangle = x_{n,n-1}x_{n-1,n-2} \\ &= \sqrt{\frac{n\hbar}{2\mu\omega}}\sqrt{\frac{(n-1)\hbar}{2\mu\omega}} = \sqrt{n(n-1)}\frac{\hbar}{2\mu\omega} \end{aligned} \tag{5.1.41}$$

上两式两边取复共轭，即得 $\hat{x}^2$ 一切不为零的矩阵元

$$x_{nn}^2 = (2n+1)\frac{\hbar}{2\mu\omega},\quad x_{n-2,n}^2 = x_{n,n-2}^2 = \sqrt{n(n-1)}\frac{\hbar}{2\mu\omega} \tag{5.1.42}$$

② $\hat{x}^3$ 不为零的矩阵元. 同样，在 $\hat{x}^3=\hat{x}^2\hat{x}$ 两算符中间插入单位算符，得

$$\begin{aligned}\hat{x}_{n,n-1}^3 &= \langle n \mid \hat{x}^3 \mid n-1\rangle = \sum_k \langle n \mid \hat{x}^2 \mid k\rangle\langle k \mid \hat{x} \mid n-1\rangle \\ &= x_{n,n-2}^2 x_{n-2,n-1} + x_{nn}^2 x_{n,n-1} = \sqrt{n(n-1)}\frac{\hbar}{2\mu\omega}\sqrt{\frac{(n-1)\hbar}{2\mu\omega}} \\ &\quad + (2n+1)\frac{\hbar}{2\mu\omega}\sqrt{\frac{n\hbar}{2\mu\omega}} = 3\left(\frac{n\hbar}{2\mu\omega}\right)^{3/2}\end{aligned} \tag{5.1.43}$$

$$\begin{aligned}x_{n,n-3}^3 &= \langle n \mid \hat{x}^3 \mid n-3\rangle = \sum_k \langle n \mid \hat{x}^2 \mid k\rangle\langle k \mid \hat{x} \mid n-3\rangle = x_{n,n-2}^2 x_{n-2,n-3} \\ &= \sqrt{n(n-1)}\frac{\hbar}{2\mu\omega}\sqrt{\frac{(n-2)\hbar}{2\mu\omega}} = \sqrt{n(n-1)(n-2)}\left(\frac{\hbar}{2\mu\omega}\right)^{3/2}\end{aligned} \tag{5.1.44}$$

上两式两边取复共轭，即得 $\hat{x}^3$ 一切不为零的矩阵元

$$x_{n-1,n}^3 = x_{n,n-1}^3 = 3\left(\frac{n\hbar}{2\mu\omega}\right)^{3/2},\quad x_{n-3,n}^3 = x_{n,n-3}^3 = \sqrt{n(n-1)(n-2)}\left(\frac{\hbar}{2\mu\omega}\right)^{3/2} \tag{5.1.45}$$

易见 $\hat{x}^3$ 一切不为零的矩阵元的两脚标要么差 1，要么差 3. 由于 x_{nn}^3 不在其内，可见 $x_{nn}^3=0$.

这样，能级的一、二级修正值分别为

$$E_n^{(1)} = \hat{H}'_{nn} = \beta x_{nn}^3 = 0 \tag{5.1.46}$$

$$\begin{aligned}E_n^{(2)} &= \sum_{l\neq n}\frac{\beta^2 \mid x_{nl}^3 \mid^2}{E_n^{(0)}-E_l^{(0)}} = \beta^2\left(\frac{\mid x_{n,n-1}^3 \mid^2}{E_n^{(0)}-E_{n-1}^{(0)}} + \frac{\mid x_{n,n-3}^3 \mid^2}{E_n^{(0)}-E_{n-3}^{(0)}} + \frac{\mid x_{n,n+1}^3 \mid^2}{E_n^{(0)}-E_{n+1}^{(0)}} + \frac{\mid x_{n,n+3}^3 \mid^2}{E_n^{(0)}-E_{n+3}^{(0)}}\right) \\ &= -\frac{15\beta^2}{4\hbar\omega}\left(\frac{\hbar}{\mu\omega}\right)^3\left(n^2+n+\frac{11}{30}\right)\end{aligned} \tag{5.1.47}$$

上述求和式的第三项是在(5.1.45)式中用 $n+1$ 取代 n 得到的，第四项是用 $n+3$ 取代 n 得到的. 于是，存在微扰 $\hat{H}'=\beta x^3$ 时，非线性谐振子能量的二级近似为

$$E_n = E_n^{(0)} + E_n^{(1)} + E_n^{(2)} = \left(n+\frac{1}{2}\right)\hbar\omega - \frac{15\beta^2}{4\hbar\omega}\left(\frac{\hbar}{\mu\omega}\right)^3\left(n^2+n+\frac{11}{30}\right) \tag{5.1.48}$$

(2) 加入微扰 $\hat{H}'=\gamma\hat{x}^4$ 后能量的一级近似. 由于只要求 $E_n^{(1)}=H'_{nn}$，故只要计算 x_{nn}^4 即可. 利用(5.1.42)式可得

$$x_{nn}^4 = \langle n \mid \hat{x}^4 \mid n\rangle = \sum_k \langle n \mid \hat{x}^2 \mid k\rangle\langle k \mid \hat{x}^2 \mid n\rangle = x_{n,n-2}^2 x_{n-2,n}^2 + x_{nn}^2 x_{nn}^2$$

$$+x_{n,n+2}^2x_{n+2,n}^2=\frac{3}{2}\left(\frac{\hbar}{\mu\omega}\right)^2\left(n^2+n+\frac{1}{2}\right) \tag{5.1.49}$$

加入微扰 $\hat{H}'=\gamma\hat{x}^4$ 后能量的一级近似为

$$E_n=E_n^{(0)}+H'_{nn}=\left(n+\frac{1}{2}\right)\hbar\omega+\frac{3\gamma}{2}\left(\frac{\hbar}{\mu\omega}\right)^2\left(n^2+n+\frac{1}{2}\right) \tag{5.1.50}$$

习　题　5.1

5.1.1　试证明(5.1.31)式,并小结计算一级修正与二级修正有哪几个共同的步骤.

5.1.2　粒子处于宽度为 a 的一维无限深势阱中运动,若

$$\hat{H}'=\begin{cases}-b, & \text{当 } 0<x<a/2\\ b, & \text{当 } a/2<x<a\end{cases}$$

求粒子能级与波函数的一级修正.

5.1.3　转动惯量为 I,电偶极矩(简称电矩)为 $\boldsymbol{D}$ 的平面转子处在均匀弱电场 $\mathscr{E}$ 中,电场在转子运动的平面上,用微扰论求转子基态能量的二级修正.

5.1.4　设位于 xy 平面内的转子,其转动惯量为 I,电矩为 $\boldsymbol{D}$,磁矩为 $\boldsymbol{M}$,除受到沿 x 轴方向的均匀电场 $\mathscr{E}$ 的作用外,还受到沿 z 轴方向的均匀磁场 $\boldsymbol{B}$ 的作用,试用微扰方法计算转子能量的二级近似值.

5.1.5　设体系未受微扰时只有两个能级 $E_1^{(0)}$ 和 $E_2^{(0)}$,微扰加入后 $\hat{H}'$ 在 H_0 表象的矩阵元为 $H'_{12}=H'_{21}=a$,$H'_{11}=H'_{22}=b$,a 和 b 都是实数.求能量的二级近似值,并与精确解比较.

5.1.6　一根长为 l 无质量的绳子一端固定于支点 0,另一端系质点 μ,在重力作用下,质点在竖直平面内摆动.

(1) 在小角近似下(即令 $\cos\varphi\approx1-\frac{1}{2}\varphi^2$,相应的哈密顿算符取作无微扰哈密顿算符 $\hat{H}_0$),求体系的能级 $E_n^{(0)}$;

(2) 视 $\cos\varphi$ 的精确值为 $1-\frac{\varphi^2}{2!}+\frac{\varphi^4}{4!}$,求由于小角近似的误差而产生的基态能量的一级修正.

5.1.7　一电荷为 e 的线性谐振子受到恒定电场 $\mathscr{E}=\mathscr{E}\mathbf{e}_x$ 的作用,试用微扰方法求能量的二级近似,再求能量的准确值与之比较.

5.1.8　设一谐振子受到 $\hat{H}'=\beta x^2$ 的微扰,求能量的一级修正.

5.1.9　已知谐振子的哈密顿算符为 $\hat{H}=\alpha\hat{a}^\dagger\hat{a}+\lambda\alpha(\hat{a}^\dagger+\hat{a})$,$\lambda$ 为实数.

(1) 试将 $\hat{H}$ 化为标准形的谐振子哈密顿算符,求出能量的本征值;

(2) 把 $\hat{H}'=\lambda\alpha(\hat{a}^\dagger+\hat{a})$看作微扰,求能量的二级近似.

5.1.10　一量子体系的能量本征值方程为

$$\hat{H}_0\mid\psi_n^{(0)}\rangle=E_n^{(0)}\mid\psi_n^{(0)}\rangle,\quad n=0,1,\cdots$$

已知 $\hat{C}=\mathrm{i}[\hat{B},\hat{A}]$,$\hat{B}$ 和 $\hat{A}$ 均为厄米算符,并且在 $\psi_0^{(0)}$ 态 $\overline{A}=A_0$,$\overline{B}=B_0$,$\overline{C}=C_0$.若体系受到

微扰 $\hat{H}'=\mathrm{i}\lambda(\hat{A}\hat{H}_0-\hat{H}_0\hat{A})$的作用(其中 λ 是小的实参数),试证明(准确到 λ 的量级):

(1) $|\psi_0\rangle=|\psi_0^{(0)}\rangle+\mathrm{i}\lambda(\hat{A}-A_0)|\psi_0^{(0)}\rangle$;

(2) $\langle\psi_0|\hat{B}|\psi_0\rangle=B_0+\lambda C_0$.

5.1.11 若将 $\hat{H}=\hat{H}_0+\lambda\hat{H}'$中的 λ 看作一个可变化的参数,将从 $\lambda=0$ 缓慢变化到 $\lambda=1$ 的过程看作体系从无微扰状态过渡到微扰状态的过程. 试由本征值方程及归一化条件

$$\hat{H}(\lambda)\mid\psi_n(\lambda)\rangle=E_n(\lambda)\mid\psi_n(\lambda)\rangle,\quad\langle\psi_n(\lambda)\mid\psi_n(\lambda)\rangle=1$$

出发,导出赫尔曼-费恩曼定理

$$\frac{\partial E_n}{\partial\lambda}=\left\langle\psi_n(\lambda)\left|\frac{\partial\hat{H}(\lambda)}{\partial\lambda}\right|\psi_n(\lambda)\right\rangle$$

5.1.12 质量为 μ 的粒子在势场 $U_1(x)$中运动时,束缚态能级为 $E_n(1)$;在势场 $U_2(x)$中运动时,束缚态能级为 $E_n(2)$. 设对任何 x 值,均有 $U_1(x)\leqslant U_2(x)$,试由赫尔曼-费恩曼定理证明

$$E_n(1)\leqslant E_n(2)$$

即 $U_2(x)$场的各能级均高于(或等于)$U_1(x)$场相应的能级,式中的 $n=1,2,\cdots$为能级编号.

5.1.13 试利用赫尔曼-费恩曼定理计算在均匀电场 $\mathscr{E}=\mathscr{E}\mathbf{e}_x$ 中,电荷为 q 的一维谐振子各束缚态能级的 E_n 和$\bar{x}$.

5.1.14 有一质量为 μ 的粒子,在一维谐振子势场 $U(x)=\dfrac{1}{2}\mu\omega^2x^2$ 中运动. 在动能 $T=\dfrac{p^2}{2\mu}$ 的非相对论极限下,基态能 $E_0=\dfrac{1}{2}\hbar\omega$. 基态波函数为 $\psi_0(x)=\left(\dfrac{\mu\omega}{\pi^2\hbar}\right)^{1/4}\mathrm{e}^{\frac{\mu\omega}{2\hbar}x^2}$.

(1) 考虑 T 与 p 关系的相对论修正; (2) 计算基态能级的移动 ΔE 至$\dfrac{1}{c^2}$阶(c 为光速).

5.2 简并态微扰论 氢原子的一级斯塔克效应

我们知道,能级大多是简并的(一维束缚态除外,见 1.5.4 节). 例如,氢原子的能级 E_n 是 n^2 度简并的. 因此,简并态微扰论比非简并微扰论具有更普遍的意义.

当讨论简并能级在微扰作用下受到什么影响时,一般来说不能运用非简并微扰论的公式.

如果对态矢重新编号,将能级 n 的简并态分别记为 $\psi_{n\nu}^{(0)}$,并希望将波函数一级近似公式(5.1.25)$\psi_n=\psi_n^{(0)}+\sum\limits_{k\neq n}\dfrac{H'_{kn}}{E_n^{(0)}-E_k^{(0)}}\psi_k^{(0)}$ 推广为

$$\psi_{n\mu}=\psi_{n\mu}^{(0)}+\sum_{k\neq n\mu}\frac{H'_{k,n\mu}}{E_n^{(0)}-E_k^{(0)}}\psi_k^{(0)}\tag{5.1.25}$$

那么,对于 $k=n\nu$ 的项($\psi_{n\mu}^{(0)}$ 与 $\psi_{n\nu}^{(0)}$ 同属 n 能级),其分母为 $E_n^{(0)}-E_k^{(0)}=0$ 而失去意义. 能量的二级修正 $E_n^{(2)}=\sum\limits_{k\neq n\mu}\dfrac{|H'_{nk}|^2}{E_n^{(0)}-E_k^{(0)}}$也出现类似问题. 因此,除非满足

一定的条件(见 5.2.3 节),不能用非简并微扰论处理简并态的问题.

本节首先讨论 $\hat{H}_0$ 的本征函数与零级近似波函数的关系,随后介绍求零级近似波函数与能级一级近似的方法,进而讨论可用非简并微扰论处理的情形和近简并的情形,最后介绍氢原子的一级斯塔克效应.

5.2.1 $\hat{H}_0$ 的本征函数与零级近似波函数的关系

1. $\hat{H}_0$ 的本征函数是不是零级近似波函数?

在非简并的情况下,满足零级近似方程

$$\hat{H}_0\psi_n^{(0)} = E_n^{(0)}\psi_n^{(0)} \tag{5.2.1}$$

的解 $\psi_n^{(0)}$ 就是零级近似波函数.这时的 $E_n^{(0)}$ 只与一个 $\psi_n^{(0)}$ 对应.

在简并情况下,$\hat{H}_0$ 的第 n 个能级 $E_n^{(0)}$(简并度 d_n)将对应 d_n 个 $\hat{H}_0$ 的本征函数 $\psi_{n\nu}^{(0)}$ $(\nu=1,2,\cdots,d_n)$.在 2.3 节曾证明,将这 d_n 个简并的本征函数通过线性叠加重新组成的 d_n 个新的本征函数将是 $\hat{H}_0$ 的本征值为 $E_n^{(0)}$ 的正交归一的本征函数.并且待定系数的数目多于它应遵守的方程数(正交与归一条件),这样的本征函数可以有无限多组.那么,是不是任何一组这样的本征函数都可以作为零级近似波函数呢?答案是否定的.

尽管能级 $E_n^{(0)}$ 简并,但 $\hat{H}=\hat{H}_0+\lambda\hat{H}'$ 的精确解可能不简并,当 λ 连续地趋于零时,这些含参数 λ 的精确解的极限自然就是零级近似波函数.因此,零级近似波函数是 $\hat{H}_0$ 的本征函数,但 $\hat{H}_0$ 的本征函数不一定是零级近似波函数.我们的任务就是要从 $\hat{H}_0$ 的属于 $E_n^{(0)}$ 的无限多组本征函数中筛选出零级近似波函数.

2. 简并情况下,零级近似波函数可能与所加微扰 $\hat{H}'$ 有关

实际上,对于两个不同的物理问题,如果它们的 $\hat{H}_0$ 相同而 $\hat{H}'$ 不相同,两者的零级近似波函数就可能不相同.例如,氢原子的 $\hat{H}_0$ 为

$$\hat{H}_0 = -\frac{\hbar^2}{2\mu}\nabla^2 - \frac{e_s^2}{r} \tag{5.2.2}$$

(1) 如果微扰是均匀稳定的电场 $\mathscr{E}=\mathscr{E}\boldsymbol{e}_z$,由 $q=-e$ 得 $\hat{H}'=-q\mathscr{E}\cdot\boldsymbol{x}=e\mathscr{E}z$,则

$$\hat{H} = -\frac{\hbar^2}{2\mu}\nabla^2 - \frac{e_s^2}{r} + \lambda e\mathscr{E}z = \hat{H}_0 + \lambda\hat{H}' \tag{5.2.3}$$

零级近似波函数就是 $\hat{H}$ 的本征函数在 $\lambda\to 0$ 的极限.因 $[\hat{z},\hat{L}^2]\neq 0$,故 $[\hat{H},\hat{L}^2]\neq 0$,故零级近似波函数是 $\hat{H}$ 及 $\hat{L}_z$ 的共同本征函数

$$\sum_{l=0}^{n-1} c_l \mathscr{R}_{nl}(r)\mathrm{Y}_{lm}(\theta,\varphi) \tag{5.2.4}$$

不是 $\hat{L}^2$ 的本征函数,因为其角量子数 l 没有确定值.

(2) 如果微扰是均匀稳定磁场 $\boldsymbol{B}=B\boldsymbol{e}_z$,则由(4.3.28)式

$$\hat{H}=-\frac{\hbar^2}{2\mu}\nabla^2-\frac{e_s^2}{r}+\lambda\frac{eB}{2\mu}\hat{L}_z=\hat{H}_0+\lambda\hat{H}' \tag{5.2.5}$$

$\hat{H}$ 的本征函数是 $\hat{H},\hat{L}^2$ 和 $\hat{L}_z$ 的共同本征函数，故零级近似波函数也必为 $\hat{H},\hat{L}^2$ 和 $\hat{L}_z$ 的共同本征函数

$$\mathscr{R}_{nl}(r)\mathrm{Y}_{lm}(\theta,\varphi) \tag{5.2.6}$$

比较(5.2.4)式与(5.2.6)式可知，尽管外加电场与外加磁场之前的 $\hat{H}_0$ 相同，但加入微扰后两者的零级近似波函数却不同.

5.2.2 求零级近似波函数与能量的一级近似

设 $\hat{H}_0$ 的本征值方程为(能级 $E_k^{(0)}$ 的简并度为 d_k)

$$\hat{H}_0\psi_{k\nu}^{(0)}=E_k^{(0)}\psi_{k\nu}^{(0)},\quad \nu=1,2,\cdots,d_k \tag{5.2.7}$$

$\psi_{k\nu}^{(0)}$ 的正交归一条件为

$$\int\psi_{m\mu}^{(0)*}\psi_{k\nu}^{(0)}\mathrm{d}\tau=\delta_{mk}\delta_{\mu\nu} \tag{5.2.8}$$

现在用简并态微扰论求解 $\hat{H}$ 的本征值方程

$$\hat{H}\psi=(\hat{H}_0+\lambda\hat{H}')\psi=E\psi \tag{5.2.9}$$

1. 求各级近似方程

(1) 将 ψ 按 $\hat{H}_0$ 的正交归一完备系 $\{\psi_{k\nu}^{(0)}\}$ 展开

$$\psi=\sum_{k\nu}c_{k\nu}\psi_{k\nu}^{(0)} \tag{5.2.10}$$

将上式代入 $\hat{H}_0\psi+\lambda\hat{H}'\psi=E\psi$，即有

$$\sum_{k\nu}c_{k\nu}E_k^{(0)}\psi_{k\nu}^{(0)}+\lambda\sum_{k\nu}c_{k\nu}\hat{H}'\psi_{k\nu}^{(0)}=E\sum_{k\nu}c_{k\nu}\psi_{k\nu}^{(0)}$$

用 $\psi_{m\mu}^{(0)*}$ 左乘上式两边后对全空间积分，由正交归一条件并采用记号

$$\int\psi_{m\mu}^{(0)*}\hat{H}'\psi_{k\nu}^{(0)}\mathrm{d}\tau=H'_{m\mu,k\nu} \tag{5.2.11}$$

即有

$$c_{m\mu}E_m^{(0)}+\lambda\sum_{k\nu}c_{k\nu}H'_{m\mu,k\nu}=Ec_{m\mu} \tag{5.2.12}$$

(2) 为了得到各级近似方程，将 E 和 $c_{k\nu}$ 按 λ 展开为幂级数

$$E=\sum_l E^{(l)}=E^{(0)}+\lambda E^{(1)}+\lambda^2E^{(2)}+\cdots \tag{5.2.13}$$

$$c_{k\nu}=\sum_l c_{k\nu}{}^{(l)}=c_{k\nu}^{(0)}+\lambda c_{k\nu}^{(1)}+\lambda^2c_{k\nu}^{(2)}+\cdots \tag{5.2.14}$$

将 $E=\sum_l E^{(l)}$, $c_{k\nu}=\sum_l c_{k\nu}^{(l)}$, $c_{m\mu}=\sum_l c_{m\mu}^{(l)}$ 代入 $c_{m\mu}E_m^{(0)}+\lambda\sum_{k\nu}c_{k\nu}H'_{m\mu,k\nu}=Ec_{m\mu}$，得

$$E_m^{(0)}(c_{m\mu}^{(0)}+\lambda c_{m\mu}^{(1)}+\lambda^2 c_{m\mu}^{(2)}+\cdots)+\lambda\sum_{k\nu}(c_{k\nu}^{(0)}+\lambda c_{k\nu}^{(1)}+\lambda^2 c_{k\nu}^{(2)}+\cdots)H'_{m\mu,k\nu}$$
$$=(E^{(0)}+\lambda E^{(1)}+\lambda^2 E^{(2)}+\cdots)(c_{m\mu}^{(0)}+\lambda c_{m\mu}^{(1)}+\lambda^2 c_{m\mu}^{(2)}+\cdots)\tag{5.2.15}$$

由上式两边 λ 的同次幂项的系数相等，可得

λ^0：
$$(E^{(0)}-E_m^{(0)})c_{m\mu}^{(0)}=0\tag{5.2.16}$$

λ^1：
$$(E^{(0)}-E_m^{(0)})c_{m\mu}^{(1)}+E^{(1)}c_{m\mu}^{(0)}-\sum_{k\nu}c_{k\nu}^{(0)}H'_{m\mu,k\nu}=0\tag{5.2.17}$$

$$\cdots$$

本节的任务是求零级近似波函数与能量的一级近似，只要求出 $E_n^{(1)}$ 和 $c_{m\mu}^{(0)}$ 即可.

2. 求能量的一级修正 $E_n^{(1)}$

(1) 由零级近似方程求 $c_{m\mu}^{(0)}=?$

对于 E_n 能级，采用记号

$$E^{(0)}=E_n^{(0)},\quad E^{(1)}=E_n^{(1)},\quad \cdots\tag{5.2.18}$$

将上式代入零级近似方程(5.2.16)，得

$$(E_n^{(0)}-E_m^{(0)})c_{m\mu}^{(0)}=0\tag{5.2.19}$$

若 $m\neq n$，则 $c_{m\mu}^{(0)}=0$；若 $m=n$，则 $c_{m\mu}^{(0)}$ 为待定常数 a_μ，故

$$c_{m\mu}^{(0)}=a_\mu\delta_{mn}\tag{5.2.20}$$

(2) 由一级近似方程导出 $\{a_\nu\}$ 方程组及久期方程.

通过符号替换，由 $c_{m\mu}^{(0)}=a_\mu\delta_{mn}$ 得 $c_{k\nu}^{(0)}=a_\nu\delta_{kn}$，则(5.2.17)式的第三项为

$$\sum_{k\nu}c_{k\nu}^{(0)}H'_{m\mu,k\nu}=\sum_{k\nu}a_\nu\delta_{kn}H'_{m\mu,k\nu}=\sum_\nu a_\nu H'_{m\mu,n\nu}$$

将(5.2.18)式，(5.2.20)式及上式代入一级近似方程(5.2.17)，即有

$$(E_n^{(0)}-E_m^{(0)})c_{m\mu}^{(1)}+E_n^{(1)}a_\mu\delta_{mn}-\sum_\nu a_\nu H'_{m\mu,n\nu}=0\tag{5.2.21}$$

在上式中取 $m=n$，可得

$$E_n^{(1)}a_\mu-\sum_\nu a_\nu H'_{n\mu,n\nu}=0\tag{5.2.22}$$

利用 $E_n^{(1)}a_\mu=\sum_\nu E_n^{(1)}\delta_{\mu\nu}a_\nu$，与第二项合并，则得 $\{a_\nu\}$ 满足的线性齐次方程组

$$\sum_{\nu=1}^{d_n}(H'_{n\mu,n\nu}-E_n^{(1)}\delta_{n\mu,n\nu})a_\nu=0,\quad \mu=1,2,\cdots,d_n\tag{5.2.23}$$

线性齐次方程组有非零解的条件是系数行列式为零(称为久期方程),即

$$\det|H'_{\mu\nu}-E_n^{(1)}\delta_{\mu\nu}|=0 \tag{5.2.24}$$

(3) 由久期方程求能量的一级修正 $E_n^{(1)}$.

久期方程是 $E_n^{(1)}$ 的 d_n 次方程,可求得 $E_n^{(1)}$ 的 d_n 个根 $E_{n\alpha}^{(1)}(\alpha=1,2,\cdots,d_n)$.

能量的一级近似即为

$$E_n=E_n^{(0)}+E_{n\alpha}^{(1)},\quad \alpha=1,2,\cdots,d_n \tag{5.2.25}$$

若 $E_{n\alpha}^{(0)}$ 没有重根,表明 $E_n^{(0)}$ 经微扰后分裂为 d_n 条,简并已完全消除,原先引起简并的对称性已遭破坏,相应的守恒量已不守恒. 例如,对于氢原子中的电子,由于中心场具有球对称性,$\hat{L}_x$,$\hat{L}_y$ 与 $\hat{H}$ 对易,$\hat{L}_x$、$\hat{L}_y$ 是守恒量,根据守恒量的性质三,当体系有互相不对易的守恒量时,能级是简并的. 若将氢原子置于外加电场 $\mathscr{E}=\mathscr{E}\mathbf{e}_z$ 中,由于中心场的球对称性遭到破坏,$\hat{L}_x$、$\hat{L}_y$ 与 $\hat{H}$ 不对易,L_x、L_y 不是守恒量. 这样,原先由于存在不对易的守恒量而出现的能级简并就被消除了.

若 $E_{n\alpha}^{(1)}$ 仍有部分重根,则表明简并被部分地消除,对称性也部分地遭破坏,原先有的守恒量也不再守恒.

(4) 简并能否完全消除?

这决定于 $\hat{H}'$ 的对称性:若 $\hat{H}'$ 与 $\hat{H}_0$ 的对称性相同,$\hat{H}'$ 只能引起能级的移动而不能消除简并;若 $\hat{H}'$ 比 $\hat{H}_0$ 的对称性低,则由体系的对称性被 $\hat{H}'$ 部分破坏还是全部破坏决定能级的简并是部分消除还是全部消除. 因此,一级修正不能完全消除简并时,不妨尝试运用高一级近似方程去处理,但并非一定能完全消除简并(由 $\hat{H}'$ 的对称性决定).

3. 求零级近似波函数

现在将每一个根 $E_{n\alpha}^{(1)}$ 代入 $\{a_\nu\}$ 的线性齐次方程组(5.2.23),即可求得与 $E_{n\alpha}^{(1)}$ 相应的第 α 组解 $\{a_{\alpha\nu}\}$. 将它代入 $c_{m\mu}^{(0)}=a_\mu\delta_{mn}$,可得

$$c_{m\nu}^{(0)}=a_{\alpha\nu}\delta_{mn} \tag{5.2.26}$$

另一方面,将 $c_{k\nu}=\sum_l c_{k\nu}^{(l)}$ 代入 $\psi=\sum_{k\nu}c_{k\nu}\psi_{k\nu}^{(0)}$ 可得 $\hat{H}$ 的本征函数为

$$\begin{aligned}\psi&=\sum_{k\nu}(c_{k\nu}^{(0)}+\lambda c_{k\nu}^{(1)}+\lambda^2c_{k\nu}^{(2)}+\cdots)\psi_{k\nu}^{(0)}\\&=\sum_{k\nu}c_{k\nu}^{(0)}\psi_{k\nu}^{(0)}+\lambda\sum_{k\nu}c_{k\nu}^{(1)}\psi_{k\nu}^{(0)}+\lambda^2\sum_{k\nu}c_{k\nu}^{(2)}\psi_{k\nu}^{(0)}+\cdots\end{aligned} \tag{5.2.27}$$

与 $E_{n\alpha}^{(1)}$ 相应的 $\hat{H}$ 的零级近似波函数为上式的第一个求和式 $\sum_{k\nu}c_{k\nu}^{(0)}\psi_{k\nu}^{(0)}\overset{\text{记作}}{=\!=}\varphi_{n\alpha}^{(0)}$. 再将(5.2.26)式 $c_{m\nu}^{(0)}=a_{\alpha\nu}\delta_{mn}$ 代入,便有

$$\varphi_{n\alpha}^{(0)}=\sum_{k\nu}c_{k\nu}^{(0)}\psi_{k\nu}^{(0)}=\sum_{k\nu}a_{\alpha\nu}\delta_{kn}\psi_{k\nu}^{(0)}=\sum_{\nu}a_{\alpha\nu}\psi_{n\nu}^{(0)},\quad \alpha=1,2,\cdots,d_n \tag{5.2.28}$$

这表明，与第 n 个能级对应的零级近似波函数 $\varphi_{n\alpha}^{(0)}$ 是 $\hat{H}_0$ 的第 n 个能级的各简并本征函数 $\psi_{n\nu}^{(0)}$ 的线性组合，其叠加系数 $\{a_{\alpha\nu}\}$ 由线性齐次方程组(5.2.23)确定.

可以证明，若简并已完全消除，则 $\{\varphi_{n\alpha}^{(0)}\}$ 之间互相正交(见习题 5.2.1)

$$\langle \varphi_{n\alpha}^{(0)} \mid \varphi_{n\alpha'}^{(0)} \rangle = \delta_{\alpha\alpha'} \tag{5.2.29}$$

这时每一个 $E_{n\alpha}^{(1)}$ 对应着一个零级近似波函数 $\varphi_{n\alpha}^{(0)}$.

4. 求波函数的一级修正和能量的二级修正

可参看习题 5.2.5.

5. 简并态微扰论的实质

以 $\{\varphi_{n\alpha}^{(0)}\}$ 为基矢，将构成属于 $E_n^{(0)}$ 的 d_n 维子空间. 在这个子空间中，由于 $\{\varphi_{n\alpha}^{(0)}\}$ 是 $\hat{H}_0$ 的本征函数，H_0 是对角矩阵.

现在证明，在这个子空间中，H' 也是对角矩阵.

证 为明确起见，在 $\sum\limits_{\nu=1}^{d_n}(H'_{n\mu,n\nu}-E_n^{(1)}\delta_{n\mu,n\nu})a_\nu=0$ 中，将 $E_n^{(1)}$ 改写为 $E_{n\alpha}^{(1)}$，表示它是 $E_n^{(1)}$ 的第 α 个根，并把与 $E_{n\alpha}^{(1)}$ 相应的 a_ν 记作 $a_{\alpha\nu}$. 将上式移项，得

$$\sum_\nu H'_{\mu\nu}a_{\alpha\nu} = \sum_\nu E_{n\alpha}^{(1)}\delta_{\mu\nu}a_{\alpha\nu} \tag{5.2.30}$$

利用 $\varphi_{n\alpha}^{(0)} = \sum\limits_\nu a_{\alpha\nu}\psi_{n\nu}^{(0)}$，$\langle \psi_{n\mu}^{(0)} \mid \hat{H}' \mid \psi_{n\nu}^{(0)} \rangle = H'_{\mu\nu}$，$\sum\limits_\nu H'_{\mu\nu}a_{\alpha\nu} = \sum\limits_\nu E_{n\alpha}^{(1)}\delta_{\mu\nu}a_{\alpha\nu}$，以及习题 5.2.1(1) 证明的公式 $\sum\limits_\nu a_{\alpha'\nu}^* a_{\alpha\nu} = \delta_{\alpha'\alpha}$，可得

$$\begin{aligned}
\langle \varphi_{n\alpha'}^{(0)} \mid \hat{H}' \mid \varphi_{n\alpha}^{(0)} \rangle &= \langle \sum_\mu a_{\alpha'\mu}\psi_{n\mu}^{(0)} \mid \hat{H}' \mid \sum_\nu a_{\alpha\nu}\psi_{n\nu}^{(0)} \rangle \\
&= \sum_\mu a_{\alpha'\mu}^* \sum_\nu \langle \psi_{n\mu}^{(0)} \mid \hat{H}' \mid \psi_{n\nu}^{(0)} \rangle a_{\alpha\nu} = \sum_\mu a_{\alpha'\mu}^* \sum_\nu H'_{\mu\nu}a_{\alpha\nu} \\
&= \sum_\mu a_{\alpha'\mu}^* \sum_\nu E_{n\alpha}^{(1)}\delta_{\mu\nu}a_{\alpha\nu} = E_{n\alpha}^{(1)} \sum_\mu a_{\alpha'\mu}^* a_{\alpha\mu} = E_{n\alpha}^{(1)}\delta_{\alpha'\alpha}
\end{aligned} \tag{5.2.31}$$

这表明，$\{\varphi_{n\alpha}^{(0)}\}$ 是 $\hat{H}_0$ 与 $\hat{H}'$ 的共同本征函数. 在属于 $E_n^{(0)}$ 的 d_n 维子空间中，H' 是对角矩阵. 这样，E_n 能量的一级修正与非简并态微扰论公式 $E_n^{(1)}=H'_{nn}$ 的形式完全相同

$$E_{n\alpha}^{(1)} = \langle \varphi_{n\alpha}^{(0)} \mid \hat{H}' \mid \varphi_{n\alpha}^{(0)} \rangle = H'_{n\alpha,n\alpha} \tag{5.2.32}$$

E_n 能量的一级近似就是 $\hat{H}$ 的对角元

$$E_n = \langle \varphi_{n\alpha}^{(0)} \mid (\hat{H}_0 + \hat{H}') \mid \varphi_{n\alpha}^{(0)} \rangle = E_n^{(0)} + H'_{n\alpha,n\alpha} \tag{5.2.33}$$

由此可见，简并态微扰论的实质就是适当选择简并子空间的基(即零级近似波函数 $\{|\varphi_{n\alpha}^{(0)}\rangle\}$)，使 $\hat{H}=\hat{H}_0+\hat{H}'$ 在简并子空间对角化.

【例 5.2.1】 粒子在二维无限深方势阱中运动，已知 $U(x,y)=\begin{cases}0, & \text{阱内}\\ \infty, & \text{阱外}\end{cases}$

(1) 试写出体系的基态和第一激发态的能量本征函数和本征值；

(2) 若体系受到微扰 $\hat{H}'=\beta xy(\beta\ll 1)$ 的作用，求体系基态和第一激发态的能量一级近似.

解 (1) 体系的基态和第一激发态的能量本征函数与本征值.

体系的无微扰哈密顿算符为

$$\hat{H}_0=\left(\frac{\hat{p}_x^2}{2\mu}+U_1(x)\right)+\left(\frac{\hat{p}_y^2}{2\mu}+U_2(y)\right)$$

式中

$$U_1(x)=\begin{cases}0, & 阱内\\ \infty, & 阱外\end{cases},\quad U_2(y)=\begin{cases}0, & 阱内\\ \infty, & 阱外\end{cases}$$

阱外波函数为零(下同，只写阱内波函数)，阱内能量本征函数与本征值分别为

$$\psi_{n_1,n_2}^{(0)}=\frac{2}{a}\sin\frac{n_1\pi x}{a}\sin\frac{n_2\pi y}{a},\quad E_{n_1,n_2}^{(0)}=\frac{\pi^2\hbar^2}{2\mu a^2}(n_1^2+n_2^2),\quad n_1,n_2=1,2,\cdots$$

体系基态($n_1=n_2=1$)的能量本征函数与本征值分别为

$$\psi_{11}^{(0)}(x,y)=\frac{2}{a}\sin\frac{\pi x}{a}\sin\frac{\pi y}{a},\quad E_0^{(0)}=\frac{\pi^2\hbar^2}{2\mu a^2}(1^2+1^2)=\frac{\pi^2\hbar^2}{\mu a^2}$$

体系第一激发态($n_1=1,n_2=2$ 或 $n_1=2,n_2=1$)的能量本征函数与本征值分别为

$$\psi_{12}^{(0)}(x,y)=\frac{2}{a}\sin\frac{\pi x}{a}\sin\frac{2\pi y}{a},\quad \psi_{21}{}^{(0)}(x,y)=\frac{2}{a}\sin\frac{2\pi x}{a}\sin\frac{\pi y}{a}$$

$$E_1^{(0)}=\frac{\pi^2\hbar^2}{2\mu a^2}(1^2+2^2)=\frac{5\pi^2\hbar^2}{2\mu a^2}$$

(2) 体系在微扰 $\hat{H}'=\beta xy(\beta\ll 1)$ 的作用下，基态能量的一级修正 $E_0^{(1)}$ 为

$$E_0^{(1)}=\hat{H}'_{11,11}=\frac{4\beta}{a^2}\int_0^a x\sin^2\frac{\pi x}{a}\mathrm{d}x\int_0^a y\sin^2\frac{\pi y}{a}\mathrm{d}y=\frac{\beta a^2}{4}$$

体系在微扰 $\hat{H}'=\beta xy(\beta\ll 1)$ 的作用下，第一激发态能量的一级修正 $E_1^{(1)}$. 此时要用简并态微扰论求解久期方程

$$\det|H'_{n\mu,n\nu}-E_1^{(1)}\delta_{\mu\nu}|=0$$

微扰矩阵元为(在 $H'_{12,12}$，$H'_{12,21}$ 的积分中将 x 与 y 互换，分别为 $H'_{21,21}$，$H'_{21,12}$)

$$H'_{12,12}=\langle\psi_{12}^{(0)}|\hat{H}'|\psi_{12}^{(0)}\rangle=\frac{4\beta}{a^2}\int_0^a x\sin^2\frac{\pi x}{a}\mathrm{d}x\int_0^a y\sin^2\frac{2\pi y}{a}\mathrm{d}y=\frac{1}{4}\beta a^2=H'_{21,21}$$

$$H'_{12,21}=\langle\psi_{12}^{(0)}\mid\hat{H}'\mid\psi_{21}^{(0)}\rangle=\frac{4\beta}{a^2}\int_0^a x\sin\frac{\pi x}{a}\sin\frac{2\pi x}{a}\mathrm{d}x\int_0^a y\sin\frac{2\pi y}{a}\sin\frac{\pi y}{a}\mathrm{d}y$$

$$=\frac{256}{81\pi^4}\beta a^2=H'_{21,12}$$

代入久期方程,得

$$\begin{vmatrix} H'_{12,12}-E_1^{(1)} & H'_{12,21} \\ H'_{21,12} & H'_{21,21}-E_1^{(1)} \end{vmatrix}=\begin{vmatrix} \frac{1}{4}\beta a^2-E_1^{(1)} & \frac{256}{81\pi^4}\beta a^2 \\ \frac{256}{81\pi^4}\beta a^2 & \frac{1}{4}\beta a^2-E_1^{(1)} \end{vmatrix}=0$$

解之得

$$E_1^{(1)}=\frac{1}{4}\beta a^2\pm\frac{256}{81\pi^4}\beta a^2$$

体系第一激发态能量的一级近似为

$$E_1=E_1^{(0)}+E_1^{(1)}=\frac{5\pi^2\hbar^2}{2\mu a^2}+\frac{1}{4}\beta a^2\pm\frac{256}{81\pi^4}\beta a^2$$

*5.2.3　简并态可用非简并微扰论处理的情形

现在讨论,在一定条件下,是否可以用非简并态微扰论处理简并态?

(5.2.31)式表明,当 $\hat{H}'$ 在同一能级不同简并态之间的矩阵元为零时,则简并态微扰论的公式

$$E_{n\alpha}^{(1)}=\langle\varphi_{n\alpha}^{(0)}\mid\hat{H}'\mid\varphi_{n\alpha}^{(0)}\rangle=H'_{n\alpha,n\alpha}$$

与非简并态微扰论公式 $E_n^{(1)}=H'_{nn}$ 的形式完全相同.

容易发现,如果存在算符 $\hat{F}$,满足

$$[\hat{H}_0,\hat{F}]=[\hat{H}',\hat{F}]=0 \tag{5.2.34}$$

则选择 $\hat{H}_0$ 与 $\hat{F}$ 的共同本征函数 $\varphi_{nk}^{(0)}$ 作为零级近似波函数时,$\hat{H}'$ 在同一能级不同简并态之间的矩阵元 $\langle\varphi_{nk}^{(0)}\mid\hat{H}'\mid\varphi_{nl}^{(0)}\rangle=0$. 因此,可以用非简并微扰论处理.

证　选择 $\hat{H}_0$ 与 $\hat{F}$ 的共同本征函数 $\varphi_{nk}^{(0)}$ 为零级近似波函数(n,k 分别对应 E_n,f_k)

$$\hat{H}_0\mid\varphi_{nk}^{(0)}\rangle=E_n\mid\varphi_{nk}^{(0)}\rangle,\quad \hat{F}\mid\varphi_{nk}^{(0)}\rangle=f_k\mid\varphi_{nk}^{(0)}\rangle \tag{5.2.35}$$

将 $\mid\varphi_{nk}^{(0)}\rangle$ 按 $\hat{H}_0$ 的本征矢集 $\{\mid\psi_{n\nu}^{(0)}\rangle\}$ 展开为

$$\mid\varphi_{nk}^{(0)}\rangle=\sum_{\nu=1}^{d_n}a_{k,n\nu}^{(0)}\mid\psi_{n\nu}^{(0)}\rangle \tag{5.2.36}$$

以 $\langle\psi_{n\mu}^{(0)}\mid$ 左乘 $\hat{F}\mid\varphi_{nk}^{(0)}\rangle=f_k\mid\varphi_{nk}^{(0)}\rangle$ 两边,得

$$\sum_{\nu=1}^{d_n}[\langle\psi_{n\mu}^{(0)}\mid\hat{F}\mid\psi_{n\nu}^{(0)}\rangle-f_k\delta_{\mu\nu}]a_{k,n\nu}^{(0)}=0 \tag{5.2.37}$$

$a_{k,n\nu}^{(0)}$不全为零的条件是系数行列式为零,即

$$|\langle\psi_{n\mu}^{(0)}\mid\hat{F}\mid\psi_{n\nu}^{(0)}\rangle-f_k\delta_{\mu\nu}|=0 \tag{5.2.38}$$

由(5.2.38)式求出 f_k,再代入(5.2.37)式,即可求得$\{a_{k,n\nu}^{(0)}\}$(其中 $\nu=1,2,\cdots$),由此得$|\varphi_{nk}^{(0)}\rangle=\sum_{\nu=1}^{d_n}a_{k,n\nu}^{(0)}\mid\psi_{n\nu}^{(0)}\rangle$. 利用$[\hat{H}',\hat{F}]=0$,便有

$$0=\langle\varphi_{nk}^{(0)}\mid[\hat{H}',\hat{F}]\mid\varphi_{nl}^{(0)}\rangle=(f_l-f_k)\langle\varphi_{nk}^{(0)}\mid\hat{H}'\mid\varphi_{nl}^{(0)}\rangle \tag{5.2.39}$$

当 $k\neq l$ 时,有 $f_k\neq f_l$,故

$$\langle\varphi_{nk}^{(0)}\mid\hat{H}'\mid\varphi_{nl}^{(0)}\rangle=0 \tag{5.2.40}$$

即选择 $\hat{H}_0$ 与 $\hat{F}$ 的共同本征函数 $\varphi_{nk}^{(0)}$ 作为零级近似波函数时,$\hat{H}'$在同一能级不同简并态之间的矩阵元为零. 因此,可以用非简并微扰论处理简并态的问题.

现在举一个实例来说明.

【例 5.2.2】 转动惯量为 I,电矩为 $\boldsymbol{D}$ 的平面转子绕 z 轴转动. 设转子受到 $\hat{H}'=U_0\delta(\varphi-\varphi_0)$的微扰作用,试用简并态微扰论求转子激发定态能量的一级修正与零级近似波函数.

解 体系的哈密顿算符为

$$\hat{H}=\hat{H}_0+\hat{H}'=\frac{\hat{L}_z^2}{2I}+U_0\delta(\varphi-\varphi_0)=-\frac{\hbar^2}{2I}\frac{\mathrm{d}^2}{\mathrm{d}\varphi^2}+U_0\delta(\varphi-\varphi_0) \tag{5.2.41}$$

$\hat{H}_0$ 的本征值为 $E_n^{(0)}=\frac{n^2\hbar^2}{2I}(n=0,1,2,\cdots)$,常用的 $\hat{H}_0$ 的本征函数系分别表示为

① $\hat{H}_0$ 与 $\hat{L}_z$ 的共同本征函数

$$\psi_{n1}^{(0)}(\varphi)=\frac{1}{\sqrt{2\pi}}\mathrm{e}^{\mathrm{i}n\varphi},\quad \psi_{n2}^{(0)}(\varphi)=\frac{1}{\sqrt{2\pi}}\mathrm{e}^{-\mathrm{i}n\varphi},\quad n=0,1,2,\cdots \tag{5.2.42}$$

② $\hat{H}_0$ 与 $\hat{\xi}_\varphi$ 的共同本征函数($\hat{\xi}_\varphi$ 的定义为 $\hat{\xi}_\varphi f(\varphi)=f(-\varphi)$,即将 φ 变换为$-\varphi$.)

$$\varphi_{n1}^{(0)}(\varphi)=\frac{1}{\sqrt{\pi}}\cos n\varphi,\quad \varphi_{n2}^{(0)}(\varphi)=\frac{1}{\sqrt{\pi}}\sin n\varphi,\quad n=0,1,2,\cdots \tag{5.2.43}$$

因为转子的激发定态能级为二重简并,故要用简并态微扰论处理.

(1) 求激发定态能量的一级修正 $E_n^{(1)}$. 能量的一级修正 $E_n^{(1)}$ 遵守久期方程

$$\det|H'_{\mu\nu}-E_n^{(1)}\delta_{\mu\nu}|=0 \tag{5.2.44}$$

现在选用(5.2.42)式给出的本征函数系$\{\psi_n^{(0)}(\varphi)\}$进行计算. 微扰矩阵元分

别为

$$\hat{H}'_{11}=\int_0^{2\pi}\psi_{n1}^{(0)*}(\varphi)\hat{H}'\psi_{n1}^{(0)}(\varphi)\mathrm{d}\varphi=\int_0^{2\pi}\frac{1}{\sqrt{2\pi}}\mathrm{e}^{-\mathrm{i}n\varphi}U_0\delta(\varphi-\varphi_0)\frac{1}{\sqrt{2\pi}}\mathrm{e}^{\mathrm{i}n\varphi}\mathrm{d}\varphi=\frac{U_0}{2\pi}$$

$$\hat{H}'_{12}=\int_0^{2\pi}\psi_{n1}^{(0)*}(\varphi)\hat{H}'\psi_{n2}^{(0)}(\varphi)\mathrm{d}\varphi=\int_0^{2\pi}\frac{1}{\sqrt{2\pi}}\mathrm{e}^{-\mathrm{i}n\varphi}U_0\delta(\varphi-\varphi_0)\frac{1}{\sqrt{2\pi}}\mathrm{e}^{-\mathrm{i}n\varphi}\mathrm{d}\varphi$$
$$=\frac{U_0}{2\pi}\mathrm{e}^{-\mathrm{i}2n\varphi_0}$$

$$\hat{H}'_{21}=\frac{U_0}{2\pi}\mathrm{e}^{\mathrm{i}2n\varphi_0},\quad \hat{H}'_{22}=\frac{U_0}{2\pi}$$

将以上微扰矩阵元代入久期方程 $\det|H'_{\mu\nu}-E_n^{(1)}\delta_{\mu\nu}|=0$，便有

$$\begin{vmatrix}H'_{11}-E_n^{(1)} & H'_{12}\\ H'_{21} & H'_{22}-E_n^{(1)}\end{vmatrix}=\begin{vmatrix}\frac{U_0}{2\pi}-E_n^{(1)} & \frac{U_0}{2\pi}\mathrm{e}^{-\mathrm{i}2n\varphi_0}\\ \frac{U_0}{2\pi}\mathrm{e}^{\mathrm{i}2n\varphi_0} & \frac{U_0}{2\pi}-E_n^{(1)}\end{vmatrix}=\left(\frac{U_0}{2\pi}-E_n^{(1)}\right)^2-\left(\frac{U_0}{2\pi}\right)^2=0 \tag{5.2.45}$$

解之得

$$E_{n1}^{(1)}=\frac{U_0}{\pi},\quad E_{n2}^{(1)}=0 \tag{5.2.46}$$

(2) 求零级近似波函数 $\varphi_{n1}^{(0)},\varphi_{n2}^{(0)}$.

将 $E_{n1}^{(1)}$ 代入 $\varphi_{n\alpha}^{(0)}=\sum\limits_{\nu}a_{\alpha\nu}\psi^{(0)'}{}_{n\nu}$ 的展开系数 $\{a_{\alpha\nu}\}$ 的线性齐次方程组(取两同解方程之一)，可得

$$(\hat{H}'_{11}-E_{n1}^{(1)})a_{11}+\hat{H}'_{12}a_{12}=0,\quad 即\quad \left(\frac{U_0}{2\pi}-\frac{U_0}{\pi}\right)a_{11}+\frac{U_0}{2\pi}\mathrm{e}^{-\mathrm{i}2n\varphi_0}a_{12}=0$$

解之得 $a_{11}=\mathrm{e}^{-\mathrm{i}2n\varphi_0}a_{12}$，取 $a_{12}=\frac{1}{\sqrt{2}}\mathrm{e}^{\mathrm{i}n\varphi_0}$，得 $a_{11}=\frac{1}{\sqrt{2}}\mathrm{e}^{-\mathrm{i}n\varphi_0}$. 将 a_{11},a_{12} 代入展开式，得

$$\varphi_{n1}^{(0)}=\sum_\nu a_{1\nu}\psi_{n\nu}^{(0)'}=a_{11}\psi_{n1}^{(0)'}+a_{12}\psi_{n2}^{(0)'}=\frac{1}{2\sqrt{\pi}}(\mathrm{e}^{-\mathrm{i}n\varphi_0}\mathrm{e}^{\mathrm{i}n\varphi}+\mathrm{e}^{\mathrm{i}n\varphi_0}\mathrm{e}^{-\mathrm{i}n\varphi})$$
$$=\frac{1}{\sqrt{\pi}}\cos n(\varphi-\varphi_0) \tag{5.2.47}$$

将 $E_{n2}^{(1)}$ 代入展开系数 $\{a_{\alpha\nu}\}$ 的线性齐次方程组，可得

$$(\hat{H}'_{11}-E_{n2}^{(1)})a_{21}+\hat{H}'_{12}a_{22}=0,\quad 即\quad \left(\frac{U_0}{2\pi}-0\right)a_{21}+\frac{U_0}{2\pi}\mathrm{e}^{-\mathrm{i}2n\varphi_0}a_{22}=0$$

解之得 $a_{22}=-\mathrm{e}^{\mathrm{i}2n\varphi_0}a_{21}$，取 $a_{21}=-\frac{\mathrm{i}}{\sqrt{2}}\mathrm{e}^{-\mathrm{i}n\varphi_0}$，得 $a_{22}=\frac{\mathrm{i}}{\sqrt{2}}\mathrm{e}^{\mathrm{i}n\varphi_0}$. 将 a_{21},a_{22} 代入展开

式,得

$$\varphi_{n2}^{(0)}=\sum_{\nu}a_{2\nu}\psi_{n\nu}^{(0)'}=a_{21}\psi_{n1}^{(0)'}+a_{22}\psi_{n2}^{(0)'}=-\frac{\mathrm{i}}{2\sqrt{\pi}}(\mathrm{e}^{-in\varphi_0}\mathrm{e}^{in\varphi}-\mathrm{e}^{-in\varphi_0}\mathrm{e}^{in\varphi})$$
$$=\frac{1}{\sqrt{\pi}}\sin n(\varphi-\varphi_0) \tag{5.2.48}$$

【例 5.2.3】 能否用非简并态微扰论求解上题?

解 关键要看是否存在满足(5.2.34)式要求的算符 $\hat{F}$? 为此,就要选择一个算符,让它同时与 $\hat{H}_0=-\frac{\hbar^2}{2I}\frac{\mathrm{d}^2}{\mathrm{d}\varphi^2}$ 及 $\hat{H}'=U_0\delta(\varphi-\varphi_0)$ 对易. 进而选择该算符与 $\hat{H}_0$ 的共同本征函数作为零级近似波函数,再按非简并态微扰论进行计算.

如果定义算符 $\hat{\eta}_\varphi$ 的作用为将$(\varphi-\varphi_0)$变换为$-(\varphi-\varphi_0)$,即

$$\hat{\eta}_\varphi f(\varphi-\varphi_0)=f(-\varphi+\varphi_0) \tag{5.2.49}$$

易见 $\hat{H}_0$ 与 $\hat{\eta}_\varphi$ 有共同的完备本征函数系(这表明,$\hat{H}_0$ 与 $\hat{\eta}_\varphi$ 对易)

$$\varphi_{n1}^{(0)}(\varphi-\varphi_0)=\frac{1}{\sqrt{\pi}}\cos n(\varphi-\varphi_0),\quad \varphi_{n2}^{(0)}(\varphi-\varphi_0)=\frac{1}{\sqrt{\pi}}\sin n(\varphi-\varphi_0) \tag{5.2.50}$$

不难证明,$\hat{\eta}_\varphi$ 与 $\hat{H}'$也对易(见习题 5.2.8). 这意味着,$\hat{\eta}_\varphi$ 满足条件

$$[\hat{H}_0,\hat{\eta}_\varphi]=[\hat{H}',\hat{\eta}_\varphi]=0 \tag{5.2.51}$$

故可用非简并微扰论处理.

现在选择 $\hat{H}_0$ 与 $\hat{\eta}_\varphi$ 共同的本征函数系$\{\varphi_n^{(0)}(\varphi-\varphi_0)\}$作为零级近似波函数. 按非简并态微扰论的(5.1.16)式,能量的一级修正为

$$E_{n1}^{(1)}=\langle\varphi_{n1}^{(0)}\mid\hat{H}'\mid\varphi_{n1}^{(0)}\rangle=\int_0^{2\pi}\frac{1}{\sqrt{\pi}}\cos n(\varphi-\varphi_0)U_0\delta(\varphi-\varphi_0)$$
$$\frac{1}{\sqrt{\pi}}\cos n(\varphi-\varphi_0)\mathrm{d}\varphi=\frac{U_0}{\pi} \tag{5.2.52}$$

$$E_{n2}^{(1)}=\langle\varphi_{n2}^{(0)}\mid\hat{H}'\mid\varphi_{n2}^{(0)}\rangle=\int_0^{2\pi}\frac{1}{\sqrt{\pi}}\sin n(\varphi-\varphi_0)U_0\delta$$
$$(\varphi-\varphi_0)\frac{1}{\sqrt{\pi}}\sin n(\varphi-\varphi_0)\mathrm{d}\varphi=0 \tag{5.2.53}$$

与简并微扰论的结果一致,并且零级近似波函数就是 $\hat{H}_0$ 与 $\hat{\eta}_\varphi$ 共同的完备本征函数系(5.2.50)式. 显然,这比用简并微扰论简单得多,只不过要满足(5.2.51)式的条件.

*5.2.4 近简并的情形

若 $\hat{H}_0$ 的一些能级本身不简并,但彼此很靠近,不符合非简并态微扰论使用的

条件

$$\left|\frac{H'_{kn}}{E_n^{(0)}-E_k^{(0)}}\right| \ll 1$$

这时不能应用非简并态的微扰论.

因为在微扰作用下,能级不一定均匀移动,微扰有可能让这些紧靠着的几个能级相混,重新组合为新的能级. 通常采用类似简并态微扰论的方法处理,即在这些能级所有的状态所张开的子空间中将 $\hat{H}$ 对角化,从而获得体系的能级和波函数.

【例 5.2.4】 设体系的哈密顿算符为 $\hat{H}=\hat{H}_0+\hat{H}'$,$\hat{H}_0$ 有两条非简并能级 $E_1^{(0)}$ 与 $E_2^{(0)}$ 很靠近,其他能级则相隔很远. 设

$$\hat{H}_0 \mid \psi_1^{(0)}\rangle = E_1^{(0)} \mid \psi_1^{(0)}\rangle, \quad \hat{H}_0 \mid \psi_2^{(0)}\rangle = E_2^{(0)} \mid \psi_2^{(0)}\rangle \tag{5.2.54}$$

这时 $\hat{H}$ 的对角化可局限在 $|\psi_1^{(0)}\rangle$ 和 $|\psi_2^{(0)}\rangle$ 张开的二维空间中进行.

为简单起见,设 $H'_{11}=H'_{22}=0$,则 $\hat{H}$ 在此空间的矩阵表示为

$$H=\begin{pmatrix} E_1^{(0)} & H'_{12} \\ H'_{21} & E_2^{(0)} \end{pmatrix}, \quad 式中 \quad H'_{12}=\langle \psi_1^{(0)} \mid \hat{H}' \mid \psi_2^{(0)}\rangle = H'^{*}_{21} \tag{5.2.55}$$

试求微扰加入后这两个能级的变化及其相应的波函数.

解 设 $\hat{H}$ 的本征态为

$$\mid \psi\rangle = c_1 \mid \psi_1^{(0)}\rangle + c_2 \mid \psi_2^{(0)}\rangle \tag{5.2.56}$$

$\hat{H}$ 的本征值方程 $\hat{H}|\psi\rangle=E|\psi\rangle$ 的矩阵表示为

$$\begin{pmatrix} E-E_1^{(0)} & -H'_{12} \\ -H'^{*}_{12} & E-E_2^{(0)} \end{pmatrix}\begin{pmatrix} c_1 \\ c_2 \end{pmatrix}=0 \tag{5.2.57}$$

久期方程为

$$\begin{vmatrix} E-E_1^{(0)} & -H'_{12} \\ -H'^{*}_{12} & E-E_2^{(0)} \end{vmatrix}=0 \tag{5.2.58}$$

由此得 E 的两个根为

$$E_{\pm}=\frac{1}{2}(E_2^{(0)}+E_1^{(0)})\pm| H'_{12}| \sqrt{1+\left|\frac{E_2^{(0)}-E_1^{(0)}}{2H'_{12}}\right|^2}=E_c\pm| H'_{12}| \sqrt{1+\cot^2\theta} \tag{5.2.59}$$

式中的 E_c,$\cot\theta$ 分别为

$$\begin{cases} E_c=\dfrac{1}{2}(E_1^{(0)}+E_2^{(0)}) \\ \cot\theta=\dfrac{E_2^{(0)}-E_1^{(0)}}{2\mid H'_{12}\mid} \end{cases} \tag{5.2.60}$$

将 E_- 代入(5.2.57)式，并设

$$H'_{12} = |H'_{12}| e^{-i\gamma} \tag{5.2.61}$$

则有

$$(E_- - E_1^{(0)}) c_1 = H'_{12} c_2 \tag{5.2.62}$$

即

$$\frac{c_1}{c_2} = \frac{H'_{12}}{E_- - E_1^{(0)}} = \frac{|H'_{12}| e^{-i\gamma}}{\frac{1}{2}(E_2^{(0)} + E_1^{(0)}) - |H'_{12}| \sqrt{1+\cot^2\theta} - E_1^{(0)}} = \frac{e^{-i\gamma}}{\cot\theta - \csc\theta}$$

$$= -\frac{\sin\theta}{1-\cos\theta} e^{-i\gamma} = \frac{\cos(\theta/2)}{-e^{i\gamma}\sin(\theta/2)} \tag{5.2.63}$$

相应本征态的矩阵表示和狄拉克表示分别为

$$\psi_- = \begin{pmatrix} c_1 \\ c_2 \end{pmatrix} = \begin{pmatrix} \cos(\theta/2) \\ -e^{i\gamma}\sin(\theta/2) \end{pmatrix}, \quad |\psi_-\rangle = \cos\frac{\theta}{2} |\psi_1^{(0)}\rangle - e^{i\gamma}\sin\frac{\theta}{2} |\psi_2^{(0)}\rangle \tag{5.2.64}$$

同理，将 E_+ 代入(5.2.57)式，可求得另一组 c_1、c_2，由此得相应本征态为

$$\psi_+ = \begin{pmatrix} c_1 \\ c_2 \end{pmatrix} = \begin{pmatrix} \sin(\theta/2) \\ e^{i\gamma}\cos(\theta/2) \end{pmatrix}, \quad |\psi_+\rangle = \sin\frac{\theta}{2} |\psi_1^{(0)}\rangle + e^{i\gamma}\cos\frac{\theta}{2} |\psi_2^{(0)}\rangle \tag{5.2.65}$$

这样，$|\psi_\pm\rangle$ 就是 $\hat{H}$ 的属于能级 $E_\pm$ 的本征矢，在以 $|\psi_\pm\rangle$ 为基矢的子空间中，$\hat{H}$ 是对角化的

$$\langle\psi_+|\hat{H}|\psi_-\rangle^* = \langle\psi_-|\hat{H}|\psi_+\rangle = E_+\langle\psi_-|\psi_+\rangle = 0 \tag{5.2.66}$$

因为 $\hat{H}$ 的属于不同本征值的本征矢互相正交.

5.2.5 氢原子的一级斯塔克效应

当不存在外电场时，氢原子的能量本征函数为 ψ_{nlm}，除基态外氢原子的能级是 n^2 度简并的. 加入外电场后，中心场的对称性被破坏，氢原子的能级发生分裂而导致光谱线分裂，这个现象是斯塔克在 1913 年首次发现的，并称之为氢原子的一级斯塔克效应. 现在利用简并态微扰论讨论氢原子 $E_2^{(0)}$ 能级的分裂，以及从 $n=2$ 能级到 $n=1$ 能级跃迁时光谱线的分裂.

1. 氢原子在外电场中的哈密顿算符

氢原子内的库仑场约为 10^{11} V/m 的数量级(取 $r \approx a_0$)，当时实验室外场的强度为 10^8 V/m，故可看作微扰. 取 z 轴沿外电场的方向 $\mathscr{E} = \mathscr{E}\mathbf{e}_z$，则得氢原子在外电场中的哈密顿算符为

$$\hat{H}=\hat{H}_0+\hat{H}'=-\frac{\hbar^2}{2\mu}\nabla^2-\frac{e_s^2}{r}+e\mathscr{E}r\cos\theta \tag{5.2.67}$$

$E_2^{(0)}$ 的简并度为 $n^2=4$，$\hat{H}_0$ 的属于 $E_2^{(0)}$ 的本征函数分别记为 $\psi_{2\mu}^{(0)}$ ($\mu=1,2,3,4$)：

$$\psi_{21}^{(0)}=\psi_{200}=\mathscr{R}_{20}Y_{00}=\frac{1}{4\sqrt{2\pi a_0^3}}\left(2-\frac{r}{a_0}\right)e^{-\frac{r}{2a_0}} \tag{5.2.68}$$

$$\psi_{22}^{(0)}=\psi_{210}=\mathscr{R}_{21}Y_{10}=\frac{1}{4\sqrt{2\pi a_0^3}}\left(\frac{r}{a_0}\right)e^{-\frac{r}{2a_0}}\cos\theta \tag{5.2.69}$$

$$\psi_{23}^{(0)}=\psi_{211}=\mathscr{R}_{21}Y_{11}=\frac{1}{8\sqrt{\pi a_0^3}}\left(\frac{r}{a_0}\right)e^{-\frac{r}{2a_0}}\sin\theta e^{i\varphi} \tag{5.2.70}$$

$$\psi_{24}^{(0)}=\psi_{2,1,-1}=\mathscr{R}_{21}Y_{1,-1}=\frac{1}{8\sqrt{\pi a_0^3}}\left(\frac{r}{a_0}\right)e^{-\frac{r}{2a_0}}\sin\theta e^{-i\varphi} \tag{5.2.71}$$

式中 $a_0=\hbar^2/\mu e^2$ 是第一玻尔半径.

2. 求能量的一级修正 $E_{2\alpha}^{(1)}$

方法是求解久期方程见(5.2.24)式

$$\det|H'_{\mu\nu}-E_2^{(1)}\delta_{\mu\nu}|=0 \tag{5.2.72}$$

现在先求出 $H'_{\mu\nu}$：

(1) $\hat{H}'$在 H_0 表象的矩阵元只有 H'_{12}及 H'_{21}不为零. 它的 16 个微扰矩阵元(式中 $\mu,\nu=1,2,3,4$)为

$$\begin{aligned}H'_{\mu\nu}&=\int\psi_\mu^{(0)*}\hat{H}'\psi_\nu^{(0)}\mathrm{d}\tau=\int\psi_\mu^{(0)*}e\mathscr{E}r\cos\theta\psi_\nu^{(0)}r^2\sin\theta\mathrm{d}r\mathrm{d}\theta\mathrm{d}\varphi\\&=-e\mathscr{E}\int_0^\infty r^3\mathrm{d}r\int_0^{2\pi}\mathrm{d}\varphi\int_0^\pi\psi_\mu^{(0)*}\psi_\nu^{(0)}\cos\theta\mathrm{d}\cos\theta\end{aligned} \tag{5.2.73}$$

首先，H'_{11}、H'_{22}、H'_{33}、H'_{44}的被积函数是 $\cos\theta$ 的奇函数. 因为$|\psi_1^{(0)}|^2$ 与 $\cos\theta$ 无关，$|\psi_2^{(0)}|^2$ 正比于 $\cos^2\theta$，$|\psi_3^{(0)}|^2$ 与$|\psi_4^{(0)}|^2$ 正比于 $\sin^2\theta=1-\cos^2\theta$，因此$|\psi_\mu|^2$ 是 $\cos\theta$ 的偶函数. 而 $\hat{H}'$ 含 $\cos\theta$. 由于奇函数 $f(\cos\theta)$ 的积分 $\int_0^\pi f(\cos\theta)d\cos\theta=\int_{-1}^1 f(x)dx=0$，所以 $H'_{11}=H'_{22}=H'_{33}=H'_{44}=0$.

这个性质源于$|\psi_\mu|^2$ 对 xOy 平面具有镜像对称性. 因为$|\psi_\mu|^2$ 是 $\cos\theta$ 的偶函数，故$|\psi_\mu|^2$ 也是 z(注意 $z=r\cos\theta$)的偶函数，即$|\psi_\mu|^2$ 对 xOy 平面具有镜像对称性.

(2) 除 H'_{12}和 H'_{21}之外所有非对角元为零. 这可由对 φ 积分的公式看出

$$\int_0^{2\pi}e^{i(n-n')\varphi}\mathrm{d}\varphi=2\pi\delta_{n,n'} \tag{5.2.74}$$

由(5.2.68)～(5.2.71)式可见，$\psi_\mu^{(0)}$ ($\mu=1,2,3,4$)所含指数因子 $e^{in\varphi}$的 n 值分

别为 0,0,1,−1. 即只有 $\psi_1^{(0)}$ 与 $\psi_2^{(0)}$ 的 n 值相等. 由 $H'_{\mu\nu}=\int\psi_\mu^{(0)*}\hat{H}'\psi_\nu^{(0)}\mathrm{d}\tau$ 可见,只有 H'_{12} 及 H'_{21} 不为零. 将(5.2.68)～(5.2.69)式代入(5.2.73)式可得

$$
\begin{aligned}
H'_{12}=H'_{21}&=\int\psi_2^{(0)*}\hat{H}'\psi_1^{(0)}\mathrm{d}\tau\\
&=-\frac{e\mathscr{E}}{32\pi a_0^3}\int_0^\infty\left(2-\frac{r}{a_0}\right)\frac{r}{a_0}\mathrm{e}^{-\frac{r}{a_0}}r^3\mathrm{d}r\int_0^{2\pi}\mathrm{d}\varphi\int_0^\pi\cos^2\theta\mathrm{d}\cos\theta=-3e\mathscr{E}a_0
\end{aligned}
\tag{5.2.75}
$$

这个性质源于 $\hat{H}'$ 对 z 轴的轴对称性(指 $\hat{H}'$ 与 φ 无关).

(3) 求解久期方程. 将所求得的 $H'_{\mu\nu}$ 代入久期方程,即有

$$
\begin{vmatrix}
-E^{(1)} & -3e\mathscr{E}a_0 & 0 & 0\\
-3e\mathscr{E}a_0 & -E^{(1)} & 0 & 0\\
0 & 0 & -E^{(1)} & 0\\
0 & 0 & 0 & -E^{(1)}
\end{vmatrix}=0
\tag{5.2.76}
$$

即

$$
(-E^{(1)})^2\begin{vmatrix}-E^{(1)} & -3e\mathscr{E}a_0\\ -3e\mathscr{E}a_0 & -E^{(1)}\end{vmatrix}=(E^{(1)})^2[(E^{(1)})^2-(3e\mathscr{E}a_0)^2]=0
$$

由此得四个根为

$$
E_{21}^{(1)}=3e\mathscr{E}a_0,\quad E_{22}^{(1)}=-3e\mathscr{E}a_0,\quad E_{23}^{(1)}=E_{24}^{(1)}=0
\tag{5.2.77}
$$

由此可见,一级微扰部分消除简并. 原来四度简并的能级 $E_2^{(0)}$ 分裂为三个能级,如图 5.1 所示. 因为电矩 $\boldsymbol{D}$ 在电场中的能量为

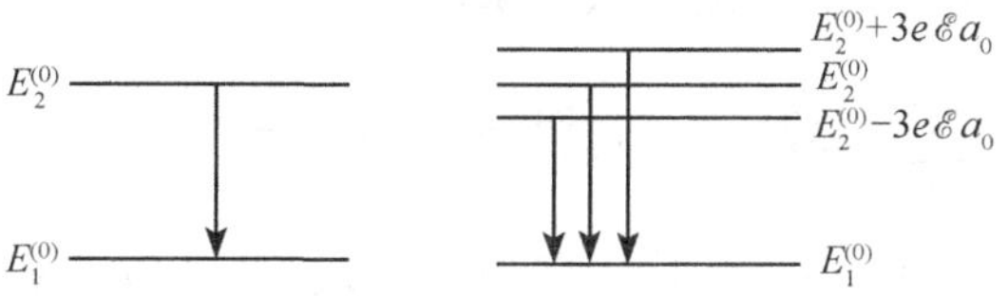

图 5.1

$$
\Delta E=-\boldsymbol{D}\cdot\mathscr{E}=-D\mathscr{E}\cos\theta
\tag{5.2.78}
$$

故可认为氢原子在电场中被极化,产生了 $D=-3ea_0$ 的电矩.

电场产生的附加能量为

$$
\Delta E=3e\mathscr{E}a_0\cos\theta=\begin{cases}3e\mathscr{E}a_0, & \theta=0\\ -3e\mathscr{E}a_0, & \theta=\pi\\ 0, & \theta=\pi/2,3\pi/2\end{cases}
\tag{5.2.79}
$$

它们分别对应 $\boldsymbol{D}$ 和 $\mathscr{E}$ 平行、反平行、互相垂直这三种情形. 这样,当氢原子的电子从 $n=2$ 的能级跃迁到 $n=1$ 的能级时,谱线就从一条分裂为三条,如图 5.1 所示.

3. 求零级近似波函数 $\varphi_{2\alpha}^{(0)}$

将 $H'_{\mu\nu}$ 代入(5.2.23)式

$$\sum_{\nu=1}^{4}(H'_{\mu\nu}-E_2^{(1)}\delta_{\mu\nu})a_\nu=0 \tag{5.2.80}$$

写成矩阵形式

$$\begin{pmatrix} -E_2^{(1)} & -3e\mathscr{E}a_0 & 0 & 0 \\ -3e\mathscr{E}a_0 & -E_2^{(1)} & 0 & 0 \\ 0 & 0 & -E_2^{(1)} & 0 \\ 0 & 0 & 0 & -E_2^{(1)} \end{pmatrix}\begin{pmatrix} a_1 \\ a_2 \\ a_3 \\ a_4 \end{pmatrix}=0 \tag{5.2.81}$$

亦即线性齐次方程组

$$\begin{cases} -3e\mathscr{E}a_0a_2-E_2^{(1)}a_1=0 \\ -3e\mathscr{E}a_0a_1-E_2^{(1)}a_2=0 \\ -E_2^{(1)}a_3=0 \\ -E_2^{(1)}a_4=0 \end{cases} \tag{5.2.82}$$

(1) 将 $E_2^{(1)}=E_{21}^{(1)}=3e\mathscr{E}a_0$ 代入方程组(5.2.82),可得$\{a_\nu\}$的第 1 组解

$$a_{11}=-a_{12},\quad a_{13}=a_{14}=0$$

代入(5.2.28)式得归一化的零级近似波函数

$$\varphi_{21}^{(0)}=\sum_{\nu=1}^{4}a_{1\nu}\psi_{2\nu}^{(0)}=a_{11}\psi_{21}^{(0)}+a_{12}\psi_{22}^{(0)}=\frac{1}{\sqrt{2}}(\psi_{200}-\psi_{210}) \tag{5.2.83}$$

(2) 将 $E_2^{(1)}=E_{22}^{(1)}=-3e\mathscr{E}a_0$ 代入(5.2.82)式,可得$\{a_\nu\}$的第 2 组解

$$a_{21}=a_{22},\quad a_{23}=a_{24}=0$$

代入(5.2.28)式得归一化的零级近似波函数

$$\varphi_{22}^{(0)}=\sum_{\nu=1}^{4}a_{2\nu}\psi_{2\nu}^{(0)}=a_{21}\psi_{21}^{(0)}+a_{22}\psi_{22}^{(0)}=\frac{1}{\sqrt{2}}(\psi_{200}+\psi_{210}) \tag{5.2.84}$$

(3) 将 $E_2^{(1)}=E_{23}^{(1)}=E_{24}^{(1)}=0$ 代入(5.2.82)式,得 $a_1=a_2=0$ 及 a_3,a_4 为不同时为零的常数. 据此可得第 3,4 组解.

取$\{a_\nu\}$的第 3 组解

$$a_{31}=a_{32}=a_{34}=0,\quad a_{33}=1$$

代入(5.2.28)式得归一化的零级近似波函数

$$\varphi_{23}^{(0)} = \sum_{\nu=1}^{4} a_{3\nu}\psi_{2\nu}^{(0)} = \psi_{23}^{(0)} = \psi_{211} \tag{5.2.85}$$

取$\{a_\nu\}$的第4组解

$$a_{41} = a_{42} = a_{43} = 0, \quad a_{44} = 1$$

代入(5.2.28)式得归一化的零级近似波函数

$$\varphi_{24}^{(0)} = \sum_{\nu=1}^{4} a_{4\nu}\psi_{2\nu}^{(0)} = \psi_{24}^{(0)} = \psi_{21,-1} \tag{5.2.86}$$

习 题 5.2

5.2.1 试证明:(1) $\sum\limits_{\nu} a_{\alpha'\nu}^{*} a_{\alpha\nu} = \delta_{\alpha'\alpha}$; (2)$\langle \varphi_{n\alpha'}^{(0)} \mid \varphi_{n\alpha}^{(0)} \rangle = \delta_{\alpha'\alpha}$.

5.2.2 试写出二维各向同性谐振子的基态和第一、二激发态的能量本征值和本征函数,并讨论它们的简并性;若体系受到微扰 $\hat{H}'=U_0\delta(x)\delta(y)$的作用,试计算体系的基态和第一、二激发态的能量一级修正,以及第二激发态的零级近似波函数.

5.2.3 二维各向同性谐振子受到微扰 $\hat{H}'=\beta\mu\omega^2 xy$ 的作用,试求它的基态,第一、二激发态能量的一级近似,以及零级近似波函数.

5.2.4 质量为 μ,能量为$\dfrac{3\pi^2\hbar^2}{\mu a}$的电子在边长为 a 的方箱里运动.

(1) 求能量的本征函数和本征值,并讨论其简并性(以第一激发态为例);

(2) 若在 z 方向加弱电场$\mathscr{E}$,并算电子能量的一级近似.

5.2.5 设体系无微扰哈密顿算符为 $\hat{H}_0$,有两个能级 $E_1^{(0)}$ 和 $E_2^{(0)}$,其中 $E_1^{(0)}$ 二重简并,$E_2^{(0)}$ 无简并.受微扰作用后,能量算符在 H_0 表象的矩阵表示为

$$H = H_0 + H' = \begin{pmatrix} E_1^{(0)} & 0 & a \\ 0 & E_1^{(0)} & b \\ a^* & b^* & E_2^{(0)} \end{pmatrix},$$

试用简并态微扰论求能量的二级近似.

5.2.6 试求上题的精确解,并与上题的结果进行比较.

5.2.7 (1) 设氢原子处于沿 z 轴方向的均匀静磁场$\boldsymbol{B}$ 中,不考虑自旋,在弱磁场情况下求 $n=2$ 能级的分裂情况;

(2) 如果沿 z 方向不仅有均匀静磁场$\boldsymbol{B}$,还有均匀静电场$\mathscr{E}$,再用微扰论求 $n=2$ 能级的分裂情况.

5.2.8 试证明,由 $\hat{\eta}_\varphi f(\varphi-\varphi_0)=f(-\varphi+\varphi_0)$定义的算符 $\hat{\eta}_\varphi$ 满足

$$[\hat{H}_0, \hat{\eta}_\varphi] = [\hat{H}', \hat{\eta}_\varphi] = 0$$

式中 $\hat{H}_0=\frac{\hat{L}_z{}^2}{2I}=-\frac{\hbar^2}{2I}\frac{d^2}{d\varphi^2}$，$\hat{H}'=U_0\delta(\varphi-\varphi_0)$.

5.2.9　试用简并态微扰论按本征函数系(5.2.43)式求例 5.2.2 中激发定态能量的一级修正与零级近似波函数.

5.2.10　如果用 $\hat{H}_0$ 与 $\hat{L}_z$ 的共同本征函数即(5.2.42)式或 $\hat{H}_0$ 与 $\hat{\xi}_\varphi$ 的共同本征函数即(5.2.43)式作为零级波函数，按非简并态微扰论进行计算例 5.2.2 中激发定态能量的一级修正 $E_{n1}^{(1)}$ 及 $E_{n2}^{(1)}$，能否得到正确的结果？

5.3　变分法　氦原子的基态

微扰论是量子力学近似方法中应用最广的方法之一. 但是，使用微扰论要具备一定的条件：

(1) 体系的 $\hat{H}$ 能分成 $\hat{H}_0$ 和 $\hat{H}'$ 两个部分，并且 $\hat{H}_0$ 的本征值与本征函数为已知；

(2) $\hat{H}'$ 比 $\hat{H}_0$“小”得多，以便只计算一级或二级修正即可满足要求；

(3) 微扰矩阵元的积分不能出现发散，否则要设法克服发散的困难.

与微扰论相较，变分法显得更快捷便当. 本节先介绍变分法的基本思想，随后介绍计算体系基态近似能量和近似波函数的基本步骤，最后举例说明变分法的具体运用.

5.3.1　变分法的基本思想

设体系的定态薛定谔方程为

$$\hat{H}\psi_n = E_n\psi_n,\quad n=0,1,2,\cdots \tag{5.3.1}$$

式中 $\hat{H}$ 的本征值 $E_0<E_1<\cdots<E_n<\cdots$，$\{\psi_n\}$是 $\hat{H}$ 的正交归一完备的本征函数系.

为了求基态的近似能量和近似波函数，先证明一个定理.

定理　体系在任意态 ψ 中能量的平均值 $\bar{E}$，必大于或等于体系基态的能量 E_0.

证　将任意 ψ 按 $\hat{H}$ 本征函数系$\{\psi_n\}$展开

$$\psi=\sum_n c_n\psi_n \tag{5.3.2}$$

若 ψ 已归一化，利用$\{\psi_n\}$的正交归一条件 $\int\psi_m^*\psi_n d\tau=\delta_{mn}$ 可得

$$1=\int|\psi|^2 d\tau=\int\sum_m c_m^*\psi_m^*\sum_n c_n\psi_n d\tau=\sum_{mn}c_m^*c_n\int\psi_m^*\psi_n d\tau=\sum_n|c_n|^2 \tag{5.3.3}$$

将定态薛定谔方程代入能量平均值公式，利用(5.3.1)式及 $E_n>E_0$，便有

$$\begin{aligned}\bar{E}&=\int\psi^*\hat{H}\psi\mathrm{d}\tau=\int\sum_m c_m^*\psi_m^*\hat{H}\sum_n c_n\psi_n\mathrm{d}\tau=\sum_{mn}c_m^*c_nE_n\int\psi_m^*\psi_n\mathrm{d}\tau\\&=\sum_{mn}c_m^*c_nE_n\delta_{mn}=\sum_n|c_n|^2E_n>E_0\sum_n|c_n|^2=E_0\end{aligned}\tag{5.3.4}$$

定理得证.

既然在任意态 ψ 中能量平均值 $\bar{E}>E_0$，若随意选择一系列波函数计算 $\bar{E}$，则最小的那个 $\bar{E}$ 必最接近基态的能量 E_0，而与之相应的那个波函数必最接近真正的基态波函数 ψ_0. 这就是变分法的基本思想. 由此得到求量子体系基态近似能量和近似波函数的方法，称为里兹法.

5.3.2 变分法的基本步骤

(1) 由物理分析，选择含有待定参数 $\alpha,\beta,\cdots$ 的尝试波函数 $\psi(\boldsymbol{r},\alpha,\beta,\cdots)$；

(2) 计算积分

$$E(\alpha,\beta,\cdots)=\int\psi^*(\boldsymbol{r},\alpha,\beta,\cdots)\hat{H}\psi(\boldsymbol{r},\alpha,\beta,\cdots)\mathrm{d}\tau\tag{5.3.5}$$

(3) 由极值条件

$$\frac{\partial E}{\partial\alpha}=\frac{\partial E}{\partial\beta}=\cdots=0\tag{5.3.6}$$

可求出使积分取最小值的参量 $\alpha_0,\beta_0,\cdots$，则基态的近似能量和近似波函数分别为

$$E=E(\alpha_0,\beta_0,\cdots),\quad \psi(\boldsymbol{r})=\psi(\boldsymbol{r},\alpha_0,\beta_0,\cdots)\tag{5.3.7}$$

【例 5.3.1】 已知非线性谐振子的哈密顿算符为 $\hat{H}=-\frac{\hbar^2}{2\mu}\frac{\mathrm{d}^2}{\mathrm{d}x^2}+\gamma x^4$，试用变分法求它的基态近似能量与近似波函数. 已知定积分公式

$$\int_{-\infty}^{\infty}\mathrm{e}^{-\alpha x^2}\mathrm{d}x=\sqrt{\frac{\pi}{\alpha}},\quad \int_{-\infty}^{\infty}x^{2n}\mathrm{e}^{-\alpha x^2}\mathrm{d}x=\frac{1\cdot3\cdot5\cdot\cdots\cdot(2n-1)}{2^n\alpha^n}\sqrt{\frac{\pi}{\alpha}}$$

解 (1) 提出尝试波函数.

线性谐振子的基态波函数由(1.5.32)给出 $\psi_0(x)=\sqrt{\frac{\alpha}{\sqrt{\pi}}}\mathrm{e}^{-\frac{1}{2}\alpha^2x^2}$. 受此启发，提出基态的尝试波函数

$$\psi(x,\lambda)=A\mathrm{e}^{-\lambda x^2}$$

利用 $\int_{-\infty}^{\infty}|\psi|^2\mathrm{d}x=1$，可取归一化常数 $A=\left(\frac{2\lambda}{\pi}\right)^{\frac{1}{4}}$，代入 $\psi(x,\lambda)$，得

$$\psi(x,\lambda)=\left(\frac{2\lambda}{\pi}\right)^{\frac{1}{4}}\mathrm{e}^{-\lambda x^2}\tag{5.3.8}$$

(2) 计算积分

$$E(\lambda)=\int_{-\infty}^{\infty}\psi^*(x,\lambda)\hat{H}\psi(x,\lambda)\mathrm{d}x=\left(\frac{2\lambda}{\pi}\right)^{\frac{1}{2}}\int_{-\infty}^{\infty}\mathrm{e}^{-\lambda x^2}\left(-\frac{\hbar^2}{2\mu}\frac{\mathrm{d}^2}{\mathrm{d}x^2}+\gamma x^4\right)\mathrm{e}^{-\lambda x^2}\mathrm{d}x$$

$$=\left(\frac{2\lambda}{\pi}\right)^{\frac{1}{2}}\frac{\hbar^2}{2\mu}\int_{-\infty}^{\infty}(2\lambda-4\lambda^2x^2)\mathrm{e}^{-2\lambda x^2}\mathrm{d}x+\left(\frac{2\lambda}{\pi}\right)^{\frac{1}{2}}\gamma\int_{-\infty}^{\infty}x^4\mathrm{e}^{-2\lambda x^2}\mathrm{d}x=\frac{\hbar^2\lambda}{2\mu}+\frac{3\gamma}{16\lambda^2} \tag{5.3.9}$$

(3) 由极值条件$\dfrac{\partial E(\lambda)}{\partial\lambda}=\dfrac{\hbar^2}{2\mu}-\dfrac{3\gamma}{8\lambda^3}=0$,得

$$\lambda_0=\left(\frac{3\mu\gamma}{4\hbar^2}\right)^{\frac{1}{3}}$$

令 $E(\lambda)$ 与 $\psi(x,\lambda)$ 中的 $\lambda=\lambda_0$,即得基态的近似能量与近似波函数

$$E(\lambda_0)=\frac{\hbar^2\lambda_0}{2\mu}+\frac{3\gamma}{16\lambda_0{}^2}=\frac{\hbar^2}{4\mu}\left(\frac{6\mu\gamma}{\hbar^2}\right)^{\frac{1}{3}}+\frac{3\gamma}{4}\left(\frac{\hbar^2}{6\mu\gamma}\right)^{\frac{2}{3}} \tag{5.3.10}$$

$$\psi(x,\lambda_0)=\left(\frac{2\lambda_0}{\pi}\right)^{\frac{1}{4}}\mathrm{e}^{-\lambda_0x^2}=\left(\frac{6\mu\gamma}{\pi^3\hbar^2}\right)^{\frac{1}{12}}\mathrm{e}^{-\left(\frac{3\mu\gamma}{4\hbar^2}\right)^{\frac{1}{3}}x^2} \tag{5.3.11}$$

【例 5.3.2】 粒子在一维无限深势阱($|x|<a$)中运动,试用多项式近似结合变分法求基态能量与波函数.

解 粒子的哈密顿算符为

$$\hat{H}=-\frac{\hbar^2}{2\mu}\frac{\mathrm{d}^2}{\mathrm{d}x^2}+U(x),\quad U(x)=\begin{cases}0 & |x|<a\\ \infty, & |x|\geqslant a\end{cases}$$

(1) 提出尝试波函数.

因为 $\hat{H}(-x)=\hat{H}(x)$,故体系的宇称守恒,$[\hat{H},\hat{P}]=0$. 由此可见,定态是宇称算符的本征态,即定态波函数要么是偶函数,要么是奇函数. 又由 $\psi(\pm a)=0$ 可见,于阱内形成驻波,偶函数有最简单的波型,故估计基态波函数为偶函数. 由此提出基态的尝试波函数为

$$\psi(x,\alpha,\beta)=A\left[1+\alpha\left(\frac{x}{a}\right)^2+\beta\left(\frac{x}{a}\right)^4\right],\quad |x|<a$$

由边界条件 $\psi(a)=0$,在上式中令 $x=a$ 可得 $\beta=-(1+\alpha)$. 故尝试波函数仅含一个独立参数 α.

$$\psi(x,\alpha)=A\left[1+\alpha\left(\frac{x}{a}\right)^2-(1+\alpha)\left(\frac{x}{a}\right)^4\right] \tag{5.3.12}$$

(2) 计算积分

$$E(\alpha)=\int\psi^*(x,\alpha)\hat{H}\psi(x,\alpha)\mathrm{d}x$$

经过简单的微积分运算可求得

$$E(\alpha)=\frac{11\alpha^2+36\alpha+60}{\alpha^2+8\alpha+28}\frac{3\hbar^2}{4\mu a^2} \tag{5.3.13}$$

(3) 由极值条件$\frac{\partial E(\alpha)}{\partial \alpha}=0$得 $\alpha_0=-1.220\ 750$,$\alpha_2=-8.317\ 712$. 基态的近似能量为

$$E(\alpha_0)=1.237\ 19\frac{\hbar^2}{\mu a^2} \tag{5.3.14}$$

它是基态能量的 1.000 147 倍,与精确解很接近. $E(\alpha_2)$为第二激发态的能量近似值. 如果尝试波函数为奇函数,由极值条件可求得 α_1,相应的 $E(\alpha_1)$为第一激发态的近似能量,它们之间的关系为 $E(\alpha_0)<E(\alpha_1)<E(\alpha_2)$.

基态近似波函数为

$$\psi(x,\alpha_0)=A\left[1-\alpha_0\left(\frac{x}{a}\right)^2-(1+\alpha_0)\left(\frac{x}{a}\right)^4\right] \tag{5.3.15}$$

A 可由归一化条件确定.

5.3.3 氦原子的基态

利用变分法求氦原子基态的能级和波函数.

1. 氦原子的哈密顿算符

氦原子由带电量为 $2e$ 的原子核和两个核外电子组成,由于核的质量比电子质量大得多,可以略去电子折合质量与电子质量的差异. 氦原子的哈密顿算符为

$$\hat{H}=-\frac{\hbar^2}{2\mu}\nabla_1^2-\frac{2e_s^2}{r_1}-\frac{\hbar^2}{2\mu}\nabla_2^2-\frac{2e_s^2}{r_2}+\frac{e_s^2}{r_{12}} \tag{5.3.16}$$

式中 μ 为电子的质量,r_1 与 r_2 分别为两电子到核的距离,r_{12}是两电子间的距离. 右边的头两项与第三、四项分别是第一、二个电子的哈密顿算符,第五项是两电子间的库仑相互作用能.

2. 尝试波函数的选择

若 $\hat{H}$ 没有 e_s^2/r_{12}项,两个电子将互不相关地运动,可以用分离变量法求解定态薛定谔方程,其波函数是两个类氢原子基态波函数的乘积

$$\psi(\boldsymbol{r}_1,\boldsymbol{r}_2)=\psi_{100}(\boldsymbol{r}_1)\psi_{100}(\boldsymbol{r}_2)=\frac{Z^3}{\pi a_0{}^3}\mathrm{e}^{-\frac{Z}{a_0}(r_1+r_2)} \tag{5.3.17}$$

但实际上存在 e_s^2/r_{12}项,它表现为电子与核之间库仑力的一种屏蔽,这将导致核的有效电荷小于 $2e$. 因此,可以取 $\lambda=\frac{Z}{a_0}$作为变分参数,尝试波函数为

$$\psi(\boldsymbol{r}_1,\boldsymbol{r}_2,\lambda)=\frac{\lambda^3}{\pi}\mathrm{e}^{-\lambda(r_1+r_2)} \tag{5.3.18}$$

下面利用变分法确定变分参数.

3. 计算积分 $\boldsymbol{E}(\boldsymbol{\lambda})=\iint\psi^*(\boldsymbol{r}_1,\boldsymbol{r}_2,\lambda)\hat{H}\psi(\boldsymbol{r}_1,\boldsymbol{r}_2,\lambda)\mathrm{d}\tau_1\mathrm{d}\tau_2$

将(5.3.16)式代入 $E(\lambda)$，可得到

$$\begin{aligned}E(\lambda)=&-\frac{\hbar^2}{2\mu}\left(\frac{\lambda^3}{\pi}\right)^2\iint\mathrm{e}^{-\lambda(r_1+r_2)}(\nabla_1^2+\nabla_2^2)\mathrm{e}^{-\lambda(r_1+r_2)}\mathrm{d}\tau_1\mathrm{d}\tau_2\\&-2e_s^2\left(\frac{\lambda^3}{\pi}\right)^2\iint\left(\frac{1}{r_1}+\frac{1}{r_2}\right)\mathrm{e}^{-2\lambda(r_1+r_2)}\mathrm{d}\tau_1\mathrm{d}\tau_2+e_s^2\left(\frac{\lambda^3}{\pi}\right)^2\iint\frac{1}{r_{12}}\mathrm{e}^{-2\lambda(r_1+r_2)}\mathrm{d}\tau_1\mathrm{d}\tau_2\end{aligned} \tag{5.3.19}$$

现在将这三项积分分别记作 I_1,I_2 和 I_3，并计算如下：

(1) 在第一项积分中，r_1 与 r_2 的地位对称，∇_1^2项与∇_2^2项的积分值相等，故 I_1 为∇_1^2项积分的两倍. 又因为 $\mathrm{e}^{-\lambda(r_1+r_2)}$ 与 θ,φ 无关，故只考虑对 r 求偏导的项，如

$$\nabla_1^2\mathrm{e}^{-\lambda r_1}=\frac{1}{r_1^2}\frac{\partial}{\partial r_1}\left(r_1^2\frac{\partial}{\partial r_1}\right)\mathrm{e}^{-\lambda r_1}=-\lambda\left(\frac{2}{r_1}-\lambda\right)\mathrm{e}^{-\lambda r_1} \tag{5.3.20}$$

由此得

$$I_1=-\frac{\hbar^2}{2\mu}\left(\frac{\lambda^3}{\pi}\right)^2 2(-\lambda)(4\pi)^2\int_0^\infty\mathrm{e}^{-2\lambda r_2}r_2^2\mathrm{d}r_2\int_0^\infty\left(\frac{2}{r_1}-\lambda\right)\mathrm{e}^{-2\lambda r_1}r_1^2\mathrm{d}r_1=\lambda^2a_0e_s^2 \tag{5.3.21}$$

这里已利用了氢原子第一玻尔半径 $a_0=\dfrac{\hbar^2}{\mu e_s^2}$，以及定积分公式 $\int_0^\infty x^n\mathrm{e}^{-ax}\mathrm{d}x=\dfrac{n!}{a^{n+1}}$ (其中 $a>0$).

(2) 在第二项积分中，由于同样的理由，$\dfrac{1}{r_1}$与$\dfrac{1}{r_2}$项积分相等，即 I_2 等于$\dfrac{1}{r_1}$项积分的两倍，故

$$I_2=-2e_s^2\left(\frac{\lambda^3}{\pi}\right)^2 2(4\pi)^2\int_0^\infty\mathrm{e}^{-2\lambda r_2}r_2^2\mathrm{d}r_2\int_0^\infty\mathrm{e}^{-2\lambda r_1}r_1\mathrm{d}r_1=-4\lambda e_s^2 \tag{5.3.22}$$

(3) 计算第三项积分时，要利用勒让德多项式的母函数

$$(1+t^2-2t\cos\theta)^{-\frac{1}{2}}=\sum_{l=0}^{\infty}P_l(\cos\theta)t^l,\quad |t|<1 \tag{5.3.23}$$

利用余弦定理并令 $t=\dfrac{r_1}{r_2}$(当 $r_1<r_2$)或 $t=\dfrac{r_2}{r_1}$(当 $r_1>r_2$)，即有

$$\frac{1}{r_{12}}=\frac{1}{\sqrt{r_1^2+r_2^2-2r_1r_2\cos\theta}}=\begin{cases}\dfrac{1}{r_2}\sum\limits_{l=0}^{\infty}\left(\dfrac{r_1}{r_2}\right)^l P_l(\cos\theta), & \text{当 } r_1<r_2\\ \dfrac{1}{r_1}\sum\limits_{l=0}^{\infty}\left(\dfrac{r_2}{r_1}\right)^l P_l(\cos\theta), & \text{当 } r_1>r_2\end{cases}\tag{5.3.24}$$

式中 θ 为 $\boldsymbol{r}_1$ 与 $\boldsymbol{r}_2$ 的夹角. 将上式代入 I_3 后,先对 $\mathrm{d}\tau_1$ 积分,这时选 z 轴沿 $\boldsymbol{r}_2$ 方向,则 $\boldsymbol{r}_1$ 与 $\boldsymbol{r}_2$ 的夹角即球坐标 θ. 在计算积分时应注意:

① 对 r_1 积分:r_1 从 0 到 r_2 的积分与从 r_2 到∞的积分应分别利用(5.3.24)式的上、下两式.

② 对 θ 积分:利用 $P_0(\cos\theta)=1$ 及$\{P_l(\cos\theta)\}$的正交性

$$\int_{-1}^{1}P_l(x)P_0(x)\mathrm{d}x=\frac{2}{2l+1}\delta_{l0}$$

对 θ 积分仅保留 $l=0$ 项. 经过简单的积分运算,可得

$$I_3=\left(\frac{\lambda^3}{\pi}\right)^2 e_s^2\int \mathrm{e}^{-2\lambda r_2}\mathrm{d}\tau_2 4\pi\left[\int_0^{r_2}\frac{1}{r_2}\mathrm{e}^{-2\lambda r_1}r_1^2\mathrm{d}r_1+\int_{r_2}^{\infty}\frac{1}{r_1}\mathrm{e}^{-2\lambda r_1}r_1^2\mathrm{d}r_1\right]=\frac{5\lambda e_s^2}{8}\tag{5.3.25}$$

(4) 将 I_1, I_2, I_3 代入 $E(\lambda)$,便有

$$E(\lambda)=\lambda^2 a_0 e_s^2-4\lambda e_s^2+\frac{5\lambda e_s^2}{8}=e_s^2\left(\lambda^2 a_0-\frac{27}{8}\lambda\right)\tag{5.3.26}$$

4. 由极值条件求 $E(\lambda_0)$ 及 $\psi(\boldsymbol{r}_1, \boldsymbol{r}_2, \lambda_0)$

由 $\dfrac{\partial E(\lambda)}{\partial\lambda}=e_s^2\left(2\lambda a_0-\dfrac{27}{8}\right)=0$ 可得

$$\lambda_0=\frac{27}{16a_0}=\frac{1.688}{a_0}\tag{5.3.27}$$

氦原子基态能量的近似值为

$$E=E(\lambda_0)=e_s^2\left(\lambda_0{}^2 a_0-\frac{27}{8}\lambda_0\right)=-2.848\frac{e_s^2}{a_0}\tag{5.3.28}$$

实验结果为 $E_0=-2.904e_s^2/a_0$,微扰的一级近似为

$$E_0^{(0)}+E_0^{(1)}=-2.75e_s^2/a_0\tag{5.3.29}$$

可见在这个问题中变分法比微扰论好,原因是 e_s^2/r_{12} 并不远小于前面几项.

氦原子基态的近似波函数为

$$\psi(\boldsymbol{r}_1, \boldsymbol{r}_2, \lambda_0)=\frac{\lambda_0^3}{\pi}\mathrm{e}^{-\lambda_0(r_1+r_2)}=\frac{4.81}{\pi a_0^3}\mathrm{e}^{-\frac{1.688}{a_0}(r_1+r_2)}\tag{5.3.30}$$

习　题　5.3

5.3.1　试用变分法求线性谐振子的基态近似能量与近似波函数.

5.3.2　粒子在无限深势阱($-a<x<a$)中运动. 试用多项式近似结合变分法求第一激发态的能量和波函数,并与精确解比较.

5.3.3　转动惯量为 I,电矩为 D 的平面转子,置于均匀电场$\mathscr{E}=\mathscr{E}\mathbf{e}_x$ 中,哈密顿算符为

$$\hat{H}=-\frac{\hbar^2}{2I}\frac{\mathrm{d}^2}{\mathrm{d}\varphi^2}-D\mathscr{E}\cos\varphi$$

若电场很强,$D\mathscr{E}\gg\hbar^2/I$,求基态能量的近似值.

5.3.4　质量为 μ 的粒子在汤川势阱中运动,

$$U(r)=-U_0\frac{a}{r}\mathrm{e}^{-\frac{r}{a}},\quad U_0,a>0$$

试估算形成束缚态所需临界 U_0 值.

第三篇　对称性与不变性

对称性源于几何学的一个概念，实质上就是几何形体在某些变换下的不变性. 例如，一个轮子具有轴对称性，它绕轴旋转任意角度后外形保持不变；我国古代宫廷建筑则具有镜像对称性，左右互为镜像.

在物理学中，对称性具有更深刻的物理意义. 通常有两个含意：

(1) 物理规律在某种变换（如洛伦兹变换）下的不变性；

(2) 体系哈密顿量在某种变换下的不变性.

在经典力学中，体系的状态由哈密顿量 H 决定. 如果体系的哈密顿量 H 在某种变换下不变，这种不变性对应着这个体系的一个守恒量. 例如，中心场中粒子的哈密顿量 H 中不含 φ，体系具有绕 z 轴的旋转对称性，对应着体系的角动量 L_z 是守恒量.

在量子力学中，体系的运动方程由哈密顿算符 $\hat{H}$ 决定. 如果体系的哈密顿算符 $\hat{H}$ 在某种变换下不变，这种不变性对应着这个体系的一个守恒量.

我们称保持体系哈密顿算符不变的变换为对称变换，也可以说“体系对于某种变换是对称的”，或“体系具有某种对称性”.

对称变换的种类包括连续变换（如空间平移），离散变换（如空间反演），规范变换（如电磁势的变换），还包括内禀变换（如全同粒子置换）. 而且，对称性的研究无论从简化计算到发展基本理论都有着经典力学无法比拟的重要性. 例如，从前面已介绍过的宇称（2.7 节），能级的简并度（2.7 节），薛定谔方程的求解（4.1 节），微扰矩阵元的计算（5.2 节），乃至本篇将要介绍的全同粒子体系波函数的确定（7.1 节），动量守恒定律、角动量守恒定律和能量守恒定律（8.2 节），以及体系跃迁的选择定则（9.2 节）等都与体系的对称性有着密切的关系. 特别是，对称性的研究还为寻找未知规律提供线索，如狄拉克方程的建立就利用了方程在洛伦兹变换下具有协变性.

总之，对称性的研究已成为量子力学的重要组成部分，它揭示出时空特性和运动规律的内在联系，深化了人们对自然规律本质的认识，并且为量子力学的发展开辟了新的物理途径.诺贝尔科学奖获得者杨振宁教授说,“量子化、对称和相位因子是20世纪理论物理学的主旋律”.半个世纪以来高能物理学的发展无不体现了对称性研究的巨大威力.

第6章讨论与转动对称性有关的自旋与角动量的问题.

第7章讨论与粒子交换对称性有关的全同粒子体系问题.

第8章讨论与时空变换对称性有关的对称性与守恒定律的问题.

第 6 章　自旋与角动量

本章通过原子光谱的精细结构、复杂塞曼效应、斯特恩-盖拉赫(Stern-Gerlach)实验引入电子自旋的概念，接着根据角动量算符所遵守的对易关系和 S_z 的本征值求得自旋算符 $\hat{S}_x,\hat{S}_y,\hat{S}_z$ 在 S_z 表象的矩阵表示，进而得到电子的自旋波函数，在此基础上将有电磁场情况下的薛定谔方程推广为泡利方程(考虑自旋). 为了研究更为复杂的现象，随后讨论角动量算符的基本性质和关于两个角动量的耦合问题，从而圆满地解释了由电子自旋-轨道耦合引起的光谱精细结构，以及由外加弱磁场、轨道磁矩、自旋磁矩之间相互作用引起的复杂塞曼效应. 最后讨论两个自旋为 1/2 的粒子的自旋-自旋耦合问题，求出 $\hat{\boldsymbol{S}}^2$ 与 $\hat{S}_z$ 的共同本征态(自旋单态与自旋三重态)，为以后各章的讨论奠定基础.

6.1　电子自旋

电子自旋的概念是乌伦贝克(Uhlenbeck)和哥德斯密特(Goudsmit)在 1925 年通过对实验事实的分析引入量子力学的. 1928 年，狄拉克(Dirac)根据相对论的一般要求得到相对论波动方程(狄拉克方程)，使自旋自动引入到量子力学中来. 现在人们已认识到，自旋角动量和磁矩就如同质量、电荷等一样，是描述微观粒子特征的基本物理量.

本节首先介绍历史上关于电子自旋的三个著名的实验事实，随后介绍乌伦贝克-哥德斯密特假设，并对自旋角动量与轨道角动量进行比较.

6.1.1　关于电子自旋的实验事实

1. 纳黄线的精细结构

纳黄线(λ=5 893Å)原来以为是一条谱线，后来利用具有高分辨本领的光谱仪进行测量，发现它是由 5 896Å(D_1 线)和 5 890Å(D_2 线)两条谱线组成的.

当时，索末菲等人引进描述电子轨道运动的主量子数、角量子数和磁量子数，已成功地解释了简单塞曼效应，但对钠原子光谱的精细结构却无能为力.

2. 复杂塞曼效应(反常塞曼效应)

当钠原子处于弱磁场中时，由于谱线的偏振特性，在垂直于磁场方向观察，D_1 线分裂为四条谱线，D_2 线分裂为六条谱线；而在平行于磁场的方向观察，D_1 线分裂为两条谱线，D_2 线分裂为四条谱线，这称为复杂塞曼效应.

同样，利用表征电子轨道运动的三个量子数无法解释复杂塞曼效应.

3. 斯特恩-盖拉赫实验

这个实验是 1922 年由斯特恩和盖拉赫用银原子束做的，其后菲普斯(Phipps)和泰勒(Taylor)用氢原子束来做，由于氢原子只有一个电子，因而更具说服力，实验装置如图 6.1 所示. 让处于基态的氢原子通过狭缝 B 进入不均匀磁场，最后射到照相底片 P 上，结果发现射线束方向发生偏转，出现两条离散的谱线，由此可作出如下几个判断：

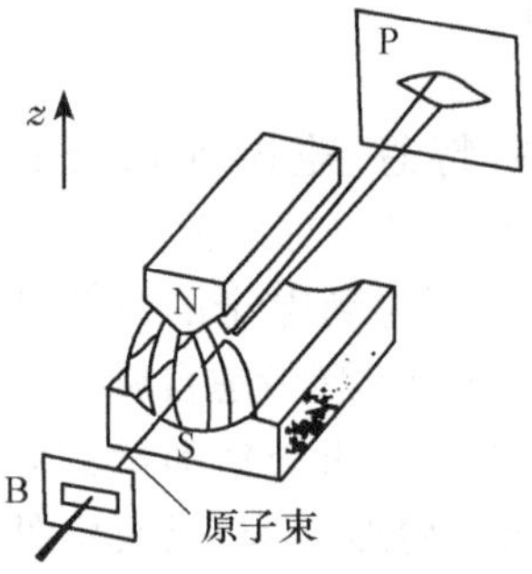

图 6.1

(1) 氢原子具有磁矩，通过不均匀磁场才会受力偏转.

磁极形状如图所示，使两极之间有不均匀磁场(磁场在 z 方向有梯度)，磁矩在磁场中的势能为

$$U=-\boldsymbol{M}\cdot\boldsymbol{B} \tag{6.1.1}$$

原子在 z 方向受力

$$F_z=\boldsymbol{e}_z\cdot\boldsymbol{F}=-\boldsymbol{e}_z\cdot\nabla U=-\frac{\partial U}{\partial z}=M_z\frac{\partial B_z}{\partial z} \tag{6.1.2}$$

不均匀磁场的$\frac{\partial B_z}{\partial z}\neq 0$，但对不同原子来说，$M_z\frac{\partial B_z}{\partial z}$是相同的. 这表明原子穿过磁场后的偏离取决于原子磁矩磁矩的取向.

(2) 原子束分裂为两条离散的谱线，表明磁矩 $\boldsymbol{M}$ 只有两个取向.

(3) 实验测定 $\boldsymbol{M}$ 在 z 方向的两个投影值为

$$M_z=\pm\frac{e\hbar}{2\mu}=\pm M_{\mathrm{B}} \tag{6.1.3}$$

电子的电荷和质量分别为 $-e$ 和 μ.

(4) 氢原子处于基态($l=0$)时，其轨道角动量的平方值 $L^2=l(l+1)\hbar^2=0$. 轨道磁矩 $\boldsymbol{M_L}=-\frac{e}{2\mu}\boldsymbol{L}=0$. 因此，氢原子的这个磁矩不是电子的轨道磁矩而只能是电子的内禀磁矩.

6.1.2 乌伦贝克-哥德斯密特假设

1. 假设的提出

1925 年，当时还是研究生的乌伦贝克(Uhlenbeck)和哥德斯密特(Goudsmit)在分析了上述实验事实之后，有一天在研究关于泡利(Pauli)不相容原理的论文时产生了新的想法. 乌伦贝克曾把当时的想法描述如下：泡利在论文中“破天荒第一次用四个量子数去描述电子，这完全是一种形式上的做法，没有任何具体的图象同

它发生联系. 当时对我们来说确实是一个谜. 我们那时是如此熟悉每一个量子数同一个自由度(即一个独立坐标)相对应的提法,并且又那么相信一个点电子只有三个自由度. 所以,我们只有把电子设想成一个能旋转的小球时,才能够理解泡利的论文……”后来,他们将电子的运动与地球绕太阳的运动相类比,把电子绕核运动的角动量称为轨道角动量,而把电子自转的角动量称为电子的自旋. 为了解释上述实验事实,他们进一步提出:

(1) 每个电子具有自旋角动量 $\boldsymbol{S}$,它在空间任何方向上(取作 z 轴)的投影只能取两个值

$$S_z = \pm \hbar/2 \tag{6.1.4}$$

(2) 每个电子的自旋磁矩 $\boldsymbol{m}_s$ 与自旋角动量 $\boldsymbol{S}$ 的关系为

$$\boldsymbol{m}_s = -\frac{e}{\mu}\boldsymbol{S} \tag{6.1.5}$$

由于 $\boldsymbol{S}$ 在空间任何方向上的投影只能取两个值,这使得 $\boldsymbol{m}_s$ 在空间任何方向上的投影也只能取两个值

$$M_{Sz} = -\frac{e}{\mu}S_z = \pm\frac{e\hbar}{2\mu} = \pm M_{\mathrm{B}} \tag{6.1.6}$$

电子自旋磁矩和自旋角动量的比值称为电子自旋的回转磁比率

$$\frac{M_{Sz}}{S_z} = -\frac{e}{\mu} = g_s\frac{e}{2\mu}, \quad g_s = -2 \tag{6.1.7}$$

它是电子轨道运动的回转磁比率的两倍(见 4.2)

$$\frac{M_{lz}}{L_z} = -\frac{e}{2\mu} = g_l\frac{e}{2\mu}, \quad g_l = -1 \tag{6.1.8}$$

即自旋的朗德因子 g_s 是轨道运动的朗德因子 g_l 的两倍.

引入电子自旋的概念后,钠原子光谱的精细结构及复杂塞曼效应都得到圆满的解释,参看 6.6 节与 6.7 节.

2. 自旋角动量与轨道角动量的比较

轨道角动量有经典对应,而自旋角动量则没有经典对应. 轨道角动量在经典力学中对应的物理量是 $\boldsymbol{L}=\boldsymbol{r}\times\boldsymbol{p}$,而 $\boldsymbol{S}$ 则没有. 如果将电子看作半径为 $r_e=2.8\times 10^{-13}\,\mathrm{cm}$ 的小球(这是根据电子质量主要来自电磁质量所作的数量级估计 $\mu c^2 \simeq \frac{e_s^2}{r_e}$ 得到的),电子通过自转要形成数值为 $\hbar/2$ 的角动量,则电子表面的转速将大大超过真空中的光速 c. 其数量级可估计如下

$$v \sim \frac{\hbar}{\mu r_e} \sim \frac{\hbar c^2}{e_s^2} \sim 137c \tag{6.1.9}$$

这显然违背了相对论. 况且,中子不带电,但它也有自旋磁矩,可见自旋磁矩不是由于带电小球通过自转形成的.

尽管电子内部结构以及电子自旋运动的内部机制还不清楚,但电子自旋的存在已为斯特恩-盖拉赫实验等大量实验事实所证实. 既然电子自旋是反映电子的内禀属性,故常把电子的自旋角动量和自旋磁矩分别称为电子的内禀角动量和内禀磁矩. 又由于它在任何方向上的投影只能取两个值,因而自旋角动量成为描述电子的第四个自由度.

现在面临的首要问题是:考虑电子自旋之后,电子的状态应如何描述呢? 既然力学量用算符表示,引入电子自旋角动量之后就要考虑电子的自旋算符是怎样的? 相应的自旋波函数又是怎样的?

6.2 电子自旋算符与自旋波函数

电子自旋角动量没有经典对应,因此不能根据量子力学的基本假设Ⅲ直接得到自旋角动量算符 $\hat{S}$ 的表示形式. 但是,在量子力学中,算符的性质是由算符所遵守的对易关系来决定的. 自旋角动量既然是角动量,就必须遵守角动量算符 $\hat{\boldsymbol{J}}$ 的对易关系

$$\hat{\boldsymbol{J}} \times \hat{\boldsymbol{J}} = \mathrm{i}\hbar \hat{\boldsymbol{J}} \tag{6.2.1}$$

参看(2.2.33)式. 其分量式为

$$[\hat{J}_x, \hat{J}_y] = \mathrm{i}\hbar \hat{J}_z, \quad [\hat{J}_y, \hat{J}_z] = \mathrm{i}\hbar \hat{J}_x, \quad [\hat{J}_z, \hat{J}_x] = \mathrm{i}\hbar \hat{J}_y \tag{6.2.2}$$

本节的任务,就是由自旋角动量算符 $\hat{\boldsymbol{S}}$(简称自旋算符)遵守的对易关系和它的本征值出发,寻找 $\hat{\boldsymbol{S}}$ 在特定表象的矩阵表示;随后求出自旋算符的本征函数,进而得到电子的波函数(考虑电子自旋),以及任意算符在自旋态中的平均值的公式.

6.2.1 自旋算符的对易关系及自旋算符的本征值

1. 自旋算符 $\hat{\boldsymbol{S}}$ 的对易关系

由(6.2.1)、(6.2.2)可得

$$\hat{\boldsymbol{S}} \times \hat{\boldsymbol{S}} = \mathrm{i}\hbar \hat{\boldsymbol{S}} \tag{6.2.3}$$

$$[\hat{S}_x, \hat{S}_y] = \mathrm{i}\hbar \hat{S}_z, \quad [\hat{S}_y, \hat{S}_z] = \mathrm{i}\hbar \hat{S}_x, \quad [\hat{S}_z, \hat{S}_x] = \mathrm{i}\hbar \hat{S}_y \tag{6.2.4}$$

类似地

$$[\hat{S}^2, \hat{S}_x] = [\hat{S}^2, \hat{S}_y] = [\hat{S}^2, \hat{S}_z] = 0 \tag{6.2.5}$$

2. 自旋算符的本征值

实验表明,自旋角动量 $\boldsymbol{S}$ 在空间任何方向的投影只能取 $\pm\hbar/2$ 两个值. 所以,

无论怎样选取 x,y,z 轴的方向，均有

$$S_x = \pm \hbar/2,\quad S_y = \pm \hbar/2,\quad S_z = \pm \hbar/2 \tag{6.2.6}$$

当然，由不确定性关系可知，它们不可能同时取确定值. 如果体系处于 $\hat{S}_z$ 的本征态，S_z 有确定值，则 S_x 与 S_y 将以一定的概率取 $\pm\hbar/2$ 值. 但无论各分量是取 $\hbar/2$ 值还是 $-\hbar/2$ 值，S_x^2,S_y^2,S_z^2 均取

$$S_x^2 = S_y^2 = S_z^2 = \frac{\hbar^2}{4} \tag{6.2.7}$$

$\hat{S}^2$ 的本征值即为

$$S^2 = S_x^2 + S_y^2 + S_z^2 = \frac{3\hbar^2}{4} \tag{6.2.8}$$

3. 自旋量子数 s 的引入

角动量平方算符的本征值采用记号[参看(2.4.40)式]

$$\boldsymbol{J}^2 = j(j+1)\hbar^2 \tag{6.2.9}$$

式中 j 称为角量子数，$j=0,1,2,\cdots$.

类似地，自旋角动量平方算符的本征值可记作

$$S^2 = s(s+1)\hbar^2 = \frac{3}{4}\hbar^2 \tag{6.2.10}$$

不同的是，电子自旋角动量的角量子数 s 取唯一确定的值

$$s = \frac{1}{2} \tag{6.2.11}$$

鉴于公式处处出现 $\hbar/2$ 或 $1/2$，为书写方便，引入新算符 $\hat{\boldsymbol{\sigma}}$，称为泡利算符.

6.2.2　泡利算符 $\hat{\boldsymbol{\sigma}}$ 的定义，对易关系及其本征值

1. 泡利算符的定义

$$\hat{\boldsymbol{S}} = \frac{\hbar}{2}\hat{\boldsymbol{\sigma}} \tag{6.2.12}$$

2. 泡利算符的对易关系

将(6.2.12)式代入(6.2.3)、(6.2.4)式即得

$$\hat{\boldsymbol{\sigma}} \times \hat{\boldsymbol{\sigma}} = 2\mathrm{i}\hat{\boldsymbol{\sigma}} \tag{6.2.13}$$

$$[\hat{\sigma}_x,\hat{\sigma}_y] = 2\mathrm{i}\hat{\sigma}_z,\quad [\hat{\sigma}_y,\hat{\sigma}_z] = 2\mathrm{i}\hat{\sigma}_x,\quad [\hat{\sigma}_z,\hat{\sigma}_x] = 2\mathrm{i}\hat{\sigma}_y \tag{6.2.14}$$

3. $\hat{\sigma}_x,\hat{\sigma}_y,\hat{\sigma}_z,\hat{\sigma}_x^2,\hat{\sigma}_y^2,\hat{\sigma}_z^2$ 的本征值

将(6.2.12)式代入(6.2.6)～(6.2.8)式即可得

$$\sigma_x = \pm 1,\quad \sigma_y = \pm 1,\quad \sigma_z = \pm 1 \tag{6.2.15}$$

$$\sigma_x^2 = \sigma_y^2 = \sigma_z^2 = 1 \tag{6.2.16}$$

4. $\hat{\sigma}_x^2, \hat{\sigma}_y^2, \hat{\sigma}_z^2$ 是单位算符

因为 $\hat{\sigma}_x^2, \hat{\sigma}_y^2, \hat{\sigma}_z^2$ 只有唯一的本征值 1，所以

$$\hat{\sigma}_x^2 = \hat{\sigma}_y^2 = \hat{\sigma}_z^2 = \hat{I} \tag{6.2.17}$$

这表明，$\hat{\sigma}_x^2, \hat{\sigma}_y^2, \hat{\sigma}_z^2$ 作用于任一自旋波函数 $\chi = \begin{pmatrix} c_1 \\ c_2 \end{pmatrix}$，都得到 χ 自身

$$\hat{\sigma}_i^2 \chi = \chi, \quad i = 1,2,3 \tag{6.2.18}$$

换句话说，任一自旋波函数 $\chi = \begin{pmatrix} c_1 \\ c_2 \end{pmatrix}$ 都是 $\hat{\sigma}_x^2, \hat{\sigma}_y^2, \hat{\sigma}_z^2$ 的本征函数，本征值都是 1.

5. 泡利算符的反对易关系

任意算符 $\hat{F}$ 与 $\hat{G}$ 的反对易子定义为

$$\{\hat{F}, \hat{G}\} \equiv [\hat{F}, \hat{G}]_+ = \hat{F}\hat{G} + \hat{G}\hat{F} \tag{6.2.19}$$

式中 $\{\hat{F}, \hat{G}\}$ 和 $[\hat{F}, \hat{G}]_+$ 是两个等价的记号. 可以证明，$\hat{\sigma}_x, \hat{\sigma}_y, \hat{\sigma}_z$ 之间互相反对易

$$\{\hat{\sigma}_x, \hat{\sigma}_y\} = 0, \qquad \{\hat{\sigma}_y, \hat{\sigma}_z\} = 0, \quad \{\hat{\sigma}_z, \hat{\sigma}_x\} = 0 \tag{6.2.20}$$

证　现在只证明第一式. 由 $\hat{\sigma}_x = \frac{1}{2\mathrm{i}}[\hat{\sigma}_y, \hat{\sigma}_z]$ 及 $\hat{\sigma}_y^2 = \hat{I}$ 可得

$$\begin{aligned}
\{\hat{\sigma}_x, \hat{\sigma}_y\} &= \hat{\sigma}_x\hat{\sigma}_y + \hat{\sigma}_y\hat{\sigma}_x = \frac{1}{2\mathrm{i}}(\hat{\sigma}_y\hat{\sigma}_z - \hat{\sigma}_z\hat{\sigma}_y)\hat{\sigma}_y + \frac{1}{2\mathrm{i}}\hat{\sigma}_y(\hat{\sigma}_y\hat{\sigma}_z - \hat{\sigma}_z\hat{\sigma}_y) \\
&= \frac{1}{2\mathrm{i}}(\hat{\sigma}_y\hat{\sigma}_z\hat{\sigma}_y - \hat{\sigma}_z + \hat{\sigma}_z - \hat{\sigma}_y\hat{\sigma}_z\hat{\sigma}_y) = 0
\end{aligned}$$

6.2.3　自旋算符在 S^2、S_z 表象的矩阵表示

由于 $\hat{S}^2$ 与 $\hat{S}_z$ 对易，两者有共同的本征矢，以它们为基矢便构成 S^2、S_z 的共同表象（即 σ^2 与 σ_z 的共同表象）. 但通常简称为 S_z 表象（或 σ_z 表象），因为 $\hat{S}^2$ 对任何自旋波函数都有相同的本征值，它不能识别不同的自旋状态，故可省去.

1. $\hat{\sigma}_z$ 在 S_z 表象的矩阵表示

考虑到算符在其自身表象为对角矩阵，对角元为其本征值，故 $\hat{S}_z$ 在 S_z 表象的矩阵表示为

$$S_z = \begin{pmatrix} \hbar/2 & 0 \\ 0 & -\hbar/2 \end{pmatrix} = \frac{\hbar}{2}\begin{pmatrix} 1 & 0 \\ 0 & -1 \end{pmatrix} \tag{6.2.21}$$

由 $\hat{\boldsymbol{S}} = \frac{\hbar}{2}\hat{\boldsymbol{\sigma}}$ 可得

$$\sigma_z = \begin{pmatrix} 1 & 0 \\ 0 & -1 \end{pmatrix} \tag{6.2.22}$$

2. $\hat{\sigma}_x$ 在 σ_z 表象的矩阵形式

由矩阵的乘法规则及$[\hat{\sigma}_z,\hat{\sigma}_x]=2\mathrm{i}\hat{\sigma}_y$ 可见，$\hat{\sigma}_x$ 也必为 2×2 矩阵. 设

$$\sigma_x=\begin{pmatrix}a & b\\ c & d\end{pmatrix} \tag{6.2.23}$$

(1) 利用厄米算符的定义，泡利算符的反对易关系及 $\hat{\sigma}_x^2=\hat{I}$ 来确定 a,b,c,d. 由 $\hat{\sigma}_x$ 是厄米算符，则其矩阵表示为厄米矩阵，由厄米矩阵的性质得

$$\begin{pmatrix}a^* & c^*\\ b^* & d^*\end{pmatrix}=\begin{pmatrix}a & b\\ c & d\end{pmatrix} \tag{6.2.24}$$

由此可得 $a^*=a$，　$d^*=d$，　$b^*=c$，即 a 和 d 为实数. 故

$$\sigma_x=\begin{pmatrix}a & b\\ b^* & d\end{pmatrix} \tag{6.2.25}$$

(2) 将 $\hat{\sigma}_x$ 及 $\hat{\sigma}_z$ 代入$\{\hat{\sigma}_z,\hat{\sigma}_x\}=\sigma_z\sigma_x+\sigma_x\sigma_z=0$，得

$$0=\begin{pmatrix}1 & 0\\ 0 & -1\end{pmatrix}\begin{pmatrix}a & b\\ b^* & d\end{pmatrix}+\begin{pmatrix}a & b\\ b^* & d\end{pmatrix}\begin{pmatrix}1 & 0\\ 0 & -1\end{pmatrix}=\begin{pmatrix}a & b\\ -b^* & -d\end{pmatrix}+\begin{pmatrix}a & -b\\ b^* & -d\end{pmatrix}$$

$$=\begin{pmatrix}2a & 0\\ 0 & -2d\end{pmatrix} \tag{6.2.26}$$

由此得

$$a=0,\quad d=0,\quad \sigma_x=\begin{pmatrix}0 & b\\ b^* & 0\end{pmatrix} \tag{6.2.27}$$

(3) 利用 $\hat{\sigma}_x^2=\hat{I}$ 可得

$$\begin{pmatrix}1 & 0\\ 0 & 1\end{pmatrix}=\begin{pmatrix}0 & b\\ b^* & 0\end{pmatrix}\begin{pmatrix}0 & b\\ b^* & 0\end{pmatrix}=\begin{pmatrix}|b|^2 & 0\\ 0 & |b|^2\end{pmatrix}$$

由此得$|b|^2=1$，即 $b=\mathrm{e}^{\mathrm{i}\alpha}$. 为简单起见，取 $\alpha=0$，即有

$$\sigma_x=\begin{pmatrix}0 & 1\\ 1 & 0\end{pmatrix} \tag{6.2.28}$$

显然，如果不取 $\alpha=0$，则 σ_x 可以有其他形式.

3. $\hat{\sigma}_y$ 在 σ_z 表象的矩阵形式

利用(6.2.14)式可以求得 σ_y.

$$\sigma_y=\frac{1}{2\mathrm{i}}(\sigma_z\sigma_x-\sigma_x\sigma_z)=\frac{1}{2\mathrm{i}}\left[\begin{pmatrix}1 & 0\\ 0 & -1\end{pmatrix}\begin{pmatrix}0 & 1\\ 1 & 0\end{pmatrix}-\begin{pmatrix}0 & 1\\ 1 & 0\end{pmatrix}\begin{pmatrix}1 & 0\\ 0 & -1\end{pmatrix}\right]=\begin{pmatrix}0 & -\mathrm{i}\\ \mathrm{i} & 0\end{pmatrix} \tag{6.2.29}$$

4. 自旋算符矩阵表示为的标准形式

至此，泡利矩阵已全部求出

$$\sigma_x = \begin{pmatrix} 0 & 1 \\ 1 & 0 \end{pmatrix}, \quad \sigma_y = \begin{pmatrix} 0 & -\mathrm{i} \\ \mathrm{i} & 0 \end{pmatrix}, \quad \sigma_z = \begin{pmatrix} 1 & 0 \\ 0 & -1 \end{pmatrix} \tag{6.2.30}$$

上面给出的是泡利矩阵的标准形式，并不是泡利矩阵的唯一形式. 实际上，前面取 $\alpha=0$ 时，才得到(6.2.28)式. 泡利矩阵的其他形式见习题 6.2.5.

自旋算符的各分量在 S_z 表象(标准形式)

$$S_x = \frac{\hbar}{2}\begin{pmatrix} 0 & 1 \\ 1 & 0 \end{pmatrix}, \quad S_y = \frac{\hbar}{2}\begin{pmatrix} 0 & -\mathrm{i} \\ \mathrm{i} & 0 \end{pmatrix}, \quad S_z = \frac{\hbar}{2}\begin{pmatrix} 1 & 0 \\ 0 & -1 \end{pmatrix} \tag{6.2.31}$$

【例 6.2.1】 试分别在 σ_x 表象与 σ_y 表象求 $\hat{\sigma}_x$，$\hat{\sigma}_y$ 和 $\hat{\sigma}_z$ 的矩阵表示.

解 (1) σ_x 表象.

因为 x,y,z 方向是在空间中任意选定的右手坐标系三个轴的方向. 为保证 $\hat{\sigma}_x$ 在 σ_x 表象的矩阵表示为对角矩阵，今作坐标变换：取旧 z 轴为新 x 轴，旧 x 轴为新 y 轴，旧 y 轴为新 z 轴. 于是旧坐标系中的 $\hat{\sigma}_z$，$\hat{\sigma}_x$，$\hat{\sigma}_y$ 依次变为新坐标系的 $\hat{\sigma}_x$，$\hat{\sigma}_y$，$\hat{\sigma}_z$. 即

$$\sigma_x = \begin{pmatrix} 1 & 0 \\ 0 & -1 \end{pmatrix}, \quad \sigma_y = \begin{pmatrix} 0 & 1 \\ 1 & 0 \end{pmatrix}, \quad \sigma_z = \begin{pmatrix} 0 & -\mathrm{i} \\ \mathrm{i} & 0 \end{pmatrix} \tag{6.2.32}$$

(2) σ_y 表象.

同理，取旧 z 轴为新 y 轴，旧 x 轴为新 z 轴，旧 y 轴为新 x 轴，便有

$$\sigma_x = \begin{pmatrix} 0 & -\mathrm{i} \\ \mathrm{i} & 0 \end{pmatrix}, \quad \sigma_y = \begin{pmatrix} 1 & 0 \\ 0 & -1 \end{pmatrix}, \quad \sigma_z = \begin{pmatrix} 0 & 1 \\ 1 & 0 \end{pmatrix} \tag{6.2.33}$$

【例 6.2.2】 设有四个 2×2 厄米矩阵 I(单位矩阵)，σ_1，σ_2，σ_3. 后三者满足 $\sigma_i\sigma_j+\sigma_j\sigma_i=2\delta_{ij}$. 不用任何具体表示，试证明

(1) $\mathrm{tr}\sigma_i=0$；

(2) σ_i 的本征值为 ±1，$\det\sigma_i=-1$；

(3) 四个矩阵线性无关；

(4) 任何 2×2 矩阵 M 均可表示为 $M=m_0 I+\sum\limits_{i=1}^{3} m_i\sigma_i$ 试导出 m_i 的表示式.

解 (1) 由 $\sigma_i\sigma_j+\sigma_j\sigma_i=2\delta_{ij}$ 得

$$\sigma_i\sigma_j = -\sigma_j\sigma_i \quad (i\neq j), \quad \sigma_j^2 = 1 \tag{6.2.34}$$

用 σ_j 右乘第一式两端，得

$$\sigma_i\sigma_j^2 = -\sigma_j\sigma_i\sigma_j \tag{6.2.35}$$

将 $\sigma_j^2=1$ 代入上式后，两边取矩阵的迹，并利用阵迹的轮换不变性，便有

$$\mathrm{tr}\sigma_i = -\mathrm{tr}(\sigma_j\sigma_i\sigma_j) = -\mathrm{tr}(\sigma_j\sigma_j\sigma_i) = -\mathrm{tr}\sigma_i \quad 即 \quad \mathrm{tr}\sigma_i = 0 \tag{6.2.36}$$

(2) $\hat{\sigma}_i$ 的本征值方程的矩阵形式为

$$\sigma_i\psi = \lambda\psi \tag{6.2.37}$$

用 σ_i 左乘上式并利用(6.2.34)式的第二式后，再次利用上式，可得

$$\psi = \sigma_i\sigma_i\psi = \sigma_i(\lambda\psi) = \lambda\sigma_i\psi = \lambda^2\psi$$

由此得 $\lambda^2=1$，故 $\hat{\sigma}_i$ 的本征值为

$$\lambda = \pm 1 \tag{6.2.38}$$

$\hat{\sigma}_i$ 在自身表象为对角矩阵，故其行列式为

$$\det\sigma_i = \begin{vmatrix} 1 & 0 \\ 0 & -1 \end{vmatrix} = -1 \tag{6.2.39}$$

(3) 用反证法. 设 $I,\sigma_1,\sigma_2,\sigma_3$ 线性相关，则有不全为零的 m_0,m_1,m_2,m_3，使

$$m_0 I + \sum_{i=1}^{3} m_i\sigma_i = 0 \tag{6.2.40}$$

现在设法证明 $m_0=m_1=m_2=m_3=0$，从而推出矛盾.

取 $m_0 I + \sum\limits_{i=1}^{3} m_i\sigma_i = 0$ 的阵迹，注意到 $\mathrm{tr}I=2$ 及 $\mathrm{tr}\sigma_i=0$，即有

$$m_0 = 0, \quad \sum_{i=1}^{3} m_i\sigma_i = 0 \tag{6.2.41}$$

用 σ_j 乘 $\sum\limits_{i=1}^{3} m_i\sigma_i = 0$ 后取阵迹，得

$$\sum_{i=1}^{3} m_i\,\mathrm{tr}(\sigma_j\sigma_i) = 0 \tag{6.2.42}$$

当 $i=j$ 时，

$$\mathrm{tr}(\sigma_j\sigma_i) = \mathrm{tr}\sigma_j^2 = \mathrm{tr}I = 2 \tag{6.2.43a}$$

当 $i\neq j$ 时，由 $\sigma_i\sigma_j=-\sigma_j\sigma_i$ 及阵迹的轮换不变性可得

$$\mathrm{tr}(\sigma_j\sigma_i) = -\mathrm{tr}(\sigma_i\sigma_j) = -\mathrm{tr}(\sigma_j\sigma_i) \quad 即 \quad \mathrm{tr}(\sigma_j\sigma_i) = 0 \tag{6.2.43b}$$

综合上两式，便有

$$\mathrm{tr}(\sigma_j\sigma_i) = 2\delta_{ij} \tag{6.2.44}$$

将 $\mathrm{tr}(\sigma_j\sigma_i)=2\delta_{ij}$ 代入 $\sum\limits_{i=1}^{3} m_i\,\mathrm{tr}(\sigma_j\sigma_i) = 0$，可见

$$\sum_{i=1}^{3} m_i 2\delta_{ij} = 2m_j = 0, \quad 即 \quad m_j = 0 \quad (j = 1,2,3) \tag{6.2.45}$$

既然只有当 $m_0=m_1=m_2=m_3=0$ 时 $m_0I+\sum_{i=1}^{3}m_i\sigma_i=0$ 才成立，故 $I,\sigma_1,\sigma_2,\sigma_3$ 线性无关.

(4) 设任意 2×2 矩阵 M 可表示为

$$M=m_0I+\sum_{i=1}^{3}m_i\sigma_i \tag{6.2.46}$$

取 $M=m_0I+\sum_{i=1}^{3}m_i\sigma_i$ 的阵迹，由 $\mathrm{tr}\sigma_i=0$ 便有

$$m_0=\frac{1}{2}\mathrm{tr}M$$

用 σ_j 左乘(6.2.46)式后取阵迹，利用 $\mathrm{tr}\sigma_j=0$ 及 $\mathrm{tr}(\sigma_j\sigma_i)=2\delta_{ij}$，可得

$$m_j=\frac{1}{2}\mathrm{tr}(\sigma_jM),\quad j=1,2,3 \tag{6.2.47}$$

6.2.4 电子自旋波函数

设在 S_z 表象中，$\hat{S}_z$ 的本征值为 $S_z=\pm\hbar/2$ 的本征函数分别为

$$\chi_{1/2}=\begin{pmatrix}a_+\\b_+\end{pmatrix},\quad \chi_{-1/2}=\begin{pmatrix}a_-\\b_-\end{pmatrix}$$

并称之为电子自旋向上和向下的态. 分别代入 $\hat{S}_z$ 的本征值方程

$$\hat{S}_z\chi_{1/2}(S_z)=\frac{\hbar}{2}\chi_{1/2}(S_z),\quad \hat{S}_z\chi_{-1/2}(S_z)=-\frac{\hbar}{2}\chi_{-1/2}(S_z) \tag{6.2.48}$$

写成矩阵形式，即

$$\frac{\hbar}{2}\begin{pmatrix}1&0\\0&-1\end{pmatrix}\begin{pmatrix}a_+\\b_+\end{pmatrix}=\frac{\hbar}{2}\begin{pmatrix}a_+\\b_+\end{pmatrix},\quad \frac{\hbar}{2}\begin{pmatrix}1&0\\0&-1\end{pmatrix}\begin{pmatrix}a_-\\b_-\end{pmatrix}=-\frac{\hbar}{2}\begin{pmatrix}a_-\\b_-\end{pmatrix} \tag{6.2.49}$$

由第一式得 $b_+=0$. 利用归一化条件确定 a_+

$$1=\chi_{1/2}^{\dagger}\chi_{1/2}=(a_+^*\ \ 0)\begin{pmatrix}a_+\\0\end{pmatrix}=|a_+|^2 \tag{6.2.50}$$

可见 $a_+=\mathrm{e}^{\mathrm{i}\alpha}$. 为简单起见，取 $\alpha=0$，即得本征值为 $S_z=\hbar/2$ 的本征值函数

$$\chi_{1/2}=\begin{pmatrix}1\\0\end{pmatrix} \tag{6.2.51}$$

同理，由第二式得本征值为 $S_z=-\hbar/2$ 的归一化本征函数

$$\chi_{-1/2}=\begin{pmatrix}0\\1\end{pmatrix} \tag{6.2.52}$$

这两个属于不同本征值的本征函数必互相正交

$$\chi_{1/2}^{+}\chi_{-1/2}=0 \tag{6.2.53}$$

$\chi_{1/2}$与$\chi_{-1/2}$构成了自旋空间的一个正交归一完备系.

电子的任一自旋波函数$\chi(S_z)$可以用这个正交归一完备系展开

$$\chi(S_z)=a\chi_{1/2}(S_z)+b\chi_{-1/2}(S_z)=\begin{pmatrix}a\\b\end{pmatrix} \tag{6.2.54}$$

式中$|a|^2$表示$S_z=\frac{\hbar}{2}$(即电子自旋向上)的概率,$|b|^2$表示$S_z=-\frac{\hbar}{2}$(即电子自旋向下)的概率.

$\chi(S_z)$的归一化条件为

$$1=\chi^{\dagger}\chi=(a^*\ b^*)\begin{pmatrix}a\\b\end{pmatrix}=|a|^2+|b|^2 \tag{6.2.55}$$

【例 6.2.3】 设$\boldsymbol{n}=\{\sin\theta\cos\varphi,\sin\theta\sin\varphi,\cos\theta\}$是$(\theta,\varphi)$方向的单位矢量,试在$\sigma_z$表象中

(1) 求$\hat{\boldsymbol{\sigma}}\cdot\boldsymbol{n}$的本征值与本征态;

(2) 在$\hat{S}_z$的本征态$|1/2\rangle$中,$\boldsymbol{\sigma}\cdot\boldsymbol{n}$取值的概率.

解 (1) $\hat{\boldsymbol{\sigma}}\cdot\boldsymbol{n}$的本征值与本征态.

在$\boldsymbol{\sigma}_z$表象中,算符$\hat{\boldsymbol{\sigma}}\cdot\boldsymbol{n}=\hat{\sigma}_x\sin\theta\cos\varphi+\hat{\sigma}_y\sin\theta\sin\varphi+\hat{\sigma}_z\cos\theta$的矩阵表示为

$$\begin{aligned}\hat{\boldsymbol{\sigma}}\cdot\boldsymbol{n}&=\begin{pmatrix}0&1\\1&0\end{pmatrix}\sin\theta\cos\varphi+\begin{pmatrix}0&-\mathrm{i}\\\mathrm{i}&0\end{pmatrix}\sin\theta\sin\varphi+\begin{pmatrix}1&0\\0&-1\end{pmatrix}\cos\theta\\&=\begin{pmatrix}\cos\theta&\sin\theta\mathrm{e}^{-\mathrm{i}\varphi}\\\sin\theta\mathrm{e}^{\mathrm{i}\varphi}&-\cos\theta\end{pmatrix}\end{aligned} \tag{6.2.56}$$

设算符$\hat{\boldsymbol{\sigma}}\cdot\boldsymbol{n}$的本征态为$\begin{pmatrix}a\\b\end{pmatrix}$,则$\hat{\boldsymbol{\sigma}}\cdot\boldsymbol{n}$的本征值方程为

$$\begin{pmatrix}\cos\theta&\sin\theta\mathrm{e}^{-\mathrm{i}\varphi}\\\sin\theta\mathrm{e}^{\mathrm{i}\varphi}&-\cos\theta\end{pmatrix}\begin{pmatrix}a\\b\end{pmatrix}=\lambda\begin{pmatrix}a\\b\end{pmatrix} \tag{6.2.57}$$

久期方程(a,b不全为零的条件)为

$$\begin{vmatrix}\cos\theta-\lambda&\sin\theta\mathrm{e}^{-\mathrm{i}\varphi}\\\sin\theta\mathrm{e}^{\mathrm{i}\varphi}&-(\cos\theta+\lambda)\end{vmatrix}=0 \tag{6.2.58}$$

由此得$\lambda^2=1$,故$\lambda_{1,2}=\pm1$.这与实验事实相应.

① 对$\lambda_1=1$,由(6.2.57)得$a\cos\theta+b\sin\theta\mathrm{e}^{-\mathrm{i}\varphi}=a$,易见

$$\frac{a}{b}=\frac{\sin\theta}{1-\cos\theta}e^{-i\varphi}=\frac{2\sin(\theta/2)\cos(\theta/2)}{2\sin^2(\theta/2)}e^{-i\varphi}=\frac{\cos(\theta/2)}{\sin(\theta/2)}e^{-i\varphi}$$

归一化的本征函数为

$$\psi_+=\begin{pmatrix}\cos(\theta/2)\ e^{-i\frac{\varphi}{2}}\\ \sin(\theta/2)\ \ e^{i\frac{\varphi}{2}}\end{pmatrix} \tag{6.2.59}$$

② 对 $\lambda_2=-1$，由(6.2.57)得 $a\cos\theta+b\sin\theta e^{-i\varphi}=-a$，易见

$$\frac{a}{b}=-\frac{\sin\theta}{1+\cos\theta}e^{-i\varphi}=-\frac{2\sin(\theta/2)\cos(\theta/2)}{2\cos^2(\theta/2)}e^{-i\varphi}=-\frac{\sin(\theta/2)}{\cos(\theta/2)}e^{-i\varphi}$$

归一化的本征函数为

$$\psi_-=\begin{pmatrix}\sin(\theta/2)\ \ e^{-i\frac{\varphi}{2}}\\ -\cos(\theta/2)\ \ e^{i\frac{\varphi}{2}}\end{pmatrix} \tag{6.2.60}$$

(2) 在 $\hat{S}_z$ 的本征态 $|1/2\rangle$ 中，$\boldsymbol{\sigma}\cdot\boldsymbol{n}$ 取值的概率.

$\hat{\boldsymbol{\sigma}}\cdot\boldsymbol{n}$ 的本征值 $\lambda=\pm1$ 就是 $\hat{\boldsymbol{\sigma}}\cdot\boldsymbol{n}$ 可能测值. 为了求得在 $\hat{S}_z$ 的本征态 $|1/2\rangle$ 中 $\boldsymbol{\sigma}\cdot\boldsymbol{n}$ 取值的概率，就要将 $|1/2\rangle$ 按完备系 $\{|\psi_+\rangle,|\psi_-\rangle\}$ 展开

$$|1/2\rangle=C_+|\psi_+\rangle+C_-|\psi_-\rangle \tag{6.2.61}$$

① 测得 $\boldsymbol{\sigma}\cdot\boldsymbol{n}=1$ 的概率为

$$\begin{aligned}|C_+|^2&=|\langle\psi_+|1/2\rangle|^2=\left|\left(\cos\frac{\theta}{2}e^{i\frac{\varphi}{2}}\quad \sin\frac{\theta}{2}e^{-i\frac{\varphi}{2}}\right)\begin{pmatrix}1\\0\end{pmatrix}\right|^2\\&=\left|\cos\frac{\theta}{2}e^{i\frac{\varphi}{2}}\right|^2=\cos^2\frac{\theta}{2}\end{aligned} \tag{6.2.62}$$

② 测得 $\boldsymbol{\sigma}\cdot\boldsymbol{n}=-1$ 的概率为

$$\begin{aligned}|C_-|^2&=|\langle\psi_-|1/2\rangle|^2=\left|\left(\sin\frac{\theta}{2}e^{i\frac{\varphi}{2}}\quad -\cos\frac{\theta}{2}e^{-i\frac{\varphi}{2}}\right)\begin{pmatrix}1\\0\end{pmatrix}\right|^2\\&=\left|\sin\frac{\theta}{2}e^{i\frac{\varphi}{2}}\right|^2=\sin^2\frac{\theta}{2}\end{aligned} \tag{6.2.63}$$

习　题　6.2

6.2.1　试证明：$\hat{\sigma}_x\hat{\sigma}_y\hat{\sigma}_z=i$.

6.2.2　求 $\hat{\sigma}_x$，$\hat{\sigma}_y$ 在 σ_z 表象的本征函数.

6.2.3　习题 6.2.2 已给出，$\hat{\sigma}_y$ 在 σ_z 表象的本征函数为 $\frac{1}{\sqrt{2}}\begin{pmatrix}1\\i\end{pmatrix}$ 及 $\frac{1}{\sqrt{2}}\begin{pmatrix}1\\-i\end{pmatrix}$，试

(1) 求由 σ_z 表象到 σ_y 表象的变换矩阵 $U=$?

(2) 由表象变换理论求 $\hat{\sigma}_x,\hat{\sigma}_y,\hat{\sigma}_z$ 在 σ_y 表象中的矩阵表示.

6.2.4 试分别计算 $\hat{S}_x\chi_{\pm 1/2}$ 及 $\hat{S}_y\chi_{\pm 1/2}$,问$\chi_{\pm 1/2}$是否 $\hat{S}_x$ 和 $\hat{S}_y$ 的本征函数.

6.2.5 试求由 σ_z 表象到 σ_x 表象的变换矩阵 $U=$? 并用表象变换理论求 $\hat{\sigma}_x,\hat{\sigma}_y,\hat{\sigma}_z$ 在 σ_x 表象的矩阵表示.

6.2.6 若电子处于 $S_n=\hbar/2$ 的自旋态中(参看例题 6.2.3),求 $\hat{\boldsymbol{\sigma}}$ 各分量的可能测值、相应的概率及 $\boldsymbol{\sigma}$ 的平均值.

6.2.7 求自旋算符 $\hat{\boldsymbol{S}}$ 在 $\boldsymbol{n}=\{\cos\alpha,\cos\beta,\cos\gamma\}$ 方向投影

$$\hat{S}_n=\hat{\boldsymbol{S}}\cdot\boldsymbol{n}=\hat{S}_x\cos\alpha+\hat{S}_y\cos\beta+\hat{S}_z\cos\gamma$$

的本征值及相应的本征函数 $\psi_{\pm}$. 求在 $\psi_{\pm}$ 态中,S_z 的可能值、相应概率和平均值.

6.2.8 在自旋状态$\chi_{1/2}(S_z)=\begin{pmatrix}1\\0\end{pmatrix}$中,求$\overline{(\Delta S_x)^2}\cdot\overline{(\Delta S_y)^2}=$?

6.2.9 若$[\hat{\boldsymbol{A}},\hat{\boldsymbol{\sigma}}]=[\hat{\boldsymbol{B}},\hat{\boldsymbol{\sigma}}]=0$,试证明:

(1) $(\hat{\boldsymbol{\sigma}}\cdot\hat{\boldsymbol{A}})(\hat{\boldsymbol{\sigma}}\cdot\hat{\boldsymbol{B}})=\hat{\boldsymbol{A}}\cdot\hat{\boldsymbol{B}}+\mathrm{i}\hat{\boldsymbol{\sigma}}\cdot(\hat{\boldsymbol{A}}\times\hat{\boldsymbol{B}})$;

(2) $(\hat{\boldsymbol{\sigma}}\cdot\hat{\boldsymbol{p}})^2=\hat{\boldsymbol{p}}^2$;

(3) $(\hat{\boldsymbol{\sigma}}\cdot\hat{\boldsymbol{L}})^2=\hat{\boldsymbol{L}}^2-\hbar\hat{\boldsymbol{\sigma}}\cdot\hat{\boldsymbol{L}}$;

(4) $\hat{\boldsymbol{\sigma}}(\hat{\boldsymbol{\sigma}}\cdot\hat{\boldsymbol{A}})-\hat{\boldsymbol{A}}=\hat{\boldsymbol{A}}-(\hat{\boldsymbol{A}}\cdot\hat{\boldsymbol{\sigma}})\hat{\boldsymbol{\sigma}}=\mathrm{i}\hat{\boldsymbol{A}}\times\hat{\boldsymbol{\sigma}}$;

(5) $[\hat{\boldsymbol{S}},\hat{\boldsymbol{S}}\cdot\boldsymbol{B}]=-\mathrm{i}\hbar\hat{\boldsymbol{S}}\times\boldsymbol{B}$.

6.2.10 能否将$(1+\hat{\sigma}_x)^{1/2}$及$(1+\hat{\sigma}_x)^{-1}$表示为 $I,\hat{\sigma}_x,\hat{\sigma}_y,\hat{\sigma}_z$ 的线性组合?

6.2.11 一束自旋为 $\hbar/2$ 的粒子进入斯特恩-盖拉赫装置 SG(I)后被分成两束(参看图 6.1),去掉其中 $S_z=\hbar/2$ 的一束,另一束($S_z=-\hbar/2$)进入第二个斯特恩-盖拉赫装置 SG(Ⅱ),设 SG(Ⅰ)与 SG(Ⅱ)的交角(分别沿 $\mathbf{e}_z$ 及$\boldsymbol{n}$ 方向)为 α,则穿过 SG(Ⅱ)后又被分为两束,求这两束的相对数目之比.

6.3 泡利方程

引入电子自旋之后,本节首先要解决的问题是:电子波函数和力学量算符将具有怎样的形式?在此基础上,再把有电磁场情况下的薛定谔方程推广到含自旋的情形,得到泡利方程. 若电子的自旋-轨道耦合可以忽略,则可用分离变量法求解.

6.3.1 考虑自旋后的电子波函数

考虑电子自旋后,电子波函数除空间坐标的三个自由度外,还有作为第四个自由度的电子自旋,通常用 S_z 表示. 这样,电子波函数记作 $\Psi(\boldsymbol{x},S_z,t)$.

将它按 S_z 表象的基矢$\chi_{\pm 1/2}(S_z)$展开,其系数为 $\boldsymbol{x},t$ 的函数,记作

$$\Psi=\psi_1(\boldsymbol{x},t)\chi_{1/2}(S_z)+\psi_2(\boldsymbol{x},t)\chi_{-1/2}(S_z)$$

$$= \psi_1(\boldsymbol{x},t)\begin{pmatrix}1\\0\end{pmatrix} + \psi_2(\boldsymbol{x},t)\begin{pmatrix}0\\1\end{pmatrix} = \begin{bmatrix}\psi_1(\boldsymbol{x},t)\\ \psi_2(\boldsymbol{x},t)\end{bmatrix} \tag{6.3.1}$$

式中$|\psi_1|^2$(或$|\psi_2|^2$)表示t时刻、$\boldsymbol{x}$处单位体积内找到$S_z=\hbar/2$(或$S_z=-\hbar/2$)的电子的概率. 若把$|\psi_1|^2$(或$|\psi_2|^2$)在全空间积分,即得在全空间找到电子自旋$S_z=\hbar/2$(或$S_z=-\hbar/2$)的概率.

当存在自旋-轨道耦合("耦合"通常指两者有相互作用)的情况下,$\psi_1(\boldsymbol{x},t)$与$\psi_2(\boldsymbol{x},t)$的函数形式一般不相同. 如果自旋与轨道运动之间的相互作用可以忽略,则两者描述轨道运动的波函数形式相同. 此时Ψ可写成

$$\Psi = \begin{bmatrix}\psi_1(\boldsymbol{x},t)\\ \psi_2(\boldsymbol{x},t)\end{bmatrix} = \begin{pmatrix}a(t)\psi(\boldsymbol{x},t)\\ b(t)\psi(\boldsymbol{x},t)\end{pmatrix} = \psi(\boldsymbol{x},t)\begin{pmatrix}a(t)\\ b(t)\end{pmatrix} = \psi(\boldsymbol{x},t)\chi(S_z,t) \tag{6.3.2}$$

电子波函数的归一化条件包括对空间的积分和对自旋的求和,即

$$1 = \int \Psi^\dagger \Psi \mathrm{d}^3\boldsymbol{x} = \int (\psi_1^* \ \psi_2^*)\begin{bmatrix}\psi_1\\ \psi_2\end{bmatrix}\mathrm{d}^3\boldsymbol{x} = \int (|\psi_1|^2 + |\psi_2|^2)\mathrm{d}^3\boldsymbol{x} \tag{6.3.3}$$

6.3.2 考虑自旋后的力学量算符

3.2节曾导出算符在Q表象的矩阵元$F_{qq'}$与它在Q表象的微分算符$\hat{F}_q$的关系

$$F_{qq'} = \langle q \mid \hat{F} \mid q' \rangle = \hat{F}_q \delta(q-q')$$

现在,利用它寻找"考虑自旋后"力学量算符$\hat{F}$的一般形式. 设

$$\mid \Phi \rangle = \hat{F} \mid \Psi \rangle \tag{6.3.4}$$

在$(\boldsymbol{x},S_z)$表象中,$|\Phi\rangle$与$|\Psi\rangle$的矩阵表示分别为

$$\Phi = \begin{bmatrix}\varphi_1(\boldsymbol{x},t)\\ \varphi_2(\boldsymbol{x},t)\end{bmatrix}, \quad \Psi = \begin{bmatrix}\psi_1(\boldsymbol{x},t)\\ \psi_2(\boldsymbol{x},t)\end{bmatrix} \tag{6.3.5}$$

式中

$$\begin{cases}\varphi_1(\boldsymbol{x},t) = \langle \boldsymbol{x},\hbar/2 \mid \Phi(t)\rangle, & \varphi_2(\boldsymbol{x},t) = \langle \boldsymbol{x},-\hbar/2 \mid \Phi(t)\rangle \\ \psi_1(\boldsymbol{x},t) = \langle \boldsymbol{x},\hbar/2 \mid \Psi(t)\rangle, & \psi_2(\boldsymbol{x},t) = \langle \boldsymbol{x},-\hbar/2 \mid \Psi(t)\rangle\end{cases} \tag{6.3.6}$$

用$\langle \boldsymbol{x},S_z|$左乘$|\Phi\rangle=\hat{F}|\Psi\rangle$两边,并插入$(\boldsymbol{x},S_z)$表象的单位算符

$$\hat{I} = \int \sum_{S_z'} \mid \boldsymbol{x}',S_z'\rangle\langle \boldsymbol{x}',S_z' \mid \mathrm{d}^3\boldsymbol{x}' \tag{6.3.7}$$

则得(为书写方便,省去t)

$$\langle \boldsymbol{x}, S_z \mid \Phi \rangle = \int \sum_{S_z'} \langle \boldsymbol{x}, S_z \mid \hat{F} \mid \boldsymbol{x}', S_z' \rangle \mathrm{d}^3 \boldsymbol{x}' \langle \boldsymbol{x}', S_z' \mid \Psi \rangle$$
$$= \int \sum_{S_z'} F_{\boldsymbol{x}, S_z; \boldsymbol{x}', S_z'} \mathrm{d}^3 \boldsymbol{x}' \langle \boldsymbol{x}', S_z' \mid \Psi \rangle$$
$$S_z = \pm \hbar/2 \tag{6.3.8}$$

考虑到$\langle \boldsymbol{x} \mid \hat{F} \mid \boldsymbol{x}' \rangle = \hat{F}_{\boldsymbol{x}} \delta^3 (\boldsymbol{x} - \boldsymbol{x}')$，并将$F_{qq'} = \langle q \mid \hat{F} \mid q' \rangle$具体写为

$$F_{\boldsymbol{x}, S_z; \boldsymbol{x}', S_z'} = \langle \boldsymbol{x}, S_z \mid \hat{F} \mid \boldsymbol{x}', S_z' \rangle = \langle S_z \mid \langle \boldsymbol{x} \mid \hat{F} \mid \boldsymbol{x}' \rangle \mid S_z' \rangle$$
$$= \langle S_z \mid \hat{F}_{\boldsymbol{x}} \mid S_z' \rangle \delta^3 (\boldsymbol{x} - \boldsymbol{x}') \tag{6.3.9}$$

代入(6.3.8)式，对$\boldsymbol{x}'$积分及对S_z'叠加后，利用(6.3.6)式便有

$$\langle \boldsymbol{x}, S_z \mid \Phi \rangle = \int \sum_{S_z'} \langle S_z \mid \hat{F}_{\boldsymbol{x}} \mid S_z' \rangle \delta^3 (\boldsymbol{x} - \boldsymbol{x}') \mathrm{d}^3 \boldsymbol{x}' \langle \boldsymbol{x}', S_z' \mid \Psi \rangle$$

$$(\text{对 } \boldsymbol{x}' \text{ 积分}) = \sum_{S_z'} \langle S_z \mid \hat{F}_{\boldsymbol{x}} \mid S_z' \rangle \langle \boldsymbol{x}, S_z' \mid \Psi \rangle$$

$$(\text{对 } S_z' \text{叠加}) = \langle S_z \mid \hat{F}_{\boldsymbol{x}} \mid \hbar/2 \rangle \langle \boldsymbol{x}, \hbar/2 \mid \Psi \rangle + \langle S_z \mid \hat{F}_{\boldsymbol{x}} \mid -\hbar/2 \rangle \langle \boldsymbol{x}, -\hbar/2 \mid \Psi \rangle$$
$$= \langle S_z \mid \hat{F}_{\boldsymbol{x}} \mid \hbar/2 \rangle \psi_1(\boldsymbol{x}) + \langle S_z \mid \hat{F}_{\boldsymbol{x}} \mid -\hbar/2 \rangle \psi_2(\boldsymbol{x})$$
$$S_z = \pm \hbar/2 \tag{6.3.10}$$

现在分别讨论$S_z = \pm \hbar/2$的情形. 为简单起见，采用记号

$$\begin{cases} \langle \hbar/2 \mid \hat{F}_{\boldsymbol{x}} \mid \hbar/2 \rangle = \hat{F}_{11}(\boldsymbol{x}, -\mathrm{i}\hbar \nabla) = \hat{F}_{11} \\ \langle \hbar/2 \mid \hat{F}_{\boldsymbol{x}} \mid -\hbar/2 \rangle = \hat{F}_{12}(\boldsymbol{x} - \mathrm{i}\hbar \nabla) = \hat{F}_{12} \end{cases} \tag{6.3.11}$$

(1) 在(6.3.10)式两边令$S_z = \hbar/2$，利用$\varphi_1(\boldsymbol{x}) = \langle \boldsymbol{x}, \hbar/2 \mid \Phi \rangle$，得

$$\varphi_1(\boldsymbol{x}) = \langle \hbar/2 \mid \hat{F}_{\boldsymbol{x}} \mid \hbar/2 \rangle \psi_1(\boldsymbol{x}) + \langle \hbar/2 \mid \hat{F}_{\boldsymbol{x}} \mid -\hbar/2 \rangle \psi_2(\boldsymbol{x})$$
$$= \hat{F}_{11} \psi_1(\boldsymbol{x}) + \hat{F}_{12} \psi_2(\boldsymbol{x}) \tag{6.3.12a}$$

(2) 在(6.3.10)式两边令$S_z = -\hbar/2$，利用$\varphi_2(\boldsymbol{x}) = \langle \boldsymbol{x}, -\hbar/2 \mid \Phi \rangle$，得

$$\varphi_2(\boldsymbol{x}) = \langle -\hbar/2 \mid \hat{F}_{\boldsymbol{x}} \mid \hbar/2 \rangle \psi_1(\boldsymbol{x}) + \langle -\hbar/2 \mid \hat{F}_{\boldsymbol{x}} \mid -\hbar/2 \rangle \psi_2(\boldsymbol{x})$$
$$= \hat{F}_{21} \psi_1(\boldsymbol{x}) + \hat{F}_{22} \psi_2(\boldsymbol{x}) \tag{6.3.12b}$$

利用(6.3.12)式可以给出$|\Phi\rangle = \hat{F} |\Psi\rangle$在$(\boldsymbol{x}, S_z)$表象的矩阵表示为

$$\begin{bmatrix} \varphi_1(\boldsymbol{x}) \\ \varphi_2(\boldsymbol{x}) \end{bmatrix} = \begin{pmatrix} \hat{F}_{11} & \hat{F}_{12} \\ \hat{F}_{21} & \hat{F}_{22} \end{pmatrix} \begin{bmatrix} \psi_1(\boldsymbol{x}) \\ \psi_2(\boldsymbol{x}) \end{bmatrix} \tag{6.3.13}$$

将上式与$|\Phi\rangle = \hat{F} |\Psi\rangle$的矩阵表示$\Phi = F\Psi$比较，得力学量算符$\hat{F}$的矩阵表示

$$F = \begin{bmatrix} \hat{F}_{11} & \hat{F}_{12} \\ \hat{F}_{21} & \hat{F}_{22} \end{bmatrix} = \begin{pmatrix} \hat{F}_{11}(\boldsymbol{x}, -\mathrm{i}\hbar \nabla) & \hat{F}_{12}(\boldsymbol{x}, -\mathrm{i}\hbar \nabla) \\ \hat{F}_{21}(\boldsymbol{x}, -\mathrm{i}\hbar \nabla) & \hat{F}_{22}(\boldsymbol{x}, -\mathrm{i}\hbar \nabla) \end{pmatrix} \tag{6.3.14}$$

例如，算符 $\hat{\boldsymbol{\sigma}} \cdot \boldsymbol{B}=\hat{\sigma}_x B_x+\hat{\sigma}_y B_y+\hat{\sigma}_z B_z$ 的矩阵表示为

$$B_x\begin{pmatrix}0 & 1\\ 1 & 0\end{pmatrix}+B_y\begin{pmatrix}0 & -\mathrm{i}\\ \mathrm{i} & 0\end{pmatrix}+B_z\begin{pmatrix}1 & 0\\ 0 & -1\end{pmatrix}=\begin{pmatrix}B_z & B_x-\mathrm{i}B_y\\ B_x+\mathrm{i}B_y & -B_z\end{pmatrix} \tag{6.3.15}$$

力学量 F 在 Ψ 态中的平均值为

$$\overline{F}=\int \Psi^{\dagger}\hat{F}\Psi \mathrm{d}^3\boldsymbol{x}=\int(\psi_1^* \ \ \psi_2^*)\begin{pmatrix}\hat{F}_{11} & \hat{F}_{12}\\ \hat{F}_{21} & \hat{F}_{22}\end{pmatrix}\begin{pmatrix}\psi_1\\ \psi_2\end{pmatrix}\mathrm{d}^3\boldsymbol{x}$$

$$=\int(\psi_1^*\hat{F}_{11}\psi_1+\psi_1^*\hat{F}_{12}\psi_2+\psi_2^*\hat{F}_{21}\psi_1+\psi_2^*\hat{F}_{22}\psi_2)\mathrm{d}^3\boldsymbol{x} \tag{6.3.16}$$

6.3.3 泡利方程

现将有电磁场情况下的薛定谔方程

$$\mathrm{i}\hbar\frac{\partial\psi}{\partial t}=\left(\frac{\hat{\boldsymbol{P}}^2}{2\mu}-\frac{q}{\mu}\boldsymbol{A}\cdot\hat{\boldsymbol{P}}+\frac{q^2}{2\mu}\hat{\boldsymbol{A}}^2+q\varphi\right)\psi$$

推广到含自旋的情形.

设电子的自旋角动量为 $\boldsymbol{S}$，电子电荷 $q=-e$，自旋磁矩 $\boldsymbol{m}_s=-\frac{e}{\mu}\boldsymbol{S}$.

自旋磁矩在外磁场中的势能算符为

$$\hat{H}_S=-\hat{\boldsymbol{M}}_s\cdot\boldsymbol{B}=\frac{e\hbar}{2\mu}\hat{\boldsymbol{\sigma}}\cdot\boldsymbol{B}=M_B\hat{\boldsymbol{\sigma}}\cdot\boldsymbol{B} \tag{6.3.17}$$

若除电磁场外还有其他势场 $U(\boldsymbol{x})$，则体系的哈密顿算符为[见(4.3.16)式]

$$\hat{H}=\frac{\hat{\boldsymbol{P}}^2}{2\mu}+\frac{e}{\mu}\boldsymbol{A}\cdot\hat{\boldsymbol{P}}+\frac{e^2}{2\mu}A^2-e\varphi+U(\boldsymbol{x})+M_B\hat{\boldsymbol{\sigma}}\cdot\boldsymbol{B} \tag{6.3.18}$$

体系的薛定谔方程为

$$\mathrm{i}\hbar\frac{\partial\Psi}{\partial t}=\hat{H}\Psi \tag{6.3.19}$$

定态薛定谔方程为

$$\hat{H}\Psi=E\Psi \tag{6.3.20}$$

上面两方程也称为泡利方程. 泡利方程是自旋为 1/2 的单粒子低速运动方程，是薛定谔方程的推广，也是相对论量子力学中的狄拉克方程在 $v\ll c$ 情形下的近似.

6.3.4 用分离变量法求解泡利方程

对于电子的自旋-轨道耦合可以忽略的情形，体系的哈密顿算符 $\hat{H}$ 可以写成

两项之和：一项是仅含轨道运动算符的 $\hat{H}_L$，另一项是仅含自旋运动算符的 $\hat{H}_S$

$$\hat{H}=\hat{H}_L+\hat{H}_S \tag{6.3.21}$$

当 $\hat{H}$ 中没有轨道运动算符 $\hat{H}_L$ 与自旋运动算符 $\hat{H}_S$ 共存的项时，体系的波函数可以分解为轨道运动波函数 $\psi(\boldsymbol{x},t)$ 与自旋运动波函数 $\chi(S_z,t)$ 的乘积

$$\Psi(\boldsymbol{x},S_z,t)=\psi(\boldsymbol{x},t)\chi(S_z,t) \tag{6.3.22}$$

在此条件下，泡利方程可以通过分离变量求解.

将 $\Psi(\boldsymbol{x},S_z,t)=\psi(\boldsymbol{x},t)\chi(S_z,t)$ 代入薛定谔方程 $\mathrm{i}\hbar\dfrac{\partial\Psi}{\partial t}=\hat{H}\Psi$，可分离出两个方程

$$\mathrm{i}\hbar\frac{\partial\psi(\boldsymbol{x},t)}{\partial t}=\hat{H}_L\psi(\boldsymbol{x},t),\quad \mathrm{i}\hbar\frac{\partial\chi(S_z,t)}{\partial t}=\hat{H}_S\chi(S_z,t) \tag{6.3.23}$$

如果只对电子的自旋状态感兴趣，将 $\chi=\begin{pmatrix}a(t)\\b(t)\end{pmatrix}$ 代入上式的第二式，得

$$\mathrm{i}\hbar\frac{\mathrm{d}}{\mathrm{d}t}\begin{pmatrix}a(t)\\b(t)\end{pmatrix}=\hat{H}_S\begin{pmatrix}a(t)\\b(t)\end{pmatrix} \tag{6.3.24}$$

相应的定态方程为

$$\hat{H}_S\begin{pmatrix}a\\b\end{pmatrix}=E\begin{pmatrix}a\\b\end{pmatrix} \tag{6.3.25}$$

【例 6.3.1】 试求自由电子在均匀恒定磁场 $\boldsymbol{B}_0=B_0\mathbf{e}_z$ 中运动时电子的磁能级和波函数.

解 现在的讨论不涉及电子的轨道运动，只考虑体系哈密顿算符的自旋部分

$$\hat{H}_S=-\hat{\boldsymbol{M}}_s\cdot\boldsymbol{B}_0=M_B\hat{\boldsymbol{\sigma}}\cdot\boldsymbol{B}_0=M_B\hat{\sigma}_zB_0 \tag{6.3.26}$$

将上式代入定态方程(6.3.25)，即有

$$M_BB_0\begin{pmatrix}1&0\\0&-1\end{pmatrix}\begin{pmatrix}a\\b\end{pmatrix}=E\begin{pmatrix}a\\b\end{pmatrix} \tag{6.3.27}$$

解之得能量本征值 $E_\pm$ 及相应的本征态 $\chi_{\pm1/2}$ 为

$$E_+=M_BB_0,\quad \chi_{1/2}=\begin{pmatrix}1\\0\end{pmatrix} \tag{6.3.28}$$

$$E_-=-M_BB_0,\quad \chi_{-1/2}=\begin{pmatrix}0\\1\end{pmatrix} \tag{6.3.29}$$

习 题 6.3

6.3.1 设自旋为 $\hbar/2$，磁矩为 M_0 的粒子，在空间均匀分布但随时间变化的磁场 $\boldsymbol{B}(t)=$

$B(t)\boldsymbol{e}_z$ 中运动. 在 $t=0$ 时，自旋波函数为

$$\begin{pmatrix} a(0) \\ b(0) \end{pmatrix} = \begin{pmatrix} \mathrm{e}^{-\mathrm{i}\alpha}\cos\delta \\ \mathrm{e}^{\mathrm{i}\alpha}\sin\delta \end{pmatrix}$$

(1) 求 $\begin{pmatrix} a(t) \\ b(t) \end{pmatrix}=$? 它是自旋沿什么方向分量的本征态?

(2) 求在 $\begin{pmatrix} a(t) \\ b(t) \end{pmatrix}$ 态中的 $\overline{S_x}, \overline{S_y}, \overline{S_z}$.

6.3.2 一具有磁矩 $\boldsymbol{M}$(用算符 $\hat{\boldsymbol{M}}=M_0\hat{\boldsymbol{\sigma}}$ 表示)的粒子置于常磁场 $\boldsymbol{B}=B\mathbf{e}_x$ 中. 在 $t=0$ 时，发现粒子 $S_z=\hbar/2$，求在以后任意时刻发现具有 $S_y=\pm\hbar/2$ 粒子的概率.

6.3.3 设在外磁场中一个自旋 $\frac{1}{2}$ 带电 $+e$ 的粒子，已知 $\boldsymbol{B}=B\mathbf{e}_y$，试求 $\frac{\mathrm{d}\hat{\boldsymbol{S}}}{\mathrm{d}t}$ 及 $S_z(t)$.

6.3.4 预先建立一个斯特恩-盖拉赫实验，使得一个电子的自旋分量是 $-\hbar/2$，在 $t=0$ 时加入一个沿 x 方向的均匀磁场 B. 问：

(1) 经过时间 T 后，测量自旋 z 分量的结果是什么?

(2) 若测量的是 x 分量，其结果如何?

6.3.5 设一束沿 x 方向极化的中子在 $t=0$ 时，进入恒定均匀磁场 $\boldsymbol{B}=B\mathbf{e}_z$ 区域，求 $t>0$ 时中子的自旋态 $\chi(t)$，证明 $\chi(t)$ 是自旋算符

$$\hat{S}_\varphi = \hat{S}_x\cos2\omega t + \hat{S}_y\sin2\omega t \quad \left(\omega = \frac{\mu_n B}{\hbar}\right)$$

的本征态，μ_n 为中子的质量.

提示：中子沿 x 方向极化是指其自旋态为 $\hat{S}_x$ 的本征态 $\frac{1}{\sqrt{2}}\begin{pmatrix} 1 \\ 1 \end{pmatrix}$.

6.4 角动量算符的基本性质

我们曾在 2.1 节根据量子力学的基本假设Ⅲ用 $\hat{\boldsymbol{L}}=\hat{\boldsymbol{x}}\times\hat{\boldsymbol{p}}$ 来定义轨道角动量，在 6.2 节利用乌伦贝克-哥德斯密特假设，给出自旋角动量算符 z 分量的本征值来确定 $\hat{S}_z$ 在自身表象的矩阵表示.

本节将利用角动量算符的代数性质(厄米性与对易关系)给出一般角动量算符的定义，接着介绍确定角动量算符本征值谱的一种方法，最后给出角动量算符的矩阵表示. 为下一节讨论两个角动量的耦合作必要的准备.

6.4.1 角动量算符的定义式

现在利用角动量算符的代数性质来定义一般角动量 $\hat{\boldsymbol{J}}$

$$\hat{\boldsymbol{J}}^\dagger = \hat{\boldsymbol{J}}, \quad \hat{\boldsymbol{J}}\times\hat{\boldsymbol{J}} = \mathrm{i}\hbar\hat{\boldsymbol{J}} \tag{6.4.1}$$

后者的分量式为

$$[\hat{J}_x,\hat{J}_y]=\mathrm{i}\hbar\hat{J}_z,\quad [\hat{J}_y,\hat{J}_z]=\mathrm{i}\hbar\hat{J}_x,\quad [\hat{J}_z,\hat{J}_x]=\mathrm{i}\hbar\hat{J}_y \tag{6.4.2}$$

由于角动量算符的各分量不对易，不能由 $\hat{\boldsymbol{J}}$ 的各分量构成力学量完全集. 但是，可以从角动量算符出发构造一个算符的函数——角动量平方算符

$$\hat{\boldsymbol{J}}^2=\hat{J}_x^2+\hat{J}_y^2+\hat{J}_z^2, \tag{6.4.3}$$

它与各分量均对易(证明可参看 2.2 节). 这样，就可以选择 $\hat{\boldsymbol{J}}^2$ 与其中一个分量(通常选择 $\hat{J}_z$)作为力学量完全集中的两个力学量.

6.4.2 角动量算符的本征值谱

设 $|\lambda,m\rangle$ 为 $\hat{\boldsymbol{J}}^2$(本征值为 $\lambda\hbar^2$)与 $\hat{J}_z$(本征值为 $m\hbar$)的共同本征矢，则 $\hat{\boldsymbol{J}}^2$ 与 $\hat{J}_z$ 的本征值方程可写成

$$\hat{\boldsymbol{J}}^2\mid\lambda,m\rangle=\lambda\hbar^2\mid\lambda,m\rangle \tag{6.4.4}$$

$$\hat{J}_z\mid\lambda,m\rangle=m\hbar\mid\lambda,m\rangle \tag{6.4.5}$$

现在的任务是确定 λ 与 m 的可能取值.

1. 引入新算符

$$\hat{J}_\pm=\hat{J}_x\pm\mathrm{i}\hat{J}_y \tag{6.4.6}$$

由此得

$$\hat{J}_x=\frac{1}{2}(\hat{J}_++\hat{J}_-),\qquad \hat{J}_y=\frac{1}{2\mathrm{i}}(\hat{J}_+-\hat{J}_-) \tag{6.4.7}$$

显然，$\hat{J}_+$ 与 $\hat{J}_-$ 不是厄米算符，但互为厄米共轭

$$\hat{J}_+^\dagger=(\hat{J}_x+\mathrm{i}\hat{J}_y)^\dagger=\hat{J}_x-\mathrm{i}\hat{J}_y=\hat{J}_- \tag{6.4.8}$$

它们有对易关系(证明留作练习)

$$[\hat{J}_+,\hat{J}_-]=[\hat{J}_x+\mathrm{i}\hat{J}_y,\hat{J}_x-\mathrm{i}\hat{J}_y]=2\hbar\hat{J}_z \tag{6.4.9}$$

$$[\hat{J}_z,\hat{J}_+]=[\hat{J}_z,\hat{J}_x+\mathrm{i}\hat{J}_y]=\hbar\hat{J}_+ \tag{6.4.10}$$

$$[\hat{J}_z,\hat{J}_-]=[\hat{J}_z,\hat{J}_x-\mathrm{i}\hat{J}_y]=-\hbar\hat{J}_- \tag{6.4.11}$$

为了用 $\hat{J}_\pm$ 和 $\hat{J}_z$ 表示 $\hat{\boldsymbol{J}}^2$，先计算 $\hat{J}_-\hat{J}_+=$? 利用对易关系 $[\hat{J}_x,\hat{J}_y]=\mathrm{i}\hbar\hat{J}_z$，可得

$$\begin{aligned}\hat{J}_-\hat{J}_+&=(\hat{J}_x-\mathrm{i}\hat{J}_y)(\hat{J}_x+\mathrm{i}\hat{J}_y)=\hat{J}_x^2+\hat{J}_y^2+\mathrm{i}(\hat{J}_x\hat{J}_y-\hat{J}_y\hat{J}_x)\\&=\hat{J}_x^2+\hat{J}_y^2+\hat{J}_z^2-\hat{J}_z^2+\mathrm{i}(\mathrm{i}\hbar\hat{J}_z)=\hat{\boldsymbol{J}}^2-\hat{J}_z^2-\hbar\hat{J}_z\end{aligned} \tag{6.4.12}$$

移项后得

$$\hat{\boldsymbol{J}}^2=\hat{J}_-\hat{J}_++\hat{J}_z^2+\hbar\hat{J}_z \tag{6.4.13}$$

2. 求 $\hat{J}_z$ 的本征值 $m\hbar$

(1) 考察 m 的取值范围. 角动量 $\boldsymbol{J}$ 在 z 轴上的投影必为有限值，设 m 的上限

为 j. 由于 z 轴的两个方向在物理上是等价的，故 m 的下限为 $-j$，由此得 m 的取值范围是

$$j \geqslant m \geqslant -j \tag{6.4.14}$$

(2) 考察 $\hat{J}_z$ 两相邻本征值的间隔. 利用 $[\hat{J}_z, \hat{J}_+] = \hbar \hat{J}_+$ 得

$$\hat{J}_z \hat{J}_+ \mid \lambda, m\rangle = (\hat{J}_+ \hat{J}_z + \hbar \hat{J}_+) \mid \lambda, m\rangle = (m+1)\hbar \hat{J}_+ \mid \lambda, m\rangle \tag{6.4.15}$$

这表明，$\hat{J}_+ |\lambda, m\rangle$ 是 $\hat{J}_z$ 的本征值为 $(m+1)\hbar$ 的本征矢. 但

$$\hat{J}_z \mid \lambda, m+1\rangle = (m+1)\hbar \mid \lambda, m+1\rangle \tag{6.4.16}$$

比较(6.4.15)、(6.4.16)式可见，$\hat{J}_+ |\lambda, m\rangle$ 与 $|\lambda, m+1\rangle$ 都是 $\hat{J}_z$ 的本征值为 $(m+1)\hbar$ 的本征矢，它们只能相差一个与 λ, m 有关的常数，记该常数为 $C_{\lambda m}^{(+)}$，则有

$$\hat{J}_+ \mid \lambda, m\rangle = C_{\lambda m}^{(+)} \mid \lambda, m+1\rangle \tag{6.4.17}$$

同理可得

$$\hat{J}_- \mid \lambda, m\rangle = C_{\lambda m}^{(-)} \mid \lambda, m-1\rangle \tag{6.4.18}$$

这样，将 $\hat{J}_+$ 或 $\hat{J}_-$ 多次作用于 $\hat{J}_z$ 的本征值为 m 的本征态，则可得到 $\hat{J}_z$ 一系列的本征值，两相邻本征矢对应的本征值的间隔为 1. 由此可见，$\hat{J}_z$ 的本征值谱为

$$J_z = m\hbar, \quad m = -j, -j+1, \cdots, j-1, j \tag{6.4.19}$$

细心的读者不难发现，求 $\hat{J}_z$ 的本征值与求线性谐振子能量本征值的方法是相同的，参看(3.5.27)式.

3. 求 $\hat{\boldsymbol{J}}^2$ 的本征值 $\lambda\hbar^2$

(1) 求 λ 与 j（它是 m 的最大值）的关系.

当 m 取最大值时，$\hat{\boldsymbol{J}}^2$ 的本征矢为 $|\lambda, j\rangle$，由于 $m \leqslant j$，故 $|\lambda, j+1\rangle = 0$. 由此可见

$$\hat{J}_+ \mid \lambda, j\rangle = C_{\lambda j}^{(+)} \mid \lambda, j+1\rangle = 0 \tag{6.4.20}$$

将 $\hat{J}_-$ 作用于 $\hat{J}_+ |\lambda, j\rangle = 0$，并将(6.4.12)式代入，可得

$$0 = \hat{J}_- \hat{J}_+ \mid \lambda, j\rangle = (\hat{\boldsymbol{J}}^2 - \hat{J}_z^2 - \hbar \hat{J}_z) \mid \lambda, j\rangle = (\lambda - j^2 - j)\hbar^2 \mid \lambda, j\rangle$$

由 $|\lambda, j\rangle \neq 0$，便有 $(\lambda - j^2 - j)\hbar^2 = 0$，解之，得

$$\lambda = j(j+1) \tag{6.4.21}$$

这样，λ 可用 j 表示. 从今以后，$\hat{\boldsymbol{J}}^2$ 与 $\hat{J}_z$ 的共同本征矢 $|\lambda, m\rangle$ 将改用 $|j, m\rangle$ 来表示.

$\hat{\boldsymbol{J}}^2$ 与 $\hat{J}_z$ 的本征值方程也改写为

$$\begin{cases} \hat{\boldsymbol{J}}^2 \mid j, m\rangle = j(j+1)\hbar^2 \mid j, m\rangle \\ \hat{J}_z \mid j, m\rangle = m\hbar \mid j, m\rangle \end{cases} \quad m = -j, -j+1, \cdots, j \tag{6.4.22}$$

(2) 考察 j 的取值.

设 m 取 N 个数值（N 为正整数）. 而 m 由 $-j$ 取到 j，且 m 相邻两值的间隔为

1,故 m 可取$(2j+1)$个值. 由此得 $2j+1=N$,故有

$$j=\frac{N-1}{2} \tag{6.4.23}$$

这表明,j 可能取零,半整数和整数. 对于轨道角动量的角量子数 l 取零和整数,对于电子自旋角动量的角量子数 s 取半整数$\frac{1}{2}$.

6.4.3 角动量算符的矩阵表示(J^2,J_z 表象)

现在给出 $\hat{\boldsymbol{J}}^2,\hat{J}_z,\hat{J}_x,\hat{J}_y$ 在 $\boldsymbol{J}^2,J_z$ 表象的矩阵表示. 为此,就要求出它们在 $\boldsymbol{J}^2$,J_z 表象的矩阵元. $\boldsymbol{J}^2,J_z$ 的矩阵元可直接由(6.4.22)式求得,$\hat{J}_x$ 和 $\hat{J}_y$ 的矩阵元可通过 $\hat{J}_\pm$的矩阵元求得.

1. 求 $\boldsymbol{J}^2,J_z$ 的矩阵元

$\boldsymbol{J}^2,J_z$ 表象的基矢为$|j,m\rangle$,用$\langle j',m'|$左乘(6.4.22)式两边,即得 $\hat{\boldsymbol{J}}^2$ 与 $\hat{J}_z$ 的矩阵元

$$\langle j',m' \mid \hat{\boldsymbol{J}}^2 \mid j,m\rangle = \langle j',m' \mid j(j+1)\hbar^2 \mid j,m\rangle = j(j+1)\hbar^2\delta_{j'j}\delta_{m'm} \tag{6.4.24}$$

$$\langle j',m' \mid \hat{J}_z \mid j,m\rangle = \langle j',m' \mid m\hbar \mid j,m\rangle = m\hbar\delta_{j'j}\delta_{m'm} \tag{6.4.25}$$

2. 求 $\hat{J}_\pm$的非零矩阵元

先将(6.4.17)、(6.4.18)式的$|\lambda,m\rangle$改用$|j,m\rangle$表示,$C_{\lambda m}^{(\pm)}$改用 $C_{jm}^{(\pm)}$ 表示,即

$$\hat{J}_+ |j,m\rangle = C_{jm}^{(+)} |j,m+1\rangle \tag{6.4.26}$$

$$\hat{J}_- |j,m\rangle = C_{jm}^{(-)} |j,m-1\rangle \tag{6.4.27}$$

用$\langle j',m'|$左乘(6.4.26)式,易得

$$\langle j',m' \mid \hat{J}_+ | j,m\rangle = \langle j',m' \mid C_{jm}^{(+)} \mid j,m+1\rangle = C_{jm}^{(+)}\delta_{j'j}\delta_{m',m+1} \tag{6.4.28}$$

$\hat{J}_+$的非零矩阵元为

$$\langle j,m+1 \mid \hat{J}_+ | j,m\rangle = \langle j,m+1 \mid C_{jm}^{(+)} \mid j,m+1\rangle = C_{jm}^{(+)} \tag{6.4.29}$$

为了求得 $C_{jm}^{(+)}$,在(6.4.26)两边取共轭,得

$$\langle j,m \mid \hat{J}_- = C_{jm}^{(+)*}\langle j,m+1 \mid \tag{6.4.30}$$

用(6.4.30)式两边分别左乘(6.4.26)式两边,随后将(6.4.12)式代入,可得

$$\begin{aligned} |C_{jm}^{(+)}|^2 &= \langle j,m \mid \hat{J}_-\hat{J}_+ | j,m\rangle = \langle j,m \mid (\hat{\boldsymbol{J}}^2 - \hat{J}_z^2 - \hbar\hat{J}_z) \mid j,m\rangle \\ &= j(j+1)\hbar^2 - m^2\hbar^2 - m\hbar^2 = (j-m)(j+m+1)\hbar^2 \end{aligned} \tag{6.4.31}$$

取 $C_{jm}^{(+)}$ 为实数,得

$$C_{jm}^{(+)} = \sqrt{(j-m)(j+m+1)}\,\hbar \tag{6.4.32}$$

将上式代入(6.4.26)式即得

$$\hat{J}_+ \mid j,m\rangle = \sqrt{(j-m)(j+m+1)}\,\hbar \mid j,m+1\rangle \tag{6.4.33}$$

$\hat{J}_+$的非零矩阵元为

$$\langle j,m+1 \mid \hat{J}_+ \mid j,m\rangle = \sqrt{(j-m)(j+m+1)}\,\hbar \tag{6.4.34}$$

取上式的共轭得 $\hat{J}_-$ 的非零矩阵元

$$\langle j,m \mid \hat{J}_- \mid j,m+1\rangle = \sqrt{(j-m)(j+m+1)}\,\hbar \tag{6.4.35}$$

3. 求 $\hat{J}_x$ 的非零矩阵元

利用 $\hat{J}_x=\frac{1}{2}(\hat{J}_+ +\hat{J}_-)$，$\langle j,m|\hat{J}_+|j,m+1\rangle=0$ 及(6.4.35)式，便有

$$\begin{aligned}\langle j,m \mid \hat{J}_x \mid j,m+1\rangle &= \langle j,m \mid \frac{1}{2}(\hat{J}_+ + \hat{J}_-) \mid j,m+1\rangle = \frac{1}{2}\langle j,m \mid \hat{J}_- \mid j,m+1\rangle \\ &= \frac{\hbar}{2}\sqrt{(j-m)(j+m+1)} \end{aligned} \tag{6.4.36a}$$

取上式的共轭，并利用 $\hat{J}_x$ 的厄米性即得

$$\langle j,m+1 \mid \hat{J}_x \mid j,m\rangle = \frac{\hbar}{2}\sqrt{(j-m)(j+m+1)} \tag{6.4.36b}$$

在(6.4.36a)式中用 $m-1$ 取代 m，则可将上两式 $\hat{J}_x$ 不为零的矩阵元综合为

$$\langle j,m\pm 1 \mid \hat{J}_x \mid j,m\rangle = \frac{\hbar}{2}\sqrt{(j\mp m)(j\pm m+1)} \tag{6.4.37}$$

4. 求 $\hat{J}_y$ 的非零矩阵元

仿上可得

$$\begin{aligned}\langle j,m \mid \hat{J}_y \mid j,m+1\rangle &= \langle j,m \mid \frac{1}{2\mathrm{i}}(\hat{J}_+ - \hat{J}_-) \mid j,m+1\rangle \\ &= \frac{\mathrm{i}}{2}\langle j,m \mid \hat{J}_- \mid j,m+1\rangle \\ &= \frac{\mathrm{i}\hbar}{2}\sqrt{(j-m)(j+m+1)} \end{aligned} \tag{6.4.38a}$$

由于矩阵元为纯虚数，上式两边取共轭后得

$$\langle j,m+1 \mid \hat{J}_y \mid j,m\rangle = -\frac{\mathrm{i}\hbar}{2}\sqrt{(j-m)(j+m+1)} \tag{6.4.38b}$$

在(6.4.38a)式中用 $m-1$ 取代 m，则可将上两式 $\hat{J}_y$ 不为零的矩阵元综合为

$$\langle j, m\pm 1 \mid \hat{J}_y \mid j, m\rangle = \mp \frac{i\hbar}{2}\sqrt{(j\mp m)(j\pm m+1)} \tag{6.4.39}$$

【例 6.4.1】 给定 $j=1/2$,试写出 $\hat{\boldsymbol{J}}^2, \hat{J}_z, \hat{J}_x, \hat{J}_y$ 在 $\boldsymbol{J}^2, J_z$ 表象的矩阵表示.

解 由 $j=1/2$ 可知 m 只能取两个值:$m=\pm\dfrac{1}{2}$. 既然 j 已给定,故基矢 $|j,m\rangle$ 可简记作 $|m\rangle$,并约定矩阵的行和列以 m 由大到小的顺序来排列.

(1) $\hat{\boldsymbol{J}}^2$ 不为零的矩阵元由 $\langle j',m'|\hat{\boldsymbol{J}}^2|j,m\rangle = j(j+1)\hbar^2\delta_{j'j}\delta_{m'm}$ 可得

$$\langle 1/2 \mid \hat{\boldsymbol{J}}^2 \mid 1/2\rangle = \langle -1/2 \mid \hat{\boldsymbol{J}}^2 \mid -1/2\rangle = \frac{1}{2}\left(\frac{1}{2}+1\right)\hbar^2 = \frac{3}{4}\hbar^2$$

$$\boldsymbol{J}^2 = \begin{bmatrix} \langle 1/2 \mid \hat{\boldsymbol{J}}^2 \mid 1/2\rangle & \langle 1/2 \mid \hat{\boldsymbol{J}}^2 \mid -1/2\rangle \\ \langle -1/2 \mid \hat{\boldsymbol{J}}^2 \mid 1/2\rangle & \langle -1/2 \mid \hat{\boldsymbol{J}}^2 \mid -1/2\rangle \end{bmatrix} = \frac{3}{4}\hbar^2\begin{pmatrix} 1 & 0 \\ 0 & 1 \end{pmatrix} \tag{6.4.40}$$

(2) $\hat{J}_z$ 不为零的矩阵元由 $\langle j',m'|\hat{J}_z|j,m\rangle = m\hbar\delta_{j'j}\delta_{m'm}$ 可得

$$\langle 1/2 \mid \hat{J}_z \mid 1/2\rangle = \frac{\hbar}{2}, \quad \langle -1/2 \mid \hat{J}_z \mid -1/2\rangle = -\frac{\hbar}{2}$$

$$J_z = \begin{bmatrix} \langle 1/2 \mid \hat{J}_z \mid 1/2\rangle & \langle 1/2 \mid \hat{J}_z \mid -1/2\rangle \\ \langle -1/2 \mid \hat{J}_z \mid 1/2\rangle & \langle -1/2 \mid \hat{J}_z \mid -1/2\rangle \end{bmatrix} = \frac{\hbar}{2}\begin{pmatrix} 1 & 0 \\ 0 & -1 \end{pmatrix} \tag{6.4.41}$$

(3) 在 $\langle m|\hat{J}_x|m+1\rangle = \langle m+1|\hat{J}_x|m\rangle = \dfrac{\hbar}{2}\sqrt{(j-m)(j+m+1)}$ 中令 $j=1/2$, $m=-1/2$ 得 $\hat{J}_x$ 不为零的矩阵元为

$$\langle -1/2 \mid \hat{J}_x \mid 1/2\rangle = \langle 1/2 \mid \hat{J}_x \mid -1/2\rangle = \frac{\hbar}{2}$$

$$J_x = \begin{bmatrix} \langle 1/2 \mid \hat{J}_x \mid 1/2\rangle & \langle 1/2 \mid \hat{J}_x \mid -1/2\rangle \\ \langle -1/2 \mid \hat{J}_x \mid 1/2\rangle & \langle -1/2 \mid \hat{J}_x \mid -1/2\rangle \end{bmatrix} = \frac{\hbar}{2}\begin{pmatrix} 0 & 1 \\ 1 & 0 \end{pmatrix} \tag{6.4.42}$$

(4) 在 $\langle m|\hat{J}_y|m+1\rangle = -\langle m+1|\hat{J}_y|m\rangle = \dfrac{i\hbar}{2}\sqrt{(j-m)(j+m+1)}$ 中令 $j=1/2, m=-1/2$ 得 $\hat{J}_y$ 不为零的矩阵元为

$$\langle -1/2 \mid \hat{J}_y \mid 1/2\rangle = -\langle 1/2 \mid \hat{J}_y \mid -1/2\rangle = \frac{i\hbar}{2}$$

$$J_y = \begin{bmatrix} \langle 1/2 \mid \hat{J}_y \mid 1/2\rangle & \langle 1/2 \mid \hat{J}_y \mid -1/2\rangle \\ \langle -1/2 \mid \hat{J}_y \mid 1/2\rangle & \langle -1/2 \mid \hat{J}_y \mid -1/2\rangle \end{bmatrix} = \frac{\hbar}{2}\begin{pmatrix} 0 & -i \\ i & 0 \end{pmatrix} \tag{6.4.43}$$

【例 6.4.2】 若 $[\hat{H}',\hat{A}]=0, [\hat{H}',\hat{B}]=0, [\hat{H}',\hat{C}]=0$,且 $\hat{H}_0$ 的本征值 $E_n^{(0)}$ 多

重简并. 设$|n\alpha\beta\gamma\rangle$是力学量算符 $\hat{H}_0$(本征值为 $E_n^{(0)}$)、$\hat{A}$、$\hat{B}$, $\hat{C}$ 的本征矢,即

$$\hat{A} \mid n\alpha\beta\gamma\rangle = \alpha \mid n\alpha\beta\gamma\rangle \tag{6.4.44}$$

$$\hat{B} \mid n\alpha\beta\gamma\rangle = \beta \mid n\alpha\beta\gamma\rangle \tag{6.4.45}$$

$$\hat{B} \mid n\alpha\beta\gamma\rangle = \gamma \mid n\alpha\beta\gamma\rangle \tag{6.4.46}$$

$$\hat{H}_0 \mid n\alpha\beta\gamma\rangle = E_n^{(0)} \mid n\alpha\beta\gamma\rangle \tag{6.4.47}$$

试证明,对于给定的 n, $\langle n\alpha'\beta'\gamma' | \hat{H}' | n\alpha\beta\gamma\rangle$对指标 α、β、γ 是对角的

$$H'_{n\alpha'\beta'\gamma',n\alpha\beta\gamma} = H'_{n\alpha\beta\gamma,n\alpha\beta\gamma}\delta_{\alpha'\alpha}\delta_{\beta'\beta}\delta_{\gamma'm} \tag{6.4.48}$$

证　为了证明(6.4.48)式,只要证明

$$\langle n\alpha'\beta\gamma \mid \hat{H}' \mid n\alpha\beta\gamma\rangle = 0,\quad \langle n\alpha\beta'\gamma \mid \hat{H}' \mid n\alpha\beta\gamma\rangle = 0,$$
$$\langle n\alpha\beta\gamma' \mid \hat{H}' \mid n\alpha\beta\gamma\rangle = 0$$

即可.

为此,先证明$\langle n\alpha'\beta\gamma | \hat{H}' | n\alpha\beta\gamma\rangle = 0$. 由$[\hat{A}, \hat{H}'] = 0$ 得

$$\hat{A}\hat{H}' \mid n\alpha\beta\gamma\rangle = \hat{H}'\hat{A} \mid n\alpha\beta\gamma\rangle = \alpha\hat{H}' \mid n\alpha\beta\gamma\rangle$$

可见 $\hat{H}'|n\alpha\beta\gamma\rangle$是 $\hat{A}$ 的本征值为 α 的本征矢,与$|n\alpha\beta\gamma\rangle$只差一常数因子 k,即

$$\hat{H}' \mid n\alpha\beta\gamma\rangle = k \mid n\alpha\beta\gamma\rangle$$

根据厄米算符 $\hat{A}$ 本征矢的正交性$\langle n\alpha'\beta\gamma | n\alpha\beta\gamma\rangle = 0$,便有

$$\langle n\alpha'\beta\gamma \mid \hat{H}' \mid n\alpha\beta\gamma\rangle = k\langle n\alpha'\beta\gamma \mid n\alpha\beta\gamma\rangle = 0$$

由 $k \neq 0$, $\langle n\alpha'\beta\gamma | n\alpha\beta\gamma\rangle = 0$ 得证,另二式同法可证.

这结论将在 6.6 节用到:已知 $\hat{H}_0$ 的本征值 $E_n^{(0)}$ 多重简并,$|nljm\rangle$是力学量算符 $\hat{H}_0$(本征值为 $E_n^{(0)}$)、$\hat{\boldsymbol{L}}^2$、$\hat{\boldsymbol{J}}^2$、$\hat{J}_z$ 的共同本征矢. 若能证明 $\hat{H}'$与$\hat{\boldsymbol{L}}^2$, $\hat{\boldsymbol{J}}^2$, $\hat{J}_z$ 对易,则对于给定的 n, $\hat{H}'$对于指标 l, j, m 是对角的,即

$$H'_{nl'j'm',nljm} = H'_{nljm,nljm}\delta_{l'l}\delta_{j'j}\delta_{m'm}$$

习　题　6.4

6.4.1　完成(6.4.9)、(6.4.10)、(6.4.11)式的证明.

6.4.2　在 $\boldsymbol{J}^2$, J_z 表象写出 $\hat{\boldsymbol{J}}^2$, $\hat{J}_z$, $\hat{J}_x$, $\hat{J}_y$ 的矩阵表示,已知　(1)$j=1$;　(2)$j=3/2$.

6.4.3　若 ψ_m 是算符 $\hat{L}_z$ 的本征态,满足本征值方程 $\hat{L}_z\psi_m = m\hbar\psi_m$,设 oz 轴和 oz'轴之间的夹角为 θ,试证明 $\overline{L}_{z'} = \int \psi_m^* \hat{L}_{z'}\psi_m \mathrm{d}\tau = m\hbar\cos\theta$.

6.5　两个角动量的相加　*CG 系数

本节讨论两个角动量 $\hat{\boldsymbol{J}}_1$ 与 $\hat{\boldsymbol{J}}_2$ 的相加. 这两个角动量可以是一个粒子的轨道

角动量 $\hat{\boldsymbol{L}}$ 和自旋角动量 $\hat{\boldsymbol{S}}$，可以是两个粒子的轨道角动量 $\hat{\boldsymbol{L}}_1$ 与 $\hat{\boldsymbol{L}}_2$，也可以是两个粒子的自旋角动量 $\hat{\boldsymbol{S}}_1$ 与 $\hat{\boldsymbol{S}}_2$.

首先定义总角动量算符并导出相应的对易关系，随后引入两个表象：

(1) 无耦合表象，它的基矢是 $\hat{\boldsymbol{J}}_1^2,\hat{J}_{1z},\hat{\boldsymbol{J}}_2^2,\hat{J}_{2z}$ 的共同本征矢 $|j_1m_1j_2m_2\rangle$；

(2) 耦合表象，它的基矢是 $\hat{\boldsymbol{J}}_1^2,\hat{\boldsymbol{J}}_2^2,\hat{\boldsymbol{J}}^2,\hat{J}_z$ 的共同本征矢 $|j_1j_2jm\rangle$.

将 $|j_1j_2jm\rangle$ 按基矢系 $\{|j_1m_1j_2m_2\rangle\}$ 展开，便可用分角动量的本征值和本征矢表示总角动量的本征值和本征矢，其展开系数称为克累布施-戈登矢量耦合系数(Clebsch-Gordan vector coupling coefficient)，简称 CG 系数. 最后介绍 CG 系数的求法以及 CG 系数的应用.

6.5.1 总角动量算符及其对易关系

总角动量算符的定义是

$$\hat{\boldsymbol{J}} = \hat{\boldsymbol{J}}_1 + \hat{\boldsymbol{J}}_2 \tag{6.5.1}$$

$\hat{\boldsymbol{J}}_1$ 和 $\hat{\boldsymbol{J}}_2$ 是互相独立的算符(作用于波函数的不同变量)，因此它们互相对易

$$[\hat{\boldsymbol{J}}_1,\hat{\boldsymbol{J}}_2] = 0 \tag{6.5.2}$$

分角动量 $\hat{\boldsymbol{J}}_1$ 和 $\hat{\boldsymbol{J}}_2$ 各自满足角动量的对易关系

$$\hat{\boldsymbol{J}}_1 \times \hat{\boldsymbol{J}}_1 = \mathrm{i}\hbar\hat{\boldsymbol{J}}_1,\quad \hat{\boldsymbol{J}}_2 \times \hat{\boldsymbol{J}}_2 = \mathrm{i}\hbar\hat{\boldsymbol{J}}_2 \tag{6.5.3}$$

总角动量 $\hat{\boldsymbol{J}}$ 也满足角动量的对易关系(见习题 6.5.1)

$$\hat{\boldsymbol{J}} \times \hat{\boldsymbol{J}} = \mathrm{i}\hbar\hat{\boldsymbol{J}} \tag{6.5.4}$$

定义总角动量平方算符

$$\hat{\boldsymbol{J}}^2 = \begin{cases} (\hat{\boldsymbol{J}}_1+\hat{\boldsymbol{J}}_2)^2 = \hat{\boldsymbol{J}}_1^2+\hat{\boldsymbol{J}}_2^2+2\hat{\boldsymbol{J}}_1\cdot\hat{\boldsymbol{J}}_2 & (6.5.5)\\ \hat{\boldsymbol{J}}_x^2+\hat{\boldsymbol{J}}_y^2+\hat{\boldsymbol{J}}_z^2 & (6.5.6)\end{cases}$$

可以证明

$$[\hat{\boldsymbol{J}}^2,\hat{\boldsymbol{J}}] = 0,\quad [\hat{\boldsymbol{J}}^2,\hat{\boldsymbol{J}}_1^2] = 0,\quad [\hat{\boldsymbol{J}}^2,\hat{\boldsymbol{J}}_2^2] = 0 \tag{6.5.7}$$

$$[\hat{J}_z,\hat{\boldsymbol{J}}_1^2] = 0,\quad [\hat{J}_z,\hat{\boldsymbol{J}}_2^2] = 0 \tag{6.5.8}$$

但是，$\hat{\boldsymbol{J}}^2$ 含有 $\hat{\boldsymbol{J}}_1\cdot\hat{\boldsymbol{J}}_2=\hat{J}_{1x}\hat{J}_{2x}+\hat{J}_{1y}\hat{J}_{2y}+\hat{J}_{1z}\hat{J}_{2z}$. 由于 $\hat{J}_{1x},\hat{J}_{1y},\hat{J}_{1z}$ 之间不对易，$\hat{J}_{2x},\hat{J}_{2y},\hat{J}_{2z}$ 之间不对易，因而(见习题 6.5.2)

$$[\hat{\boldsymbol{J}}^2,\hat{\boldsymbol{J}}_1] \neq 0,\quad [\hat{\boldsymbol{J}}^2,\hat{\boldsymbol{J}}_2] \neq 0 \tag{6.5.9}$$

6.5.2 用分角动量的本征值与本征矢表示总角动量的本征值与本征矢

以 $|j_1m_1\rangle$ 表示第一个角动量 $\hat{\boldsymbol{J}}_1^2,J_{1z}$ 的共同本征矢，以 $|j_2m_2\rangle$ 表示第二个角动量 $\hat{\boldsymbol{J}}_2^2,J_{2z}$ 的共同本征矢. 这样，两个独立角动量体系可以选择四个互相对易的力学

量构成力学量完全集，由此得到两个表象.

1. 无耦合表象与耦合表象

(1) 无耦合表象.

若选择互相对易的 $\boldsymbol{J}_1^2, J_{1z}, \boldsymbol{J}_2^2, J_{2z}$ 为力学量的完全集，$\hat{\boldsymbol{J}}_1^2$、J_{1z}、$\hat{\boldsymbol{J}}_2^2$、J_{2z} 的共同本征矢

$$|j_1m_1\rangle|j_2m_2\rangle \equiv |j_1m_1j_2m_2\rangle \tag{6.5.10}$$

称为分角动量的本征矢. 相应的本征值方程为

$$\hat{\boldsymbol{J}}_1^2|j_1m_1j_2m_2\rangle = j_1(j_1+1)\hbar^2|j_1m_1j_2m_2\rangle \tag{6.5.11}$$

$$\hat{J}_{1z}|j_1m_1j_2m_2\rangle = m_1\hbar|j_1m_1j_2m_2\rangle \tag{6.5.12}$$

$$\hat{\boldsymbol{J}}_2^2|j_1m_1j_2m_2\rangle = j_2(j_2+1)\hbar^2|j_1m_1j_2m_2\rangle \tag{6.5.13}$$

$$\hat{J}_{2z}|j_1m_1j_2m_2\rangle = m_2\hbar|j_1m_1j_2m_2\rangle \tag{6.5.14}$$

以正交归一完备系$\{|j_1m_1j_2m_2\rangle\}$为基矢的表象称为无耦合表象. $\hat{\boldsymbol{J}}_1, \hat{\boldsymbol{J}}_2$ 耦合(相互作用)得到 $\hat{\boldsymbol{J}}$, $\{|j_1m_1j_2m_2\rangle\}$因不包含总角动量 $\hat{J}^2, \hat{J}_z$ 的本征矢$|jm\rangle$而得名.

(2) 耦合表象.

若选择互相对易的 $\hat{\boldsymbol{J}}_1^2, \hat{\boldsymbol{J}}_2^2, \hat{\boldsymbol{J}}^2, \hat{J}_z$ 为力学量完全集，它们的共同本征矢$|j_1j_2jm\rangle$称为总角动量的本征矢，相应的本征值方程为

$$\hat{\boldsymbol{J}}_1^2|j_1j_2jm\rangle = j_1(j_1+1)\hbar^2|j_1j_2jm\rangle \tag{6.5.15}$$

$$\hat{\boldsymbol{J}}_2^2|j_1j_2jm\rangle = j_2(j_2+1)\hbar^2|j_1j_2jm\rangle \tag{6.5.16}$$

$$\hat{\boldsymbol{J}}^2|j_1j_2jm\rangle = j(j+1)\hbar^2|j_1j_2jm\rangle \tag{6.5.17}$$

$$\hat{J}_z|j_1j_2jm\rangle = m\hbar|j_1j_2jm\rangle \tag{6.5.18}$$

以正交归一完备系$\{|j_1j_2jm\rangle\}$为基矢的表象称为耦合表象. 这是因为$\{|j_1j_2jm\rangle\}$包含总角动量 $\hat{J}^2, \hat{J}_z$ 的本征矢$|jm\rangle$而得名.

2. $|j_1j_2jm\rangle$按基矢系$\{|j_1m_1j_2m_2\rangle\}$的展开式，CG 系数

首先在$|j_1j_2jm\rangle$前插入无耦合表象的单位算符

$$I = \sum_{m_1m_2j_1j_2}|j_1m_1j_2m_2\rangle\langle j_1m_1j_2m_2| \tag{6.5.19}$$

考虑到$|j_1j_2jm\rangle$中的 j_1 和 j_2 已给定，因此插入时就不必对 j_1 和 j_2 叠加，所以有

$$|j_1j_2jm\rangle = \sum_{m_1m_2}|j_1m_1j_2m_2\rangle\langle j_1m_1j_2m_2|j_1j_2jm\rangle \tag{6.5.20}$$

上式就是$|j_1j_2jm\rangle$按基矢系$\{|j_1m_1j_2m_2\rangle\}$的展开式，其展开系数$\langle j_1m_1j_2m_2|j_1j_2jm\rangle$称为 CG 系数，它是从无耦合表象到耦合表象的幺正变换矩阵的矩阵元，见(3.4.7)式.

6.5.3 CG 系数的求法及其应用

1. CG 系数$\langle j_1m_1j_2m_2|j_1j_2jm\rangle$不为零的条件

$$\begin{cases}\text{总磁量子数 } m \text{ 的取值：} & m = m_1 + m_2 \\ \text{总角量子数 } j \text{ 的取值：} & j_1 + j_2 \geqslant j \geqslant |j_1 - j_2|\end{cases} \tag{6.5.21}$$

证 (1) 证明总磁量子数 m 遵守 $m=m_1+m_2$.

利用 $\hat{J}_z-(\hat{J}_{1z}+\hat{J}_{2z})=0$ 作用于$|j_1j_2jm\rangle$,然后以$\langle j_1m_1j_2m_2|$左乘,即有

$$\langle j_1m_1j_2m_2 \mid (\hat{J}_z - \hat{J}_{1z} - \hat{J}_{2z}) \mid j_1j_2jm\rangle = 0$$

以 $\hat{J}_z$作用于右矢,以 $\hat{J}_{1z}$及 $\hat{J}_{2z}$作用于左矢,可得

$$(m - m_1 - m_2)\langle j_1m_1j_2m_2 \mid j_1j_2jm\rangle = 0 \tag{6.5.22}$$

故 CG 系数$\langle j_1m_1j_2m_2|j_1j_2jm\rangle\neq0$ 的条件是$(m-m_1-m_2)=0$,(6.5.21)式得证.

既然 $m_1=m-m_2$,故(6.5.20)式只须对 m_2 叠加即可

$$|j_1j_2jm\rangle = \sum_{m_2} |j_1,m-m_2,j_2,m_2\rangle\langle j_1,m-m_2,j_2,m_2 \mid j_1j_2jm\rangle \tag{6.5.23}$$

(2) 证明总角量子数 j 遵守 $j_1+j_2\geqslant j\geqslant|j_1-j_2|$.

① 证明 $j_{\max}=j_1+j_2$. 由(6.4.19)式

$$\begin{cases}J_{1z} = m_1\hbar, & m_1 = -j_1, -j_1+1, \cdots, j_1-1, j_1 \\ J_{2z} = m_2\hbar, & m_2 = -j_2, -j_2+1, \cdots, j_2-1, j_2\end{cases}$$

可见,m_1 和 m_2 的最大值分别为 j_1,j_2,故$m=m_1+m_2$的最大值为 $m_{\max}=j_1+j_2$. 又因 $m=j,j-1,\cdots,-j+1,-j$,作为 m 的最大值的 j 必满足 $j\leqslant j_1+j_2$,即 $j_{\max}=j_1+j_2$.

② 证明 $j\geqslant|j_1-j_2|$. 现采用两种方法计算线性独立的$|j_1j_2jm\rangle$的个数,由此求得 j 取值的下限 $j_{\min}$.

第一种方法是:当 j_1 给定时,m_1 可取 $2j_1+1$ 个值,故有 $2j_1+1$ 个线性独立的态矢$|j_1m_1\rangle$;当 j_2 给定时,m_2 可取 $2j_2+1$ 个值,故有 $2j_2+1$ 个线性独立的态矢$|j_2m_2\rangle$. 这样,当 j_1 和 j_2 给定时,共有$(2j_1+1)(2j_2+1)$个线性独立的态矢$|j_1m_1j_2m_2\rangle$,即无耦合表象基矢所张开的希尔伯特空间为$(2j_1+1)(2j_2+1)$维. 因此,耦合表象基矢[即线性独立的态矢$|j_1j_2jm\rangle$]数也是$(2j_1+1)(2j_2+1)$.

第二种方法是:当 j_1 和 j_2 给定后,j 可由 $j_{\min}$取至 $j_{\max}$;对于每一个 j 值,m 又可取 $2j+1$ 个值,独立的$|j_1j_2jm\rangle$的个数为 $\sum\limits_{j_{\min}}^{j_{\max}}(2j+1)$. 为计算级数,由等差级数求和公式:级数和$=\frac{1}{2}$(首项+末项)×项数,并将 $j_{\max}=j_1+j_2$ 代入,可得

$$(2j_1+1)(2j_2+1)=\sum_{j_{\min}}^{j_{\max}}(2j+1)=\frac{1}{2}[(2j_{\min}+1)+(2j_{\max}+1)](j_{\max}-j_{\min}+1)$$

$$=(j_{\max}+1)^2-j_{\min}^2=(j_1+j_2+1)^2-j_{\min}^2 \tag{6.5.24}$$

展开(6.5.24)式可得 $j_{\min}^2=(j_1-j_2)^2$，即

$$j_{\min}=|j_1-j_2| \tag{6.5.25}$$

综合上述，j 的可能取值为

$$j=|j_1-j_2|,|j_1-j_2|+1,\cdots,j_1+j_2-1,j_1+j_2 \tag{6.5.26}$$

这样，j 与 j_1,j_2 的关系就像三角形三边长度的关系一样，故称之为三角形规律，并记作 $\Delta(j_1,j_2,j)$.

*2. CG 系数的计算，CG 系数表

CG 系数的应用很广，但确定 CG 系数是非常繁杂的工作，幸好目前已有 CG 系数表可供查阅. 这里仅计算几个 CG 系数作为例子.

既然 j_1 和 j_2 已给定，耦合表象的基矢可简写为 $|jm\rangle$，即

$$|j_1j_2jm\rangle=|jm\rangle \tag{6.5.27}$$

(1) 取 $j=j_1+j_2,m=j_1+j_2$.

由 $m=m_1+m_2$ 可见，当 $m=j_1+j_2$ 时，m_1 只能等于 j_1 值，m_2 只能等于 j_2 值，故 $|j_1+j_2,j_1+j_2\rangle$ 只对应无耦合表象的一个态 $|j_1j_1j_2j_2\rangle$. 即

$$|j_1+j_2,j_1+j_2\rangle=|j_1j_1j_2j_2\rangle \tag{6.5.28}$$

用 $\langle j_1j_1j_2j_2|$ 左乘上式，即得与 $m=j_1+j_2$ 有关的 CG 系数

$$\langle j_1j_1j_2j_2|j_1+j_2,j_1+j_2\rangle=1 \tag{6.5.29}$$

(2) 取 $j=j_1+j_2,m=j_1+j_2-1$.

用 $\hat{J}_-=\hat{J}_{1-}+\hat{J}_{2-}$ 作用于(6.5.28)式，便有

$$\hat{J}_-|j_1+j_2,j_1+j_2\rangle=(\hat{J}_{1-}+\hat{J}_{2-})|j_1j_1j_2j_2\rangle \tag{6.5.30}$$

(6.4.35)式 $\langle j,m|\hat{J}_-|j,m+1\rangle=\sqrt{(j-m)(j+m+1)}\hbar$ 可改写为

$$\hat{J}_-|j,m+1\rangle=\sqrt{(j-m)(j+m+1)}\,\hbar\,|jm\rangle$$

将式中的的 m 换为 $m-1$，易见

$$\hat{J}_-|jm\rangle=\hbar\sqrt{(j+m)(j-m+1)}\,|j,m-1\rangle \tag{6.5.31}$$

将上式分别应用于(6.5.30)式两边，注意 $|j_1j_1j_2j_2\rangle$ 实为 $|j_1,m_1=j_1,j_2,m_2=j_2\rangle$，故

$$\begin{aligned}&\sqrt{2(j_1+j_2)}\,|\,j_1+j_2,j_1+j_2-1\rangle\\&=\sqrt{2j_1}\,|\,j_1,j_1-1,j_2,j_2\rangle+\sqrt{2j_2}\,|\,j_1,j_1,j_2,j_2-1\rangle\end{aligned}\tag{6.5.32}$$

分别用$\langle j_1,j_1-1,j_2,j_2|$和$\langle j_1,j_1,j_2,j_2-1|$左乘上式后除$\sqrt{2(j_1+j_2)}$，即得与$m=j_1+j_2-1$有关的两个 CG 系数

$$\langle j_1,j_1-1,j_2,j_2\,|\,j_1+j_2,j_1+j_2-1\rangle=\sqrt{\frac{j_1}{j_1+j_2}}\tag{6.5.33}$$

$$\langle j_1,j_1,j_2,j_2-1\,|\,j_1+j_2,j_1+j_2-1\rangle=\sqrt{\frac{j_2}{j_1+j_2}}\tag{6.5.34}$$

(3) 取$j=j_1+j_2,m=j_1+j_2-2$.

用$\hat{J}_-=\hat{J}_{1-}+\hat{J}_{2-}$作用于(6.5.32)式，利用(6.5.31)式可得

$$\begin{aligned}|\,j_1+j_2,j_1+j_2-2\rangle=&\sqrt{\frac{j_1(2j_1-1)}{(j_1+j_2)(2j_1+2j_2-1)}}\,|\,j_1,j_1-2,j_2,j_2\rangle\\&+2\sqrt{\frac{j_1j_2}{(j_1+j_2)(2j_1+2j_2-1)}}\,|\,j_1,j_1-1,j_2,j_2-1\rangle\\&+\sqrt{\frac{j_2(2j_2-1)}{(j_1+j_2)(2j_1+2j_2-1)}}\,|\,j_1,j_1,j_2,j_2-2\rangle\end{aligned}\tag{6.5.35}$$

用$\langle j_1,j_1-2,j_2,j_2|$，$\langle j_1,j_1-1,j_2,j_2-1|$和$\langle j_1,j_1,j_2,j_2-2|$分别左乘上式，即得与$m=j_1+j_2-2$有关的三个 CG 系数，余类推.

(4) 若取$j=j_1+j_2-1,m=j_1+j_2-1$或其他数值，也可逐次求出相应的 CG 系数，见习题 6.5.3.

最常用的两个 CG 系数表如表 6.1，表 6.2.

表 6.1　$j_2=(1/2)$的 CG 系数$\langle j_1m_1 1/2m_2|jm\rangle$　$(j_1>0)$

j \ m_2	$\frac{1}{2}$	$-\frac{1}{2}$
$j_1+(1/2)$	$\left[\frac{j_1+m+(1/2)}{2j_1+1}\right]^{\frac{1}{2}}$	$\left[\frac{j_1-m+(1/2)}{2j_1+1}\right]^{\frac{1}{2}}$
$j_1-(1/2)$	$-\left[\frac{j_1-m+(1/2)}{2j_1+1}\right]^{\frac{1}{2}}$	$\left[\frac{j_1+m+(1/2)}{2j_1+1}\right]^{\frac{1}{2}}$

表 6.2　$j_2=1$ 的 CG 系数 $\langle j_1m_1 1m_2|jm\rangle$　$(j_1>0)$

j \ m_2	1	0	−1
j_1+1	$\left[\frac{(j_1+m)(j_1+m+1)}{(2j_1+1)(2j_1+2)}\right]^{\frac{1}{2}}$	$\left[\frac{(j_1-m+1)(j_1+m+1)}{(2j_1+1)(j_1+1)}\right]^{\frac{1}{2}}$	$\left[\frac{(j_1-m)(j_1-m+1)}{(2j_1+1)(2j_1+2)}\right]^{\frac{1}{2}}$
j_1	$-\left[\frac{(j_1+m)(j_1-m+1)}{2j_1(j_1+1)}\right]^{\frac{1}{2}}$	$\frac{m}{[j_1(j_1+1)]^{1/2}}$	$\left[\frac{(j_1-m)(j_1+m+1)}{2j_1(j_1+1)}\right]^{\frac{1}{2}}$
j_1-1	$\left[\frac{(j_1-m)(j_1-m+1)}{2j_1(2j_1+1)}\right]^{\frac{1}{2}}$	$-\left[\frac{(j_1-m)(j_1+m)}{j_1(2j_1+1)}\right]^{\frac{1}{2}}$	$\left[\frac{(j_1+m+1)(j_1+m)}{2j_1(2j_1+1)}\right]^{\frac{1}{2}}$

作为角动量相加的例子，将在 6.6 节和 6.7 节讨论自旋-轨道耦合，在 6.8 节讨论自旋-自旋耦合.

习　题　6.5

6.5.1　试证明(6.5.4)、(6.5.7)、(6.5.8)式.

6.5.2　试计算$[\hat{\boldsymbol{J}}^2,\hat{\boldsymbol{J}}_1]=?$

6.5.3　试证明$|lsjm\rangle$是$\hat{\boldsymbol{S}}\cdot\hat{\boldsymbol{L}}$的本征矢，并求相应的本征值.

6.5.4　设氢原子的状态是　$\psi=\begin{pmatrix}\frac{1}{2}\mathscr{R}_{21}(r)\mathrm{Y}_{11}(\theta,\varphi)\\ -\frac{\sqrt{3}}{2}\mathscr{R}_{21}(r)\mathrm{Y}_{10}(\theta,\varphi)\end{pmatrix}$

(1) 求轨道角动量的 z 分量 $\hat{L}_z$ 和自旋角动量的 z 分量 $\hat{S}_z$ 的平均值；

(2) 求总磁矩 $\hat{\boldsymbol{M}}=-\frac{e}{2\mu}\hat{\boldsymbol{L}}-\frac{e}{\mu}\hat{\boldsymbol{S}}$ 的 z 分量的平均值(用玻尔磁子 M_B 表示).

6.5.5　试计算 CG 系数

(1) $\langle j_1+j_2-1,j_1+j_2-1|j_1,j_1-1,j_2,j_2\rangle=?$

(2) $\langle j_1+j_2-1,j_1+j_2-1|j_1,j_1,j_2,j_2-1\rangle=?$

并指出怎样才能求出与 $j=j_1+j_2-1,m=j_1+j_2-1$ 有关的 CG 系数.

6.5.6　求在下列状态中，算符 $\hat{\boldsymbol{J}}^2,\hat{J}_z$ 的平均值：

(1) $\psi_1=\chi_{1/2}(S_z)\mathrm{Y}_{11}(\theta,\varphi)$；

(2) $\psi_2=\frac{1}{\sqrt{3}}\{\sqrt{2}\chi_{1/2}(S_z)\mathrm{Y}_{10}(\theta,\varphi)+\chi_{-1/2}(S_z)\mathrm{Y}_{11}(\theta,\varphi)\}$；

(3) $\psi_3=\frac{1}{\sqrt{3}}\{\sqrt{2}\chi_{-1/2}(S_z)\mathrm{Y}_{10}(\theta,\varphi)+\chi_{1/2}(S_z)\mathrm{Y}_{1,-1}(\theta,\varphi)\}$；

(4) $\psi_4=\chi_{-1/2}(S_z)\mathrm{Y}_{1,-1}(\theta,\varphi)$.

6.5.7　设 $j_1=l,m_1=m_l;j_2=S=\frac{1}{2},m_2=m_s=\pm\frac{1}{2}$. 试借助 CG 系数表证明

(1) $\langle jm|\hat{S}_z|jm\rangle=\frac{1}{2l+1}\langle jm|\hat{J}_z|jm\rangle$，当 $j=l+\frac{1}{2}$；

(2) $\langle jm|\hat{S}_z|jm\rangle=-\frac{1}{2l+1}\langle jm|\hat{J}_z|jm\rangle$，当 $j=l-\frac{1}{2}$.

* 6.6 光谱的精细结构

在 4.2 节曾讨论过氢原子的能级和谱线，其哈密顿算符为(没考虑电子自旋)

$$\hat{H}_0=-\frac{\hbar^2}{2\mu}\nabla^2+U(r) \tag{6.6.1}$$

电子的波函数由三个量子数 n、l、m_l 来标记(今后用 m 表示总角动量的磁量子数，用 m_l 表示轨道角动量的磁量子数). 能级只与 n 有关，并且是 n^2 度简并的.

本节主要讨论没有外场，但考虑电子自旋-轨道耦合的情形下，氢原子与碱金属原子的能级和谱线. 为此，首先给出体系的哈密顿算符，接着根据 L^2，J^2，J_z 是守恒量(l，j，m 是好量子数)而选择耦合表象，最后利用简并态微扰论求出体系的能级，解释原子光谱的精细结构.

6.6.1 体系的哈密顿算符

碱金属原子是由满壳层的原子实和满壳层外的一个价电子组成. 因为满壳层的原子实对体系的轨道角动量和自旋角动量没有贡献. 我们只考虑满壳层外的价电子.

设价电子的总角动量为 $\boldsymbol{J}$，轨道角动量为 $\boldsymbol{L}$，自旋角动量为 $\boldsymbol{S}$. 电子的"轨道"运动必将产生磁场，这个磁场与电子的自旋磁矩的相互作用称为自旋-轨道耦合作用. 在考虑自旋-轨道耦合后，在相对论量子力学中可以证明，自旋-轨道耦合能为①

$$H'=\xi(r)\boldsymbol{L}\cdot\boldsymbol{S}=\left(\frac{1}{2\mu^2c^2r}\frac{\mathrm{d}U}{\mathrm{d}r}\right)\boldsymbol{L}\cdot\boldsymbol{S} \tag{6.6.2}$$

式中 $\xi(r)=\frac{1}{2\mu^2c^2r}\frac{\mathrm{d}U(r)}{\mathrm{d}r}$，$U(r)$为电子的势能. 略去原子实中电子对库仑场的屏蔽，取

$$U(r)=-\frac{\boldsymbol{Z}\boldsymbol{e}_s^2}{r}$$

体系的哈密顿算符为

$$\hat{H}=\hat{H}_0+\hat{H}'=-\frac{\hbar^2}{2\mu}\nabla^2-\frac{Ze_s^2}{r}+\frac{1}{2\mu^2c^2r}\frac{\mathrm{d}U}{\mathrm{d}r}\hat{\boldsymbol{L}}\cdot\hat{\boldsymbol{S}} \tag{6.6.3}$$

---

① 苏汝铿. 量子力学. 上海：复旦大学出版社，1997. 578.

6.6.2 表象的选择

考虑电子自旋后，电子有四个自由度，由于 $\hat{\boldsymbol{S}}^2=\frac{3}{4}\hbar^2$ 是常数，与任何算符对易，它不能识别不同的自旋态，故在体系的力学量完全集里用 H_0 代替 $\boldsymbol{S}^2$.

1. 无耦合表象(取 $H_0,\boldsymbol{L}^2,L_z,S_z$ 为力学量的完全集)

当忽略屏蔽作用时，能级 $E=E_n$ 的本征函数为

$$\psi_{nlm_lm_s}(r,\theta,\varphi,S_z)=\langle r,\theta,\varphi,S_z \mid nlm_lm_s\rangle=\mathscr{R}_{nl}(r)\mathrm{Y}_{lm_l}(\theta,\varphi)\chi_{m_s}(S_z) \tag{6.6.4}$$

因为

$$\hat{H}'=\xi(r)\hat{\boldsymbol{L}}\cdot\hat{\boldsymbol{S}}=\xi(r)(\hat{L}_x\hat{S}_x+\hat{L}_y\hat{S}_y+\hat{L}_z\hat{S}_z) \tag{6.6.5}$$

以及 $\hat{L}_z$ 与 $\hat{L}_x,\hat{L}_y$ 不对易，$\hat{S}_z$ 与 $\hat{S}_x,\hat{S}_y$ 不对易，易见

$$[\hat{H}',\hat{L}_z]\neq 0,\quad [\hat{H}',\hat{S}_z]\neq 0 \tag{6.6.6}$$

因而

$$[\hat{H},\hat{L}_z]\neq 0,\quad [\hat{H},\hat{S}_z]\neq 0 \tag{6.6.7}$$

这表明，L_z 及 S_z 不是守恒量，m_l 与 m_s 不是好量子数. 在考虑自旋-轨道耦合后，无耦合表象不是好的表象.

2. 耦合表象(取 $H_0,\boldsymbol{L}^2,\boldsymbol{J}^2,J_z$ 为力学量的完全集)

能级 $E=E_n$ 的本征函数为

$$\psi_{nljm}(r,\theta,\varphi,S_z)=\langle r,\theta,\varphi,S_z \mid nljm\rangle=\mathscr{R}_{nl}(r)\Phi_{ljm}(\theta,\varphi,S_z) \tag{6.6.8}$$

现在来证明，$\hat{\boldsymbol{L}}^2,\hat{\boldsymbol{J}}^2,\hat{J}_z$ 均与 $\hat{H}$ 对易. 由

$$\hat{\boldsymbol{J}}^2=(\hat{\boldsymbol{L}}+\hat{\boldsymbol{S}})^2=\hat{\boldsymbol{L}}^2+\hat{\boldsymbol{S}}^2+2\hat{\boldsymbol{L}}\cdot\hat{\boldsymbol{S}} \tag{6.6.9}$$

得

$$\hat{\boldsymbol{L}}\cdot\hat{\boldsymbol{S}}=\frac{1}{2}(\hat{\boldsymbol{J}}^2-\hat{\boldsymbol{L}}^2-\hat{\boldsymbol{S}}^2) \tag{6.6.10}$$

利用(4.2.18)式给出的 $\hat{H}_0$ 可得

$$\hat{H}=\hat{H}_0+\xi(r)\hat{\boldsymbol{L}}\cdot\hat{\boldsymbol{S}}=-\frac{\hbar^2}{2\mu}\frac{1}{r^2}\frac{\partial}{\partial r}\left(r^2\frac{\partial}{\partial r}\right)+\frac{\hat{\boldsymbol{L}}^2}{2\mu r^2}-\frac{Ze_s^2}{r}+\frac{1}{2}\xi(r)(\hat{\boldsymbol{J}}^2-\hat{\boldsymbol{L}}^2-\hat{\boldsymbol{S}}^2) \tag{6.6.11}$$

由于 $\hat{\boldsymbol{L}}^2,\hat{\boldsymbol{J}}^2,\hat{J}_z$ 均为角动量算符，因此 $\hat{\boldsymbol{L}}^2,\hat{\boldsymbol{J}}^2,\hat{J}_z$ 与(6.6.11)式的第一项，第三项，以及第二项的 r^2 因子，第四项的 $\xi(r)$ 因子均对易(属于不同自由度). 由(6.5.7)、(6.5.8)式可见，它们又与第二项的 $\hat{\boldsymbol{L}}^2$ 及第四项的 $(\hat{\boldsymbol{J}}^2-\hat{\boldsymbol{L}}^2-\hat{\boldsymbol{S}}^2)$ 对易，所

以 $\hat{\boldsymbol{L}}^2,\hat{\boldsymbol{J}}^2,\hat{J}_z$ 均与 $\hat{H}$ 对易. 这表明:$\boldsymbol{L}^2,\boldsymbol{J}^2,J_z$ 是守恒量,l,j,m 是好量子数.

当然,$\hat{H}_0$ 包含对 r 的偏导,因而

$$[\hat{H}_0,\hat{H}'] = \left[\hat{H}_0,\frac{1}{2}\xi(r)(\hat{\boldsymbol{J}}^2-\hat{\boldsymbol{L}}^2-\hat{\boldsymbol{S}}^2)\right]\neq 0 \tag{6.6.12}$$

即 $\hat{H}_0,\hat{\boldsymbol{L}}^2,\hat{\boldsymbol{J}}^2,\hat{J}_z$ 的共同本征矢 $|nljm\rangle$ 不是 $\hat{H}$ 的本征矢,这个问题不能精确求解. 考虑到自旋-轨道耦合能 $H'=\xi(r)\boldsymbol{L}\cdot\boldsymbol{S}$ 约为电子能级的数千分之一,$\hat{H}'$ 比 $\hat{H}_0$ "小"得多,故可用微扰论处理.

6.6.3 用简并态微扰论求能级

$\hat{H}$ 的本征值与本征函数可通过求解本征值方程得到

$$\hat{H}\mid\psi\rangle = (\hat{H}_0+\hat{H}')\mid\psi\rangle = E\mid\psi\rangle \tag{6.6.13}$$

无微扰哈密顿算符 $\hat{H}_0$ 的本征值方程为

$$\hat{H}_0\mid nljm\rangle = E_n^{(0)}\mid nljm\rangle \tag{6.6.14}$$

其中 $E_n^{(0)}$ 是 n^2 度简并的,因此要用简并态微扰论求解(6.6.13)式.

1. 选择耦合表象的基矢 $|nljm\rangle$ 的线性组合为零级近似态矢

$$\mid\psi_n^{(0)}\rangle = \sum_{lj\,m} C_{ljm}^{(0)}\mid nljm\rangle \tag{6.6.15}$$

因为

$$\hat{H}' = \left(\frac{1}{2\mu^2c^2r}\right)\frac{\mathrm{d}U}{\mathrm{d}r}\hat{\boldsymbol{L}}\cdot\hat{\boldsymbol{S}} = \left(\frac{1}{2\mu^2c^2r}\right)\frac{\mathrm{d}U}{\mathrm{d}r}(\hat{J}^2-\hat{L}^2-\hat{S}^2)$$

与 $\hat{\boldsymbol{L}}^2,\hat{\boldsymbol{J}}^2,\hat{J}_z$ 对易,由例 6.4.2 可见,尽管 $[\hat{H}',\hat{H}_0]\neq 0$,但对于给定的 n,$\hat{H}'$ 对于指标 l,j,m 是对角的,即

$$H'_{nl'j'm',nljm} = H'_{nljm,nljm}\delta_{l'l}\delta_{j'j}\delta_{m'm} \tag{6.6.16}$$

这为求 $E^{(1)}$ 带来方便.

2. 求能量的一级修正 $E^{(1)}$

在简并态微扰论中,确定(6.6.15)式展开系数 $C_{ljm}^{(0)}$ 的线性齐次方程组为

$$\sum_{ljm}[H'_{nl'j'm',nljm}-E^{(1)}\delta_{l'l}\delta_{j'j}\delta_{m'm}]C_{ljm}^{(0)} = 0 \tag{6.6.17}$$

参看(5.2.23)式.

将(6.6.16)式代入上式,即有

$$\sum_{ljm}[H_{nljm,nljm}-E^{(1)}]\delta_{l'l}\delta_{j'j}\delta_{m'm}C_{ljm}^{(0)} = [H'_{l'j'm',l'j'm'}-E^{(1)}]C_{l'j'm'}^{(0)} = 0 \tag{6.6.18}$$

为书写方便,移项后省去"′"号,即有

$$E^{(1)} = H'_{ljm,ljm} = \langle nljm \mid H' \mid nljm \rangle = \langle nljm \mid \xi(r)\hat{\boldsymbol{L}} \cdot \hat{\boldsymbol{S}} \mid nljm \rangle \tag{6.6.19}$$

插入单位算符 $\int_0^\infty |r\rangle\langle r| r^2 \mathrm{d}r$，利用 $\langle r|nl\rangle = \mathscr{R}_{nl}(r)$ 及 $\langle nl|r\rangle = \mathscr{R}_{nl}(r)$，可得

$$\begin{aligned} E^{(1)} &= \langle nljm \mid \int_0^\infty \mid r\rangle r^2 \mathrm{d}r \langle r \mid \xi(r)\hat{\boldsymbol{L}} \cdot \hat{\boldsymbol{S}} \mid nljm \rangle \\ &= \int_0^\infty \mathscr{R}_{nl}^2 \xi(r) r^2 \mathrm{d}r \langle ljm \mid \frac{1}{2}(\hat{\boldsymbol{J}}^2 - \hat{\boldsymbol{L}}^2 - \hat{\boldsymbol{S}}^2) \mid ljm \rangle \end{aligned} \tag{6.6.20}$$

将式中的积分记作 $I_{nl} = \int_0^\infty \mathscr{R}_{nl}^2(r)\xi(r) r^2 \mathrm{d}r$，则

$$E^{(1)} = \langle ljm \mid \frac{1}{2}(\hat{\boldsymbol{J}}^2 - \hat{\boldsymbol{L}}^2 - \hat{\boldsymbol{S}}^2) \mid ljm \rangle I_{nl} = \frac{\hbar^2}{2}\left[j(j+1) - l(l+1) - \frac{3}{4}\right] I_{nl} \tag{6.6.21}$$

能量的一级近似为

$$E_{nlj} = E_n^{(0)} + E^{(1)} = E_n^{(0)} + \frac{\hbar^2}{2}\left[j(j+1) - l(l+1) - \frac{3}{4}\right] I_{nl} \tag{6.6.22}$$

3. 解的物理意义

(1) 由于 $E^{(1)}$ 只与量子数 n, l, j 有关，与 m 无关，因此能级对量子数 m 还存在 $2j+1$ 度简并.

(2) 当 n 和 l 给定后，j 的取值为 $l+\frac{1}{2}$，$\left|l-\frac{1}{2}\right|$.

① 当 $l=0$ 时，$j=\frac{1}{2}$，由(6.6.20)式可见，能量的一级修正值为零，S 态的能级没有分裂；

② 当 $l \neq 0$ 时，$j = l \pm \frac{1}{2}$，使原来能级 E_{nl} 分裂为两个能级，这就是自旋-轨道耦合引起的精细结构.

(3) 对于氢原子与碱金属原子，计算积分 I_{nl}（除 $l=0$ 外），可得

$$I_{nl} \frac{e_s^2 Z^4}{2\mu^2 c^2 a_0^3 n^3 l\left(l+\frac{1}{2}\right)(l+1)} \tag{6.6.23}$$

式中 $a_0 = \frac{\hbar^2}{\mu e_s^2}$ 为玻尔半径.

将上式代入(6.6.20)式，即得 $n, l, j = l+\frac{1}{2}$ 和 $n, l, j = l-\frac{1}{2}$ 这两个态的能量分别为

$$E_{n,l,j}=\begin{cases}E_n^{(0)}+\dfrac{\mu c^2}{2}\left(\dfrac{\alpha Z}{n}\right)^4\dfrac{n}{(2l+1)(l+1)}, & 当\ j=l+\dfrac{1}{2}\\ E_n^{(0)}-\dfrac{\mu c^2}{2}\left(\dfrac{\alpha Z}{n}\right)^4\dfrac{n}{l(2l+1)}, & 当\ j=l-\dfrac{1}{2}\end{cases}\tag{6.6.24}$$

式中的 α 是精细结构常数

$$\alpha=\frac{e_s^2}{\hbar c}=\frac{\hbar}{\mu c a_0}\simeq\frac{1}{137}\tag{6.6.25}$$

历史上乌伦贝克等提出电子自旋假设的主要依据就是在实验上观察到纳原子光谱的精细结构. 图6.2 给出钠原子能级分裂的示意图. 考虑微扰 $\hat{H}'=\xi(r)\hat{\boldsymbol{L}}\cdot\hat{\boldsymbol{S}}$的作用后,3p 能级按 $j=l\pm\dfrac{1}{2}$分裂,而 3s 能级不变化. 使从 3p 到 3s 的跃迁形成光谱线的分裂.

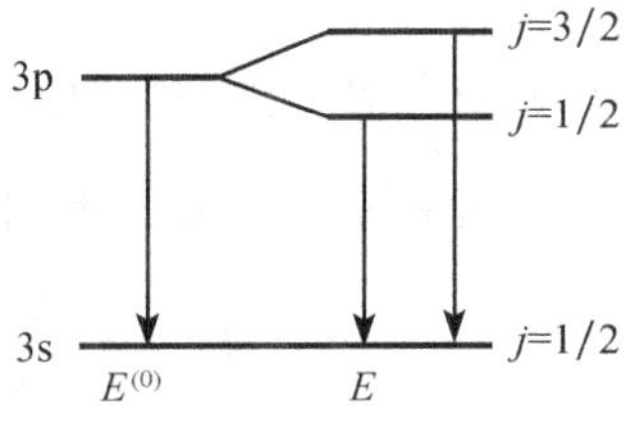

图 6.2

习 题 6.6

6.6.1 一个自旋角动量为 $\boldsymbol{S}$,荷电为 $-e$ 的粒子处于 $\boldsymbol{B}=B_0\boldsymbol{e}_z$ 的均匀弱磁场中,问下列各量是否守恒:$p_x,p_y,p_z;L_x,L_y,L_z,L^2;S^2,S_z$.

6.6.2 一个处于中心场的粒子,其轨道量子数 $l=2$,自旋量子数 $s=1$. 求形如 $\hat{H}'=A\hat{\boldsymbol{L}}\cdot\hat{\boldsymbol{S}}$ 的自旋-轨道相互作用项相关的能级和简并度,式中 A 是常数.

6.6.3 电子的磁矩可以表为 $\hat{\boldsymbol{M}}=-\dfrac{e}{2\mu}(\hat{\boldsymbol{L}}+2\hat{\boldsymbol{S}})$,磁矩的测量值定义为

$$M=\langle ljm\mid\hat{M}_z\mid ljm\rangle|_{m=j}=\langle ljj\mid\hat{M}_z\mid ljj\rangle$$

式中$|ljj\rangle$是$\hat{\boldsymbol{L}}^2,\hat{\boldsymbol{J}}^2,\hat{J}_z$ 的共同本征矢,计算 $M=?$

6.6.4 两个自旋$\dfrac{1}{2}$ 的非全同粒子系的哈密顿算符为

$$\hat{H}_s=-J\hat{\boldsymbol{S}}_1\cdot\hat{\boldsymbol{S}}_2,\quad J>0$$

求 $\hat{H}_s$ 的能量本征值和相应的简并度.

6.6.5 在弱磁场的情形下,电子的自旋-轨道耦合不能忽略,试证明在弱磁场中原子能级的分裂.

*6.7 复杂塞曼效应(反常塞曼效应)

在 4.3 节曾讨论过简单塞曼效应,即在强磁场中原子光谱发生分裂的现象. 虽然没有考虑电子自旋,也得到了正确的结果. 因为在强磁场中,电子的自旋-轨道耦合可以忽略,而外场与自旋的相互作用只会使能级整个发生移动,对谱线不会产生影响.

但在弱磁场的情形下，电子的自旋-轨道耦合不能忽略，从而导致复杂塞曼效应.

本节先给出体系的哈密顿算符，随后得出在弱磁场中原子能级的分裂.

6.7.1　体系的哈密顿算符

在弱磁场的情形下，除考虑轨道磁矩在外场的势能$\frac{1}{2\mu}e\boldsymbol{B}\cdot\boldsymbol{L}$，自旋磁矩在外场的势能$\frac{1}{\mu}e\boldsymbol{B}\cdot\boldsymbol{S}$之外，还要考虑自旋-轨道耦合能$\xi(r)\boldsymbol{L}\cdot\boldsymbol{S}$.

当磁场$\boldsymbol{B}=B\boldsymbol{e}_z$时，体系的哈密顿算符为

$$\hat{H}=-\frac{\hbar^2}{2\mu}\nabla^2+U(r)+\frac{eB}{2\mu}(\hat{L}_z+2\hat{S}_z)+\xi(r)\hat{\boldsymbol{L}}\cdot\hat{\boldsymbol{S}} \tag{6.7.1}$$

引入总角动量算符

$$\hat{\boldsymbol{J}}=\hat{\boldsymbol{L}}+\hat{\boldsymbol{S}},\quad \hat{J}_z=\hat{L}_z+\hat{S}_z \tag{6.7.2}$$

将上式及拉莫尔频率$\omega_{\mathrm{L}}=\frac{eB}{2\mu}$代入，可得

$$\begin{aligned}\hat{H}&=-\frac{\hbar^2}{2\mu}\nabla^2+U(r)+\frac{eB}{2\mu}\hat{J}_z+\xi(r)\hat{\boldsymbol{L}}\cdot\hat{\boldsymbol{S}}+\frac{eB}{2\mu}\hat{S}_z\\&=-\frac{\hbar^2}{2\mu}\nabla^2+U(r)+\omega_{\mathrm{L}}\hat{J}_z+\xi(r)\hat{\boldsymbol{L}}\cdot\hat{\boldsymbol{S}}+\omega_{\mathrm{L}}\hat{S}_z\end{aligned} \tag{6.7.3}$$

6.7.2　在弱磁场中原子能级的分裂

1. $\hat{H}$ 前四项的贡献

取

$$\hat{H}_0=-\frac{\hbar^2}{2\mu}\nabla^2+U(r),\quad \hat{H}'=\omega_{\mathrm{L}}\hat{J}_z+\xi(r)\hat{\boldsymbol{L}}\cdot\hat{\boldsymbol{S}}+\omega_{\mathrm{L}}\hat{S}_z \tag{6.7.4}$$

易见$\hat{\boldsymbol{L}}^2,\hat{\boldsymbol{J}}^2,\hat{J}_z$仍与(6.7.3)式的前四项对易. 仿照 6.6 节及 4.3 节可得能级

$$E_{nlj}+m\hbar\omega_{\mathrm{L}},\quad m=0,\pm1,\cdots,\pm j \tag{6.7.5}$$

见(6.6.22)式及(4.3.32)式.

(6.7.5)式表明，原先未加入磁场的 E_{nlj} 能级进一步分裂为 $2j+1$ 个能级，即能级对 m 的简并已被消除.

同时，由于 $j=l\pm(1/2)$ 是半奇数，$2j+1=2l\pm1+1$ 为偶数，故 E_{nlj} 能级分裂为偶数个 E_{nlj} 能级.

2. $\hat{H}$ 的第五项 $\omega_{\mathrm{L}}\hat{S}_z$ 的贡献

(1) 严格求解的困难及采用近似的条件.

由于 $\hat{\boldsymbol{J}}^2=\hat{\boldsymbol{L}}^2+\hat{\boldsymbol{S}}^2+2\hat{L}\cdot\hat{\boldsymbol{S}}$ 与 $\omega_{\mathrm{L}}\hat{S}_z$ 不对易，因而 $\omega_{\mathrm{L}}\hat{S}_z$ 与 $\hat{\boldsymbol{J}}^2$ 没有共同的本征

矢. 而耦合表象的基矢 $|nljm\rangle$ 是 $\hat{H}_0, \hat{\boldsymbol{L}}^2, \hat{\boldsymbol{J}}^2, \hat{J}_z$ 的共同本征矢，这便导致

$$\hat{H}'=\omega_{\rm L}\hat{J}_z+\xi(r)\hat{\boldsymbol{L}}\cdot\hat{\boldsymbol{S}}+\omega_{\rm L}\hat{S}_z$$

在耦合表象中不是对角矩阵. 这时必须对哈密顿算符进行比较复杂的对角化计算，才可能得到严格解.

在磁场足够弱，以致不同的 j 之间的耦合可以忽略的情形下，可用近似方法处理，即假设 $\omega_{\rm L}\hat{S}_z$ 在耦合表中是对角矩阵.

(2) 计算 $\omega_{\rm L}\hat{S}_z$ 对能级的贡献的两个步骤.

第一步：导出耦合表象基矢按无耦合表象基矢的展开式.

利用(6.5.20)式

$$|nljm\rangle=\sum_{m_s}|n,l,m-m_s,m_s\rangle\langle n,l,m-m_s,m_s|nljm\rangle \tag{6.7.6}$$

以及 CG 系数表 6.1 即得

① 当 $j=l+(1/2)$ 时，

$$\begin{aligned}|nljm\rangle&=\sqrt{\frac{l+m+(1/2)}{2l+1}}\left|n,l,m-\frac{1}{2},\frac{1}{2}\right\rangle\\&\quad+\sqrt{\frac{l-m+(1/2)}{2l+1}}\left|n,l,m+\frac{1}{2},-\frac{1}{2}\right\rangle\\&=\sqrt{\frac{j+m}{2j}}\left|n,j-\frac{1}{2},m-\frac{1}{2},\frac{1}{2}\right\rangle+\sqrt{\frac{j-m}{2j}}\left|n,j-\frac{1}{2},m+\frac{1}{2},-\frac{1}{2}\right\rangle\end{aligned} \tag{6.7.7}$$

② 当 $j=l-(1/2)$ 时，

$$\begin{aligned}|nljm\rangle&=-\sqrt{\frac{l-m+(1/2)}{2l+1}}\left|n,l,m-\frac{1}{2},\frac{1}{2}\right\rangle\\&\quad+\sqrt{\frac{l+m+(1/2)}{2l+1}}\left|n,l,m+\frac{1}{2},-\frac{1}{2}\right\rangle\\&=-\sqrt{\frac{j-m+1}{2j+2}}\left|n,j+\frac{1}{2},m-\frac{1}{2},\frac{1}{2}\right\rangle\\&\quad+\sqrt{\frac{j+m+1}{2j+2}}\left|n,j+\frac{1}{2},m+\frac{1}{2},-\frac{1}{2}\right\rangle\end{aligned} \tag{6.7.8}$$

第二步：利用 $\hat{S}_z$ 的本征值方程计算 $\omega_{\rm L}\hat{S}_z$ 的对角元 $\langle nljm|\omega_{\rm L}\hat{S}_z|nljm\rangle$. 将

$$\hat{S}_z|1/2\rangle=\frac{\hbar}{2}|1/2\rangle,\quad \hat{S}_z|-1/2\rangle=-\frac{\hbar}{2}|-1/2\rangle \tag{6.7.9}$$

分别代入(6.7.7)、(6.7.8)式，并利用无耦合表象的正交归一表示式可得

① 当 $j=l+\frac{1}{2}$时

$$\langle nljm \mid \omega_{\mathrm{L}}\hat{S}_z \mid nljm\rangle = \frac{j+m}{2j}\omega_{\mathrm{L}}\frac{\hbar}{2}+\frac{j-m}{2j}\omega_{\mathrm{L}}\left(-\frac{\hbar}{2}\right)=\frac{m\hbar\omega_{\mathrm{L}}}{2j} \tag{6.7.10}$$

② 当 $j=l-\frac{1}{2}$时,

$$\langle nljm \mid \omega_{\mathrm{L}}\hat{S}_z \mid nljm\rangle = \frac{j-m+1}{2j+2}\omega_{\mathrm{L}}\frac{\hbar}{2}+\frac{j+m+1}{2j+2}\omega_{\mathrm{L}}\left(-\frac{\hbar}{2}\right)=-\frac{m\hbar\omega_{\mathrm{L}}}{2j+2} \tag{6.7.11}$$

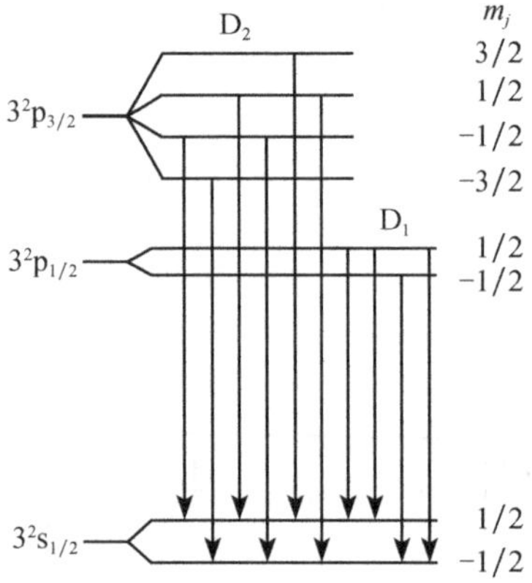

图 6.3

(3) 能量的一级近似.

综合(6.7.5)、(6.7.10)、(6.10.11)式可得能量的一级近似

$$E_{nljm} = E_{nlj} + \begin{cases} \left(1+\dfrac{1}{2j}\right)m\hbar\omega_{\mathrm{L}}, & j = l+\dfrac{1}{2} \\ \left(1-\dfrac{1}{2j+2}\right)m\hbar\omega_{\mathrm{L}}, & j = l-\dfrac{1}{2} \end{cases}$$

图 6.3 给出钠黄线双线在弱场的情形下的能级分裂及按照电偶极跃迁的选择定则(见 9.4 节)得到的光谱线. 成功解释了 D_1 线的 4 重结构和 D_2 线的 6 重结构,与实验结果完全一致.

6.8　自旋单态与自旋三重态

氦原子和氢分子都有两个电子,研究氦原子和氢分子的状态,就要牵涉到二电子体系的自旋状态.

本节讨论两个电子的自旋与自旋之间的耦合. 首先给出总自旋角动量算符的定义,并给出有关的对易关系,随后分别求出非耦合表象的基矢($\hat{S}_{1z}$与 $\hat{S}_{2z}$的共同本征态)和耦合表象的基矢($\hat{\boldsymbol{S}}^2$ 与 S_z 的共同本征态).

6.8.1　总自旋角动量算符及其对易关系

1. 定义

设 $\hat{\boldsymbol{S}}_1$ 和 $\hat{\boldsymbol{S}}_2$ 分别为两个电子的自旋角动量算符,体系总自旋角动量算符为

$$\hat{\boldsymbol{S}} = \hat{\boldsymbol{S}}_1 + \hat{\boldsymbol{S}}_2 \tag{6.8.1}$$

由于 $\hat{\boldsymbol{S}}_1$ 与 $\hat{\boldsymbol{S}}_2$ 是互相独立的自旋角动量,因而互相对易

$$[\hat{\boldsymbol{S}}_1, \hat{\boldsymbol{S}}_2] = 0 \tag{6.8.2}$$

定义总自旋角动量平方算符

$$\hat{\boldsymbol{S}}^2 = \begin{cases} (\hat{\boldsymbol{S}}_1 + \hat{\boldsymbol{S}}_2)^2 = \hat{\boldsymbol{S}}_1^2 + \hat{\boldsymbol{S}}_2^2 + 2\hat{\boldsymbol{S}}_1 \cdot \hat{\boldsymbol{S}}_2 & (6.8.3) \\ \hat{S}_x^2 + \hat{S}_y^2 + \hat{S}_z^2 & (6.8.4) \end{cases}$$

对于电子，算符 $\hat{\boldsymbol{S}}_1^2$ 与 $\hat{\boldsymbol{S}}_2^2$ 为常数

$$\hat{\boldsymbol{S}}_1^2 = \hat{\boldsymbol{S}}_2^2 = \frac{1}{2}\left(\frac{1}{2}+1\right)\hbar^2 = \frac{3}{4}\hbar^2 \tag{6.8.5}$$

2. 对易关系

作为两个角动量耦合(6.5 节)的特例，有

$$[\hat{\boldsymbol{S}}^2, \hat{S}_x] = [\hat{\boldsymbol{S}}^2, \hat{S}_y] = [\hat{\boldsymbol{S}}^2, \hat{S}_z] = 0 \tag{6.8.6}$$

在讨论自旋角动量的相加时，首先要选择好表象. 对于二电子体系，其自旋自由度为 2，可以选择两个互相对易的力学量构成自旋力学量的完全集，它们的共同本征矢就是表象的基矢. 正如 6.5 节所述，通常选择非耦合表象或耦合表象.

6.8.2 非耦合表象的基矢

选择 S_{1z}和 S_{2z}为力学量的完全集，它们的共同本征态就是非耦合表象的基矢.

现在来求 S_{1z}和 S_{2z}的共同本征态. 因为 $\hat{S}_{1z}$的本征态为$\chi_{1/2}(S_{1z})$和 $\chi_{-1/2}(S_{1z})$；$\hat{S}_{2z}$的本征态为 $\chi_{1/2}(S_{2z})$和 $\chi_{-1/2}(S_{2z})$，故 $\hat{S}_{1z}$与 $\hat{S}_{2z}$的共同本征态共有四个，即

$$\begin{cases} \chi^{(1)} = \chi_{1/2}(S_{1z})\,\chi_{1/2}(S_{2z}) \\ \chi^{(2)} = \chi_{-1/2}(S_{1z})\,\chi_{-1/2}(S_{2z}) \\ \chi^{(3)} = \chi_{1/2}(S_{1z})\,\chi_{-1/2}(S_{2z}) \\ \chi^{(4)} = \chi_{-1/2}(S_{1z})\,\chi_{1/2}(S_{2z}) \end{cases} \tag{6.8.7}$$

6.8.3 耦合表象的基矢

选择 $\hat{\boldsymbol{S}}^2$ 和 $\hat{S}_z$ 为力学量的完全集，它们的共同本征态就是耦合表象的基矢.

现在来求 $\hat{\boldsymbol{S}}^2$ 与 $\hat{S}_z$ 的共同本征态. 为此，先考察(6.8.7)式的四个自旋态是不是 $\hat{S}_z$ 和 $\hat{\boldsymbol{S}}^2$ 的本征态.

(1) $\chi^{(1)}, \chi^{(2)}, \chi^{(3)}, \chi^{(4)}$ 是 $\hat{S}_z$ 的本征态.

用 $\hat{S}_z = \hat{S}_{1z} + \hat{S}_{2z}$作用于(6.8.7)式. 因第一个粒子的自旋算符 $\hat{S}_{1z}$只对第一个粒子的自旋函数$\chi_{1/2}(S_{1z})$及$\chi_{-1/2}(S_{1z})$起作用(参看 3.1 节)，而对第二个粒子的自旋函数$\chi_{1/2}(S_{2z})$及$\chi_{-1/2}(S_{2z})$不起作用；反之亦然. 这样就有

$$\hat{S}_z\chi^{(1)} = (\hat{S}_{1z} + \hat{S}_{2z})\,\chi_{1/2}(S_{1z})\,\chi_{1/2}(S_{2z}) = \hbar\,\chi_{1/2}(S_{1z})\,\chi_{1/2}(S_{2z}) = \hbar\chi^{(1)} \tag{6.8.8}$$

$$\hat{S}_z\chi^{(2)}=(\hat{S}_{1z}+\hat{S}_{2z})\chi_{-1/2}(S_{1z})\chi_{-1/2}(S_{2z})=-\hbar\chi_{-1/2}(S_{1z})\chi_{-1/2}(S_{2z})=-\hbar\chi^{(2)} \tag{6.8.9}$$

$$\hat{S}_z\chi^{(3)}=(\hat{S}_{1z}+\hat{S}_{2z})\chi_{1/2}(S_{1z})\chi_{-1/2}(S_{2z})=0 \tag{6.8.10}$$

$$\hat{S}_z\chi^{(4)}=(\hat{S}_{1z}+\hat{S}_{2z})\chi_{-1/2}(S_{1z})\chi_{1/2}(S_{2z})=0 \tag{6.8.11}$$

$\hat{S}_z$ 的本征值记作 $S_z=m_s\hbar$，式中 m_s 为总自旋磁量子数. 显然，上述四个态分别是 $\hat{S}_z$ 本征值为 $\hbar,-\hbar,0,0$ 的本征态，总自旋磁量子数分别为 $m_s=1,-1,0,0$.

(2) $\chi^{(1)}$、$\chi^{(2)}$ 是 $\hat{\boldsymbol{S}}^2$ 的本征态，$\chi^{(3)}$、$\chi^{(4)}$ 的线性组合才是 $\hat{\boldsymbol{S}}^2$ 的本征态.

将 $\hat{\boldsymbol{S}}_1^2=\hat{\boldsymbol{S}}_2^2=\frac{3}{4}\hbar^2$ 代入 $\hat{\boldsymbol{S}}^2=\hat{S}_1^2+\hat{S}_2^2+2\hat{S}_1\cdot\hat{S}_2$，得

$$\hat{\boldsymbol{S}}^2=\frac{3}{2}\hbar^2+2(\hat{S}_{1x}\hat{S}_{2x}+\hat{S}_{1y}\hat{S}_{2y}+\hat{S}_{1z}\hat{S}_{2z}) \tag{6.8.12}$$

用 $\hat{\boldsymbol{S}}^2$ 分别作用于$\chi^{(1)}$，$\chi^{(2)}$，$\chi^{(3)}$，$\chi^{(4)}$，并注意到习题 6.2.4 的结果

$$\hat{S}_x\chi_{1/2}(S_z)=\frac{\hbar}{2}\chi_{-1/2}(S_z),\quad \hat{S}_x\chi_{-1/2}(S_z)=\frac{\hbar}{2}\chi_{1/2}(S_z) \tag{6.8.13}$$

$$\hat{S}_y\chi_{1/2}(S_z)=\frac{i\hbar}{2}\chi_{-1/2}(S_z),\quad \hat{S}_y\chi_{-1/2}(S_z)=-\frac{i\hbar}{2}\chi_{1/2}(S_z) \tag{6.8.14}$$

① $\chi^{(1)}$ 和 $\chi^{(2)}$ 是 $\hat{\boldsymbol{S}}^2$ 的本征态. 实际上，习题 6.8.1 证明

$$\hat{\boldsymbol{S}}^2\chi^{(1)}=\hat{\boldsymbol{S}}^2\chi_{1/2}(S_{1z})\chi_{1/2}(S_{2z})=2\hbar^2\chi^{(1)} \tag{6.8.15}$$

$$\hat{\boldsymbol{S}}^2\chi^{(2)}=\hat{\boldsymbol{S}}^2\chi_{-1/2}(S_{1z})\chi_{-1/2}(S_{2z})=2\hbar^2\chi^{(2)} \tag{6.8.16}$$

因为 $\boldsymbol{S}^2$ 的本征值记作 $\boldsymbol{S}^2=s(s+1)\hbar^2$，$s$ 为总自旋量子数，故$\chi^{(1)}$与$\chi^{(2)}$的总自旋量子数均为 $s=1$；前已证明$\chi^{(3)}$和$\chi^{(4)}$的总自旋磁量子数分别为±1.

$\hat{\boldsymbol{S}}^2$，$\hat{S}_z$ 的共同本征态记作χ_{sm_s}，故$\chi^{(1)}$与$\chi^{(2)}$又可记作

$$\chi_{11}=\chi^{(1)}=\chi_{1/2}(S_{1z})\chi_{1/2}(S_{2z}) \tag{6.8.17}$$

$$\chi_{1,-1}=\chi^{(2)}=\chi_{-1/2}(S_{1z})\chi_{-1/2}(S_{2z}) \tag{6.8.18}$$

② $\chi^{(3)}$和$\chi^{(4)}$不是 $\hat{\boldsymbol{S}}^2$ 的本征态. 实际上，习题 6.8.1 证明

$$\hat{\boldsymbol{S}}^2\chi^{(3)}=\hbar^2(\chi^{(3)}+\chi^{(4)}) \tag{6.8.19}$$

$$\hat{\boldsymbol{S}}^2\chi^{(4)}=\hbar^2(\chi^{(3)}+\chi^{(4)}) \tag{6.8.20}$$

容易证明，适当选择叠加系数可将$\chi^{(3)}$与$\chi^{(4)}$线性叠加态

$$\chi=c_3\chi^{(3)}+c_4\chi^{(4)} \tag{6.8.21}$$

成为 $\hat{\boldsymbol{S}}^2$ 的本征态，满足

$$\hat{S}^2\chi = \lambda\hbar^2\chi \tag{6.8.22}$$

为此，将$\chi=c_3\chi^{(3)}+c_4\chi^{(4)}$代入$\hat{S}^2\chi=\lambda\hbar^2\chi$，并利用(6.8.19)、(6.8.20))式，得

$$\begin{aligned}\lambda\hbar^2(c_3\chi^{(3)}+c_4\chi^{(4)}) &= \hat{S}^2(c_3\chi^{(3)}+c_4\chi^{(4)}) \\ &= c_3\hbar^2(\chi^{(3)}+\chi^{(4)})+c_4\hbar^2(\chi^{(3)}+\chi^{(4)})\end{aligned} \tag{6.8.23}$$

约去$\hbar^2$，并将等式左、右两边互换，得

$$(c_3+c_4)(\chi^{(3)}+\chi^{(4)}) = \lambda(c_3\chi^{(3)}+c_4\chi^{(4)}) \tag{6.8.24}$$

分别用$\chi^{(3)\dagger}$和$\chi^{(4)\dagger}$左乘(6.8.24)式，由$\chi^{(3)}$与$\chi^{(4)}$的正交归一条件

$$\chi^{(3)\dagger}\chi^{(3)}=\chi^{(4)\dagger}\chi^{(4)}=1, \qquad \chi^{(3)\dagger}\chi^{(4)}=\chi^{(4)\dagger}\chi^{(3)}=0 \tag{6.8.25}$$

可得

$$\begin{cases}c_3+c_4=\lambda c_3 \\ c_3+c_4=\lambda c_4\end{cases}, \quad \text{即} \quad \begin{cases}(1-\lambda)c_3+c_4=0 \\ c_3+(1-\lambda)c_4=0\end{cases} \tag{6.8.26}$$

这是关于c_3、c_4的齐次线性方程组，有非零解的条件是系数行列式为零. 由

$$\begin{vmatrix}1-\lambda & 1 \\ 1 & 1-\lambda\end{vmatrix}=0 \tag{6.8.27}$$

得解$\lambda=0,2$.

将$\lambda=0$及$\lambda=2$分别代入(6.8.26)式得

$$\begin{cases}c_3=-c_4, & \text{当}\lambda=0 \\ c_3=c_4, & \text{当}\lambda=2\end{cases} \tag{6.8.28}$$

利用正交归一条件$\chi^\dagger\chi=1$可确定c_3，c_4(取作实数)，便有

$$\begin{cases}c_3=-c_4=1/\sqrt{2}, & \text{当}\lambda=0 \\ c_3=c_4=1/\sqrt{2}, & \text{当}\lambda=2\end{cases} \tag{6.8.29}$$

由此得$\hat{S}^2$另外两个本征态χ_{sm_s}：

① $\lambda=0$相应总自旋量子数$s=0$，总自旋磁量子数$m_s=0$的本征态χ_{00}.

这可由$\lambda=s(s+1)=0$看出$s=0$；由$\hat{S}_z\chi^{(3)}=\hat{S}_z\chi^{(4)}=0$看出$m_s=0$.

将$c_3=-c_4$代入$\chi=c_3\chi^{(3)}+c_4\chi^{(4)}$得本征态$\chi_{00}$

$$\chi_{00}=(1/\sqrt{2})(\chi^{(3)}-\chi^{(4)})=(1/\sqrt{2})[\chi_{1/2}(S_{1z})\chi_{-1/2}(S_{2z})-\chi_{-1/2}(S_{1z})\chi_{1/2}(S_{2z})] \tag{6.8.30}$$

② $\lambda=2$相应总自旋量子数$s=1$，总自旋磁量子数$m_s=0$的本征态χ_{10}.

这可由$\lambda=s(s+1)=2$看出$s=1$；可由$\hat{S}_z\chi^{(3)}=\hat{S}_z\chi^{(4)}=0$看出$m_s=0$.

将 $c_3=c_4$ 代入$\chi=c_3\chi^{(3)}+c_4\chi^{(4)}$得本征态$\chi_{10}$

$$\chi_{10}=(1/\sqrt{2})(\chi^{(3)}+\chi^{(4)})=(1/\sqrt{2})[\chi_{1/2}(S_{1z})\chi_{-1/2}(S_{2z})+\chi_{-1/2}(S_{1z})\chi_{1/2}(S_{2z})] \tag{6.8.31}$$

(3) 自旋波函数的对称性,自旋单态与自旋三重态.

现在,我们来讨论$\chi^{(1)}$,$\chi^{(2)}$,$\chi^{(3)}$,$\chi^{(4)}$这几个自旋波函数的对称性.

① 如果两个电子在波函数中的地位是对称的,即将两个电子交换(将 S_{1z} 和 S_{2z}互换)时波函数不变号,则称该波函数为对称波函数,并以脚标 S 标记.

相应 $s=1,m_s=\pm1,0$ 的三个态χ_{11},$\chi_{1,-1}$,χ_{10}是对称波函数,记作

$$\chi_{11}=\chi_{\rm S}^{(1)},\quad \chi_{1,-1}=\chi_{\rm S}^{(2)},\quad \chi_{10}=\chi_{\rm S}^{(3)} \tag{6.8.32}$$

这表明,两个电子组成的体系具有三个对称的自旋波函数,称为自旋的三重态.

② 如果两个电子在波函数中的地位不是对称的,即将两个电子交换(将 S_{1z}和 S_{2z}互换)时波函数变号,则称该波函数为反对称波函数,并以脚标 A 标记.

相应 $s=0,m_s=0$ 的态χ_{00}是反对称波函数,记作

$$\chi_{00}=\chi_{\rm A} \tag{6.8.33}$$

这表明,两个电子组成的体系只有一个反对称的自旋波函数,称为自旋单态.

最后,通过表 6.3 对上述讨论作一小结.

表 6.3　二电子体系的自旋单态与自旋三重态

态	耦合表象中 $\hat{S}^2$,$\hat{S}_z$ 的共同本征态χ_{sm_s}(对称态$\chi_{\rm S}^{(n)}$ 和非对称态$\chi_{\rm A}$)与非耦合表象中 S_{1z},S_{2z}的共同本征态$\chi^{(n)}$之间的关系	总自旋量子数 s	总自旋磁量子数 m_s
三重态	$\chi_{\rm S}^{(1)}=\chi_{11}=\chi_{1/2}(S_{1z})\chi_{1/2}(S_{2z})=\chi^{(1)}$	1	1
	$\chi_{\rm S}^{(2)}=\chi_{1,-1}=\chi_{-1/2}(S_{1z})\chi_{-1/2}(S_{2z})=\chi^{(2)}$	1	−1
	$\chi_{\rm S}^{(3)}=\chi_{10}=\frac{1}{\sqrt{2}}[\chi_{1/2}(S_{1z})\chi_{-1/2}(S_{2z})+\chi_{-1/2}(S_{1z})\chi_{1/2}(S_{2z})]=\frac{1}{\sqrt{2}}(\chi^{(3)}+\chi^{(4)})$	1	0
单态	$\chi_{\rm A}=\chi_{00}=\frac{1}{\sqrt{2}}[\chi_{1/2}(S_{1z})\chi_{-1/2}(S_{2z})-\chi_{-1/2}(S_{1z})\chi_{1/2}(S_{2z})]=\frac{1}{\sqrt{2}}(\chi^{(3)}-\chi^{(4)})$	0	0

【例 6.8.1】 算符 $\hat{F}=a+b\hat{\boldsymbol{\sigma}}_1\cdot\hat{\sigma}_2$ 描述两个自旋为 1/2 的粒子间的相互作用,a 和 b 是常数,$\hat{\boldsymbol{\sigma}}_1$ 和 $\hat{\boldsymbol{\sigma}}_2$ 是泡利矩阵,总自旋角动量 $\hat{\boldsymbol{J}}=\hat{\boldsymbol{J}}_1+\hat{\boldsymbol{J}}_2=\frac{\hbar}{2}(\hat{\boldsymbol{\sigma}}_1+\hat{\boldsymbol{\sigma}}_2)$.

(1) 证明 F,$\boldsymbol{J}^2$ 和 J_z 可同时测量;

(2) 求 $\hat{F}$ 在耦合表象(基矢为$|j_1j_2jm\rangle$)的矩阵表示;

(3) 求 $\hat{F}$ 在非耦合表象(基矢为$|j_1m_1j_2m_2\rangle$)的矩阵表示.

解 (1)证明 $\hat{F},\hat{\boldsymbol{J}}^2,\hat{J}_z$ 可同时测量. 利用 $\hat{\boldsymbol{\sigma}}_1{}^2=\hat{\boldsymbol{\sigma}}_2{}^2=3$,得

$$\hat{\boldsymbol{J}}^2=\frac{\hbar^2}{4}(\hat{\boldsymbol{\sigma}}_1+\hat{\boldsymbol{\sigma}}_2)^2=\frac{\hbar^2}{4}(\hat{\boldsymbol{\sigma}}_1{}^2+\hat{\boldsymbol{\sigma}}_2{}^2+2\hat{\boldsymbol{\sigma}}_1\cdot\hat{\boldsymbol{\sigma}}_2)=\frac{\hbar^2}{2}(3+\hat{\boldsymbol{\sigma}}_1\cdot\hat{\boldsymbol{\sigma}}_2) \qquad (6.8.34)$$

移项,便有 $\hat{\boldsymbol{\sigma}}_1\cdot\hat{\boldsymbol{\sigma}}_2=\frac{2}{\hbar^2}\hat{\boldsymbol{J}}^2-3$,因而 $\hat{F}=a+b\hat{\boldsymbol{\sigma}}_1\cdot\hat{\boldsymbol{\sigma}}_2=a+b\left(\frac{2}{\hbar^2}\hat{J}^2-3\right)$. 考虑到 $[\hat{\boldsymbol{J}}^2,\hat{J}_z]=0$,故

$$[\hat{\boldsymbol{J}}^2,\hat{F}]=\left[\hat{\boldsymbol{J}}^2,a+b\left(\frac{2}{\hbar^2}\hat{\boldsymbol{J}}^2-3\right)\right]=0,\quad [\hat{J}_z,\hat{F}]=\left[\hat{J}_z,a+b\left(\frac{2}{\hbar^2}\hat{J}^2-3\right)\right]=0 \qquad (6.8.35)$$

这表明,$\hat{\boldsymbol{J}}^2,\hat{J}_z$ 及 $\hat{F}$ 互相对易. 因而 $\hat{J}^2,J_z$ 与 F 可同时测量.

(2) $\hat{F}$ 在耦合表象的矩阵表示. $j_1=j_2=1/2$ 有确定值,$|j_1\, j_2 jm\rangle$ 简写为 $|jm\rangle$,故

$$\begin{aligned}\langle jm\mid\hat{F}\mid j'\,m'\rangle&=\langle jm\mid\left[a+b\left(\frac{2}{\hbar^2}\hat{\boldsymbol{J}}^2-3\right)\right]\mid j'\,m'\rangle\\&=\{a+2bj(j+1)-3b\}\delta_{jj'}\delta_{mm'}\end{aligned} \qquad (6.8.36)$$

可见 $\hat{F}$ 在耦合表象为对角矩阵,式中 jm 为行指标,$j'm'$ 为列指标.

(3) $\hat{F}$ 在非耦合表象的矩阵表示.

同理,非耦合表象的基矢 $|j_1m_1j_2m_2\rangle$ 也可简写为 $|m_1m_2\rangle$. 为了把 $\hat{F}$ 化为由 $\hat{\boldsymbol{J}}^2$ 表示的算符,用 $\hat{\boldsymbol{J}}^2$ 的本征态 χ_{00} 及 $\chi_{1m}(m=0,\pm1)$ 表示基矢 $|m_1\, m_2\rangle$ 将更方便. 由(6.8.31)～(6.8.32)式、(6.8.17)～(6.8.18)式可得 $\chi_{00},\chi_{10},\chi_{1,\pm1}$ 的狄拉克表示

$$\chi_{00}=(1/\sqrt{2})[|1/2,-1/2\rangle-|-1/2,1/2\rangle] \qquad (6.8.37)$$

$$\chi_{10}=(1/\sqrt{2})[|1/2,-1/2\rangle+|-1/2,1/2\rangle] \qquad (6.8.38)$$

$$\chi_{1,\pm1}=|\pm1/2,\pm1/2\rangle \qquad (6.8.39)$$

由(6.8.38)式与(6.8.37)式相加减,分别得到

$$|1/2,-1/2\rangle=(1/\sqrt{2})(\chi_{10}+\chi_{00}),\quad |-1/2,1/2\rangle=(1/\sqrt{2})(\chi_{10}-\chi_{00}) \qquad (6.8.40)$$

将 $\hat{F}=a+b\left(\frac{2}{\hbar^2}\hat{J}^2-3\right)$ 及(6.8.40)、(6.8.41)式代入 $\langle m_1\, m_2|\hat{F}|m_1'm_2'\rangle$,得 F 的矩阵元如表 6.4.

表 6.4

m_1m_2 \ $m_1'm_2'$	1/2,1/2	1/2,−1/2	−1/2,1/2	−1/2,−1/2
1/2,1/2	$a+b$	0	0	0
1/2,−1/2	0	$a-b$	$2b$	0
−1/2,1/2	0	$2b$	$a-b$	0
−1/2,−1/2	0	0	0	$a+b$

习　题　6.8

6.8.1　试证明(6.8.15)～(6.8.16)、(6.8.19)～(6.8.20)式.

6.8.2　二电子系统一般自旋函数χ是(6.8.7)式中四个函数的叠加

$$\chi = c_1\chi_{1/2}(S_{1z})\chi_{1/2}(S_{2z}) + c_2\chi_{-1/2}(S_{1z})\chi_{-1/2}(S_{2z}) + c_3\chi_{1/2}(S_{1z})\chi_{-1/2}(S_{2z}) + c_4\chi_{-1/2}(S_{1z})\chi_{1/2}(S_{2z})$$

求 $\hat{S}_x = \hat{S}_{1x} + \hat{S}_{2x}$ 的本征值和本征函数,并分析所得本征函数的交换对称性.

6.8.3　两个自旋为 1/2 的粒子组成的体系由哈密顿算符 $\hat{H} = A(\hat{S}_{1z} + \hat{S}_{2z}) + B\hat{\boldsymbol{S}}_1 \cdot \hat{\boldsymbol{S}}_2$ 描述,其中 A、B 为常数,求该体系的所有能级.

6.8.4　两个自旋为$\frac{1}{2}$的非全同粒子间的相互作用可表为 $\hat{H} = A\hat{\boldsymbol{S}}_1 \cdot \hat{\boldsymbol{S}}_2$(不考虑轨道运动). 设 $t=0$ 时,粒子 1 自旋“向上”$\left(S_{1z} = \frac{\hbar}{2}\right)$,粒子 2 自旋“向下”$\left(S_{2z} = -\frac{\hbar}{2}\right)$. 求 $t>0$ 时,

(1) 粒子 1 自旋“向上”的概率;　　(2) 粒子 1 和 2 自旋均“向下”的概率;

(3) 总自旋量子数 $S=0$ 和 1 的概率;　　(4) 求 $\boldsymbol{S}_1$ 与 $\boldsymbol{S}_2$ 的平均值.

第 7 章　全同粒子体系

本章主要讨论全同粒子体系波函数的对称性及其相关问题.

本章首先由全同性原理出发得出全同粒子体系波函数的对称性,从而得到全同费米子体系与全同玻色子体系的波函数. 随后讨论全同费米子体系的问题,利用微扰论导出氦原子基态与激发态能量的一级修正,获得仲氦与正氦的能级图.

7.1　全同性原理　全同粒子体系的波函数

本节首先介绍全同粒子的含义,随后通过与经典力学的对比介绍全同性原理,由此得到全同粒子体系哈密顿算符的交换对称性和波函数的对称性. 实验表明,波函数的对称性决定于粒子的自旋. 接着给出全同费米子体系和全同玻色子体系的波函数,并导出泡利不相容原理. 最后,讨论可以忽略自旋-轨道耦合的情形下,全同粒子体系的总波函数.

7.1.1　全同粒子与全同性原理

什么是“全同粒子”? 全同粒子是指内禀属性(如质量、电荷、自旋、磁矩……)完全相同的粒子. 人们正是根据粒子的内禀属性把自然界中的粒子进行分类,分别称之为电子、质子、中子、光子、π 介子……

全同粒子能区分吗? 在经典力学中,可以根据粒子的轨道来区分全同粒子. 在量子力学中,不确定关系使它成为不可能. 由于全同粒子的内禀属性完全相同,在相同的物理条件下,它们的行为应该是完全相同的,导致全同粒子不可区分. 例如氦原子有两个电子,即使在某一时刻给这两个电子编了号①,但其后在某处发现了一个电子,也无法判断它究竟是电子 1,还是电子 2. 换号话说,无论它是电子 1 还是电子 2,体系的状态都是相同的.

这样,全同粒子的不可区分性可以表述为:

在全同粒子体系中,体系的状态不会因为任意两个全同粒子的交换而改变.

人们把全同粒子体系的这种交换不变性(对称性)叫做“全同性原理”. 由此出

---

① 实际上,当两个电子的波函数互相交叠时是没法编号的;除非两个电子的波函数没有重叠,例如把两个电子置于两个不同的密闭容器中. 尽管如此,为了研究交换两个粒子会给全同粒子体系带来什么影响,还是设想给全同粒子编了号.

发,我们可以得到全同粒子体系的一系列重要性质.

7.1.2　全同粒子体系哈密顿算符的交换对称性　交换算符 $\hat{P}_{ij}$

先考察两个全同粒子(如氦原子中两个电子)组成的体系,其哈密顿算符为

$$\hat{H}(\boldsymbol{r}_1,\boldsymbol{r}_2)=\frac{\hat{\boldsymbol{p}}_1^2}{2\mu}-\frac{2e_s^2}{r_1}+\frac{\hat{\boldsymbol{p}}_2^2}{2\mu}-\frac{2e_s^2}{r_2}+\frac{e_s^2}{|\boldsymbol{r}_1-\boldsymbol{r}_2|}\tag{7.1.1}$$

式中 $\boldsymbol{r}_1$ 与 $\boldsymbol{r}_2$ 分别是电子 1,2 与核的距离,而 $|\boldsymbol{r}_1-\boldsymbol{r}_2|$ 为两电子的距离.

正如前面所述,本来给全同粒子编号是没有意义的,但为了研究其交换对称性,只好先给全同粒子编号,然后再考虑交换粒子会带来什么结果.

1. 交换算符 $\hat{P}_{12}$,由全同性原理得到哈密顿算符的交换对称性

交换算符 $\hat{P}_{12}$ 表示交换第 1,2 粒子全部变量(如坐标,自旋)的运算,由此得

$$\hat{H}(\boldsymbol{r}_2,\boldsymbol{r}_1)=\hat{P}_{12}\hat{H}(\boldsymbol{r}_1,\boldsymbol{r}_2)=\frac{\hat{\boldsymbol{p}}_2^2}{2\mu}-\frac{2e_s^2}{r_2}+\frac{\hat{\boldsymbol{p}}_1^2}{2\mu}-\frac{2e_s^2}{r_1}+\frac{e_s^2}{|\boldsymbol{r}_2-\boldsymbol{r}_1|}\tag{7.1.2}$$

由于两电子的质量及它们在外场的势能均相同,它们之间的相互作用势能也不随电子的交换而改变,易见

$$\hat{H}(\boldsymbol{r}_2,\boldsymbol{r}_1)=\hat{P}_{12}\hat{H}(\boldsymbol{r}_1,\boldsymbol{r}_2)=\hat{H}(\boldsymbol{r}_1,\boldsymbol{r}_2)\tag{7.1.3}$$

这表明,交换氦原子中的两个电子,体系哈密顿算符不变.

现在讨论普遍的情形.设有一个由 N 个全同粒子组成的体系,第 i 个粒子的全部变量(如坐标 $\boldsymbol{x}_i$ 和自旋 S_{iz})用 q_i 表示,$i=1,2,\cdots,N$.

体系的哈密顿算符为 $\hat{H}(q_1,\cdots,q_i,\cdots,q_j,\cdots,q_N;t)$.现在将第 i 个粒子与第 j 个粒子交换,由全同性原理可知

$$\hat{H}(q_1,\cdots,q_i,\cdots,q_j,\cdots,q_N;t)=\hat{H}(q_1,\cdots,q_j,\cdots,q_i,\cdots,q_N;t)\tag{7.1.4}$$

这就是哈密顿算符的交换对称性.

2. 由哈密顿算符的交换对称性证明交换算符是守恒算符

证　设 ψ 是全同粒子体系的任意波函数,由 $\hat{H}$ 的交换对称性得(注意,交换算符要作用于其后的所有算符与波函数)

$$\begin{aligned}&\hat{P}_{ij}\hat{H}(q_1,\cdots,q_i,\cdots,q_j,\cdots,q_N;t)\psi(q_1,\cdots,q_i,\cdots,q_j,\cdots,q_N;t)\\&\xlongequal{\hat{P}_{ij}\text{ 作用于 }\hat{H}}\hat{H}(q_1,\cdots,q_j,\cdots,q_i,\cdots,q_N;t)\hat{P}_{ij}\psi(q_1,\cdots,q_i,\cdots,q_j,\cdots,q_N;t)\\&\xlongequal{\hat{H}\text{ 的交换对称性}}\hat{H}(q_1,\cdots,q_i,\cdots,q_j,\cdots,q_N;t)\hat{P}_{ij}\psi(q_1,\cdots,q_i,\cdots,q_j,\cdots,q_N;t)\end{aligned}\tag{7.1.5}$$

这表明 $\hat{P}_{ij}$ 与 $\hat{H}$ 对易

$$[\hat{P}_{ij},\hat{H}]=\hat{P}_{ij}\hat{H}(q_1,\cdots,q_i,\cdots,q_j,\cdots,q_N;t)-\hat{H}(q_1,\cdots,q_i,\cdots,q_j,\cdots,q_N;t)\hat{P}_{ij}=0$$

$$i,j=1,2,\cdots,N\tag{7.1.6}$$

即交换算符是守恒算符，参看(2.7.13)式.

7.1.3 全同粒子体系波函数的对称性

(1) 交换算符的本征值方程.

现在进一步讨论全同粒子体系波函数的性质，用 $\hat{P}_{ij}$ 作用于 ψ，得

$$\hat{P}_{ij}\psi(q_1,\cdots,q_i,\cdots,q_j,\cdots,q_N;t)=\psi(q_1,\cdots,q_j,\cdots,q_i,\cdots,q_N;t) \tag{7.1.7}$$

全同性原理指出，ψ 与 $\hat{P}_{ij}\psi$ 所描述的是体系的同一状态，因此它们最多只能相差一个常数因子 λ，即

$$\hat{P}_{ij}\psi=\lambda\psi \tag{7.1.8}$$

这就是交换算符的本征值方程.

全同性原理要求全同粒子体系的波函数一定是交换算符的本征函数.

(2) 交换算符的本征值，对称与反对称的波函数.

为求出本征值 λ，用 $\hat{P}_{ij}$ 作用(7.1.8)式，可得

$$\hat{P}_{ij}^2\psi=\lambda\hat{P}_{ij}\psi=\lambda^2\psi$$

上式左边将粒子 i 与粒子 j 交换两次，相当于不交换，故

$$\psi=\lambda^2\psi \tag{7.1.9}$$

由此得 $\lambda^2=1$，即 $\lambda=\pm1$，代入(7.1.8)式，得

$$\hat{P}_{ij}\psi=\psi,\quad i,j=1,2,\cdots,N\quad(i\neq j) \tag{7.1.10a}$$

$$\hat{P}_{ij}\psi=-\psi,\quad i,j=1,2,\cdots,N\quad(i\neq j) \tag{7.1.10b}$$

① $\hat{P}_{ij}\psi=\psi$ 表示两粒子交换后其波函数不变，称 ψ 是变量 q 的对称函数；

② $\hat{P}_{ij}\psi=-\psi$ 表示两粒子交换后其波函数反号，称 ψ 是变量 q 的反对称函数.

这表明，全同性原理要求全同粒子体系的波函数要么是对称的，要么是反对称的.

(3) 全同粒子体系波函数的对称性将不随时间而变.

证 首先，全同粒子体系的波函数必须是所有交换算符的共同本征函数. 因为，如果它仅为某些粒子交换算符的共同本征函数，而不是另一些粒子交换算符的共同本征函数，它就不符合全同性原理的要求.

其次，(7.1.6)式表明，所有的交换算符都是守恒算符. 根据守恒量的性质可知，若 $t=0$ 时，体系处于所有交换算符的共同本征态，则体系将永远处于这些交换算符属于同一本征值的本征态. 例如，当 $t=0$ 时，体系处于所有交换算符本征值为 $\lambda=1$ 的本征态，即体系的波函数 $\psi(0)$ 对称，则该体系的波函数 $\psi(t)$ 将永远对称；反

之，若体系的波函数 $\psi(0)$ 反对称，则 $\psi(t)$ 永远反对称. 因此，全同粒子体系波函数的对称性将不随时间而变①.

既然全同粒子系波函数的对称性不会随时间变化，人们自然猜想，这种对称性决定于粒子的内禀性质.

7.1.4　全同粒子体系波函数的对称性决定于粒子的自旋

迄今为止的一切实验事实表明：

(1) 凡是由电子、中子、质子等这些自旋为 $\hbar$ 的半奇数倍的粒子组成的全同粒子体系，其波函数是反对称的(在量子统计中遵守费米统计)，称为费米子.

(2) 凡是由 π 介子($s=0$)、光子($s=1$)等这些自旋为 $\hbar$ 的整数倍的粒子组成的全同粒子体系，其波函数是对称的(在量子统计中遵守玻色统计)，称为玻色子.

(3) 由玻色子组成的复杂粒子仍为玻色子；由偶数个费米子组成的复杂粒子是玻色子(如氘、α 粒子)；由奇数个费米子组成的复杂粒子是费米子(如氚).

7.1.5　全同费米子体系的波函数　泡利不相容原理

1. 二全同费米子体系的波函数

先讨论由两个费米子(相互作用可以忽略)组成的体系，它的哈密顿算符为

$$\hat{H} = \hat{H}_0(q_1) + \hat{H}_0(q_2) \tag{7.1.11}$$

式中 $\hat{H}_0(q_i)$ 是单粒子的哈密顿算符. 两个粒子是全同的，两者的定态薛定谔方程为

$$\hat{H}_0(q_1)\psi_{k_1}(q_1) = \varepsilon_{k_1}\psi_{k_1}(q_1) \tag{7.1.12}$$

$$\hat{H}_0(q_2)\psi_{k_2}(q_2) = \varepsilon_{k_2}\psi_{k_2}(q_2) \tag{7.1.13}$$

二粒子体系的定态薛定谔方程为

$$\hat{H}\psi(q_1,q_2) = E\psi(q_1,q_2) \tag{7.1.14}$$

不难发现，若将

$$\psi(q_1,q_2) = \psi_{k_1}(q_1)\psi_{k_2}(q_2) \tag{7.1.15}$$

代入(7.1.14)式，必满足该方程，且可求得体系的能级为

$$E = \varepsilon_{k_1} + \varepsilon_{k_2} \tag{7.1.16}$$

若将两粒子交换，体系的能级仍为 $E=\varepsilon_{k_1}+\varepsilon_{k_2}$，但体系的波函数则为

---

① 比较一下：全同性原理要求全同粒子体系的波函数必定是交换算符的本征函数，全同粒子体系的波函数有确定的对称性(对称或反对称). 但是(见 2.7 节)，一个量子体系的波函数却不一定是宇称算符的本征函数，量子体系的波函数不一定具有确定的宇称(奇宇称或偶宇称).

$$\psi(q_2, q_1) = \psi_{k_1}(q_2)\psi_{k_2}(q_1) \tag{7.1.17}$$

这表明，体系的能级 $E=\varepsilon_{k_1}+\varepsilon_{k_2}$ 对应 $\psi(q_1,q_2)$ 和 $\psi(q_2,q_1)$ 两个状态，是简并的. 由于这是交换粒子带来的，故称交换简并.

但是 $\psi(q_1,q_2)=\psi_{k_1}(q_1)\psi_{k_2}(q_2)$ 和 $\psi(q_2,q_1)=\psi_{k_1}(q_2)\psi_{k_2}(q_1)$ 不符合全同费米子体系波函数(反对称)的要求. 必须将波函数反对称化. 受(6.8.31)式

$$\begin{aligned}\chi_{00} &= (1/\sqrt{2})(\chi^{(3)} - \chi^{(4)}) \\ &= (1/\sqrt{2})[\chi_{1/2}(S_{1z})\chi_{-1/2}(S_{2z}) - \chi_{-1/2}(S_{1z})\chi_{1/2}(S_{2z})]\end{aligned}$$

的启发，可得

$$\begin{aligned}\psi_A &= (1/\sqrt{2})[\psi(q_1,q_2) - \psi(q_2,q_1)] \\ &= (1/\sqrt{2})[\psi_{k_1}(q_1)\psi_{k_2}(q_2) - \psi_{k_2}(q_1)\psi_{k_1}(q_2)] \\ &= (1/\sqrt{2!})\begin{vmatrix}\psi_{k_1}(q_1) & \psi_{k_1}(q_2) \\ \psi_{k_2}(q_1) & \psi_{k_2}(q_2)\end{vmatrix}\end{aligned} \tag{7.1.18a}$$

2. 全同费米子体系的波函数

(7.1.18a)式可推广到由 N 个全同费米子组成的体系，其波函数为

$$\psi_A = C_A\begin{vmatrix}\psi_{k_1}(q_1) & \psi_{k_1}(q_2) & \cdots & \psi_{k_1}(q_N) \\ \psi_{k_2}(q_1) & \psi_{k_2}(q_2) & \cdots & \psi_{k_2}(q_N) \\ \vdots & \vdots & \vdots & \vdots \\ \psi_{k_N}(q_1) & \psi_{k_N}(q_2) & \cdots & \psi_{k_N}(q_N)\end{vmatrix}, \quad C_A = \frac{1}{\sqrt{N!}} \tag{7.1.18b}$$

式中的 $C_A=1/\sqrt{N!}$ 为归一化常数. 因为 N 个粒子分别排列在 N 个单粒子态上，共有 $N!$ 个排列，因而 ψ_A 共有 $N!$ 项. 由单粒子波函数的正交归一性可知，式中不同的项是互相正交的，在计算 $|\psi_A|^2$ 的积分时不必考虑交叉项，只要考虑这 $N!$ 项的模方(每项的模方的积分均为 1). 这样由

$$1 = \int |\psi_A|^2 \mathrm{d}q_1 \cdots \mathrm{d}q_N = |C_A|^2 N!$$

即可求得归一化因子 $C_A=\dfrac{1}{\sqrt{N!}}$(对不连续变量的积分应理解为求和).

在表示 ψ_A 的行列式中，每个粒子占一列，交换两个粒子就相当交换与之相应的两列，行列式自然变号，这就保证了波函数是反对称函数.

3. 泡利不相容原理

如果有两个或两个以上的粒子状态相同，如 $k_1=k_2$，则行列式便有两行或两行

以上相同. 由行列式的性质可知, $\psi_A=0$. 这表明, 在全同费米子体系中不能有两个或两个以上的费米子处于同一状态, 这就是泡利不相容原理. 这个原理是 1925 年由泡利首先提出来的, 它对了解多电子原子的结构具有重要意义.

7.1.6 全同玻色子体系的波函数

1. 两个全同玻色子组成的体系

前面(7.1.11)～(7.1.17)式的讨论同样适用. 对玻色子来说, $\psi(q_1,q_2)=\psi_{k_1}(q_1)\psi_{k_2}(q_2)$和$\psi(q_2,q_1)=\psi_{k_1}(q_2)\psi_{k_2}(q_1)$是否具有对称性呢? 这要分两种情形来讨论.

(1) 若两个单粒子处于相同的态($k_1=k_2$), 则 $\psi(q_1,q_2)$, $\psi(q_2,q_1)$是对称函数

$$\psi_S=\psi(q_1,q_2)=\psi(q_2,q_1) \tag{7.1.19}$$

(2) 若两个单粒子处于不同的态($k_1\neq k_2$), 则对称波函数为

$$\psi_S=\frac{1}{\sqrt{2}}[\psi(q_1,q_2)+\psi(q_2,q_1)]=\frac{1}{\sqrt{2}}[\psi_{k_1}(q_1)\psi_{k_2}(q_2)+\psi_{k_2}(q_1)\psi_{k_1}(q_2)] \tag{7.1.20}$$

2. N 个全同玻色子的体系

推广(7.1.20)式到由 N 个全同玻色子的体系, 得

$$\psi_S=C_S\sum_P P\psi_{k_1}(q_1)\psi_{k_2}(q_2)\cdots\psi_{k_N}(q_N) \tag{7.1.21}$$

式中 P 表示 N 个粒子在 N 个单粒子态上的一种排列, $\sum\limits_P$ 表示对所有不同排列求和, C_S 是归一化常数.

(1) 如果(7.1.21)式中 N 个单粒子态都不相同, 则由不同排列所构成的两项至少有两个因子不同, 即至少有两个粒子处于不同的单粒子态. 仿前, 和式中的各项都是互相正交的. 由于求和的项数为 $N!$, 利用

$$1=\int|\psi_S|^2\mathrm{d}q_1\cdots\mathrm{d}q_N=|C_S|^2N!$$

可得 $C_S=1/\sqrt{N!}$.

(2) 如果(7.1.21)式中 N 个单粒子态有的相同, 则要考虑粒子按态的分布.

设有 n_1 个玻色子处于 k_1 态, n_2 个玻色子处于 k_2 态, …, n_N 个玻色子处于 k_N 态, 则$\sum\limits_{i=1}^{N}n_i=N$ (式中 n_i 可以为零, 也可以大于 1), 体系的波函数应改写为

$$C_S\sum_P P\underbrace{\psi_{k_1}(q_1)\cdots\psi_{k_1}(q_{n_1})}_{n_1}\underbrace{\psi_{k_2}(q_{n_1+1})\cdots\psi_{k_2}(q_{n_1+n_2})}_{n_2}\cdots\psi_{k_N}(q_N) \tag{7.1.22}$$

这里 P 只对处于不同单粒子态上的粒子进行交换. 因为处于 k_1 态的 n_1 个粒子进行交换有 $n_1!$ 种方式,处于 k_2 态的 n_2 个粒子进行交换有 $n_2!$ 种方式,…故(7.1.22)式只有$\dfrac{N!}{n_1!\ n_2!\ \cdots n_N!}$个排列,即(7.1.22)式只有$\dfrac{N!}{n_1!\ n_2!\ \cdots n_N!}$项,因而归一化系数为

$$C_S=\sqrt{\frac{n_1!n_2!\cdots n_N!}{N!}}$$

全同玻色子体系的波函数为

$$\psi_S=\sqrt{\frac{n_1!n_2!\cdots n_N!}{N!}}\sum_P P\psi_{k_1}(q_1)\cdots\psi_{k_N}(q_n) \tag{7.1.23}$$

【例 7.1.1】 由三个玻色子构成的全同粒子体系,若其中两个粒子处于 1 态,一个粒子处于 3 态(即 $n_1=2,n_2=0,n_3=1$),求体系的波函数.

解 体系的波函数可写成

$$\begin{aligned}\psi_S&=\sqrt{\frac{2!0!1!}{3!}}\sum_P P\psi_{k_1}(q_1)\psi_{k_1}(q_2)\psi_{k_3}(q_3)\\&=\frac{1}{\sqrt{3}}[\psi_1(q_1)\psi_1(q_2)\psi_3(q_3)+\psi_1(q_3)\psi_1(q_1)\psi_3(q_2)+\psi_1(q_2)\psi_1(q_3)\psi_3(q_1)].\end{aligned}$$

如将第一项对处于 1 态上的粒子进行交换,则得到 $\psi_1(q_2)\psi_1(q_1)\psi_3(q_3)$,它与第一项完全相同. 因此,$\psi_S$ 不写对相同粒子态进行交换的项便保证了 ψ_S 的交换对称性.

7.1.7 全同粒子体系的总波函数

全同粒子体系(粒子自旋-轨道耦合可忽略)的总波函数可以写成坐标的函数和自旋的函数的乘积,即

$$\Psi(\boldsymbol{x}_1,S_{1z};\boldsymbol{x}_2,S_{2z};\cdots;\boldsymbol{x}_N,S_{Nz})=\psi(\boldsymbol{x}_1,\boldsymbol{x}_2,\cdots,\boldsymbol{x}_N)\chi(S_{1z},S_{2z},\cdots,S_{Nz}) \tag{7.1.24}$$

波函数 Ψ、ψ、χ的对称性见表 7.1.

表 7.1 波函数 Ψ、ψ、χ的对称性

	Ψ	ψ	χ
费米子	反对称	对称	反对称
		反对称	对称
玻色子	对称	对称	对称
		反对称	反对称

对二电子体系，χ_S 有三种形式，χ_A 有一种形式，其总波函数有四种形式

$$\Psi = \psi_A(\boldsymbol{x}_1, \boldsymbol{x}_2)\chi_S(s_{1z}, s_{2z})$$

$$= \begin{cases} \dfrac{1}{\sqrt{2}}[\psi_{k_1}(\boldsymbol{x}_1)\psi_{k_2}(\boldsymbol{x}_2) - \psi_{k_2}(\boldsymbol{x}_1)\psi_{k_1}(\boldsymbol{x}_2)]\chi_{1/2}(s_{1z})\chi_{1/2}(s_{2z}) \\ \dfrac{1}{\sqrt{2}}[\psi_{k_1}(\boldsymbol{x}_1)\psi_{k_2}(\boldsymbol{x}_2) - \psi_{k_2}(\boldsymbol{x}_1)\psi_{k_1}(\boldsymbol{x}_2)]\chi_{-1/2}(s_{1z})\chi_{-1/2}(s_{2z}) \\ \dfrac{1}{\sqrt{2}}[\psi_{k_1}(\boldsymbol{x}_1)\psi_{k_2}(\boldsymbol{x}_2) - \psi_{k_2}(\boldsymbol{x}_1)\psi_{k_1}(\boldsymbol{x}_2)]\dfrac{1}{\sqrt{2}}[\chi_{1/2}(s_{1z})\chi_{-1/2}(s_{2z}) \\ \quad + \chi_{-1/2}(s_{1z})\chi_{1/2}(s_{2z})] \end{cases} \tag{7.1.25}$$

$$\Psi = \psi_S(\boldsymbol{x}_1, \boldsymbol{x}_2)\chi_A(s_{1z}, s_{2z})$$

$$= \frac{1}{\sqrt{2}}[\psi_{k_1}(\boldsymbol{x}_1)\psi_{k_2}(\boldsymbol{x}_2) + \psi_{k_2}(\boldsymbol{x}_1)\psi_{k_1}(\boldsymbol{x}_2)]\frac{1}{\sqrt{2}}[\chi_{1/2}(s_{1z})\chi_{-1/2}(s_{2z}) - \chi_{-1/2}(s_{1z})\chi_{1/2}(s_{2z})] \tag{7.1.26}$$

【例 7.1.2】 两个全同粒子在同一势场中作谐振动，体系初态为第一激发态. 若在粒子间加入与相对距离成正比的斥力(看作微扰)，求第一激发态能量的变化.

解 无微扰哈密顿算符为

$$\hat{H}_0 = \frac{1}{2\mu}(\hat{p}_1^2 + \hat{p}_2^2) + \frac{\mu}{2}\omega^2(x_1^2 + x_2^2)$$

由 $F = kx$ 得 $H' = -\int F\mathrm{d}x = -\frac{1}{2}kx^2 = A(x_1 - x_2)^2$，故微扰哈密顿算符为

$$\hat{H}' = A(x_1 - x_2)^2$$

方法一，用简并态微扰论求解.

(1) $E_1^{(0)}$ 能级是二重简并的.

无微扰的能级为

$$E_n^{(0)} = \hbar\omega\left(n_1 + \frac{1}{2} + n_2 + \frac{1}{2}\right) = \hbar\omega(n_1 + n_2 + 1)$$

第一激发态的 $n = n_1 + n_2 = 1$，能量为

$$E_1^{(0)} = 2\hbar\omega$$

它是二重简并的，相应的波函数为

$$\psi_1^{(0)}(x_1, x_2) = \psi_0(x_1)\psi_1(x_2) = \langle x_1 x_2 \mid \overset{n_1}{0} \quad \overset{n_2}{1}\rangle, \quad n_1 = 0, n_2 = 1$$

$$\psi_2^{(0)}(x_1, x_2) = \psi_1(x_1)\psi_0(x_2) = \langle x_1 x_2 \mid \overset{n_1}{1} \quad \overset{n_2}{0}\rangle, \quad n_1 = 1, n_2 = 0$$

(2) 求解久期方程得 $E_1^{(1)}$.

由(5.2.24)式,能量的一级修正 $E_1^{(1)}$ 遵守久期方程(因为本题 $n=1$,可以将 $H'_{1\mu,1\nu}$ 简记为 $H'_{\mu\nu}$)

$$\begin{vmatrix} H'_{11}-E_1^{(1)} & H'_{12} \\ H'_{21} & H'_{22}-E_1^{(1)} \end{vmatrix} = 0$$

为计算 $\hat{H}'$ 的矩阵元,利用(3.5.38)式

$$\hat{x}_i = \sqrt{\frac{\hbar}{2\mu\omega}}(\hat{a}_i^\dagger + \hat{a}_i)$$

并注意到算符 $\hat{x}_1$ 只对粒子 1 的态矢有作用,对粒子 2 的态矢没作用,反之亦然. 由此得

$$\begin{aligned} H'_{11} &= \langle \psi_1^{(0)} \mid \hat{H}' \mid \psi_1^{(0)} \rangle \\ &= A\langle \overset{n_1}{0} \quad \overset{n_2}{1} \mid (\hat{x}_1 - \hat{x}_2)^2 \mid \overset{n_1}{0} \quad \overset{n_2}{1} \rangle \\ &= A\langle \overset{n_1}{0} \mid \hat{x}_1^2 \mid \overset{n_1}{0} \rangle \langle \overset{n_2}{1} \mid \overset{n_2}{1} \rangle - 2A\langle \overset{n_1}{0} \mid \hat{x}_1 \mid \overset{n_1}{0} \rangle \langle \overset{n_2}{1} \mid \hat{x}_2 \mid \overset{n_2}{1} \rangle \\ &\quad + A\langle \overset{n_1}{0} \mid \overset{n_1}{0} \rangle \langle \overset{n_2}{1} \mid \hat{x}_2^2 \mid \overset{n_2}{1} \rangle \end{aligned}$$

利用(3.5.39)式

$$\langle n' \mid \hat{x} \mid n \rangle = \sqrt{\frac{\hbar}{2\mu\omega}}(\sqrt{n+1}\,\delta_{n',n+1} + \sqrt{n}\,\delta_{n',n-1})$$

可得 $x_{nn}^2 = \langle n \mid \hat{x}^2 \mid n \rangle = \sum_k \langle n \mid \hat{x} \mid k \rangle \langle k \mid \hat{x} \mid n \rangle$, 见(5.1.40)式. 易见

$$\langle 0 \mid \hat{x}_1^2 \mid 0 \rangle = \langle 0 \mid \hat{x}_1 \mid 1 \rangle \langle 1 \mid \hat{x}_1 \mid 0 \rangle = \frac{\hbar}{2\mu\omega}$$

$$\begin{aligned} \langle 1 \mid \hat{x}_2^2 \mid 1 \rangle &= \sum_k \langle 1 \mid \hat{x}_2 \mid k \rangle \langle k \mid \hat{x}_2 \mid 1 \rangle \\ &= \langle 1 \mid \hat{x}_2 \mid 0 \rangle \langle 0 \mid \hat{x}_2 \mid 1 \rangle + \langle 1 \mid \hat{x}_2 \mid 2 \rangle \langle 2 \mid \hat{x}_2 \mid 1 \rangle \\ &= \frac{\hbar}{2\mu\omega} + \frac{2\hbar}{2\mu\omega} = \frac{3\hbar}{2\mu\omega} \end{aligned}$$

代入 H'_{11} 便有

$$H'_{11} = A\left(\frac{\hbar}{2\mu\omega} - 0 + \frac{3\hbar}{2\mu\omega}\right) = \frac{2A\hbar}{\mu\omega}$$

同理可求得

$$H'_{22} = \langle \psi_2^{(0)} \mid \hat{H}' \mid \psi_2^{(0)} \rangle = A\langle \overset{n_1}{1} \quad \overset{n_2}{0} \mid (\hat{x}_1 - \hat{x}_2)^2 \mid \overset{n_1}{1} \quad \overset{n_2}{0} \rangle$$

$$=A\langle \overset{n_1}{1} \mid \hat{x}_1^2 \mid \overset{n_1}{1}\rangle - 2A\langle \overset{n_1}{1} \mid \hat{x}_1 \mid \overset{n_1}{1}\rangle\langle \overset{n_2}{0} \mid \hat{x}_2 \mid \overset{n_2}{0}\rangle + A\langle \overset{n_2}{0} \mid \hat{x}_2^2 \mid \overset{n_2}{0}\rangle = \frac{2A\hbar}{\mu\omega}$$

及

$$\begin{aligned}
H'_{12} = H'_{21} &= \langle \psi_2^{(0)} \mid \hat{H}' \mid \psi_1^{(0)} \rangle = A\langle \overset{n_1}{1}\ \ \overset{n_2}{0} \mid (\hat{x}_1 - \hat{x}_2)^2 \mid \overset{n_1}{0}\ \ \overset{n_2}{1}\rangle \\
&= A[\langle \overset{n_1}{1} \mid \hat{x}_1^2 \mid \overset{n_1}{0}\rangle\langle \overset{n_2}{0} \mid \overset{n_2}{1}\rangle - 2\langle \overset{n_1}{1} \mid \hat{x}_1 \mid \overset{n_1}{0}\rangle\langle \overset{n_2}{0} \mid \hat{x}_2 \mid \overset{n_2}{1}\rangle \\
&\quad + \langle \overset{n_1}{1} \mid \overset{n_1}{0}\rangle\langle \overset{n_2}{0} \mid \hat{x}_2^2 \mid \overset{n_2}{1}\rangle] \\
&= A\left[0 - 2\,\frac{\hbar}{2\mu\omega} + 0\right] = -\frac{A\hbar}{\mu\omega}
\end{aligned}$$

将 $H'_{11}, H'_{12}, H'_{21}, H'_{22}$ 代入久期方程，得

$$\begin{vmatrix} \dfrac{2A\hbar}{\mu\omega} - E_1^{(1)} & -\dfrac{A\hbar}{\mu\omega} \\ -\dfrac{A\hbar}{\mu\omega} & \dfrac{2A\hbar}{\mu\omega} - E_1^{(1)} \end{vmatrix} = 0$$

解之得 $E_1^{(1)} = \dfrac{3A\hbar}{\mu\omega}$ 及 $\dfrac{A\hbar}{\mu\omega}$，即为所求.

方法二. 将两粒子的坐标变换为两粒子的相对坐标和质心坐标，可精确求解.

(1) 作坐标变换

$$\begin{cases} \xi = \dfrac{1}{2}(x_1 + x_2) \\ \eta = x_1 - x_2 \end{cases} \quad 即 \quad \begin{cases} x_1 = \xi + \dfrac{\eta}{2} \\ x_2 = \xi - \dfrac{\eta}{2} \end{cases}$$

容易证明

$$\frac{\partial^2}{\partial x_1^2} = \frac{1}{4}\,\frac{\partial^2}{\partial \xi^2} + \frac{\partial^2}{\partial \eta^2} + \frac{\partial^2}{\partial \xi \partial \eta}, \quad \frac{\partial^2}{\partial x_2^2} = \frac{1}{4}\,\frac{\partial^2}{\partial \xi^2} + \frac{\partial^2}{\partial \eta^2} - \frac{\partial^2}{\partial \xi \partial \eta}$$

$$x_1^2 + x_2^2 = \left(\xi + \frac{\eta}{2}\right)^2 + \left(\xi - \frac{\eta}{2}\right)^2 = 2\xi^2 + \frac{\eta^2}{2}$$

(2) 体系的哈密顿算符. 令

$$M = 2\mu, \quad m = \frac{1}{2}\mu, \quad \omega' = \sqrt{\omega^2 + \frac{2A}{m}}$$

体系的哈密顿算符为

$$\hat{H} = -\frac{\hbar^2}{2\mu}\,\frac{\partial^2}{\partial x_1^2} + \frac{1}{2}\mu\omega^2 x_1^2 - \frac{\hbar^2}{2\mu}\,\frac{\partial^2}{\partial x_2^2} + \frac{1}{2}\mu\omega^2 x_2^2 + A(x_1 - x_2)^2$$

$$=-\frac{\hbar^2}{2M}\frac{\partial^2}{\partial\xi^2}+\frac{1}{2}M\omega^2\xi^2-\frac{\hbar^2}{2m}\frac{\partial^2}{\partial\eta^2}+\frac{1}{2}m\omega^2\eta^2+A\eta^2$$

$$=-\frac{\hbar^2}{2M}\frac{\partial^2}{\partial\xi^2}+\frac{1}{2}M\omega^2\xi^2-\frac{\hbar^2}{2m}\frac{\partial^2}{\partial\eta^2}+\frac{1}{2}m\omega'^2\eta^2$$

(3) 体系的能级

$$E_n=\hbar\omega\left(n_\xi+\frac{1}{2}\right)+\hbar\omega'\left(n_\eta+\frac{1}{2}\right)$$

当 $n_\xi=1, n_\eta=0$ 时,精确解为

$$E=\frac{3}{2}\hbar\omega+\frac{1}{2}\hbar\omega'=\frac{3}{2}\hbar\omega+\frac{1}{2}\hbar\sqrt{\omega^2+\frac{2A}{m}}=\frac{3}{2}\hbar\omega+\frac{\hbar}{2}\left(\omega+\frac{A}{m\omega}+\cdots\right)$$

$$=2\hbar\omega+\frac{A\hbar}{\mu\omega}+\cdots$$

当 $n_\xi=0, n_\eta=1$ 时,精确解为

$$E=\frac{1}{2}\hbar\omega+\frac{3}{2}\hbar\omega'=\frac{1}{2}\hbar\omega+\frac{3}{2}\hbar\sqrt{\omega^2+\frac{2A}{m}}=\frac{1}{2}\hbar\omega+\frac{3}{2}\hbar\left(\omega+\frac{A}{m\omega}+\cdots\right)$$

$$=2\hbar\omega+\frac{3A\hbar}{\mu\omega}+\cdots$$

略去高阶小量,与方法一的微扰计算结果相同.

习 题 7.1

7.1.1 考虑由两个粒子组成的体系,设可能的单粒子态为 $\psi_1(q)$,$\psi_2(q)$和 $\psi_3(q)$,试求体系的可能态数目,分三种情况讨论:

(1) 粒子为全同玻色子(波函数对称);

(2) 粒子为全同费米子(波函数反对称);

(3) 粒子为可区分粒子(没有对称性限制).

7.1.2 如果例 1 的两个粒子是自旋为$\frac{1}{2}$的全同粒子,分别求体系处于能级 $E=2\hbar\omega+\frac{A\hbar}{\mu\omega}$及 $2\hbar\omega+\frac{3A\hbar}{\mu\omega}$时的总自旋量子数 $s=?$

7.1.3 固定在 z 轴上的两个电子间存在一个磁偶极-偶极相互作用能,用哈密顿算符 $\hat{H}$ 表示为

$$\hat{H}=A(\hat{\boldsymbol{S}}_1\cdot\hat{\boldsymbol{S}}_2-3\hat{S}_{1z}\hat{S}_{2z})$$

式中 A 为常数.

(1) 试用总自旋算符 $\hat{\boldsymbol{S}}=\hat{\boldsymbol{S}}_1+\hat{\boldsymbol{S}}_2$ 表示 $\hat{H}$;

(2) 求 $\hat{H}$ 的本征值与简并度.

7.1.4 两个质量为 μ,自旋为$\frac{1}{2}$的全同粒子,处于宽度为 a 的一维无限深势阱中,忽略两

粒子间的相互作用,求粒子体系的能量本征值和本征函数,并写出基态和第一激发态波函数的具体形式,指出它们的简并度.

7.1.5　设有两个相同的自由粒子,均处于动量本征态(本征值为 $\hbar\boldsymbol{k}'$,$\hbar\boldsymbol{k}''$),试写出下述三种情形的空间波函数,并讨论它们在空间的相对位置的分布概率:

(1) 没有交换对称性的情形;　(2) 交换反对称的情形;　(3) 交换对称的情形.

7.1.6　某个特殊的一维势阱具有下列束缚态单粒子能量本征函数:$\psi_1(x),\psi_2(x),\psi_3(x),\cdots$,其中 $\varepsilon_1<\varepsilon_2<\varepsilon_3<\cdots$. 两个没有相互作用的粒子置于该势阱中,求下列三种情形体系可能达到的两个最低总能量值和相应的简并度,以及与上述两能级相应的体系总波函数:

(1) 两个自旋为 1/2 的可区分粒子;　(2) 两个自旋为 1/2 的全同粒子;　(3) 两个自旋为 0 的全同粒子.

7.1.7　两个自旋 1/2 的非全同粒子系的哈密顿算符为

$$\hat{H}_S=-A\hat{\boldsymbol{S}}_1\cdot\hat{\boldsymbol{S}}_2,\qquad A>0$$

求 $\hat{H}_S$ 的能量本征值和相应的简并度.

7.1.8　两个质量为 μ 的粒子处于一个边长分别为 $a>b>c$ 的长方体盒子中,体系处于与下列条件相容的能量最低态. 设粒子间的相互作用势

$$V=A\delta^3(\boldsymbol{x}_1-\boldsymbol{x}_2)$$

可看作微扰. 在下列条件中用一级微扰论计算体系能量:

(1) 粒子不全同;

(2) 零自旋全同粒子;

(3) 自旋平行且自旋为 1/2 的全同粒子.

7.2　氦原子　仲氦与正氦

在 5.3 节,我们曾用变分法计算了氦原子基态的能级和波函数.

本节将用微扰论处理氦原子基态与激发态的问题,给出仲氦($s=0$)和正氦($s=1$)的能级图,并讨论两者的关系.

7.2.1　氦原子的哈密顿算符

为了简化问题,应略去一些次要因素:

(1) 氦原子核的质量比电子大得多,可以不考虑氦核的运动.

(2) 两电子间的自旋相互作用和电子的自旋-轨道相互作用远小于电子与核的库仑相互作用和电子与电子之间的库仑相互作用,因此只要考虑后两者.

这样,我们的研究对象就是处于氦原子核场中的,两电子间存在库仑相互作用的二电子体系.

氦原子的哈密顿算符

$$\hat{H}=-\frac{\hbar^2}{2\mu}\nabla_1^2-\frac{2e_s^2}{r_1}-\frac{\hbar^2}{2\mu}\nabla_2^2-\frac{2e_s^2}{r_2}+\frac{e_s^2}{r_{12}}\tag{7.2.1}$$

由于 $\hat{H}$ 不含自旋变量，故氦原子的波函数可分离变量，得

$$\Psi(\boldsymbol{r}_1,\boldsymbol{r}_2,S_{1z},S_{2z})=\psi(\boldsymbol{r}_1,\boldsymbol{r}_2)\chi(S_{1z},S_{2z}) \tag{7.2.2}$$

为了用微扰论计算氦原子的能级和波函数，可将 $\hat{H}$ 分为 $\hat{H}_0$ 和 $\hat{H}'$ 两部分

$$\hat{H}_0=-\frac{\hbar^2}{2\mu}\nabla_1^2-\frac{2e_s^2}{r_1}-\frac{\hbar^2}{2\mu}\nabla_2^2-\frac{2e_s^2}{r_2} \tag{7.2.3}$$

$$\hat{H}'=\frac{e_s^2}{r_{12}}=\frac{e_s^2}{|\boldsymbol{r}_1-\boldsymbol{r}_2|} \tag{7.2.4}$$

7.2.2 无微扰哈密顿算符 $\hat{H}_0$ 的本征值与本征函数

$\hat{H}_0$ 是两个 $Z=2$ 的类氢离子的哈密顿算符之和. 单电子的能量与波函数满足定态薛定谔方程(单电子的能级 ε_k、波函数 $\psi_k(\boldsymbol{r})$ 的形式与氢原子相同，仅 $Z=2$)

$$\left(-\frac{\hbar^2}{2\mu}\nabla^2-\frac{2e_s^2}{r}\right)\psi_k(\boldsymbol{r})=\varepsilon_k\psi_k(\boldsymbol{r}),\quad k=1,2,\cdots \tag{7.2.5}$$

$\hat{H}_0$ 的本征值为

$$E^{(0)}=\varepsilon_m+\varepsilon_n \tag{7.2.6}$$

相应的本征函数为

$$\begin{cases}\psi_1^{(0)}(\boldsymbol{r}_1,\boldsymbol{r}_2)=\psi_m(\boldsymbol{r}_1)\psi_n(\boldsymbol{r}_2)\\ \psi_2^{(0)}(\boldsymbol{r}_1,\boldsymbol{r}_2)=\psi_n(\boldsymbol{r}_1)\psi_m(\boldsymbol{r}_2)\end{cases} \tag{7.2.7}$$

可见能级 $E^{(0)}=\varepsilon_m+\varepsilon_n$ 是二重简并的，称为交换简并.

7.2.3 空间波函数的零级近似

零级近似波函数是 $\hat{H}_0$ 本征函数的线性叠加

$$\varphi^{(0)}(\boldsymbol{r}_1,\boldsymbol{r}_2)=c_1\psi_1^{(0)}(\boldsymbol{r}_1,\boldsymbol{r}_2)+c_2\psi_2^{(0)}(\boldsymbol{r}_1,\boldsymbol{r}_2) \tag{7.2.8}$$

见(5.2.28)式.

根据全同粒子体系波函数的对称性和归一化条件，利用(7.2.7)式可构成对称的空间波函数 $\varphi_S^{(0)}(\boldsymbol{r}_1,\boldsymbol{r}_2)$ 和反对称的空间波函数 $\varphi_A^{(0)}(\boldsymbol{r}_1,\boldsymbol{r}_2)$.

(1) 当 $m=n$ 时，有(简记作 $\varphi^{(0)}$)

$$\varphi_S^{(0)}(\boldsymbol{r}_1,\boldsymbol{r}_2)=\psi_m(\boldsymbol{r}_1)\psi_m(\boldsymbol{r}_2)=\varphi^{(0)} \tag{7.2.9}$$

(2) 当 $m\neq n$ 时，有(简记作 $\varphi_\pm^{(0)}$)

$$\varphi_S^{(0)}(\boldsymbol{r}_1,\boldsymbol{r}_2)=\frac{1}{\sqrt{2}}[\psi_m(\boldsymbol{r}_1)\psi_n(\boldsymbol{r}_2)+\psi_n(\boldsymbol{r}_1)\psi_m(\boldsymbol{r}_2)]=\varphi_+^{(0)} \tag{7.2.10}$$

$$\varphi_A^{(0)}(\boldsymbol{r}_1,\boldsymbol{r}_2)=\frac{1}{\sqrt{2}}[\psi_m(\boldsymbol{r}_1)\psi_n(\boldsymbol{r}_2)-\psi_n(\boldsymbol{r}_1)\psi_m(\boldsymbol{r}_2)]=\varphi_-^{(0)} \tag{7.2.11}$$

7.2.4 基态能级的计算

1. 基态能量的零级近似

由 $E^{(0)}=\varepsilon_m+\varepsilon_n$ 可见，基态能量的零级近似为两个单电子基态能量之和，即在式(4.2.29)中令 $Z=2, n=1$ 后乘2即得

$$E_0^{(0)}=2\left(-\frac{\mu Z^2 e_s^4}{2\hbar^2 n^2}\right)=-\frac{4\mu e_s^4}{\hbar^2} \tag{7.2.12}$$

相应的基态空间波函数的零级近似为

$$\varphi_0^{(0)}(\boldsymbol{r}_1,\boldsymbol{r}_2)=\psi_{100}(\boldsymbol{r}_1)\psi_{100}(\boldsymbol{r}_2) \tag{7.2.13}$$

将 $\mathscr{R}_{10}(r)=\left(\frac{2}{a_0}\right)^{3/2}2\mathrm{e}^{-\frac{2r}{a_0}}$ 及 $\mathrm{Y}_{00}=\sqrt{\frac{1}{4\pi}}$ 代入 $\psi_{100}(r,\theta,\varphi)$，即有

$$\psi_{100}(r,\theta,\varphi)=\mathscr{R}_{10}(r)\mathrm{Y}_{00}(\theta,\varphi)=\left(\frac{2}{a_0}\right)^{3/2}2\mathrm{e}^{-\frac{2r}{a_0}}\frac{1}{\sqrt{4\pi}} \tag{7.2.14}$$

将 $\psi_{100}(r,\theta,\varphi)$ 代入 $\varphi_0^{(0)}(\boldsymbol{r}_1,\boldsymbol{r}_2)$ 得

$$\varphi_0^{(0)}(\boldsymbol{r}_1,\boldsymbol{r}_2)=\frac{8}{\pi a_0^3}\mathrm{e}^{-\frac{2}{a_0}(r_1+r_2)} \tag{7.2.15}$$

2. 基态能量的一级近似

氦原子的基态能级是非简并的. 根据非简并态微扰论，将 $\hat{H}'$ 及 $\varphi_0^{(0)}(\boldsymbol{r}_1,\boldsymbol{r}_2)$ 代入 $E_n^{(1)}=H'_{nn}$（令 $n=0$），可得

$$\begin{aligned}E_0^{(1)}&=\iint\varphi_0^{(0)*}(\boldsymbol{r}_1,\boldsymbol{r}_2)\hat{H}'\varphi_0^{(0)}(\boldsymbol{r}_1,\boldsymbol{r}_2)\mathrm{d}^3\boldsymbol{r}_1\mathrm{d}^3\boldsymbol{r}_2=\left(\frac{8e_s}{\pi a_0^3}\right)^2\iint\frac{\mathrm{e}^{-\frac{4}{a_0}(r_1+r_2)}}{|\boldsymbol{r}_1-\boldsymbol{r}_2|}\mathrm{d}^3\boldsymbol{r}_1\mathrm{d}^3\boldsymbol{r}_2\\&=\frac{5e_s^2}{4a_0}=\frac{5}{4}\frac{\mu e_s^4}{\hbar^2}\end{aligned} \tag{7.2.16}$$

上述积分已在(5.3.25)式给出，最后的等式是利用了 $a_0=\hbar^2/\mu e_s^2$.

基态能量的一级近似即为

$$E_0=E_0^{(0)}+E_0^{(1)}=-\frac{4\mu e_s^4}{\hbar^2}+\frac{5}{4}\frac{\mu e_s^4}{\hbar^2}=-74.83\mathrm{eV} \tag{7.2.17}$$

与实验值 $E_0=-78.98\mathrm{eV}$ 相近，误差5.3%的原因是微扰相对其他项不够小.

3. 基态总波函数的零级近似

前面给出的基态空间波函数的零级近似 $\varphi_0^{(0)}(\boldsymbol{r}_1,\boldsymbol{r}_2)=\psi_{100}(\boldsymbol{r}_1)\psi_{100}(\boldsymbol{r}_2)$ 是对称的波函数. 因此，相应的自旋波函数应为反对称的波函数

$$\chi_{00}(S_{1z},S_{2z})=\frac{1}{\sqrt{2}}[\chi_{1/2}(S_{1z})\chi_{-1/2}(S_{2z})-\chi_{-1/2}(S_{1z})\chi_{1/2}(S_{2z})]$$

基态总波函数的零级近似为

$$\Psi_0^{(0)}(\boldsymbol{r}_1,\boldsymbol{r}_2,S_{1z},S_{2z}) = \psi_{100}(\boldsymbol{r}_1)\psi_{100}(\boldsymbol{r}_2)\chi_{00}(S_{1z},S_{2z}) \tag{7.2.18}$$

7.2.5 激发态能级的计算

1. 激发态能量的一级修正 $E_{\pm}^{(1)}$

激发态能级是二重简并的,将零级近似波函数 $\varphi_{\pm}^{(0)}$ 代入 $E_{n\alpha}^{(1)}=\langle\varphi_{n\alpha}^{(0)}|\hat{H}'|\varphi_{n\alpha}^{(0)}\rangle$,得

$$\begin{aligned}
E_{\pm}^{(1)} &= \iint \varphi_{\pm}^{(0)*}(\boldsymbol{r}_1,\boldsymbol{r}_2)\hat{H}'\varphi_{\pm}^{(0)}(\boldsymbol{r}_1,\boldsymbol{r}_2)\mathrm{d}^3\boldsymbol{r}_1\mathrm{d}^3\boldsymbol{r}_2 \\
&= \frac{1}{2}\iint[\psi_m(\boldsymbol{r}_1)\psi_n(\boldsymbol{r}_2)\pm\psi_n(\boldsymbol{r}_1)\psi_m(\boldsymbol{r}_2)]^*\,\frac{e_s^2}{r_{12}}[\psi_m(\boldsymbol{r}_1)\psi_n(\boldsymbol{r}_2) \\
&\quad \pm\psi_n(\boldsymbol{r}_1)\psi_m(\boldsymbol{r}_2)]\mathrm{d}^3\boldsymbol{r}_1\mathrm{d}^3\boldsymbol{r}_2 \\
&= \frac{1}{2}\iint\left\{\frac{e^2\,|\psi_m(\boldsymbol{r}_1)|^2\,|\psi_n(\boldsymbol{r}_2)|^2}{4\pi\varepsilon_0 r_{12}}+\frac{e^2\,|\psi_n(\boldsymbol{r}_1)|^2\,|\psi_m(\boldsymbol{r}_2)|^2}{4\pi\varepsilon_0 r_{12}}\right. \\
&\quad \left.\pm\frac{e^2\psi_m^*(\boldsymbol{r}_1)\psi_n(\boldsymbol{r}_1)\psi_n^*(\boldsymbol{r}_2)\psi_m(\boldsymbol{r}_2)}{4\pi\varepsilon_0 r_{12}}\pm\frac{e^2\psi_n^*(\boldsymbol{r}_1)\psi_m(\boldsymbol{r}_1)\psi_m^*(\boldsymbol{r}_2)\psi_n(\boldsymbol{r}_2)}{4\pi\varepsilon_0 r_{12}}\right\}\mathrm{d}^3\boldsymbol{r}_1\mathrm{d}^3\boldsymbol{r}_2 \\
&= \frac{1}{2}(I_1+I_2\pm I_3\pm I_4)
\end{aligned} \tag{7.2.19}$$

现在两两计算上述的四个积分:

(1) 计算 I_1 和 I_2.

将定积分 I_2 的积分变量 $\boldsymbol{r}_1$ 与 $\boldsymbol{r}_2$ 互换,即可发现 I_2 与 I_1 相等,记作 K

$$I_2 = I_1 = \int\frac{e^2\,|\psi_m(\boldsymbol{r}_1)|^2\,|\psi_n(\boldsymbol{r}_2)|^2}{4\pi\varepsilon_0 r_{12}}\mathrm{d}^3\boldsymbol{r}_1\mathrm{d}^3\boldsymbol{r}_2 = K \tag{7.2.20}$$

引入

$$\rho_{mm}(\boldsymbol{r}_1) = -e\,|\psi_m(\boldsymbol{r}_1)|^2,\quad \rho_{nn}(\boldsymbol{r}_2) = -e\,|\psi_n(\boldsymbol{r}_2)|^2 \tag{7.2.21}$$

分别表示处于 ψ_m 态的电子 1 在 $\boldsymbol{r}_1$ 处的电荷密度和处于 ψ_n 态的电子 2 在 $\boldsymbol{r}_2$ 处的电荷密度,则

$$K = \iint\frac{\rho_{mm}(\boldsymbol{r}_1)\rho_{nn}(\boldsymbol{r}_2)}{4\pi\varepsilon_0 r_{12}}\mathrm{d}^3\boldsymbol{r}_1\mathrm{d}^3\boldsymbol{r}_2 \tag{7.2.22}$$

由此可见,K 正是处于 $\psi_m(\boldsymbol{r}_1)$态及 $\psi_n(\boldsymbol{r}_2)$态的两个电子相互作用的库仑能.

(2) 计算 I_3 和 I_4.

将定积分 I_4 的积分变量 $\boldsymbol{r}_1$ 与 $\boldsymbol{r}_2$ 互换,即可发现 I_4 与 I_3 相等,记作 A

$$I_4 = I_3 = \iint\frac{e^2\psi_m^*(\boldsymbol{r}_1)\psi_n(\boldsymbol{r}_1)\psi_n^*(\boldsymbol{r}_2)\psi_m(\boldsymbol{r}_2)}{4\pi\varepsilon_0 r_{12}}\mathrm{d}^3\boldsymbol{r}_1\mathrm{d}^3\boldsymbol{r}_2 = A \tag{7.2.23}$$

引入

$$\rho_{mn}(\boldsymbol{r}) = -e\psi_m^*(\boldsymbol{r})\psi_n(\boldsymbol{r})$$

表示电子部分处于 ψ_m 态，部分处于 ψ_n 态时所产生的电荷密度，称为交换密度，则

$$A = \iint \frac{\rho_{mn}(\boldsymbol{r}_1)\rho_{mn}^*(\boldsymbol{r}_2)}{4\pi\varepsilon_0 r_{12}} \mathrm{d}^3\boldsymbol{r}_1 \mathrm{d}^3\boldsymbol{r}_2 \tag{7.2.24}$$

由此可见，A 是电荷密度为 $\rho_{mn}(\boldsymbol{r}_1)$ 和 $\rho_{mn}^*(\boldsymbol{r}_2)$ 这两部分电子云的相互作用能，称为交换能.

交换能是一个量子效应，没有经典对应. 交换能的大小决定于 $\psi_m(\boldsymbol{r})$ 及 $\psi_n(\boldsymbol{r})$ 的重合程度. 若两者分别集中于空间的不同区域，即 $\psi_m(\boldsymbol{r}_1)$ 大的地方 $\psi_n(\boldsymbol{r}_2)$ 很小，而 $\psi_m(\boldsymbol{r}_1)$ 小的地方 $\psi_n(\boldsymbol{r}_2)$ 很大，则交换能很小.

将 ψ_m 及 ψ_n 代入(7.2.22)式及(7.2.24)式，则 K 与 A 即可算出；再将它们代入(7.2.19)式，即可求得 $E_+^{(1)}$ 和 $E_-^{(1)}$.

2. 激发态能量的一级近似

$$E_\mathrm{S} = E_+ = E^{(0)} + E_+^{(1)} = \varepsilon_m + \varepsilon_n + K + A \tag{7.2.25}$$

$$E_\mathrm{A} = E_- = E^{(0)} + E_-^{(1)} = \varepsilon_m + \varepsilon_n + K - A \tag{7.2.26}$$

7.2.6 仲氦与正氦

由于二电子体系是全同费米子体系，其总波函数是反对称的. 但其空间波函数既可以是对称的，也可以是反对称的. 据此氦原子形成了两个能级系：仲氦和正氦.

1. 仲氦

空间波函数对称，自旋波函数反对称(总自旋量子数 $s=0$)构成的总波函数为

$$\begin{aligned}\boldsymbol{\Psi}_\mathrm{I} &= \boldsymbol{\varphi}_\mathrm{S}^{(0)}(\boldsymbol{r}_1, \boldsymbol{r}_2)\chi_\mathrm{A}(S_{1z}, S_{2z}) \\ &= \frac{1}{\sqrt{2}}[\psi_m(\boldsymbol{r}_1)\psi_n(\boldsymbol{r}_2) + \psi_n(\boldsymbol{r}_1)\psi_m(\boldsymbol{r}_2)]\chi_\mathrm{A}(S_{1z}, S_{2z})\end{aligned} \tag{7.2.27}$$

式中 $\chi_\mathrm{A}(S_{1z}, S_{2z})$ 是 $s=0$ 的单态，处于 $\boldsymbol{\Psi}_\mathrm{I}$ 态的氦原子称为仲氦. 处于基态的氦原子，其自旋波函数是反对称的，即处于基态的氦原子是仲氦.

2. 正氦

空间波函数反对称，自旋波函数对称(总自旋量子数 $s=1$)构成的总波函数为

$$\begin{aligned}\boldsymbol{\Psi}_\mathrm{II} &= \varphi_\mathrm{A}^{(0)}(\boldsymbol{r}_1, \boldsymbol{r}_2)\chi_\mathrm{S}(S_{1z}, S_{2z}) \\ &= \frac{1}{\sqrt{2}}[\psi_m(\boldsymbol{r}_1)\psi_n(\boldsymbol{r}_2) - \psi_n(\boldsymbol{r}_1)\psi_m(\boldsymbol{r}_2)]\chi_\mathrm{S}(S_{1z}, S_{2z})\end{aligned} \tag{7.2.28}$$

式中 $\chi_\mathrm{S}(S_{1z}, S_{2z})$ 是 $s=1$ 的三重态，处于 $\boldsymbol{\Psi}_\mathrm{II}$ 态的氦原子称为正氦.

讨论

(1) 正氦与仲氦相互转化的概率很小. 如果氦原子受到扰动,使 $\hat{H}$ 发生变化,只要自旋-轨道耦合没有强烈到使总自旋不守恒,要从正氦的基态(2^3S)跃迁到仲氦基态(1^1S)上是不可能的. 因此,正氦的基态称为亚稳态(寿命大于 10^{-8}s). 但是,通过与电子或其他原子的非弹性碰撞可使这种跃迁成为可能. 例如,在氦氖激光器中,利用气体放电,让电子与氦原子碰撞,将氦原子激发到正氦的基态 2^3S 和仲氦的激发态 2^1S(见图 7.1 所示). 随后,利用这些氦原子与氖原子碰撞,在氦原子跃迁到仲氦的基态的同时,使氖原子激发,造成氖原子对低能级的粒子数反转,最后形成 6328Å 的激光.

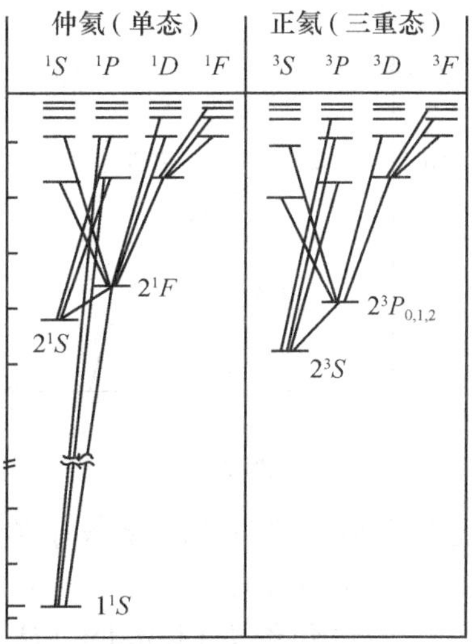

图 7.1

(2) 尽管氦原子的哈密顿算符与自旋无关,但波函数的对称性使得原子的性质与自旋有密切的联系. 仲氦($s=0$)和正氦($s=1$)的总自旋不同,导致两者空间波函数的对称性不同,这使得仲氦与正氦常常就像两种不同的气体一样.

*7.3　超导的 BCS 理论简介

本节首先介绍超导最基本的实验事实,随后介绍 1957 年由巴丁(Bardeen)、库珀(Cooper)和施列弗(Schrieffer)提出的 BCS 理论的基本物理图象,利用库珀对的薛定谔方程结合麦克斯韦方程组导出伦敦第一方程和第二方程,给出零电阻性、完全抗磁性(迈斯纳效应)和磁通量子化等超导现象的解释.

7.3.1　基本实验事实

1. 零电阻性

1911 年昂纳斯(Onnes)发现水银的电阻率在 $T=4.2$K 附近突然下降到零,这种电阻率为零的性质称为超导电性. 刚出现超导电性的温度称为临界温度,并记作 T_c. 在 T_c 以上超导材料处于正常态,在 T_c 以下超导材料处于超导态,对于不同的超导材料,有不同的临界温度.

2. 临界磁场和临界电流

1914 年昂纳斯又发现,将超导体置于磁场内,当磁场增大到某一临界值 H_c 时,超导体又从超导态转变为正常态,临界磁场 H_c 与温度 T 的经验关系式为

$$H_c(T) = H_c(0)\left[1-\left(\frac{T}{T_c}\right)^2\right] \tag{7.3.1}$$

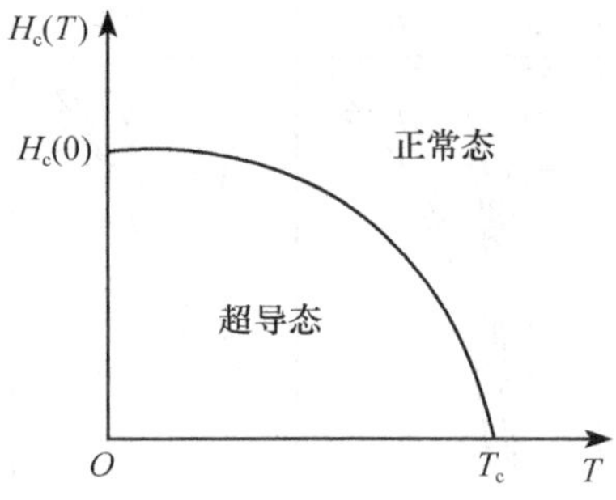

图 7.2

$H_c(T)$的函数曲线如图 7.2 所示，曲线以上的区域为正常态，曲线以下的区域为超导态.

3. *完全抗磁性(迈斯纳效应)*

1933 年迈斯纳(Meissner)发现，当 $T\leqslant T_c$，$H\leqslant H_c$，超导体内部的磁感应强度 $\boldsymbol{B}=0$，且与降温及加入磁场的次序无关. 也就是说，若超导材料已处于超导态，当加入外磁场且磁场强度 $H\leqslant H_c$，则 $\boldsymbol{B}$ 不能进入超导体内部；若将处于正常态的超导材料置于磁场内(且 $H\leqslant H_c$)，当温度下降使之处于超导态时，$\boldsymbol{B}$ 必将从超导体内部排出①.

4. *磁通量子化*

1950 年伦敦(London)从理论上预言磁通是量子化的. 1961 年得到笛佛(Deaver)和费尔班克(Fairbank)的实验证实. 实验是这样的：将处于正常态的金属圆筒置于磁场 $\boldsymbol{B}$ 中，见 7.3 图(a). 然后，将温度降低到临界温度之下，使金属圆筒处于超导态，如图 7.3(b)所示. 由于超导体完全抗磁性，此时磁场完全排斥在超导体之外，但磁场仍存在于圆筒内和圆筒外的空间中. 最后，撤去外磁场，发现筒内空间仍存在磁场，并且筒内的磁通量是 $\Phi_0=2.068\times10^{-15}$ Wb 的整数倍，如图 7.3(c)所示.

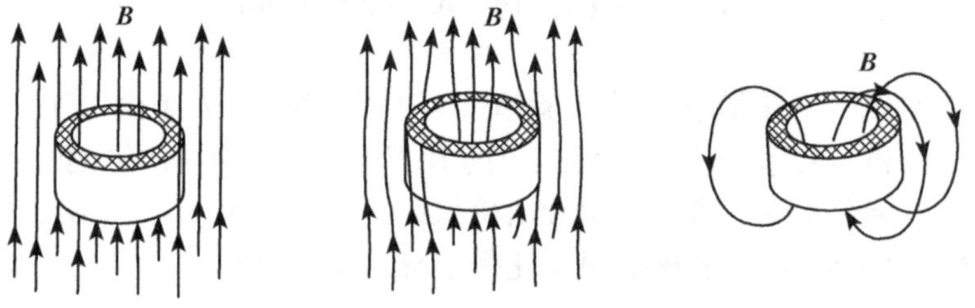

(a)　　(b)　　(c)

图 7.3

7.3.2 BCS 理论的基本物理图象

1. *库珀对与超导体的临界温度*

超导体中的电子在晶格中运动时，由于它与组成晶格的正离子发生库仑吸引

---

① 有迈斯纳效应的超导体称为第一类超导体. 后来人们发现，磁场可以透入超导合金的内部，但不破坏超导性，这类超导体称为第二类超导体. 本节只讨论第一类超导体.

作用，会对原来整齐排列的晶格点阵带来一个扰动，使点阵局部发生畸变，这种扰动会像波动一样传播而吸引另一个电子. 于是这两个电子就会通过点阵的振动而耦合起来. 如果电子与晶格的作用足够强，使电子间通过晶格的间接吸引作用大于电子间的库仑排斥作用，则在两电子间产生一种净吸引力，导致两电子形成一个束缚态，结合成一个电子对，称为库珀对.

库珀对是由一对自旋方向相反的费米子结合成的一个复合玻色子，因而不受泡利不相容原理的限制，超导体中大量的库珀对便进入能量最低的状态，从而使超导体进入超导态. 超导态的基态能量很低，在其电子激发谱中出现能隙 Δ(数量级为 10^{-4}eV)，即拆散库珀对至少要给每一个电子以 Δ 的阈值能量才有可能.

正常态靠自由电子导电，自由电子容易与晶格碰撞而激发，从而形成电阻. 超导态靠库珀对导电，很难使库珀对受到激发(要跨过能隙 Δ 才能激发)，故不表现出电阻. 当然，由于库珀对的结合能很小(净吸引力很弱)，当温度满足 $k_B T > \Delta$ 时，热运动将会把库珀对拆散；而当温度满足 $k_B T < \Delta$ 时，热运动不会破坏库珀对，因而 $T_c \sim \Delta/k$ 就是超导体的临界温度.

2. 库珀对的薛定谔方程

为简单起见，设在超导体中所有的电子已配成库珀对，并处于同一 ψ 态中. 这样，库珀对的密度 $\rho(\boldsymbol{x},t) = |\psi(\boldsymbol{x},t)|^2$，因而描述库珀对的波函数 ψ 可写成

$$\psi(\boldsymbol{x},t) = \sqrt{\rho(\boldsymbol{x},t)}\,e^{i\frac{\theta}{\hbar}(\boldsymbol{x},t)} \tag{7.3.2}$$

式中 $\rho(\boldsymbol{x},t)$ 和 $\theta(\boldsymbol{x},t)$ 均为实函数，代入有电磁场情况下的薛定谔方程

$$i\hbar\frac{\partial\psi}{\partial t} = \left[\frac{1}{2\mu}(-i\hbar\nabla - q\boldsymbol{A})^2 + q\varphi\right]\psi \tag{7.3.3}$$

式中的 φ 与 $\boldsymbol{A}$ 分别为电磁场的标势与矢势，$q=-2e$ 与 $\mu=2\mu_e$ 分别为库珀对的电荷与质量.

3. 超导电流密度 $\boldsymbol{J}_S$ 与库珀对波函数的相位 θ(以 $\hbar$ 为单位)

令方程(7.3.3)两边的实部与虚部分别相等，便有(见习题 7.3.1)

$$\frac{\partial\rho}{\partial t} + \nabla\cdot\boldsymbol{J} = 0 \tag{7.3.4}$$

$$\frac{\partial\theta}{\partial t} = -\frac{1}{2\mu}(\nabla\theta + 2e\boldsymbol{A})^2 + 2e\varphi + \frac{\hbar^2}{2\mu\sqrt{\rho}}\nabla^2\sqrt{\rho} \tag{7.3.5}$$

公式(7.3.4)中的 $\boldsymbol{J}$ 为库珀对的概率流密度

$$\boldsymbol{J} = \frac{\rho}{\mu}(\nabla\theta + 2e\boldsymbol{A}) \tag{7.3.6}$$

库珀对形成的电流密度称为超导电流密度，由于库珀对的电量 $q=-2e$，故超导电流密度为

$$\boldsymbol{J}_S = q\boldsymbol{J} = -2e\boldsymbol{J} \tag{7.3.7}$$

将(7.3.6)式代入，便有

$$\boldsymbol{J}_S = -\frac{2e\rho}{\mu}(\nabla\theta + 2e\boldsymbol{A}) \tag{7.3.8}$$

在超导体内部，由于电子间的静电斥力，库珀对近似均匀分布，故(7.3.5)式中的$\nabla^2\sqrt{\rho}\simeq 0$，可以略去(但是，在两超导体的界面上则是很重要的一项)，即有

$$\frac{\partial\theta}{\partial t} = -\frac{1}{2\mu}(\nabla\theta + 2e\boldsymbol{A})^2 + 2e\varphi \tag{7.3.9}$$

将(7.3.8)式$(\nabla\theta+2e\boldsymbol{A})=-\mu\boldsymbol{J}_\theta/2e\rho$代入(7.3.9)式，可得

$$\frac{\partial\theta}{\partial t} = -\frac{\mu}{8e^2\rho^2}\boldsymbol{J}_S^2 + 2e\varphi \tag{7.3.10}$$

下面，利用由库珀对的薛定谔方程得到的这些结果，结合麦克斯韦方程组来解释几个超导现象.

7.3.3　对超导现象的解释

1. 伦敦第一方程与零电阻性

设库珀对密度 ρ 为常量，将(7.3.8)式两边对时间求导，再利用(7.3.10)式和$\boldsymbol{E}=-\nabla\varphi-\dfrac{\partial\boldsymbol{A}}{\partial t}$，便有

$$\begin{aligned}\frac{\partial\boldsymbol{J}_S}{\partial t} &= -\frac{2e\rho}{\mu}\left(\nabla\frac{\partial\theta}{\partial t} + 2e\frac{\partial\boldsymbol{A}}{\partial t}\right) = -\frac{2e\rho}{\mu}\left(-\frac{\mu}{8e^2\rho^2}\nabla\boldsymbol{J}_S^2 + 2e\nabla\varphi + 2e\frac{\partial\boldsymbol{A}}{\partial t}\right)\\ &= \frac{4e^2\rho}{\mu}\boldsymbol{E} + \frac{1}{4e\rho}\nabla\boldsymbol{J}_S^2\end{aligned} \tag{7.3.11}$$

略去较小的非线性项，则

$$\frac{\partial\boldsymbol{J}_S}{\partial t} = \frac{4e^2\rho}{\mu}\boldsymbol{E} \tag{7.3.12}$$

这是取代欧姆定律的超导电流方程，称为伦敦第一方程. 方程表明，只要在超导线圈中形成一定强度的电流之后，撤去电源，不需要电场($\boldsymbol{E}=0$)便可以在超导体内维持稳恒电流($\partial\boldsymbol{J}_S/\partial t=0$)，这就是零电阻性.

当然，在交变电流的情形下，$\dfrac{\partial\boldsymbol{J}_S}{\partial t}\neq 0$，因而 $\boldsymbol{E}\neq 0$，自由电子导电形成的正常电

流密度 $\boldsymbol{J}_n=\sigma\boldsymbol{E}\neq 0$，这时超导体是有电阻损耗的.

2. 伦敦第二方程与完全抗磁性(迈斯纳效应)

在(7.3.8)式两边取旋度，利用$\nabla\rho=0$(设超导体内部库珀对密度 ρ 为常量)，以及$\nabla\times\nabla\theta=0$(标量场的梯度为无旋场)，即得伦敦第二方程

$$\nabla\times\boldsymbol{J}_S=-\frac{2e\rho}{\mu}(\nabla\times\nabla\theta+2e\,\nabla\times\boldsymbol{A})=-\frac{4e^2\rho}{\mu}\boldsymbol{B} \tag{7.3.13}$$

在稳恒的情形下，麦克斯韦方程为

$$\nabla\times\boldsymbol{B}=\mu_0\boldsymbol{J} \tag{7.3.14}$$

将 $\boldsymbol{J}=\boldsymbol{J}_S$ 代入，并在上式两边取旋度，即有

$$\nabla\times(\nabla\times\boldsymbol{B})=\mu_0\,\nabla\times\boldsymbol{J}_S \tag{7.3.15}$$

由$\nabla\cdot\boldsymbol{B}=0$ 可得

$$\nabla\times(\nabla\times\boldsymbol{B})=\nabla(\nabla\cdot\boldsymbol{B})-\nabla^2\boldsymbol{B}=-\nabla^2\boldsymbol{B}$$

将上式与(7.3.15)式联立后代入(7.3.13)式，便有

$$\nabla^2\boldsymbol{B}=-\nabla\times(\nabla\times\boldsymbol{B})=-\mu_0\,\nabla\times\boldsymbol{J}_S=\frac{4e^2\rho\mu_0}{\mu}\boldsymbol{B}=\frac{1}{\lambda^2}\boldsymbol{B} \tag{7.3.16}$$

式中 λ 具有长度量纲，且

$$\lambda=\sqrt{\frac{\mu}{4e^2\rho\mu_0}} \tag{7.3.17}$$

设超导体占满 $z>0$ 的上半空间，并设 $\boldsymbol{B}=B(z)\mathbf{e}_x$，则(7.3.16)式可简化为

$$\frac{\mathrm{d}^2B(z)}{\mathrm{d}z^2}=\frac{1}{\lambda^2}B(z) \tag{7.3.18}$$

其解具有 $B(0)\mathrm{e}^{\pm\frac{z}{\lambda}}$ 的形式，有物理意义的解为

$$B(z)=B(0)\mathrm{e}^{-\frac{z}{\lambda}} \tag{7.3.19}$$

可见 λ 标志着磁场透入超导体内的线度，称为穿透深度.

计算表明，λ 的数量级为 $10^{-8}\mathrm{m}$，超导体除表面薄层外，其内部没有磁场.

3. 磁通量子化

由于超导体内磁场为零，由(7.3.14)式可得

$$\boldsymbol{J}_S=\frac{1}{\mu_0}\nabla\times\boldsymbol{B}=0 \tag{7.3.20}$$

代入(7.3.8)式 $\boldsymbol{J}_S=-\frac{2e\rho}{\mu}(\nabla\theta+2e\boldsymbol{A})$，得

$$0=\boldsymbol{J}_S=-\frac{2e\rho}{\mu}(\nabla\theta+2e\boldsymbol{A})\quad 即\quad \boldsymbol{A}=-\frac{1}{2e}\nabla\theta \tag{7.3.21}$$

取 L 为超导体内部环绕圆筒内壁的一条封闭曲线,S 是以曲线 L 为边所张的任一曲面. 利用斯托克斯定理 $\int_S\nabla\times\boldsymbol{A}\cdot\mathrm{d}\boldsymbol{\sigma}=\oint_L\boldsymbol{A}\cdot\mathrm{d}\boldsymbol{l}$, 以及 $\boldsymbol{A}=-\frac{1}{2e}\nabla\theta$ 和全微分公式 $\mathrm{d}\theta=\frac{\partial\theta}{\partial x}\mathrm{d}x+\frac{\partial\theta}{\partial y}\mathrm{d}y+\frac{\partial\theta}{\partial z}\mathrm{d}z=\nabla\theta\cdot\mathrm{d}\boldsymbol{l}$,即得穿过 S 面的磁通量

$$\begin{aligned}\Phi&=\int_S\boldsymbol{B}\cdot\mathrm{d}\boldsymbol{\sigma}=\int_S\nabla\times\boldsymbol{A}\cdot\mathrm{d}\boldsymbol{\sigma}=\oint_L\boldsymbol{A}\cdot\mathrm{d}\boldsymbol{l}=-\frac{1}{2e}\oint_L\nabla\theta\cdot\mathrm{d}\boldsymbol{l}\\&=-\frac{1}{2e}\oint_L\mathrm{d}\theta\xlongequal{记作}-\frac{1}{2e}\Delta\theta\end{aligned} \tag{7.3.22}$$

因为 $\oint_L\mathrm{d}\theta$ 是积分路线上一点的 $\theta(\boldsymbol{x},t)$ 值和环绕 L 曲线 n 周($n=1,2,\cdots$)回到出发点时的 $\theta(\boldsymbol{x},t)$ 值之差,故记作 $\Delta\theta$.

库珀对的波函数 $\psi=\sqrt{\rho}\mathrm{e}^{\mathrm{i}\frac{\theta}{\hbar}}$ 是单值函数,$\theta(\boldsymbol{x},t)/\hbar$ 是波函数以 $\hbar$ 为单位的相位,故差值 $\Delta\theta$ 只能是 $\hbar$ 的 $2n\pi$ 倍,由此得

$$\Phi=-\frac{1}{2e}\Delta\theta=-\frac{1}{2e}2n\pi\hbar=\frac{n\hbar}{2\,|\,e\,|}=n\Phi_0 \tag{7.3.23}$$

这表明,穿过 S 面(即穿过圆筒中空区域)的磁通量为 Φ_0 的整数倍,可见超导圆筒内的磁通是量子化的,磁通量的量子为

$$\Phi_0=\frac{h}{2\,|\,e\,|}=2.068\times10^{-15}\,\mathrm{Wb} \tag{7.3.24}$$

不难看出,证明磁通量子化的根据是沿积分路线环绕一周时波函数单值性对相位的要求.

从 1911 年超导现象的发现到 1957 年 BCS 理论的建立,是人类对超导电性的基本探索和认识阶段,近半个世纪以来的几个重大发现(第二类超导体、约瑟夫森效应、高温超导现象)才为超导技术的应用奠定了基础①.

习 题 7.3

7.3.1 试证明(7.3.4)~(7.3.6)式.

7.3.2 试估算穿透深度 λ 的数量级.

---

① 章立源. 超导体(修订本). 北京:科学出版社,1989.

第 8 章　对称性与守恒定律

在经典力学和电动力学中，我们都接触到动量守恒定律，角动量守恒定律和能量守恒定律. 这些定律给出了自然界的普遍规律，支配着宏观世界与微观世界的所有物理现象，制约着各个领域的运动方程.

守恒定律的根源是对称性. 如果体系的哈密顿算符在某个变换下保持不变（即该体系具有某种对称性），它将对应着这个体系的一个守恒量.

空间的均匀性，空间的各向同性和时间的均匀性使得孤立体系的哈密顿算符分别具有空间平移不变性，空间旋转不变性和时间平移不变性. 本章将证明，这三种不变性分别对应动量守恒定律，角动量守恒定律和能量守恒定律，这是时空性质对体系运动规律的要求.

但是，对于非孤立体系，外场的存在就有可能破坏了时空的某些性质，使体系相应的物理量不守恒. 例如，非均匀场 $U(\boldsymbol{x})$ 将破坏空间的平移不变性使体系的动量不守恒，非中心场 $U(r,\theta,\varphi)$ 将破坏空间的各向同性使体系角动量不守恒，随时间变化的外场 $U(\boldsymbol{x},t)$ 将破坏时间的均匀性使体系的能量不守恒，等等.

本章首先讨论对称变换的性质，以及对称变换与守恒量的关系. 随后讨论在时空连续变换下哈密顿算符保持不变的体系所遵循的守恒定律.

*8.1　对称变换

若体系的哈密顿算符 $\hat{H}$ 在变换 S 下具有不变性，则变换 S 称为对称变换.

本节从考察对称变换 S 的性质开始.

8.1.1　对称变换的性质

在对称变换 S 下，体系的任何状态 ψ 变为 $\psi^{(S)}$，其数学表示为

$$\psi^{(S)}=\hat{S}\psi \qquad 即 \qquad \psi=\hat{S}^{-1}\psi^{(S)} \tag{8.1.1}$$

可以证明，对称变换 S 必定满足两个条件：

(1) $\hat{S}$ 与 $\hat{H}$ 对易：$[\hat{S},\hat{H}]=0$；

(2) $\hat{S}$ 是幺正算符：$\hat{S}^{\dagger}=\hat{S}^{-1}$.

证　(1) 证明 $\hat{S}$ 与 $\hat{H}$ 对易.

在变换 S 下体系的 $\hat{H}$ 不变，因此 $\hat{S}\psi$ 与 ψ 满足相同的薛定谔方程，即

$$i\hbar \frac{\partial \psi}{\partial t} = \hat{H}\,\psi \tag{8.1.2}$$

$$i\hbar \frac{\partial}{\partial t}(\hat{S}\psi) = \hat{H}(\hat{S}\,\psi) \tag{8.1.3}$$

以 $\hat{S}^{-1}$从左方作用于(8. 1. 3)式两边，利用逆算符的定义 $\hat{S}^{-1}\hat{S}=1$，得

$$i\hbar \frac{\partial \psi}{\partial t} = \hat{S}^{-1}\hat{H}\hat{S}\,\psi \tag{8.1.4}$$

比较(8. 1. 2)式和(8. 1. 4)式，可得

$$\hat{S}^{-1}\hat{H}\hat{S} = \hat{H} \tag{8.1.5}$$

以 $\hat{S}$ 从左边作用于(8. 1. 5)式两边，便有 $\hat{H}\hat{S}=\hat{S}\hat{H}$，即

$$[\hat{S},\hat{H}] = 0 \tag{8.1.6}$$

(2) 证明 $\hat{S}$ 是幺正算符

从概率守恒可见

$$\int \psi^* \psi \mathrm{d}\tau = \int (\hat{S}\psi)^* (\hat{S}\psi)\mathrm{d}\tau = \int (\hat{S}\psi)\hat{S}^* \psi^* \mathrm{d}\tau = \int \psi^* \hat{S}^\dagger \hat{S}\psi \mathrm{d}\tau \tag{8.1.7}$$

比较上式两端，即有 $\hat{S}^\dagger\hat{S}=1$，即 $\hat{S}$ 是幺正算符

$$\hat{S}^\dagger = \hat{S}^{-1} \tag{8.1.8}$$

总之，对称变换算符 $\hat{S}$ 必定是与 $\hat{H}$ 对易的幺正算符①.

8.1.2　对称变换与守恒量的关系

最常见的时空变换包括连续变换和离散变换.

空间反演是最典型的离散变换(2. 7 节)，宇称算符 $\hat{P}$ 是厄米算符，若体系具有空间反演不变性，即

$$[\hat{P},\hat{H}] = 0$$

则体系的宇称 P 是守恒量.

本节我们只讨论连续变换. 现在证明，无论变换算符 $\hat{S}$ 是不是厄米算符，它都对应于某个守恒量.

(1) 若对称变换算符 $\hat{S}$ 是厄米算符，则 S 是守恒量.

(2) 若对称变换算符 $\hat{S}$ 不是厄米算符，则 $\hat{S}$ 不表示某个力学量，但 $\hat{S}$ 与某个守

---

① 对称变换算符 $\hat{S}$ 也可以是反线性的幺正算符，这些内容超出本书的讨论范围. 请参看张永德. 量子力学. 北京：科学出版社，2002. 126，177.

恒量 F 相对应.

证　(1)如果对称变换算符 $\hat{S}$ 是厄米算符，则 $\hat{S}$ 表示某个力学量. 又由 $[\hat{S},\hat{H}]=0$ 可知 S 是守恒量.

(2)现在讨论具有连续变化实参数 λ 的对称变换算符 $\hat{S}(\lambda)$，当 λ 趋于零时，$\hat{S}(\lambda)$必光滑地衔接到单位算符(单位算符 $\hat{I}$ 对应于恒等变换)

$$\hat{S}(\lambda)\rightarrow\hat{I},\quad 当\ \lambda\rightarrow 0 \tag{8.1.9}$$

对于有限变换，$\hat{S}(\lambda)$可以表示为

$$\hat{S}(\lambda)=e^{i\lambda F} \tag{8.1.10}$$

显然，当 $\lambda\rightarrow 0$ 时，满足 $\hat{S}(\lambda)=e^{i\lambda F}\rightarrow\hat{I}$.

因为有限变换可以通过一系列无穷小变换来实现，因此只要讨论无穷小变换.

对于无穷小变换($\lambda\rightarrow 0$)，准确到 λ 的一阶小量，$\hat{S}(\lambda)$可表示为

$$\hat{S}(\lambda)=1+i\lambda\hat{F} \tag{8.1.11}$$

利用幺正条件(8.1.8)式可得

$$1=\hat{S}^{\dagger}\hat{S}=(1+i\lambda\hat{F})^{\dagger}(1+i\lambda\hat{F})=1+i\lambda(\hat{F}-\hat{F}^{\dagger})+O(\lambda^2) \tag{8.1.12}$$

略去 λ 的高阶小量，即有

$$\hat{F}^{\dagger}=\hat{F} \tag{8.1.13}$$

这表明，$\hat{F}$ 是厄米算符(表示力学量 F)，$\hat{F}$ 称为变换算符 $\hat{S}(\lambda)=1+i\lambda\hat{F}$ 的生成元. 由此可见，当 $\hat{S}$ 不是厄米算符时，$\hat{S}$ 与某个力学量 F 相对应.

为了证明 F 是守恒量. 将 $\hat{S}(\lambda)=1+i\lambda\hat{F}$ 代入对称变换 S 必定满足的条件 $[\hat{S},\hat{H}]=0$，可得

$$0=[1+i\lambda\hat{F},\hat{H}]=(1+i\lambda\hat{F})\hat{H}-\hat{H}(1+i\lambda\hat{F})=i\lambda(\hat{F}\hat{H}-\hat{H}\hat{F})$$

由 $\lambda\neq 0$，故有

$$[\hat{F},\hat{H}]=0 \tag{8.1.14}$$

可见 F 是体系的一个守恒量.

综合上述，若对称变换算符 $\hat{S}$ 是厄米算符，则 S 为守恒量；若 $\hat{S}$ 不是厄米算符，则它的生成元 $\hat{F}$ 所表示的力学量 F 是守恒量.

*8.2　连续时空变换

本节首先求出连续时空变换的变换算符，然后分别论证当体系具有空间平移不变性，空间旋转不变性，以及时间平移不变性时，将导致哪个力学量守恒.

8.2.1　空间平移不变性(空间均匀性)与动量守恒

空间平移不变性就是指体系整体移动 $\delta\boldsymbol{x}$ 时,体系的哈密顿算符 $\hat{H}$ 保持不变.

(1) 寻找空间平移算符 $\hat{S}_{\delta x}$.

空间平移算符 $\hat{S}_{\delta x}$ 对波函数的作用就是使体系的状态从 $\psi(\boldsymbol{x})$ 态变成

$$\psi^{(S)}(\boldsymbol{x}) = \hat{S}_{\delta x}\psi(\boldsymbol{x}) \tag{8.2.1}$$

由图 8.1(a)可见,$\psi^{(S)}$ 在 $\boldsymbol{x}+\delta\boldsymbol{x}$ 的值等于 ψ 在 $\boldsymbol{x}$ 的值,即

$$\psi^{(S)}(\boldsymbol{x}+\delta\boldsymbol{x}) = \psi(\boldsymbol{x}) \tag{8.2.2}$$

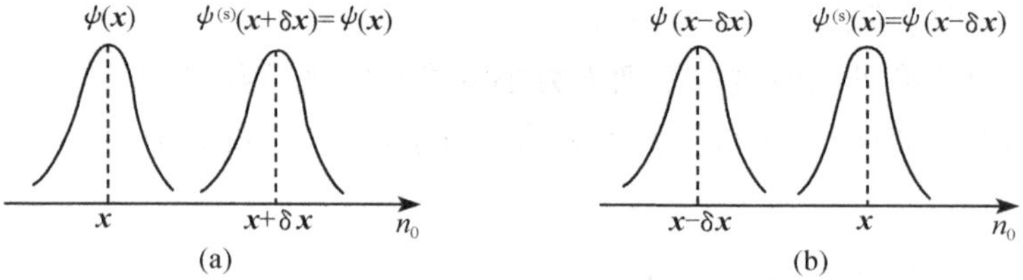

图 8.1

图中 $\boldsymbol{n}_0$ 为 $\delta\boldsymbol{x}$ 方向的单位矢量.

(8.2.2)式也可改写为(见图 8.1(b))

$$\psi^{(S)}(\boldsymbol{x}) = \psi(\boldsymbol{x}-\delta\boldsymbol{x}) \tag{8.2.3}$$

后式表明,平移态 $\psi^{(S)}$ 在 $\boldsymbol{x}$ 处的值等于平移前波函数 ψ 在 $\boldsymbol{x}-\delta\boldsymbol{x}$ 的值.

为了确定空间平移算符 $\hat{S}_{\delta x}$,今将 $\psi(\boldsymbol{x}-\delta\boldsymbol{x})$ 在 $\boldsymbol{x}$ 处作三维泰勒展开,得

$$\begin{aligned}\psi(\boldsymbol{x}-\delta\boldsymbol{x}) &= \psi(\boldsymbol{x}) - \delta\boldsymbol{x}\cdot\nabla\psi(\boldsymbol{x}) + \frac{1}{2!}(-\delta\boldsymbol{x}\cdot\nabla)^2\psi(\boldsymbol{x}) + \cdots \\ &= \sum_{k=0}^{\infty}\frac{(-\delta\boldsymbol{x}\cdot\nabla)^k}{k!}\psi(\boldsymbol{x}) = \mathrm{e}^{-\delta\boldsymbol{x}\cdot\nabla}\psi(\boldsymbol{x})\end{aligned} \tag{8.2.4}$$

将(8.2.3)、(8.2.4)式代入(8.2.1)式,并将 $\hat{\boldsymbol{p}}=-\mathrm{i}\hbar\nabla$ 代入,可得

$$\hat{S}_{\delta x}\psi(\boldsymbol{x}) = \psi^{(S)}(\boldsymbol{x}) = \psi(\boldsymbol{x}-\delta\boldsymbol{x}) = \mathrm{e}^{-\delta\boldsymbol{x}\cdot\nabla}\psi(\boldsymbol{x}) = \mathrm{e}^{-\frac{\mathrm{i}}{\hbar}\delta\boldsymbol{x}\cdot\hat{\boldsymbol{p}}}\psi(\boldsymbol{x}) \tag{8.2.5}$$

比较上式两端,即得空间平移算符

$$\hat{S}_{\delta x} = \mathrm{e}^{-\frac{\mathrm{i}}{\hbar}\delta\boldsymbol{x}\cdot\hat{\boldsymbol{p}}} \tag{8.2.6}$$

易见空间平移算符不是厄米算符

$$\hat{S}_{\delta x}{}^{\dagger} = (\mathrm{e}^{-\frac{\mathrm{i}}{\hbar}\delta\boldsymbol{x}\cdot\hat{\boldsymbol{p}}})^{\dagger} = \mathrm{e}^{\frac{\mathrm{i}}{\hbar}\delta\boldsymbol{x}\cdot\hat{\boldsymbol{p}}} \neq \hat{S}_{\delta x} \tag{8.2.7}$$

(2) 若体系具有空间平移不变性,则 $\hat{S}_{\delta x}$ 是对称变换,$\hat{S}_{\delta x}$ 与 $\hat{H}$ 对易,即

$$0 = [\hat{S}_{\delta x}, \hat{H}] = [\mathrm{e}^{-\frac{\mathrm{i}}{\hbar}\delta\boldsymbol{x}\cdot\hat{\boldsymbol{p}}}, \hat{H}] \tag{8.2.8}$$

由此得

$$[\hat{\boldsymbol{p}},\hat{H}]=0 \tag{8.2.9}$$

即平移算符的生成元 $\boldsymbol{p}$ 是守恒量.

若体系具有空间平移不变性,体系的动量守恒.对于一个孤立体系,其动量是守恒的.例如,一个自由粒子的哈密顿算符 $\hat{H}$ 具有空间平移不变性,因此自由粒子的动量守恒.

(3) 若体系处于外场 $U(\boldsymbol{x})$ 中,体系的哈密顿算符 $\hat{H}$ 不具有空间平移不变性,则

$$[\hat{\boldsymbol{p}},\hat{H}]=[\hat{\boldsymbol{p}},\hat{T}+\hat{U}(\boldsymbol{x})]=[\hat{\boldsymbol{p}},\hat{U}(\boldsymbol{x})]\neq 0 \tag{8.2.10}$$

动量就不是守恒量.例如,氢原子中的电子处于中心场 $U(r)$ 中,它不具有空间平移不变性,故氢原子中电子的动量不守恒.

注意:正如 2.7 节所述,体系的动量守恒表明动量的平均值不随时间而变,但不意味着动量具有确定值,除非初始时刻体系处于动量的本征态.

8.2.2 空间旋转不变性(空间各向同性)与角动量守恒

空间旋转不变性就是指体系整体绕任意轴 $\boldsymbol{n}$ 旋转 $\delta\varphi$ 时,体系的哈密顿算符 $\hat{H}$ 保持不变.

(1) 寻找空间转动算符 $\hat{S}_{\delta\boldsymbol{\varphi}}$.

当体系整体绕 $\boldsymbol{n}$ 轴旋转 $\delta\varphi$(当 $\delta\boldsymbol{\varphi}=\boldsymbol{n}\delta\varphi$)时,矢径端点移动

$$\delta\boldsymbol{x}=\delta\boldsymbol{\varphi}\times\boldsymbol{x} \tag{8.2.11}$$

式中 $\delta\boldsymbol{x}$ 的方向垂直于 $\delta\boldsymbol{\varphi}$(即 $\boldsymbol{n}$)与 $\boldsymbol{x}$ 所在的平面,如图 8.2 所示.将(8.2.11)式代入(8.2.4)式,得

$$\psi^{(S)}(\boldsymbol{x})=\hat{S}_{\delta\boldsymbol{\varphi}}\psi(\boldsymbol{x})=\psi(\boldsymbol{x}-\delta\boldsymbol{\varphi}\times\boldsymbol{x})=e^{-(\delta\boldsymbol{\varphi}\times\boldsymbol{x})\cdot\nabla}\psi(\boldsymbol{x})$$
$$=e^{-\frac{i}{\hbar}(\delta\boldsymbol{\varphi}\times\boldsymbol{x})\cdot\hat{\boldsymbol{p}}}\psi(\boldsymbol{x}) \tag{8.2.12}$$

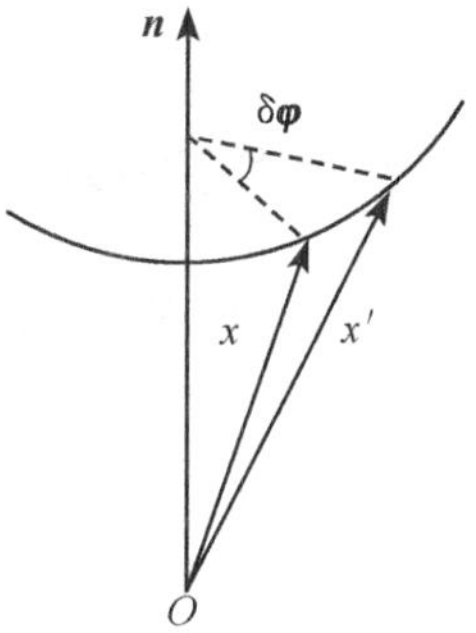

图 8.2

利用三矢量混合乘积的公式

$$(\boldsymbol{a}\times\boldsymbol{b})\cdot\boldsymbol{c}=\boldsymbol{a}\cdot(\boldsymbol{b}\times\boldsymbol{c}) \tag{8.2.13}$$

(8.2.12)式可改写为

$$\hat{S}_{\delta\boldsymbol{\varphi}}\psi(\boldsymbol{x})=e^{-\frac{i}{\hbar}(\delta\boldsymbol{\varphi}\times\boldsymbol{x})\cdot\hat{\boldsymbol{p}}}\psi(\boldsymbol{x})=e^{-\frac{i}{\hbar}\delta\boldsymbol{\varphi}\cdot(\boldsymbol{x}\times\hat{\boldsymbol{p}})}\psi(\boldsymbol{x})$$
$$=e^{-\frac{i}{\hbar}\delta\boldsymbol{\varphi}\cdot\hat{\boldsymbol{L}}}\psi(\boldsymbol{x}) \tag{8.2.14}$$

比较上式两端,即得转动算符

$$\hat{S}_{\delta\boldsymbol{\varphi}}=e^{-\frac{i}{\hbar}\delta\boldsymbol{\varphi}\cdot\hat{\boldsymbol{L}}} \tag{8.2.15}$$

同理,转动算符 $\hat{S}_{\delta\varphi}$不是厄米算符.

(2) 若体系具有空间旋转不变性,则 $\hat{S}_{\delta\varphi}$是对称变换,$\hat{S}_{\delta\varphi}$与 $\hat{H}$ 对易,即

$$0=[\hat{S}_{\delta\boldsymbol{\varphi}},\hat{H}]=[\mathrm{e}^{-\frac{\mathrm{i}}{\hbar}\delta\boldsymbol{\varphi}\cdot\hat{\boldsymbol{L}}},\hat{H}] \tag{8.2.16}$$

由此得

$$[\hat{\boldsymbol{L}},\hat{H}]=0 \tag{8.2.17}$$

即转动算符的生成元 $\boldsymbol{L}$ 是守恒量.

当体系具有空间旋转不变性,体系的角动量守恒.例如,氢原子中的电子处于中心对称场中,体系具有空间旋转不变性,因此氢原子中的电子的角动量守恒.当然,$\hat{L}_x,\hat{L}_y,\hat{L}_z$ 都是守恒量,并不说明它们能同时有确定值,因为它们互相不对易(除 $L_x=L_y=L_z=0$ 外).由于 $\boldsymbol{L}$ 的三分量都是守恒量,当 $\boldsymbol{L}$ 的某一分量取确定值时,$\boldsymbol{L}$ 的另外两分量取值的概率分布和平均值均不随时间而变.

(3) 若体系处于任意外场(非中心场)中时,体系不具有空间旋转不变性,则体系的角动量不守恒.

设在均匀外磁场中有一束沿 x 轴笔直地射向屏幕的电子束.由于这个外场是非中心场,当体系沿 z 旋转时,电子束受外磁场随 φ 而变的作用力.这表明,体系处于任意外场(非中心场)中时,它不具有空间旋转不变性,体系的角动量不守恒.

8.2.3　时间平移不变性(时间均匀性)与能量守恒

时间平移不变性就是指体系作时间平移时,体系的哈密顿算符 $\hat{H}$ 保持不变.

(1) 寻找时间平移算符 $\hat{S}_{\delta t}$.

时间平移算符 $\hat{S}_{\delta t}$对波函数的作用就是使体系的状态从 $\psi(\boldsymbol{x},t)$态变成

$$\psi^{(S)}(\boldsymbol{x},t)=\hat{S}_{\delta t}\psi(\boldsymbol{x},t)=\psi(\boldsymbol{x},t-\delta t) \tag{8.2.18}$$

为确定时间平移算符 $\hat{S}_{\delta t}$,将 $\psi(\boldsymbol{x},t-\delta t)$在 t 的邻域展开为泰勒级数

$$\begin{aligned}\psi(\boldsymbol{x},t-\delta t)&=\psi(\boldsymbol{x},t)-\delta t\frac{\partial\psi(\boldsymbol{x},t)}{\partial t}+\frac{1}{2}(-\delta t)^2\frac{\partial^2\psi(\boldsymbol{x},t)}{\partial t^2}+\cdots\\&=\sum_{k=0}^{\infty}\frac{1}{k!}\left(-\delta t\frac{\partial}{\partial t}\right)^k\psi(\boldsymbol{x},t)=\mathrm{e}^{-\delta t\frac{\partial}{\partial t}}\psi(\boldsymbol{x},t)\end{aligned} \tag{8.2.19}$$

将(8.2.18)式及薛定谔方程$\frac{\partial}{\partial t}\psi(\boldsymbol{x},t)=-\frac{\mathrm{i}}{\hbar}\hat{H}\psi(\boldsymbol{x},t)$代入(8.2.19)式,即有

$$\hat{S}_{\delta t}\psi(\boldsymbol{x},t)=\psi(\boldsymbol{x},t-\delta t)=\mathrm{e}^{\frac{\mathrm{i}}{\hbar}\delta t\hat{H}}\psi(\boldsymbol{x},t) \tag{8.2.20}$$

比较上式两端,即得时间平移算符

$$\hat{S}_{\delta t}=\mathrm{e}^{\frac{\mathrm{i}}{\hbar}\delta t\hat{H}} \tag{8.2.21}$$

易见 $\hat{S}_{\delta t}$ 不是厄米算符，它不表示力学量.

(2) 若体系具有时间平移不变性，则 $\hat{S}_{\delta t}$ 是对称变换，$\hat{S}_{\delta t}$ 与 $\hat{H}$ 对易，即

$$[\hat{S}_{\delta x},\hat{H}]=[\mathrm{e}^{\frac{\mathrm{i}}{\hbar}\delta t\hat{H}},\hat{H}]=0 \tag{8.2.22}$$

可见时间平移算符的生成元 $\hat{H}$ 是守恒算符，能量是守恒量.

当体系处于不变外场或没有外场时，体系的哈密顿算符与时间无关 $\left(\frac{\partial\hat{H}}{\partial t}=0\right)$，体系具有时间平移不变性.

(3) 若体系的哈密顿算符与时间有关，体系不具有时间平移不变性，则

$$[\hat{S}_{\delta x},\hat{H}(t)]=[\mathrm{e}^{-\delta t\frac{\partial}{\partial t}},\hat{H}(t)]\neq 0 \tag{8.2.23}$$

此时体系与外界交换能量，能量不守恒.

习 题 8.2

8.2.1 设 $\boldsymbol{x}'$ 为小量，试将 $f(\boldsymbol{x}-\boldsymbol{x}')$ 在 $\boldsymbol{x}$ 的邻域展开为泰勒级数

$$f(\boldsymbol{x}-\boldsymbol{x}')=\sum_{k=0}^{\infty}\frac{1}{k!}(-\boldsymbol{x}'\cdot\nabla)^k f(\boldsymbol{x})=f(\boldsymbol{x})+\frac{1}{1!}(-\boldsymbol{x}'\cdot\nabla)f(\boldsymbol{x})+\frac{1}{2!}(-\boldsymbol{x}'\cdot\nabla)^2 f(\boldsymbol{x})+\cdots$$

8.2.2 若 $\hat{F}$ 和 $\hat{G}$ 是量子体系的守恒量，试证明，$[\hat{F},\hat{G}]$ 也是该体系守恒量.

8.2.3 若 $\hat{p}_x$ 和 $\hat{L}_z$ 是体系的守恒量，问

(1) $\frac{\mathrm{d}}{\mathrm{d}t}(\hat{p}_x\hat{L}_z)=?$ (p_xL_z) 是否守恒量？

(2) 能否由 $\hat{p}_x$，$\hat{L}_z$ 构造一个守恒量 $\hat{F}$，并从对称性的角度给出物理解释.

8.2.4 试写出表示沿 x 方向的平移距离 a 的平移算符 $\hat{S}_{a\boldsymbol{e}_x}$，并证明：

(1) 其本征值为 $\mathrm{e}^{-\mathrm{i}ka}$；

(2) 本征函数的一般形式为 $\psi(x)=\mathrm{e}^{\mathrm{i}kx}\varphi(x)$，式中 $\varphi(x+a)=\varphi(x)$.

第四篇　跃迁问题与散射问题

第二篇讨论了定态问题，本篇讨论量子力学另两类实际问题——跃迁问题与散射问题.

第 9 章讨论量子跃迁问题.

它的主要任务是计算量子体系从一个离散的初态向一个(或一组)末态跃迁的概率，由此分别获得在常微扰、周期性微扰、非周期性微扰、突发微扰与绝热微扰下体系的跃迁概率，进而得到原子的光吸收，受激辐射和自发辐射的有关规律，以及磁共振的有关规律.

第 10 章讨论弹性散射问题.

它的主要任务是计算散射过程中粒子被散射到不同方向的概率. 在讨论如何用量子力学描述散射现象的基础上，介绍如何用分波法和玻恩近似计算微分散射截面和总散射截面. 通过对散射截面的分析，可以获得有关微观粒子的相互作用和内部结构的信息.

第9章　量子跃迁

第5章讨论了体系的微扰哈密顿算符不含时间的情形，利用定态微扰论求解定态薛定谔方程得到体系的能级和波函数的各级近似.

本章讨论体系的微扰哈密顿算符显含时间的情形，利用含时微扰论求解薛定谔方程，得到体系从一个离散定态向其他定态的跃迁概率.

9.1　量子跃迁与跃迁概率

设体系的哈密顿算符为

$$\hat{H}(t)=\hat{H}_0+\hat{H}'(t) \tag{9.1.1}$$

$\hat{H}_0$ 为无微扰哈密顿算符，它的本征值方程为

$$\hat{H}_0\psi_k^{(0)}(\boldsymbol{x})=E_k^{(0)}\psi_k^{(0)}(\boldsymbol{x}),\quad k=1,2,\cdots \tag{9.1.2}$$

本征值 $E_k^{(0)}$ 及相应的本征函数 $\psi_k^{(0)}(\boldsymbol{x})$ 为已知，其定态波函数为

$$\psi_k^{(0)}(\boldsymbol{x},t)=\psi_k^{(0)}(\boldsymbol{x})\mathrm{e}^{-\frac{\mathrm{i}}{\hbar}E_k^{(0)}t},\quad k=1,2,\cdots \tag{9.1.3}$$

设微扰 $\hat{H}'(t)$ 于 $t=0$ 时加入. 由于 $\dfrac{\partial\hat{H}(t)}{\partial t}\neq 0$，体系的能量不是守恒量. 体系处于 $\hat{H}_0$ 的本征态的概率将随时间而变. 这样，体系就有可能从一个态跃迁到另一个态，这个物理过程就称为量子跃迁.

本节讨论体系在微扰的作用下，从初态 $\psi_n^{(0)}$ 跃迁到末态 $\psi_m^{(0)}$ 的概率 $W_{n\to m}=?$ 为此，就要求解体系的薛定谔方程

$$\mathrm{i}\hbar\frac{\partial}{\partial t}\psi(\boldsymbol{x},t)=\hat{H}(t)\psi(\boldsymbol{x},t) \tag{9.1.4}$$

如果 $\hat{H}'(t)$ 比 $\hat{H}_0$“小”得多，就可以用含时微扰论来求解.

9.1.1　体系从 $\psi_n^{(0)}$ 态跃迁到 $\psi_m^{(0)}$ 态的概率

将 $\hat{H}$ 的本征函数 $\psi(\boldsymbol{x},t)$ 按 $\hat{H}_0$ 的本征函数系 $\{\psi_k^{(0)}\}$ 展开

$$\psi(\boldsymbol{x},t)=\sum_k c_k(t)\psi_k^{(0)}(\boldsymbol{x}) \tag{9.1.5}$$

展开系数 $\{c_k(t)\}$ 反映 $\psi(\boldsymbol{x},t)$ 在 $\hat{H}_0$ 和 $\hat{H}'(t)$ 的共同作用下如何随时间变化.

由于 $\hat{H}_0$ 的定态波函数 $\psi_k^{(0)}(\boldsymbol{x},t)=\psi_k^{(0)}(\boldsymbol{x})\mathrm{e}^{-\frac{\mathrm{i}}{\hbar}E_k^{(0)}t}$，易见 $\hat{H}_0$ 引起的变化由 $\mathrm{e}^{-\frac{\mathrm{i}}{\hbar}E_k^{(0)}t}$ 反映，故令

$$c_k(t)=a_k(t)\mathrm{e}^{-\frac{\mathrm{i}}{\hbar}E_k^{(0)}t} \tag{9.1.6}$$

这样，$\hat{H}'$引起的变化由$\{a_k(t)\}$反映.

将上式代入 $\psi(\boldsymbol{x},t)=\sum\limits_k c_k(t)\psi_k^{(0)}(\boldsymbol{x})$，便有

$$\psi(\boldsymbol{x},t)=\sum_k a_k(t)\mathrm{e}^{-\frac{\mathrm{i}}{\hbar}E_k^{(0)}t}\psi_k^{(0)}(\boldsymbol{x})=\sum_k a_k(t)\psi_k^{(0)}(\boldsymbol{x},t) \tag{9.1.7}$$

由态叠加原理可知，$|a_k(t)|^2$ 为体系在 t 时刻处于 $\psi_k^{(0)}$ 态的概率. 因此，体系从$t=0$时的 $\psi_n^{(0)}$ 态跃迁到 t 时刻的 $\psi_m^{(0)}$ 态的概率为

$$W_{n\to m}=|a_m(t)|^2 \tag{9.1.8}$$

$a_m(t)$称为概率幅.

这样，求解跃迁概率 $W_{n\to m}$的问题就归结为求解概率幅 $a_m(t)$的问题.

9.1.2 概率幅运动方程

将 $\psi(\boldsymbol{x},t)=\sum\limits_k a_k(t)\psi_k^{(0)}(\boldsymbol{x},t)$ 代入薛定谔方程，可得

$$\begin{aligned}&\mathrm{i}\hbar\sum_k\psi_k^{(0)}(\boldsymbol{x},t)\frac{\mathrm{d}a_k(t)}{\mathrm{d}t}+\mathrm{i}\hbar\sum_k a_k(t)\frac{\partial\psi_k^{(0)}(\boldsymbol{x},t)}{\partial t}\\&=\sum_k a_k(t)\hat{H}_0\psi_k^{(0)}(\boldsymbol{x},t)+\sum_k a_k(t)\hat{H}'\psi_k^{(0)}(\boldsymbol{x},t)\end{aligned} \tag{9.1.9}$$

由于 $\psi_k^{(0)}(\boldsymbol{x},t)$是 $\hat{H}_0$ 的定态波函数，即

$$\mathrm{i}\hbar\frac{\partial\psi_k^{(0)}(\boldsymbol{x},t)}{\partial t}=\hat{H}_0\psi_k^{(0)}(\boldsymbol{x},t) \tag{9.1.10}$$

因而(9.1.9)式左边的第二项与右边的第一项相等，约去后便有

$$\mathrm{i}\hbar\sum_k\psi_k^{(0)}(\boldsymbol{x},t)\frac{\mathrm{d}a_k(t)}{\mathrm{d}t}=\sum_k a_k(t)\hat{H}'\psi_k^{(0)}(\boldsymbol{x},t) \tag{9.1.11}$$

用 $\psi_m^{(0)*}(\boldsymbol{x},t)$乘上式，将 $\psi_k^{(0)}(\boldsymbol{x},t)=\psi_k^{(0)}(\boldsymbol{x})\mathrm{e}^{-\frac{\mathrm{i}}{\hbar}E_k^{(0)}t}$代入后对全空间积分，得

$$\begin{aligned}&\mathrm{i}\hbar\sum_k\frac{\mathrm{d}a_k(t)}{\mathrm{d}t}\int\psi_m^{(0)*}(\boldsymbol{x})\mathrm{e}^{\frac{\mathrm{i}}{\hbar}E_m^{(0)}t}\psi_k^{(0)}(\boldsymbol{x})\mathrm{e}^{-\frac{\mathrm{i}}{\hbar}E_k^{(0)}t}\mathrm{d}^3\boldsymbol{x}\\&=\sum_k a_k(t)\int\psi_m^{(0)*}(\boldsymbol{x})\mathrm{e}^{\frac{\mathrm{i}}{\hbar}E_m^{(0)}t}\hat{H}'\psi_k^{(0)}(\boldsymbol{x})\mathrm{e}^{-\frac{\mathrm{i}}{\hbar}E_k^{(0)}t}\mathrm{d}^3\boldsymbol{x}\end{aligned}$$

采用记号 $H'_{mk}=\int\psi_m^{(0)*}(\boldsymbol{x})\hat{H}'\psi_k^{(0)}(\boldsymbol{x})\mathrm{d}^3\boldsymbol{x}$，并利用$\{\psi_m^{(0)}(\boldsymbol{x})\}$的正交性，便有

$$\mathrm{i}\hbar\sum_k \mathrm{e}^{\frac{\mathrm{i}}{\hbar}(E_m^{(0)}-E_k^{(0)})t}\delta_{mk}\frac{\mathrm{d}a_k(t)}{\mathrm{d}t}=\sum_k a_k(t)\mathrm{e}^{\frac{\mathrm{i}}{\hbar}(E_m^{(0)}-E_k^{(0)})t}H'_{mk} \tag{9.1.12}$$

引入从能级 $E_k^{(0)}$ 跃迁到能级 $E_m^{(0)}$ 的玻尔频率

$$\omega_{mk}=\frac{1}{\hbar}(E_m^{(0)}-E_k^{(0)}) \tag{9.1.13}$$

代入(9.1.12)式,即得概率幅运动方程

$$\mathrm{i}\hbar\frac{\mathrm{d}a_m(t)}{\mathrm{d}t}=\sum_k a_k(t)H'_{mk}\mathrm{e}^{\mathrm{i}\omega_{mk}t} \tag{9.1.14}$$

从上面推导过程可见,无论 $\hat{H}'$是否微扰,(9.1.14)式均成立.

9.1.3 用含时微扰论求概率幅 $a_m(t)$

(1) 概率幅的初始条件.

因 $t=0$ 时体系处于 $\psi(\boldsymbol{x},0)=\psi_n^{(0)}(\boldsymbol{x})$态,由 $\psi(\boldsymbol{x},t)=\sum_k a_k(t)\psi_k^{(0)}(\boldsymbol{x},t)$ 得

$$\psi_n^{(0)}(\boldsymbol{x})=\psi(\boldsymbol{x},0)=\sum_k a_k(0)\psi_k^{(0)}(\boldsymbol{x}) \tag{9.1.15}$$

比较上式两端,易见

$$a_k(0)=\delta_{kn},\quad k=1,2,\cdots \tag{9.1.16}$$

(2) 零级近似方程与各级修正方程.

现在将 $\hat{H}'$记作$\lambda\hat{H}'$,将 $a_m(t)$按微扰参数 λ 展开为

$$a_m(t)=a_m^{(0)}(t)+\lambda a_m^{(1)}(t)+\lambda^2 a_m^{(2)}(t)+\cdots \tag{9.1.17}$$

代入概率幅运动方程 $\mathrm{i}\hbar\frac{\mathrm{d}a_m(t)}{\mathrm{d}t}=\sum_k a_k(t)H'_{mk}\mathrm{e}^{\mathrm{i}\omega_{mk}t}$,即有

$$\begin{aligned}&\mathrm{i}\hbar\frac{\mathrm{d}}{\mathrm{d}t}[a_m^{(0)}(t)+\lambda a_m^{(1)}(t)+\lambda^2 a_m^{(2)}(t)+\cdots]\\&=\sum_k[a_k^{(0)}(t)+\lambda a_k^{(1)}(t)+\lambda^2 a_k^{(2)}(t)+\cdots]\lambda H'_{mk}\mathrm{e}^{\mathrm{i}\omega_{mk}t}\end{aligned} \tag{9.1.18}$$

由方程两边 λ 的同次幂项的系数相等,可得零级近似方程与各级修正方程

λ^0:
$$\mathrm{i}\hbar\frac{\mathrm{d}a_m^{(0)}(t)}{\mathrm{d}t}=0 \tag{9.1.19}$$

λ^1:
$$\mathrm{i}\hbar\frac{\mathrm{d}a_m^{(1)}(t)}{\mathrm{d}t}=\sum_k H'_{mk}a_k^{(0)}(t)\mathrm{e}^{\mathrm{i}\omega_{mk}t} \tag{9.1.20}$$

λ^2:
$$\mathrm{i}\hbar\frac{\mathrm{d}a_m^{(2)}(t)}{\mathrm{d}t}=\sum_k H'_{mk}a_k^{(1)}(t)\mathrm{e}^{\mathrm{i}\omega_{mk}t} \tag{9.1.21}$$

……

λ^n:
$$i\hbar \frac{da_m^{(n)}(t)}{dt} = \sum_k H'_{mk} a_k^{(n-1)}(t) e^{i\omega_{mk}t} \tag{9.1.22}$$

(3) 求解零级近似方程.

① 积分(9.1.19)式,得 $\int_0^t da_m^{(0)}(t')=0$,即

$$a_m^{(0)}(t) = a_m^{(0)}(0) \tag{9.1.23}$$

② 在 $a_m(t)=a_m^{(0)}(t)+\lambda a_m^{(1)}(t)+\lambda^2 a_m^{(2)}(t)+\cdots$ 中令 $t=0$,可得

$$a_m(0) = a_m^{(0)}(0) + \lambda a_m^{(1)}(0) + \lambda^2 a_m^{(2)}(0) + \cdots \tag{9.1.24}$$

由于微扰是在 $t=0$ 时才加入的,不可能马上影响到体系的状态,因此 $t=0$ 时所有修正项为零

$$a_m^{(n)}(0) = 0 \quad (n = 1,2,\cdots), \quad a_m(0) = a_m^{(0)}(0) \tag{9.1.25}$$

③ 体系初始时刻处于 $|\psi_n(0)\rangle$ 态,即

$$a_m(0) = \delta_{mn} \tag{9.1.26}$$

④ 将(9.1.23)～(9.1.26)式联立,即得概率幅的零级近似

$$a_m^{(0)}(t) = a_m^{(0)}(0) = a_m(0) = \delta_{mn}, \quad m = 1,2,\cdots \tag{9.1.27}$$

(4) 求解一级修正方程.

将 $a_k^{(0)}=\delta_{kn}$ 代入一级修正方程(9.1.20)式后求和,即有

$$\frac{da_m^{(1)}(t)}{dt} = \frac{1}{i\hbar} \sum_k H'_{mk} \delta_{kn} e^{i\omega_{mk}t} = \frac{1}{i\hbar} H'_{mn} e^{i\omega_{mn}t} \tag{9.1.28}$$

将上式的 t 改为 t',对 t' 由 0 到 t 积分,并利用(9.1.25)式的 $a_m^{(1)}(0)=0$,可得

$$a_m^{(1)}(t) = \int_0^t da_m^{(1)}(t') = \frac{1}{i\hbar} \int_0^t H'_{mn} e^{i\omega_{mn}t'} dt' \tag{9.1.29}$$

由此得 $a_m(t)$ 的一级近似

$$a_m(t) = a_m^{(0)}(t) + a_m^{(1)}(t) = \delta_{mn} + \frac{1}{i\hbar} \int_0^t H'_{mn} e^{i\omega_{mn}t'} dt' \tag{9.1.30}$$

在跃迁过程中,初态与末态是不同的,因此 $\delta_{mn}=0$.

(5) 体系从 $t=0$ 时的 $\psi_n^{(0)}$ 跃迁到 t 时的 $\psi_m^{(0)}$ 态的概率为

$$W_{n\to m} = |a_m(t)|^2 = \frac{1}{\hbar^2} \left| \int_0^t H'_{mn} e^{i\omega_{mn}t'} dt' \right|^2 \tag{9.1.31}$$

(6) 跃迁速率 $w_{n\to m}$ 定义为单位时间的跃迁概率,即

$$w_{n\to m} = \frac{dW_{n\to m}}{dt} \tag{9.1.32}$$

为了求 $a_m(t)$ 的 n 级近似解,则应由低至高逐级求解修正方程.

【例 9.1.1】 电荷为 q 的谐振子在 $t=0$ 时处于基态，设 $t\geqslant 0$ 时处在 $\mathscr{E}=\mathbf{e}_x\mathscr{E}_0\mathrm{e}^{-\frac{t}{\tau}}$ 的电场中，求谐振子在 $t\to\infty$ 时处于激发态的概率.

解 在外电场中谐振子的哈密顿算符为

$$\hat{H}=\hat{H}_0+\hat{H}'=\hat{H}_0-q\mathscr{E}\cdot\boldsymbol{x}=\hat{H}_0-q\mathscr{E}_0\mathrm{e}^{-\frac{t}{\tau}}\mathbf{e}_x\cdot\boldsymbol{x}=\hat{H}_0-q\mathscr{E}_0x\mathrm{e}^{-\frac{t}{\tau}} \tag{9.1.33}$$

$t=0$ 时谐振子处于基态 $\psi_0^{(0)}$，t 时刻处于激发态 $\psi_m^{(0)}$ 的概率幅为

$$a_m^{(1)}(t)=\frac{1}{\mathrm{i}\hbar}\int_0^t H'_{m0}\mathrm{e}^{\mathrm{i}\omega_{m0}t'}\mathrm{d}t'=\frac{1}{\mathrm{i}\hbar}\int_0^t(-q\mathscr{E}_0x_{m0}\mathrm{e}^{-\frac{t'}{\tau}})\mathrm{e}^{\mathrm{i}\omega_{m0}t'}\mathrm{d}t' \tag{9.1.34}$$

利用 $\hat{x}=\sqrt{\frac{\hbar}{2\mu\omega}}(\hat{a}+\hat{a}^{\dagger})$得(见 3.5 节)

$$\begin{aligned}x_{m0}&=\langle m\mid\hat{x}\mid 0\rangle=\sqrt{\frac{\hbar}{2\mu\omega}}\langle m\mid(\hat{a}+\hat{a}^{\dagger})\mid 0\rangle\\&=\sqrt{\frac{\hbar}{2\mu\omega}}\langle m\mid\sqrt{1}\mid 1\rangle=\sqrt{\frac{\hbar}{2\mu\omega}}\delta_{m1}\end{aligned} \tag{9.1.35}$$

可见谐振子只能跃迁到 $m=1$ 态，由此得

$$\omega_{10}=\frac{E_1^{(0)}-E_0^{(0)}}{\hbar}=\frac{\left(1+\frac{1}{2}\right)\hbar\omega-\frac{1}{2}\hbar\omega}{\hbar}=\omega \tag{9.1.36}$$

在 $a_m^{(1)}(t)=\frac{1}{\mathrm{i}\hbar}\int_0^t(-q\mathscr{E}_0x_{m0}\mathrm{e}^{-\frac{t'}{\tau}})\mathrm{e}^{\mathrm{i}\omega_{m0}t'}\mathrm{d}t'$ 中令 $m=1$，并将 x_{m0} 及 ω_{10} 代入，得

$$\begin{aligned}a_1^{(1)}(t)&=\frac{\mathrm{i}}{\hbar}\int_0^t q\mathscr{E}_0\sqrt{\frac{\hbar}{2\mu\omega}}\mathrm{e}^{-\frac{t'}{\tau}}\mathrm{e}^{\mathrm{i}\omega t'}\mathrm{d}t'=\mathrm{i}q\mathscr{E}_0\sqrt{\frac{1}{2\mu\hbar\omega}}\int_0^t\mathrm{e}^{-(\frac{1}{\tau}-\mathrm{i}\omega)t'}\mathrm{d}t'\\&=\mathrm{i}q\mathscr{E}_0\sqrt{\frac{1}{2\mu\hbar\omega}}\frac{1-\mathrm{e}^{-(\frac{1}{\tau}-\mathrm{i}\omega)t}}{(1/\tau)-\mathrm{i}\omega}\end{aligned} \tag{9.1.37}$$

当 $t\to\infty$，体系处于 $\psi_1^{(0)}$ 态的概率为

$$W_{0\to1}=\lim_{t\to\infty}\mid a_1^{(1)}(t)\mid^2=\frac{q^2\mathscr{E}_0^2}{2\mu\hbar\omega}\left|\frac{1}{(1/\tau)-i\omega}\right|^2=\frac{q^2\mathscr{E}_0^2\tau^2}{2\mu\hbar\omega(1+\omega^2\tau^2)} \tag{9.1.38}$$

习 题 9.1

9.1.1 试由 $|\psi_S(t)\rangle=\mathrm{e}^{-\frac{\mathrm{i}}{\hbar}\hat{H}_{0s}t}|\psi_I(t)\rangle$ 导出(9.1.6)式，式中 $c_k(t)=\langle k|\psi_S(t)\rangle$ 为 S 绘景的概

率幅，$a_k(t)=\langle k|\psi_I(t)\rangle$为 I 绘景的概率幅.

9.1.2　设 $t\leqslant 0$ 时电荷为 q 的线性谐振子处于基态，在 $t=0$ 时外加与谐振子振动的方向相同的恒定外电场 $\mathscr{E}=\mathscr{E}\mathbf{e}_x$，求谐振子处于激发态的概率.

9.1.3　已知体系的能级和能量本征态分别记作 $E_k^{(0)}$ 和 $\psi_k^{(0)}$，$k=0,1,2,\cdots$. 设 $t<0$ 时体系处于基态 $\psi_0^{(0)}$，$t\geqslant 0$ 时受微扰 $\hat{H}'=\hat{F}(x)\mathrm{e}^{-\frac{t}{\tau}}$ 的作用，试用一级微扰计算 $t\gg\tau$ 时体系处于激发态 ψ_k 的概率.

9.1.4　氢原子处于基态，受到脉冲电场 $\mathscr{E}=\mathscr{E}_0\delta(t)\mathbf{e}_z$ 作用，$\mathscr{E}_0$ 为常量. 试用微扰论计算跃迁到各激发态的概率以及停留在基态的概率.

9.2　常微扰、周期性与非周期性微扰能量-时间不确定性关系

本节分别计算频率特性不同的常微扰、周期性微扰与非周期性微扰下的跃迁概率，并导出能量-时间不确定性关系.

9.2.1　常微扰下的跃迁概率　费米黄金规则

设体系哈密顿算符为

$$\hat{H}(t)=\hat{H}_0+\hat{H}'(t) \tag{9.2.1}$$

式中

$$\hat{H}'(t)=\begin{cases}0, & t<0\\ \hat{H}'\quad(\text{与 } t \text{ 无关}), & t\geqslant 0\end{cases} \tag{9.2.2}$$

现在分别讨论末态能谱为离散谱和连续谱这两种情形下的跃迁概率.

1. 末态能谱是离散谱的情形

若体系 $t'=0$ 时处于 $\psi_n^{(0)}$ 态，$t'=t$ 时跃迁到 $\psi_m^{(0)}$ 态的概率幅为

$$a_m(t)\approx a_m^{(1)}(t)=\frac{1}{\mathrm{i}\hbar}\int_0^t H'_{mn}\mathrm{e}^{\mathrm{i}\omega_{mn}t'}\mathrm{d}t'=\frac{H'_{mn}}{\hbar\omega_{mn}}(1-\mathrm{e}^{\mathrm{i}\omega_{mn}t}) \tag{9.2.3}$$

跃迁概率为

$$\begin{aligned}W_{n\to m}&=|a_m(t)|^2=\frac{|H'_{mn}|^2}{\hbar^2\omega_{mn}^2}(1-\mathrm{e}^{\mathrm{i}\omega_{mn}t})(1-\mathrm{e}^{-\mathrm{i}\omega_{mn}t})\\&=\frac{2|H'_{mn}|^2}{\hbar^2\omega_{mn}^2}(1-\cos\omega_{mn}t)=\frac{|H'_{mn}|^2}{\hbar^2}\frac{\sin^2[\omega_{mn}t/2]}{(\omega_{mn}/2)^2}\end{aligned} \tag{9.2.4}$$

如果 t 足够长，以致可以认为 $t\to\infty$，利用附录 D 中 δ 函数的公式

$$\lim_{t\to\infty}\frac{\sin^2(xt)}{\pi t x^2}=\delta(x),\quad \delta(ax)=\frac{1}{|a|}\delta(x) \tag{9.2.5}$$

则常微扰的跃迁概率

$$W_{n\to m}=\frac{\pi t|H'_{mn}|^2}{\hbar^2}\lim_{t\to\infty}\frac{\sin^2(\omega_{mn}t/2)}{\pi t(\omega_{mn}/2)^2}=\frac{\pi t|H'_{mn}|^2}{\hbar^2}\delta\left(\frac{\omega_{mn}}{2}\right) \tag{9.2.6}$$

这里的 $\omega_{mn}=\frac{1}{\hbar}(E_m^{(0)}-E_n^{(0)})$ 只取当作连续变量处理的"ω_{mn}"中的某些离散值.

常微扰的跃迁速率

$$w_{n\to m}=\frac{\mathrm{d}W_{n\to m}}{\mathrm{d}t}=\frac{\pi\mid H'_{mn}\mid^2}{\hbar^2}\delta\left(\frac{E_m^{(0)}-E_n^{(0)}}{2\hbar}\right)=\frac{2\pi}{\hbar^2}\mid H'_{mn}\mid^2\delta(\omega_{mn})$$

(9.2.7a)

利用 δ 函数公式 $\delta(ax)=\delta(x)/a$,上式还可表示为

$$w_{n\to m}=\frac{2\pi}{\hbar}\mid H'_{mn}\mid^2\delta(E_m^{(0)}-E_n^{(0)}) \tag{9.2.7b}$$

对于 t 足够长的常微扰来说,跃迁有两个特点:

(1) 跃迁速率与时间无关;

(2) 跃迁过程遵守能量守恒定律,仅当末态的 $E_m^{(0)}\approx E_n^{(0)}$ 时,$w_{n\to m}$才显著不为零.

2. 末态能谱是连续谱的情形

当跃迁的末态是散射态时,如粒子发射,电离及势散射等情形,末态的能谱是连续谱.此时可以假设末态的态密度为 $\rho(E_m^{(0)})$,即在 $E_m^{(0)}$ 附近$\mathrm{d}E_m^{(0)}$ 范围内末态的数目为$\rho(E_m^{(0)})\mathrm{d}E_m^{(0)}$.

这样,从初态 $E_n^{(0)}$ 跃迁到 $E_m^{(0)}$ 附近所有末态的跃迁速率为

$$w=\int w_{n\to m}\rho(E_m^{(0)})\mathrm{d}E_m^{(0)}$$

将 $w_{n\to m}=\frac{2\pi}{\hbar^2}|H'_{mn}|^2\delta(\omega_{mn})$代入上式,利用 $\mathrm{d}E_m^{(0)}=\mathrm{d}(E_m^{(0)}-E_n^{(0)})=\hbar\mathrm{d}\omega_{mn}$,得

$$w=\int\frac{2\pi}{\hbar^2}\mid H'_{mn}\mid^2\delta(\omega_{mn})\rho(E_m^{(0)})\hbar\mathrm{d}\omega_{mn}=\frac{2\pi}{\hbar}\rho(E_m^{(0)})\mid H'_{mn}\mid^2 \tag{9.2.8}$$

由于这个公式非常重要,费米称这个公式为黄金规则.

在 10.3 节将应用它计算弹性散射(能量守恒)情形下粒子的微分散射截面.

9.2.2 周期性微扰下的跃迁概率

设微扰哈密顿算符为(式中 $\hat{F}$,$\hat{A}$ 为与 t 无关的厄米算符)

$$\hat{H}'=\begin{cases}0, & t<0\\ \hat{A}\cos\omega t=\hat{F}(\mathrm{e}^{\mathrm{i}\omega t}+\mathrm{e}^{-\mathrm{i}\omega t}), & t\geqslant 0\end{cases} \tag{9.2.9}$$

体系在 $t'=0$ 处于 $\psi_n^{(0)}$ 态,$t'=t$ 跃迁到 $\psi_m^{(0)}$ 态的概率为

$$W_{n\to m}=\mid a_m(t)\mid^2=\left|\frac{1}{\mathrm{i}\hbar}\int_0^t H'_{mn}\mathrm{e}^{\mathrm{i}\omega_{mn}t'}\mathrm{d}t'\right|^2=\left|\frac{F_{mn}}{\hbar}\int_0^t(\mathrm{e}^{\mathrm{i}\omega t'}+\mathrm{e}^{-\mathrm{i}\omega t'})\mathrm{e}^{\mathrm{i}\omega_{mn}t'}\mathrm{d}t'\right|^2$$

$$=\frac{|F_{mn}|^2}{\hbar^2}\left|\frac{e^{i(\omega_{mn}+\omega)t}-1}{\omega_{mn}+\omega}+\frac{e^{i(\omega_{mn}-\omega)t}-1}{\omega_{mn}-\omega}\right|^2 \tag{9.2.10}$$

易见仅当式中分母接近于零时，跃迁概率才显著不为零. 有两个重要的特殊情况：

1. 吸收过程

当 $\omega=\omega_{mn}=(E_m^{(0)}-E_n^{(0)})/\hbar$，即当

$$E_m^{(0)}=E_n^{(0)}+\hbar\omega \tag{9.2.11}$$

跃迁概率 $W_{n\to m}=\frac{|F_{mn}|^2}{\hbar^2}\left|\frac{e^{i(\omega_{mn}+\omega)t}-1}{\omega_{mn}+\omega}+\frac{e^{i(\omega_{mn}-\omega)t}-1}{\omega_{mn}-\omega}\right|^2$ 的第一项可忽略，仅保留分母接近于零的第二项.

如果外来微扰是角频率为 ω 的光波，由 $\omega_{mn}=\omega>0$ 可知，这相当于体系吸收了光子 $\hbar\omega$ 并由低能级 $E_n^{(0)}$ 跃迁到高能级 $E_m^{(0)}$.

2. 辐射过程

当 $\omega=-\omega_{mn}=-(E_m^{(0)}-E_n^{(0)})/\hbar$，即当

$$E_m^{(0)}=E_n^{(0)}-\hbar\omega \tag{9.2.12}$$

跃迁概率 $W_{n\to m}=\frac{|F_{mn}|^2}{\hbar^2}\left|\frac{e^{i(\omega_{mn}+\omega)t}-1}{\omega_{mn}+\omega}+\frac{e^{i(\omega_{mn}-\omega)t}-1}{\omega_{mn}-\omega}\right|^2$ 的第二项可忽略，仅保留分母接近于零的第一项.

由 $\omega_{mn}=-\omega<0$ 可知，这相当于体系从高能级 $E_n^{(0)}$ 跃迁到低能级 $E_m^{(0)}$ 并辐射光子 $\hbar\omega$.

吸收过程与辐射过程(对应 $\omega=\pm\omega_{mn}$)均称共振跃迁.

略去 $W_{n\to m}$ 的第一项或第二项，跃迁概率可合并写成(正号相应吸收过程，负号相应辐射过程)

$$W_{n\to m}=\frac{|F_{mn}|^2}{\hbar^2}\left|\frac{e^{i(\omega_{mn}\pm\omega)t}-1}{\omega_{mn}\pm\omega}\right|^2=\frac{|F_{mn}|^2}{\hbar^2}\frac{\sin^2[(\omega_{mn}\pm\omega)t/2]}{[(\omega_{mn}\pm\omega)/2]^2} \tag{9.2.13}$$

当 t 足够长，以致可以看作 $t\to\infty$ 时，参看(9.2.4)、(9.2.5)式易得跃迁概率

$$W_{n\to m}=\frac{\pi t}{\hbar^2}|F_{mn}|^2\delta\left(\frac{\omega_{mn}\pm\omega}{2}\right)=\frac{2\pi t}{\hbar^2}|F_{mn}|^2\delta(\omega_{mn}\pm\omega) \tag{9.2.14}$$

跃迁速率为

$$w_{n\to m}=\frac{dW_{n\to m}}{dt}=\frac{2\pi}{\hbar^2}|F_{mn}|^2\delta(\omega_{mn}\pm\omega) \tag{9.2.15a}$$

应用 $\omega_{mn}=\frac{E_m^{(0)}-E_n^{(0)}}{\hbar}$ 及 $\delta(ax)=\frac{1}{|a|}\delta(x)$，可得 $w_{n\to m}$ 的另一表达式

$$w_{n\to m}=\frac{2\pi}{\hbar}|F_{mn}|^2\delta(E_m^{(0)}-E_n^{(0)}\pm\hbar\omega) \tag{9.2.15b}$$

讨论 跃迁速率反应了能量守恒定律对跃迁过程的要求：

(1) 常微扰跃迁速率 $w_{n\to m}$的因子 $\delta(E_m^{(0)}-E_n^{(0)})$表明，当$t\to\infty$，能量守恒定律要求遵守 $E_m^{(0)}=E_n^{(0)}$.

(2) 周期性微扰跃迁速率 $w_{n\to m}$的因子 $\delta(E_m^{(0)}-E_n^{(0)}\pm\hbar\omega)$表明，周期为 ω 的电磁场微扰可以看作频率为ω 的光子束与体系发生相互作用，能量守恒定律要求遵守 $E_m^{(0)}=E_n^{(0)}\mp\hbar\omega$.

9.2.3 非周期性微扰下的跃迁概率

设在 $0\leqslant t'\leqslant t$ 的时间间隔内加入非周期性微扰，可将 $H'(t)$展开为傅里叶积分

$$\hat{H}'(t')=\begin{cases}\int_{-\infty}^{\infty}\hat{H}'(\omega)\mathrm{e}^{-\mathrm{i}\omega t'}\mathrm{d}\omega, & 0\leqslant t'\leqslant t\\ 0, & t'<0,t'>t\end{cases}\tag{9.2.16}$$

分别以$\langle m|$左乘、以$|n\rangle$右乘上式，得

$$H'_{mn}(t')=\begin{cases}\int_{-\infty}^{\infty}H'_{mn}(\omega)\mathrm{e}^{-\mathrm{i}\omega t'}\mathrm{d}\omega, & 0\leqslant t'\leqslant t\\ 0, & t'<0,\quad t'>t\end{cases}\tag{9.2.17}$$

将上式代入 $a_m^{(1)}(t)=\frac{1}{\mathrm{i}\hbar}\int_0^t H'_{mn}\mathrm{e}^{\mathrm{i}\omega_{mn}t'}\mathrm{d}t'$，并根据上式将积分区间由$(0,t)$扩充到$(-\infty,\infty)$，交换积分次序，即得跃迁概率幅

$$\begin{aligned}a_m(t)&=\frac{1}{\mathrm{i}\hbar}\int_0^t H'_{mn}(t')\mathrm{e}^{\mathrm{i}\omega_{mn}t'}\mathrm{d}t'=\frac{1}{\mathrm{i}\hbar}\int_{-\infty}^{\infty}H'_{mn}(t')\mathrm{e}^{\mathrm{i}\omega_{mn}t'}\mathrm{d}t'\\&=\frac{1}{\mathrm{i}\hbar}\int_{-\infty}^{\infty}\left[\int_{-\infty}^{\infty}H'_{mn}(\omega)\mathrm{e}^{-\mathrm{i}\omega t'}\mathrm{d}\omega\right]\mathrm{e}^{\mathrm{i}\omega_{mn}t'}\mathrm{d}t'\\&=\frac{1}{\mathrm{i}\hbar}\int_{-\infty}^{\infty}\mathrm{d}\omega H'_{mn}(\omega)\int_{-\infty}^{\infty}\mathrm{e}^{\mathrm{i}(\omega_{mn}-\omega)t'}\mathrm{d}t'\end{aligned}\tag{9.2.18}$$

利用 δ 函数的傅里叶展开式(见附录 D)

$$\delta(\omega_{mn}-\omega)=\frac{1}{2\pi}\int_{-\infty}^{\infty}\mathrm{e}^{\mathrm{i}(\omega_{mn}-\omega)t'}\mathrm{d}t'\tag{9.2.19}$$

可得

$$a_m(t)=\frac{2\pi}{\mathrm{i}\hbar}\int_{-\infty}^{\infty}H'_{mn}(\omega)\delta(\omega_{mn}-\omega)\mathrm{d}\omega=\frac{2\pi}{\mathrm{i}\hbar}H'_{mn}(\omega_{mn})\tag{9.2.20}$$

跃迁概率即为

$$W_{n\to m}=|a_m(t)|^2=\frac{4\pi^2}{\hbar^2}|H'_{mn}(\omega_{mn})|^2\tag{9.2.21}$$

由此可见，受能量守恒定律的制约，在非周期微扰中只有频率 $\omega=\omega_{mn}$ 的傅里叶分量 $H'_{mn}(\omega_{mn})$ 对跃迁才有贡献.

若 t 较短，与体系的特征时间 Δt 可以比较(特征时间 Δt 是指，在 Δt 内体系的状态没明显变化)，情况将会怎样呢？

9.2.4　能量-时间不确定性关系

1. 通过末态能量的测定得能量-时间不确定性关系

由(9.2.13)式得

$$W_{n\to m}=\frac{|F_{mn}|^2t^2}{\hbar^2}\frac{\sin^2[(\omega_{mn}\pm\omega)t/2]}{[(\omega_{mn}\pm\omega)t/2]^2} \tag{9.2.22}$$

跃迁概率 $W_{n\to m}$ 与 $(\omega_{mn}\pm\omega)/2$ 的函数曲线如图 9.1 所示.

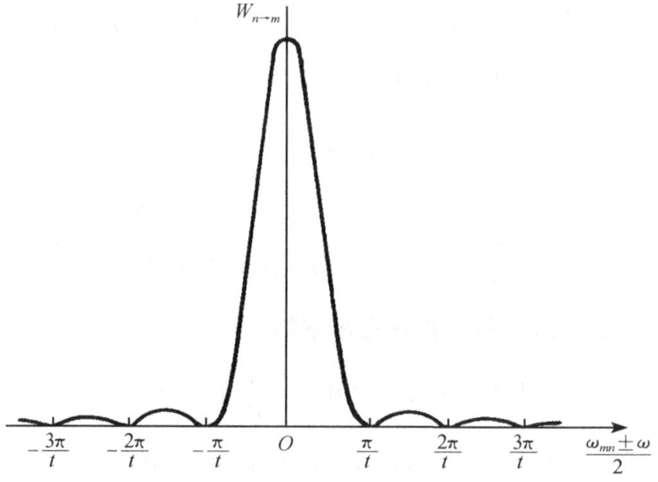

图 9.1

当 $(\omega_{mn}\pm\omega)\to 0$ 时，利用 $\lim\limits_{x\to 0}\frac{\sin x}{x}=1$ 可知，$W_{n\to m}$ 有极大值 $\frac{|F_{mn}|^2t^2}{\hbar^2}$；$W_{n\to m}$ 的第一对极小值位于 $\frac{1}{2}(\omega_{mn}\pm\omega)t=\pm\pi$ 处，即出现在

$$E_m^{(0)}=E_n^{(0)}\mp\hbar\omega\pm\frac{2\pi\hbar}{t} \tag{9.2.23}$$

这表明，若 t 不趋于∞，则跃迁过程不严格遵守能量守恒定律，即

$$E_m^{(0)}\neq E_n^{(0)}\mp\hbar\omega \tag{9.2.24}$$

由(9.2.23)式可求出图 9.1 主极大的范围是

$$\left(E_n^{(0)} \mp \hbar\omega + \frac{2\pi\hbar}{t}\right) - \left(E_n^{(0)} \mp \hbar\omega - \frac{2\pi\hbar}{t}\right) = \frac{4\pi\hbar}{t} = \frac{2h}{t} \tag{9.2.25}$$

$E_m^{(0)}$ 的不确定范围 $\Delta E_m^{(0)}$ 的数量级为

$$\Delta E_m^{(0)} \gtrsim \frac{h}{t} \tag{9.2.26}$$

如果从 $t'=0$ 到 $t'=t$ 这段时间用 Δt 来表示，能量的不确定范围 $\Delta E_m^{(0)}$ 用 ΔE 来表示，则(9.2.25)式可表示为

$$\Delta E \cdot \Delta t \gtrsim h \tag{9.2.27}$$

这就是能量-时间不确定性关系. 它表明，若测量体系末态能量的时间为 Δt，则这个末态能量的不确定范围 ΔE 由能量-时间不确定性关系给出.

上面通过体系末态能量的测定这一特例得到了能量-时间不确定性关系，还可以从其他物理过程给出一个更普遍的推导.

2. 利用力学量随时间变化的公式得能量-时间不确定性关系

体系在随时间演化的过程中的每个状态都有一个特征时间 Δt，在这个时间间隔内，体系的状态没有明显的变化. 它的标志是：体系的任一力学量平均值改变量的绝对值 $|\Delta\bar{F}|$ 都小于力学量在该状态下的不确定范围 ΔF，即

$$|\Delta\bar{F}| < \Delta F = \sqrt{\overline{F^2} - (\bar{F})^2} \tag{9.2.28}$$

等式见(2.6.3)式.

如果把某一力学量 F 平均值改变量的绝对值 $|\Delta\bar{F}| = \Delta F$ 所需要的时间称为 Δt_F，那么，超过这个时间，则可认为该力学量发生明显的变化. 显然 Δt_F 满足

$$\Delta F = |\Delta\bar{F}| = \left|\frac{\mathrm{d}\bar{F}}{\mathrm{d}t}\right| \Delta t_F \tag{9.2.29}$$

即

$$\Delta t_F = \frac{\Delta F}{|\mathrm{d}\bar{F}/\mathrm{d}t|} \tag{9.2.30}$$

既然 $\bar{F}$ 随时间变化，可见 F 不是守恒量. 设$[\hat{F},\hat{H}]=\mathrm{i}\hat{k}$，由不确定性关系

$$\Delta E \Delta F \geqslant \frac{|\bar{k}|}{2} = \frac{1}{2}\left|\overline{[\hat{F},\hat{H}]}\right| \tag{9.2.31}$$

将力学量平均值随时间变化的公式[见(2.7.4)式]取绝对值，得

$$\left|\frac{\mathrm{d}\bar{F}}{\mathrm{d}t}\right| = \left|\frac{1}{\mathrm{i}\hbar}\overline{[\hat{F},\hat{H}]}\right| \tag{9.2.32}$$

用(9.2.32)式两边分别除(9.2.31)式两边，便有

$$\Delta E \frac{\Delta F}{|\,\mathrm{d}\overline{F}/\mathrm{d}t\,|} \geqslant \frac{\hbar}{2} \tag{9.2.33}$$

再将 $\Delta t_F = \frac{\Delta F}{|\mathrm{d}\overline{F}/\mathrm{d}t|}$ 代入上式即有

$$\Delta E \Delta t_F \geqslant \frac{\hbar}{2} \tag{9.2.34}$$

上式对任意力学量均成立. 考虑到只要有一个力学量发生明显的改变,就可以认为体系的状态发生明显的变化. 因此 Δt 是所有力学量发生明显改变所需要时间 Δt_F 中最小的那一个,即

$$\Delta t = min\{\Delta t_F\} \tag{9.2.35}$$

由于(9.2.34)式对任意力学量均成立,故有

$$\Delta E \Delta t \geqslant \frac{\hbar}{2} \tag{9.2.36}$$

这就是能量-时间不确定性关系. 它指出,能量的不确定度 ΔE 与该状态的特征时间 Δt(即该体系的状态有明显改变所需要的时间)的关系.

习 题 9.2

9.2.1 试证明, $\lim\limits_{t\to\infty}\frac{\sin^2 xt}{\pi t x^2} = \delta(x)$.

9.2.2 设末态是自由粒子的动量本征函数,采用箱归一化,其本征值及相应本征函数分别为

$$p_x = \frac{2\pi\hbar n_x}{L}, \quad p_y = \frac{2\pi\hbar n_y}{L}, \quad p_z = \frac{2\pi\hbar n_z}{L}, \quad n_x, n_y, n_z = 0, \pm 1, \pm 2, \cdots$$

$$\psi_m^{(0)}(\boldsymbol{r}) = \frac{1}{L^{3/2}} \mathrm{e}^{\frac{\mathrm{i}}{\hbar}\boldsymbol{p}\cdot\boldsymbol{r}}$$

试证明,自由粒子的态密度为

$$\rho(E_m^{(0)}) = \left(\frac{L}{2\pi\hbar}\right)^3 \mu p \sin\theta \mathrm{d}\theta \mathrm{d}\varphi$$

9.2.3 设粒子处于状态 $\psi(\boldsymbol{r},t) = \psi_1(\boldsymbol{r})\mathrm{e}^{-\frac{\mathrm{i}}{\hbar}E_1 t} + \psi_2(\boldsymbol{r})\mathrm{e}^{-\frac{\mathrm{i}}{\hbar}E_2 t}$,式中 ψ_1 和 ψ_2 分别是本征值为 E_1 和 E_2 的能量本征态,如果将粒子在空间概率密度的周期 T 看作表征体系性质变化快慢的特征时间 Δt,而测量体系能量时的不确定度 $\Delta E = E_2 - E_1$,求 $\Delta E \Delta t = ?$

*9.3 突发微扰与绝热微扰

本节分别计算在突发微扰与绝热微扰下体系的跃迁概率.

特别是，我们将导出在“微扰随时间的变化非常缓慢”的条件下，体系在 t 时刻的绝热近似态(绝热定理). 这个定理是讨论贝里相位(见 11.2 节)的基础.

9.3.1 突发微扰

设体系在 $t=-\infty$ 处于 $\hat{H}_0$ 的本征态 $\psi_n^{(0)}$，在加入微扰 $\hat{H}'(t)$ 后，t 时刻体系的状态如(9.1.7)式所示

$$\psi(\boldsymbol{x},t)=\sum_k a_k(t)\mathrm{e}^{-\frac{\mathrm{i}}{\hbar}E_k^{(0)}t}\psi_k^{(0)}(\boldsymbol{x}) \tag{9.3.1}$$

取一级近似，体系在 t 时刻处于 m 态的概率幅如(9.1.29)式所示

$$a_m(t)=\frac{1}{\mathrm{i}\hbar}\int_{-\infty}^{t}H'_{mn}\mathrm{e}^{\mathrm{i}\omega_{mn}t'}\mathrm{d}t' \tag{9.3.2}$$

式中 $\omega_{mn}=\frac{1}{\hbar}(E_m^{(0)}-E_n^{(0)})$.

由于已知体系在 $t=-\infty$ 处于 $\hat{H}_0$ 的本征态 $\psi_n^{(0)}$，故积分下限也由 0 改为 $-\infty$. 取分部积分，并利用 $\hat{H}'(-\infty)=0$，则有

$$a_m(t)=-\frac{1}{\hbar\omega_{mn}}\int_{-\infty}^{t}H'_{mn}(t')\mathrm{d}\mathrm{e}^{\mathrm{i}\omega_{mn}t'}=-\frac{H'_{mn}(t)}{\hbar\omega_{mn}}\mathrm{e}^{\mathrm{i}\omega_{mn}t}+\frac{1}{\hbar\omega_{mn}}\int_{-\infty}^{t}\mathrm{e}^{\mathrm{i}\omega_{mn}t'}\frac{\partial H'_{mn}(t')}{\partial t'}\mathrm{d}t' \tag{9.3.3}$$

常见的突发微扰有如下三类:

(1) $t=0$ 时突然加上常微扰.

$$\hat{H}'(t)=H'\eta(t) \tag{9.3.4}$$

式中 H' 为常量，$\eta(t)$ 为单位阶跃函数(无量纲)

$$\eta(t)=\begin{cases}0, & t<0\\ 1, & t>0\end{cases} \tag{9.3.5}$$

将 $\hat{H}'(t)=H'\eta(t)$ 代入(9.3.3)式，并利用 $\frac{\partial\eta(t)}{\partial t}=\delta(t)$(由 $\eta(t)$ 的函数图象及 δ 函数定义易见)，即有

$$a_m(t)=-\frac{H'_{mn}}{\hbar\omega_{mn}}\mathrm{e}^{\mathrm{i}\omega_{mn}t}+\frac{H'_{mn}}{\hbar\omega_{mn}}\int_{-\infty}^{t}\mathrm{e}^{\mathrm{i}\omega_{mn}t'}\delta(t')\mathrm{d}t'=-\frac{H'_{mn}}{\hbar\omega_{mn}}\mathrm{e}^{\mathrm{i}\omega_{mn}t}+\frac{H'_{mn}}{\hbar\omega_{mn}} \tag{9.3.6}$$

利用(9.1.17)式及(9.1.27)式可得 $a_n(t)\approx a_n^{(0)}(t)=\delta_{nn}=1$，即有

$$\psi(\boldsymbol{x},t)=\sum_m a_m(t)\mathrm{e}^{-\frac{\mathrm{i}}{\hbar}E_m^{(0)}t}\psi_m^{(0)}(\boldsymbol{x})=\mathrm{e}^{-\frac{\mathrm{i}}{\hbar}E_n^{(0)}t}\psi_n^{(0)}(\boldsymbol{x})+\sum_{m\neq n}a_m(t)\mathrm{e}^{-\frac{\mathrm{i}}{\hbar}E_m^{(0)}t}\psi_m^{(0)}(\boldsymbol{x}) \tag{9.3.7}$$

将(9.3.6)式代入上式,并注意到 $\hbar\omega_{mn}=E_m^{(0)}-E_n^{(0)}$,可得

$$\begin{aligned}\psi(\boldsymbol{x},t)&=\mathrm{e}^{-\frac{\mathrm{i}}{\hbar}E_n^{(0)}t}\psi_n^{(0)}(\boldsymbol{x})+\sum_{m\neq n}\left[-\frac{H'_{mn}}{\hbar\omega_{mn}}\mathrm{e}^{\mathrm{i}\omega_{mn}t}+\frac{H'_{mn}}{\hbar\omega_{mn}}\right]\mathrm{e}^{-\frac{\mathrm{i}}{\hbar}E_m^{(0)}t}\psi_m^{(0)}(\boldsymbol{x})\\&=\left[\psi_n^{(0)}(\boldsymbol{x})-\sum_{m\neq n}\frac{H'_{mn}}{\hbar\omega_{mn}}\psi_m^{(0)}(\boldsymbol{x})\right]\mathrm{e}^{-\frac{\mathrm{i}}{\hbar}E_n^{(0)}t}+\sum_{m\neq n}\frac{H'_{mn}}{\hbar\omega_{mn}}\psi_m^{(0)}(\boldsymbol{x})\mathrm{e}^{-\frac{\mathrm{i}}{\hbar}E_m^{(0)}t}\end{aligned}\tag{9.3.8}$$

将上式与 $\psi(\boldsymbol{x},t)=\sum_m a_m(t)\mathrm{e}^{-\frac{\mathrm{i}}{\hbar}E_m^{(0)}t}\psi_m^{(0)}(\boldsymbol{x})$ 比较,易见:

① 第一项反映在微扰作用下体系初态的变化,与定态微扰论给出的一级近似公式(5.1.25)一致

$$\psi_n=\psi_n^{(0)}(\boldsymbol{x})-\sum_{m\neq n}\frac{H'_{mn}}{\hbar\omega_{mn}}\psi_m^{(0)}(\boldsymbol{x})=\psi_n^{(0)}+\sum_{m\neq n}\frac{H'_{mn}}{E_n^{(0)}-E_m^{(0)}}\psi_m^{(0)}$$

② 第二项给出 t 时刻的概率幅 $a_m(t)=\dfrac{H'_{mn}}{\hbar\omega_{mn}}$(除 $m=n$ 之外). 由此得到在突发微扰作用下体系从 $\psi_n^{(0)}$ 态跃迁到 $\psi_m^{(0)}$ 态的概率为

$$W_{n\to m}=\left|\frac{H'_{mn}}{\hbar\omega_{mn}}\right|^2\tag{9.3.9}$$

前面 9.2.1 节讨论"常微扰"时计算了 $t\to\infty$ 时体系的跃迁速率,并讨论跃迁过程中是否遵守能量守恒定律的问题. 本节"突然加上常微扰"的讨论不在 $t\to\infty$ 的条件下展开,主要讨论常微扰突然加上后初态的变化以及在任一时刻 t 跃迁到末态的概率.

(2) $t=0$ 时突然加上脉冲微扰.

$$\hat{H}'(t)=H'\delta(t)\tag{9.3.10}$$

式中 H' 为常量,$\delta(t)$ 的量纲为 t^{-1}①.

将 $\hat{H}'(t)=H'\delta(t)$ 代入 $a_m(t)=\dfrac{1}{\mathrm{i}\hbar}\displaystyle\int_{-\infty}^{t}H'_{mn}\mathrm{e}^{\mathrm{i}\omega_{mn}t'}\mathrm{d}t'$,得

$$a_m(t)=\frac{1}{\mathrm{i}\hbar}\int_{-\infty}^{t}H'_{mn}\delta(t')\mathrm{e}^{\mathrm{i}\omega_{mn}t'}\mathrm{d}t'=\frac{H'_{mn}}{\mathrm{i}\hbar}\tag{9.3.11}$$

体系从 $\psi_n^{(0)}$ 态跃迁到 $\psi_m^{(0)}$ 态的概率为

$$W_{n\to m}=|a_m(t)|^2=\left|\frac{H'_{mn}}{\mathrm{i}\hbar}\right|^2=\frac{|H'_{mn}|^2}{\hbar^2}\tag{9.3.12}$$

---

① 由 $\int_{-\infty}^{\infty}\delta(t)\mathrm{d}t=1$ 可见 $\delta(t)$ 的量纲为 t^{-1}. 比较 $\hat{H}'(t)=H'\eta(t)$ 和 $\hat{H}'(t)=H'\delta(t)$,由于 $\eta(t)$ 和 $\delta(t)$ 量纲不同,两式中 H' 的量纲不同. 由此导致(9.3.9)式和(9.3.12)式的形式也不同.

(3) $t=0$ 时体系突然发生变化.

① 体系的哈密顿算符突然发生变化.(例如,谐振子弹性系数 k 的突然改变,核衰变使原子序数 Z 发生突变等.)

$$\hat{H}_0 \to \hat{H} = \hat{H}_0 + \hat{H}' \tag{9.3.13}$$

② 边界条件变化.(例如,无限深势阱壁突然移动等.)

因为 $\hat{H}$ 的变化或边界的变化是突发的,体系的状态还来不及变化.原先所处的 $\hat{H}_0$ 的本征态 $|\psi_n^{(0)}\rangle$ 将变成为 $\hat{H}=\hat{H}_0+\hat{H}'$ 的初态,按新的薛定谔方程进行演化.

设 $\hat{H}_0$ 及 $\hat{H}$ 的本征值方程分别为

$$\hat{H}_0 \mid \psi_n^{(0)}\rangle = E_n^{(0)} \mid \psi_n^{(0)}\rangle, \quad \hat{H} \mid \psi_m\rangle = E_m \mid \psi_m\rangle \tag{9.3.14}$$

现在计算由 $\hat{H}_0$ 的初态 $|\psi_n^{(0)}\rangle$ 跃迁到 $\hat{H}$ 的末态 $|\psi_m\rangle$ 的概率 $W_{n\to m}$.

将初态 $|\psi_n^{(0)}\rangle$ 按 $\hat{H}$ 的本征矢完备系 $\{|\psi_m\rangle\}$ 展开,得

$$\mid \psi_n^{(0)}\rangle = \sum_m c_m \mid \psi_m\rangle \tag{9.3.15}$$

显然,体系处于 $|\psi_m\rangle$ 态的概率 $|c_m|^2$ 就是体系由初态 $|\psi_n^{(0)}\rangle$ 跃迁到末态 $|\psi_m\rangle$ 的概率 $W_{n\to m}$,即

$$W_{n\to m} = \mid c_m \mid^2 = \mid \langle \psi_m \mid \psi_n^{(0)}\rangle \mid^2 \tag{9.3.16}$$

从上式的推导过程可见,如果体系的 $\hat{H}$ 没有变化,只是边界条件发生变化,上式同样适用(见例 9.3.2).

【例 9.3.1】 试证明,若 $\hat{H}'$"很小",体系突然发生变化引起的 $W_{n\to m}$ 与突然加上常微扰引起的 $W_{n\to m}$ 一致,分别见(9.3.16)式与(9.3.9)式.

证 以 $|\psi_n^{(0)}\rangle$ 右乘 $\langle\psi_m|\ \hat{H}=E_m\langle\psi_m|$,以 $\langle\psi_m|$ 左乘 $\hat{H}_0|\psi_n^{(0)}\rangle=E_n^{(0)}|\psi_n^{(0)}\rangle$,再将两式相减,得

$$\langle \psi_m \mid (\hat{H} - \hat{H}_0) \mid \psi_n^{(0)}\rangle = (E_m - E_n^{(0)})\langle \psi_m \mid \psi_n^{(0)}\rangle \tag{9.3.17}$$

利用 $\hat{H}-\hat{H}_0=\hat{H}'$,即有

$$\langle \psi_m \mid \psi_n^{(0)}\rangle = \frac{\langle \psi_m \mid (\hat{H} - \hat{H}_0) \mid \psi_n^{(0)}\rangle}{E_m - E_n^{(0)}} = \frac{\langle \psi_m \mid \hat{H}' \mid \psi_n^{(0)}\rangle}{E_m - E_n^{(0)}} \tag{9.3.18}$$

代入(9.3.16)式,得

$$W_{n\to m} = \left| \frac{\langle \psi_m \mid \hat{H}' \mid \psi_n^{(0)}\rangle}{E_m - E_n^{(0)}} \right|^2 \tag{9.3.19}$$

如果 $\hat{H}'$ 是微扰,$E_m\approx E_m^{(0)}$,$|\psi_m\rangle\approx|\psi_m^{(0)}\rangle$,上式可简化为(9.3.9)式

$$W_{n\to m} = \left| \frac{\langle \psi_m^{(0)} \mid \hat{H}' \mid \psi_n^{(0)}\rangle}{E_m^{(0)} - E_n^{(0)}} \right|^2 = \left| \frac{\hat{H}'_{mn}}{\hbar\omega_{mn}} \right|^2 \tag{9.3.20}$$

【例 9.3.2】 在宽度为 a 的一维无限深势阱中粒子处于基态 $|\psi_1^{(0)}\rangle$，当 $t=0$ 时，$x=a$ 处的阱壁突然移到 $x=2a$，试求 $t>0$ 时，粒子跃迁到 $|\psi_m\rangle$ 的概率.

解 习题 2.4.8 已给出，宽度为 a 的一维无限深势阱中处于基态 $|\psi_1^{(0)}\rangle$ 的粒子，其能量与波函数分别为

$$E_1^{(0)}=\frac{\pi^2\hbar^2}{2\mu a^2},\quad \psi_1^{(0)}=\begin{cases}\sqrt{\dfrac{2}{a}}\sin\dfrac{\pi x}{a}, & 0<x<a\\ 0, & x<0,\quad x>a\end{cases}$$

宽度为 $2a$ 的一维无限深势阱中处于 $|\psi_m\rangle$ 态的粒子，其能量与波函数分别为

$$E_m=\frac{m^2\pi^2\hbar^2}{8\mu a^2},\quad \psi_m=\begin{cases}\sqrt{\dfrac{1}{a}}\sin\dfrac{m\pi x}{2a}, & 0<x<2a\\ 0, & x<0,\quad x>2a\end{cases}$$

本题的 $\hat{H}$ 没改变，只是势阱壁移动了，按(9.3.16)式进行计算，得

$$\begin{aligned}W_{\psi_1^{(0)}\to\psi_m}&=|\langle\psi_m\mid\psi_1^{(0)}\rangle|^2=\left|\int_0^a\psi_m^*\psi_1^{(0)}\mathrm{d}x\right|^2=\frac{2}{a^2}\left|\int_0^a\sin\frac{m\pi x}{2a}\sin\frac{\pi x}{a}\mathrm{d}x\right|^2\\&=\frac{1}{2a^2}\left|\int_0^a\cos\frac{(m-2)\pi x}{2a}\mathrm{d}x-\int_0^a\cos\frac{(m+2)\pi x}{2a}\mathrm{d}x\right|^2\\&=\frac{1}{2a^2}\left|\frac{2a}{(m-2)\pi}\sin\frac{(m-2)\pi}{2}-\frac{2a}{(m+2)\pi}\sin\frac{(m+2)\pi}{2}\right|^2\\&=\frac{32}{(m^2-4)^2\pi^2}\sin^2\frac{(m+2)\pi}{2}\end{aligned}$$

9.3.2 绝热微扰

设微扰随时间的变化非常缓慢，以致在任一瞬间 t，体系均可看作瞬时本征态 $|\psi_k(t)\rangle$，式中 $k=1,2,\cdots$.

体系的瞬时本征值方程为

$$\hat{H}(t)\mid\psi_k(t)\rangle=E_k(t)\mid\psi_k(t)\rangle,\quad k=1,2,\cdots \tag{9.3.21}$$

式中 $E_k(t)$ 为瞬时本征值.

对于确定的一个时刻 t，求解(9.3.21)式的问题就是求解本征值问题了.

现在，假设体系初始时刻处于 $|\psi_n(0)\rangle$ 态，我们的任务是在"微扰随时间的变化非常缓慢"的条件下，求解薛定谔方程

$$\mathrm{i}\hbar\frac{\partial}{\partial t}\mid\psi(t)\rangle=\hat{H}\mid\psi(t)\rangle \tag{9.3.22}$$

得出由初态跃迁到其他态的概率.

1. 将 $|\psi(t)\rangle$ 按瞬时本征函数系 $\{|\psi_k(t)\rangle\}$ 展开

设 $\{|\psi_k(t)\rangle\}$ 构成正交归一的完备系，即

$$\langle \psi_m(t) \mid \psi_k(t) \rangle = \delta_{mk} \tag{9.3.23}$$

仿照1.4节的分离变量法，可用基矢系$\{|\psi_k(t)\rangle\}$将$|\psi(t)\rangle$表示为

$$|\psi(t)\rangle = \sum_k c_k(t) \mid \psi_k(t)\rangle \mathrm{e}^{-\frac{\mathrm{i}}{\hbar}\int_0^t E_k(t')\mathrm{d}t'} \tag{9.3.24}$$

2. 概率幅运动方程

(1) 方程的导出.

将(9.3.24)式代入(9.3.22)式，左乘$\mathrm{e}^{\frac{\mathrm{i}}{\hbar}\int_0^t E_m(t')\mathrm{d}t'}\langle \psi_m(t) \mid$后利用(9.3.21)式和(9.3.23)式，可得概率幅运动方程

$$\frac{\mathrm{d}c_m(t)}{\mathrm{d}t} + \sum_k c_k(t)\langle \psi_m(t) \mid \dot{\psi}_k(t)\rangle \mathrm{e}^{\frac{\mathrm{i}}{\hbar}\int_0^t [E_m(t')-E_k(t')]\mathrm{d}t'} = 0 \tag{9.3.25}$$

(2) 引入β_m，α_{mk}简化方程.

采用记号$\omega_{mk}=\dfrac{1}{\hbar}[E_m(t')-E_k(t')]$，并将求和式中的$k=m$项取出，得

$$\frac{\mathrm{d}c_m(t)}{\mathrm{d}t} + c_m(t)\langle \psi_m(t) \mid \dot{\psi}_m(t)\rangle + \sum_{k\neq m} c_k(t)\langle \psi_m(t) \mid \dot{\psi}_k(t)\rangle \mathrm{e}^{\mathrm{i}\int_0^t \omega_{mk}\mathrm{d}t'} = 0 \tag{9.3.26}$$

为了简化上式，将$\langle \psi_m(t)|\psi_m(t)\rangle=1$对$t$求导，便有

$$0 = \langle \psi_m(t) \mid \dot{\psi}_m(t)\rangle + \langle \dot{\psi}_m(t) \mid \psi_m(t)\rangle = \langle \psi_m(t) \mid \dot{\psi}_m(t)\rangle + c.c. \tag{9.3.27}$$

若复数及其复共轭之和为零，该复数必为纯虚数. 故可令

$$\langle \psi_m(t) \mid \dot{\psi}_m(t)\rangle = \mathrm{i}\beta_m \tag{9.3.28}$$

采用记号

$$\alpha_{mk} = \langle \psi_m(t) \mid \dot{\psi}_k(t)\rangle \tag{9.3.29}$$

代入(3.9.26)式，则概率幅运动方程可简写为

$$\frac{\mathrm{d}c_m(t)}{\mathrm{d}t} + \mathrm{i}\beta_m c_m(t) + \sum_{k\neq m} c_k(t)\alpha_{mk}\mathrm{e}^{\mathrm{i}\int_0^t \omega_{mk}\mathrm{d}t'} = 0 \tag{9.3.30}$$

(3) 引新变量入$C_m(t)$，Ω_{mk}简化方程. 令

$$\begin{cases} C_m(t) = c_m(t)\mathrm{e}^{\mathrm{i}\int_0^t \beta_m \mathrm{d}t'} \\ \Omega_{mk} = \omega_{mk} + (\beta_m - \beta_k) \end{cases} \tag{9.3.31}$$

将$c_m(t) = C_m(t)\mathrm{e}^{-\mathrm{i}\int_0^t \beta_m \mathrm{d}t'}$，$c_k(t) = C_k(t)\mathrm{e}^{-\mathrm{i}\int_0^t \beta_k \mathrm{d}t'}$代入(9.3.30)式，可得

$$\frac{\mathrm{d}C_m(t)}{\mathrm{d}t}+\sum_{k\neq m}C_k(t)\alpha_{mk}\,\mathrm{e}^{-\mathrm{i}\int_0^t\Omega_{mk}\mathrm{d}t'}=0 \tag{9.3.32}$$

为了用 $\partial\hat{H}/\partial t$ 来表示 $\alpha_{mk}=\langle\psi_m(t)|\dot{\psi}_k(t)\rangle$. 将 $\hat{H}(t)|\psi_k(t)\rangle=E_k(t)|\psi_k(t)\rangle$ 对 t 求导，随后用 $\langle\psi_m(t)|$ 左乘，便可证明（见习题 9.3.4）

$$\alpha_{mk}=\langle\psi_m(t)\mid\dot{\psi}_k(t)\rangle=\frac{(\partial\hat{H}/\partial t)_{mk}}{E_k-E_m} \tag{9.3.33}$$

将上代入(9.3.32)式，即有

$$\frac{\mathrm{d}C_m(t)}{\mathrm{d}t}+\sum_{k\neq m}C_k(t)\,\frac{(\partial\hat{H}/\partial t)_{mk}}{E_k-E_m}\mathrm{e}^{-\mathrm{i}\int_0^t\Omega_{mk}\mathrm{d}t'}=0 \tag{9.3.34}$$

3. 用逐级逼近法求解方程

(1) 零级近似.

略去一级小量 $(\partial\hat{H}/\partial t)$，方程(9.3.34)简化为 $\frac{\mathrm{d}C_m^{(0)}(t)}{\mathrm{d}t}=0$. 积分后得

$$C_m^{(0)}(t)=C_m^{(0)}(0) \tag{9.3.35}$$

微扰是 $t=0$ 时加入的，不可能马上影响到体系的状态，故

$$C_m(0)=C_m^{(0)}(0)+C_m^{(1)}(0)+C_m^{(2)}(0)+\cdots=C_m^{(0)}(0) \tag{9.3.36}$$

体系初始时刻处于 $|\psi_n(0)\rangle$ 态，即

$$C_m(0)=c_m(t)\mathrm{e}^{\mathrm{i}\int_0^t\beta_m\mathrm{d}t'}\Big|_{t=0}=c_m(0)=\delta_{mn} \tag{9.3.37}$$

将(9.3.35)～(9.3.37)联立，即有

$$C_m^{(0)}(t)=C_m^{(0)}(0)=C_m(0)=\delta_{mn} \tag{9.3.38}$$

(2) 一级近似.

将零级近似 $C_k^{(0)}(t)=\delta_{kn}$ 代入(9.3.34)式的求和式中，保留一级小量 $(\partial\hat{H}/\partial t)_{mk}$，得 $C_m^{(1)}(t)$ 的方程

$$\frac{\mathrm{d}C_m^{(1)}(t)}{\mathrm{d}t}+\sum_{k\neq m}\delta_{kn}\,\frac{(\partial\hat{H}/\partial t)_{mk}}{E_k-E_m}\mathrm{e}^{-\mathrm{i}\int_0^t\Omega_{mk}\mathrm{d}t'}=0,\quad m\neq n \tag{9.3.39}$$

求和，并利用 $\hbar\omega_{mn}=E_m-E_n$，得

$$\frac{\mathrm{d}C_m^{(1)}(t)}{\mathrm{d}t}=-\frac{(\partial\hat{H}/\partial t)_{mn}}{E_n-E_m}\mathrm{e}^{-\mathrm{i}\int_0^t\Omega_{mn}\mathrm{d}t'}=\frac{(\partial\hat{H}/\partial t)_{mn}}{\hbar\omega_{mn}}\mathrm{e}^{-\mathrm{i}\int_0^t\Omega_{mn}\mathrm{d}t'},\quad m\neq n \tag{9.3.40}$$

在绝热过程中，$|\dot{\psi}_m(t)\rangle$ 是小量，因而 $\beta_m=|\langle\psi_m(t)|\dot{\psi}_m(t)\rangle|$ 也是小量（式中 $m=1,2,\cdots$）. 故

$$\Omega_{mn}=\omega_{mn}+(\beta_m-\beta_n)\approx\omega_{mn} \tag{9.3.41}$$

利用上述近似，得

$$\frac{\mathrm{d}C_m^{(1)}(t)}{\mathrm{d}t}\approx\frac{(\partial\hat{H}/\partial t)_{mn}}{\hbar\omega_{mn}}\mathrm{e}^{-\mathrm{i}\omega_{mn}t},\quad m\neq n \tag{9.3.42}$$

$\mathrm{e}^{-\mathrm{i}\omega_{mn}t}$是时间的迅变函数，$(\partial\hat{H}/\partial t)_{mn}$是时间的缓变函数. 将上式对时间积分时，$(\partial\hat{H}/\partial t)_{mn}$可提出积分号外，只考虑 $\mathrm{e}^{-\mathrm{i}\omega_{mn}t}$ 对时间的积分. 由此得 $C_m(t)$的一级近似

$$C_m^{(1)}(t)=\frac{(\partial\hat{H}/\partial t)_{mn}}{\mathrm{i}\hbar\omega_{mn}^2}(1-\mathrm{e}^{-\mathrm{i}\omega_{mn}t}),\quad m\neq n \tag{9.3.43}$$

由初态跃迁到其他态($m\neq n$)的概率为

$$W_{n\to m}(t)=|C_m^{(1)}(t)|^2=\frac{(\partial\hat{H}/\partial t)_{mn}^2}{\hbar^2\omega_{mn}^4}|(1-\mathrm{e}^{-\mathrm{i}\omega_{mn}t})|^2=\frac{(\partial\hat{H}/\partial t)_{mn}^2}{\hbar^2\omega_{mn}^4}4\sin^2\frac{\omega_{mn}t}{2} \tag{9.3.44}$$

由初态跃迁到其他态的概率在绝热过程中按照$\dfrac{(\partial\hat{H}/\partial t)_{mn}^2}{\hbar^2\omega_{mn}^4}4\sin^2\dfrac{\omega_{mn}t}{2}$的规律振荡，因为$(\partial\hat{H}/\partial t)_{mn}$很小，$\omega_{mn}$很大，这个跃迁概率是微乎其微的.

4. 绝热近似成立的条件

绝热近似成立的条件是从初态跃迁到其他态的概率可忽略不计(远小于 1)，其数学表示为

$$W_{n\to m}(t)=|C_m^{(1)}(t)|^2\ll 1$$

利用$|1-\mathrm{e}^{-\mathrm{i}\omega_{mn}t}|$的数量级为 1，以及 $\hbar\omega_{mn}=E_m-E_n$，可得

$$1\gg|C_m^{(1)}(t)|=\left|\frac{(\partial\hat{H}/\partial t)_{mn}}{\mathrm{i}\hbar\omega_{mn}^2}(1-\mathrm{e}^{-\mathrm{i}\omega_{mn}t})\right|\sim\left|\frac{(\partial\hat{H}/\partial t)_{mn}}{\mathrm{i}\hbar\omega_{mn}^2}\right|=\frac{1}{|\omega_{mn}|}\left|\frac{(\partial\hat{H}/\partial t)_{mn}}{E_n-E_m}\right|$$

即

$$|\omega_{mn}|\gg\left|\frac{(\partial\hat{H}/\partial t)_{mn}}{E_n-E_m}\right| \tag{9.3.45}$$

这表明，应用绝热近似成立的条件是体系能量的相对变化率$\left|\dfrac{(\partial\hat{H}/\partial t)_{mn}}{E_n-E_m}\right|$远小于体系的特征频率$|\omega_{mn}|$.

5. 绝热定理

设体系在 $t=0$ 时处于瞬时本征态$|\psi_n(t)\rangle$，在绝热近似条件下，体系的绝热近似态为

$$|\psi(t)\rangle=\mathrm{e}^{-\mathrm{i}\gamma_n(t)}\mathrm{e}^{-\frac{\mathrm{i}}{\hbar}\int_0^t E_n(t')\mathrm{d}t'}|\psi_n(t)\rangle \tag{9.3.46}$$

证　将(9.3.30)式对时间积分，并将$\langle\psi_m(t)|\dot{\psi}_m(t)\rangle=\mathrm{i}\beta_m$ 代入，得

$$c_m(t)-c_m(0)+\int_0^t\langle\psi_m(t)|\dot{\psi}_m(t)\rangle c_m(t')\mathrm{d}t'+\int_0^t\sum_{k\neq m}c_k(t')\alpha_{mk}\mathrm{e}^{\mathrm{i}\int_0^{t'}\omega_{mk}\mathrm{d}t''}\mathrm{d}t'=0 \tag{9.3.47}$$

在绝热近似的条件下 $\alpha_{mk}=\langle\psi_m(t)|\dot{u}_k(t)\rangle$ 是变化很慢的连续函数，而 $e^{i\int_0^{t'}\omega_{mk}dt''}$ 是变化很快的振荡函数，因此第三项的积分可忽略不计. 追溯到(9.3.30)式，该式的第三项也就可以忽略不计. 由此得

$$\frac{dc_m(t)}{dt}+\langle\psi_m(t)\mid\dot{\psi}_m(t)\rangle c_m(t)=0 \tag{9.3.48}$$

即

$$\frac{dc_m(t)}{c_m(t)}=i^2\langle\psi_m(t)\mid\dot{\psi}_m(t)\rangle dt \tag{9.3.49}$$

积分，并将 $c_m(0)=\delta_{mn}$ 代入，便有

$$c_m(t)=c_m(0)e^{i^2\int_0^t\langle\psi_m(t')|\dot{\psi}_m(t')\rangle dt'}=\delta_{mn}e^{i\gamma_m(t)} \tag{9.3.50}$$

式中

$$\gamma_m(t)=i\int_0^t\langle\psi_m(t')\mid\dot{\psi}_m(t')\rangle dt' \tag{9.3.51}$$

将(9.3.50)式代入(9.3.24)式，即得体系的绝热近似态

$$\begin{aligned}|\psi(t)\rangle&=\sum_k c_k(t)\mid\psi_k(t)\rangle e^{-\frac{i}{\hbar}\int_0^t E_k(t')dt'}=\sum_k\delta_{kn}e^{i\gamma_k(t)}\mid\psi_k(t)\rangle e^{-\frac{i}{\hbar}\int_0^t E_k(t')dt'}\\&=e^{i\gamma_n(t)}e^{-\frac{i}{\hbar}\int_0^t E_n(t')dt'}\psi_n(t)\rangle\end{aligned} \tag{9.3.52}$$

【例9.3.3】 处于基态的谐振子的平衡位置由 $t=0$ 缓慢地以匀速 v 运动到 $t=T$ 时为止. 试利用绝热近似给出谐振子发生量子跃迁的概率，以及这种近似处理成立的条件.

解 体系的哈密顿算符为

$$\hat{H}(t)=\frac{\hat{p}^2}{2\mu}+\frac{1}{2}\mu\omega^2(x-vt)^2$$

它的瞬时本征函数为

$$\psi_n(\xi)=N_n e^{-\frac{\mu\omega}{2\hbar}(x-vt)^2}H_n\left[\sqrt{\frac{\mu\omega}{\hbar}}(x-vt)\right]$$

将 $\hat{H}(t)$ 对 t 求偏导，并利用(3.5.38)式 $\hat{x}=\sqrt{\frac{\hbar}{2\mu\omega}}(\hat{a}^\dagger+\hat{a})$，可得

$$\frac{\partial\hat{H}(t)}{\partial t}=-\mu\omega^2 v(x-vt)=-\mu\omega^2 v\left[\sqrt{\frac{\hbar}{2\mu\omega}}(\hat{a}^\dagger+\hat{a})-vt\right]$$

由 $\hat{a}|n\rangle=\sqrt{n}|n-1\rangle$ 和 $\hat{a}^\dagger|n\rangle=\sqrt{n+1}|n+1\rangle$ 易见，体系只能由基态($n=0$)跃迁到第一激发态($n=1$). 实际上

$$(\partial \hat{H}/\partial t)_{10} = \langle 1 \left| \frac{\partial \hat{H}(t)}{\partial t} \right| 0 \rangle = -\langle 1 \left| \mu\omega^2 v\left[\sqrt{\frac{\hbar}{2\mu\omega}}(\hat{a}^\dagger + \hat{a}) - vt\right] \right| 0 \rangle$$

$$= -\mu\omega_{10}^2 v\sqrt{\frac{\hbar}{2\mu\omega_{10}}}$$

将上式代入(9.3.44)式,即得从基态跃迁到第一激发态的概率

$$W_{0\to 1}(t) = \frac{(\partial \hat{H}/\partial t)_{10}^2}{\hbar^2\omega_{10}^4} \mid (1 - e^{-i\omega_{mn}t}) \mid^2 = \frac{\mu v^2}{2\hbar\omega_{10}} \mid (1 - e^{-i\omega_{mn}t}) \mid^2$$

绝热近似成立的条件为 $W_{0\to 1}(t) \ll 1$,即

$$1 \gg W_{0\to 1}(t) \sim \frac{(\partial \hat{H}/\partial t)_{10}^2}{\hbar^2\omega_{10}^4} = \frac{1}{\hbar^2\omega_{10}^4}\left(-\mu\omega_{10}^2 v\sqrt{\frac{\hbar}{2\mu\omega_{10}}}\right)^2 = \frac{\mu v^2}{2\hbar\omega_{10}}$$

由此得这种近似处理成立的条件

$$v \ll \sqrt{\frac{2\hbar\omega_{10}}{\mu}}$$

习 题 9.3

9.3.1 设 $t=0$ 时质量为 μ,电荷为 q 的谐振子处于基态,若突然施加一均匀电场 $\mathscr{E} = \mathscr{E}\,\mathbf{e}_x$ 于谐振子,求谐振子跃迁到激发态的概率.

9.3.2 质量为 μ 的粒子处于一维谐振子势阱中,$t<0$ 时处于基态 $\psi_0^{(0)}$. $t=0$ 时弹性系数 m 突然增为 $2m$,体系哈密顿算符随之由 $\hat{H}_0 = \frac{\hat{p}^2}{2\mu} + \frac{1}{2}mx^2$ 突变为 $\hat{H} = \frac{\hat{p}^2}{2\mu} + mx^2$. 试问粒子处于新势阱基态 ψ_0 的概率.

9.3.3 处于基态的类氢原子突然经历 β 衰变,其核电荷由 Ze 变为 $(Z+1)e$,试求新离子处在其基态的概率.

9.3.4 试证明(9.3.33)式.

9.3.5 试由证明(9.3.44)式所采用的近似手续导出绝热近似成立的条件.

9.4 光与原子相互作用的半经典理论

在光的照射下,原子吸收光并从低能级跃迁到高能级的现象称为光吸收;在光的照射下,原子从高能级跃迁到低能级并发出光的现象称为受激辐射;在没有光照的情况下,原子自发从高能级跃迁到低能级并发出光的现象称为自发辐射(见图 9.2).

本节利用半经典理论处理光与原子的相互作用问题,即用麦克斯韦方程组所确定的经典电磁场描述光,用量子力学描述原子,把光看作一个与时间有关的外界

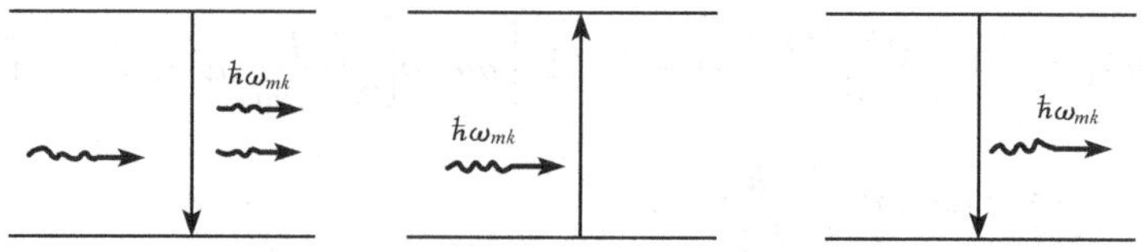

(a) 受激辐射　　(b) 吸收　　(c) 自发辐射

图 9.2

微扰，利用含时微扰论计算原子的跃迁概率，并给出电偶极辐射的选择定则. 但是，量子力学无法解释自发辐射现象，因为在没有外界作用时，原子的能量是守恒量，当原子处于激发态时，应永远停留在该定态上，不会自发辐射光子并跃迁到低能级去，这个问题的严格处理要采用量子电动力学.

本节将介绍爱因斯坦在 1917 年提出的自发辐射理论，他利用热力学和统计物理的平衡条件建立自发辐射概率与受激辐射概率之间的关系，从而求出自发跃迁的速率，并由此求得原子处于激发能级的平均寿命和激发能级的自然宽度. 最后，作为上述理论的应用，讨论原子的光电离.

9.4.1　光吸收与受激辐射　电偶极跃迁的选择定则

设入射光是平面单色光，其电磁场分别为

$$\mathscr{E} = \mathscr{E}_0 \cos(\omega t - \boldsymbol{k} \cdot \boldsymbol{x}) \tag{9.4.1}$$

$$\boldsymbol{B} = \frac{1}{c}\boldsymbol{k} \times \mathscr{E}, \quad \boldsymbol{n} = \frac{\boldsymbol{k}}{k} \tag{9.4.2}$$

为简化计算，采用电偶极近似.

1. 电偶极近似的含义

(1) 只考虑光波电场对原子的作用而略去光波磁场的作用.

这是根据电场与磁场对电子作用力大小的比较

$$\frac{F_{磁}}{F_{电}} = \frac{|e\boldsymbol{v} \times \boldsymbol{B}|}{|e\boldsymbol{E}|} \sim \frac{v}{c} \tag{9.4.3}$$

式中 v 为电子在原子内的速度，v/c 的数量级约为 1/100，故上述近似是合理的.

(2) 原子内部的光波电场是均匀场.

因为可见光的波长(绿光)为 5 000Å，原子的线度约为 1Å(玻尔半径的数量级)，故(9.4.1)式中的 $\boldsymbol{k} \cdot \boldsymbol{x} \sim \frac{2\pi}{\lambda} a_0 \ll 1$ 可以略去，由(9.4.1)式得

$$\mathscr{E} = \mathscr{E}_0 \cos\omega t \tag{9.4.4}$$

在这两个近似下计算原子的跃迁速率，可证明 $w_{n\to m}$ 正比于电子的电偶极矩的矩阵元的模方，因而这个近似称为电偶极近似.

2. 跃迁速率

体系的微扰哈密顿算符为

$$\hat{H}'=e\mathscr{E}\cdot\boldsymbol{r}=e\boldsymbol{r}\cdot\mathscr{E}=-\boldsymbol{D}\cdot\mathscr{E} \tag{9.4.5}$$

式中 $\boldsymbol{r}$ 为电子相对原子核的位置. 由于电偶极矩是由负电荷指向正电荷,故

$$\boldsymbol{D}=-e\boldsymbol{r} \tag{9.4.6}$$

为电子的电偶极矩.

将$\mathscr{E}=\mathscr{E}_0\cos\omega t$ 代入 $\hat{H}'=-\boldsymbol{D}\cdot\mathscr{E}$可得

$$\hat{H}'=-\boldsymbol{D}\cdot\mathscr{E}_0\cos\omega t=-\frac{1}{2}\boldsymbol{D}\cdot\mathscr{E}_0(\mathrm{e}^{\mathrm{i}\omega t}+\mathrm{e}^{-\mathrm{i}\omega t}) \tag{9.4.7}$$

与 $\hat{H}'=\hat{F}(\mathrm{e}^{\mathrm{i}\omega t}+\mathrm{e}^{-\mathrm{i}\omega t})$相较,可得

$$\hat{F}=-\frac{1}{2}\boldsymbol{D}\cdot\mathscr{E}_0 \tag{9.4.8}$$

跃迁速率为

$$w_{n\to m}=\frac{2\pi}{\hbar^2}|F_{mn}|^2\delta(\omega_{mn}\pm\omega) \tag{9.4.9}$$

为了求得跃迁速率,将(9.4.8)代入$|F_{mn}|=|\langle m|\hat{F}|n\rangle|$,得

$$\begin{aligned}|F_{mn}|^2&=\left|\langle m|-\frac{1}{2}\boldsymbol{D}\cdot\mathscr{E}_0|n\rangle\right|^2=\frac{1}{4}\left|\langle m|\boldsymbol{D}|n\rangle\cdot\mathscr{E}_0\right|^2\\&=\frac{1}{4}\left|\boldsymbol{D}_{mn}\cdot\mathscr{E}_0\right|^2\end{aligned} \tag{9.4.10}$$

由于 $\boldsymbol{D}_{mn}$一般为复矢量,设

$$\boldsymbol{D}_{mn}=D'_{mn}\boldsymbol{e}'+\mathrm{i}D''_{mn}\boldsymbol{e}'' \tag{9.4.11}$$

式中 D'_{mn}和 D''_{mn}为实数. 这样

$$|\boldsymbol{D}_{mn}|^2=(D'_{mn}\boldsymbol{e}')^2+(D''_{mn}\boldsymbol{e}'')^2=D'^2_{mn}+D''^2_{mn} \tag{9.4.12}$$

(1) 入射光为单色非偏振光.

由于偏振方向是完全无规的,即$\mathscr{E}_0$ 与 e'的夹角 θ'以及$\mathscr{E}_0$ 与 e''的夹角 θ''是完全无规的,故要对空间各方向求平均. 利用

$$\overline{\cos^2\theta}=\frac{1}{4\pi}\int\cos^2\theta\mathrm{d}\Omega=\frac{1}{4\pi}\int_0^{2\pi}\mathrm{d}\varphi\int_0^{\pi}\cos^2\theta\sin\theta\mathrm{d}\theta=\frac{1}{3} \tag{9.4.13}$$

可得

$$|F_{mn}|^2=\overline{\frac{1}{4}\left|\boldsymbol{D}_{mn}\cdot\mathscr{E}_0\right|^2}=\overline{\frac{\mathscr{E}_0^2}{4}\left|D'_{mn}\cos\theta'+\mathrm{i}D''_{mn}\cos\theta''\right|^2}$$

$$=\frac{\mathscr{E}_0^2}{4}\overline{(D'^2_{mn}\cos^2\theta'+D''^2_{mn}\cos^2\theta'')}=\frac{\mathscr{E}_0^2}{12}(D'^2_{mn}+D''^2_{mn})$$

$$=\frac{1}{12}\mathscr{E}_0^2|\boldsymbol{D}_{mn}|^2 \tag{9.4.14}$$

最后一个等式是根据(9.4.12)式. 将(9.4.14)式代入(9.4.9)式即有

$$w_{n\to m}=\frac{\pi}{6\hbar^2}\mathscr{E}_0^2|\boldsymbol{D}_{mn}|^2\delta(\omega_{mn}\pm\omega) \tag{9.4.15}$$

(2) 入射光为非单色光.

设入射光的能量密度为 $\rho(\omega)$,现在试图用 $\rho(\omega)$ 来表示 $\mathscr{E}_0^2$,则非单色光引起的跃迁速率可求. 根据电动力学中电磁场能量密度的公式

$$\rho(\omega)=\frac{1}{T}\int_0^T\frac{1}{2}\left[\varepsilon_0\mathscr{E}^2(\omega)+\frac{1}{\mu_0}B^2(\omega)\right]\mathrm{d}t=\frac{1}{T}\int_0^T\varepsilon_0\mathscr{E}^2(\omega)\mathrm{d}t$$

$$=\frac{\varepsilon_0}{T}\int_0^T\mathscr{E}_0^2(\omega)\cos^2\omega t\,\mathrm{d}t=\frac{\varepsilon_0}{2}\mathscr{E}_0^2(\omega) \tag{9.4.16}$$

这样,只要将 $w_{n\to m}$中的 $\mathscr{E}_0^2$换为$\frac{2}{\varepsilon_0}\rho(\omega)$,对 ω 积分即得非单色光引起的跃迁速率

$$w_{n\to m}=\frac{\pi}{3\varepsilon_0\hbar^2}|\boldsymbol{D}_{mn}|^2\int\rho(\omega)\delta(\omega_{mn}\pm\omega)\mathrm{d}\omega=\frac{\pi e^2}{3\varepsilon_0\hbar^2}|\boldsymbol{r}_{mn}|^2\rho(\mp\omega_{mn})$$

$$=\frac{4\pi^2e_s^2}{3\hbar^2}|\boldsymbol{r}_{mn}|^2\rho(|\omega_{mn}|) \tag{9.4.17}$$

式中 $\boldsymbol{D}=-e\boldsymbol{r}$ 和 $e^2=4\pi\varepsilon_0e_s^2$,且末能级 $E_m^{(0)}$ 与初能级 $E_n^{(0)}$ 的高低决定 ω_{mn}的正负:

受激辐射　　$\omega_{mn}=\frac{1}{\hbar}(E_m^{(0)}-E_n^{(0)})<0$,　　　$\rho(-\omega_{mn})=\rho(|\omega_{mn}|)$

光吸收　　$\omega_{mn}=\frac{1}{\hbar}(E_m^{(0)}-E_n^{(0)})>0$,　　　$\rho(\omega_{mn})=\rho(|\omega_{mn}|)$

公式(9.4.17)说明两个事实:

① 由 $|\boldsymbol{r}_{mn}|^2=|\boldsymbol{r}_{nm}|^2$ 可见,受激辐射与吸收的跃迁速率相等.

② 跃迁速率与入射光中角频率等于原子玻尔频率的能量密度 $\rho(|\omega_{mn}|)$成正比. 如果没有这个频率的入射光,则 $w_{n\to m}=0$.

但是,若 $\rho(\omega_{mn})\neq0$,$w_{n\to m}$是否一定不为零呢?

3. 电偶极跃迁的选择定则

由电偶极近似下得到的(9.4.17)式可见,如果

$$|\boldsymbol{r}_{mn}|^2=|x_{mn}|^2+|y_{mn}|^2+|z_{mn}|^2=0$$

则这两个能级之间的跃迁是禁戒的.

设初态与末态分别为

$$\psi_n^{(0)}(\boldsymbol{r}) = \psi_{klm}(\boldsymbol{r}),\quad \psi_m^{(0)}(\boldsymbol{r}) = \psi_{k'l'm'}(\boldsymbol{r}) \tag{9.4.18}$$

现在利用如下七个公式计算坐标矩阵元：

$$x = r\sin\theta\cos\varphi = \frac{1}{2}r\sin\theta(e^{i\varphi} + e^{-i\varphi}) \tag{9.4.19}$$

$$y = r\sin\theta\sin\varphi = \frac{1}{2i}r\sin\theta(e^{i\varphi} - e^{-i\varphi}) \tag{9.4.20}$$

$$z = r\cos\theta \tag{9.4.21}$$

$$\int Y_{lm}^*(\theta,\varphi)Y_{l'm'}(\theta,\varphi)d\Omega = \delta_{ll'}\delta_{mm'} \tag{9.4.22}$$

$$\cos\theta Y_{lm} = \sqrt{\frac{(l+m)(l-m)}{(2l+1)(2l-1)}}\,Y_{l-1,m} + \sqrt{\frac{(l+m+1)(l-m+1)}{(2l+1)(2l+3)}}\,Y_{l+1,m} \tag{9.4.23}$$

$$\sin\theta e^{i\varphi} Y_{lm} = \sqrt{\frac{(l-m)(l-m-1)}{(2l+1)(2l-1)}}\,Y_{l-1,m+1} - \sqrt{\frac{(l+m+1)(l+m+2)}{(2l+1)(2l+3)}}\,Y_{l+1,m+1} \tag{9.4.24}$$

$$\sin\theta e^{-i\varphi} Y_{lm} = -\sqrt{\frac{(l+m)(l+m-1)}{(2l+1)(2l-1)}}\,Y_{l-1,m-1} + \sqrt{\frac{(l-m+1)(l-m+2)}{(2l+1)(2l+3)}}\,Y_{l+1,m-1} \tag{9.4.25}$$

后面三个式子见附录 F. 据此可以证明(见习题 9.4.7)，电偶极跃迁的选择定则为

$$\Delta l = l' - l = \pm 1,\quad \Delta m = m' - m = 0, \pm 1 \tag{9.4.26}$$

讨论原子与光的相互作用问题时，由于可见光和紫外光的波长远大于原子半径(即 $\boldsymbol{k}\cdot\boldsymbol{r}\sim 10^{-2}$)，只考虑电偶极跃迁，已是很好的近似. 但是，如果讨论频率较高的 X 射线，则 $\boldsymbol{k}\cdot\boldsymbol{r}$ 不可忽略. 这时就要进一步考虑磁偶极、电四极乃至磁四极、电八极跃迁，它们的选择定则与(9.4.26)式有所不同，而且跃迁概率也小得多.

【例 9.4.1】 设 $t=0$ 时氢原子处于基态，后受单色光的照射而电离，设单色光电场可近似表示为 $\mathscr{E} = \mathscr{E}_0\cos\omega t$，式中 $\mathscr{E}_0$ 为常矢量(图 9.3)，电离后电子的波函数近似用平面波表示，求 $t\to\infty$ 时跃迁到某一电离态的速率.

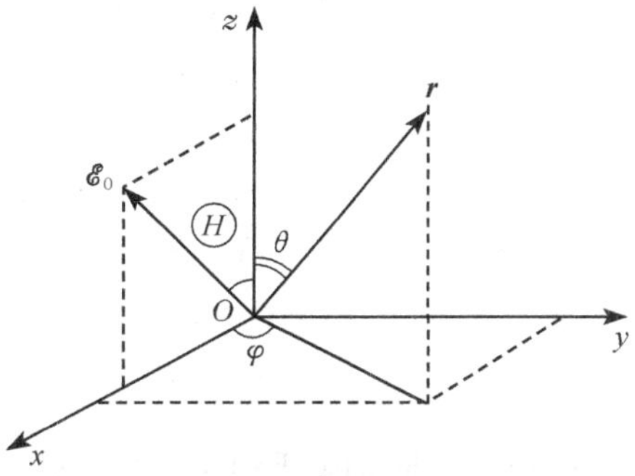

图 9.3

解 已知氢原子的初态是基态

$$\psi_n^{(0)} = \psi_{100} = \frac{1}{\sqrt{\pi a_0^3}}e^{-\frac{r}{a_0}}$$

末态是平面波

$$\psi_m^{(0)} = \frac{1}{\sqrt{(2\pi\hbar)^3}} e^{i\boldsymbol{k}\cdot\boldsymbol{r}}$$

光吸收的跃迁速率由(9.2.15a)式给出

$$w_{n\to m} = \frac{2\pi}{\hbar^2} | F_{mn} |^2 \delta(\omega_{mn} - \omega)$$

式中

$$F_{mn} = \int \psi_m^{(0)*} \hat{F} \psi_n^{(0)} d\tau = \int \frac{1}{\sqrt{(2\pi\hbar)^3}} e^{i\boldsymbol{k}\cdot\boldsymbol{r}} \left(\frac{1}{2} e \mathscr{E}_0 \cdot \boldsymbol{r}\right) \frac{1}{\sqrt{\pi a_0^3}} e^{-\frac{r}{a_0}} d\tau$$

取 z 轴沿 $\boldsymbol{k}$ 方向,取 x 轴使 $\mathscr{E}_0$ 在 xOz 平面上,则

$$\boldsymbol{k} = k\boldsymbol{e}_z$$
$$\mathscr{E}_0 = \mathscr{E}_0 \sin\Theta \boldsymbol{e}_x + \mathscr{E}_0 \cos\Theta \boldsymbol{e}_z$$
$$\boldsymbol{r} = r\sin\theta\cos\varphi \boldsymbol{e}_x + r\sin\theta\sin\varphi \boldsymbol{e}_y + r\cos\theta \boldsymbol{e}_z$$
$$\mathscr{E}_0 \cdot \boldsymbol{r} = \mathscr{E}_0 r(\cos\Theta\cos\theta + \sin\Theta\sin\theta\cos\varphi)$$

由此得

$$\begin{aligned} F_{mn} &= \frac{e\mathscr{E}_0}{2\sqrt{\pi a_0^3 (2\pi\hbar)^3}} \int_0^\pi \sin\theta d\theta \int_0^\infty e^{-\left(ik\cos\theta + \frac{1}{a_0}\right) r} r^3 dr \\ &\quad \times \int_0^{2\pi} (\cos\Theta\cos\theta + \sin\Theta\sin\theta\cos\varphi) d\varphi \\ &= \frac{e\mathscr{E}_0 \cos\Theta}{2\pi a_0 \hbar \sqrt{2a_0\hbar}} \int_0^\pi \cos\theta\sin\theta d\theta \int_0^\infty e^{-\left(ik\cos\theta + \frac{1}{a_0}\right) r} r^3 dr. \end{aligned}$$

令 $\xi = \cos\theta$,利用 $\int_0^\infty e^{-\beta x} x^k dx = \frac{k!}{\beta^{k+1}}$,可得

$$\begin{aligned} F_{mn} &= \frac{e\mathscr{E}_0 \cos\Theta}{2\pi a_0 \hbar \sqrt{2a_0\hbar}} \int_{-1}^1 \xi d\xi \int_0^\infty e^{-\left(ik\xi + \frac{1}{a_0}\right) r} r^3 dr \\ &= \frac{e\mathscr{E}_0 \cos\Theta}{2\pi a_0 \hbar \sqrt{2a_0\hbar}} \int_{-1}^1 \xi \frac{3!}{[ik\xi + (1/a_0)]^4} d\xi \\ &= \frac{e\mathscr{E}_0 \cos\Theta}{2\pi a_0 \hbar \sqrt{2a_0\hbar}} \frac{3! a_0^4}{ika_0} \int_{-1}^1 \left[\frac{1}{(1 + ika_0\xi)^3} - \frac{1}{(1 + ika_0\xi)^4}\right] d\xi \\ &= \frac{e\mathscr{E}_0 \cos\Theta}{2\pi a_0 \hbar \sqrt{2a_0\hbar}} \frac{16ka_0^5}{(1 + k^2 a_0^2)^3} \end{aligned}$$

代入 $w_{n\to m}$,即得跃迁到 $\psi_m^{(0)} = \frac{1}{\sqrt{(2\pi\hbar)^3}} e^{i\boldsymbol{k}\cdot\boldsymbol{r}}$ 态的速率

$$w_{n\to m}=\frac{64e^2a_0^7\ \mathscr{E}_0^2k^2\cos^2\Theta}{\pi\hbar^5(1+k^2a_0^2)^6}\delta(\omega_{mn}-\omega)$$

9.4.2 自发辐射的爱因斯坦理论

爱因斯坦唯象地引入三个系数 A_{mn}、B_{mn} 和 B_{nm} 分别描述高能级 $E_m^{(0)}$ 与低能级 $E_n^{(0)}$ 之间的量子跃迁①(表 9.1).

1. 爱因斯坦系数的定义

表 9.1 爱因斯坦系数的定义

<table>
<tr><td>自发辐射系数 A_{mn}</td><td>受激辐射系数 B_{mn}</td><td>吸收系数 B_{nm}</td></tr>
<tr><td colspan="3">单 位 时 间 内</td></tr>
<tr><td>原子自发地</td><td colspan="2">原子在能量密度为 $\rho(\omega)\mathrm{d}\omega$ 的光波作用下</td></tr>
<tr><td colspan="2">由能级 $E_m^{(0)}$ 跃迁到能级 $E_n^{(0)}$ 并辐射能量为 $\hbar\omega_{mn}$ 的光子的概率为</td><td>吸收能量 $\hbar\omega_{mn}$ 的光子并由能级 $E_n^{(0)}$ 跃迁到能级 $E_m^{(0)}$ 的概率为</td></tr>
<tr><td>A_{mn}</td><td>$B_{mn}\rho(\omega_{mn})$</td><td>$B_{nm}\rho(\omega_{mn})$</td></tr>
</table>

2. 求吸收系数 B_{nm}

对于吸收过程,(9.4.17)式为

$$w_{n\to m}=\frac{4\pi^2e_s^2}{3\hbar^2}|\boldsymbol{r}_{mn}|^2\rho(\omega_{mn}) \tag{9.4.27}$$

由 B_{nm} 的定义(见上表)

$$w_{n\to m}=B_{nm}\rho(\omega_{mn}) \tag{9.4.28}$$

两式相较,可得

$$B_{nm}=\frac{4\pi^2e_s^2}{3\hbar^2}|\boldsymbol{r}_{mn}|^2 \tag{9.4.29}$$

3. 求自发辐射系数 A_{mn}

现在利用热平衡条件寻找自发辐射系数 A_{mn} 与受激辐射系数 B_{mn} 的关系.

设能级 $E_m^{(0)}$ 有 N_m 个原子,能级 $E_n^{(0)}$ 有 N_n 个原子,则单位时间内通过自发辐射与受激辐射由能级 $E_m^{(0)}$ 跃迁到 $E_n^{(0)}$ 的原子数为 $N_m[A_{mn}+B_{mn}\rho(\omega_{mn})]$,单位时间内吸收光子,由能级 $E_n^{(0)}$ 跃迁到 $E_m^{(0)}$ 的原子数为 $N_nB_{nm}\rho(\omega_{mn})$.

当原子与辐射场处于热平衡时,上两式相等,故有

$$N_m[A_{mn}+B_{mn}\rho(\omega_{mn})]=N_nB_{nm}\rho(\omega_{mn}) \tag{9.4.30}$$

① 注意,前面定义 $E_n^{(0)}$ 为初态的能级,$E_m^{(0)}$ 是末态的能级;而爱因斯坦定义 $E_m^{(0)}$ 为高能级,$E_n^{(0)}$ 为低能级.

由此得

$$\rho(\omega_{mn})=\frac{A_{mn}}{B_{nm}}\frac{1}{\dfrac{N_n}{N_m}-\dfrac{B_{mn}}{B_{nm}}} \tag{9.4.31}$$

由玻尔兹曼分布给出两能级原子数之比为

$$\frac{N_n}{N_m}=\frac{\mathrm{e}^{-E_n^{(0)}/k_\mathrm{B}T}}{\mathrm{e}^{-E_m^{(0)}/k_\mathrm{B}T}}=\mathrm{e}^{\frac{E_m^{(0)}-E_n^{(0)}}{k_\mathrm{B}T}}=\mathrm{e}^{\frac{\hbar\omega_{mn}}{k_\mathrm{B}T}} \tag{9.4.32}$$

代入(9.4.31)式即得

$$\rho(\omega_{mn})=\frac{A_{mn}}{B_{nm}}\frac{1}{\mathrm{e}^{\frac{\hbar\omega_{mn}}{k_\mathrm{B}T}}-\dfrac{B_{mn}}{B_{nm}}} \tag{9.4.33}$$

另一方面，在热平衡状态下，辐射场的辐射能量密度遵守普朗克公式

$$\rho(\nu)\mathrm{d}\nu=\frac{8\pi h\nu^3}{c^3}\frac{1}{\mathrm{e}^{\frac{h\nu}{k_\mathrm{B}T}}-1}\mathrm{d}\nu \tag{9.4.34}$$

将 $h\nu=\hbar\omega$，$\mathrm{d}\omega=2\pi\mathrm{d}\nu$ 以及 $\omega=\omega_{mn}$ 代入，即有

$$\rho(\omega_{mn})=\frac{\hbar\omega_{mn}^3}{\pi^2c^3}\frac{1}{\mathrm{e}^{\frac{\hbar\omega_{mn}}{k_\mathrm{B}T}}-1} \tag{9.4.35}$$

比较(9.4.33)式与(9.4.35)式，由 T 的任意性可得

$$\frac{A_{mn}}{B_{mn}}=\frac{\hbar\omega_{mn}^3}{\pi^2c^3},\quad \frac{B_{mn}}{B_{nm}}=1 \tag{9.4.36}$$

将上式与(9.4.29)式联立，即有

$$A_{mn}=\frac{\hbar\omega_{mn}^3}{\pi^2c^3}\cdot\frac{4\pi^2e_s^2}{3\hbar^2}\mid \boldsymbol{r}_{mn}\mid^2=\frac{4e_s^2\omega_{mn}^3}{3\hbar c^3}\mid \boldsymbol{r}_{mn}\mid^2 \tag{9.4.37}$$

既然 A_{mn} 也由 $|\boldsymbol{r}_{mn}|^2$ 决定，故自发辐射的选择定则也由(9.4.26)式确定.

【例 9.4.2】 一个处于第一激发态(2p)的氢原子位于一空腔中，当空腔的温度等于多少时，自发跃迁概率和受激跃迁概率相等.

解 由(9.4.33)式及(9.4.36)式的第二式可得

$$\frac{A_{mn}}{B_{mn}\rho(\omega_{mn})}=\mathrm{e}^{\frac{\hbar\omega_{mn}}{k_\mathrm{B}T}}-1$$

当自发跃迁概率与受激跃迁概率相等时，有 $\dfrac{A_{mn}}{B_{mn}\rho(\omega_{mn})}=1$. 代入上式得 $\mathrm{e}^{\frac{\hbar\omega_{mn}}{k_\mathrm{B}T}}=2$. 故

$$T=\frac{\hbar\omega_{21}}{k_\mathrm{B}\ln 2}=1.76\times10^3\,\mathrm{K}$$

4. 自发辐射的辐射强度

角频率为 ω_{mn} 的自发辐射强度 J_{mn} 定义为单位时间内原子由能级 $E_m^{(0)}$ 自发跃迁到能级 $E_n^{(0)}$ 所辐射的能量. 它等于光子的能量 $\hbar\omega_{mn}$ 乘以单位时间内由能级 $E_m^{(0)}$ 自发跃迁到能级 $E_n^{(0)}$ 的原子数,后者又等于处于能级 $E_m^{(0)}$ 的原子数 N_m 乘以单位时间内自发辐射的概率 A_{mn}. 由此得

$$J_{mn} = N_m A_{mn} \hbar\omega_{mn} = N_m \frac{4e_s^2\omega_{mn}^3}{3\hbar c^3} \mid \boldsymbol{r}_{mn} \mid^2 \hbar\omega_{mn} = N_m \frac{4e_s^2\omega_{mn}^4}{3c^3} \mid \boldsymbol{r}_{mn} \mid^2 \tag{9.4.38}$$

5. 原子在能级 $E_m^{(0)}$ 的平均寿命与能级的自然宽度

处于能级 $E_m^{(0)}$ 的 N_m 个原子,在 $t \to t+\mathrm{d}t$ 时间内自发跃迁到能级 $E_n^{(0)}$ 的原子数为

$$\mathrm{d}N_m = -A_{mn}N_m\mathrm{d}t \tag{9.4.39}$$

由此得

$$N_m(t) = N_m(0)\mathrm{e}^{-A_{mn}t} \tag{9.4.40}$$

这表明,$N_m(t)$减少到$\dfrac{N_m(0)}{e}$所需要的时间满足 $A_{mn}t=1$,由此求得的 t 记作

$$\tau_{mn} = \frac{1}{A_{mn}} \tag{9.4.41}$$

它称为原子由能级 $E_m^{(0)}$ 向能级 $E_n^{(0)}$ 自发跃迁的平均寿命,氢原子由 $2p$ 态向 $1s$ 态自发跃迁的平均寿命 $\tau_{21} \sim 10^{-9}$ s. 通常把平均寿命 $\tau \gg 10^{-8}$ s 的激发态称为亚稳态.

如果从能级 $E_m^{(0)}$ 可以向多个低能级自发跃迁,则原子在能级 $E_m^{(0)}$ 的平均寿命为

$$\tau_m = \frac{1}{\sum_n A_{mn}} \tag{9.4.42}$$

能量-时间不确定性关系为

$$\Delta E \Delta t \sim \hbar \tag{9.4.43}$$

在这个问题中,Δt 为原子在能级 $E_m^{(0)}$ 的平均寿命 τ_m,ΔE 为能级 $E_m^{(0)}$ 的自然宽度 $\Delta E_m^{(0)} = \Gamma$,代入上式,即有

$$\Gamma \sim \frac{\hbar}{\tau_m} = \hbar \sum_n A_{mn} \tag{9.4.44}$$

习 题 9.4

9.4.1 在室温条件下($T=300$K),问波长为多少时,自发辐射速率与受激辐射速率相等?

在可见光区,两者之中哪一个大?

9.4.2 求氢原子及类氢离子 ψ_{210} 态的自发辐射系数和平均寿命.

9.4.3 一个质量为 μ 的粒子束缚在 $\left(-\frac{a}{2},\frac{a}{2}\right)$ 的一维无限深势阱中,求

(1) 粒子基态和头两个激发态的能级与相应的波函数;

(2) 试写出从头两个激发态到基态间电偶极跃迁的矩阵元,说明是否为零;

(3) 给出系统任意两态间电偶极跃迁的一般选择定则.

9.4.4 基态氢原子处于平行板电场中

$$\mathscr{E} = \begin{cases} 0, & t < 0 \\ \mathscr{E}_0 \mathrm{e}^{-\frac{t}{\tau}} \boldsymbol{e}_z, & t \geqslant 0 \end{cases}$$

式中 $\mathscr{E}_0$ 为常量,τ 为大于零的参数,求经过长时间后氢原子处于 $2p$ 态的概率.

9.4.5 计算氢原子由 $2p$ 态跃迁到 $1s$ 态时所发出的光谱线强度.

9.4.6 计算氢原子由第一激发态到基态的自发辐射概率.

9.4.7 试导出电偶极跃迁的选择定则.

9.5 磁 共 振

设自由电子在均匀恒定磁场中运动

$$\boldsymbol{B}_0 = B_0 \boldsymbol{e}_z \tag{9.5.1}$$

依赖于电子自旋与外磁场 $\boldsymbol{B}_0$ 方向的异同,电子会有两个能级 E_+ 和 E_-.

若在 xOy 平面内再加上一个角频率为 ω_1(且 $\hbar\omega_1 = E_+ - E_-$),振幅远小于 B_0 的弱磁场

$$B_1(t) = B_1 \cos\omega_1 t \boldsymbol{e}_x + B_1 \sin\omega_1 t \boldsymbol{e}_y \tag{9.5.2}$$

体系就有可能从一个态跃迁到另一个态. 这种量子跃迁现象称为磁共振.

本节介绍磁共振的原理,磁共振的条件及应用.

9.5.1 磁共振的原理

1. 自由电子在均匀恒定磁场 $\boldsymbol{B}_0 = B_0 \boldsymbol{e}_z$ 中运动时电子的磁能级和波函数

体系哈密顿算符为(自旋部分)

$$\hat{H}_s = -\hat{\boldsymbol{M}}_s \cdot \boldsymbol{B}_0 = M_{\mathrm{B}} \hat{\boldsymbol{\sigma}} \cdot \boldsymbol{B}_0 = M_{\mathrm{B}} \hat{\sigma}_z B_0 \tag{9.5.3}$$

定态方程为(见例 6.3.1)

$$M_{\mathrm{B}} B_0 \begin{pmatrix} 1 & 0 \\ 0 & -1 \end{pmatrix} \begin{pmatrix} a \\ b \end{pmatrix} = E \begin{pmatrix} a \\ b \end{pmatrix} \tag{9.5.4}$$

能量本征值 $E_\pm$ 及相应的本征态 $\chi_{\pm 1/2}$ 为

$$E_+ = M_B B_0, \quad \chi_{1/2} = \begin{pmatrix} 1 \\ 0 \end{pmatrix} \tag{9.5.5}$$

$$E_- = -M_B B_0, \quad \chi_{-1/2} = \begin{pmatrix} 0 \\ 1 \end{pmatrix} \tag{9.5.6}$$

电子在均匀恒定磁场 $\boldsymbol{B}_0 = B_0 \boldsymbol{e}_z$ 中运动时有两个特点：

(1) 自旋向上的$\chi_{1/2} = \begin{pmatrix} 1 \\ 0 \end{pmatrix}$态能量高($\boldsymbol{S}$ 与 $\boldsymbol{B}_0$ 同向，$\boldsymbol{m}_s = -\dfrac{e}{\mu}\boldsymbol{S}$ 与 $\boldsymbol{B}_0$ 反向)；而自旋向下的$\chi_{-1/2} = \begin{pmatrix} 0 \\ 1 \end{pmatrix}$态能量低($\boldsymbol{S}$ 与 $\boldsymbol{B}_0$ 反向，$\boldsymbol{m}_s$ 与 $\boldsymbol{B}_0$ 同向).

(2) $\boldsymbol{S}_z$ 为守恒量. 由(9.5.2)式可见，

$$[\hat{H}_s, \hat{S}_z] = [M_B \hat{\sigma}_z B_0, \hat{S}_z] = 0 \tag{9.5.7}$$

故 $\boldsymbol{S}_z$ 为守恒量. 如果电子的自旋状态要发生改变，必然要与外界交换能量.

2. 弱磁场 $\boldsymbol{B}_1(t)$ 对态矢的影响

在 $\boldsymbol{B}_0$ 与 $\boldsymbol{B}_1(t)$的共同作用下，体系哈密顿算符的自旋部分为

$$\begin{aligned} \hat{H}_s &= -\hat{\boldsymbol{M}}_s \cdot \boldsymbol{B} = M_B \hat{\boldsymbol{\sigma}} \cdot \boldsymbol{B} = M_B (B_1 \hat{\sigma}_x \cos\omega_1 t + B_1 \hat{\sigma}_y \sin\omega_1 t + B_0 \hat{\sigma}_z) \\ &= M_B \begin{bmatrix} B_0 & B_1 e^{-i\omega_1 t} \\ B_1 e^{i\omega_1 t} & -B_0 \end{bmatrix} \end{aligned} \tag{9.5.8}$$

代入泡利方程，即有

$$i\hbar \frac{d}{dt} \begin{pmatrix} a(t) \\ b(t) \end{pmatrix} = M_B \begin{bmatrix} B_0 & B_1 e^{-i\omega_1 t} \\ B_1 e^{i\omega_1 t} & -B_0 \end{bmatrix} \begin{pmatrix} a(t) \\ b(t) \end{pmatrix} \tag{9.5.9}$$

令

$$\omega_0 = \frac{M_B B_0}{\hbar}, \quad \gamma = \frac{B_1}{B_0} \quad (\text{式中 } \gamma \ll 1) \tag{9.5.10}$$

则方程(9.5.9)可写成联立方程

$$\frac{da(t)}{dt} = -i\omega_0 a(t) - i\gamma\omega_0 e^{-i\omega_1 t} b(t) \tag{9.5.11}$$

$$\frac{db(t)}{dt} = -i\gamma\omega_0 e^{i\omega_1 t} a(t) + i\omega_0 b(t) \tag{9.5.12}$$

将(9.5.11)、(9.5.12)式对 t 求导，再将(9.5.11)、(9.5.12)式代入，可得

$$\begin{cases} a''(t) + i\omega_1 a'(t) + (\gamma^2\omega_0^2 + \omega_0^2 - \omega_0\omega_1) a(t) = 0 & (9.5.13) \\ b''(t) - i\omega_1 b'(t) + (\gamma^2\omega_0^2 + \omega_0^2 - \omega_0\omega_1) b(t) = 0 & (9.5.14) \end{cases}$$

引入

$$\Omega=\sqrt{\left(\omega_0-\frac{\omega_1}{2}\right)^2+\gamma^2\omega_0^2} \tag{9.5.15}$$

联立方程可简化为

$$\begin{cases}a''(t)+\mathrm{i}\omega_1 a'(t)+(\Omega^2-\omega_1^2/4)a(t)=0 & (9.5.16)\\ b''(t)-\mathrm{i}\omega_1 b'(t)+(\Omega^2-\omega_1^2/4)b(t)=0 & (9.5.17)\end{cases}$$

按照常微分方程组的解法，令

$$\begin{cases}a(t)=(\alpha_1\cos\Omega t+\alpha_2\sin\Omega t)\mathrm{e}^{-\frac{\mathrm{i}}{2}\omega_1 t} & (9.5.18)\\ b(t)=(\beta_1\cos\Omega t+\beta_2\sin\Omega t)\mathrm{e}^{\frac{\mathrm{i}}{2}\omega_1 t} & (9.5.19)\end{cases}$$

代入方程(9.5.16)、(9.5.17)，利用初始条件及正交归一条件可确定 α_1、α_2、β_1 和 β_2.

若 $t=0$ 时电子处于自旋向下的态，即 $a(0)=0, b(0)=1$. 由(9.5.18)、(9.5.19)式可得 $\alpha_1=0, \beta_1=1$. 据此可证

$$\chi(S_z,t)=\begin{pmatrix}a(t)\\ b(t)\end{pmatrix}=\begin{pmatrix}-\mathrm{i}\dfrac{\gamma\omega_0}{\Omega}\sin\Omega t\,\mathrm{e}^{-\frac{\mathrm{i}}{2}\omega_1 t}\\ \left[\cos\Omega t+\mathrm{i}\dfrac{2\omega_0-\omega_1}{2\Omega}\sin\Omega t\right]\mathrm{e}^{\frac{\mathrm{i}}{2}\omega_1 t}\end{pmatrix} \tag{9.5.20}$$

这表明，t 时刻电子处于自旋向上的态的概率为

$$|a(t)|^2=\frac{\gamma^2\omega_0^2}{\Omega^2}\sin^2\Omega t \tag{9.5.21}$$

t 时刻电子处于自旋向下的态的概率为

$$|b(t)|^2=\cos^2\Omega t+\left(\frac{2\omega_0-\omega_1}{2\Omega}\right)^2\sin^2\Omega t \tag{9.5.22}$$

3. 磁共振的条件

将(9.5.21)式和(9.5.15)式代入跃迁概率的极值条件 $\frac{\mathrm{d}|a(t)|^2}{\mathrm{d}\omega_1}=0$，可得

$$\begin{aligned}0=\frac{\mathrm{d}|a(t)|^2}{\mathrm{d}\omega_1}&=\frac{\mathrm{d}|a(t)|^2}{\mathrm{d}\Omega}\frac{\mathrm{d}\Omega}{\mathrm{d}\omega_1}\\ &=\frac{\mathrm{d}}{\mathrm{d}\Omega}\left[\frac{\gamma^2\omega_0^2}{\Omega^2}\sin^2\Omega t\right]\frac{\mathrm{d}}{\mathrm{d}\omega_1}\sqrt{(\omega_0-\frac{\omega_1}{2})^2+\gamma^2\omega_0^2}\\ &=\frac{\gamma^2\omega_0^2}{\Omega^4}(\sin^2\Omega t-\Omega t\sin 2\Omega t)\left(\omega_0-\frac{\omega_1}{2}\right)\end{aligned} \tag{9.5.23}$$

并且 $\frac{\mathrm{d}^2|a(t)|^2}{\mathrm{d}\omega_1{}^2}<0$(读者可自行验证). 因为(9.5.23)式的前两因子不恒为零，故跃迁概率的极大值条件为第三个因子为零

$$\omega_0 - \frac{\omega_1}{2} = 0 \tag{9.5.24a}$$

亦即

$$\hbar\omega_1 = 2\hbar\omega_0 = 2M_B B_0 = E_+ - E_- \tag{9.5.24b}$$

这表明,当外磁场的圆频率 ω_1 等于两能级间跃迁的频率(称拉比频率)时跃迁概率最大,称为共振.

实际上,将此时

$$\Omega = \sqrt{\left(\omega_0 - \frac{\omega_1}{2}\right)^2 + \gamma^2\omega_0^2} = \gamma\omega_0 = M_B B_1/\hbar \tag{9.5.25}$$

将上式代入(9.5.20)式可得电子自旋波函数

$$\chi(S_z, t) = \begin{pmatrix} -\mathrm{i}\sin\left(\dfrac{M_B B_1}{\hbar}t\right)\mathrm{e}^{-\frac{\mathrm{i}}{\hbar}M_B B_0 t} \\ \cos\left(\dfrac{M_B B_1}{\hbar}t\right)\mathrm{e}^{\frac{\mathrm{i}}{\hbar}M_B B_0 t} \end{pmatrix} \tag{9.5.26}$$

由于 $t=0$ 时电子的自旋向下,上式表明,当

$$t = \frac{\hbar}{M_B B_1}\left(n + \frac{1}{2}\right)\pi, \quad n = 0, 1, 2, \cdots \tag{9.5.27}$$

时,电子的 $S_z = \frac{\hbar}{2}$ 的概率为 1. $S_z = -\frac{\hbar}{2}$ 的概率为零.

不难看出,从 $t=0$ 到 $t=\frac{\pi\hbar}{2M_B B_1}$ 时,电子由 $S_z = -\frac{\hbar}{2}$ 翻转为 $\frac{\hbar}{2}$,亦即从 E_- 能级跃迁到 E_+ 能级. 这表明,电子的 S_z 以 $\Delta t = \frac{\pi\hbar}{2M_B B_1}$ 为半周期来回翻转. 电子在 E_- 和 E_+ 能级之间来回跃迁的同时将从外场吸收或放出能量 $2M_B B_0$.

这种在静磁场 $\boldsymbol{B}_0$ 作用下电子的磁能级发生分裂,并在弱交变磁场 $\boldsymbol{B}_1$ 的作用下所引起的共振吸收和共振发射现象,称为电子自旋共振.

条件 $\omega_1 = 2\omega_0 = \frac{2M_B B_0}{\hbar}$ 称为共振条件.

9.5.2 核磁共振

顺磁性物质原子中的固有磁矩主要来源于原子内未成对电子的自旋磁矩(成对电子是指自旋反平行排列的一对电子,其自旋磁矩互相抵消;而电子的轨道磁矩由于晶体场的作用也几乎对顺磁性没有贡献). 因此发生在凝聚态的顺磁性物质中的顺磁共振大都是电子自旋共振.

与电子磁矩相似,原子核磁矩在外磁场中也会引起分裂并在交变磁场作用下

引起共振,称为核磁共振. 核磁子比玻尔磁子小三个数量级($M_N/M_B=\mu_e/\mu_p$),因而用来做核磁共振的波长比顺磁共振的大三个数量级,已到了无线电波的范围.

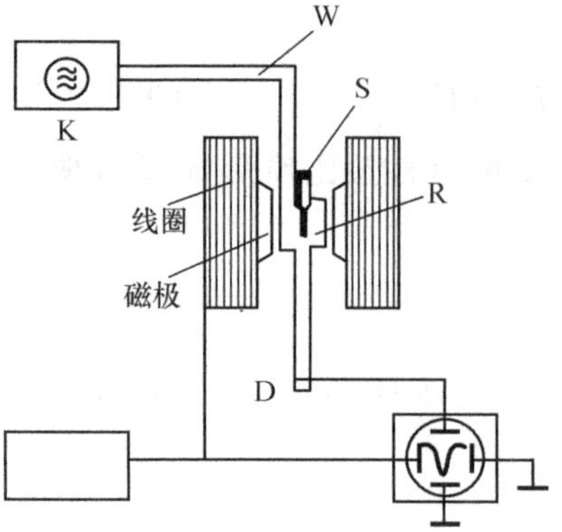

图 9.4

目前,磁共振技术已获得广泛的应用. 顺磁共振谱仪的结构如图 9.4 所示. 样品 S 置于磁铁两极间的共振腔 R 中,由调速管 K 产生的微波通过波导管 W 照射到样品 S 上,照射后的微波强度由二极管 D 检测. 调节磁场 B_0,当满足共振条件$\omega_1=2M_B B_0/\hbar$时,微波被粒子强烈吸收,强度突然下降而呈现图中 U 形信号. 测出此时的 B_0 即可确定粒子的磁矩和磁能级. 由于磁共振技术不仅可用来研究原子、分子及凝聚态物质的性质和结构,还可用来研究化学反应过程及生物大分子,加之磁共振技术使用的是从射频到微波的频段,测量精度比较高,因此,磁共振谱仪已成为物理化学实验室的标准仪器.

第 10 章　弹 性 散 射

散射(碰撞)现象是自然界常见的物理现象. 散射实验在物理学发展中显示了重要的作用:1911 年卢瑟福(Rutherford)利用 α 粒子散射实验确立了原子的有核模型;1914 年弗兰克(Franck)和赫兹(Hertz)的电子与汞原子的碰撞实验证实了玻尔的定态假设;1919 年卢瑟福的核反应实验确认原子核有结构;1939 年哈恩(Hahn)和斯特拉斯曼(Strassmann)用中子轰击铀核发现核裂变现象;1967 年弗里德曼(Friedman)、肯德尔(Kendall)和泰勒(Taylor)的高能电子-质子的深度非弹性散射实验,证实了核子中夸克的存在;1976 年拉梅希-拉奇蒂(Lamehi-Rachiti)和米蒂希(Mittig)利用低能质子-质子散射实验证实了粒子对的关联具有非定域的性质(13.3 节). 散射实验已经成为近代物理学研究微观粒子的相互作用和内部结构的重要手段.

散射(碰撞)过程分为三类:

(1) 弹性散射:散射前后入射粒子与靶粒子只有动能和动量交换,粒子的内部状态不变.

(2) 非弹性散射:散射过程中粒子的内部状态发生变化(如靶原子在基态与激发态之间的跃迁).

(3) 碰撞反应:散射过程中伴随粒子的产生,消失(如入射电子使靶原子电离放出新电子,或产生新的粒子等等).

本章仅讨论弹性散射的问题. 首先介绍散射截面的概念,在此基础上介绍适用于中心场低能散射的分波法和适用于高能散射与部分低能散射的波恩近似.

10.1　散射截面与散射振幅

在散射过程中,通常认为入射粒子从无穷远射向靶粒子,人们关心的是粒子被散射到不同方向的概率. 这个概率用微分散射截面描述.

本节首先介绍微分散射截面与总散射截面的概念,随后导出散射截面与散射振幅的关系.

10.1.1　微分散射截面与总散射截面

设一束粒子从无穷远处沿 z 轴射向靶粒子 A,如果靶粒子质量比入射粒子大得多,则二体问题可作单体问题处理.

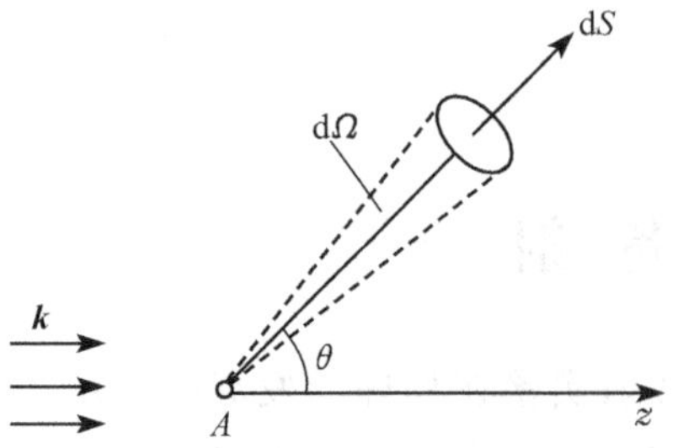

图 10.1

入射粒子受靶粒子 A 的作用将偏离原来的入射方向而散射，粒子的入射方向与粒子的散射方向的夹角 θ 称为散射角，如图 10.1 所示.

单位时间内散射到角 θ 附近立体角 $\mathrm{d}\Omega=\mathrm{d}S/r^2$ 的粒子数 $\mathrm{d}n$（量纲为 T^{-1}）必定与入射粒子流强度 N（单位时间内通过垂直于入射方向单位面积的粒子数，量纲为 $\mathrm{T}^{-1}\mathrm{L}^{-2}$），以及立体角 $\mathrm{d}\Omega$（无量纲）成正比，即

$$\mathrm{d}n=\sigma(\theta,\varphi)N\mathrm{d}\Omega \tag{10.1.1}$$

式中比例系数

$$\sigma(\theta,\varphi)=\frac{\mathrm{d}n}{N\mathrm{d}\Omega} \tag{10.1.2}$$

表示一个入射粒子被散射到（θ,φ 方向）单位立体角的概率. 它具有面积的量纲

$$[\sigma(\theta,\varphi)]=\frac{[\mathrm{d}n]}{[N][\mathrm{d}\Omega]}=\frac{\mathrm{T}^{-1}}{\mathrm{T}^{-1}\mathrm{L}^{-2}}=\mathrm{L}^2 \tag{10.1.3}$$

故称 $\sigma(\theta,\varphi)$ 为微分散射截面. 更形象地说，$\sigma(\theta,\varphi)$ 是表示入射到单位横截面的粒子中，相当于占了多大横截面上的入射粒子会散射到指定的单位立体角中.

显然，$\sigma(\theta,\varphi)$ 与入射粒子的动能，入射粒子与靶粒子间的相互作用，以及角度 θ,φ 有关. 将 $\sigma(\theta,\varphi)$ 对所有可能方向积分即得总散射截面

$$\sigma_{\mathrm{t}}=\int_0^{2\pi}\int_0^{\pi}\sigma(\theta,\varphi)\sin\theta\mathrm{d}\theta\mathrm{d}\varphi \tag{10.1.4}$$

它表示一个入射粒子被散射到任何方向的概率. 类似地，σ_{t} 表示入射到单位横截面的粒子中，相当于占了多大横截面上的入射粒子被散射.

既然在散射问题中，人们感兴趣的是散射粒子的角分布. 因此，散射理论的首要任务就是求微分散射截面 $\sigma(\theta,\varphi)$.

10.1.2　散射振幅

为了求得 $\sigma(\theta,\varphi)$ 的数学表达式，由(10.1.2)式可见，就要求出 $N\mathrm{d}\Omega$ 和 $\mathrm{d}n$.

1. 求入射粒子流强度 N 的表达式

在实验过程中，微分散射截面 $\sigma(\theta)$ 是在离开散射中心很远的地方测量的（因为实验手段是宏观的，它与散射中心的距离在微观上可看作无穷远）.

设动量为 $\hbar\boldsymbol{k}$ 的粒子在 $t\to-\infty$ 开始沿 $\boldsymbol{e}_z$ 方向入射，入射粒子与靶粒子的相互作用由 $U(r)$ 描述，r 为入射粒子与靶粒子之间的距离.

设$U(r)$的力程为a，粒子在$r>a$的区域是自由的. 入射粒子可用平面波表示

$$\psi_1 = e^{ikz} \tag{10.1.5}$$

式中入射波的振幅取1，故$|\psi_1|^2=1$，这意味着单位体积中有一个入射粒子.

入射粒子流强度N(单位时间内通过垂直于入射方向单位面积的粒子数)就是入射波的概率流密度沿z方向的分量(见1.4节的定义)，即

$$N = \boldsymbol{J}_1 \cdot \boldsymbol{e}_z = \frac{i\hbar}{2\mu}\left(\psi_1 \frac{\partial \psi_1^*}{\partial z} - \psi_1^* \frac{\partial \psi_1}{\partial z}\right) = \frac{\hbar k}{\mu} |\psi_1|^2 = v \tag{10.1.6}$$

式中$v=\hbar k/\mu$是粒子的速率.

2. 求单位时间内散射到$d\Omega$内的粒子数dn

首先证明，散射后在$r\to\infty$处出现的是能量本征值为$E_k=\frac{\hbar^2k^2}{2\mu}$的沿$z$轴方向的透射波$\psi_2=e^{ikz}$与由散射中心向外散射的球面波$\psi_3=f(\theta)\frac{e^{ikr}}{r}$的线性叠加

$$\psi \xrightarrow[r\to\infty]{} e^{ikz} + f(\theta)\frac{e^{ikr}}{r} \quad (\text{精确到 } r^{-1}) \tag{10.1.7}$$

因为体系具有轴对称性，球面散射波$\psi_3=f(\theta)\frac{e^{ikr}}{r}$与$\varphi$无关.

证　以$\hat{H}$作用于$\psi \xrightarrow[r\to\infty]{} e^{ikz}+f(\theta)\frac{e^{ikr}}{r}$，考察是否满足$\hat{H}$的本征值方程. 考虑到

$$\hat{H} = -\frac{\hbar^2}{2\mu}\nabla^2 + U(r) = -\frac{\hbar^2}{2\mu}\left[\frac{\partial^2}{\partial r^2} + \frac{2}{r}\frac{\partial}{\partial r} - \frac{\hat{\boldsymbol{L}}^2}{\hbar^2 r^2}\right] + U(r) \tag{10.1.8}$$

因为$U(r)$的力程为a. 当$r\to\infty$时，$U(r)$可以略去. 由此得

$$\begin{aligned}\hat{H}\psi &= \hat{H}\left[e^{ikz} + f(\theta)\frac{e^{ikr}}{r}\right] = -\frac{\hbar^2}{2\mu}\nabla^2 e^{ikz} - \frac{\hbar^2}{2\mu}\left[\frac{\partial^2}{\partial r^2} + \frac{2}{r}\frac{\partial}{\partial r} - \frac{\hat{\boldsymbol{L}}^2}{\hbar^2 r^2}\right]\left[f(\theta)\frac{e^{ikr}}{r}\right] \\ &= -\frac{\hbar^2}{2\mu}\nabla^2 e^{ikz} - \frac{\hbar^2}{2\mu}f(\theta)\frac{\partial^2}{\partial r^2}\frac{e^{ikr}}{r} - \frac{\hbar^2}{\mu r}f(\theta)\frac{\partial}{\partial r}\frac{e^{ikr}}{r} + \frac{e^{ikr}}{2\mu r^3}\hat{\boldsymbol{L}}^2 f(\theta)\end{aligned} \tag{10.1.9}$$

略去$\frac{1}{r}$的高级小量(略去第三、四项及第二项对分母的偏导)，由此得$r\to\infty$时精确到r^{-1}的近似式

$$\hat{H}\psi = \frac{\hbar^2k^2}{2\mu}e^{ikz} - \frac{\hbar^2}{2\mu}f(\theta)(ik)^2\frac{e^{ikr}}{r} = \frac{\hbar^2k^2}{2\mu}\left[e^{ikz} + f(\theta)\frac{e^{ikr}}{r}\right] = E_k\psi \tag{10.1.10}$$

可见$\psi \xrightarrow[r\to\infty]{} e^{ikz}+f(\theta)\frac{e^{ikr}}{r}$遵守定态薛定谔方程.

球面散射波$\psi_3=f(\theta)\frac{e^{ikr}}{r}$的概率流密度$\boldsymbol{J}_3$沿$\boldsymbol{e}_r$方向的分量为

$$J_{3r} = \boldsymbol{J}_3 \cdot \boldsymbol{e}_r = \frac{\mathrm{i}\hbar}{2\mu}\left(\psi_3 \frac{\partial \psi_3^*}{\partial r} - \psi_3^* \frac{\partial \psi_3}{\partial r}\right) = \frac{\hbar k}{\mu r^2} \mid f(\theta) \mid^2 = \frac{v}{r^2} \mid f(\theta) \mid^2 \tag{10.1.11}$$

式中 J_{3r}是单位时间内穿过球面上单位面积的散射粒子数.

单位时间内通过散射角 θ 附近球面 $\mathrm{d}S$ 的散射粒子数为

$$\mathrm{d}n = J_{3r}\mathrm{d}S = \frac{v}{r^2} \mid f(\theta) \mid^2 \mathrm{d}S = N \mid f(\theta) \mid^2 \mathrm{d}\Omega \tag{10.1.12}$$

这里已利用了 $\mathrm{d}\Omega = \mathrm{d}S/r^2$ 及 $N = v$.

3. *求微分散射截面 $\sigma(\theta,\varphi)$ 与总散射截面 σ_{t}*

将上式与 $\mathrm{d}n = \sigma(\theta,\varphi)N\mathrm{d}\Omega$ 比较,即得微分散射截面

$$\sigma(\theta,\varphi) = \sigma(\theta) = \mid f(\theta) \mid^2 \tag{10.1.13}$$

$f(\theta)$称为散射振幅.

将上式代入 $\sigma_{\mathrm{t}} = \int_0^{2\pi}\int_0^{\pi} \sigma(\theta,\varphi)\sin\theta\mathrm{d}\theta\mathrm{d}\varphi$,可得总散射截面

$$\sigma_{\mathrm{t}} = 2\pi\int_0^{\pi} \mid f(\theta) \mid^2 \sin\theta\mathrm{d}\theta \tag{10.1.14}$$

散射理论的一个重要任务就是建立计算散射截面的理论方法,通过与实验结果比较来研究粒子间的相互作用,物质结构及其运动规律.

习　题　10.1

10.1.1　在经典力学中,设中心场 $U(r)$的力程为 a,粒子在势场中的散射角为 θ,瞄准距离为 b,求粒子的微分散射截面 $\sigma(\theta)$及总散射截面 σ_{t}.

10.2　分　波　法

本节利用分波法讨论中心场中的低能散射问题.

分波法的基本思想是:由分离变量法可得定态薛定谔方程的通解

$$\psi(r,\theta) = \sum_l \mathscr{R}_l(r)P_l(\cos\theta)$$

式中 $\mathscr{R}_l(r)$是薛定谔径向方程在 $r\to\infty$处的渐近解. 与上节散射粒子在 $r\to\infty$处的波函数对比,即可求得散射振幅 $f(\theta)$,从而一举求得微分散射截面和总散射截面. 在此基础上得到分波法的适用范围.

最后,以球对称常势阱和球对称常势垒为例子,证明分波法的结果与兰姆桑效应一致.

10.2.1 定态薛定谔方程的通解

1. 方程

在中心场的情形下，$U(\boldsymbol{r})=U(r)$，定态薛定谔方程为

$$-\frac{\hbar^2}{2\mu}\nabla^2\psi+U(r)\psi=E\psi \tag{10.2.1}$$

式中的 μ 和 E 分别是入射粒子的质量和能量. 由德布罗意关系式可知，入射粒子的能量、动量及相应的波矢有如下关系：

$$E=\frac{1}{2}\mu\boldsymbol{v}^2=\frac{p^2}{2\mu}=\frac{\hbar^2k^2}{2\mu} \tag{10.2.2}$$

采用记号

$$V(r)=\frac{2\mu}{\hbar^2}U(r) \tag{10.2.3}$$

(10.2.1)式可简写为

$$\nabla^2\psi+[k^2-V(r)]\psi=0 \tag{10.2.4}$$

2. 采用分离变量法求解

势场为中心场，入射粒子以 z 轴为对称轴，故 ψ 仅与 r,θ 有关而与 φ 无关 ($m=0$).

令

$$\psi(r,\theta)=\mathscr{R}(r)\Theta(\theta) \tag{10.2.5}$$

代入(10.2.4)式可得

$$\frac{1}{\mathscr{R}}\frac{\mathrm{d}}{\mathrm{d}r}\left(r^2\frac{\mathrm{d}\mathscr{R}}{\mathrm{d}r}\right)+r^2[k^2-V(r)]=-\frac{1}{\Theta\sin\theta}\frac{\partial}{\partial\theta}\left(\sin\theta\frac{\partial\Theta}{\partial\theta}\right) \tag{10.2.6}$$

由于方程只含 r 与 θ 这两个独立变量，方程的左边与 θ 无关，右边与 r 无关，故方程两边只有等于同一常数时才成立. 为后面方便起见，以 $l(l+1)$ 表示这个常数，相应的 $\mathscr{R}$ 与 Θ 分别记作 $\mathscr{R}_l$ 与 Θ_l（与量子数 l 有关），即得

$$\frac{1}{\sin\theta}\frac{\mathrm{d}}{\mathrm{d}\theta}\left[\sin\theta\frac{\mathrm{d}\Theta_l(\theta)}{\mathrm{d}\theta}\right]+l(l+1)\Theta_l(\theta)=0 \tag{10.2.7}$$

$$\frac{1}{r^2}\frac{\mathrm{d}}{\mathrm{d}r}\left[r^2\frac{\mathrm{d}\mathscr{R}_l(r)}{\mathrm{d}r}\right]+\left[k^2-V(r)-\frac{l(l+1)}{r^2}\right]\mathscr{R}_l(r)=0 \tag{10.2.8}$$

众所周知，方程(10.2.7)的解为勒让德多项式，即

$$\Theta_l(\theta)=P_l(\cos\theta) \tag{10.2.9}$$

$P_l(\cos\theta)$是$\hat{L}^2$的本征函数①.

(10.2.8)式为径向薛定谔方程. 求出$\mathscr{R}_l(r)$后即得定态薛定谔方程的特解

$$\psi_l(r,\theta)=\mathscr{R}_l(r)P_l(\cos\theta) \tag{10.2.10}$$

定态薛定谔方程的通解为

$$\psi(r,\theta)=\sum_l \mathscr{R}_l(r)P_l(\cos\theta) \tag{10.2.11}$$

考虑到$\hat{L}^2$是守恒量，l是好量子数. 我们将散射波和入射平面波分解为不同l分波的叠加，不同l的分波将互相独立地散射，可以分开来处理. 其次，$\hat{L}_z$也是守恒量，m也是好量子数. 在轴对称的情形下，$m=0$保持不变.

下面的任务就是求解方程(10.2.8)，由于实验测量是在$r\to\infty$处进行的，只要求出方程(10.2.8)在$r\to\infty$的渐近解即可.

10.2.2　径向薛定谔方程的渐近解

作变换

$$\mathscr{R}_l(r)=u_l(r)/r \tag{10.2.12}$$

代入径向薛定谔方程(10.2.8)得

$$\frac{\mathrm{d}^2u_l(r)}{\mathrm{d}r^2}+\left[k^2-\frac{l(l+1)}{r^2}-\frac{2\mu U(r)}{\hbar^2}\right]u_l(r)=0 \tag{10.2.13}$$

当$r\to\infty$，可略去方括号内第二项；又由于$U(r)$的力程为a，当$r\to\infty$时还可以略去方括号内第三项. 上式可简化为

$$\frac{\mathrm{d}^2u_l(r)}{\mathrm{d}r^2}+k^2u_l(r)=0 \tag{10.2.14}$$

其解为

$$u_l(r)=a_l\sin(kr+\alpha_l)=\frac{A_l}{k}\sin\left(kr+\delta_l-\frac{1}{2}l\pi\right) \tag{10.2.15a}$$

为了后面的书写方便起见，已利用$A_l=ka_l$和$\delta_l=\alpha_l+\frac{1}{2}l\pi$表示$a_l$、$\alpha_l$.

将上式代入$\mathscr{R}_l(r)=u_l(r)/r$，可得

$$\mathscr{R}_l(r)\xrightarrow{r\to\infty}\frac{A_l}{kr}\sin\left(kr+\delta_l-\frac{1}{2}l\pi\right) \tag{10.2.15b}$$

---

① 在$m=0$时$\hat{L}^2$的本征函数$Y_{lm}(\theta,\varphi)$为$Y_{l0}(\theta,\varphi)=\sqrt{\frac{2l+1}{4\pi}}P_l(\cos\theta)$，见附录(F.13)式.

10.2.3 散射振幅

现将 $\mathscr{R}_l(r)$代入 $\psi=\sum_l \mathscr{R}_l(r)P_l(\cos\theta)$，得散射波

$$\psi(r,\theta)\xrightarrow[r\to\infty]{}\sum_l \frac{A_l}{kr}\sin\left(kr+\delta_l-\frac{1}{2}l\pi\right)P_l(\cos\theta) \tag{10.2.16}$$

这样，将上式与(10.1.7)式

$$\psi(r,\theta)\xrightarrow{r\to\infty}e^{ikz}+f(\theta)\frac{e^{ikr}}{r} \tag{10.2.17}$$

比较，即可求得散射振幅 $f(\theta)$. 但为了比较，要作一些准备工作.

1. 将透射平面波 e^{ikz} 按按球面波$\{P_l(\cos\theta)\}$展开

平面波按球面波的展开式是

$$e^{ikz}=e^{ikr\cos\theta}=\sum_{l=0}^{\infty}(2l+1)i^l j_l(kr)P_l(\cos\theta) \tag{10.2.18}$$

利用球贝塞尔函数 $j_l(kr)$在 $r\to\infty$的渐近行为 $j_l(x)\xrightarrow[r\to\infty]{}\frac{1}{x}\sin\left(x-\frac{1}{2}l\pi\right)$，可得

$$j_l(kr)\xrightarrow{r\to\infty}\frac{1}{kr}\sin\left(kr-\frac{1}{2}l\pi\right) \tag{10.2.19}$$

将(10.2.19)式代入(10.2.18)式，即有

$$e^{ikz}\xrightarrow{r\to\infty}\sum_l(2l+1)i^l\frac{1}{kr}\sin\left(kr-\frac{1}{2}l\pi\right)P_l(\cos\theta) \tag{10.2.20}$$

这就是入射或透射平面波 e^{ikz} 按 $\hat{L}^2$ 的本征函数 $P_l(\cos\theta)$的展开式①.

2. 将两个散射波的表达式联立

将(10.2.20)式与(10.2.16)、(10.2.17)式联立，可得

$$\begin{aligned}&\sum_l(2l+1)i^l\frac{1}{kr}\sin\left(kr-\frac{1}{2}l\pi\right)P_l(\cos\theta)+\frac{f(\theta)}{r}e^{ikr}\\&=\sum_l\frac{A_l}{kr}\sin\left(kr+\delta_l-\frac{1}{2}l\pi\right)P_l(\cos\theta)\end{aligned} \tag{10.2.21}$$

利用欧拉公式 $\sin x=\frac{e^{ix}-e^{-ix}}{2i}$将正弦函数化为指数函数，全式乘以 $2ikr$，并提

---

① 汪德新. 理论物理学导论第一卷. 数学物理方法. 第三版. 北京：科学出版社，2006. 见 p170 的(7.5.19)式，下面(10.2.19)式见同页的(7.5.16)式.

出公因子 e^{ikr} 和 e^{-ikr}，可得

$$\Big[\sum_l (2l+1)\mathrm{i}^l e^{-\frac{\mathrm{i}}{2}l\pi} P_l(\cos\theta) + 2\mathrm{i}kf(\theta) - \sum_l A_l e^{\mathrm{i}\left(\delta_l-\frac{l\pi}{2}\right)} P_l(\cos\theta)\Big] e^{ikr}$$

$$-\Big[\sum_l (2l+1)\mathrm{i}^l e^{\frac{\mathrm{i}}{2}l\pi} - \sum_l A_l e^{-\mathrm{i}\left(\delta_l-\frac{l\pi}{2}\right)}\Big] P_l(\cos\theta) e^{-ikr} = 0 \qquad (10.2.22)$$

由 r 的任意性可知 e^{ikr} 及 e^{-ikr} 的系数均为零，利用 $\mathrm{i}^l = e^{\frac{\mathrm{i}}{2}l\pi}$，得

$$\sum_l (2l+1) P_l(\cos\theta) + 2\mathrm{i}kf(\theta) - \sum_l A_l e^{\mathrm{i}\left(\delta_l-\frac{1}{2}l\pi\right)} P_l(\cos\theta) = 0 \qquad (10.2.23)$$

$$\sum_l (2l+1) e^{\mathrm{i}l\pi} P_l(\cos\theta) - \sum_l A_l e^{-\mathrm{i}\left(\delta_l-\frac{1}{2}l\pi\right)} P_l(\cos\theta) = 0 \qquad (10.2.24)$$

3. 利用勒让德多项式的正交性，由(10.2.24)式得 A_l，进而得 $f(\theta)$

$$A_l = (2l+1) e^{\mathrm{i}\left(\delta_l+\frac{1}{2}l\pi\right)} \qquad (10.2.25)$$

再将 A_l 代入(10.2.23)式便有

$$\begin{aligned} 2\mathrm{i}kf(\theta) &= \sum_l (2l+1)\left[-1 + e^{\mathrm{i}\left(\delta_l+\frac{1}{2}l\pi\right)} e^{\mathrm{i}\left(\delta_l-\frac{1}{2}l\pi\right)}\right] P_l(\cos\theta) \\ &= \sum_l (2l+1)(e^{2\mathrm{i}\delta_l} - 1) P_l(\cos\theta) \\ &= \sum_l (2l+1) 2\mathrm{i} e^{\mathrm{i}\delta_l} \sin\delta_l P_l(\cos\theta) \end{aligned}$$

在等式两边除 $2\mathrm{i}k$，即得散射振幅

$$f(\theta) = \frac{1}{k}\sum_{l=0}^{\infty} (2l+1) e^{\mathrm{i}\delta_l} \sin\delta_l P_l(\cos\theta) \qquad (10.2.26)$$

10.2.4　散射截面与相移

1. 散射振幅、微分散射截面和总散射截面

至此，只要将散射振幅 $f(\theta)$ 代入(10.1.13)、(10.1.14)式即得微分散射截面和总散射截面(见习题 10.2.1)

$$\sigma(\theta) = |f(\theta)|^2 = \frac{1}{k^2}\left|\sum_{l=0}^{\infty} (2l+1) e^{\mathrm{i}\delta_l} \sin\delta_l P_l(\cos\theta)\right|^2 \qquad (10.2.27)$$

$$\sigma_{\mathrm{t}} = 2\pi\int_0^{\pi} \sigma(\theta)\sin\theta \mathrm{d}\theta = \frac{4\pi}{k^2}\sum_{l=0}^{\infty} (2l+1)\sin^2\delta_l \qquad (10.2.28)$$

第 l 个分波对散射截面的贡献可记作

$$\sigma_{\mathrm{t}}^{(l)} = \frac{4\pi}{k^2}(2l+1)\sin^2\delta_l \qquad (10.2.29)$$

上面的(10.2.26)～(10.2.8)式表明，只要求出 δ_l(δ_0，δ_1，…分别称为 s，p…分波的相移)，便可求得散射振幅，微分散射截面和总散射截面.

2. δ_l 的物理意义

入射波 e^{ikz} 是 $\hat{H}$，$\hat{\boldsymbol{p}}$ 和 $\hat{L}_z$ 的共同本征态，进入中心场 $U(r)$ 后，因 $\hat{\boldsymbol{p}}$ 与 $\hat{H}=\frac{\hat{\boldsymbol{p}}^2}{2\mu}+U(r)$ 不对易，动量不再是守恒量，粒子将偏离入射方向产生散射. 此时守恒量是 E，L^2 和 L_z. 由(10.2.16)式可见，散射波的第 l 个分波的相角为 $\left(kr+\delta_l-\frac{1}{2}l\pi\right)$. 另一方面，将入射波 e^{ikz} 按守恒量 L^2 的本征函数 $P_l(\cos\theta)$ 展开，入射波的第 l 个分波的相角为 $\left(kr-\frac{1}{2}l\pi\right)$，见(10.2.20)式. 这表明：对于第 l 个分波，散射波与入射波相角之差为 δ_l，故 δ_l 被称为第 l 个分波的相移. 正如前述，一旦求出所有分波的 δ_l，散射问题迎刃而解. 由于能量守恒，散射前后的 k 保持不变；由于角动量守恒，散射前后的 l 保持不变. 势场的作用只改变各分波的相角，每一分波均相互独立地散射，散射的总效果为每个分波散射效果之和.

10.2.5 分波法的适用范围

虽然散射截面均表示为关于相移的无穷级数，但只要级数收敛得足够快，计算前面几个相移即可. 那么，到底应计算多少项呢？下面作一估算. 因为入射粒子的动量为 $p=\hbar k$，对于 l 越大的分波，角动量 $L^2=l(l+1)\hbar^2$ 越大，离开散射中心的平均距离就越大，受靶的作用力就越小，因而 $|\delta_l|$ 就越小. 按半经典的图象估算，当 $L>pa$，即

$$\sqrt{l(l+1)\hbar^2} > \hbar ka \tag{10.2.30}$$

时，受靶粒子的作用可略去，相应的分波不必考虑. 因此，需要考虑的分波由下式确定

$$l_{\max} < ka \tag{10.2.31}$$

即只要计算从 $l=0$ 到 $l\approx ka$ 各分波的相移 δ_l，代入(10.2.26)～(10.2.28)式便可求得散射振幅，微分散射截面和总散射截面. 这表明，k 越小，即入射粒子能量 E 越小，要考虑的分波数越少，使用分波法越方便.

下面，以球对称常势阱和球对称常势垒作为例子.

1. 球对称常势阱

已知中心势场为球对称常势阱

$$U(r)=\begin{cases}-U_0, & r\leqslant a\\ 0, & r>a\end{cases} \tag{10.2.32}$$

式中 $U_0>0$.

求低能粒子入射时的微分散射截面及总散射截面，只考虑 s 分波($l=0$)的

贡献.

(1) 求解 s 分波的径向薛定谔方程,令

$$R_0(r)=\frac{u_0(r)}{r},\quad k'^2=\frac{2\mu(E+U_0)}{\hbar^2},\quad k^2=\frac{2\mu E}{\hbar^2},\quad k_0^2=\frac{2\mu U_0}{\hbar^2} \tag{10.2.33}$$

则 s 分波的径向薛定谔方程(10.2.8)及相应的解可简化为

$$u_0''(r)+k'^2u_0(r)=0,\quad u_0(r)=A\sin(k'r+\delta_0'),\quad r\leqslant a \tag{10.2.34}$$

$$u_0''(r)+k^2u_0(r)=0,\quad u_0(r)=B\sin(kr+\delta_0),\quad r>a \tag{10.2.35}$$

(2) 由波函数标准条件得相移 δ_0.

由 $r=0$ 处 $R_0(r)=\frac{u_0(r)}{r}$ 有限得

$$u_0(0)=0 \tag{10.2.36}$$

代入(10.2.35)式得

$$0=A\sin\delta'_0,\quad 即\ \delta'_0=0 \tag{10.2.37}$$

由 $r=a$ 处,$u_0(r)$ 及 $u_0'(r)$ 连续即 $\frac{u_0(a)}{u'_0(a)}$ 连续得

$$\frac{1}{k}\tan(ka+\delta_0)=\frac{1}{k'}\tan(k'a) \tag{10.2.38}$$

由此得 s 分波的相移

$$\delta_0=\arctan\left[\frac{k}{k'}\tan(k'a)\right]-ka \tag{10.2.39}$$

在低能(k 很小)的情况下,利用 $\arctan\left[\frac{k}{k'}\tan(k'a)\right]\simeq\frac{k}{k'}\tan(k'a)$,可得

$$\delta_0\simeq\frac{k}{k'}\tan(k'a)-ka=ka\left[\frac{\tan(k'a)}{k'a}-1\right] \tag{10.2.40}$$

由于 k 很小,故 $k'^2=\frac{2\mu(E+U_0)}{\hbar^2}=\frac{\hbar^2k^2+2\mu U_0}{\hbar^2}\simeq\frac{2\mu U_0}{\hbar^2}={k_0}^2$ 得 $k'\simeq k_0$,δ_0 可简化为

$$\delta_0\simeq ka\left[\frac{\tan(k_0a)}{k_0a}-1\right],\quad k_0^2=\frac{2\mu U_0}{\hbar^2} \tag{10.2.41}$$

(3) 由相移得散射截面.

因为只考虑 $l=0$ 的 s 分波,(10.2.26)~(10.2.28)式均得到简化. 利用 $P_0(\cos\theta)=1$,以及 $\delta_0\ll1$ 时 $e^{i\delta_0}\simeq1$ 和 $\sin\delta_0\simeq\delta_0$,则散射振幅为

$$f(\theta)=\frac{1}{k}\sum_{l=0}^{\infty}(2l+1)\mathrm{e}^{\mathrm{i}\delta_l}\sin\delta_l P_l(\cos\theta)\simeq\frac{1}{k}\mathrm{e}^{\mathrm{i}\delta_0}\sin\delta_0\simeq\frac{\delta_0}{k}=a\left(\frac{\tan k_0a}{k_0a}-1\right)\tag{10.2.42}$$

微分散射截面与总散射截面分别为

$$\sigma(\theta)=|f(\theta)|^2=a^2\left(\frac{\tan k_0a}{k_0a}-1\right)^2\tag{10.2.43}$$

$$\sigma_{\mathrm{t}}=\frac{4\pi}{k^2}\sum_{l=0}^{\infty}(2l+1)\sin^2\delta_l\simeq\frac{4\pi}{k^2}\sin^2\delta_0\simeq 4\pi a^2\left(\frac{\tan k_0a}{k_0a}-1\right)^2\tag{10.2.44}$$

【例 10.2.1】 在惰性原子内，电子充满壳层，电子分布具有球对称性，完全屏蔽了原子核的电场. 试证明，用能量满足什么条件的低能电子碰撞惰性气体原子，才不出现散射现象.

解 在原子外部，$U(r)=0$；在原子内部，原子核与满壳层电子的库仑场可表为 $U(r)\simeq -U_0$. 因此，惰性原子的中心场可用球对称常势阱作为近似.

若入射粒子的能量 E 很低且与球对称常势阱的深度 a 满足条件

$$\tan k'a=k'a\tag{10.2.45}$$

由(10.2.40)式可得

$$\delta_0\simeq\frac{k}{k'}\tan(k'a)-ka=ka\left[\frac{\tan(k'a)}{k'a}-1\right]=0\tag{10.2.46}$$

代入(10.2.44)式即得总散射截面

$$\sigma_{\mathrm{t}}=\frac{4\pi}{k^2}\sin^2\delta_0=0\tag{10.2.47}$$

即 s 波不被散射.

1921 年，冉绍尔(C. Ramsauer)用低能电子碰撞氩原子，发现当电子的能量 E 满足(10.2.45)式时［注意 $k'^2=\dfrac{2\mu(E+U_0)}{\hbar^2}$，实验中 $E=0.7\mathrm{eV}$］突然观察不到散射现象. 好像氩原子变成完全透明一样，这个现象称为冉绍尔效应. 实验结果与分波法的理论计算一致.

2. 球对称常势垒

现在，将球对称常势阱的结论推广到球对称常势垒的情形. 设中心场为

$$U(r)=\begin{cases}U_0, & r\leqslant a\\ 0, & r>a\end{cases}\tag{10.2.48}$$

易见(10.2.48)式与(10.2.32)式的不同是将 $-U_0$ 改为 U_0，只要把 $k_0=\sqrt{2\mu U_0/\hbar^2}$ 改为 $\mathrm{i}k_0$，即得 k 很小时的微分散射截面

$$\sigma(\theta)=a^2\left[\frac{\tan(\mathrm{i}k_0a)}{\mathrm{i}k_0a}-1\right]^2=a^2\left[\frac{\mathrm{th}(k_0a)}{k_0a}-1\right]^2 \tag{10.2.49}$$

总散射截面为

$$\sigma_t=2\pi a^2\int_0^{\pi}\sigma(\theta)\sin\theta\mathrm{d}\theta=4\pi a^2\left[\frac{\mathrm{th}(k_0a)}{k_0a}-1\right]^2 \tag{10.2.50}$$

对于刚球，$U_0\to\infty$，$k_0\to\infty$，$\mathrm{th}(k_0a)=\dfrac{\mathrm{e}^{k_0a}-\mathrm{e}^{-k_0a}}{\mathrm{e}^{k_0a}+\mathrm{e}^{-k_0a}}\to1$，总散射截面为

$$\sigma_t=4\pi a^2 \tag{10.2.51}$$

正好等于刚球的表面积，这可理解为衍射效应：在经典力学中，总散射截面等于刚球的最大截面面积 πa^2；在量子力学中，在低能极限下（$k\to0$，因而 $\lambda\to\infty$），障碍物的尺度 a 远小于波长 λ，入射波发生衍射. 因为 s 波是各向同性的（$l=0$，$m=0$，Y_{00} 与 θ,φ 无关），因此刚球表面各处对散射有同等贡献，总散射截面等于刚球的表面积 $4\pi a^2$.

习 题 10.2

10.2.1 试证明总散射截面

$$\sigma_t=2\pi\int_0^{\pi}\sigma(\theta)\sin\theta\mathrm{d}\theta=\frac{4\pi}{k^2}\sum_{l=0}^{\infty}(2l+1)\sin^2\delta_l$$

10.2.2 试证明光学定理：向前散射的振幅 $f(0)$ 与总散射截面的关系为

$$\sigma_t=\frac{4\pi}{k}\mathrm{Im}f(0) \tag{10.2.52}$$

说明公式的物理意义.

10.2.3 试证明

$$\sin\delta_l=-\frac{2\mu}{\hbar^2A_lB_l}\int_0^{\infty}U(r)u_l(r)w_l(r)\mathrm{d}r \tag{10.2.53}$$

式中已根据(10.2.18)式将自由粒子的波函数 $\mathrm{e}^{\mathrm{i}kz}$ 展开为

$$\mathrm{e}^{\mathrm{i}kz}=\sum_{l=0}^{\infty}B_lj_l(kr)P_l(\cos\theta)=\frac{1}{kr}\sum_{l=0}^{\infty}w_l(r)P_l(\cos\theta) \tag{10.2.54}$$

试给出 $|\delta_l|\ll1$ 时 δ_l 的表达式.

10.2.4 质量为 μ 的粒子被中心势场 $U(r)=\alpha/r^2$（式中 $\alpha>0$）散射，

(1) 求各分波的相移 δ_l；

(2) 在 $\dfrac{\mu\alpha}{\hbar^2}\ll\dfrac{1}{8}$ 的条件下，求相移 δ_l、散射振幅 $f(\theta)$ 及微分散射截面 $\sigma(\theta)$ 的近似公式.

10.2.5 粒子被力程为 a 的中心场 $U(r)$ 散射.

(1) 试将低能($k\to0$) s 波($l=0$)散射的相移 δ_0、散射振幅 f、散射截面 σ_0 用散射长度 a_0

(定义为 $\mathscr{R}(r)=0$ 时的 r 值)表示出来;

(2) 试给出 a_0 取有限值及 $a_0\to\pm\infty$时的 f、δ_0 及 σ_0.

10.2.6 粒子被势场 $U(r)=-\frac{\hbar^2}{\mu}\left[\frac{\lambda}{\mathrm{ch}(\lambda r)}\right]^2$ 散射,求低能($E\to0$)情形下 s 波散射长度 a_0、散射振幅 f 和散射截面 σ_0.

10.2.7 粒子被势场 $U(r)=\alpha/r^4$ ($\alpha>0$)散射,求低能($E\to0$)情形下 s 波散射长度 a_0、相移 δ_0、散射振幅 f 和散射截面 σ_0.

10.3 玻恩近似

当入射粒子能量很高时,若使用分波法,则要计算很多分波的相移,不宜使用.

因为 $U(r)$有一定的力程,只有当入射粒子进入 $r<a$ 的区域时 $U(r)$才起作用.这样,在入射粒子能量比较高,散射势比较弱的情况下,便可把相互作用势能看作含时微扰

$$U(r,t)=\begin{cases}0, & t<0\\ U(r), & t\geqslant 0\end{cases}\tag{10.3.1}$$

玻恩近似的基本思想就是将散射势看作微扰,用含时微扰论处理散射问题.

本节首先利用含时微扰论计算微分散射截面 $\sigma(\theta)$,随后以核子-核子相互作用的汤川势为例说明应用玻恩近似的条件.

10.3.1 微分散射截面的计算

1. 玻恩近似的基本思想

入射粒子从无穷远沿 z 轴射来,作为自由粒子,其初态可用箱归一化的动量本征函数表示

$$\psi_{\boldsymbol{k}}(\boldsymbol{r})=\frac{1}{L^{3/2}}\mathrm{e}^{\mathrm{i}\boldsymbol{k}\cdot\boldsymbol{r}}\tag{10.3.2}$$

当粒子进入靶粒子的作用范围后,受靶粒子的势场作用离开靶再次到达无穷远.作为自由粒子,其末态同样用箱归一化的动量本征函数表示

$$\psi_{\boldsymbol{k}'}(\boldsymbol{r})=\frac{1}{L^{3/2}}\mathrm{e}^{\mathrm{i}\boldsymbol{k}'\cdot\boldsymbol{r}}\tag{10.3.3}$$

在弹性散射的情形下,由能量守恒可得

$$|\boldsymbol{k}'|=|\boldsymbol{k}|=k\tag{10.3.4}$$

按照含时微扰论把入射波作为初态,把出射波作为末态,整个相互作用过程可以看作粒子由 $\psi_{\boldsymbol{k}}(\boldsymbol{r})$态到 $\psi_{\boldsymbol{k}'}(\boldsymbol{r})$态的跃迁.

按一级近似计算跃迁概率,便可得到微分散射截面

$$\sigma(\theta) = \frac{\mathrm{d}n}{N\mathrm{d}\Omega} \tag{10.3.5}$$

2. 计算入射粒子流强度 N

在箱归一化的条件下，入射粒子流强度 N 为

$$N = J_{1z} = \frac{\mathrm{i}\hbar}{2\mu}\left(\psi_k \frac{\partial \psi_k^*}{\partial z} - \psi_k^* \frac{\partial \psi_k}{\partial z}\right) = \frac{\hbar k}{\mu} \mid \psi_k \mid^2 = \frac{\hbar k}{\mu L^3} \tag{10.3.6}$$

最后的等式利用了 $\psi_k(\boldsymbol{r}) = \frac{1}{L^{3/2}}\mathrm{e}^{\mathrm{i}\boldsymbol{k}\cdot\boldsymbol{r}}$ 的模方.

3. 计算单位时间内散射到 θ 方向 $\mathrm{d}\Omega$ 内的粒子数 $\mathrm{d}n$

由定义易见，$\mathrm{d}n$ 应等于 L^3 内的粒子数与由 $\psi_k(\boldsymbol{r})$ 态跃迁到 θ 方向 $\mathrm{d}\Omega$ 内的 $\psi_{k'}(\boldsymbol{r})$ 态的跃迁速率之积. 由归一化条件可知，L^3 内的粒子数为 1，而跃迁速率 w 则由含时微扰论的费米黄金规则给出. 这样

$$\mathrm{d}n = w = \frac{2\pi}{\hbar}\rho(E_{k'}^{(0)}) \mid H'_{k'k} \mid^2 \tag{10.3.7}$$

见(9.2.8)式. 上式用 k' 标记末态，$\rho(E_{k'}^{(0)})$ 为末态的态密度.

(1) 计算末态的态密度 $\rho(E_{k'}^{(0)})$. 末态的态密度 $\rho(E_{k'}^{(0)})$ 由习题 9.2.2 给出

$$\rho(E_{k'}^{(0)}) = \left(\frac{L}{2\pi\hbar}\right)^3 \mu p \sin\theta \mathrm{d}\theta \mathrm{d}\varphi = \frac{L^3}{(2\pi)^3 \hbar^2}\mu k \,\mathrm{d}\Omega \tag{10.3.8}$$

(2) 计算微扰矩阵元 $H'_{k'k}$.

由微扰矩阵元的定义得

$$\begin{aligned} H'_{k'k} &= \int \psi_{k'}^*(\boldsymbol{r}) U(r) \psi_k(\boldsymbol{r}) \mathrm{d}^3\boldsymbol{r} = \int \frac{1}{L^{3/2}}\mathrm{e}^{-\mathrm{i}\boldsymbol{k}'\cdot\boldsymbol{r}} U(r) \frac{1}{L^{3/2}}\mathrm{e}^{\mathrm{i}\boldsymbol{k}\cdot\boldsymbol{r}} \mathrm{d}^3\boldsymbol{r} \\ &= \frac{1}{L^3}\int U(r) \mathrm{e}^{\mathrm{i}(\boldsymbol{k}-\boldsymbol{k}')\cdot\boldsymbol{r}} \mathrm{d}^3\boldsymbol{r} \end{aligned} \tag{10.3.9}$$

令

$$\boldsymbol{K} = \boldsymbol{k}' - \boldsymbol{k} \tag{10.3.10}$$

这三个矢量的关系如图 10.2 所示. 由于 $|\boldsymbol{k}'| = |\boldsymbol{k}|$，它们构成等腰三角形. 故

$$K = 2k\sin(\theta/2) \tag{10.3.11}$$

式中 θ 是 $\boldsymbol{k}$ 与 $\boldsymbol{k}'$ 的夹角，即散射角.

由于定积分(10.3.9)与坐标系的选择无关，引入新的坐标系 x', y', z'. 新旧坐标系的原点重合(因而 $r' = r$)，但取 z' 轴沿 $\boldsymbol{K}$ 的方向，位矢 $\boldsymbol{r}'$ 用球坐标 (r, θ', φ') 表示，见图 10.3. 于是

$$(\boldsymbol{k} - \boldsymbol{k}') \cdot \boldsymbol{r}' = -\boldsymbol{K} \cdot \boldsymbol{r}' = -Kr\cos\theta' \tag{10.3.12}$$

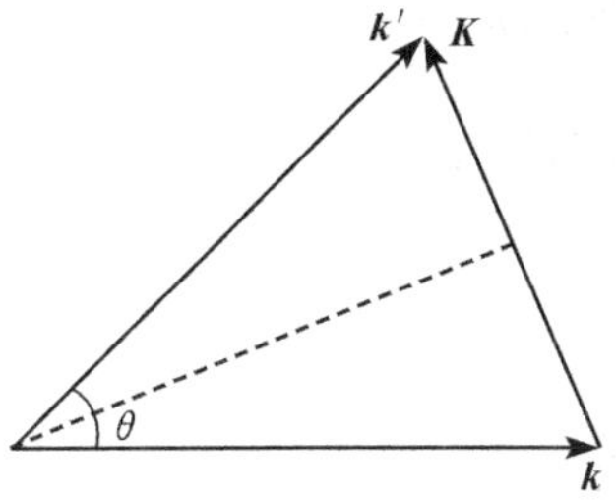

图 10.2

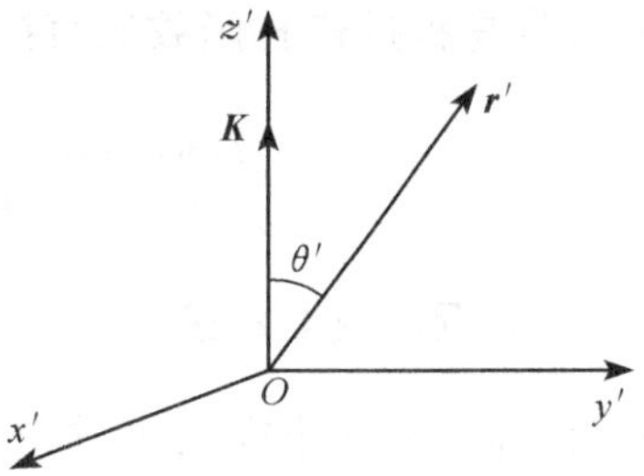

图 10.3

将(10.3.12)式代入(10.3.9)式,便有

$$H'_{k'k}=\frac{1}{L^3}\int_0^\infty U(r)r^2\mathrm{d}r\int_0^\pi \mathrm{e}^{-\mathrm{i}Kr\cos\theta'}\sin\theta'\mathrm{d}\theta'\int_0^{2\pi}\mathrm{d}\varphi' \tag{10.3.13}$$

式中对 θ' 的积分为

$$\int_0^\pi \mathrm{e}^{-\mathrm{i}Kr\cos\theta'}\sin\theta'\mathrm{d}\theta'=-\int_0^\pi \mathrm{e}^{-\mathrm{i}Kr\cos\theta'}\mathrm{d}\cos\theta'=\left.\frac{\mathrm{e}^{-\mathrm{i}Kr\cos\theta'}}{\mathrm{i}Kr}\right|_0^\pi$$
$$=\frac{2}{Kr}\frac{\mathrm{e}^{\mathrm{i}Kr}-\mathrm{e}^{-\mathrm{i}Kr}}{2\mathrm{i}}=\frac{2}{Kr}\sin(Kr)$$

代入(10.3.13)式,即有

$$H'_{k'k}=\frac{4\pi}{KL^3}\int_0^\infty rU(r)\sin(Kr)\mathrm{d}r \tag{10.3.14}$$

(3) 单位时间内散射到 θ 方向 $\mathrm{d}\Omega$ 内的粒子数 $\mathrm{d}n$.

将上面的 $H'_{k'k}$ 和 $\rho(E_{k'}^{(0)})$ 代入(10.3.7)式,可得

$$\mathrm{d}n=\frac{2\pi}{\hbar}\rho(E_{k'}^{(0)})\,|H'_{k'k}|^2=\frac{2\pi}{\hbar}\frac{L^3}{(2\pi)^3\hbar^2}\mu k\,\mathrm{d}\Omega\left|\frac{4\pi}{KL^3}\int_0^\infty rU(r)\sin(Kr)\mathrm{d}r\right|^2$$
$$=\frac{4\mu k}{K^2L^3\hbar^3}\left|\int_0^\infty rU(r)\sin(Kr)\mathrm{d}r\right|^2\mathrm{d}\Omega \tag{10.3.15}$$

4. 计算微分散射截面 $\sigma(\theta)$

将 $N=\frac{\hbar k}{\mu L^3}$ 及 $\mathrm{d}n$ 代入(10.3.5)式,即得微分散射截面

$$\sigma(\theta)=\frac{\mathrm{d}n}{N\mathrm{d}\Omega}=\frac{\mu L^3}{\hbar k}\frac{\mathrm{d}n}{\mathrm{d}\Omega}=\frac{4\mu^2}{K^2\hbar^4}\left|\int_0^\infty rU(r)\sin(Kr)\mathrm{d}r\right|^2 \tag{10.3.16}$$

这样,一旦给出 $U(r)$,即可求得微分散射截面 $\sigma(\theta)$.

5. 散射振幅

利用微分散射截面与散射振幅的关系 $\sigma(\theta)=|f(\theta)|^2$,由(10.3.16)式可得散

射振幅(负号是根据格林函数法直接计算 $f(\theta)$得到的)

$$f(\theta)=-\frac{2\mu}{K\hbar^2}\int_0^\infty rU(r)\sin(Kr)\mathrm{d}r \tag{10.3.17}$$

10.3.2　玻恩近似成立的条件

现在计算入射粒子在核子-核子相互作用的汤川势

$$U(r)=U_0\frac{a}{r}\mathrm{e}^{-\frac{r}{a}} \tag{10.3.18}$$

作用下的散射截面,并在此基础上得出玻恩近似成立的条件. 由于当 $r>a$ 时,$\mathrm{e}^{-\frac{r}{a}}$ 将随 r 增大而迅速减小,故 a 称为汤川势的力程,U_0 称为汤川势的强度.

将(10.3.18)式代入(10.3.16)式,得微分散射截面

$$\sigma(\theta)=\frac{4\mu^2}{K^2\hbar^4}\left|\int_0^\infty rU_0\frac{a}{r}\mathrm{e}^{-\frac{r}{a}}\sin(Kr)\mathrm{d}r\right|^2=\frac{4\mu^2a^2U_0^2}{K^2\hbar^4}\left|\int_0^\infty \mathrm{e}^{-\frac{r}{a}}\sin(Kr)\mathrm{d}r\right|^2 \tag{10.3.19}$$

利用分部积分法可以证明

$$\int_0^\infty \mathrm{e}^{-\frac{r}{a}}\sin(Kr)\mathrm{d}r=\frac{Ka^2}{1+K^2a^2} \tag{10.3.20}$$

将(10.3.20)式代入(10.3.19)式,并利用 $K=2k\sin(\theta/2)$,即有

$$\sigma(\theta)=\frac{4\mu^2a^2U_0^2}{K^2\hbar^4}\left(\frac{Ka^2}{1+K^2a^2}\right)^2=\frac{4\mu^2a^6U_0^2}{\hbar^4[1+4k^2a^2\sin^2(\theta/2)]^2} \tag{10.3.21}$$

总散射截面为

$$\sigma_t=2\pi\int_0^\pi\sigma(\theta)\sin\theta\mathrm{d}\theta=\frac{8\pi\mu^2a^6U_0^2}{\hbar^4}\int_0^\pi\frac{\sin\theta\mathrm{d}\theta}{[1+4k^2a^2\sin^2(\theta/2)]^2} \tag{10.3.22}$$

令 $t=1-\cos\theta=2\sin^2(\theta/2)$,可证明上式积分为

$$\int_0^2\frac{\mathrm{d}t}{(1+2k^2a^2t)^2}=-\frac{1}{2k^2a^2(1+2k^2a^2t)}\bigg|_0^2=\frac{2}{1+4k^2a^2}$$

代入(10.3.22)式即得总散射截面

$$\sigma_t=\left(\frac{2\mu a^3U_0}{\hbar^2}\right)^2\frac{4\pi}{1+4k^2a^2} \tag{10.3.23}$$

玻恩近似是利用含时微扰论的费米黄金规则来计算跃迁速率的,而费米黄金规则又来自(9.1.29)式,它是概率幅 $a_m(t)$一级修正方程的解. 因此,玻恩近似是否成立就取决于能否把 $U(r)$看作微扰. 如果入射粒子被散射到一切方向的粒子数与入射粒子数的比值较小,就可以把 $U(r)$看作微扰,这个比值通常用总散射截面

σ_t 与经典散射截面 πa^2 的比值来衡量. 这样,玻恩近似成立的条件就可归结为是否满足

$$\sigma_t/\pi a^2 \ll 1 \tag{10.3.24}$$

在汤川势的情形下,将(10.3.23)式代入(10.3.24)式,得

$$\frac{\sigma_t}{\pi a^2}=\frac{16\mu a^4 U_0^2}{\hbar^4(1+4k^2a^2)} \tag{10.3.25}$$

据此,便可进一步讨论在什么条件下可以应用玻恩近似.

(1) 高能散射. $E=\hbar^2k^2/2\mu$ 很大,$4k^2a^2\gg 1$,由(10.3.25)式得

$$\frac{\sigma_t}{\pi a^2}=\frac{4\mu a^2 U_0^2}{\hbar^4 k^2} \tag{10.3.26}$$

因为 k 很大,故 $\sigma_t\ll\pi a^2$ 恒满足,即玻恩近似可用于高能散射.

(2) 低能散射. $E=\hbar^2k^2/2\mu$ 很小,$4k^2a^2\ll 1$,由(10.3.25)式得

$$\frac{\sigma_t}{\pi a^2}=\frac{16\mu a^4 U_0^2}{\hbar^4} \tag{10.3.27}$$

若要 $\sigma_t\ll\pi a^2$,则要求

$$\mu a^4 U_0^2 \ll \hbar^4/16 \tag{10.3.28}$$

即要求势的强度 U_0 和力程 a 较小,入射粒子的质量比较小.

总之,玻恩近似适用于高能散射,但对低能散射则要具体分析;而分波法则适用于低能散射. 这样,两种方法正好互相补充.

习 题 10.3

10.3.1 试利用玻恩近似讨论带电量为 $Z'e$ 的高能粒子在屏蔽库仑场

$$U(r)=-\frac{ZZ'e_s^2}{r}e^{-\frac{r}{a}}$$

的散射,并导出卢瑟福公式

$$\sigma(\theta)=\frac{Z^2Z'^2e_s^4}{4\mu^2v^4}\csc^4\frac{\theta}{2}$$

10.3.2 试用玻恩近似法求粒子在势场

$$U(r)=\begin{cases}\dfrac{Ze_s^2}{r}-\dfrac{r}{b}, & r<a\\ 0, & r>a\end{cases}$$

中的微分散射截面,式中 $b=a^2/Ze_s^2$.

10.3.3 试用玻恩近似法求粒子在势场 $U(r)=U_0e^{-a^2r^2}$ 中的微分散射截面 $\sigma(\theta)$ 和总散射

截面 σ_t.

10.3.4　试用玻恩近似法求粒子在势场

$$U(r)=\begin{cases}-U_0, & r\leqslant a\\ 0, & r>a\end{cases}$$

中的微分散射截面,式中 $U_0>0$.

10.3.5　试用玻恩近似法求粒子在势场 $U(r)=a/r^2$ 中的微分散射截面.

第五篇　量子力学的新进展

参考书目

[1] 曾谨言.量子力学(上、下).北京:科学出版社,1981

[2] 周世勋.量子力学.上海:上海科学技术出版社,1961

[3] 苏汝铿.量子力学.上海:复旦大学出版社,1997

[4] 张永德.量子力学.北京:科学出版社,2002

[5] 刘连寿主编.刘连寿,陈立华,汪德新,李家荣编著.理论物理基础教程.北京:高等教育出版社,2003

[6] 柯善哲,肖福康,江兴方.量子力学.北京:科学出版社,2006

[7] 罗蓓玲.量子力学.广州:中山大学出版社,1989

[8] 关洪.量子力学基础.北京:高等教育出版社,1999

[9] 钱伯初.量子力学.北京:电子工业出版社,1993

[10] 张哲华,刘莲君.量子力学与原子物理学.武汉:武汉大学出版社,1997

[11] 邹鹏程.量子力学.北京:高等教育出版社,1989

[12] 关洪.量子力学的基本概念.北京:高等教育出版社,1990

[13] 赵凯华,罗蔚茵.量子物理.北京:高等教育出版社,2001

[14] 程檀生.现代量子力学教程.北京:北京大学出版社,2006

[15] 王正行.近代物理学.北京:北京大学出版社,1995

[16] 喀兴林.高等量子力学.北京:高等教育出版社,1999

[17] 倪光炯,陈苏卿.高等量子力学.上海:复旦大学出版社,2000

[18] 钱伯初,曾谨言.量子力学习题精选与剖析.北京:科学出版社,1988

[19] 中国科学技术大学物理辅导班主编.张永德,朱栋培,范洪义审校.美国物理试题与解答,第六卷,量子力学.合肥:中国科学技术大学出版社,1987

[20] 刘莲君,张哲华.量子力学与原子物理学习指导.武汉:武汉大学出版社,2000

[21] 熊钰庆,何宝鹏,周篪声.量子力学提要与题析.广州:华南理工大学出版社,1994

[22] Feyman R P, et al. The Feynman Lectures on Physics. Vol. 3. Quantum Mechanics. Addison-Wesley Publishing Co., 1965

[23] Landau L D, Lifshitz M E. Quantum Mechanics, Non-relativistic Theory. Pergamon Press, 1977

[24] Schiff L. Quantum Mechanics. 3rd edition. New York: McGraw-Hill, 1967

[25] Dirac P A M. The Principles of Quantum Mechanics. Oxford: Oxford University Press, 1958

[26] Messiah A. Quantum Mechanics. Vol. I, II. Amsterdam: North-Holland. 1961

[27] 李华钟.简单物理系统的整体性——贝里相位及其他.上海:上海科学技术出版社,1998

[28] 冯端,金国钧.凝聚态物理学新论.上海:上海科学技术出版社,1992

[29] 张礼主编.近代物理学进展.北京:清华大学出版社,1997

[30] 张礼,葛墨林.量子力学的前沿问题.北京:清华大学出版社,2000
[31] 张永德.量子信息物理原理.北京:科学出版社,2006
[32] 张永德,吴盛俊,侯广,黄民信.量子信息论物理原理和某些进展.武汉:华中师范大学出版社,2002
[33] 曾谨言,裴寿镛主编.量子力学新进展(第一辑).北京:北京大学出版社,2000
[34] 张镇九,张昭理,李爱民.量子计算与通信加密.武汉:华中师范大学出版社,2002
[35] 李承祖,黄明球,陈平形,梁林梅.量子通信和量子计算.长沙:国防科技大学出版社,2000
[36] 杨纯斌,蔡旭.夸克与轻子物理——原理导引.武汉:华中师范大学出版社,2000
[37] 王竹溪,郭敦仁.特殊函数概论.北京:科学出版社,1984
[38] 汪志诚.热力学·统计物理,第三版.北京:高等教育出版社,2003
[39] 汪德新.数学物理方法(理论物理学导论第一卷).第三版.北京:科学出版社,2006
[40] 汪德新.电动力学(理论物理学导论第二卷).北京:科学出版社,2005

附　　录

附录 A　傅里叶变换公式

A.1　一维傅里叶变换与逆变换

$$\tilde{f}(k)=\int_{-\infty}^{\infty} f(x)\mathrm{e}^{-\mathrm{i}kx}\mathrm{d}x,\quad f(x)=\frac{1}{2\pi}\int_{-\infty}^{\infty}\tilde{f}(k)\mathrm{e}^{\mathrm{i}kx}\mathrm{d}k \tag{A.1}$$

作变量替换 $p=\hbar k$,则(A.1)式即变为

$$\tilde{f}\left(\frac{p}{\hbar}\right)=\int_{-\infty}^{\infty} f(x)\mathrm{e}^{-\frac{\mathrm{i}}{\hbar}px}\mathrm{d}x,\quad f(x)=\frac{1}{2\pi\hbar}\int_{-\infty}^{\infty}\tilde{f}\left(\frac{p}{\hbar}\right)\mathrm{e}^{\frac{\mathrm{i}}{\hbar}px}\mathrm{d}p \tag{A.2}$$

为将傅里叶变换写成对称的形式,令

$$\psi(x)=\sqrt{2\pi\hbar}f(x),\quad c(p)=\tilde{f}(p/\hbar) \tag{A.3}$$

代入(A.3)式,便有

$$\psi(x)=\frac{1}{\sqrt{2\pi\hbar}}\int_{-\infty}^{\infty}c(p)\mathrm{e}^{\frac{\mathrm{i}}{\hbar}px}\mathrm{d}p,\quad c(p)=\frac{1}{\sqrt{2\pi\hbar}}\int_{-\infty}^{\infty}\psi(x)\mathrm{e}^{-\frac{\mathrm{i}}{\hbar}px}\mathrm{d}x \tag{A.4}$$

A.2　三维傅里叶变换与逆变换

$$\psi(\boldsymbol{x})=\frac{1}{(2\pi\hbar)^{3/2}}\int_{-\infty}^{\infty}c(\boldsymbol{p})\mathrm{e}^{\frac{\mathrm{i}}{\hbar}\boldsymbol{p}\cdot\boldsymbol{x}}\mathrm{d}^3\boldsymbol{p},\quad c(\boldsymbol{p})=\frac{1}{(2\pi\hbar)^{3/2}}\int_{-\infty}^{\infty}\psi(\boldsymbol{x})\mathrm{e}^{-\frac{\mathrm{i}}{\hbar}\boldsymbol{p}\cdot\boldsymbol{x}}\mathrm{d}^3\boldsymbol{x} \tag{A.5}$$

附录 B　微分算符在直角坐标系与正交曲线坐标系的公式

B.1　直角坐标系中的微分运算(梯度、散度、旋度、拉普拉斯)

$$\nabla\psi=\boldsymbol{e}_x\frac{\partial\psi}{\partial x}+\boldsymbol{e}_y\frac{\partial\psi}{\partial y}+\boldsymbol{e}_z\frac{\partial\psi}{\partial z} \tag{B.1}$$

$$\nabla\cdot\boldsymbol{A}=\frac{\partial A_x}{\partial x}+\frac{\partial A_y}{\partial y}+\frac{\partial A_z}{\partial z} \tag{B.2}$$

$$\nabla\times\boldsymbol{A}=\boldsymbol{e}_x\left(\frac{\partial A_z}{\partial y}-\frac{\partial A_y}{\partial z}\right)+\boldsymbol{e}_y\left(\frac{\partial A_x}{\partial z}-\frac{\partial A_z}{\partial x}\right)+\boldsymbol{e}_z\left(\frac{\partial A_y}{\partial x}-\frac{\partial A_x}{\partial y}\right)\tag{B.3}$$

$$\nabla^2\psi=\frac{\partial^2\psi}{\partial x^2}+\frac{\partial^2\psi}{\partial y^2}+\frac{\partial^2\psi}{\partial z^2}\tag{B.4}$$

B.2　球坐标系中的微分运算(梯度、散度、旋度、拉普拉斯)

$$\nabla\psi=\boldsymbol{e}_R\frac{\partial\psi}{\partial R}+\boldsymbol{e}_\theta\frac{1}{R}\frac{\partial\psi}{\partial\theta}+\boldsymbol{e}_\varphi\frac{1}{R\sin\theta}\frac{\partial\psi}{\partial\varphi}\tag{B.5}$$

$$\nabla\cdot\boldsymbol{A}=\frac{1}{R^2}\frac{\partial(R^2A_R)}{\partial R}+\frac{1}{R\sin\theta}\frac{\partial(\sin\theta A_\theta)}{\partial\theta}+\frac{1}{R\sin\theta}\frac{\partial A_\varphi}{\partial\varphi}\tag{B.6}$$

$$\nabla\times\boldsymbol{A}=\boldsymbol{e}_R\frac{1}{R\sin\theta}\left[\frac{\partial(\sin\theta A_\varphi)}{\partial\theta}-\frac{\partial A_\theta}{\partial\varphi}\right]+\boldsymbol{e}_\theta\frac{1}{R}\left[\frac{1}{\sin\theta}\frac{\partial A_R}{\partial\varphi}-\frac{\partial(RA_\varphi)}{\partial R}\right]+\boldsymbol{e}_\varphi\frac{1}{R}\left[\frac{\partial(RA_\theta)}{\partial R}-\frac{\partial A_R}{\partial\theta}\right]\tag{B.7}$$

$$\nabla^2\psi=\frac{1}{R^2}\frac{\partial}{\partial R}\left(R^2\frac{\partial\psi}{\partial R}\right)+\frac{1}{R^2\sin\theta}\frac{\partial}{\partial\theta}\left(\sin\theta\frac{\partial\psi}{\partial\theta}\right)+\frac{1}{R^2\sin^2\theta}\frac{\partial^2\psi}{\partial\varphi^2}\tag{B.8}$$

B.3　柱坐标系中的微分运算(梯度、散度、旋度、拉普拉斯)

$$\nabla\psi=\boldsymbol{e}_\rho\frac{\partial\psi}{\partial\rho}+\boldsymbol{e}_\varphi\frac{1}{\rho}\frac{\partial\psi}{\partial\varphi}+\boldsymbol{e}_z\frac{\partial\psi}{\partial z}\tag{B.9}$$

$$\nabla\cdot\boldsymbol{A}=\frac{1}{\rho}\frac{\partial(\rho A_\rho)}{\partial\rho}+\frac{1}{\rho}\frac{\partial A_\varphi}{\partial\varphi}+\frac{\partial A_z}{\partial z}\tag{B.10}$$

$$\nabla\times\boldsymbol{A}=\boldsymbol{e}_\rho\left(\frac{1}{\rho}\frac{\partial A_z}{\partial\varphi}-\frac{\partial A_\varphi}{\partial z}\right)+\boldsymbol{e}_\varphi\left(\frac{\partial A_\rho}{\partial z}-\frac{\partial A_z}{\partial\rho}\right)+\boldsymbol{e}_z\frac{1}{\rho}\left[\frac{\partial(\rho A_\varphi)}{\partial\rho}-\frac{\partial A_\rho}{\partial\varphi}\right]\tag{B.11}$$

$$\nabla^2\psi=\frac{1}{\rho}\frac{\partial}{\partial\rho}\left(\rho\frac{\partial\psi}{\partial\rho}\right)+\frac{1}{\rho^2}\frac{\partial^2\psi}{\partial\varphi^2}+\frac{\partial^2\psi}{\partial z^2}\tag{B.12}$$

B.4　积分定理

(1) **高斯定理**　对于空间的任意区域 V,若矢量场 $\boldsymbol{A}$ 的各分量及其偏导数均为连续函数,S 为 V 的界面,则

$$\oint_S \mathrm{d}\boldsymbol{S}\cdot\boldsymbol{A}=\int_V\mathrm{d}V\,\nabla\cdot\boldsymbol{A}\tag{B.13}$$

分别令 $\boldsymbol{A}=\boldsymbol{F}\times\boldsymbol{C}$ 及 $\boldsymbol{A}=\boldsymbol{C}\psi$(其中 $\boldsymbol{C}$ 为常矢),可将高斯定理推广为

$$\oint_S \mathrm{d}\boldsymbol{S}\times\boldsymbol{F}=\int_V \mathrm{d}V\,\nabla\times\boldsymbol{F},\quad \oint_S \mathrm{d}\boldsymbol{S}\psi=\int_V \mathrm{d}V\,\nabla\psi \tag{B.14}$$

这三个公式可归纳为面积分与体积分的变换公式

$$\oint_S \mathrm{d}\boldsymbol{S}\longleftrightarrow\int_V \mathrm{d}V\,\nabla \tag{B.15}$$

(2) **斯托克斯定理** 对于空间的任意曲面 S,若标量场 ψ 及其偏导数均为连续函数,L 为曲面 S 的边界线,线积分的回转方向与面积的正方向遵守右手螺旋关系,则

$$\oint_L \mathrm{d}\boldsymbol{l}\cdot\boldsymbol{A}=\int_S \mathrm{d}\boldsymbol{S}\cdot\nabla\times\boldsymbol{A}=\int_S(\mathrm{d}\boldsymbol{S}\times\nabla)\cdot\boldsymbol{A} \tag{B.16}$$

分别令 $\boldsymbol{A}=\boldsymbol{F}\times\boldsymbol{C}$ 及 $\boldsymbol{A}=\boldsymbol{C}\psi$,同理得

$$\oint \mathrm{d}\boldsymbol{l}\times\boldsymbol{F}=\int_S(\mathrm{d}\boldsymbol{S}\times\nabla)\times\boldsymbol{F},\quad \oint_L \mathrm{d}\boldsymbol{l}\psi=\int_S \mathrm{d}\boldsymbol{S}\times\nabla\psi \tag{B.17}$$

这三个公式可归纳为线积分与面积分的变换公式

$$\oint \mathrm{d}\boldsymbol{l}\longleftrightarrow\int \mathrm{d}\boldsymbol{S}\times\nabla \tag{B.18}$$

(3) **格林定理** 对于空间的任间区域 V,若标量场 φ、ψ 有连续的二阶编导数,在其边界 S 上有连续的一阶偏导数,则

$$\oint_S \varphi\,\nabla\psi\cdot\mathrm{d}\boldsymbol{S}=\int_V(\varphi\,\nabla^2\psi+\nabla\varphi\cdot\nabla\psi)\mathrm{d}V \tag{B.19}$$

$$\oint_S(\varphi\,\nabla\psi-\psi\,\nabla\varphi)\cdot\mathrm{d}\boldsymbol{S}=\int_V(\varphi\,\nabla^2\psi-\psi\,\nabla^2\varphi)\mathrm{d}V \tag{B.20}$$

证 在高斯定理中令 $\boldsymbol{A}=\varphi\,\nabla\psi$,展开后就是(B.19),在(B.19)交换 φ 与 ψ 后相减即得(B.20)式.

附录C 厄米多项式及其数学性质

C.1 厄米多项式

厄米方程 $H''(\xi)-2\xi H'(\xi)+(\lambda-1)H(\xi)=0$ 的级数解称为厄米多项式

$$H_n(\xi)=\sum_{S=0}^{\left[\frac{n}{2}\right]}\frac{(-1)^S n!}{S!(n-2S)!}(2\xi)^{n-2S} \tag{C.1}$$

C.2 厄米多项式的数学性质

(1) 微分表达式

$$H_n(\xi)=(-1)^n\mathrm{e}^{\xi^2}\frac{\mathrm{d}^n}{\mathrm{d}\xi^n}\mathrm{e}^{-\xi^2} \tag{C.2}$$

(2) 生成函数

$$e^{-t^2+2\xi t} = \sum_{n=0}^{\infty} \frac{H_n(\xi)}{n!} t^n \tag{C.3}$$

(3) 正交归一关系式

$$\int_{-\infty}^{\infty} H_m(\xi) H_n(\xi) e^{-\xi^2} d\xi = \sqrt{\pi} 2^n n! \delta_{mn} \tag{C.4}$$

(4) 递推关系

$$H_{n+1}(\xi) - 2\xi H_n(\xi) + 2n H_{n-1}(\xi) = 0, \quad H'_n(\xi) = 2n H_{n-1}(\xi) \tag{C.5}$$

(5) 前面几个厄米多项式

$$H_0(\xi) = 1, \quad H_1(\xi) = 2\xi, \quad H_2(\xi) = 4\xi^2 - 2, \quad H_3(\xi) = 8\xi^3 - 12\xi \tag{C.6}$$

附录 D　δ 函数的定义和性质

D.1　δ 函数的定义

$$\delta^3(\boldsymbol{x} - \boldsymbol{x}') = \begin{cases} 0 & \boldsymbol{x} \neq \boldsymbol{x}' \\ \infty & \boldsymbol{x} = \boldsymbol{x}' \end{cases}; \quad \int_{-\infty}^{\infty} \delta^3(\boldsymbol{x} - \boldsymbol{x}') d^3\boldsymbol{x} = 1 \tag{D.1}$$

D.2　δ 函数的性质(以一维为例)

(1) 若 $f(x)$是定义在区间$(-\infty,\infty)$的任一连续函数,则

$$\int_{-\infty}^{\infty} f(x)\delta(x - x_0) dx = f(x_0) \tag{D.2}$$

(2) 由 δ 函数定义出发,比较 $x=x_0$ 及 $x\neq x_0$ 时下式两边的值,可得

$$f(x)\delta(x - x_0) = f(x_0)\delta(x - x_0) \tag{D.3}$$

(3) 若 $\varphi(x)$为连续函数,$\varphi(x)=0$ 只有单根 $x_k(k=1,2,\cdots,N)$,则

$$\delta[\varphi(x)] = \sum_{k=1}^{N} \frac{\delta(x - x_k)}{|\varphi'(x_k)|} \tag{D.4}$$

由此得

$$\delta(ax) = \frac{1}{|a|}\delta(x), \quad \delta(-x) = \delta(x) \tag{D.5}$$

(4) 利用分部积分公式可证明

$$\int_{-\infty}^{\infty} f(x)\delta^{(n)}(x - x_0) dx = (-1)^n f^{(n)}(x_0) \tag{D.6}$$

D.3　δ 函数的常用表达式

(1) δ 函数的傅里叶积分

$$\delta(x-x')=\frac{1}{2\pi}\int_{-\infty}^{\infty}\mathrm{e}^{\mathrm{i}k(x-x')}\,\mathrm{d}k,\quad \delta^3(\boldsymbol{x}-\boldsymbol{x}')=\frac{1}{(2\pi)^3}\int_{-\infty}^{\infty}\mathrm{e}^{\mathrm{i}\boldsymbol{k}\cdot(\boldsymbol{x}-\boldsymbol{x}')}\,\mathrm{d}^3\boldsymbol{k} \tag{D.7}$$

(2) δ 函数的极限表达式

$$\delta(x)=\lim_{u\to\infty}\frac{\sin^2(xu)}{\pi x^2 u}=\lim_{n\to\infty}\sqrt{\frac{n}{\pi}}\mathrm{e}^{-nx^2}=\lim_{\varepsilon\to 0}\frac{\varepsilon}{\pi(x^2+\varepsilon^2)}=\lim_{n\to\infty}\frac{\sqrt{n}}{\pi(1+nx^2)} \tag{D.8}$$

(3) 用拉普拉斯算符表示 δ 函数

$$\delta^3(\boldsymbol{x})=-\frac{1}{4\pi}\nabla^2\frac{1}{x} \tag{D.9}$$

(4) 用任一正交归一完备系 $\{\psi_n(x)\}$ 表示 δ 函数

$$\delta(x-x')=\sum_n\psi_n^*(x)\psi_n(x') \tag{D.10}$$

附录 E　三阶完全反对称张量 ε_{ijk}(简称 ε 符号)

E.1　ε_{ijk} 的定义

(1) 完全反对称:任意交换两脚标时,ε_{ijk} 反号,即

$$\varepsilon_{123}=-\varepsilon_{213}=\varepsilon_{231}=-\varepsilon_{321}=\varepsilon_{312}=-\varepsilon_{132} \tag{E.1}$$

(2) $\varepsilon_{123}=1$　　(E.2)

E.2　ε_{ijk} 的分量值

由 i,j,k 均可取 1,2,3 的数值,故共有 $3^3=27$ 个分量.由定义,凡有两个脚标取相同值该分量为零.因而不为零的分量共有 3! =6 个.即

$$\varepsilon_{123}=\varepsilon_{231}=\varepsilon_{312}=1,\quad \varepsilon_{321}=\varepsilon_{213}=\varepsilon_{132}=-1 \tag{E.3}$$

E.3　ε_{ijk} 的重要公式

(1) 三阶行列式的展开

$$\begin{vmatrix} a_1 & a_2 & a_3 \\ b_1 & b_2 & b_3 \\ c_1 & c_2 & c_3 \end{vmatrix}=\sum_{ijk}\varepsilon_{ijk}a_i b_j c_k \tag{E.4}$$

(2) 矢量矢积的表达式

$$\boldsymbol{a}\times\boldsymbol{b}=\begin{vmatrix}\boldsymbol{e}_1 & \boldsymbol{e}_2 & \boldsymbol{e}_3\\ a_1 & a_2 & a_3\\ b_1 & b_2 & b_3\end{vmatrix}=\sum_{ijk}\varepsilon_{ijk}\boldsymbol{e}_i a_j b_k \tag{E. 5}$$

由 $\boldsymbol{a}\times\boldsymbol{b}=\sum\limits_{i}\boldsymbol{e}_i(\boldsymbol{a}\times\boldsymbol{b})_i=\sum\limits_{ijk}\varepsilon_{ijk}\boldsymbol{e}_i a_j b_k$，得分量的表达式

$$(\boldsymbol{a}\times\boldsymbol{b})_i=\sum_{jk}\varepsilon_{ijk}a_j b_k \tag{E. 6}$$

(3) ε 符号与 δ 符号的关系

$$\sum_{k}\varepsilon_{ijk}\varepsilon_{klm}=\delta_{il}\delta_{jm}-\delta_{im}\delta_{jl} \tag{E. 7}$$

证 采用两种方法计算$(\boldsymbol{a}\times\boldsymbol{b})^2$，比较两者结果即得证.

$$(\boldsymbol{a}\times\boldsymbol{b})^2=\sum_{k}(\boldsymbol{a}\times\boldsymbol{b})_k(\boldsymbol{a}\times\boldsymbol{b})_k=\sum_{kijlm}\varepsilon_{kij}a_i b_j\varepsilon_{klm}a_l b_m=\sum_{ijlm}a_i a_l b_j b_m\left[\sum_{k}\varepsilon_{ijk}\varepsilon_{klm}\right] \tag{E. 8}$$

$$\begin{aligned}(\boldsymbol{a}\times\boldsymbol{b})^2&=(\boldsymbol{a}\times\boldsymbol{b})\cdot(\boldsymbol{a}\times\boldsymbol{b})=[(\boldsymbol{a}\times\boldsymbol{b})\times\boldsymbol{a}]\cdot\boldsymbol{b}\\&=[\boldsymbol{a}^2\boldsymbol{b}-(\boldsymbol{a}\cdot\boldsymbol{b})\boldsymbol{a}]\cdot\boldsymbol{b}=\boldsymbol{a}^2\boldsymbol{b}^2-(\boldsymbol{a}\cdot\boldsymbol{b})(\boldsymbol{a}\cdot\boldsymbol{b})\\&=\sum_{ij}a_i a_i b_j b_j-\sum_{ij}a_i b_i a_j b_j=\sum_{ijlm}a_i a_l b_j b_m(\delta_{il}\delta_{jm}-\delta_{im}\delta_{jl})\end{aligned} \tag{E. 9}$$

比较(E. 8)式和(E. 9)式，即得证.

附录 F 勒让德多项式，关联勒让德函数与球函数

F. 1 勒让德多项式

(1) 前面四个勒让德多项式

$$P_0(x)=1,\quad P_1(x)=x,\quad P_2(x)=\frac{1}{2}(3x^2-1),\quad P_3(x)=\frac{1}{2}(5x^3-3x) \tag{F. 1}$$

(2) 勒让德多项式的特殊值

$$P_l(1)=1,\quad P_l(-1)=(-1)^l,\quad P_{2n+1}(0)=0,\quad P_{2n}(0)=(-1)^n\frac{(2n)!}{2^{2n}(n!)^2} \tag{F. 2}$$

(3) 母函数

$$\frac{1}{\sqrt{1-2xt+t^2}}=\sum_{l=0}^{\infty}P_l(x)t^l,\quad |t|<1 \tag{F. 3}$$

(4) 正交归一关系式

$$\int_{-1}^{1} P_l(x)P_k(x)\mathrm{d}x = \frac{2}{2l+1}\delta_{lk} \tag{F.4}$$

(5) 递推公式

$$(l+1)P_{l+1}(x) - (2l+1)xP_l(x) + lP_{l-1}(x) = 0 \tag{F.5}$$

$$lP_l(x) = xP'_l(x) - P'_{l-1}(x) \tag{F.6}$$

$$(l+1)P_l(x) = P'_{l+1}(x) - xP'_l(x) \tag{F.7}$$

$$(2l+1)P_l(x) = P'_{l+1}(x) - P'_{l-1}(x) \tag{F.8}$$

$$(x^2-1)P'_l(x) = lxP_l(x) - lP_{l-1}(x) \tag{F.9}$$

(6) 常用展开式

$$\frac{1}{|\boldsymbol{x}_2 - \boldsymbol{x}_1|} = \begin{cases} \dfrac{1}{R_1}\sum\limits_l \left(\dfrac{R_2}{R_1}\right)^l P_l(\cos\theta), & \text{当 } R_1 > R_2 \\ \dfrac{1}{R_2}\sum\limits_l \left(\dfrac{R_1}{R_2}\right)^l P_l(\cos\theta), & \text{当 } R_1 < R_2 \end{cases} \tag{F.10}$$

式中$|\boldsymbol{x}_1|=R_1$,$|\boldsymbol{x}_2|=R_2$.

F.2 关联勒让德函数

(1) 正交归一关系式

$$\int_{-1}^{1} P_l^{|m|}(x)P_k^{|m|}(x)\mathrm{d}x = \frac{2}{2l+1}\frac{(l+|m|)!}{(l-|m|)!}\delta_{lk} \tag{F.11}$$

(2) 递推公式

$$(2l+1)(1-x^2)^{1/2}P_l^{|m|}(x) = P_{l+1}^{|m+1|}(x) - P_{l-1}^{|m+1|}(x) \tag{F.12}$$

F.3 球函数

(1) 定义

$$\mathrm{Y}_{lm}(\theta,\varphi) = \sqrt{\frac{(l-|m|)!(2l+1)}{(l+|m|)!4\pi}}P_l^{|m|}(\cos\theta)\mathrm{e}^{\mathrm{i}m\varphi}$$

$$l = 0,1,\cdots,\quad m = 0,\pm1,\cdots,\pm l \tag{F.13}$$

(2) 前面的九个球函数

$$\mathrm{Y}_{00} = \frac{1}{\sqrt{4\pi}},\quad \mathrm{Y}_{10} = \sqrt{\frac{3}{4\pi}}\cos\theta,\quad \mathrm{Y}_{1\pm1} = \sqrt{\frac{3}{8\pi}}\sin\theta\mathrm{e}^{\pm\mathrm{i}\varphi},$$

$$Y_{20}=\sqrt{\frac{5}{16\pi}}(3\cos^2\theta-1),\quad Y_{2\pm1}=\sqrt{\frac{15}{8\pi}}\cos\theta\sin\theta e^{\pm i\varphi},\quad Y_{2\pm2}=\sqrt{\frac{15}{32\pi}}\sin^2\theta e^{\pm i2\varphi} \tag{F.14}$$

（3）正交归一关系式

$$\int_0^{2\pi}\int_0^{\pi}Y_{l'm'}^*(\theta,\varphi)Y_{lm}(\theta,\varphi)\sin\theta d\theta d\varphi=\delta_{ll'}\delta_{mm'} \tag{F.15}$$

（4）递推公式

$$\cos\theta Y_{lm}=\sqrt{\frac{l^2-m^2}{(2l-1)(2l+1)}}Y_{l-1,m}+\sqrt{\frac{(l+1)^2-m^2}{(2l+1)(2l+3)}}Y_{l+1,m} \tag{F.16}$$

$$\sin\theta e^{\pm i\varphi}Y_{lm}=\pm\sqrt{\frac{(l\mp m)(l\mp m-1)}{(2l+1)(2l-1)}}Y_{l-1,m\pm1}\mp\sqrt{\frac{(l\pm m+1)(l\pm m+2)}{(2l+1)(2l+3)}}Y_{l+1,m\pm1} \tag{F.17}$$

附录 G　物理常数表(国际单位制)

真空中的光速	$c=2.997\,925(1)\times10^8\,\mathrm{m\cdot s^{-1}}$
电子电荷	$e=1.602\,176\,53(14)\times10^{-19}\,\mathrm{C}$
阿伏伽德罗常量	$N_A=6.022\,141\,5(10)\times10^{23}\,\mathrm{mol^{-1}}$
质量单位	$\mu=1.660\,43(2)\times10^{-27}\,\mathrm{kg}$
电子静止质量	$\mu_e=9.109\,382\,6(16)\times10^{-31}\,\mathrm{kg}$
质子静止质量	$\mu_p=1.672\,621\,71(29)\times10^{-27}\,\mathrm{kg}$
中子静止质量	$\mu_n=1.678\,42(3)\times10^{-27}\,\mathrm{kg}$
电子荷质比	$e/\mu_e=1.758\,820(1)\times10^{11}\,\mathrm{C\cdot kg}$
普朗克常量	$h=6.626\,069\,3(11)\times10^{-34}\,\mathrm{J\cdot s}$
	$\hbar=1.054\,571\,6(84)\times10^{-34}\,\mathrm{J\cdot s}$
精细结构常数	$\alpha=7.297\,352\,568(24)\times10^{-3}$
	$\alpha^{-1}=137.035\,999\,11(46)$
里德伯常量	$R_\infty=1.097\,373\,1(1)\times10^7\,\mathrm{m^{-1}}$
玻尔半径	$a_0=5.291\,67(2)\times10^{-11}\,\mathrm{m}$
电子半径	$R_e=2.817\,940\,325(28)\times10^{-15}\,\mathrm{m}$
玻尔磁子	$M_B=9.273\,2(2)\times10^{-24}\,\mathrm{J\cdot T^{-1}}$
气体常量	$R_0=8.314\,34(35)\,\mathrm{J\cdot K^{-1}\cdot mol^{-1}}$
玻尔兹曼常量	$k_B=1.380\,650\,5(24)\times10^{-23}\,\mathrm{J\cdot K^{-1}}$
斯特藩-玻尔兹曼常量	$\sigma=5.670\,400(40)\times10^{-8}\,\mathrm{W\cdot m^{-2}\cdot K^{-4}}$

换算关系：

1埃$=10^{-10}$m$=10^{-8}$cm
1电子伏$=1.602\ 176\ 53(14)\times10^{-19}$J
0℃$=273.15$K

习题答案

习题提示

第1章　量子体系的状态

1.1.6　$\lambda_{\max}=6.26\times10^{-7}\,\mathrm{m}$.

1.1.9　$T\approx3.6231\times10^{12}\,\mathrm{K}$.

1.1.10　$E=nh\nu, n=1,2,3,\cdots$.

1.1.11　$v=\dfrac{e^2}{4\pi\varepsilon_0\hbar n}=\dfrac{c}{137n}$,约为光速的$\dfrac{1}{137n}$.

1.1.12　(1) $\lambda=1.23\,\text{Å}$;(2) $\lambda=1.17\times10^{-12}\,\text{Å}$;(3) $\lambda=25.2\,\text{Å}$;(4) $\lambda=2.2\times10^{-35}\,\mathrm{m}$.

1.1.13　$\lambda=\dfrac{h}{p}=\dfrac{hc}{\sqrt{E^2-\mu_0^2c^4}}$.

1.2.1　(1) $v_p=\dfrac{\mathrm{d}x}{\mathrm{d}t}=\dfrac{\omega}{k}=c$. 波包中心 x_c 运动的速度(群速)等于相速. (2) $x_c=\left(\dfrac{\mathrm{d}\omega}{\mathrm{d}k}\right)t$,波包中心位置 x_c 的移动速度为 $v_g=\dfrac{\mathrm{d}x_c}{\mathrm{d}t}=\dfrac{\mathrm{d}\omega}{\mathrm{d}k}$. (4)波包宽度 $\Delta x\approx\dfrac{\sqrt{1+\beta^2\alpha^4t^2}}{\alpha}$,记 $t=0$ 时的波包宽度为 $\Delta x_0=\dfrac{1}{\alpha}$,则 $\Delta x(t)=\Delta x_0\sqrt{1+\dfrac{\beta^2t^2}{(\Delta x_0)^4}}$. 如果 $\beta\neq0$,当 $t\to\infty$时,Δx 将扩散开去,弥散至全空间.

1.2.2　(1) $\psi(x,t)=(a/\sqrt{\pi})^{1/2}\mathrm{e}^{-\frac{1}{2}a^2x^2-\frac{\mathrm{i}}{2}\omega t}$;　(2) $w(x,t)=(a/\sqrt{\pi})\mathrm{e}^{-a^2x^2}$;(3) $x=0$.

1.3.1　(1) $c(p)=\delta(p-p_0)$,p 只取 p_0 值;$|\psi(x)|^2=\dfrac{1}{2\pi\hbar}$,$x$ 取任何值的概率密度相同.

(2) $|c(p)|^2=\dfrac{1}{2\pi\hbar}$,$p$ 取任何值的概率密度相同;$\psi(x)=\delta(x-x_0)$,x 只取 x_0 值.

1.3.2　$c(p)=\sqrt{(2\lambda^3/\pi\hbar)}(\lambda-\mathrm{i}p/\hbar)^2/[\lambda^2+(p/\hbar)^2]^2$.

1.3.3　(1) $\psi(x,t)=\dfrac{(a^2/\pi)^{1/4}\mathrm{e}^{-\frac{x^2}{2\left(a^2+\frac{\mathrm{i}\hbar}{\mu}t\right)}}}{\sqrt{a^2+(\mathrm{i}\hbar t/\mu)}}$;(2) $|\psi(\boldsymbol{x},t)|^2=\dfrac{(a/\sqrt{\pi})\mathrm{e}^{-\frac{a^2x^2}{a^4+(\hbar^2t^2/\mu^2)}}}{\sqrt{a^4+(\hbar^2t^2/\mu^2)}}$;

(3) $|c(p,t)|^2=(a/\sqrt{\pi}\hbar)\mathrm{e}^{-\frac{a^2p^2}{\hbar^2}}$.

1.4.2　$\alpha=\mathrm{i}\hbar,\beta=-\dfrac{\hbar^2}{2\mu},\gamma=\pm\mathrm{i}$.

1.4.3　$\boldsymbol{J}_1=\dfrac{v}{R^2}\boldsymbol{e}_R$ 为向外传播的球面波;$\boldsymbol{J}_2=-\dfrac{v}{R^2}\boldsymbol{e}_R$ 为向内传播的球面波.

1.4.4　$\psi(x,t)=A\mathrm{e}^{\pm\frac{\mathrm{i}}{\hbar}\sqrt{2\mu\lambda}x}\mathrm{e}^{-\frac{\mathrm{i}}{\hbar}\left[-\lambda t+\int_0^tU(s)\mathrm{d}s\right]}$ 具有平面波形式,相位受 $U(t)$调制.

1.4.5 $\psi_{\pm}(x,t)=\mathrm{e}^{\mp\left(\frac{U_0}{2E}\sqrt{2\mu E/\hbar^2}-\frac{\mathrm{i}}{\hbar}\sqrt{2\mu E}\right)x}\mathrm{e}^{-\frac{\mathrm{i}}{\hbar}Et}$分别表示衰减的右行波与左行波. 右行波的概率流密度矢量 $J_+=\sqrt{\frac{2E}{\mu}}\mathrm{e}^{-\frac{U_0}{E}\sqrt{\frac{2\mu E}{\hbar^2}}x}$，吸收系数 $\mu=\left|-\frac{\mathrm{d}}{\mathrm{d}x}\ln J\right|=\frac{U_0}{\hbar}\sqrt{\frac{2\mu}{E}}$，虚势代表粒子的吸收.

1.5.2 $E_n=\frac{\pi^2\hbar^2n^2}{8\mu a^2}$， $\psi_n(x)=\begin{cases}\frac{1}{\sqrt{a}}\sin\frac{n\pi}{2a}(x+a), & |x|<a\\ 0, & |x|\geqslant a\end{cases}$， $n=1,2,\cdots$.

1.5.3 $E_{n_1n_2}=\frac{\pi^2\hbar^2}{2\mu}\left(\frac{n_1^2}{a^2}+\frac{n_2^2}{b^2}\right)$，与 $E_{n_1n_2}$ 相应的波函数为

	n_2 为奇数	n_2 为偶数
n_1 为奇	$\psi_1=\frac{2}{\sqrt{ab}}\cos\frac{n_1\pi x}{a}\cos\frac{n_2\pi y}{b}$	$\psi_2=\frac{2}{\sqrt{ab}}\cos\frac{n_1\pi x}{a}\sin\frac{n_2\pi y}{b}$
n_1 为偶	$\psi_3=\frac{2}{\sqrt{ab}}\sin\frac{n_1\pi x}{a}\cos\frac{n_2\pi y}{b}$	$\psi_4=\frac{2}{\sqrt{ab}}\sin\frac{n_1\pi x}{a}\sin\frac{n_2\pi y}{b}$

1.5.4 $E=\frac{\pi^2\hbar^2}{2\mu a^2}(n_1^2+n_2^2+n_3^2)$， $\psi(x,y,z)=\sqrt{\frac{8}{abc}}\sin\frac{n_1\pi x}{a}\sin\frac{n_2\pi y}{a}\sin\frac{n_3\pi z}{a}$.

1.5.5 $E_n=\frac{k^2\hbar^2}{2\mu}=n^2\frac{\pi^2\hbar^2}{2\mu R_0^2}$， $\psi(R)=\frac{1}{\sqrt{2\pi R_0}}\frac{1}{R}\sin\frac{n\pi R}{R_0}$.

1.5.6 $\psi_n(X)=N_n\mathrm{e}^{-\frac{\alpha^2X^2}{2}}H_n(\alpha X)$， $E_n=\left(n+\frac{1}{2}\right)\hbar\omega-\frac{q^2\mathscr{E}^2}{2\mu\omega^2}$， $n=0,1,\cdots$.

1.5.7 $E_n=\left(n_1+\frac{1}{2}\right)\hbar\omega_1+\left(n_2+\frac{1}{2}\right)\hbar\omega_2$， $n_1,n_2=0,1,2,\cdots$.

$\psi_n(x_1,x_2)=N_{n_1}N_{n_2}\mathrm{e}^{-\frac{1}{2\hbar}(\mu\omega_1q_1^2+\mu\omega_2q_2^2)}H_{n_1}(\sqrt{(\mu\omega_1/\hbar)}q_1)H_{n_2}(\sqrt{(\mu\omega_2/\hbar)}q_2)$，式中 $q_{1,2}=(x_2\pm x_1)/\sqrt{2}$.

第 2 章 量子体系的力学量

2.1.2 (1) $\overline{R}=\frac{3a_0}{2}$；(2) $\overline{U(R)}=-\frac{e_s^2}{a_0}$；(3) $R=a_0$；(4) $\overline{T}=\frac{\hbar^2}{2\mu a_0^2}$；(5) $c(\boldsymbol{p})=\frac{4a_0^2\hbar^3}{\pi\sqrt{2a_0\hbar}(\hbar^2+a_0^2p^2)^2}$.

2.1.3 (1) $\overline{U(x)}=\frac{1}{4}\hbar\omega$；(2) $c(p,t)=\sqrt{\frac{1}{\alpha\hbar\sqrt{\pi}}}\mathrm{e}^{-\frac{p^2}{2\alpha^2\hbar^2}-\frac{\mathrm{i}}{2}\omega t}$；(3) $\overline{T}=\frac{\hbar\omega}{4}$.

2.1.4 (1) $c(p)=\frac{2\lambda^{\frac{3}{2}}}{\sqrt{2\pi\hbar}(\lambda+\mathrm{i}p/\hbar)^2}$；(2) $\overline{p}=0$.

2.2.5 $\frac{1}{2}(\hat{A}\hat{B}+\hat{B}\hat{A})$和$\frac{1}{2\mathrm{i}}(\hat{A}\hat{B}-\hat{B}\hat{A})$是厄米算符.

2.2.6 $\hat{A}_+=\frac{1}{2}(\hat{A}+\hat{A}^\dagger)$和 $\hat{A}_-=\frac{1}{2\mathrm{i}}(\hat{A}-\hat{A}^\dagger)$是厄米算符.

2.3.1　$\psi(x)=Ce^{\frac{i}{\hbar}(\lambda x-\frac{1}{2}x^2)}$，本征值为任意实数.

2.3.2　$\psi_n(x)=\dfrac{g_n(x)}{\sqrt{\int|g_n|^2\mathrm{d}\tau}}$，式中 $g_1=\varphi_1$，　$g_2=\varphi_2+a\varphi_1$，　$g_3=\varphi_3+b\varphi_2+c\varphi_1$，且

$$a=-\int\varphi_1^*\varphi_2\mathrm{d}\tau,\quad b=\frac{\int\varphi_2^*\varphi_1\mathrm{d}\tau\int\varphi_1^*\varphi_3\mathrm{d}\tau-\int\varphi_2^*\varphi_3\mathrm{d}\tau}{1-\int\varphi_2^*\varphi_1\mathrm{d}\tau\int\varphi_1^*\varphi_2\mathrm{d}\tau},\quad c=-\frac{\int\varphi_1^*\varphi_3\mathrm{d}\tau-\int\varphi_1^*\varphi_2\mathrm{d}\tau\int\varphi_2^*\varphi_3\mathrm{d}\tau}{1-\int\varphi_2^*\varphi_1\mathrm{d}\tau\int\varphi_1^*\varphi_2\mathrm{d}\tau}.$$

2.3.6　$\overline{p}=0$；$\overline{T}=5(\hbar k)^2/8\mu$.

2.3.7　能量概率分布为 $w_n=|c_n|^2=\dfrac{960}{n^6\pi^6}\delta_{n,2k+1}$；能量平均值 $\overline{E}=\dfrac{5\hbar^2}{\mu a^2}$.

2.4.3　$\psi(x,t)=A\cos kx e^{-\frac{i}{\hbar}Et}=\dfrac{1}{\sqrt{2}}\left\{\dfrac{e^{\frac{i}{\hbar}(px-Et)}}{\sqrt{2\pi\hbar}}+\dfrac{e^{-\frac{i}{\hbar}(px+Et)}}{\sqrt{2\pi\hbar}}\right\}=\dfrac{1}{\sqrt{2}}\{\psi_p(x,t)+\psi_{-p}(x,t)\}$，

即 $\psi(x,t)$是由动量为$\pm p=\pm k\hbar$ 的两个平面波叠加而成的驻波.因此，动量的平均值为 $\overline{p}=0$.

2.4.4　(1) $c(p)=\dfrac{4a\pi\hbar^3}{(\pi^2\hbar^2-p^2a^2)^2}\cos^2\dfrac{pa}{2\hbar}$；(2) $\overline{p}=0$；(3) $\overline{T}=\dfrac{\hbar^2\pi^2}{2\mu a^2}$.

2.4.5　在 $p_x\to p_x+\mathrm{d}p_x$ 间取值的概率为$|c(p_x)|^2\mathrm{d}p_x=\dfrac{2\hbar}{\pi {p_x}^2}\sin^2\dfrac{p_xa}{\hbar}\mathrm{d}p_x$.

2.4.6　(1) 可能值 $L^2=2\hbar^2$，平均值$\overline{L^2}=2\hbar^2$；

(2) 可能值 $L_z=0$ 及 $L_z=-\hbar$，平均值 $\overline{L}_z=-\dfrac{3}{4}\hbar$.

2.4.7　(1) 可能值 $L^2=2\hbar^2$；

(2) 可能值 $L_z=0,\pm\hbar$，取值概率 $w_\hbar=\dfrac{1}{6}$，$w_0=\dfrac{8}{12}=\dfrac{2}{3}$，$w_{-\hbar}=\dfrac{1}{6}$，平均值 $\overline{L}_z=0$；

(3) 可能值为 $L_x=\hbar,0,-\hbar$，取值概率 $w_\hbar=\dfrac{5}{12}$，$w_0=\dfrac{2}{12}=\dfrac{1}{6}$，$w_{-\hbar}=\dfrac{5}{12}$，平均值 $\overline{L}_x=0$.

2.4.8　(1) $\dfrac{1}{2}$；(2) 0.137.

2.4.9　(1) $\psi_m(\varphi)=\dfrac{1}{\sqrt{2\pi}}e^{im\varphi}$，$E_m=\dfrac{m^2\hbar^2}{2I}$，$m=0,\pm1,\cdots$；

(2) $\psi_{lm}(\varphi)=Y_{lm}(\theta,\varphi)$，$E_l=\dfrac{l(l+1)\hbar^2}{2I}$.

2.5.1　(1) $|C_{x'}(p_x)|^2=\dfrac{1}{2\pi\hbar}$，动量完全不确定(取任何值的概率相同)；

(2) $|\psi_{p_x}(x)|^2=\dfrac{1}{2\pi\hbar}$，坐标完全不确定(取任何值的概率相同).

2.5.2　$\hat{F}$ 的本征函数不一定是$\hat{G}$ 的本征函数，$\hat{F}$ 与 $\hat{G}$ 的共同本征函数系是完备的.

2.6.2　$\Delta x\Delta p_x=\hbar\sqrt{(\pi^2/12)-(1/2)}\approx0.5678\hbar$

2.6.3　$\Delta x\Delta p_x=\hbar/2$.

2.6.4　$\Delta x\Delta p_x=\sqrt{3}\hbar/2$.

2.6.5　$\Delta x\Delta p_x=m\hbar/2$.

2.6.6 $\Delta x \Delta p_x = \hbar/2$(高斯波包).

2.6.7 $E = -\mu e_s^4/2\hbar^2$,与精确解结果相同.

2.6.8 $E \sim 6 \times 10^{-19}\,\mathrm{J} \sim 4\mathrm{eV}$.

2.7.3 $\dfrac{\mathrm{d}\hat{x}^2}{\mathrm{d}t} = \dfrac{1}{\mu}(\hat{x}\hat{p}_x + \hat{p}_x\hat{x})$.

2.7.7 (1) $E, \boldsymbol{p}, L^2, L_x, L_y, L_z, P$;(2) E, p_z, L_z, P;(3) E, p_x, p_y, L_z, P;(4) E, L^2, L_x, L_y, L_z, P.

2.7.8 $\overline{F} = \hbar^2 \pi^2 n^2 / \mu a^3$.

第3章 量子力学的表述形式

3.2.1 (1) 坐标表象的波函数 $\langle x|\psi_{E_1}\rangle = \psi_{E_1}(x) = \begin{cases} \sqrt{\dfrac{2}{a}}\sin\dfrac{\pi x}{a}, & 0<x<a \\ 0, & x\leqslant 0,\quad x\geqslant a \end{cases}$

(2) 动量表象的波函数 $c_{E_1}(p_x) = \sqrt{\dfrac{\pi a}{\hbar}}\dfrac{1+\mathrm{e}^{-\frac{\mathrm{i}}{\hbar}p_x a}}{\pi^2 - p_x{}^2 a^2/\hbar^2}$.

(3) 在能量表象的矩阵表示 $\psi_{E_1}^{(E)} = \begin{pmatrix} c_1 \\ c_2 \\ \vdots \end{pmatrix} = \begin{pmatrix} \langle\psi_{E_1}|\psi_{E_1}\rangle \\ \langle\psi_{E_2}|\psi_{E_1}\rangle \\ \vdots \end{pmatrix} = \begin{pmatrix} 1 \\ 0 \\ 0 \\ \vdots \end{pmatrix}$.

3.2.2 (1)$\overline{w} = |\psi|^2$;(2)$\hat{w} = |\hat{x}\rangle\langle\hat{x}|$是由坐标表象基矢$|\hat{x}\rangle$构成的投影算符,它在$|\psi\rangle$态下的平均值给出在$|\psi\rangle$态下粒子在$x$处出现的概率密度.

3.2.3 $L_x^{(L^2, L_z)} = \dfrac{\hbar}{\sqrt{2}}\begin{pmatrix} 0 & 1 & 0 \\ 1 & 0 & 1 \\ 0 & 1 & 0 \end{pmatrix}$.

3.2.4 $(p_x)_{mn} = 0$(当$m+n$为偶数), $(p_x)_{mn} = \dfrac{-4mn\mathrm{i}\hbar}{(m^2-n^2)a}$(当$m+n$为奇数).

3.2.5 (1) $\langle\boldsymbol{p}|\hat{L}_x|\boldsymbol{p}'\rangle = -\mathrm{i}\hbar\left(p_z\dfrac{\partial}{\partial p_y} - p_y\dfrac{\partial}{\partial p_z}\right)\delta^3(\boldsymbol{p}-\boldsymbol{p}')$;

(2) $\langle\boldsymbol{p}'|\hat{L}_x^2|\boldsymbol{p}\rangle = \left\{-\hbar^2\left(p_z{}^2\dfrac{\partial^2}{\partial p_y^2} + p_y^2\dfrac{\partial^2}{\partial p_z^2}\right) - \hbar^2\left(p_y\dfrac{\partial}{\partial p_y} + p_z\dfrac{\partial}{\partial p_z}\right) + 2\hbar^2 p_z p_y\dfrac{\partial^2}{\partial p_z \partial p_y}\right\}$
$\delta^3(\boldsymbol{p}-\boldsymbol{p}')$.

3.2.6 $H_{p'p} = \left(\dfrac{p_x{}^2}{2\mu} - \dfrac{1}{2}\mu\omega^2\hbar^2\dfrac{\partial^2}{\partial p_x{}^2}\right)\delta(p_x - p_x{}')$.

3.3.1 本征值为$\lambda = \hbar, 0, -\hbar$;归一化本征矢为$\dfrac{1}{2}\begin{pmatrix} 1 \\ \sqrt{2}\mathrm{i} \\ -1 \end{pmatrix}, \dfrac{1}{\sqrt{2}}\begin{pmatrix} 1 \\ 0 \\ 1 \end{pmatrix} = \dfrac{1}{2}\begin{pmatrix} \sqrt{2} \\ 0 \\ \sqrt{2} \end{pmatrix}, \dfrac{1}{2}\begin{pmatrix} 1 \\ -\sqrt{2}\mathrm{i} \\ -1 \end{pmatrix}$.

3.3.2 (1) 是厄米算符;

(3) $v_1\rangle = |u_1\rangle, |v_2\rangle = \dfrac{1}{\sqrt{2}}(|u_2\rangle + |u_3\rangle), |v_3\rangle = \dfrac{1}{\sqrt{2}}(|u_2\rangle - |u_3\rangle)$.

3.3.3 (1) $\psi_{1,2,3}=\begin{pmatrix}1\\0\\0\end{pmatrix},\frac{1}{\sqrt{2}}\begin{pmatrix}0\\1\\1\end{pmatrix},\frac{1}{\sqrt{2}}\begin{pmatrix}0\\1\\-1\end{pmatrix}$;

(2) $|\psi(t)\rangle=\frac{\mathrm{e}^{-\mathrm{i}2\omega_0 t}}{\sqrt{2}}|\psi_1\rangle+\frac{\mathrm{e}^{-\mathrm{i}\omega_0 t}}{2}|\psi_2\rangle-\frac{\mathrm{e}^{\mathrm{i}\omega_0 t}}{2}|\psi_3\rangle$，不是定态；(3) $\overline{F}=\frac{3}{2}a$，$F$ 为守恒量.

3.3.4 $E_n=\left(n+\frac{1}{2}\right)\hbar\omega$, $c_n(p)=N_n\mathrm{e}^{-\frac{1}{2}\beta^2p^2}H_n(\beta p)$, $N_n=\sqrt{\frac{\beta}{2^n n!\sqrt{\pi}}}$.

3.3.5 $c_E(p)=\frac{1}{\sqrt{2\pi k\hbar}}\mathrm{e}^{-\frac{\mathrm{i}}{k\hbar}\left(\frac{p^3}{6\mu}-Ep\right)}$.

3.4.1 (1) $\lambda_{1,2}=\pm1$, $\psi_+=\frac{1}{\sqrt{2}}\begin{pmatrix}\mathrm{e}^{\mathrm{i}\theta}\\1\end{pmatrix}$, $\psi_-=\frac{1}{\sqrt{2}}\begin{pmatrix}\mathrm{e}^{\mathrm{i}\theta}\\-1\end{pmatrix}$；(2) $U=\frac{1}{\sqrt{2}}\begin{pmatrix}\mathrm{e}^{\mathrm{i}\theta} & \mathrm{e}^{\mathrm{i}\theta}\\1 & -1\end{pmatrix}$.

3.4.2 (1) $U=\frac{1}{2}\begin{pmatrix}1 & \sqrt{2} & 1\\\sqrt{2}\mathrm{i} & 0 & -\sqrt{2}\mathrm{i}\\-1 & \sqrt{2} & -1\end{pmatrix}$；(2) $L_y^{(L_y)}=\begin{pmatrix}\hbar & 0 & 0\\0 & 0 & 0\\0 & 0 & -\hbar\end{pmatrix}$.

3.4.3 $a_{\pm1}=\pm1$, $b_{\pm1}=\pm1$; $A^{(A)}=B^{(B)}=\begin{pmatrix}1 & 0\\0 & -1\end{pmatrix}$, $B^{(A)}=A^{(B)}=\begin{pmatrix}0 & 1\\1 & 0\end{pmatrix}$,

$\psi_{a_1}^{(A)}=\psi_{b_1}^{(B)}=\begin{pmatrix}1\\0\end{pmatrix}$, $\psi_{a_2}^{(A)}=\psi_{b_2}^{(B)}=\begin{pmatrix}0\\1\end{pmatrix}$, $\psi_{b_1,b_2}^{(A)}=\psi_{a_1,a_2}^{(A)}=\frac{1}{\sqrt{2}}\begin{pmatrix}1\\\pm1\end{pmatrix}$; $U=\frac{1}{\sqrt{2}}\begin{pmatrix}1 & 1\\1 & -1\end{pmatrix}$.

3.4.4 $B=\begin{pmatrix}0 & 0\\0 & 1\end{pmatrix}$, $A=\begin{pmatrix}0 & 1\\0 & 0\end{pmatrix}$.

3.4.6 $U=\frac{1}{2}\begin{pmatrix}1 & \sqrt{2} & 1\\\sqrt{2} & 0 & -\sqrt{2}\\1 & -\sqrt{2} & 1\end{pmatrix}$, $L_x^{(L_x)}=\begin{pmatrix}\hbar & 0 & 0\\0 & 0 & 0\\0 & 0 & -\hbar\end{pmatrix}$.

3.5.2 $\Delta x\Delta p=\left(n+\frac{1}{2}\right)\hbar$，基态 $n=0$， $\Delta x\Delta p=\frac{\hbar}{2}$是不确定关系的下限.

3.5.3 $x^{(N)}=\sqrt{\frac{\hbar}{2\mu\omega}}\begin{pmatrix}0 & \sqrt{1} & 0 & 0 & \cdots\\\sqrt{1} & 0 & \sqrt{2} & 0 & \cdots\\0 & \sqrt{2} & 0 & \sqrt{3} & \cdots\\\cdots & \cdots & \cdots & \cdots & \cdots\\\cdots & \cdots & \cdots & \cdots & \cdots\end{pmatrix}$, $\hat{p}=\mathrm{i}\sqrt{\frac{\mu\hbar\omega}{2}}\begin{pmatrix}0 & -\sqrt{1} & 0 & 0 & \cdots\\\sqrt{1} & 0 & -\sqrt{2} & 0 & \cdots\\0 & \sqrt{2} & 0 & -\sqrt{3} & \cdots\\\cdots & \cdots & \cdots & \cdots & \cdots\\\cdots & \cdots & \cdots & \cdots & \cdots\end{pmatrix}$.

3.6.1 $a_n^{(\mathrm{H})}=\mathrm{e}^{\frac{\mathrm{i}}{\hbar}E_n t}a_n^{(\mathrm{s})}(t)$.

3.6.2 $\hat{x}_H(t)=\hat{x}_s+\frac{t}{\mu}\hat{p}_s$, $\hat{p}_H(t)=\hat{p}_S$.

3.6.3 $\hat{p}_H=\hat{p}_s\cos\omega t-\mu\omega\hat{x}_s\sin\omega t$

3.6.4 $|q_n^{(\mathrm{I})}(t)\rangle=\mathrm{e}^{\frac{\mathrm{i}}{\hbar}\hat{H}_{os}t}|q_n^{(\mathrm{s})}\rangle$.

第 4 章　定态问题的严格解

4.1.2　$\left(\frac{k'}{k}\tan ka+1\right)e^{2k'b}=\pm\left(\frac{k'}{k}\tan ka-1\right)$，式中 $k=\sqrt{2\mu E/\hbar^2}$，$k'=\sqrt{2\mu(U_0-E)/\hbar^2}$.

4.1.3　$\tan\left[a\sqrt{2\mu(U_0+E)/\hbar^2}\right]=-\sqrt{-(U_0+E)/E}$.

4.1.4　$\psi_{2k+1}(x)=N_{2k+1}e^{-\frac{1}{2}\alpha^2x^2}H_{2k+1}(\alpha x)$，　$E_{2k+1}=\left(2k+\frac{3}{2}\right)\hbar\omega$，　$k=0,1,2\cdots$.

4.1.5　$\tan k_3(b-a)=\dfrac{1+(k_2/k_4)\mathrm{cth}(k_2a)}{(k_3/k_4)-(k_2/k_3)\mathrm{cth}(k_2a)}$.

4.1.6　$E=-\mu U_0/2\hbar^2$.

4.1.7　(1) $E>0$：$R=\dfrac{U_0{}^2}{(\sqrt{E+U_0}+\sqrt{E})^4}$，$D=\dfrac{4\sqrt{E(E+U_0)}}{(\sqrt{E+U_0}+\sqrt{E})^2}$. 当 $E=0.1\text{eV}$ 时，$R=67\%$.

(2) $-U_0<E<0$：$R=1$，$D=$4.1.8　$R=0.64$.

4.1.9　$D\simeq 6.86\times10^{-5}$.

4.1.10　$R=\dfrac{\mu^2\gamma^2}{k^2\hbar^4+\mu^2\gamma^2}$，$D=\dfrac{k^2\hbar^4}{k^2\hbar^4+\mu^2\gamma^2}$；若 δ 势垒换成 δ 势阱，$R$、$D$ 不变.

4.1.11　$D\simeq D_0 e^{-\frac{e_1e_2}{2\pi\varepsilon_0\hbar}+\frac{1}{\hbar}\sqrt{\frac{8\mu e_1e_2a}{\pi\varepsilon_0}}}$.

4.2.4　$\Delta x\Delta p_x=\sqrt{\dfrac{1+5n^2}{18}}\hbar$，当 $n\gg1$ 时，$\Delta x\Delta p_x\approx0.527n\hbar$. 约为不确定关系下限的 n 倍.

4.2.5　$E_{nl}=-e_s^2/2n'^2a_0$，$n'=n_r+l'+1$，$n_r=0,1,2,\cdots$，与氢原子能级的差别是用 n' 代替 n. 而 $n'=n_r+l'+1$ 与 $n=n_r+l+1$ 的差别在于 l' 与 l：

$$-l(l+1)\frac{\hbar^2}{2\mu r^2}-\lambda\frac{e_s^2a_0}{r^2}=l'(l'+1)\frac{\hbar^2}{2\mu r^2}.$$

4.2.7　各向异性谐振子能级 $E=\left(n_1+\frac{1}{2}\right)\hbar\omega_1+\left(n_2+\frac{1}{2}\right)\hbar\omega_2+\left(n_3+\frac{1}{2}\right)\hbar\omega_3$（式中 n_1，n_2，n_3 为整数）. 各向同性谐振子能级的简并度为 $d_N=\frac{1}{2}(N+2)(N+1)$，式中 $N=n_1+n_2+n_3$.

4.3.3　$[\hat{v}_x,\hat{v}_y]=\mathrm{i}\dfrac{q\hbar}{\mu^2}B_z$，$[\hat{v}_y,\hat{v}_z]=\mathrm{i}\dfrac{q\hbar}{\mu^2}B_x$，　$[\hat{v}_z,\hat{v}_x]=\mathrm{i}\dfrac{q\hbar}{\mu^2}B_y$. 矢量形式 $\hat{\boldsymbol{v}}\times\hat{\boldsymbol{v}}=\mathrm{i}\dfrac{q\hbar}{\mu^2}\boldsymbol{B}$.

4.3.4　$E=\dfrac{\hbar qB}{\mu}\left(n+\dfrac{1}{2}\right)+\dfrac{p_z{}^2}{2\mu}$.

第 5 章　定态问题的近似解

5.1.2　$E_n^{(1)}=0$，$\psi_n^{(1)}(x)=\dfrac{4\mu a^2b}{\pi^3\hbar^2}\sqrt{\dfrac{2}{a}}\sum\limits_{k\neq n}\dfrac{\dfrac{1}{(k+n)}\sin\dfrac{(k+n)\pi}{2}-\dfrac{1}{(k-n)}\sin\dfrac{(k-n)\pi}{2}}{n^2-k^2}\sin\dfrac{k\pi x}{a}$.

5.1.3　$E_0^{(2)}=-ID^2\mathscr{E}^2/\hbar^2$.

5.1.4 $E_m=\dfrac{m^2\hbar^2}{2I}+\dfrac{eB}{2\mu}m\hbar+\dfrac{D^2\mathscr{E}^2 I}{[eBI/\mu+2m\hbar]^2-\hbar^2}$.

5.1.5 $E_1=E_1^{(0)}+b-\dfrac{a^2}{E_2^{(0)}-E_1^{(0)}}$, $E_2=E_2^{(0)}+b+\dfrac{a^2}{E_2^{(0)}-E_1^{(0)}}$. 若利用 $\sqrt{1+x^2}\simeq 1+\dfrac{1}{2}x^2$，由精确解 $E_{2,1}=\dfrac{1}{2}(E_1^{(0)}+E_2^{(0)}+2b)\pm\dfrac{1}{2}(E_2^{(0)}-E_1^{(0)})\sqrt{1+\left(\dfrac{2a}{E_2^{(0)}-E_1^{(0)}}\right)^2}$ 可得相同的结果.

5.1.6 (1)$E_n^{(0)}=\left(n+\dfrac{1}{2}\right)\hbar\sqrt{\dfrac{g}{l}}$, $n=0,1,\cdots$；(2) $E_0=\dfrac{\hbar}{2}\sqrt{\dfrac{g}{l}}-\dfrac{\hbar^2}{32\mu l^2}$.

5.1.7 $E_n=\left(n+\dfrac{1}{2}\right)\hbar\omega-\dfrac{q^2\mathscr{E}^2}{2\mu\omega^2}$. 用精确方法求解，结果相同.

5.1.8 $E_n^{(0)}=\left(n+\dfrac{1}{2}\right)\hbar\omega$, $E_n^{(1)}=\left(n+\dfrac{1}{2}\right)\dfrac{\hbar\beta}{\mu\omega}$.

5.1.9 (1) $E_n=\alpha(n-\lambda^2)$；(2) 同前.

5.1.13 $\bar{x}=\dfrac{q\mathscr{E}}{\mu\omega^2}$, $E_n=\left(n+\dfrac{1}{2}\right)\hbar\omega-\dfrac{q^2\mathscr{E}^2}{2\mu\omega^2}$.

5.1.14 (1)$T\simeq\dfrac{p^2}{2\mu_0}+\dfrac{3p^4}{8\mu_0^3c^2}$，(2)$\Delta E=E_0^{(1)}=\dfrac{9\hbar^2\omega^2}{32\mu_0c^2}$.

5.2.2 二维各向同性谐振子的哈密顿算符能量本征值与本征函数分别为

$$\hat{H}_0=\frac{1}{2\mu}(\hat{p}_x^2+\hat{p}_y^2)+\frac{1}{2}\mu\omega^2(x^2+y^2),\quad E_N^{(0)}=(N+1)\hbar\omega,\quad \psi(x,y)=\psi_{n_1}(x)\psi_{n_2}(y),$$

式中 $n_1,n_2=0,1,2,\cdots$, $N=n_1+n_2$. $\psi_{n_1}(u)$, $\psi_{n_2}(u)$的函数形式分别为

$$\psi_0(u)=\sqrt{\frac{\alpha}{\sqrt{\pi}}}\mathrm{e}^{-\frac{1}{2}\alpha^2u^2},\quad \psi_1(u)=\sqrt{\frac{2\alpha}{\sqrt{\pi}}}\alpha u\mathrm{e}^{-\frac{1}{2}\alpha^2u^2},\quad \psi_2(u)=\sqrt{\frac{\alpha}{2\sqrt{\pi}}}(2\alpha^2u^2-1)\mathrm{e}^{-\frac{1}{2}\alpha^2u^2},\cdots$$

能量一级修正 $E_0^{(1)}=\dfrac{\mu\omega U_0}{\pi\hbar}$, $E_1^{(1)}=0$, $E_{21,22,23}^{(1)}=\dfrac{\mu\omega U_0}{\pi\hbar},0,0$；第二激发态的零级近似波函数

$$\varphi_{21}^{(0)}=\frac{\psi_2(x)\psi_0(y)+\psi_0(x)\psi_2(y)}{\sqrt{2}},\quad \varphi_{22}^{(0)}=\psi_1(x)\psi_1(y),\quad \varphi_{23}^{(0)}=\frac{\psi_2(x)\psi_0(y)-\psi_0(x)\psi_2(y)}{\sqrt{2}}.$$

5.2.3 (1) 基态 $E_0^{(1)}=0$； $\psi_0^{(0)}=\psi_0(x)\psi_0(y)$.

(2) $E_{11,12}^{(1)}=\pm\dfrac{\beta\hbar\omega}{2}$； $\varphi_{11}^{(0)}=\dfrac{\psi_1(x)\psi_0(y)+\psi_0(x)\psi_1(y)}{\sqrt{2}}$, $\varphi_{12}^{(0)}=\dfrac{\psi_1(x)\psi_0(y)-\psi_0(x)\psi_1(y)}{\sqrt{2}}$.

(3) $E_{21,22,23}^{(1)}=\beta\hbar\omega,0,-\beta\hbar\omega$； $\varphi_{21}^{(0)}=\dfrac{\psi_2(x)\psi_0(y)+\sqrt{2}\psi_1(x)\psi_1(y)+\psi_0(x)\psi_2(y)}{2}$,

$$\varphi_{22}^{(0)}=\frac{\psi_2(x)\psi_0(y)-\psi_0(x)\psi_2(y)}{2},\quad \varphi_{23}^{(0)}=\frac{\psi_2(x)\psi_0(y)-\sqrt{2}\psi_1(x)\psi_1(y)+\psi_0(x)\psi_2(y)}{2}.$$

5.2.4 (1) $E_{112}=E_{121}=E_{211}=3\pi^2\hbar^2/\mu a^2$, $\psi_{112}=\sqrt{8/a^3}\sin(\pi x_1/a)\sin(\pi x_2/a)\sin(2\pi x_3/a)$,

$$\psi_{121}=\sqrt{8/a^3}\sin(\pi x_1/a)\sin(2\pi x_2/a)\sin(\pi x_3/a),$$

$$\psi_{211}=\sqrt{8/a^3}\sin(2\pi x_1/a)\sin(\pi x_2/a)\sin(\pi x_3/a).$$

(2) $E=\dfrac{3\pi^2\hbar^2}{\mu a^2}+\dfrac{1}{2}e\mathscr{E}a$.

5.2.5 $E_{11}=E_1^{(0)}$， $E_{12}=E_1^{(0)}-\dfrac{|a|^2+|b|^2}{E_2^{(0)}-E_1^{(0)}}$， $E_2=E_2^{(0)}+\dfrac{|a|^2+|b|^2}{E_2^{(0)}-E_1^{(0)}}$.

5.2.7 (1)$E_{2lm}=-\dfrac{\mu e_s^4}{8\hbar^2}+\dfrac{eB}{2\mu}m\hbar$， $m=0,\pm1$；(2) 将非零矩阵元 $H'_{12}=H'_{21}=-3e\mathscr{E}a_0$，$H'_{33}=\dfrac{eB\hbar}{2\mu}$，$H'_{44}=-\dfrac{eB\hbar}{2\mu}$代入久期方程 $\det|H'_{\mu\nu}-E_2^{(1)}\delta_{\mu\nu}|=0$ 可求得 $E_2^{(1)}$ 的四个根.

5.2.10 错误：(1)$E_{m1}^{(1)}=\dfrac{U_0}{2\pi}$，$E_{m2}^{(1)}=\dfrac{U_0}{2\pi}$.(2) $E_{m1}^{(1)}=\dfrac{U_0}{\pi}\cos^2 m\varphi_0$，$E_{m2}^{(1)}=\dfrac{U_0}{\pi}\ \mathrm{sim}^2 m\varphi_0$.

5.3.1 $E(\beta_0)=\dfrac{\hbar^2}{2\mu}\dfrac{\mu\omega}{2\hbar}+\dfrac{\mu\omega^2}{8\mu\omega/2\hbar}=\dfrac{1}{2}\hbar\omega$， $\psi(x,\beta_0)=\left(\dfrac{2\beta_0}{\pi}\right)^{\frac14}\mathrm{e}^{-\beta_0x^2}=\left(\dfrac{\mu\omega}{\pi\hbar}\right)^{\frac14}\mathrm{e}^{-\frac{\mu\omega}{2\hbar}x^2}$.

5.3.2 由极值条件$\dfrac{\partial E(\lambda)}{\partial\lambda}=0$ 得 $\lambda_0=-1.516\,975\,5$. 由此得 $E=1.000\,586E_2$，

$\psi=\sqrt{\dfrac{3\,465}{16(5\lambda_0^2+32\lambda_0+60a)}}\left[\dfrac{x}{a}-1.516\,975\,5\left(\dfrac{x}{a}\right)^3+0.516\,9\left(\dfrac{x}{a}\right)^5\right]$，与第一激发态 ψ_2 的偏离 $\varepsilon=0.269\%$，式中 $\varepsilon=1-|\langle\psi_2|\psi\rangle|^2$.

5.3.3 $E=-D\mathscr{E}+\dfrac{\hbar}{2}\sqrt{\dfrac{D\mathscr{E}}{I}}$， $\psi=\sqrt{\lambda}\mathrm{e}^{-\sqrt{ID\mathscr{E}}\frac{\varphi^2}{2\hbar}}/\pi^{\frac14}$.

5.3.4 $U_0=\dfrac{(1+1)^2}{1}\dfrac{\hbar^2}{4\mu a^2}=\dfrac{\hbar^2}{\mu a^2}$.

第6章 自旋与角动量

6.2.2 在 σ_z 表象：(1)$\hat\sigma_X$ 的本征函数$\dfrac{1}{\sqrt2}\begin{pmatrix}1\\1\end{pmatrix}$，$\dfrac{1}{\sqrt2}\begin{pmatrix}1\\-1\end{pmatrix}$；(2) $\hat\sigma_y$ 的本征函数$\dfrac{1}{\sqrt2}\begin{pmatrix}1\\\mathrm{i}\end{pmatrix}$，$\dfrac{1}{\sqrt2}\begin{pmatrix}1\\-\mathrm{i}\end{pmatrix}$.

6.2.3 (1)$U=\dfrac{1}{\sqrt2}\begin{pmatrix}1&1\\\mathrm{i}&-\mathrm{i}\end{pmatrix}$；(2) $\sigma_x^{(\sigma_y)}=\begin{pmatrix}0&-\mathrm{i}\\\mathrm{i}&0\end{pmatrix}$， $\sigma_y^{(\sigma_y)}=\begin{pmatrix}1&0\\0&-1\end{pmatrix}$， $\sigma_z^{(\sigma_y)}=\begin{pmatrix}0&1\\1&0\end{pmatrix}$.

6.2.4 $\chi_{\pm1/2}$不是 $\hat S_x$ 及 $\hat S_y$ 的本征函数.

6.2.5 利用习题 6.2.2 可得由 σ_z 表象到 σ_x 表象的变换矩阵 $U=\dfrac{1}{\sqrt2}\begin{pmatrix}1&1\\1&-1\end{pmatrix}$，这是非标准形式，但 U 的取法不唯一. 取 $U=\dfrac{1}{\sqrt2}\begin{pmatrix}\mathrm{i}&1\\\mathrm{i}&-1\end{pmatrix}$，得标准形式：

$$\sigma_x^{(\sigma_x)}=\begin{pmatrix}1&0\\0&-1\end{pmatrix},\quad \sigma_y^{(\sigma_x)}=\begin{pmatrix}0&1\\1&0\end{pmatrix},\quad \sigma_z^{(\sigma_x)}=\begin{pmatrix}0&-\mathrm{i}\\\mathrm{i}&0\end{pmatrix}$$

6.2.6 (1) $\sigma_z=\pm1$ 的概率为$\dfrac12(1\pm n_z)$，$\bar\sigma_z=n_z$；(2) $\sigma_x=\pm1$ 的概率为$\dfrac12(1\pm n_x)$，$\bar\sigma_x=n_x$（注意 $n_x=\sin\theta\cos\varphi$）；(3) $\sigma_y=\pm1$ 的概率为$\dfrac12(1\pm n_y)$，$\bar\sigma_y=n_y$（注意 $n_y=\sin\theta\sin\varphi$）.

6.2.7 (1)$S_n=\pm\dfrac{\hbar}{2}$，$\psi_\pm=\sqrt{\dfrac{1\mp\cos\gamma}{2}}\begin{pmatrix}\pm(\cos\alpha-\mathrm{i}\cos\beta)/(1\mp\cos\gamma)\\1\end{pmatrix}$.

(2) ψ_+ 态 $S_z=\pm\frac{\hbar}{2}$ 的概率分别为 $|C_+^{(\uparrow)}|^2=\cos^2\frac{\gamma}{2}$，$|C_+^{(\downarrow)}|^2=\sin^2\frac{\gamma}{2}$，$\overline{S_z}=\frac{\hbar}{2}\cos\gamma$

(3) ψ_- 态 $S_z=\pm\frac{\hbar}{2}$ 的概率分别为 $|C_-^{(\uparrow)}|^2=\sin^2\frac{\gamma}{2}$，$|C_-^{(\downarrow)}|^2=\cos^2\frac{\gamma}{2}$，$\overline{S_z}=-\frac{\hbar}{2}\cos\gamma$.

6.2.8　在自旋状态 $\chi_{1/2}(S_z)$ 中，$\overline{(\Delta S_x)^2}\quad\overline{(\Delta S_y)^2}=\hbar^4/16$.

6.2.10　(1) $(1+\hat{\sigma}_x)^{1/2}=(1/\sqrt{2})(1+\hat{\sigma}_x)$；(2) $(1+\hat{\sigma}_x)^{-1}$ 没有意义.

6.2.11　两粒子束粒子数之比为 $\frac{|C_+|^2}{|C_-|^2}=\frac{\sin^2(\alpha/2)}{\cos^2(\alpha/2)}=\tan^2\frac{\alpha}{2}$.

6.3.1　(1) $\begin{pmatrix}a(t)\\b(t)\end{pmatrix}=\begin{pmatrix}\cos\delta e^{i\frac{M_0}{\hbar}\int_0^t B(\tau)d\tau-i\alpha}\\ \sin\delta e^{-i\frac{M_0}{\hbar}\int_0^t B(\tau)d\tau+i\alpha}\end{pmatrix}$，它是自旋沿 $(\theta,\varphi)=\left(2\delta, 2\alpha-\frac{2M_0\int_0^t B(\tau)d\tau}{\hbar}\right)$ 方向分量的本征态. (2) $\bar{S}_x=\frac{\hbar\sin2\delta}{2}\cos\left[\frac{2M_0\int_0^t B(\tau)d\tau}{\hbar}-2\alpha\right]$，$\bar{S}_y=-\frac{\hbar}{2}\sin2\delta\sin\left[\frac{2M_0\int_0^t B(\tau)d\tau}{\hbar}-2\alpha\right]$，

$\bar{S}_z=\frac{\hbar}{2}\cos2\delta$.

6.3.2　$S_y=\pm\frac{\hbar}{2}$ 的概率为 $P_\pm=\frac{1}{2}(1\pm\sin2\omega t)$.

6.3.3　$\frac{d\hat{S}}{dt}=\omega(\hat{S}_x\boldsymbol{e}_z-\hat{S}_z\boldsymbol{e}_x)$，　$\hat{S}_z(t)=\hat{S}_z(0)\cos\left(\frac{eB}{\mu}t\right)+\hat{S}_x(0)\sin\left(\frac{eB}{\mu}t\right)$.

6.3.4　$t=T$ 时，测得 $S_z=\pm\frac{\hbar}{2}$ 的概率分别为 $\sin^2\omega T$，$\cos^2\omega T$；测得 $S_x=\pm\frac{\hbar}{2}$ 的概率均为 $\frac{1}{2}$.

6.4.2　(1) 当 $j=1$，有

$$J^2=2\hbar^2\begin{pmatrix}1&0&0\\0&1&0\\0&0&1\end{pmatrix},\quad J_z=\hbar\begin{pmatrix}1&0&0\\0&0&0\\0&0&-1\end{pmatrix},\quad J_x=\frac{\hbar}{\sqrt{2}}\begin{pmatrix}0&1&0\\1&0&1\\0&1&0\end{pmatrix},\quad J_y=\frac{\hbar}{\sqrt{2}}\begin{pmatrix}0&-i&0\\i&0&-i\\0&i&0\end{pmatrix}$$

(2) 当 $j=\frac{3}{2}$，有

$$J^2=\frac{15}{4}\hbar^2\begin{pmatrix}1&0&0&0\\0&1&0&0\\0&0&1&0\\0&0&0&1\end{pmatrix},\quad J_z=\hbar\begin{pmatrix}3/2&0&0&0\\0&1/2&0&0\\0&0&-1/2&0\\0&0&0&-3/2\end{pmatrix}$$

$$J_x=\hbar\begin{pmatrix}0&\sqrt{3}/2&0&0\\\sqrt{3}/2&0&1&0\\0&1&0&\sqrt{3}/2\\0&0&\sqrt{3}/2&0\end{pmatrix},\quad J_y=\hbar\begin{pmatrix}0&-\sqrt{3}i/2&0&0\\\sqrt{3}i/2&0&-i&0\\0&i&0&-\sqrt{3}i/2\\0&0&\sqrt{3}i/2&0\end{pmatrix}$$

6.5.2　$[\hat{\boldsymbol{J}}^2,\hat{\boldsymbol{J}}_1]=2i\hbar\hat{\boldsymbol{J}}_1\times\hat{\boldsymbol{J}}_2$.

6.5.4　(1) $\langle j_1+j_2-1, j_1+j_2-1|j_1, j_1-1, j_2, j_2\rangle=-\sqrt{j_2/(j_1+j_2)}$；

(2) $\langle j_1+j_2-1, j_1+j_2-1|j_1, j_1, j_2, j_2-1\rangle=\sqrt{j_1/j_1+j_2)}$.

6.5.6 (1)$J_z=\frac{3}{2}\hbar$； $J^2=\frac{15}{4}\hbar^2$； (2) $J^2=\frac{15}{4}\hbar^2$， $J_z=\frac{\hbar}{2}$； (3) $J_z=m\hbar=-\frac{1}{2}\hbar$，$J^2=\frac{15}{4}\hbar^2$； (4) $J_2\hbar=-\frac{3}{2}\hbar$， $J^2=\frac{15}{4}\hbar^2$.

6.6.1 p_x, p_y 不是守恒量，p_z 为守恒量，L_x, L_y 不是守恒量，L_z 及 $L^2 S_z$ 及 S^2 为守恒量.

6.6.2 $E'=\begin{cases}2A\hbar^2, & 当\ j=3;\\ -A\hbar^2, & 当\ j=2;\\ -3A\hbar^2, & 当\ j=1.\end{cases}$ 简并度 $d=\begin{cases}7, & 当\ j=3;\\ 5, & 当\ j=2;\\ 3, & 当\ j=1.\end{cases}$

6.6.3 (1)当 $j=l+\frac{1}{2}$，$M=-M_B\left(j+\frac{1}{2}\right)$； (2)当 $j=l-\frac{1}{2}$，$M=-M_B\frac{j(2j+1)}{2(j+1)}$.

6.6.4 (1)$E_0=\frac{3J}{4}\hbar^2$，无简并； (2)$E_1=-\frac{J}{4}\hbar^2$ 的简并度为 3.

6.8.2 (1)$S_x=0$ 的对称波函数$\chi_S^{(1)}=(1/\sqrt{2})[\chi_{1/2}(S_{1z})\chi_{1/2}(S_{2z})-\chi_{-1/2}(S_{1z})\chi_{-\frac{1}{2}}(S_{2z})]$，$S_x=0$ 的反对称波函数$\chi_A=(1/\sqrt{2})[\chi_{1/2}(S_{1z})\chi_{-1/2}(S_{2z})-\chi_{-1/2}(S_{1z})\chi_{1/2}(S_{2z})]$；

(2) $S_x=\hbar$ 的对称波函数

$$\chi_S^{(2)}=(1/2)[\chi_{1/2}(S_{1z})\chi_{1/2}(S_{2z})+\chi_{-1/2}(S_{1z})\chi_{-1/2}(S_{2z})+\chi_{1/2}(S_{1z})\chi_{-1/2}(S_{2z})+\chi_{-1/2}(S_{1z})\chi_{1/2}(S_{2z})]；$$

(3) $S_x=-\hbar$ 的对称波函数

$$\chi_S^{(3)}=(1/2)[\chi_{1/2}(S_{1z})\chi_{1/2}(S_{2z})+\chi_{-1/2}(S_{1z})\chi_{-1/2}(S_{2z})-\chi_{1/2}(S_{1z})\chi_{-1/2}(S_{2z})-\chi_{-1/2}(S_{1z})\chi_{1/2}(S_{2z})].$$

6.8.3 (1) 三重态能级为 $E_{1m}=Am\hbar+\frac{1}{4}B\hbar^2$； (2) 单态能级为 $E_0=-\frac{3}{4}B\hbar^2$.

6.8.4 (1) $\cos^2\frac{A\hbar t}{2}$； (2) S_z 为守恒量，不可能出现 $S_z=-\hbar$； (3) $\frac{1}{2}$； (4) $\bar{S}_1=\bar{S}_2=0$.

第 7 章 全同粒子体系

7.1.1 (1) 玻色子体系 6 个；(2) 费米子体系 3 个；(3) 经典粒子 9 个.

7.1.2 (1) $\Phi_1^{(0)}(x_1,x_2)=[\psi_1^{(0)}(x_1,x_2)+\psi_2^{(0)}(x_1,x_2)]/\sqrt{2}$，自旋运动波函数反对称，$s=0$；(2) $\Phi_2^{(0)}(x_1,x_2)=[\psi_1^{(0)}(x_1,x_2)-\psi_2^{(0)}(x_1,x_2)]/\sqrt{2}$，自旋运动波函数对称，$s=1$.

7.1.3 (1)$\hat{H}=\frac{1}{2}A(\hat{\boldsymbol{S}}^2-3\hat{S}_z{}^2)$； (2) $E=0(d=1)$， $E=-A\hbar^2/2(d=2)$， $E=A\hbar^2$ $(d=1)$.

7.1.4 (1) 基态能级是非简并，$\Psi=\frac{\sqrt{2}}{a}\sin\frac{\pi x_1}{a}\sin\frac{\pi x_2}{a}[\chi_{1/2}(s_{1z})\chi_{-1/2}(s_{2z})-\chi_{-1/2}(s_{1z})\chi_{1/2}(s_{2z})]$；

(2) 第一激发态波函数共有四个. $\Psi=\psi_A\chi_S$ 是三重态，$\Psi=\psi_S\chi_A$ 是单态.

$$\Psi^{(1,2)}=\frac{2}{a}\left[\sin\frac{\pi x_1}{a}\sin\frac{2\pi x_2}{a}-\sin\frac{2\pi x_1}{a}\sin\frac{\pi x_2}{a}\right]\chi_{\pm1/2}(s_{1z})\chi_{\pm1/2}(s_{2z})$$

$$\Psi^{(3)}=\frac{\sqrt{2}}{a}\left[\sin\frac{\pi x_1}{a}\sin\frac{2\pi x_2}{a}-\sin\frac{2\pi x_1}{a}\sin\frac{\pi x_2}{a}\right][\chi_{1/2}(s_{1z})\chi_{-1/2}(s_{2z})+\chi_{-1/2}(s_{1z})\chi_{1/2}(s_{2z})]$$

$$\Psi^{(4)}=\frac{\sqrt{2}}{a}\left[\sin\frac{\pi x_1}{a}\sin\frac{2\pi x_2}{a}+\sin\frac{2\pi x_1}{a}\sin\frac{\pi x_2}{a}\right][\chi_{1/2}(s_{1z})\chi_{-1/2}(s_{2z})-\chi_{-1/2}(s_{1z})\chi_{1/2}(s_{2z})]$$

7.1.5 相对运动部分波函数与在一个粒子周围半径为 $R\to R+\mathrm{d}R$ 的球壳层内找到另一个粒子的概率密度：

(1) $\psi_{\boldsymbol{k}}(\boldsymbol{x})=(2\pi\hbar)^{-3/2}\mathrm{e}^{\mathrm{i}\boldsymbol{k}\cdot\boldsymbol{x}}$， $P(R)=\dfrac{1}{(2\pi\hbar)^3}$；

(2) $\psi_{\boldsymbol{k}}^{(A)}(\boldsymbol{x})=\dfrac{\sqrt{2}\mathrm{i}}{(2\pi\hbar)^{3/2}}\sin(\boldsymbol{k}\cdot\boldsymbol{x})$， $P_A(R)=\dfrac{1}{(2\pi\hbar)^3}\left[1-\dfrac{\sin(2kR)}{2kR}\right]$；

(3) $\psi_{\boldsymbol{k}}^{(s)}(\boldsymbol{x})=\dfrac{\sqrt{2}}{(2\pi\hbar)^{3/2}}\cos(\boldsymbol{k}\cdot\boldsymbol{x})$， $P_S(R)=\dfrac{1}{(2\pi\hbar)^3}\left[1+\dfrac{\sin(2kR)}{2kR}\right]$.

7.1.6 (1) $E_1=2\varepsilon_1(d=4)$，$\psi_1(x_1)\psi_1(x_2)\chi_{00}$，$\psi_1(x_1)\psi_1(x_2)\chi_{1m_s}$； $E_2=\varepsilon_1+\varepsilon_2(d=8)$，$\psi_1(x_1)\psi_2(x_2)\chi_{00}$， $\psi_1(x_1)\psi_2(x_2)\chi_{1m_s}$， $\psi_2(x_1)\psi_1(x_2)\chi_{00}$， $\psi_2(x_1)\psi_1(x_2)\chi_{1m_s}$.

(2) $E_1=2\varepsilon_1$，$\psi_1(x_1)\psi_1(x_2)\chi_{00}$；$E_2=\varepsilon_1+\varepsilon_2(d=4)$，$\dfrac{1}{\sqrt{2}}[\psi_1(x_1)\psi_2(x_2)+\psi_2(x_1)\psi_1(x_2)]\chi_{00}$，$\dfrac{1}{\sqrt{2}}[\psi_1(x_1)\psi_2(x_2)-\psi_2(x_1)\psi_1(x_2)]\chi_{1m_s}$ $(m_s=0,\pm1)$.

(3) $E_1=2\varepsilon_1$，$\psi_1(x_1)\psi_1(x_2)\chi_{00}$；$E_2=\varepsilon_1+\varepsilon_2$，$\dfrac{1}{\sqrt{2}}[\psi_1(x_1)\psi_2(x_2)+\psi_2(x_1)\psi_1(x_2)]\chi_{00}$.对于自旋为 0 的全同粒子体系$\chi_{00}=\chi_0(s_{1z})\chi_0(s_{2z})$是对称的.

7.1.7 (1) $E_0=\dfrac{3A}{4}\hbar^2$ 仅对应χ_{00}，无简并；(2) $E_1=-\dfrac{A}{4}\hbar^2$ 对应$\chi_{1,-1}$，χ_{10}，χ_{11}，简并度为 3.

7.1.8 (1) $E_0=\dfrac{\pi^2\hbar^2}{\mu}\left(\dfrac{1}{a^2}+\dfrac{1}{b^2}+\dfrac{1}{c^2}\right)+\dfrac{27A}{8abc}$；(2) $E_0=\dfrac{\pi^2\hbar^2}{\mu}\left(\dfrac{1}{a^2}+\dfrac{1}{b^2}+\dfrac{1}{c^2}\right)+\dfrac{27A}{8abc}$；(3) $E_0=\dfrac{\hbar^2\pi^2}{\mu}\left(\dfrac{5}{2a^2}+\dfrac{1}{b^2}+\dfrac{1}{c^2}\right)$.

7.3.2 $\lambda=4\times10^{-8}\,\mathrm{m}$.

第 8 章 对称性与守恒定律

8.2.3 (1) (p_xL_z)不是守恒量；(2) 构造 $\hat{F}=\hbar\hat{p}_y$，因为 p_x 是守恒量表明体系沿$\pm\mathbf{e}_x$ 方向平移不变；同时，L_z 是守恒量表明体系沿 z 轴旋转不变.后者意味着，在 xOy 平面上在所有 $\mathbf{e}_\rho$ 方向上体系各向同性.既然体系沿$\pm\mathbf{e}_x$ 方向平移不变，故沿$\pm\mathbf{e}_y$ 方向也平移不变，即 $F=\hbar p_y$ 是体系的守恒量.

第 9 章 量 子 跃 迁

9.1.2 谐振子 t 时刻处于激发态的概率为$|a_1^{(1)}(t)|^2=\dfrac{q^2\mathscr{E}^2}{\mu\hbar\omega^3}(1-\cos\omega t)$.

9.1.3 当 $t\gg\tau$ 时，体系处于激发态 ψ_k 的概率为 $|a_k^{(1)}(t)|^2=\dfrac{|F_{k0}|^2}{\hbar^2(E_k-E_0)^2+\hbar^2/\tau^2}$.

9.1.4 (1) 跃迁到各激发态的概率 $\sum\limits_{k=2}^{\infty}W_k=\left(\dfrac{e\mathscr{E}_0a_0}{\hbar}\right)^2$；(2) 电子仍处于基态的概率为 $1-\left(\dfrac{e\mathscr{E}_0a_0}{\hbar}\right)^2$.

9.2.3 $\Delta E\Delta t=h$.

9.3.1 $W_{0\to k}=\dfrac{(\alpha^2x_0)^{2k}}{2^kk!}e^{-\frac{\alpha^2x_0^2}{2}}$.

9.3.2 $W=2^{5/4}(\sqrt{2}-1)$.

9.3.3 $W=64Z^3(Z+1)^3/(2Z+1)^6$.

9.4.1 $\lambda\approx6\times10^{-5}\text{m}$；在可见光区，自发辐射概率 A_{mk} 远大于受激辐射概率 $B_{mk}\rho(\omega_{mk})$.

9.4.2 $A_{210,100}=\dfrac{4e_s{}^2\omega_{21}^2}{3\hbar c^3}|z_{21}|^2=6.26\times10^8Z^4s^{-1}$；$\tau_{210}=\dfrac{1}{A_{210,100}}\simeq1.6\times10^{-9}\dfrac{1}{Z^4}s$.

9.4.3 (1) $E_1=\dfrac{\pi^2\hbar^2}{2\mu a^2}$，$\psi_1(x)=\sqrt{\dfrac{2}{a}}\cos\dfrac{\pi x}{a}$；$E_2=4E_1$，$\psi_2(x)=\sqrt{\dfrac{2}{a}}\sin\dfrac{2\pi x}{a}$；$E_3=9E_1$，$\psi_3(x)=\sqrt{\dfrac{2}{a}}\cos\dfrac{3\pi x}{a}$.

(2) $x_{21}=\dfrac{2}{a}\displaystyle\int_{-a/2}^{a/2}x\sin\frac{2\pi x}{a}\cos\frac{\pi x}{a}\mathrm{d}x\neq0$；$x_{31}=\dfrac{2}{a}\displaystyle\int_{-a/2}^{a/2}x\cos\frac{3\pi x}{a}\cos\frac{\pi x}{a}\mathrm{d}x=0$.

(3) 电偶极跃迁下的矩阵元 $x_{mk}=\displaystyle\int_{-a/2}^{a/2}\psi_m^*(x)x\psi_k(x)\mathrm{d}x.$，同宇称态之间的电偶极跃迁是禁戒的.

9.4.4 $|a_{210,100}^{(1)}|^2=2\left(\dfrac{128}{243}\right)^2\dfrac{e^2\mathscr{E}_0^2a_0^2\tau^2}{\hbar^2(1+\omega_{21}^2\tau^2)}$.

9.4.5 $J_{21}=N_{2\text{p}}\dfrac{2^5\mu^4e_s{}^{18}}{3^6c^3\hbar^{12}}a_0^2$.

9.4.6 $A_{2p,1s}=\dfrac{2^8e_s^{14}\mu^3}{3^7\hbar^{10}c^3}a_0^2$

9.4.7 $\Delta l=l'-l=\pm1$，　$\Delta m=m'-m=0,\pm1$.

第10章　弹性散射

10.1.1 $\sigma(\theta)=\dfrac{b}{\sin\theta}\dfrac{\mathrm{d}b}{\mathrm{d}\theta}$，$\sigma_t=$，$\pi b^2$.

10.2.4 (1) $\delta_l=-\dfrac{\pi}{2}\left[\sqrt{\left(l+\dfrac{1}{2}\right)^2+\dfrac{2\mu\alpha}{\hbar^2}}-\left(l+\dfrac{1}{2}\right)\right]$；

(2) 相移 $\delta_l\simeq-\dfrac{\pi\mu\alpha}{(2l+1)\hbar^2}$，$f(\theta)\simeq-\dfrac{\pi\mu\alpha}{2\hbar^2k\sin(\theta/2)}$，$\sigma(\theta)\simeq\dfrac{\pi^2\mu^2\alpha^2}{4\hbar^4k^2}\dfrac{1}{\sin^2(\theta/2)}$.

10.2.5 (1) $a_0=-\lim\limits_{k\to0}\dfrac{\tan\delta_0}{k}$，$f=-\dfrac{a_0}{1+ika_0}$，$\sigma_0=\dfrac{4\pi a_0{}^2}{1+k^2a_0{}^2}$.

(2) $\delta_0=\pm\frac{\pi}{2}, f=-\frac{a_0}{1+\mathrm{i}ka_0}=\frac{\mathrm{i}}{k}, \sigma_0=\frac{2\pi\hbar^2}{\mu E}$.

10.2.6　$a_0=\infty, f=\frac{\mathrm{i}\hbar}{\sqrt{2\mu E}}, \sigma_0=\frac{2\pi\hbar^2}{\mu E}$.

10.2.7　$a_0=\frac{\sqrt{2\mu\alpha}}{\hbar}, \delta_0=-\frac{2\mu}{\hbar^2}\sqrt{\alpha E}, f=-a_0=-\frac{\sqrt{2\mu a}}{\hbar}, \sigma_0=8\pi\mu\alpha/\hbar^2$.

10.3.2　$\sigma(\theta)=\frac{16\mu^2 Z^2 e_s{}^4}{a^4 K^8 \hbar^4}\left[-\left(\frac{a^2K^2}{2}+1\right)+\cos(Ka)+aK\sin(Ka)\right]^2$.

10.3.3　$\sigma(\theta)=\frac{\pi\mu^2 U_0{}^2}{4\hbar^4 a^6}\mathrm{e}^{-\frac{K^2}{2a^2}}, \sigma_t=\frac{\pi^2\mu^2U_0^2}{2\hbar^4a^4k^2}[1-\mathrm{e}^{-\frac{2k^2}{a^2}}]$.

10.3.4　$\sigma(\theta)=\frac{4\mu^2U_0{}^2}{K^6\hbar^4}[Ka\cos(Ka)-\sin(Ka)]^2$.

10.3.5　$\sigma(\theta)=\frac{\mu^2a^2\pi^2}{4k^2\hbar^4\sin^2(\theta/2)}$.

科学出版社

教师教学服务指南

为了更好服务于广大教师的教学工作，科学出版社打造了“科学 EDU”教学服务公众号，教师可通过**扫描下方二维码**，享受**样书**、**课件**、**会议信息**等服务.

样书、电子课件仅为任课教师获得，并保证只能用于教学，不得复制传播用于商业用途. 否则，科学出版社保留诉诸法律的权利.

关注微信公众号“科学EDU” → 点击“教学服务”-“样书、课件申请” → 审核（1个工作日） → 样书7工作日寄出、课件3工作日发送！

科学EDU

关注科学EDU，获取教学样书、课件资源

面向高校教师，提供优质教学、会议信息

分享行业动态，关注最新教育、科研资讯

学生学习服务指南

为了更好服务于广大学生的学习，科学出版社打造了“学子参考”公众号，学生可通过扫描下方二维码，了解海量**经典教材**、**教辅**、**考研**信息，轻松面对考试.

学子参考

面向高校学子，提供优秀教材、教辅信息

分享热点资讯，解读专业前景、学科现状

为大家提供海量学习指导，轻松面对考试

教师咨询：010-64033787　QQ：2405112526　yuyuanchun@mail.sciencep.com

学生咨询：010-64014701　QQ：2862000482　zhangjianpeng@mail.sciencep.com